中国华夏文化遗产基金会资助项目

苏州稻香村史稿

李峰　王晋玲——著

苏州大学出版社
Soochow University Press

图书在版编目(CIP)数据

苏州稻香村史稿/李峰,王晋玲著. —苏州:苏州大学出版社,2022.6
ISBN 978-7-5672-3856-5

Ⅰ.①苏… Ⅱ.①李…②王… Ⅲ.①糕点-老字号-企业史-苏州 Ⅳ.①F721.8

中国版本图书馆CIP数据核字(2022)第092315号

书　　名:	苏州稻香村史稿 Suzhou Daoxiangcun Shigao
著　　者:	李　峰　王晋玲
责任编辑:	杨　华
装帧设计:	刘　俊
出版发行:	苏州大学出版社(Soochow University Press)
社　　址:	苏州市十梓街1号　邮编:215006
印　　装:	苏州工业园区美柯乐制版印务有限责任公司
网　　址:	www.sudapress.com
邮　　箱:	sdcbs@suda.edu.cn
邮购热线:	0512-67480030
销售热线:	0512-67481020
开　　本:	787 mm×1 092 mm　1/16　印张:40　字数:784千
版　　次:	2022年6月第1版
印　　次:	2022年6月第1次印刷
书　　号:	ISBN 978-7-5672-3856-5
定　　价:	188.00元

凡购本社图书发现印装错误,请与本社联系调换。服务热线:0512-67481020

序

二百年前，若论远东最美丽丰饶的地区，则非江南莫属；若论江南最繁荣兴旺的城市，则非苏州莫属；若论苏州最盛誉远扬的糖果店，则非稻香村莫属。若了解稻香村丰富动人的历史，则非读这部稻香村史不可。

苏州稻香村是经国家有关部委认定的中华老字号，始创于清代乾隆时期，历经二百余年风雨洗礼、多次改组而久盛不衰，现已发展为稻香村集团，为国内规模最大的标杆性糕点企业集团，其苏式月饼制作技艺，被列入苏州市和江苏省级非物质文化遗产名录。这样一家富于特色和技艺的老字号企业，其生产管理和名特产品具有哪些历史文化价值？如何在历史变迁中顺利过渡、转型和发展？有何值得总结的经验、教训与启示？本书对这些问题做了系统的梳理与深入的研究。

李峰教授是我的好友，也是我素所钦敬的学者。他是广西师范大学历史系1984届硕士研究生，师从陈伟芳、钟文典诸先生，长期在苏州从事历史学教学与研究工作，为苏州大学历史学教授、苏州历史文化研究会会长。他钟情于苏州地区历史文化研究，深耕细作，硕果累累，主编《苏州通史·人物卷》，编有《苏州历代名人》《苏州历代宰相》《苏州历代状元》《苏州两院院士》等，影响广远；与汤钰林合编的《苏州历代人物大辞典》，收录人物一万一千余人，洋洋大观，对江南文化、苏州文化研究做出重要贡献。这部《苏州稻香村史稿》，是他与夫人王晋玲精心编撰的关于老字号企业的力作。

本书对稻香村史料做了地毯式的清理，举凡方志、档案、笔记、报刊等相关资料，巨细无遗，还尽可能地做了口述访谈。在此基础上，作者考据不厌其细，推理严守逻辑，论断必求精审，对稻香村创立时间、企业沿革、产品特色、创新机制等问题，都做了令人信服的梳理与分析，对于苏州以外其他地区"稻香村"老字号也一一做了介绍。书后附有稻香村大事年表、传统名特产品介绍、档案选编和图表资料，颇便读者对稻香村这一著名品牌做全面与纵深的了解。

作者坚守良史章法，才、学、识、德四者兼备。仅从"稻香村"名称由来的考订，就可以看出作者学养之丰厚、学风之严谨、见识之超拔。关于"稻香村"之得名，至少有四种说法，有的说源于稻草堆里溢出的肉味，有的说与店铺旁边的粪坑有关，有的说源于《红楼梦》里的"稻香村"，还有的说与古代文人对于江南物产的吟咏有关，从魏文帝曹丕的"新城秔稻……上风吹之，五里闻香"，唐代许浑的"村径绕山松叶暗，柴门临水稻花香"，宋代杨万里的"隔水风来知有意，为吹十里稻花香"，到辛弃疾的名句"稻花香里说丰年，听取蛙声一片"，对于这些说法，作者一一缕述，详加辨析，最后提出自己的看法，认为："尽管目前我们难以确知苏州'稻香村'取名究系何人、何时，但是，'稻香村'一名源自魏文帝曹丕启迪，历代名家钟情，充满诗情画意，蕴含着对丰衣足食的向往，体现了苏州悠久的农耕传统、经济生态与人文内涵，是苏州人精致生活和绿色家园的历史文化铭牌，名雅格高，故能无胫而行，传之久远。"这一见解，富学理，合逻辑，不武断，又留有余地。

著名老字号企业之所以特别受人重视，名特优产品之所以特别受人青睐，是因为这类企业与产品，都自具生命，自有内涵，自带故事。一部稻香村历史，在一定程度上就是二百多年来苏州城市史、企业史的信息硬盘，记录了一朝又一朝的沧桑，承载了一代又一代人的情感，其中有辉煌，也有苦难，有甜美，也有苦涩，有云淡风轻，也有凄风苦雨。这是城市也是国家的宝贵文化财富。在这个意义上，这部稻香村史，必然会伴随着稻香村的产品，香溢四海，流传久远。现在存世的国家认定的老字号企业数以千计，如果每一家都能像苏州稻香村这样，由当行专家对家底来一次彻底的清理与认真的研究，为企业创新型转化、创造型发展提供坚实的基础与有力的支撑，则这类老字号必然更加枝繁叶茂，生机勃发。

上海社会科学院研究员
上海市文史馆研究馆员　熊月之
中国城市史研究会会长
2021 年 11 月 15 日

前言

  苏州稻香村是经原国内贸易部和商务部先后评审认定的中华老字号，始创于清代乾隆时期，向来被茶食糖果行业公认为"稻香村"正宗之源，盛誉经久不衰。苏州稻香村茶食糖果号作为传统的合伙制商业企业，清末新政时期在商部注册为"稻香村茶食糖果公司"，成为清末苏州第一家，也是苏州、江苏乃至全国茶食糖果业唯一一家在商部注册的公司。在晚清、民国先后经历了三次改组。进入中华人民共和国后，经历了公私合营、国营阶段，改革开放后又先后改制为股份合作制企业和完全民营的自然人股份有限公司，并发展为稻香村食品集团，被中国轻工业联合会授予2020年度"中国轻工业二百强企业""中国轻工业科技百强企业""中国轻工业食品行业五十强企业"等称号。2021年5月中国品牌价值评价信息发布，"稻香村食品集团股份有限公司"品牌价值由2020年的136.55亿元上升至167.29亿元，名列中华老字号组第6位。

  这样一家具有曲折历史并富于特色和技艺的中华老字号的变迁，对于研究中国旧时代传统的合伙民营工商企业，如何在不同的历史时期实现过渡、转型和发展，有何重要的贡献和经验教训与启示，其企业生产管理和名特产品具有哪些历史文化价值，从理论和实践上提供了一个活生生的样本。在社会主义初级阶段大力发展市场经济，不断深化改革开放的新时代，在国家将中华老字号保护发展工程列入中华优秀传统文化传承发展工程的重点任务和规划项目，大力提倡研究中华人民共和国成立后的工业史，大力保护和传承优秀历史文化遗产的形势下，科学、系统、全面地研究茶食糖果业领衔的中华老字号苏州稻香村的历史，自然具有其学术价值、社会价值和现实意义。

  我开始关注苏州稻香村的历史，始于2012年编纂《苏州历代人物大辞典》，因研究对稻香村有着历史性贡献的经理人沈祖荫等，收集过一些资料。2016年该大辞典交付上海辞书出版社出版，又逢拍摄苏州稻香村《手艺·守艺》纪录片，经苏州市非物质文化遗产保护管理办公室推荐，摄制组请我到潘世恩故居即状元博物馆，做苏州稻香村历史变迁访谈，为此我又较系统地查阅了一些有关资料，对于这样一家经历了清朝、民国，堪称苏州茶食糖果业杰出代表之一，在真正意义上存活至今二百多年的中华老字号企业，产生了深深的敬意。"为建设社会主义文化强国，增强国家文化软实力，实现中华民族伟大复兴的中国梦"，2017年1月，中共中央办公厅、国务院办公厅发布了《关于实施中华优秀传统文化传承发展工程的意见》，其中将中华老字号保护发展工程列为重点任务之一。自此，我将苏州稻香村历史的系统研究提上了正式日程。

关于苏州稻香村的论文，迄今检索只见多伦多大学张嘉熙3300余字的《对老字号发展的思考——以苏州稻香村为例》一篇，载于河北省消费时尚文化传播中心主办的《商情》2020年第23期"经济研究"栏目，历史研究论著可称为空白。值得注意的是，20世纪80年代，根据国家统一部署，在苏州市人民政府的领导下，部门、企业、行业史志编修蔚然成风。为着抢救珍贵的历史资料和几近流失的传统技艺，吴希札、陈茂生两位老前辈付出了众多心血。吴希札民国时入职稻香村，曾任该店工会主席、公方代表，苏州糕点厂糕点车间主任、副厂长和厂党支部书记等职，编纂了《苏式糕点史料》和《稻香村店史》，店史后经厂工会主席陈钢年帮助润色整理，又名为《百年老店稻香村》。陈钢年之父陈茂生曾任原叶受和协理、经理和苏州糕点厂副厂长（私方），又曾任苏州市茶食糖果商业同业公会副主委及市工商联执委、市政协委员，撰有《代表性商品的产品史、规格及工艺操作过程》一文，并执笔编纂《苏州糕点厂厂志》，又名《苏州糕点厂厂史》（讨论稿）。两位老前辈所作皆为未刊稿，各有2万余字，虽显简略，因其结合了亲身见闻和工作经验，多可补充档案资料所缺，弥足珍贵。

以苏州稻香村食品厂、苏州稻香村食品有限公司所做工作为基础，稻香村集团委派专人在国家图书馆等处收集图书报刊上的苏州稻香村资料，也是不遗余力，并且收集了一些苏州市档案馆保存的有关企业工商档案资料，还收藏着吴希札、陈茂生所撰店厂史志手稿，苏州稻香村茶食糖果号1928年、1943年两次改组的部分股单，1952年各项费用分日、分户账簿，经理朱仲笙、协理朱家元有关苏州稻香村茶食糖果号对外业务信稿（1953—1954），20世纪20年代以来的各式商标、仿单和包装，改革开放以来的部分审计报告，改制的移交清册，股东会的记录，董事会、监事会及财务工作报告，各种设备和产品目录、科技档案、营销记录、财务报表，以及有关职工股东档案、企业工商档案，朱家元、吴希札、潘兆德、冯国安、刘承业、丁惠泉、张治安、沈根富、陈钢年、徐全生、贾沛如、谈雪良、徐红生等人口述视频资料，等等。上述资料对我们的研究工作很有帮助。为使研究建立在更为坚实的史料基础上，在苏州市档案馆副馆长、研究馆员沈慧瑛和苏州市房地产档案馆原馆长唐小祥的支持下，我们又系统、全面地查阅了苏州市档案馆有关茶食糖果业和企业档案资料，以及苏州市房地产档案馆的有关档案资料。我们还对稻香村集团未及的图书报刊资料深入挖掘，例如，将苏州大学图书馆全国报刊索引数据库、晚清民国期刊全文数据库、中国历史文献总库·民国图书数据库、维库民国电子资源数据库、《申报》数据库、中国数字方志库、苏州方志数据库，苏州图书馆、苏州市档案馆藏扫描版民国时期的《苏州明报》《吴语》《中报》《晨报》《力报》《苏州日报》《新报》，苏州大学图书馆、苏州日报社藏1949年解放以来的《新苏州报》《苏州工农报》《苏州报》《苏州日报》《姑苏晚报》《城市商报》等，有关苏州稻香村的文章、报道、广告，做了全面检索和查阅，还复印了苏州市贸易局原副局长、现苏州市饮食文化研究会会长、江苏省烹饪协会荣誉会长华永根等个人收藏的苏州稻香村茶食糖果号的账簿、传统产品配方等资料。为研究其他地区稻香村老字号，我们又查阅了有关图书报刊和北京市档案馆、辽宁省档案馆、沈阳市档案馆等所藏档案。在苏州老字号协会会长、苏州采芝斋食品有限公司董事长储敏慧和秘书长、市"非遗"专家刘骥等的支持下，举办了稻香村历史文化专题研讨会，还通过座谈会及其他方式，咨询、请教、拜访、采访了年逾90高龄的稻香村老前辈潘兆德、冯国安和冷伟民，原苏州市食品工业公司总经理兼苏州稻香村食品厂厂长张治安，原苏州糕点厂党支部书记白鸣、厂长丁惠泉，原苏州稻香村食品厂（股份合作制）厂长，苏州稻香村食品有限公司、稻香村食品集团股份有限公司董事长沈根富，以及原稻香村茶食糖果商店、苏州糕点厂、苏州稻香村食品厂及苏州稻香村食品有限公司的其他干部、职工，如朱炳南、周巧官、殷全根、李金元、徐全生、陈钢年、贾沛如、谢水轩、陈旭斌、汪启云、吴仁德、胡培德、王乾辰、江健珊等，还有苏式糕点制作技艺"非遗"传承人谈雪良，苏式月饼制作技艺"非遗"传承人徐红生、艾满，原苏州糕点厂职工，叶受和食品厂副厂长，苏州桂香村食品有限公司现任董事长、大方糕制作技艺"非遗"传承人薛惠忠，等等。我还设法与90多岁的朱仲笙儿媳、朱家元夫人朱景惠，以及朱家元女儿朱德瑾取得了联系，朱德瑾详细阅读了第三章，并提供了朱仲笙经理与朱家元协理的照片，解答了有关问题。在此，我们一并致以诚挚的谢意。

限于最初对于资料情况的了解，按我初步拟订的苏州稻香村史的研究提纲和计划，下限写至1998年国有苏州稻香村食品厂改制为股份合作制，约20万字，两年完成。2018年3月，我因冠心病再度入院治疗，并做了心脏支架手术，同事、同学同专业的妻子王晋玲对我悉心照顾，又成为研究工作的合作者。在收集、整理和研读资料的过程中，我们对于苏州稻香村的历史愈益清晰，认识逐渐深化，把它当作了苏州观前街老字号及所在茶食糖果行业在不同历史阶段振衰起敝、发展变革的一个活的标本，期望通过全方位的记述和解析，为这家中华老字号全面复兴，从苏州走向海内外的广阔世界提供历史借鉴。经过五年磨砺而呈现给读者的本书，叙述了自乾隆年间创始至 2020 年的苏州稻香村曲折而漫长的发展历史，连带附录已经是 70 余万字的规模。

本书共分八章。清朝时期为第一、第二章，民国时期为第三章，这是民营合伙的苏州稻香村茶食糖果号创始、中兴、转型和由盛转衰时期，其间该号清季在商部注册稻香村茶食糖果公司有着历史性的意义，沈祖荫、朱仲笙两位经理人光前裕后，鞠躬尽瘁，堪称"双璧"。中华人民共和国时期为第四章至第七章，经历了社会主义改造运动之后，公私合营稻香村茶食糖果号发展为稻香村茶食糖果商店，1958 年"大跃进运动"中诞生了公私合营平江区糖果糕点食品厂，其后演变为稻香村糖果食品厂、苏州糖果糕点食品厂和国营苏州糕点厂，前店后坊的稻香村茶食糖果商店因其后坊数度与该厂离合，乃至于"文革"时期被更名为国营苏州市红太阳糖果糕点商店，一度又被并入国营苏州糕点厂，使得同为全民所有制的店、厂历史产生了交集和密不可分的关系。改革开放以后，1986 年苏州糕点厂改名苏州稻香村食品厂，恢复前店后坊格局的苏州市稻香村茶食糖果商店则成为该厂附设的苏州稻香村食品商店，再度合而为一。1998 年苏州稻香村食品厂改制为股份合作制，后又改制为自然人控股的苏州稻香村食品厂有限公司、苏州稻香村食品有限公司，合资创立的稻香村食品有限公司，成为稻香村食品集团的母公司，发展为稻香村食品集团股份有限公司。苏州稻香村的历史表现出了曲折和复杂性，无论店、厂都不可偏废。由于二者在不同时期和阶段发展各有所重，加之资料丰歉不一，因而叙述上就需要分别主次轻重。本书第八章，重在从侧面观照苏州稻香村与其他地区仿冒稻香村字号的历史关系，于其历史变迁和特色，原则上只做一般性描述。

苏州稻香村的历史是近现代苏州乃至于中国茶食糖果业的一面镜子，从中可以看出老字号兴衰与国家和民族的命运紧密相连。近代以来，特别是中华人民共和国成立以来的七十多年，苏州稻香村展示的绝非单纯的企业变迁和技术、产品发展的历史，社会转型、制度变革，以及营商环境、行业水平、思想观念变化更新等，对其发展的速度、规模和水平有很大影响。在大浪淘沙、优胜劣汰的竞争过程中，历史悠久并且荟萃了苏式茶食糖果业产品与技艺精华的苏州稻香村走到今天，一以贯之、谨守不变的是其匠心独具、敢为业先的内在精神，唯有这样一种精神才能让它走得更远。本书将苏州稻香村置于不同时期的历史背景下，结合中国社会发生深刻变革和急剧转型的时代特点与环境来考察，按照企业发展实际，历史地、客观地进行分期分阶段研究，试图从多个维度观照、反思与总结稻香村乃至苏州茶食糖果业在观念、制度、管理、技术、行业、产品等各个层面深刻而广泛的变革。本书是历史书的体系结构，历史的研究方法又以坚实的史料工作为基础，因而也就具有了史料书的性质。因此，注重具体史实的过程叙述"信而有征"，强调文献资料的权威性、准确性，重视档案与报刊资料、口述资料的价值，条分缕析，考讹订误，有意识地、有重点地引用原文，以留存资料原貌再现历史的沧桑之感，并努力吸收相关学科的理论知识，加强综合研究，试图通过对比分析揭示影响稻香村发展的各种因素及其互动关系，总体把握其历史脉络，以更宽广的学术视野展示苏州茶食糖果业的发展历程，全面认识和客观评价中华老字号苏州稻香村的历史地位与现实地位。

本书附录包括四个部分：一、大事年表，二、传统产品，三、档案选编，四、图表资料。其中附录二辑有苏州茶食糖果业两位老前辈陈茂生、吴希札关于稻香村传统产品及其制作技艺的未刊文稿，其中蕴含着他们宝贵的经验和体会，对于传承和创新都有借鉴价值。我们在保持档案与文稿原貌的前提下，均做了校订工作，并表达对老前辈们的敬意。

本书分工如下：我负责撰写第一章至第六章，王晋玲负责撰写第七章、第八章（北京部分除外），并编撰附录，全书由我统稿定稿。感谢中国华夏文化遗产基金会对中华老字号学术研究的支持，并将《苏州稻香村史稿》列为资助项目；感谢上海社会科学院研究员、上海市文史馆研究馆员、中国城市史研究会会长、中国史学会原副会长熊月之先生于百忙之中审阅书稿，不吝赐教并作序；感谢苏州大学江南文化研究院副院长朱从兵教授详加审读初稿并提出具体的修改意见与建议。毋庸讳言，研究这类企业史、行业史对我们而言的确是一个全新的领域。由于相关学科知识和理论素养有所不足，学术水平有限，加之新冠肺炎疫情暴发后未能按计划外出补充查阅有关档案资料，书中缺漏错讹之处在所难免，恳请各位专家学者和读者予以批评指正。

李　峰

2021 年 12 月 25 日

目 录
Contents

第一章　康乾盛世与苏州稻香村的诞生　/001

　　第一节　苏州社会经济的繁盛与茶食业的发展　/001

　　　　一、苏州历史文化与社会经济的发展　/001

　　　　二、饮食、茶食业的发展和苏式糕点帮式的形成
　　　　　　/006

　　第二节　乾隆时期稻香村于苏州始创及字号溯源　/019

　　　　一、稻香村于苏州始创稽考　/019

　　　　二、稻香村字号溯源　/027

第二章　清季苏州稻香村的发展与振兴　/033

　　第一节　同治、光绪时期苏州稻香村的中兴与改制　/033

　　　　一、苏州稻香村的艰难创业和中兴　/033

　　　　二、清廷"新政"与苏州稻香村的近代化转型　/043

　　第二节　沈祖荫的社会活动与苏州稻香村地位的提升　/056

　　　　一、沈祖荫与永康糖食公所的成立　/056

　　　　二、沈祖荫竞选江苏省谘议局议员的意义　/061

第三章　民国时期苏州稻香村的辉煌与萧索　/065

　　第一节　民国成立后的一时辉煌　/065

　　　　一、稻香村禾记的诞生与接盘　/065

　　　　二、稻香村禾记与朱仲笙时代的开辟　/079

　　　　三、稻香村禾记第一次改组与良好效应　/087

　　　　四、关于"以稻香村代表苏州的商业"之讨论　/095

第二节　前店后坊的生产经营模式与技艺传承 / 102

一、前店后坊的生产经营管理 / 102

二、职工来源与生产技艺传承 / 109

第三节　抗战时期及战后稻香村茶食糖果号的衰变 / 114

一、沦陷时期苏州稻香村的劫难与复业 / 114

二、稻香村禾记第二次改组及其经营状况 / 122

三、抗战胜利后苏州稻香村的衰变 / 132

第四章　社会主义革命与苏州稻香村的变迁 / 140

第一节　社会主义改造的洗礼 / 140

一、国民经济恢复时期的稻香村茶食糖果号 / 140

二、向社会主义过渡时期的稻香村茶食糖果号 / 154

第二节　公私合营稻香村茶食糖果商店的曲折经历 / 169

一、公私合营后的基本发展情况 / 169

二、店坊分离复合与职工结构、产销问题 / 178

三、全市糕点生产布局与稻香村的名特产品 / 192

四、稻香村服务工作的先进经验与反响 / 202

第五章　国营苏州糕点厂的演变及其与稻香村的分合 / 211

第一节　公私合营平江区糖果糕点食品厂的成立与演变 / 211

一、公私合营平江区糖果糕点食品厂的成立 / 211

二、从公私合营稻香村糖果食品厂到苏州糖果糕点食品厂 / 232

三、全市糕点生产布局与苏州糖果糕点食品厂的生产状况 / 245

第二节　"文化大革命"与改制国营的稻香村和苏州糕点厂 / 253

一、"稻香村"更名为"红太阳"——国营红太阳糖果糕点商店 / 253

二、国营苏州糕点厂的成立与发展 / 258

第六章　改革开放时期稻香村的艰难探索 / 276

第一节　稻香村茶食糖果商店与苏州糕点厂的发展 / 276

一、稻香村茶食糖果商店恢复传统经营格局 / 276

二、国营苏州糕点厂的改革发展 / 292

第二节　苏州稻香村食品厂与附设稻香村食品商店 / 323

一、苏州稻香村食品厂与苏州稻香村食品商店的设立 / 323

二、苏州稻香村食品厂承包经营的实践与困境 /331

第七章 稻香村的改制、联营与集团化发展 /358

第一节 股份合作制苏州稻香村食品厂的创立与运行 /358
一、国有苏州稻香村食品厂的改制 /358
二、改制后苏州稻香村食品厂的生产经营管理 /370

第二节 转制民营与企业集团化战略的实施 /378
一、联营联合发展之路 /378
二、稻香村集团化战略的实施 /389

第八章 其他地区"稻香村"老字号考录 /409

第一节 华东地区——以上海为重心 /409
一、上海 /409
二、江苏 /418
三、浙江 /421
四、安徽 /423

第二节 华北地区——以北京、天津为重心 /424
一、北京 /424
二、天津 /431
三、河北 /436
四、山西 /440

第三节 东北地区——以沈阳为重心 /442

第四节 西北、西南地区与华南、华中地区 /449
一、甘肃、四川与重庆 /449
二、河南、湖北与湖南 /451

第五节 苏州稻香村与其他稻香村关系的历史观照 /454

主要参考文献 /460

附录 /469

一、大事年表 /469
二、传统产品 /489
  为恢复苏州传统食品积极开展咨询工作（民建苏州市委员会 苏州市工商联）/489
  代表性商品的产品史、规格及工艺操作过程（陈茂生）/496

主要名特产品简介（吴希札） /501
三、档案选编 /515
    苏州府元和、长洲、吴县照会苏州商务总会（1907年） /515
    吴县茶食糖果业同业公会业规（1936年） /516
    苏州市茶食糖果业申请全业公私合营的决议（1956年） /517
    苏州市茶食糖果业全业公私合营申请书（1956年） /517
    他们是怎样"积极经营、面向工农、满足消费的"
        ——稻香村商店门市部一九六四年度先进事迹（1965年） /518
    我们是怎样以政治带业务，把生意做活做足的
        ——公私合营稻香村商店公方主任肖永庆同志的发言（1965年）
        /521
    苏州糕点厂企业整顿情况汇报（1983年） /532
    承包协议书（1994年） /541
    苏州稻香村食品厂实施改制人员分流安置办法（1998年） /545
    股份合作制苏州稻香村食品厂关于董事会、监事会组成人员产生选举
        办法（1998年） /547
    苏州市贸易局关于苏州稻香村食品厂改制设立股份合作制企业的请示
        （1998年） /548
    苏州市经济体制改革委员会关于同意苏州稻香村食品厂改制为股份合作
        制企业的批复（1998年） /549
    苏州稻香村食品厂（股份合作制）章程（1998年） /549
    关于原国有苏州稻香村食品厂人财物交接协议书（1998年） /556
    苏州稻香村食品厂厂规厂纪（1998年） /559
    苏州稻香村食品厂关于职工医疗劳保的实施办法（1998年） /561
    苏州稻香村食品厂关于企业工资分配形式的试行办法（1998年）
        /562
    苏州稻香村食品厂关于实行厂内部待业、退养的试行办法（1998年）
        /563
    苏州稻香村食品厂在企业内部实行退养公告（2000年） /564
    苏州稻香村食品厂（股份合作制）董事会工作报告（2000年） /564
    苏州稻香村食品厂（股份合作制）财务工作报告（2000年） /567
    苏州稻香村食品厂（股份合作制）监事会工作报告（2000年） /569

苏州稻香村食品厂（股份合作制）第一届董事会工作报告（2001年）
　　／570

苏州稻香村食品厂（股份合作制）第一届监事会工作报告（2001年）
　　／572

关于双方合作经营协议（2006年）　／573

双方合并经营协议（2009年）　／574

商标使用许可合同（2008年）　／576

商标授权书（2014年）　／577

四、图表资料　／578

　　附图1　苏州稻香村历史谱系略图　／578

　　附图2　苏州糕点厂变迁示意图　／579

　　附表1　苏州稻香村小摆设目录　／580

　　附表2　吴县茶食糖果业同业公会会员概况（1935年12月）　／582

　　附表3　吴县茶食糖果业同业公会会员概况（1942年7月）　／586

　　附表4　吴县茶食糖果业同业公会公议行单（1942年）　茶食部　／591

　　附表5　吴县茶食糖果业同业公会公议行单（1942年）　糖果部　／592

　　附表6　吴县茶食糖果业商业同业公会1947年10月营业税表　／593

　　附表7　1964年苏州市高价糕点耗用原材料及辅助材料价格统一计算表（一）　／597

　　附表8　1964年苏州市高价糕点耗用原材料及辅助材料价格统一计算表（二）　／598

　　附表9　1964年苏州市高价糕点统一规格、价格一览表　／599

　　附表10　1964年苏州市普通糕点耗用原材料及辅助材料价格统一计算表（一）　／600

　　附表11　1964年苏州市普通糕点耗用原材料及辅助材料价格统一计算表（二）　／601

　　附表12　1964年苏州市普通糕点统一规格、价格一览表（一）　／602

　　附表13　1964年苏州市普通糕点统一规格、价格一览表（二）　／605

　　附表14　1964年上海与苏州部分糕点规格配料对比　／605

　　附表15　1984年苏州糕点厂糕点价目表（炉货类）　／606

　　附表16　1984年苏州糕点厂糕点价目表（油面类）　／608

　　附表17　1984年苏州糕点厂糕点价目表（油氽类）　／608

附表18　1984年苏州糕点厂糕点价目表（水蒸类）　/609

附表19　1984年苏州糕点厂糕点价目表（片糕类）　/610

附表20　1984年苏州糕点厂糕点价目表（蛋糕类）　/611

附表21　1984年苏州糕点厂糕点价目表（月饼）　/612

附表22　1984年苏州糕点厂糖果炒货蜜饯咸味价目表　/613

附表23　人事变迁简表　/615

附表23-1　稻香村茶食糖果号　稻香村茶食糖果商店　/615

附表23-2　厂党支部　/616

附表23-3　厂行政　/617

附表23-4　厂工会　/619

图表索引

表 2-1　商部光绪三十年江苏各类公司局厂行号等注册表　/ 047

表 2-2　商部光绪三十一年江苏各类公司局厂行号等注册表　/ 047

表 2-3　1904—1908 年全国注册公司及独资企业统计表　/ 053

表 3-1　苏州稻香村传统产品代表品种　/ 104

表 3-2　吴县茶食糖果业职业工会稻香村会员表（1948 年 5 月）　/ 109

表 3-3　吴县茶食糖果业同业公会店员统计表（1938 年 1 月 1 日）　/ 119

表 3-4　吴县茶食糖果业同业公会会员资本与组织性质（1942 年 7 月）　/ 122

表 3-5　吴县茶食糖果业各项制品成本售价表（1943 年 3 月）　/ 127

表 3-6　评定吴县茶食糖果业售价清单（1943 年 4 月）　/ 130

表 3-7　稻香村、叶受和、采芝斋、广州 1947 年 9—10 月营业税表　/ 138

表 4-1　1950 年稻香村茶食糖果号股东一览表　/ 143

表 4-2　1954 年稻香村茶食糖果号从业人员数及全年薪资总数　/ 159

表 4-3　1954 年稻香村茶食糖果号总产值表　/ 159

表 4-4　1954 年稻香村茶食糖果号主要产品产销量　/ 160

表 4-5　1954 年稻香村茶食糖果号主要原材料、燃料消费　/ 160

表 4-6　1955 年稻香村茶食糖果号人员基本情况　/ 161

表 4-7　1955 年稻香村茶食糖果号主要产品产量　/ 164

表 4-8　1956 年稻香村茶食糖果号总产值、职工人数及工资情况　/ 170

表 4-9　1956 年稻香村茶食糖果号总产值、职工人数及工资分月表　/ 170

表 4-10　1956 年稻香村茶食糖果号主要产品产量　/ 171

表 4-11　1956 年稻香村茶食糖果号主要产品产量分月表　/ 171

表 4-12　1957 年稻香村茶食糖果商店工业商品产值及产品产量　/ 175

表 4-13　1957 年稻香村茶食糖果商店工业生产人员及工资情况　/ 176

表 4-14　稻香村茶食糖果商店职工年龄、工龄与技术熟练程度　/ 176

表 4-15　稻香村茶食糖果商店职工文化程度与政治情况　/ 176

表 4-16　1962 年稻香村茶食糖果商店产品产量　/ 184

表4-17	1962年稻香村茶食糖果商店门市部（前店）人员情况 / 184
表4-18	1962年稻香村茶食糖果商店工场（后坊）人员情况 / 185
表4-19	稻香村茶食糖果商店高价糕点规格、价格（1964年4月） / 193
表4-20	稻香村茶食糖果商店高价糕点配料和成本 / 195
表4-21	稻香村茶食糖果商店普通糕点规格、价格（1964年4月） / 199
表4-22	稻香村茶食糖果商店普通糕点规格、价格（1964年6月） / 199
表4-23	稻香村茶食糖果商店普通糕点配料和成本 / 200
表4-24	稻香村茶食糖果商店工业总产值及主要产品产量（1965年12月） / 209
表5-1	合并前其他前店后坊茶食糖果号普查情况（1955年8月） / 214
表5-2	1958年平江区糖果糕点食品厂职工人数及工资概况 / 218
表5-3	1958年平江区糖果糕点食品厂主要生产设备 / 219
表5-4	1958年平江区糖果糕点食品厂主要产品产量 / 219
表5-5	1958年平江区糖果糕点食品厂代用品使用情况 / 220
表5-6	1958年平江区糖果糕点食品厂主要技术革新内容 / 221
表5-7	1959年平江糖果糕点食品厂资金来源情况 / 226
表5-8	1959年平江糖果糕点食品厂主要工业产品产量 / 227
表5-9	1959年平江糖果糕点食品厂苏式糕点主要产品产量和成本 / 227
表5-10	1959年平江糖果糕点食品厂主要产品销售利润 / 227
表5-11	1962年苏州糖果糕点食品厂主要产品产量 / 238
表5-12	苏州糖果糕点食品厂库存主要产品（1963年9月） / 243
表5-13	苏州糖果糕点食品厂土地房屋概况（1963年9月） / 243
表5-14	苏州糖果糕点食品厂设备工具概况（1963年9月） / 244
表5-15	苏州糖果糕点食品厂高价糕点规格、价格（1964年4月） / 247
表5-16	苏州糖果糕点食品厂高价糕点配料和成本 / 247
表5-17	苏州糖果糕点食品厂普通糕点规格、价格（1964年4月、6月） / 249
表5-18	苏州糖果糕点食品厂普通糕点配料和成本 / 249
表5-19	1965年12月苏州糖果糕点食品厂工业总产值及主要产品产量 / 251
表5-20	1966年第二食品商店、东方红商店、红太阳商店资金定额 / 256
表5-21	1967年第二食品商店、东方红商店、红太阳商店资金定额 / 257
表5-22	1968年第二食品商店、东方红商店、红太阳商店自报资金定额 / 257
表5-23	1969年苏州糕点厂下放盐城地区人员花名册 / 260
表5-24	1969年苏州糕点厂工业总产值、产品产量分月整理表 / 262
表5-25	1971年苏州糕点厂工业新产品 / 264
表5-26	1973年苏州糕点厂主要财务成本指标 / 267

表 5-27	1974年苏州糕点厂主要财务成本指标 / 268
表 5-28	1975年苏州糕点厂主要财务成本指标 / 269
表 5-29	1975年苏州糕点厂主要产品产量、产能 / 270
表 5-30	1976年苏州糕点厂主要产品产量、产能 / 271
表 5-31	1976年苏州糕点厂主要财务成本指标 / 271
表 5-32	1976年苏州糕点厂主要专业生产设备及年末生产能力 / 272
表 5-33	1976年苏州糕点厂主要技术经济指标 / 272
表 6-1	1978年稻香村糕点糖果商店工场工业总产值计算表 / 277
表 6-2	1979年稻香村糕点糖果商店工场工业总产值与主要产品产量 / 277
表 6-3	1979年稻香村糕点糖果商店工场主要产品生产与销售 / 278
表 6-4	1982年稻香村茶食糖果商店工场工业总产值、产品产量分季表 / 281
表 6-5	苏州市著名传统食品风味食品类稻香村品种 / 283
表 6-6	苏州市著名传统食品苏式糕点类稻香村品种 / 284
表 6-7	苏州市著名传统食品苏式糕点类其他名店品种 / 288
表 6-8	1977年苏州糕点厂工业总产值计算表 / 293
表 6-9	1977年苏州糕点厂八项技术经济指标 / 294
表 6-10	1977年苏州糕点厂主要专业生产设备及年末生产能力 / 296
表 6-11	1977年苏州糕点厂调资工资审批汇总表 / 296
表 6-12	1979年苏州糕点厂主要产品产量、产能及产值 / 301
表 6-13	1979年苏州糕点厂主要产品生产与销售 / 302
表 6-14	1979年苏州糕点厂主要燃料、动力、原材料情况 / 302
表 6-15	1980年苏州糕点厂主要产品生产能力、产量、质量与物耗 / 304
表 6-16	1981年苏州糕点厂主要产品生产能力、产量、质量与物耗 / 306
表 6-17	1982年苏州糕点厂主要产品生产能力、产量、质量与物耗 / 308
图 6-1	1983年苏州糕点厂行政管理平面图 / 310
表 6-18	1985年苏州糕点厂主要技术经济指标比较表（一） / 319
表 6-19	1985年苏州糕点厂主要技术经济指标比较表（二） / 319
表 6-20	1985年苏州糕点厂商品产品总成本比较表 / 320
表 6-21	1985年苏州糕点厂工业产品生产量比较表 / 320
表 6-22	1985年苏州糕点厂工业设备概况 / 320
表 6-23	1985年苏州糕点厂原材料、燃料、动力消费与库存 / 321
表 6-24	1985年末苏州糕点厂职工年龄、文化程度和政治状况 / 321
表 6-25	1985年苏州糕点厂职工劳动工资比较表 / 322
表 6-26	1985年苏州糕点厂职工劳保福利费用构成 / 323

表 6-27	苏州稻香村食品厂 1987—1989 年承包经营经济效益指标执行情况 / 337
表 6-28	苏州稻香村食品厂 1987—1989 年承包经营项目情况 / 338
表 6-29	苏州稻香村食品厂 1990 年度承包经营项目情况 / 340
表 6-30	苏州稻香村食品商店 1994—1998 年历年销售情况 / 351
表 7-1	1998 年国有苏州稻香村食品厂改制时人员分流情况 / 362
表 7-2	进入股份合作制苏州稻香村食品厂职工名册 / 365
表 7-3	在用低值易耗品及待摊资产评估明细表 / 368
表 7-4	苏州稻香村食品厂各部门 2001—2003 年经济指标完成情况 / 376
表 7-5	2001—2005 年度苏州稻香村食品厂年检报告简况 / 377
表 7-6	苏州稻香村食品厂（股份合作制）股本构成表 / 386
表 7-7	苏州稻香村食品工业有限公司 2006—2014 年度概况 / 389
表 7-8	苏州稻香村食品有限公司 2015—2020 年度概况 / 391
表 7-9	2015 年稻香村食品集团成员 / 392
表 7-10	2019 年稻香村食品集团主要成员 / 393
表 7-11	稻香村食品集团股份有限公司控股情况 / 395
表 7-12	2009—2020 年度稻香村食品集团人力资源年报汇总表 / 396
表 7-13	2009—2020 年度苏州稻香村食品有限公司人力资源年报汇总表 / 397
表 8-1	《申报》等刊载光绪、宣统年间部分上海稻香村字号 / 410
表 8-2	《上海指南》《增订上海指南》《上海商业名录》刊载稻香村字号 / 412
表 8-3	1942 年天津南味食品业稻香村字号一览表 / 432
表 8-4	1933 年沈阳部分稻香村字号一览表 / 443

第一章 康乾盛世与苏州稻香村的诞生

第一节 苏州社会经济的繁盛与茶食业的发展

一、苏州历史文化与社会经济的发展

苏州是享誉世界的中国历史文化名城。太湖浩渺，长江激荡，围抱滋养着江南这片神奇的沃土。自远古先民开辟洪荒，苏州在各个历史阶段呈现出不同的发展轨迹和特点。

苏州三山岛旧石器遗址反映出 10000 年以前的人类活动及其原始文化。历经马家浜文化、崧泽文化、良渚文化的嬗变，唯亭草鞋山的新石器水田遗址，体现了距今约 7000 年前先民稻作文化的惊人成就。商末泰伯、仲雍自北方周原南奔，断发文身，建号"勾吴"。春秋战国时期，吴王阖闾命伍子胥于苏州建造"阖闾大城"为新都，与其子夫差两代相继，称雄东南，争霸中原。孔子唯一的南方弟子言偃将儒学南传，加速了中原文化向吴地的传播和吴地文化的发展。苏州成为东南一大都会。其后吴灭于越，并入楚，一统于秦。秦置吴县，为会稽郡治所。东汉析置吴郡，南朝梁、陈一度改置吴州，隋曾改置苏州，唐肃宗始定名苏州，下辖吴县、长洲县。经三国孙吴、东晋和南朝拓进发展，隋一统后大运河开通，唐"安史之乱"后全国经济重心自北渐次南移，唐代宗大历十三年（778 年），苏州升为江南唯一的"雄州"。曾任杭州刺史的"白居易诗云：'雪川殊冷僻，茂苑太繁雄。惟有钱塘郡，闲忙正适中。'则在唐时苏之繁雄固为浙右第一矣"[1]。

---

[1] 范成大：《吴郡志》卷五十《杂志》，汪泰亨订补，宋绍定二年（1229 年）刊，民国择是居丛书影印宋刻本，第 13 页。以下简称《（绍定）吴郡志》。按：雪川指湖州，茂苑指苏州，钱塘指杭州。据曹寅《全唐诗》卷四百四十三，白居易诗《初到郡斋寄钱湖州李苏州》有句："雪溪殊冷僻，茂苑太繁雄。唯此钱塘郡，闲忙恰得中。"见清文渊阁四库全书本。

有运河之利的苏州阊门成为最繁华的地段,白居易调任苏州刺史,有诗《登阊门闲望》:"阊门四望郁苍苍,始觉州雄土俗强。十万夫家供课税,五千子弟守封疆。阖闾城碧铺秋草,乌鹊桥红带夕阳。处处楼前飘管吹,家家门外泊舟舫。云埋虎寺山藏色,月耀娃宫水放光。曾赏钱唐嫌茂苑,今来未敢苦夸张。"[1]

五代吴越时苏州历称中吴府、中吴军,北宋初改为平江军,复改为苏州,徽宗时为帝节镇,升为平江府,更是江南经济文化繁兴的富庶要区。元丰七年(1084年)苏州名士朱长文谓:"当此百年之间,井邑之富,过于唐世。郛郭填溢,楼阁相望,飞杠如虹,栉比棋布,近郊隘巷,悉甃以甓,冠盖之多,人物之盛,为东南冠,实太平盛事也。"[2]他还细数丰富物产,称:"吴中地沃而物夥,其原隰之所育,湖海之所出,不可得而殚名也……若夫舟航往来,北自京国,南达海徼,衣冠之所萃聚,食货之所丛集,乃江外之一都会也。"[3]南宋定都杭州,范成大谓:"谚曰:'天上天堂,地下苏杭。'又曰:'苏湖熟,天下足。'湖固不逮苏,杭为会府,谚犹先苏后杭。"[4]这是"因为杭州是那时的政治中心,苏州是那时的经济中心。这两地真是锦簇花团,说不尽的美丽。

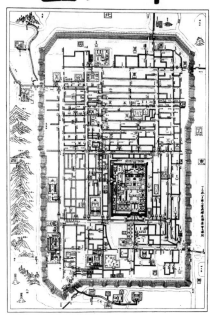

南宋绍定石刻《平江图》

当时苏州的工业和商业都很发达,文学美术的成就亦特高"[5]。元置江浙行省,治于杭州,平江府被改为平江路,元末张士诚割据称王,一度改称隆平府,繁盛依旧。方回《姑苏驿记》列数商贸重镇,称:"东南郡,苏杭第一。杭今设行省,南海百蛮之入贡者,南方数百郡之求仕者,与夫工艺贸易之趋北者,今日杭州明日而苏。天使之驰驿而来者,北方中原士大夫之仕于南者,东辽西域幽朔之浮淮

---

[1] 范成大:《(绍定)吴郡志》卷三《城郭》,第3页。白居易《白氏长庆集》白氏文集卷五十四此诗"舫"作"航","苦"作"若",见四部丛刊影印日本翻刻宋大字本。曹寅《全唐诗》卷四百四十七此诗"嫌"下小字附注"一作兼",见清文渊阁四库全书本。
[2] 朱长文:《吴郡图经续记》卷上《城邑》,宋元丰七年(1084年)刊,民国影印宋刻本,第7页。以下简称《(元丰)吴郡图经续记》。
[3] 朱长文:《(元丰)吴郡图经续记》卷上《物产》,第10—11页。
[4] 范成大:《(绍定)吴郡志》卷五十《杂志》,第13页。
[5] 顾颉刚:《苏州的文化》,陈文德笔记,《教育与社会》第6卷第1期,苏州社会教育学院,1947年,第57页。

越江者，今日苏而明杭。是故苏为孔道，陆骑水舫，供给良难。"[1]陈基称："吴为江表大郡，介居水陆之冲……东南所赋，水土百物，吴为特盛。"[2]朱德润谓："大江东南甲郡，惟吴国赋岁夥，民生亦劬，三农食力……商税榷酤，百役具将。"[3]徐显亦云："姑苏为东南都会，富庶甲于天下，其列肆大贾，皆靡衣甘食。"[4]

明朝是苏州走向鼎盛的重要历史时期。明太祖开国定都南京，改平江路为直隶苏州府。成祖永乐时迁都北京，南京为陪都，苏州府改属南直隶。王叔杲谓："姑苏自古称名郡，山川人物之秀，生齿物产之繁，甲于他方。"[5]社会秩序的长期稳定，为苏州经济与文化、艺术、教育和工艺、科技各领域的大发展创造了必需的前提。其时状元折桂多产，市民阶层崛起。大兴水利，种桑植棉，农副业和以丝织业、棉织业为主的手工业极为发达，资本主义萌芽在全国率先出现，活力毕现。市镇比兴，商路便捷，市场广阔，百业繁茂。阊门号称金阊，枫桥、南濠名列天下大码头，"最为商货辏集之所"[6]，系全国货殖聚散中心。正德时期吴县有"月城"一市："阊门内出城，自钓桥西、渡僧桥南，分为市心。旧有阛阓坊，两京各省商贾所集之处。又有南北濠、上下塘，为市尤繁盛。"[7]嘉靖时郑若曾称："天下财货莫盛于苏州，苏州财货莫盛于阊门。"[8]才子唐寅诗《阊门即事》曰："世间乐土是吴中，中有阊门更擅雄。翠袖三千楼上下，黄金百万水西东。五更市买何曾绝？四远方言总不同。若使画师描作画，画师应道画难工。"[9]崇祯时刑部右侍郎王心一曰："余不佞吴邑人也，生长其中，习而相忘。尝出阊市，见错绣连云，肩摩毂击。枫江之舳舻衔尾，南濠之货物如山，则谓此亦江

---

[1] 方回：《姑苏驿记》，见钱穀：《吴都文粹续集》卷十一《公廨古迹驿递》，清文渊阁四库全书补配文津阁四库全书本，第4页。参阅王颋：《元代商贸都会考》，见郭声波、吴宏岐主编：《中国历史地理研究》第4辑《2006年中国历史地理国际学术研讨会论文集：南方开发与中外交通》，西安：西安地图出版社，2007年，第539页。

[2] 陈基：《夷白斋稿》卷十七《李金事政绩序》，元至正十三年（1353年）春三月序，四部丛刊三编影印明钞本，第2页。

[3] 朱德润：《存复斋文集》卷一《高德基太守善政铭诗》，明刻本，第8页。

[4] 徐显：《稗史集传·陆友》，四库全书存目丛书影印明刊本，济南：齐鲁书社，1997年，第680页。

[5] 王叔杲：《王叔杲集》卷八《赠王三湘年兄司理苏州序》，上海：上海社会科学院出版社，2005年，第173页。

[6] 叶权：《贤博编》，见叶权、王临亨、李中馥：《贤博编 粤剑编 原耳李载》，凌毅点校，北京：中华书局，1987年，第22页。

[7] 王鏊：《（正德）姑苏志》卷十八《乡都市镇村附》，清文渊阁四库全书本，第2页。以下简称《（正德）姑苏志》。

[8] 郑若曾：《枫桥险要说》，转引自孙珮：《吴县志》卷二十六《兵防》，清康熙三十年（1691年）刻本，第1页。以下简称《（康熙）吴县志》。

[9] 唐寅：《唐伯虎集》，太原：三晋出版社，2008年，第85页。

南一都会矣。"[1]万历时意大利传教士利玛窦来过苏州:"这是中国成语说的'上有天堂,下有苏杭'那两个城市中的一个。它是这个地区的最重要的城市之一,以它的繁华富饶,以它的人口众多和以使一个城市变得壮丽所需的一切事物而闻名。"[2]

清朝顺治二年(1645年)改南直隶为江南省,康熙六年(1667年)开始分置江苏、安徽两省,苏州成为江苏省会。在经历了鼎革初期的社会动荡之后,苏州全面延续了明中期以来的发展势头,迎来了"康乾盛世",依旧为全国经济文化最为发达的中心地区。乾隆初施谦《吴县志》谓:"吾吴虽云一邑,而四方万里海外异域珍奇怪伟希世难得之宝,罔不毕集,诚宇宙间一大都会也。"[3]岭南会馆碑记称:"姑苏江左名区也,声名文物,为国朝所推。而阊门外商贾鳞集,货贝辐辏,襟带于山塘间,久成都会。"[4]陕西会馆碑记曰:"苏州为东南一大都会,商贾辐辏,百货骈阗。上自帝京,远连交广,以及海外诸洋,梯航毕至。"[5]历仕康熙、雍正、乾隆三朝之协办大学士孙嘉淦在《南游记》里写道:"姑苏控三江、跨五湖而通海。阊门内外,居货山积,行人水流,列肆招牌,灿若云锦,语其繁华,都门不逮。"[6]曾任苏州府知府的江苏布政使谭钧培

清雍正《姑苏阊门图》

---

[1] 王心一:《重修吴县志序》,王焕如:《吴县志》,明崇祯十五年(1642年)刻本,第1页。以下简称《(崇祯)吴县志》。明代苏州历史,详请参阅吴建华主编:《苏州通史·明代卷》,苏州:苏州大学出版社,2019年。

[2] [意]利玛窦、[比]金尼阁:《利玛窦中国札记》(下),何高济、王遵仲、李申译,北京:中国旅游出版社、商务印书馆,2017年,第24页。

[3] 施谦:《吴县志》卷二十三《物产》,清乾隆十年(1745年)刻本,第1页。以下简称《(乾隆)吴县志》。

[4] 何开泰:《岭南会馆广业堂碑记》,清雍正七年(1729年),苏州历史博物馆、江苏师范学院历史系、南京大学明清史研究室合编:《明清苏州工商业碑刻集》,南京:江苏人民出版社,1981年,第327页。

[5]《陕西会馆碑记》,清乾隆二十七年(1762年),苏州历史博物馆、江苏师范学院历史系、南京大学明清史研究室合编:《明清苏州工商业碑刻集》,南京:江苏人民出版社,1981年,第331页。

[6] 山右历史文化研究院编:《山右丛书·初编》第四册,上海:上海古籍出版社,2014年,第16页。

亦感叹："吴在周初，一小国也。自周秦迄今，由国而郡而州而军而路而府，遂为东南一大都会。其风土之清嘉，田赋之蕃溢，衣冠文物之殷阜，人才艺文之闳伟甲天下……日新岁殊，不难上比熙隆之盛。"[1]

"康乾盛世"标志的历史性事件是两帝南巡。康熙帝在位61年，康熙二十三年至四十六年（1684—1707）先后六次南巡，从北京经南京到杭州，最远至绍兴，每次都驻跸苏州。常熟著名画家王翚偕弟子杨晋应诏绘制了12卷《康熙南巡图》，其中第七卷展现了康熙帝第二次南巡（1689年）时自苏州浒墅关经文昌阁、射渎、枫桥、寒山寺、山塘街到虎丘，沿运河至阊门，终至行宫苏州织造府的沿途社会经济景象。乾隆帝在位60年，效仿其祖父，乾隆十六年至四十九年（1751—1784）亦六次南巡，并把南巡与西征并列为其生平最重要的两大事功。"乾隆皇帝仿古天子巡行盛典，苏州府系天下繁华之所，故而屡次南巡，扈从多人，至杭州府而止。官民皆跪道左，共瞻天颜，地方买卖如常时所为。"[2]乾隆帝第二次南巡（1757年）后，宫廷画家吴县人徐扬于乾隆二十四年（1759年）绘成《盛世滋生图》长卷，俗称《姑苏繁华图》，"其图自灵岩山起，由木渎镇东行，过横山，渡石湖，历上方山，从太湖北岸，介狮、和（何——引者）两山间，入姑苏郡城。自葑、盘、胥三门出阊门外，转山塘桥，至虎邱山止"[3]。据不完全统计，图中人物多达12000余人，官船、货船、客船、杂货船、画舫、木簰竹筏等近400条，各式桥梁50余座，文化戏曲场景10余处。街道上各行业各类市招约260余家，其中南货业5家，洋货业2家，油、盐、糖、杂货业17家，酒店、饭馆、小吃等饮食、副食业共31家。这些行业图中所收并非全部。例如图中有丝绸店铺14家，而记录乾隆帝第二次南巡时苏州店铺的《江南省苏州府街道开店总目》列有25家。图中有钱庄典当业14家，实际上，乾隆元年（1736年）苏州附郭吴、长洲、元和三县即有典铺290家，成为清代苏州典铺数量最多的时期。典铺和钱庄构成清代苏州金融市场的主体，与经济生活须臾不可或离。随着商品经济的兴盛和商贸流通规模日增，苏州钱庄也空前繁多。乾隆三十一年至四十一年（1766—1776），仅山西商人在苏州所开钱庄至少有130余家。范金民通过对《姑苏繁华图》全方位的深入解读，得出了如下结论：

---

[1] 谭钧培：《重修苏州府志序》，冯桂芬：《苏州府志》卷前"序一"，清光绪九年（1883年）刻本，谭序第1、4页。以下简称《（同治）苏州府志》。
[2]《乾隆帝江南省苏州府游幸街道图》《江南省苏州府街道开店总目》，日本宽政八年（1796年）三月近藤守重识，转引自华立：《"唐船风说书"与流传在日本的乾隆南巡史料》，《清史研究》1997年第3期。
[3] 徐扬：《姑苏繁华图》自跋，苏州：古吴轩出版社，1999年。虎邱本作虎丘，因避孔子名讳而改。

清前期的苏州，是少数几个云集全国及至外洋货物的商品中心，全国著名的丝绸生产、加工和销售中心，全国最大和最为集中的棉布加工和批销中心，江南地区最大的粮食消费和转输中心，全国少见的金融流通中心、刻书印书中心，颇为发达的金银首饰、铜铁器以及玉器漆器加工中心，开风气之先和领导潮流的服饰鞋帽中心，独步全国的美味美食中心，设施齐备、服务周到的生活中心，交通便利的运输中心。徐扬以写实的手法，在《姑苏繁华图》中绘录了当时苏州实际存在的260余家店铺的招子，将苏州这一当时全国最为著名的都会之地、工商中心的繁盛市容全方位、直观式地展示了出来，为后人留下了极为难得的文献以外的实景式的形象记录。这在明清时代的同类作品中是独一的。[1]

苏州商业是在江南地区农业商品经济和手工业商品生产共同发展的基础上发展起来的。伴随着商品经济的不断发展，传统重本轻末的观念遭到冲击，功利性的重商思潮开始出现，固有的价值观念发生了改变，从事商业的人群日益增多，商业愈益繁盛。苏州稻香村就诞生在这样的一个历史悠久、人文荟萃、农业和工商业发达的繁华都市，诞生于"康乾盛世"这样的一个历史时代。

二、饮食、茶食业的发展和苏式糕点帮式的形成

乾隆时长洲知县李光祚主修县志，谓："昔之言吴俗者，云习尚奢华……忆曩昔公车三过此，亦每叹羡为繁华世界。洎宰此数年来，始知此地所谓繁华者，止缘水路四达之衢，山海百物之聚，附郭市廛阛阓之际，四方巨商富贾鳞集之区，灿若锦城，纷如海市。一切歌楼酒馆与夫轻舟荡漾、游观宴饮之乐，凡皆行户商旅之迭为宾主。"[2]可见传统社会的苏州，五方杂处，经济繁盛，物质充裕，满足了不同层次和类别的人群需求。在优越的自然环境和人文社会环境中，苏州人以其聪颖灵慧的思维方式和对生活情趣的热情追求，将日常的衣食住行用不断地向新的高度升华，"夸豪好侈，自昔有之"[3]。西晋左思名篇《吴都赋》赞曰："富中之甿，货殖之选，乘时射利，财丰巨万。竞其区宇，则并疆兼巷；矜其宴居，则珠服玉馔。"[4]南宋范成大《吴郡志·风俗》称："吴中自昔号繁盛，四郊无旷土，随高下悉为田。人无贵贱，往往皆有常产。以故俗多奢少俭，竞节物，

---

[1] 范金民：《清代苏州城市工商繁荣的写照——〈姑苏繁华图〉》，《史林》2003年第5期，第115页。参阅范金民：《明清江南商业的发展》，南京：南京大学出版社，1998年，第66页。

[2] 顾诒禄：《长洲县志》卷十《风俗》，清乾隆三十一年（1766年）刻本，第10—11页。以下简称《（乾隆）长洲县志》。

[3] 朱长文：《（元丰）吴郡图经续记》卷上《风俗》，第11—12页。

[4] 萧统撰，李善等注：《六臣注文选》卷第五，四部丛刊影宋本，第21页。

好遨游。"[1]明卢熊《苏州府志·风俗》称苏州在建炎"南渡以后,实为左翊右扶郡,道德仁义,沉浸浓郁,风流笃厚,迥异前闻。岁时游赏,号称繁富,而乡敛燕髦,彝典间举,所谓和而节之以礼者哉!若夫营栋宇、丰庖厨,嫁娶婚丧,奢厚逾度"[2]。王鏊《姑苏志·风俗》亦称:

> 汉世称大江之南、五湖之间,其人轻心。由今观之,吴下号为繁盛,四郊无旷土。其俗多奢少俭。有海陆之饶,商贾并凑。精饮馔,鲜衣服,丽栋宇,婚丧嫁娶,下至燕集,务以华缛相高;女工织作,雕镂涂漆,必殚精巧。信鬼神,好淫祀。此其所谓轻心者乎……及宋南渡,中原文献并随而南。国朝又升为京辅郡,百余年间,礼义渐摩,而前辈名德又多以身率先。如吴文恪之廉直,杨睎颜之醇厚,叶文庄之清严,吴文定之渊靖,又皆以文章前后振动一时。今后生晚学,文词动师古昔,而不梏于专经之陋,矜名节,重清议,下至布衣韦带之士,皆能擒章染翰,而闾阎畎亩之民,山歌野唱亦成音节,其俗可谓美矣。唯夫奢侈之习未能尽革,亦惟在位长民者有以化导之耳。[3]

明初社会经济与社会秩序亟待恢复,"尊卑贵贱悉有定制,奢僭之习为之顿革……商贾不行,盖有取易复象之义,民皆畏法,遵守弗违,崇俭素,绝游逸,耕织日力"[4]。随着经济的发展和禁令的松弛,明中后期社会转型与风尚移易,人们竞逐工商之利,攀比奢华侈靡,江南三吴以苏州为中心成为风向标。万历时吴县知县袁宏道云:"余偶阅旧志,见范、王二公书吴中岁时,未尝不叹俗之侈靡日渐而月盛也。"[5]吏部尚书张瀚称:"自金陵而下控故吴之墟,东引松、常,中为姑苏。其民利鱼稻之饶,极人工之巧,服饰器具足以炫人心目,而志于富侈者争趋效之。"[6]又称:"至于民间风俗,大都江南侈于江北,而江南之侈尤莫过于三吴。自昔吴俗习奢华、乐奇异,人情皆观赴焉。吴制服而华,以为非是弗文也;吴制器而美,以为非是弗珍也。四方重吴服,而吴益工于服;四方贵吴器,而吴益工于器。是吴俗之侈者愈侈,而四方之观赴于吴者,又安能挽而之俭也?盖人情自俭而趋于奢也易,自奢而返之俭也难,今以浮靡之后,而欲回朴茂之初,胡

---

[1] 范成大:《(绍定)吴郡志》卷二《风俗》,第7页。
[2] 卢熊:《(洪武)苏州府志》卷十六《风俗》,陈其弟点校,扬州:广陵书社,2020年,第224页。
[3] 王鏊:《(正德)姑苏志》卷十三《风俗》,第1—2页。按:吴文恪指吴讷,杨睎颜指杨翥,叶文庄指叶盛,吴文定指吴宽。
[4] 卢熊:《(洪武)苏州府志》卷十六《风俗》,陈其弟点校,扬州:广陵书社,2020年,第225页。
[5] 袁宏道:《袁中郎全集》卷八《岁时纪异》,明崇祯刊本,第14页。
[6] 张瀚:《松窗梦语》卷四《商贾纪》,清钞本,第27页。

可得也！"[1]大学士于慎行称："今观三吴之俗不谓俭矣……圣祖创业金陵，三吴列为畿辅，及后燕都定鼎，而东南为财赋所出，盖国家根本膏腴地也。顾承平既久，文物熙恬，故四方风俗大概趣于华侈，而吴为之标，即有所创造，四方慕而驰之，如应影响……夫三吴者何？神圣基图之所创也；诗书文艺之所渐也；群材之所锺，百货之所聚，而贤哲之林也，盛有日矣……自金陵而下，控故吴之墟，以跨引闽、越，则姑苏一都会也。其民利鱼稻之饶，居果布之凑，造作精靡，以绾縠四方。其士也，慕游闲之名，颂俊侠之义，故其地实啬而文侈……且夫吴者，四方之所观赴也。吴有服而华，四方慕而服之，非是则以为弗文也；吴有器而美，四方慕而御之，非是则以为弗珍也。服之用弥博，而吴益工于服；器之用弥广，而吴益精于器。是天下之俗皆以吴侈，而天下之财皆以吴啬也。"[2]王士性游踪几遍天下，称："毕竟吴中百货所聚，其工商贾人之利又居农之什七，故虽赋重，不见民贫。""姑苏人聪慧好古，亦善仿古法为之，书画之临摹，鼎彝之冶淬，能令真赝不辨。又善操海内上下进退之权，苏人以为雅者，则四方随而雅之；俗者，则随而俗之，其赏识品第本精，故物莫能违……海内僻远，皆效尤之。此亦嘉隆万三朝为始盛。"[3]

入清至于康乾盛世，江苏昆山人龚炜（1704—1769后）谓："吴俗奢靡为天下最，日甚一日而不知反，安望家给人足乎？予少时，见士人仅仅穿裘，今则里巷妇孺皆裘矣；大红线顶十得一二，今则十八九矣；家无担石之储，耻穿布素矣；团龙立龙之饰，泥金剪金之衣，编户僭之矣。饮馔，则席费千钱而不为丰，长夜流湎而不知醉矣。"[4]《（乾隆）长洲县志·风俗》亦谓："吴俗多奢少俭，嫁娶凶丧，华缛相尚……夸豪好侈，自昔已然。高堂宇，广园囿，夏非绮罗不衣，冬非羔裘不服，燕客必穷极珍错。始则富贵之家行之，继则舆台贱隶稍有资财者行之，甚或极贫之户，家无担石储，虚而为盈，百计营求，尤而效焉。"[5]

在以苏州为中心的江南经济、文化、社会观念变迁的历史大潮之中，官僚地主世家豪绅阶层，尤其讲究岁时节令、锦衣玉食、第宅园林、书画文玩、娱乐戏剧、抚琴弈棋、饮酒品茗、游逛观览，引领社会风尚。在这样的历史影响和背景下，苏州岁时饮馔有了长足的发展，逐渐形成了自己的特色，不乏美食老饕。郑虎臣（1219—1276），南宋末吴县人，武学生出身，摄会稽尉。德祐元年（1275

---

[1] 张瀚：《松窗梦语》卷四《百工纪》，清钞本，第21页。
[2] 于慎行：《穀城山馆文集》卷四十二《乙酉应天程策第五问》，明万历于纬刻本，第1—7页。明万历年间江西布衣章潢摘录，题为《三吴风俗》，见章潢辑：《图书编》卷三十六，清文渊阁四库全书本。
[3] 王士性：《广志绎》卷二，清康熙十五年（1676年）刻本，第27—28页。
[4] 龚炜：《巢林笔谈》卷五"吴俗奢靡日甚"条，钱炳寰点校，北京：中华书局，1981年，第113页。
[5] 顾诒禄：《（乾隆）长洲县志》卷十《风俗》，第1—3页。

年)乘押解奸相贾似道之机,将其毙之于福建漳州木绵庵。郑虎臣性甚豪侈,"宅在鹤舞桥东,居第甚盛,号'郑半州'。四时饮馔,各有品目。著《集珍日用》一卷,并《元夕闺灯实录》一卷,皆言其奢侈于餍饫也"[1]。以此他被苏州饮食业奉祀为厨神之一。韩奕,字公望,号蒙斋,元末明初吴县人,家居乐桥。博学精医理,人称高士。旧本题称其撰《易牙遗意》:"是编仿《古食经》之遗,上卷为酿造、脯鲊、蔬菜三类,下卷为笼造、炉造、糕饼、汤饼、斋食、果实、诸汤、诸药八类。周履靖校刊,称为当时豪家所珍。"[2]

"吴人善治食品,其来久矣"[3]。据东汉赵晔《吴越春秋》载,吴王僚特嗜炙鱼,伍子胥选派行刺其之勇士专诸,特于太湖学习三月,得此技此味。吴人治鱼鲙,乃吴王阖闾创始于军伍之中。[4]隋炀帝骄奢淫逸,大业中吴郡多献贡品。北宋朱长文《吴郡图经续记》所记,有海鲍鱼干胀四瓶、浸一瓶,海虾子四十挺,鲍鱼含肚千头,"松江鲈鱼干胀六瓶,瓶容一斗,取香柔花叶相间,细切和胀,拨令调匀。鲈鱼内白如雪不腥,所谓金齑玉鲙,东南之佳味也。紫花碧叶,间以素鲙,鲜絜可爱。蜜蟹二十头,拥剑四瓮。拥剑似蟹而小,一螯偏大,《吴都赋》所谓'乌贼拥剑'也。鲤腴鲊四十瓶,肥美冠于鳣鲔干鲙之类,作之皆有法"[5]。朱长文所言诸贡品,南宋范成大《吴郡志·土物》转引唐人杜宝《大业杂记》以

---

[1] 王鏊:《(正德)姑苏志》卷三十一《第宅》,第9页。明陆以载《(万历)福安县志》卷七《人物·忠义》云:"郑虎臣,字廷瀚,二十四都柏柱人,为会稽尉。"福安县宋时为福州长溪县,乃郑虎臣祖籍。陆以载所记虽较《宋史》略详,唯虎臣家世出身仍未悉。明万历间县令张蔚然建三贤祠,以虎臣与唐之薛令之及宋末之谢翱并祀。后又入祀乡贤、忠义二祠。清张景祁《(光绪)福安县志》卷三十一:"会稽尉郑虎臣墓在柏柱阳头村。"宋末元初人方回《桐江集》卷六《乙亥后上书本末》谓:"虎臣者,福州人,以术士补武职,为绍兴府摄局,后为张世杰所斩。"其所记郑虎臣毙贾似道事最详,见清嘉庆宛委别藏本,第25—26页。按:郑虎臣又字廷瀚,一字景召,或作景兆,或谓名景召,字虎臣。

[2] 稽考该书内容,大多摘自浦江吴氏《中馈录》与高濂《遵生八笺·饮馔服食笺》。《四库全书总目提要》谱录类存目著录《易牙遗意》二卷,为副都御史黄登贤家藏本,称"旧本题元韩奕撰",并谓:"考奕与王宾、王履齐名,明初称吴中三高士,未必营心刀俎若此,或好事者伪撰,托名于奕耶。周氏《夷门广牍》、胡氏《格致丛书》、曹氏《学海类编》所载古书,十有九伪,大抵不足据也。"见纪昀总纂:《四库全书总目提要》,石家庄:河北人民出版社,2000年,第3014页。

[3] 王鏊:《(正德)姑苏志》卷十四《土产·饮馔之属》"炙鱼"条引《吴越春秋》后注,第17页。

[4] 参阅范成大:《(绍定)吴郡志》卷二十九《土物上》引《吴越春秋》,第14页。

[5] 朱长文:《(元丰)吴郡图经续记》卷下《杂录》,第35—36页。参阅范成大:《(绍定)吴郡志》卷三十《土物下》,第1—3页。邱庞同谓:"'鲊',即鲊。而'鲤腴'是指鲤鱼腹部的肥肉。每头鲤鱼仅取腹腴一片制鲊,足见选料之精。这当然和向隋炀帝进贡有关。此外,透过'纯以鲤腴为之'几个字,可以反映出制鲊技艺的进步。因为在《齐民要术》关于作鲊方法的介绍中,有选料'肥者虽美,而不耐久'的话,说明魏晋之时一般不提倡用肥的鱼做鲊。既然隋朝吴地已能用'鲤腴'制鲊,且得上贡,从苏州一带运到隋都,千里迢迢,颇费时日,估计'耐久'的工艺问题已经解决。"见邱庞同:《中国菜肴史》,青岛:青岛出版社,2010年,第146页。

备其详,时已"不复制作"[1]。明王鏊《姑苏志·土产》虽因旧志所载录而存之,其法已经不传。但是,苏州在岁时饮馔上,奢华与清嘉并存,"土俗侈岁时之胜"[2],"最重节物"[3],形成了独特的文化景观,创造了许多物化了的精神产品。

"鱼鲊,出吴江。以荷叶裹而熟之,味胜罂缶,名荷包鲊。或有就池中莲叶包之数日,尤胜。白乐天诗'就荷叶上包鱼鲊'是也。"

"水晶鲙,其法:以赤梢鲤鱼鳞净洗,去涎水,浸一宿,入琼枝之类,用新水于釜中慢火熬浓,去其鳞滓,清可鉴物,待冷即凝,缕切,沃以五辛醋味,珍而爽,俗称膝子。"[4]

"虾鲞,以虾子涂鲞鱼,蒸熟,油纸包贮小瓶内。"[5]

"蜜煎,以杨梅、枇杷、青梅、橙橘之属蜜渍之成煎。出郡城。"[6]

"糖杨梅,以糖霜拌杨梅,封贮瓷瓮,经年犹鲜。熏者亦佳。"[7]

"熏杨梅,家造者尤精。"[8]

"熏橄榄、陈皮,青盐制者佳,糖制者下。"[9]

"饧,以麦芽熬米为之,古谓之饸饹,楚词注谓之饴。唐人有胶牙饧,见陆鲁望《祀灶解》。今俗尤所尚,总名曰糖。出常熟直塘市,名葱管糖;出昆山如三角粽者,名麻粽糖。"[10]

---

[1] 范成大:《(绍定)吴郡志》卷三十《土物下》,第3页。范志曰:"自白鱼子而下至蜜蟹等,皆炀帝穷侈纵欲之时,吴郡以为贡。多杀物命,以共口腹,旋致丧亡之祸。《续图经》言之切矣。此等物今不复制作,但其事登载未详,故录之,并以为世戒。"唐杜宝《大业杂记》,又名《大业拾遗》,谓隋大业六年(610年)吴郡献鲍鱼干脍、海虾子、蜜蟹、拥剑,鲤腴鲙为大业十二年(616年)献,王鏊《(正德)姑苏志》卷十四《土产》误作大业二年(606年)献,并谓:"已上诸法皆不得,因旧志所载存之。"

[2] 张大纯:《节序》,转引自王稼句:《姑苏食话》,苏州:苏州大学出版社,2004年,第60页。

[3] 王鏊:《(正德)姑苏志》卷十三《风俗》,第3页。

[4] 卢熊:《(洪武)苏州府志》卷四十二《土产》,陈其弟点校,扬州:广陵书社,2020年,第592页。按:水晶鲙,别作水晶脍,王鏊《(正德)姑苏志》卷十四《土产·饮馔之属》误作水晶绘。

[5] 习嶲《苏州府志》卷二十三《物产·饮馔之属》:"虾鲞,煎鲞以虾子涂,蒸熟,小缶贮之,可以饷远。"见清乾隆十三年(1748年)刻本,第16页。以下简称《(乾隆)苏州府志》。

[6] 王鏊:《(正德)姑苏志》卷十四《土产·饮馔之属》,第17页。蜜煎,《(乾隆)吴县志》卷二十三《物产·品馔之属》作蜜饯。

[7] 习嶲:《(乾隆)苏州府志》卷二十三《物产·饮馔之属》,第16页。

[8] 王鏊:《(正德)姑苏志》卷十四《土产·饮馔之属》,第17页。

[9] 王焕如:《(崇祯)吴县志》卷二十九《物产·品馔之属》,第34页。《(康熙)吴县志》卷二十《物产·品馔之属》同。《(乾隆)吴县志》卷二十三《物产·品馔之属》谓"青盐杂参贝制者佳"。《(乾隆)苏州府志》卷二十三《物产·饮馔之属》:"制陈皮,青盐杂参贝等物,郡城造者佳。"《(同治)苏州府志》卷二十《物产·饮馔之属》:"制陈皮,青盐杂参贝为之,宋公祠所造最擅名。"

[10] 王鏊:《(正德)姑苏志》卷十四《土产·饮馔之属》,第18页。《(崇祯)吴县志》卷二十九《物产·品馔之属》《(康熙)吴县志》卷二十《物产·品馔之属》:"糖果,法制品伙,味俱佳。"《(绍定)吴郡志》卷二《风俗》谓除夕"家人酌酒名分岁,食物有胶牙饧"。范成大《上元纪吴中节物俳谐体三十二韵》有句"乌腻美饴饧",自注:"即白饧,俗言能去乌腻。"楚词,当指楚辞。

"蔌藙，法制俱有异味，可侑酒。"[1]

"角黍，箬裹糯米为之，或用菰叶。"[2]

"油䭔，用粉下酵裹糖，制如饼，油煎食之。圆子，捻粉为丸。范成大诗：'捻粉团圆意。'二品俱为元宵节物。"[3]

"骆驼蹄，蒸面为之，其形如驼蹄，重阳节物。"[4]

"冷丸，用极细粉裹糖煮熟，入冷水食之，为寒食节物。"[5]

"牛乳，出光福诸山。田家畜乳牛善，饲以刍豆，取其乳，如菽乳法点之，名乳饼。可以致远，四方贵之。别点其精者为酥，或作泡螺、酥膏、酥花。"[6]

"豆生，用豆粉揉和如面，干而鬻之。"[7]

"麦蚕，取嫩麦，熟磨之，皆成细条，状如新蚕，故名。"[8]

"茧团，养蚕家成茧时，作团像茧以告成。"[9]

"松花饼，春夏之交，山人取松花调蜜作饼，颇为佳胜，僧家尤贵之。"[10]

"烧饼，用面入盐糖馅，出横塘者佳，今以马医科为最。蚶饼，以蚶壳和面为

---

[1] 王焕如：《（崇祯）吴县志》卷二十九《物产·品馔之属》，第34页。《（康熙）吴县志》卷二十《物产·品馔之属》同。《（乾隆）吴县志》卷二十三《物产·品馔之属》："蔌藙。黄连头、五加皮、香椿头、姜丁。"

[2] 王鏊：《（正德）姑苏志》卷十四《土产·饮馔之属》，第18页。杨循吉《吴邑志》卷十四《物产·饮馔》："角黍，箬裹糯米为之，或用饴豆沙为馅，端午佳品。"见明嘉靖八年（1529年）刻本。以下简称《（嘉靖）吴邑志》。《（乾隆）吴县志》卷二十三《物产·品馔之属》："端午节物，俗名粽子，云为屈原而设。"《（绍定）吴郡志》卷二《风俗》谓："重午以角黍、水团、彩索、艾花、画扇相饷。夏至复作角黍以祭，以束粽之草系手足而祝之，名健粽，云令人健壮。"明俗依旧。

[3] 王鏊：《（正德）姑苏志》卷十四《土产·饮馔之属》，第18页。油䭔，《（同治）苏州府志》卷二十《物产·饮馔之属》作油鎚。《（正德）姑苏志》卷十三《风俗》："上元灯市……其夕会饮，以米粉作丸子、油䭔之属，行游五日而罢。"按：鎚，异体字"槌"。蜀人亦呼饼为槌。南宋范成大《上元纪吴中节物俳谐体三十二韵》有句"宝糖珍粔妆"，自注："䭔拍，吴中谓之宝糖䭔，特为脆美。"䭔拍，《东京梦华录》中提到，乃"焦䭔"别称，而焦䭔其实就是"油䭔"，都是要通过油炸之后上市。再，范成大诗，"撚"同"捻"，团圆当作"团栾"，自注"团子"。

[4] 王鏊：《（正德）姑苏志》卷十四《土产·饮馔之属》，第18页。清顾张思《土风录》卷六"骆驼蹄"条："今俗于端午节卖之。《姑苏志·风俗》云：'重九饮鞠酒，用面裹肉炊之，曰重阳糕，一曰骆驼蹄。'今俗分为二物。"该书有乾隆六十年（1795年）钱大昕序，嘉庆三年（1798年）刊本。顾张思，字怀祖，一字雪亭，江苏太仓人，诸生，人称"博物君子"，另著有《越游小草》等。

[5] 王鏊：《（正德）姑苏志》卷十四《土产·饮馔之属》，第18页。《（乾隆）苏州府志》卷二十三《物产·饮馔之属》谓"今惟盛夏有之"。

[6] 王鏊：《（正德）姑苏志》卷十四《土产·饮馔之属》，第18页。

[7] 王鏊：《（正德）姑苏志》卷十四《土产·饮馔之属》，第18页。《（嘉靖）吴邑志》卷十四《物产·饮馔》："豆生，用豆粉和面，切为细条，煮食之。"《（乾隆）苏州府志》卷二十三《物产·饮馔之属》："豆生，用菉豆粉揉和，细切如线，干而鬻之。吴江者佳。"《（同治）苏州府志》卷二十《物产·饮馔之属》："豆生，俗名索粉，出吴江者佳。"

[8] 王焕如：《（崇祯）吴县志》卷二十九《物产·品馔之属》，第34页。四月立夏日习俗。

[9] 施谦：《（乾隆）吴县志》卷二十三《物产·品馔之属》，第16页。《（绍定）吴郡志》卷二《风俗》谓："上元影灯巧丽，它郡莫及……以糖团春茧为节食。"顾张思《土风录》卷一"元宵茧团"条："正月十五夜，抟糯粉如蚕茧形，曰茧团。见王仁裕《开元天宝遗事》。"

[10] 王鏊：《（正德）姑苏志》卷十四《土产·饮馔之属》，第18页。

之。糖果。炒米饼,用白粢炒熟成粉,入白糖为饼,味佳。"[1]"麻酥,碾芝麻作屑,和糖、椒盐、豆沙作饼。鸡豆粥,芡实作膏。蓑衣饼,大而薄,层数最多最松,又名眉公饼,云创自陈眉公也。虎邱山人皆能为之,人家亦有能为者,实饼中之上乘,他处所无也。"[2]"捣青苎头和粉为之者,名苎头饼。出吴江同里,可饷远。他处惟用麦芽为之,亦名芽谷饼。"[3]

"糕,捣黍为之。楚词有粔籹,其注曰'环饼'。吴人谓糕曰'膏环',亦谓之寒具。方言谓之糕。凡数品,雪糕、花糕、生糖糕、糖松糕、焦热糕、甑儿糕之类。"[4]又有蜂糕、百果糕[5]、夹馅糕、绿豆糕、云片糕[6]、"火炙糕、马蹄糕、海棠糕诸类。重阳日蒸五色糕相饷,谓之重阳糕"[7],南宋时称花糕[8]。还有"软香糕,以苏州都林桥为第一;其次虎邱糕西施家为第二;南京南门外报恩寺则第三矣……三层玉带糕:以纯糯粉作糕,分作三层。一层粉一层猪油白糖,夹好烝之,烝熟切开。苏州人法也。"[9]

《(乾隆)吴县志》曾谓:"吴中食物,有因时而名者,有因地而名者,有因人而名者。中秋卖饼,谓之月饼;七夕以面作果,谓之巧果;腊月初八以果品煮米作粥,谓之腊八粥,此因时而名者也。枇杷以白沙为最佳无核,杨梅以铜坑为极美,此因地而名者也。野鸭以蒋姓著,谓之蒋野鸭;熏蹄以陈姓著,谓之陈蹄,

---

[1] 施谦:《(乾隆)吴县志》卷二十三《物产·品馔之属》,第34页。按:"馎"同"饷",吴语方言读"馅"。

[2] 施谦:《(乾隆)吴县志》卷二十三《物产·品馔之属》,第34页。清袁枚《随园食单》卷四《点心单》:"蓑衣饼,干面用冷水调,不可多揉,擀薄后卷拢,再擀薄了,用猪油白糖铺匀,再卷拢,擀成薄饼,用猪油煠黄。如要盐,用葱椒盐亦可。"见清嘉庆元年(1796年)小仓山房刻本,第2页。按:陈眉公即陈继儒。

[3] 冯桂芬:《(同治)苏州府志》卷二十《物产·饮馔之属》,第18页。周之桢《(嘉庆)同里志》卷八《物产·饮馔之属》:"曰闵饼。一名苎头饼,一名芽谷饼。在漆字圩,出闵氏一家。筛串精而蒸煎得法,为同川独步,著名远近,已百余年。康熙初年、乾隆十二年,县志载入,有此苎头饼之名。明沈周有诗。"见同里镇人民政府、吴江市档案局编:《同里志(两种)》,扬州:广陵书社,2011年,第85页。

[4] 王鏊:《(正德)姑苏志》卷十四《土产·饮馔之属》,第18页。《(嘉靖)吴邑志》卷十四《物产·饮馔》:"糕,捣黍为之,其多数品,吴中悉善制也。"按:《说文》粔籹,膏环也。

[5] 王焕如:《(崇祯)吴县志》卷二十九《物产·品馔之属》,第34页。《(康熙)吴县志》卷二十《物产·品馔之属》:"果馅,用面和猪脂入百果为馅。"

[6] 习寯:《(乾隆)苏州府志》卷二十三《物产·饮馔之属》,第16页。

[7] 冯桂芬:《(同治)苏州府志》卷二十《物产·饮馔之属》,第18页。

[8] 范成大:《(绍定)吴郡志》卷二《风俗》,第8页。谓:"重九以菊花、茱萸尝新酒,食栗粽、花糕。"

[9] 袁枚:《随园食单》卷四《点心单》,清嘉庆元年(1796年)小仓山房刻本,第10页。按:烝,此处同"蒸"。

此因人而名者也。"[1]因时而名者，尚有"迎春日啖春饼、春糕"等[2]。而糕因人出名者，乾隆时吴县有"居家糕。本姓居之人，事母甚孝，母年老不能啖物，其子忧念，思得其法，用饭干为末，馕入芡实粉，加糖，甚甘而松，且健脾，其母食之而喜。今子孙遂世其业"[3]。吴江"平望闵氏以粉糍著名，呼曰闵糕。国朝陆鼎作《闵糕歌》"[4]。西泠八家之首丁敬七十三岁亦书其作《闵糕歌》，称："平望闵糕，独绝诸家。"[5]

中国传统的岁时节令，有"四时八节七十二候"之说，反映了天地万物春生、夏长、秋收、冬藏的自然法则。苏州的食品以岁时节令不同而各具特色，营造的气氛亦各有不同，体现了风俗民情、宗教信仰及农耕社会文化的特质。南宋范成大《上元纪吴中节物俳谐体三十二韵》有句："宝糖珍粔籹，乌腻美饴饧。捻粉团栾意，熬稃腷膊声。"[6]明唐寅曾作《江南四季歌》，清袁学澜又仿作《吴中四时行乐歌》，描绘四季风俗，饮食亦不可缺。顾颉刚辑《吴歌丁集》，还有童谣咏唱："正月里，闹元宵。二月二，撑腰糕。三月三，眼凉糕。四月四，神仙糕。五月五，小脚粽子箬叶包。六月六，大红西瓜颜色俏。七月七，巧果两头翘。八月八，月饼小纸包。九月九，重阳糕。十月十，新米团子新米糕。十一月里雪花飘。十二月里糖菌糖元宝，吃仔就滚倒。"[7]苏州人在各个层面上对生活品质的讲究一脉相承，表现出吴地饮食文化的丰富多样性，其中包括了所谓"四季茶食"这一丰厚的文化形态。

曹允源等纂《吴县志》，谓："茶食。或粉或面，和糖制成糕饼饺馓之属，形

---

[1] 施谦：《（乾隆）吴县志》卷二十三《物产·品馔之属》，第24页。自注曰："熏爌之业，今则以陆高（稿——引者）荐出名，而陈不复著矣。近来陆高（稿）荐之熏爌，京师亦盛行，盖此项熏烧之物，海内未有能如吴地者。盖其积年之汁，祖孙相继，实有秘传，分析之时，亦必先分此汁也。"《（正德）姑苏志》卷十三《风俗》："七月七日为乞巧会，以青竹戴绿荷系于庭作承露盘，男女罗拜月下，谓之小儿节。饤果皆曰巧，如巧饼、巧果之类。"

[2] 王鏊：《（正德）姑苏志》卷十三《风俗》，第3页。每年农历腊月二十三日到年三十，民间称作迎春日，也叫扫尘日。

[3] 施谦：《（乾隆）吴县志》卷二十三《物产·品馔之属》，第16页。

[4] 冯桂芬：《（同治）苏州府志》卷二十《物产·饮馔之属》，第18页。陆鼎（1756—1838后），字子调，号铁箫，清江苏元和人。陆游裔孙。以书画擅名，"所为诗古文词，一时少与抗者"。与顾承有合辑《吴中二布衣集》。

[5] 丁敬（1695—1765），字敬身，号钝丁、砚林，别号龙泓山人、砚林外史等，清浙江钱塘（今杭州）人。布衣。工书能诗，尤精篆刻。其行书《闵糕歌》（日本河井荃庐氏藏），小序曰："嘉禾张生芑堂，馈平望闵糕，独绝诸家，为作歌纪之。"首句"闵姓名糕深雪色，到眼团团秋半月"。见阎正主编：《中国历代书法大观》（下），北京：国际文化出版公司，1995年，第383—386页。参阅《（道光）平望志》卷一"金粟逸人逸事"。

[6] 范成大：《石湖居士诗集》卷二十三，四部丛刊影印清爱汝堂本，第4页。"熬稃腷膊声"句自注："炒糯谷ト卜，俗名孛娄，北人号糯米花。"《（绍定）吴郡志》卷二《风俗》亦谓："（正月）爆糯谷于釜中，名孛娄，亦曰米花。每人自爆，以卜一岁之休咎。"

[7] 参阅王稼句：《姑苏食话》，苏州：苏州大学出版社，2004年，第83—84页。

色名目不一，用以佐茶，故统名茶食，亦曰茶点。"[1]所谓茶食、茶点，与小食、点心及糕点等名目，词语关系密切，其意义演变有个历史过程。"茶食"一词，初见北宋末钟邦直所撰《宣和乙巳奉使行程录》，谓金国女真"最重油煮面食，以密（蜜——引者）涂拌，名曰'茶食'，非厚意不设"[2]。南宋周麟之《海陵集》亦载："又俗重茶食，阿古达开国之初，尤尚此品。若中州饼饵之类，多至数十种，用大盘累钉高数尺，所至供客，赐宴亦用焉，一种名金刚镯，最大。"[3]其后，茶食又被称为茶筵。[4]南宋民族交往密切，茶食南北交融，以都城杭州最为繁盛。吴自牧《梦粱录》曰："杭城食店多是效学京师人，开张亦效御厨体式，贵官家品件。凡点索茶食，大要及时，如欲速饱，先重后轻，兼之食次名件甚多。"[5]据称近于400名件。元代睢玄明《咏西湖》套曲则称："随时置有百十等异名按酒，数千般官样茶食。"[6]

从诸多文献中可见，茶食原系北方金国女真民族一种待客宴宾之品，初与点心有概念上的区别，后便渐渐混同。清乾隆时江苏太仓人顾张思《土风录》即称

---

[1] 曹允源等：《吴县志》卷五十一《物产二·饮馔之属》，民国二十二年（1933年）苏州文新公司排印本，第21页。简称《（民国）吴县志》。晚清浙江湖州人汪日桢《湖雅》卷八"饼饵之属（饭粥附）"有"茶食"一则云："或粉或面和糖制成糕饼，形色名目不一，用以佐茶，故统名茶食；亦曰茶点。他处贩鬻，称嘉湖细点。"转引自吴秋山：《茶墅小品》，上海：北新书局，1937年，第13页。

[2] 徐梦莘：《三朝北盟会编》卷二十《政宣上帙》，清光绪三十四年（1908年）许涵度校刻本，第8页。宣和乙巳即宋宣和七年（1125年），管押礼物官钟邦直随正使许亢宗一行首使金国，贺金太宗吴乞买即位。事见《宋史》卷二十二。南宋洪皓《松漠纪闻》卷上记曰："金国旧俗多指腹为婚姻，既长，虽贵贱殊隔亦不可渝。婚纳币皆先期拜门，戚属偕行，以酒馔往……宾退则分饷焉。男女异行而坐，先以乌金银杯酌饮（贫者以木），酒三行，进大软脂、小软脂（如中国寒具）、蜜糕（以松实、胡桃肉渍蜜和糯粉为之，形或方或圆，或为柿蒂花，大略类浙中宝阶糕），人一盘，曰茶食。"见明顾氏文房小说本。清俞樾《茶香室丛钞》三钞卷二十五"茶食"条，引洪皓《松漠纪闻》，谓："按此则茶食之名亦古矣……今苏杭皆有之，正谓之蜜糕，而宝阶糕之名则无闻。"见清光绪二十五年（1899年）刻春在堂全书本。按：洪皓建炎三年（1129年）奉命使金，拒降被拘，直至绍兴十三年（1143年）和议成，才被放归南宋。宇文懋昭《大金国志》卷四十"婚姻"条与洪皓所记基本一样，不同处曰"次进蜜糕""人各一盘，曰茶食"，且无注，可见清文渊阁四库全书本。清阿桂《满洲源流考》卷十八《国俗》语同《大金国志》，见清文渊阁四库全书本。宇文懋昭系自金国投南宋，自称淮西归正人，历官承事郎、工部架阁。旧传《大金国志》为其所撰，前有端平元年（1234年）正月十五日进书表，内称"偷生淮浦，窃禄金朝，少读父书"。然据《四库全书总目提要》及清人李慈铭、近人余嘉锡考证，其书乃宋元间人伪作。今学者有称其为元人，书称《金志》。"茶食"一词，清周广业《循陔纂闻》卷一谓最早可见宇文懋昭《金志》，实误。

[3] 于敏中主编：《日下旧闻考》第8册，北京：北京古籍出版社，2018年，第2377页。阿古达，即金太祖完颜阿骨打（1068—1123）。

[4] 南宋周𤊹《北辕录》记淳熙四年（1177年）张子政使金："直抵于馆，旋供晚食果钉如南方斋筵。先设茶筵，一般若七夕乞巧，其瓦垄桂皮、鸡肠银铤、金刚镯、西施舌取其形，蜜和面油煎之，金人甚珍此（茶食谓未行酒，先设此品，进茶一盏，又谓之茶筵）。"见陆楫：《古今说海·北辕录》说选十八，清文渊阁四库全书本。

[5] 吴自牧：《梦粱录》卷十六"分茶酒店"条，清学津讨原本，第4页。此处京师指北宋都城汴梁，即东京开封府。

[6] 杨朝英：《朝野新声太平乐府》卷九小令九，四部丛刊影印元本，第4页。

引南宋宇文懋昭《大金国志》，谓"干点心曰茶食"[1]。南宋初吴曾《能改斋漫录》"点心"条谓："世俗例以早晨小食为点心，自唐时已有此语。按唐郑傪为江淮留后，家人备夫人晨馔，夫人顾其弟曰：'治妆未毕，我未及餐，尔且可点心。'其弟举瓯已罄。俄而女仆请饭库钥匙，备夫人点心。傪诟曰：'适已给了，何得又请？'云云。"[2]一般以为"点心"最早出此。就目前所查文献记载来看，"点心"连用始见于唐文宗时薛渔思著《河东记》中传奇《板桥三娘子》[3]，表示早晨正餐之前小食以充饥，作动词，其本义犹言"填心""填肚子"，目前仍存在于吴语、闽语等少数方言中。北宋时"点心"仍主要作动词[4]，南宋时更多地转作名词，泛指糕饼之类的食品。[5]"点心"的时间泛化，不再限于早晨，凡非正餐时均可称"点心"。元代陶宗仪《南村辍耕录》即云："今以早饭前及饭后、午前、午后、晡前小食为点心。"[6]宋元以后，"点心"的名词用法得到普遍推广，成为家喻户晓的一个词语，近人徐珂说"米麦所制之物，不以时食者，俗谓之点心"[7]，表明"点心"的含义发生了变化，统称各种小食。

"小食"一词甚古。清经学家、训诂学家郝懿行《证俗文》卷一，引明人田汝成笔记《委巷丛谈》云："馦，《说文》叽也。叽，小食也。赵宧光《长笺》：'正饭之后有小饭，如茶点之类。北方谓之小食，饭之余也。'案今谓之小饭，其宾筵谓之导饭。案点心起于此。今南北通谓日间小食曰'点心'。"[8]《(同治)苏州府志》卷三《风俗》即谓"小食曰点心"。近人徐珂谓："世以非正餐所食而以消闲者，如饼饵糖果之类，曰小食。盖源于《搜神记》所载，管辂谓赵颜曰：'吾卯日小食时必至君家。'小食时者，犹俗所称点心时也，苏、杭、嘉、湖人多嗜之。"[9]由上可见，所谓茶食、茶点、小食、点心等，皆系正餐之外的享用，有的虽然也

---

[1] 顾张思：《土风录》卷四"茶食"条，清嘉庆三年（1798年）刊本。
[2] 吴曾：《能改斋漫录》卷二《事始》，清文渊阁四库全书本，第22页。按："点心"条多人引《能改斋漫录》语，却谓出《唐书》《唐史》，皆为妄加，实无此记载。
[3] 李昉：《太平广记》卷二百八十六"幻术三"，民国影印明嘉靖谈恺刻本。参阅陈长喜主编：《中国历代小说赏读》上册《板桥三娘子》，天津：天津古籍出版社，2007年，第112页。
[4] 庄绰：《鸡肋编》卷下，清文渊阁四库全书本。
[5] 赵翼：《陔余丛考》下册卷四十三"点心"条，北京：中华书局，1963年，第964页。关于"点心"如何成词，早期何指，如何发展演变为现代用法，可参阅楚艳芳、王云路：《"点心"发覆——兼谈词的核心义对语素搭配的制约性》，见浙江大学汉语史研究中心编：《汉语史学报》第13辑，上海：上海教育出版社，2013年，第96—104页。
[6] 陶宗仪：《南村辍耕录》卷十七"点心"条，上海：上海古籍出版社，2012年，第191页。
[7] 徐珂编撰：《清稗类钞》第13册"点心"条，北京：中华书局，1986年，第6396页。
[8] 郝懿行：《证俗文》卷一，清光绪东路厅署刻本，第19页。赵宧光（1559—1625），字水臣，明太仓人，与妻隐居苏州寒山，以高士著称。著有《说文长笺》等。
[9] 徐珂编撰：《清稗类钞》第13册"点心"条，北京：中华书局，1986年，第6396页。南宋王楙《野客丛书》卷三十"以点心为小食"条："仆谓见昭明太子传曰：'京师谷贵，改常馔为小食。'小食之名本此。"见明刻本。清浙江嘉兴人沈涛《交翠轩笔记》卷四谓："今天下无不呼点心，惟吾乡尚呼小食。《说文》口部：叽，小食也。二字甚古。"见清道光刻本。

可作为正餐的一品，但是，其意义主要还属于消闲的零食。[1]苏州社会经济与文化发达，特别讲求雍容闲雅，生活标准、消费水平向来较别处为高，故"苏人以讲究饮食闻于时，凡中流以上人家，正餐、小食，无不力求精美，尤喜食多脂肪品，乡人亦然。至其烹饪之法，概皆五味调和，惟多用糖"[2]，展示出精巧秀美的吴地风韵。

吴俗礼节有客必敬茶，有茶必备点。苏州茶食业随着食品加工制作技术水平的不断提高和饮食服务业的繁荣而兴盛，历经六朝隋唐，至南宋时已有长足发展，茶食点心坊肆多有，如沙糕桥、水团巷、豆粉巷等即因业别而得名。明代社会转型极大地促进了茶食业发展，"嘉靖初，一员外建言崇节俭以变风俗，专论各处茶食铺店所造看桌糖饼，大者省功而费料，小者料小而费功。乞要擘画定式，功料之间务在减省，使风俗归厚。肉食谋国乃有此辈，可发一叹"[3]。此后发展势头依然强劲。至清代康乾盛世，更是繁盛超前。如清初创立的虎丘斟酌桥旁三山馆，原名白堤老店，满汉大菜及汤炒小吃多达149种，点心就有26种。而金阊园馆所在皆有，为数更多。据《圣祖五幸江南全录》记载，康熙四十四年（1705年）三月十七日康熙南巡到苏州，次日赐江苏巡抚宋荦"果糕、满点四色"。同日状元彭定求等苏州士绅"赴行宫叩贺万寿，进献长生果山景、樱桃肉山景、彩亭、烛酒、荤素、蜜饯、小菜、果点、古玩等色"，又有苏、松、常、淮扬等属臣民"恭祝万寿，各献荤素果点食物，各色百盘"。三月二十日，康熙赐苏州各乡绅彭定求等"每位茶食满点一盘"。四月十五日，江苏巡抚宋荦"进百花糖、绿豆、芥菜、鸭脯四色"，鸿胪寺卿吴县宋骏业"进蜜饯、果品、小菜等色"。四月十七日，康熙"赐各臣茶点"[4]。从以上看出，康熙南巡带来了正宗的满族宫廷茶食糕点，又品尝了苏州茶食，有益于南北方茶食的交流。乾隆帝喜爱苏州菜及点心，御膳房内有"苏造铺"。中国第一历史档案馆藏乾隆二十一年（1756年）十月初一日所立《苏造底档》中，有乾隆帝每日所食苏州菜肴名录，共记105种，包括荤菜系列、素菜系列、杂系列、燕窝系列、点心系列等。乾隆三十年乙酉（1765年）乾隆第四次南巡，二月驻跸苏州府行宫，苏州织造普福进献白面千层糕、甑尔糕，喜玉进苏州糕、饽饽。再如二月二十五日：早膳，蜂糕一品，匙子饽饽红糕一品，饽饽三品；晚膳，白面丝糕、糜子米面糕一品，千张糕一品。闰二月

---

[1] 王稼句：《姑苏食话·小食琐碎》，苏州：苏州大学出版社，2004年，第250—251页。
[2] 徐珂编撰：《清稗类钞》第13册"苏州人之饮食"条，北京：中华书局，1986年，第6240页。
[3] 李绍文：《皇明世说新语》卷八"纰漏"，明万历刻本，第15页。明天启刻本查应光《靳史》卷二十八引文同。明刻本冯梦龙《古今谭概》迂腐部卷一"成弘嘉三朝建言"条，"看桌"作"看卓"。按："棹"同"桌"。
[4] 佚名：《圣祖五幸江南全录》，见汪康年辑：《振绮堂丛书初集》，清宣统二年（1910年），第10、11、13、27、29页。

二十三日早膳，孙泥额芬白糕一品，蜂糕一品；晚膳枣尔糕、老米面糕一品。[1]即或在民间，苏式茶食糕点也已形成气候。乾隆帝曾食用过吴江平望的薄荷糕。据《（道光）平望志》卷一《土产》载："薄荷糕，以粳米水浸数日，碓粉和白糖入甑。甑底用薄荷同蒸熟，亦能耐久。闵姓造者佳。又有杨姓者，乾隆乙酉年，高宗纯皇帝南巡，浙江巡抚熊学鹏曾备以充御膳。熊为书'雪糕'二字赠杨。"[2]

在徐扬所绘《姑苏繁华图》中，酒店、饭馆、小吃、茶食店铺等共31家。经营茶食点心者，如木渎斜桥桥堍一家茶食店，悬有"乳酪酥""桂花露""玉露霜""状元糕""太史饼"五方市招，城内道前街江苏按察使署西三元斋，高悬"三元斋""状元糕"等市招，山塘街也有"茶食""点心"等市招。经查《江南省苏州府街道开店总目》，第9店为"精洁肉食"的美芳馆，"此熟食店也。精洁肉食者，

《姑苏繁华图》山塘街茶食店

煮熟鱼肉，精洁调和干净之谓也"；第13店为"法制精巧果品茶食"的森禄斋，"此果子店也。法制精巧果品茶食者，做成新式果品茶食之谓也"；第16店为"精洁满汉糕点"的上元馆，"此糕品店也"。[3]以上约略可见其时苏州茶食行业繁荣的景象。店号注重质量和信誉，形成字号、地望、节令等方面的特色。乾隆时钱思元《吴门补乘》称："苏州方物著名，前代如山查钉、山查糕、松子糖、白圆橄榄脯及带骨鲍螺之类，已载张岱《梦忆》。今河山既异，名物亦更。其以姓著者，有方羊肉、袁小菜；以混名著者，有野荸荠饼饺、小枣子橄榄；以地名者，有野味场野鸭、温将军庙前乳腐；以招牌名者，有悦来斋茶食、安雅堂酏酪。

---

[1] 参阅裘晓强：《明清江南的食物贡奉》附录"乾隆三十年南巡苏州行宫十五贡奉单"，见故宫博物院编：《宫廷与江南学术研讨会论文集》，北京：故宫出版社，2015年，第117—124页。参阅余同元、何伟：《历史典籍中的苏州菜》之"乾隆三十年南巡苏州行宫部分菜单"，天津：天津古籍出版社，2014年，第60—80页。原注菜单出自中国第一历史档案馆编：《清宫御档》第1函《清宫御膳》，富阳：华宝斋书社，2001年。

[2] 翁广平：《（道光）平望志》卷一，见吴江市平望镇人民政府、吴江市档案局编：《平望志三种》（上），扬州：广陵书社，2011年，第31—32页。

[3]《乾隆帝江南省苏州府游幸街道图》《江南省苏州府街道开店总目》，日本宽政八年（1796年）三月近藤守重识，转引自华立："唐船风说书"与流传在日本的乾隆南巡史料，《清史研究》1997年第3期。

若斯之类，不可胜记。虽为小食，雅负时名。苟遇泗水潜夫，定采入《市肆记》矣。"[1]

《姑苏繁华图》木渎斜桥桥堍茶食店（局部）

总体而言，苏州茶食历史悠久，其中糕饼点心占据主要的和最为重要的部分。如前所述，随着"点心"使用频率的增加，"点心"可以缩略为"点"，进而由"点"作为语素构成"茶点""糕点"等众多词语。所谓"糕"，指用米、麦、豆等原料制作成的块状食物，所谓"点"，则源自"点心"词义的演化，含有"小吃"的内容。但糕点有所区别于餐饮行业中的面点小吃，可谓同宗不同业。"糕点"一词，经检索《中国基本古籍库》万种古籍，最早仅见南宋周密《云烟过眼录》卷一"鲜于伯机枢所藏"条："骨咄犀乃蛇角也……叶森于延祐庚申夏，其子必明将骨咄犀刀靶二来看，即此也。其花纹，似今市中所卖糖糕，或有白点，或有如嵌糖糕点。"[2] 其后，始见于清乾隆初期潘荣陛《帝京岁时纪胜》之"岁暮杂务"条："蒸糕点，炸衬供，调羹饭，治祭品，摆供献。"[3] 乾隆末期面世的程甲本《红楼梦》第十八回有句："一太监托着一金盘糕点之属进来，问谁是龄

---

[1] 钱思元辑：《吴门补乘》卷二《物产补》，清嘉庆刻本，第6页。钱思元（1730—1803），字宗上，号止葊，清江苏吴县浦庄人。诸生。博雅多著述。《吴门补乘》始作于乾隆三十六年（1771年），乾隆三十八年初稿成，经其子钱士锜校补，在其身故后始得刊行。

张岱（1597—?），字宗子，一字石公，号陶庵，浙江山阴（今绍兴）人。明亡后避居剡溪山，以遗民终。所著《陶庵梦忆》，清乾隆四十年（1775年）刊行。周密（1232—1298），字公谨，号草窗，别号泗水潜夫等，祖籍济南，流寓吴兴（今浙江湖州）。南宋末曾任义乌知县，入元以遗老终。著有《武林旧事》《南宋市肆记》等。

《（民国）吴县志》卷五十一《物产二·饮馔之属》之"茶食"条谓："苏城最著名者曰悦来斋，曰野荸荠，见《吴门表隐》。一则悦来斋已无，野荸荠仍存。此次修志，野荸荠主沈姓缮具说帖，谓业此二百余年，久已脍炙人口，请予编录，故特附注。"

[2] 周密：《云烟过眼录》卷一，民国影印明宝颜堂秘籍本，第2页。参阅陈元龙：《格致镜原》卷三十三"犀角"条，清文渊阁四库全书本。

[3] 潘荣陛：《帝京岁时纪胜》，清乾隆刻本，第44页。潘荣陛，字在廷，直隶大兴（今北京市大兴区）人。雍正九年（1731年）入宫任事，后充宫阙制作督销之职，乾隆十年（1745年）致仕后著此书。

官？贾蔷便知是赐龄官之物。"正是从乾隆时起,"糕点"一词成为糕饼、点心简称的专用名词。其后,道光时期如随缘下士《林兰香》有句"随了春畹送出八碟糕点、一壶芽茶"[1]。咸丰时期如谢介鹤《金陵癸甲纪事略》记太平天国礼拜天父上主皇上帝,"三更具果品糕点,群诵赞美"[2]。光绪时期"糕点"一词见于李圭《环游地球新录》、李世忠《梨园集成》、华学澜《辛丑日记》等,出使英、意、比国大臣张德彝所撰《航海述奇》,此词几近满篇。

中国糕点的品种繁多,苏式糕点作为其中的一个主要帮式,源出于春秋吴国,兴起于隋唐,发展于宋元,形成于明清,而乾隆时期是苏式糕点开始成为业界公认帮式的一个界标。苏州历来是江南一大都会,这为苏式糕点的发展创造了有利条件。深厚的文化积淀,技术经验的积累,加之工匠精神的传扬,在继承传统的基础上,不断推陈出新,使饮食、茶食这个行当的名品成为一种艺术生产。苏式糕点以面粉或米粉、糖、油脂、蛋、乳品等为主要原料,配以各种辅料、馅料和调味料,初制成型,再经烘、烤、蒸、炸等方式加工制成,与吴地的传统饮食同源同宗,与以苏州为中心的江南茶食业的历史发展同步,注重吸取传统工艺精华,集各式糕点所长,以独到而高超的食品技术水平而专擅胜味。基本特征为重糖重油,细小酥香,多按岁时节令应市,所谓春饼、夏糕、秋酥、冬糖,号称"四季茶食"。明清时期已有130多个品种,逐渐发展为炉货、油面、油氽、水镞、片糕、糖货、印板7个大类[3],在28个节俗和祭仪中广为运用[4],以其浓厚的历史文化底蕴形成了独立的流派,最终与京式、广式并称为中国糕点的三大帮式。

第二节 乾隆时期稻香村于苏州始创及字号溯源

一、稻香村于苏州始创稽考

1926年,上海的《商业杂志》所刊《苏州糖食店营业的概观》一文曾言:"苏州观前街糖食店中,牌子最老的,要算稻香村了。糖食店中的稻香村,好像是

---

[1] 随缘下士:《林兰香》卷二第十一回,清道光刊本,第6页。
[2] 谢介鹤:《金陵癸甲纪事略》,清咸丰七年(1857年)刻本,第6页。
[3] 江苏省糖业食品科技情报站编:《苏式糕点》,上海:上海科学技术出版社,1989年,第8页。
[4] 陈光新主编:《中国餐饮服务大典》之"苏式糕点"条,青岛:青岛出版社,1999年,第574页。

肉店中的陆稿荐。"[1]实际上，苏州稻香村也是中国茶食糖果行业现存的历史最为悠久的企业之一。

关于苏州稻香村的始创时间，最早的说法据说在明末清初。著名学者钱穆曾认为稻香村"自数百年前明代已有之"[2]，晚年在《创业与垂统》文中又说该店"有数百年历史，或云起于清初，或云传自明代"[3]。苏州地方报纸《吴语》1923年曾刊载戚饭牛《野荸荠》一文曰：

> 商店招牌，大都取吉利发财字样。若肉庄之以陆稿荐名，已在可解不可解之间。而最希奇古怪、莫名其妙者，独有糕饼店之野荸荠，真匪夷所思。即问其开翁老板小老板朝阳码子，亦还报不来。据说前清康熙年里，有一个姓陈的湖州人，在苏州玄妙观东洙泗巷口稻香村茶食店牵水磨做司务，一日工钱，所赚几何。故而磨粉的时候，常椿叹气怨命。想终身永无出头之日，歇了一日工，奔出娄门，意欲投河寻死路。刚正走过永宁桥河滩脚下，看见一个大荸荠，约有茶碗口大小。老陈抠下身体拾起来，恰巧蹲下身去，要拾个辰光，只见白漾漾才是银子。老陈从此发财，亦开一爿茶食店在临顿路萧家巷口。至今三百余年，门前仍挂一个大荸荠。[4]

《苏州词典》中"稻香村茶食糖果店"词条云："位于观前街，相传始创于清乾隆间（1737—1795）。"[5]稻香村老前辈吴希札[6]所撰《稻香村的茶食糖果》一文称：

> 苏州稻香村茶食糖果店，开设在观前街。它是苏式糕点行业中的一家正宗老号。据早在光绪十三年（1887）就进店当学徒，后来两次担任稻香村经

---

[1] 碧桃：《苏州糖食店营业的概观》，《商业杂志》1926年第1卷第2期，第1—3页。陆稿荐，相传始创于清康熙二年（1663年），至迟为乾隆十年（1745年）前。据胡觉民文《陆稿荐的一块碑》，碑在东中市崇真宫桥南堍，记载清康熙二年陆稿荐得名之"遇仙"传说，乃老陆稿荐店主陆蓉塘与福济观道士所编造。见政协苏州市委员会文史资料委员会：《苏州文史资料》第1—5合辑，1990年，第425—427页。
[2] 钱穆：《现代中国学术论衡》，台北：东大图书公司，1984年，第216页。
[3] 钱穆：《晚学盲言》（上），桂林：广西师范大学出版社，2004年，第312页。自序曰："一九八六年秋钱穆自识于台北市士林外双溪之素书楼，时年九十有二。"
[4] 牛伯伯：《吴东野语·野荸荠》，《吴语》1923年5月29日第2版。戚饭牛（1877—1938），本名牧，苏州著名文人，牛伯伯、饭牛翁等皆其笔名。按：沈大栋有文《野荸荠茶食铺的品牌保卫战》，谓野荸荠茶食铺清乾隆十年（1745年）始创于临顿路。店主沈氏祖籍安徽，康熙初年经浙江湖州迁居苏州大郎桥巷，号"述旧堂"。见许冠亭、谭金土等：《苏州工商往事》，苏州：苏州大学出版社，2014年，第22—40页。
[5] 江洪等主编：《苏州词典》，苏州：苏州大学出版社，1999年，第644页。
[6] 吴希札（1924—2018），江苏吴县人。初中毕业。1938年入稻香村为学徒。中华人民共和国成立后，曾任稻香村茶食糖果号工会主席，1957年任公私合营稻香村茶食糖果商店公方代表。后任苏州糕点厂糕点车间主任、副厂长、厂党支部书记等职。曾发表《叶受和食品商店简史》等文，编有未刊稿《稻香村店史》《苏州糕点史料》。

理的汤长有说，稻香村创始于乾隆年间……不过民国三年《江苏省实业行政报告书》载，稻香村创设年代为同治三年（1864），而成稿于1931年的《醇华馆饮食脞志》则说："稻香村店主沈姓，洪杨之役避难乡居，曾设茶食于阳城湖畔之某村，生意尚称不恶。乱后归城，积资已富，因拟扩张营业，设肆于观前街。"众说纷纭，难于详考。[1]

1986年10月1日，苏州稻香村食品厂、苏州稻香村食品商店在《苏州报》上刊登广告，首次公开宣告稻香村"创始于清乾隆三十八年（1773年）"[2]。俞菁后撰《久负盛名稻香村》一文曰："苏州稻香村具体创始年代不详，最早一说为乾隆三十八年（1773）。"[3]此说乃吴希札通过调查访问和考证，认为"稻香村创始于乾隆年间是有依据的"，并具体推定："稻香村创始于清乾隆三十八年（公元1773年）……稻香村老前辈汤长有，生于同治十二年（公元1873年）。十四岁进稻香村学徒，先后两次担任过稻香村经理。我在1938年（十五岁）进稻香村学徒，常听汤老先生讲：观前街有四爿老店，即：稻香村、陆稿荐、生春阳、松鹤楼。但稻香村比松鹤楼还要早七年（松鹤楼创始于乾隆四十五年）。黄天源、乾泰祥布店、孙如号南北货店虽然也是老店，但是后来开设的。"[4]对此，吴希札留有手稿《说明》："编者（指吴希札——引者）先生汤长有常讲：我店比松鹤楼还早七年。松鹤楼定论开设（于——引者）乾隆四十五年，所以稻香村应是三十八年。"自注曰："松鹤楼创始（于——引者）乾隆四十五年，是根据饮食业石碑决定的。当时本人认得松鹤楼姓（名——引者）沈永泉的服务员。我问你店开在乾隆四十五年有何根据。答有当时该店也在写历史，他们考证到饮食店石碑有松鹤楼开设时间。"[5]

倘若如吴希札所论，首先需要稽考松鹤楼的创始时间。《中国历史文化名城词典》苏州市"观前街"条列举有代表性的老店，"如乾隆年间创始的松鹤楼菜

---

[1] 吴希札：《稻香村的茶食糖果》，苏州市商业局编史组：《苏州市商业志初稿（五）》第六章"名特商店与名特产"第一节"名特商店"，未刊稿，1991年12月，第1页。吴希札此文被收入苏州市地方志编纂委员会办公室编：《苏州往昔》，苏州：古吴轩出版社，2015年，第213页。但将原标题中"茶食"误为"茶果"。按：吴希札文中所引，乃稿本《醇华馆饮食脞志》收录的莲影撰《苏州的茶食店》，原载于《红玫瑰》第7卷第14期，1931年5月。
[2] 《苏州报》1986年10月1日第4版。
[3] 俞菁：《久负盛名稻香村》，孙中浩主编：《苏州老字号》（苏州市政协文史委员会编《苏州文史资料》第三十九辑），苏州：古吴轩出版社，2006年，第108页。
[4] 吴希札：《稻香村店史·稻香村始创年考》，未刊稿，1986年。据陈钢年2009年所作序，此稿初由吴希札撰成于1986年5月，后陈钢年予以校订和局部修改，并简要续写以后的发展情况。
[5] 吴希札《说明》手稿，苏州稻香村食品有限公司档案室藏。按：引文中"石碑"，原文讹作"石牌"。

馆"[1]。陈揖明认为："根据乾隆四十五年庚子（1780年），苏州面业公所重建时立碑记载，列有松鹤楼之名，可推断它的开始年月，应早于1780年，迄今已有200多年的历史。"[2]《中国商业文化大辞典》称："清乾隆四十五年（1780年）苏州面业公所重建时立碑列有松鹤楼之名，可推断其开设年月应早于1780年。"[3]《平江区志》名店选介"松鹤楼菜馆"称："松鹤楼的始创，早在清乾隆二十二年（1757）前。乾隆二十二年苏州始创面业公所时，松鹤楼为其中一员，乾隆四十五年，重建面业公所碑刻载有出钱资助的松鹤楼。"[4]陈其弟也说："稻香村初创时为面馆，加入面业公所。'松鹤楼'之名最早出现在乾隆四十五年（1780），重建苏州面业公所的石碑上，据此推测，松鹤楼应创建于1780年之前，迄今至少已有200多年历史了。"[5]翁洋洋采录整理的民间故事《松鹤楼》"附记"曰："松鹤楼，位于观前街。创建于清乾隆年间，乾隆四十五年（1780）在《重建苏州面业公所碑》上刻有松鹤楼资助的名单。"[6]原松鹤楼店主任华永根《苏州松鹤楼菜馆史考》一文也谓："松鹤楼原本是观前街上一家小面店。乾隆四十五年（1780），苏州面业公所重建时有立碑记录，上面就列有'松鹤楼'之名，凭此可推断出该店的开始时间应早于1780年，迄今已有两百多年的历史。"[7]此说诸家皆未明列出处。经查询已刊资料，询访有关作者和市博物馆、市碑刻博物馆等专家、领导，均未亲见乾隆四十五年（1780年）《重建苏州面业公所碑》原碑或碑文。历史上，在苏州从事面馆业者大多籍隶无锡、常州。光绪二十五年（1899年）十月十七日《长洲县禁盗卖僭占面业公所公产碑》载："为给示禁约事。案据面业公所薛锦兴、松鹤楼、吴天兴、蒋正元、观正兴、赵南义、许洪昌、陈阿星等禀称：切（窃——引者）身等籍隶常、锡，来苏有年。向业面馆交易。缘有公所房屋一所，坐落长邑元一图宫巷，坐东朝西，计二十一间三披，备弄一条，尚系乾隆二十二年许大坤邀集同业择地建造。地系买自邹姓，计价银七百四十两。

---

[1] 文化部文物局、中国城市规划研究院主编：《中国历史文化名城词典》，上海：上海辞书出版社，1985年，第315页。

[2] 陈揖明：《苏州松鹤楼》，苏州市商业局编史组：《苏州市商业志初稿（五）》第六章"名特商店与名特产"第一节"名特商店"，未刊稿，1991年12月，第1页。

[3] 傅立民、贺名仑主编：《中国商业文化大辞典》下册"苏州松鹤楼"条，北京：中国发展出版社，1994年，第1720页。

[4] 苏州市平江区地方志编纂委员会编：《平江区志》（上），上海：上海社会科学院出版社，2006年，第754页。

[5] 陈其弟：《松鹤楼：苏式菜肴誉神州》，孙中浩主编：《苏州老字号》（苏州市政协文史委员会编《苏州文史资料》第三十九辑），苏州：古吴轩出版社，2006年，第23页。

[6] 潘君明、高福民主编：《苏州民间故事大全》第捌册，苏州：古吴轩出版社，2006年，第9页。

[7] 华永根：《苏州吃》，苏州：古吴轩出版社，2019年，第227页。华永根后曾任苏州市商业局、贸易局副局长，现为苏州市饮食文化研究会会长、江苏省烹饪协会荣誉会长。

工竣立碑,注明买价及兴造各数。"[1]面业公所位于长洲县元一图宫巷关帝庙内。道光二十五年(1845年)所立《面业公所重修设立万年宝鼎壹坐各商号捐款碑》曰:

> 谨启者,于乾隆四十五年建立公敬堂,坐落长洲县元一图宫巷中,设立公所。重于嘉庆元年阚廷元同子秀芳劝捐,众友等添立万年宝鼎壹坐,恭敬协天大帝圣前。今将隆兴老会众友名下捐助银洋,又添置钟鼓一对、榜点一付、铁方供一付、铁瓶一付。倏忽以来不觉有五十余年矣,宝鼎捐漏,以焚香敬神,以上各友姓名俱已模糊,不能开列于后。今于道光二十五年,刘炳南、周永兴、阚椿荣同子阚大章重新劝捐,天兴会、隆兴老会各宝号等重修设立万年宝鼎壹坐,惟愿各号日增隆业,财源茂盛,家居迪吉,人眷咸宁,合郡康泰。所有捐助银洋开列于后。
>
> 计开秦德顺助洋廿五元 松鹤楼助洋十五元……[2]

这是目前公开资料所见最早的松鹤楼列名捐助碑文。从该碑来看,乾隆四十五年(1780年)《重建苏州面业公所碑》上刻有松鹤楼资助的说法,或系由此推衍而来。事实上,关于松鹤楼的创始时间,另有说创于乾隆二年(1737年)[3],松鹤楼官网说清乾隆二十二年(1757年)由徐氏在苏州玄妙观创建[4],还有称松鹤楼创始年份为乾隆四十年(1775年)者[5],皆乏确凿史料可证。老字号创立之初大多籍籍无名,文献缺乏确切记载,故事口耳相传,错杂纷纭,以致后世

---

[1]《长洲县禁盗卖僭占面业公所公产碑》(光绪二十五年),苏州历史博物馆、江苏师范学院历史系、南京大学明清史研究室合编:《明清苏州工商业碑刻集》,南京:江苏人民出版社,1981年,第261—262页。苏州碑刻博物馆藏《吴县布告保护面业公所碑》,为民国元年即1912年8月29日吴县知事(孙锡祺)公署布告第312号:"为布告禁约事。案据面业代表邓洪元、赵焕林、陈春泉、许正宝、叶桂卿、宗锦荣、魏福根、薛玉书、顾金盘、陆顺昶、盛云亭等呈称:窃民等均业面馆,向有公所一处,坐落旧长境元一图宫巷中,系先业许大坤于前清乾隆二十二年购地创建,专为同业议事之所,并以办理賙恤等项善举。所有契据,缴县保存,迭奏府邑两尊,给示勒石有案。民国建元,正拟更请新示,适与同一公所之酒馆业因争执所有权,涉讼经年,直至大理院三审终结,乃奉判决,共同管有,令将门额字样仍更正'协天大帝',等因。自应遵办……沥情呈请电鉴恩准,循案颁发布告,俾资遵守,而赖保护,等情。并附确示两道、判决书一本,到县。"见王国平、唐力行主编:《明清以来苏州社会史碑刻集》,苏州:苏州大学出版社,1998年,第292页。

[2] 金菊林整理:《苏州方志馆藏碑刻拓片选刊》第20号《面业公所重修设立万年宝鼎壹坐各商号捐款碑》,苏州市地方志编纂委员会办公室、苏州市政协文史委员会编:《苏州史志资料选辑》总第27辑,2002年,第149页。

[3] 许彩国主编:《中国商业大辞典》,上海:同济大学出版社,1991年,第478页;《中国商业百科全书》编辑委员会编:《中国商业百科全书》"松鹤楼"条,北京:中国大百科全书出版社,1993年,第514页。参阅王稼句:《姑苏食话》,苏州:苏州大学出版社,2004年,第181页。

[4] 参阅韩凝春主编:《商道循之:中华老字号辑录·松鹤楼》,北京:中国经济出版社,2016年,第37页。

[5] 苏州年鉴编纂委员会编:《苏州年鉴(2011)》,列有苏州市"老字号"企业之松鹤楼,上海:上海社会科学院出版社,2011年,第230页。

难以稽考，松鹤楼亦不例外。[1]因此，以清乾隆四十五年（1780年）《重建苏州面业公所碑》上刻有松鹤楼资助的名单，作为松鹤楼创始时间，并以此推定稻香村始创于清乾隆三十八年（1773年），尚有待于新史料的发现及更为严谨的论证。

稻香村牌子老为人所公认。著名学者钱穆回忆说："稻香村采芝斋两著名糖果店，两铺骈列，门面皆不大……苏州糖食小品驰名已久，此两家招牌日老，而门面依然。"[2]赵善昌谓："稻香村创于洪杨以前，为苏州茶食店中之最老者，旧用石柜，营业发达。"[3]《申报》刊载的《糖果发明家》一文亦称："苏州糖果店，实以稻香村、采芝斋为最著。稻香村尚设于洪杨之前，采芝斋乃设于洪杨之后……其初声名、营业，在在不能与稻香村百年老店抗衡者。"[4]早在清光绪五年（1879年）六月十八日，《申报》上首次刊载苏州稻香村反对伪冒字号的《声明》，即称："苏城观前稻香村开张有年，四远驰名。"吴希札访问原稻香村老职工许桂生（1895年出生）、周福泉（1911年出生）和李炳生等人，他们回忆，稻香村民国十五年即1926年新造高大洋式门面，铁门横梁上面有一行横写字："本号创始乾隆年间自制四季茶食精美糖果闻名环球。"[5]《申报》1926年8月26日刊载观前稻香村广告："本号开设苏城元妙观，百有余年，驰名环球。"《吴语》1926年8月28日头版刊载观前稻香村广告："本号开设百有余年，驰名环球。"《苏州明报》1926年8月30日头版刊载观前稻香村广告："本号开设苏城玄妙观前洙泗巷东首，百有余年，驰名环球。"民国稻香村茶食糖果号彩印仿单明载广告："只此苏州一家，并无分出在外。本号自乾隆年间首先创始，开设苏州观前街洙泗巷口。设庄采办著名胶州瓜子，精制茶食糖果熏鱼野鸭，早经脍炙人口，佳誉载道。现因外埠冒充本号招牌者甚多，务请惠顾诸君加以注意，庶不致误。苏州稻香村主人谨识。"[6]稻香村茶食糖果号彩印白盐瓜子仿单甚至称其创始于乾隆元年（1736年）："本号自乾隆元年首先创始，开设苏城观东大街，专制茶食糖果熏鱼野鸭，采办精炼著名胶州瓜子，尤为特品。现因通商大埠大多冒充本号

---

[1] 赵善昌1960年记松鹤楼："该店创于清乾隆间，业主洪姓，精拳术，凡卖解者来苏献艺，必先为礼，洪亦厚款之。店当初设，营业未盛，洪常亲设拳场，演技款客，有吃有打。历年既久，店几易主，大都只售牌号，不问店务而坐享其成，经营之者则另有其人。"随后还介绍了店内乾隆南巡至苏州，曾化名高天赐，偕拳师关老西微服私访松鹤楼之传说。见赵善昌：《拙斋纪年》，徐苏君、赵是铮校注，苏州市地方志编纂委员会办公室、苏州市政协文史委员会编：《苏州史志资料选辑》总第36辑，2010年，第207—208页。赵善昌（1890—1973），字孟绍，江苏吴县人，与顾颉刚、叶圣陶为草桥中学同学。
[2] 钱穆：《晚学盲言》（上），桂林：广西师范大学出版社，2004年，第312页。
[3] 赵善昌：《拙斋纪年》，徐苏君、赵是铮校注，苏州市地方志编纂委员会办公室、苏州市政协文史委员会编：《苏州史志资料选辑》总第36辑，2010年，第207页。
[4] 《申报》1928年4月21日第17版。
[5] 吴希札：《稻香村店史·稻香村始创年考》，未刊稿，1986年。
[6] 稻香村茶食糖果号彩印仿单，原件为苏州稻香村食品有限公司档案室藏。

招牌，特加刊本店真影，务祈惠顾诸君认明，庶不致误。稻香村主人谨识。"[1]该店自述其创始的具体时间，虽说目前尚为孤证，仍然是值得重视和研究的资料。

民国苏州稻香村仿单

苏州稻香村始创于乾隆时期，尚有地方民间传说故事可为佐证，其中乾隆帝与苏州稻香村蜜糕的传说尤为脍炙人口。[2]此外，还有其他说法。一是清嘉庆说，如苏州市稻香村茶食糖果商店在《工业企业普查登记表》中填报本企业开业日期为"1810年左右"[3]，即清嘉庆十五年左右。二是道光说，如李长根、俞菁《观前商业的历史特色》谓"稻香村茶食糖果店、恒孚银楼、贝松泉笔庄都于道光年间就已开张"[4]。三是咸丰说，如稻香村茶食糖果号在《一九五六年国营、合作

---

[1] 稻香村茶食糖果号彩印白盐瓜子仿单，原件为苏州稻香村食品有限公司档案室藏。
[2] 《稻香村蜜糕》，潘君明：《苏州民间采风集》（下），苏州：苏州大学出版社，2014年，第356—357页。同名《稻香村蜜糕》，见金煦主编：《苏州民间故事》，北京：中国民间文艺出版社，1989年，第490—491页。《稻香村蜜糕甜如蜜》，见翁洋洋主编：《苏杭传统食品故事趣闻选》，北京：中国食品出版社，1986年，第93—95页；竞鸿主编：《南方饮食掌故》，天津：百花文艺出版社，2004年，第119—121页；陆云福主编：《苏州乡土食品：纪实与寻梦》，苏州：古吴轩出版社，2006年，第127—128页。
[3] 苏州市稻香村茶食糖果商店：《工业企业普查登记表》，1980年，苏州市档案馆藏，档号：C034-002-0063-058。
[4] 李长根、俞菁：《观前商业的历史特色》，见苏州市地方志编纂委员会办公室、苏州市政协文史委员会编：《苏州史志资料选辑》总第25辑，2000年，第106页。参阅苏州市商业局编史组：《苏州市商业志初稿（三）》第四章第二节"茶食糖果业"附表1《早期饮茶（茶食——引者）糖果号》，未刊稿，1991年9月，第18页。同书附表《1955年私营茶食糖果商店基本情况》，又谓稻香村开设于晚清。

社营及公私合营大型工业企业年报》中填报本企业最早开工年份为"1852年"[1]，改称稻香村茶食糖果商店后填报的《1957年非独立经济核算工业简要年报》[2]、《一九六二年全民所有制工业统计年报》[3]、《1964年全民所有制工业企业统计年报》[4]，最早开工年份皆作"1852年"，即清咸丰二年。四是同治说，最早见于上海《新闻报》1902年2月21日所刊苏城稻香村主人《声明假冒》："苏城稻香村茶食糖果号自同治初年开张，已历四十余年，货真价实，四远驰名。"[5] 1913年12月江苏省行政公署实业司所制《江苏合资商业注册表》，稻香村"设立年月"则作同治三年（1864年）。[6] 嘉庆、道光、咸丰诸说未见详切历史资料佐证，且与店内传说、员工自述和广告宣传的苏州稻香村创始历史不相契合，应该是指苏州稻香村前店后坊生产营业扩大发展的一些重要时间节点。例如，1950年11月，稻香村茶食糖果号被苏州市工商局核准重新登记，朱仲笙经理所填《苏南区苏州商业登记表》，创设年月一栏填作"公元一九二八年一月（改组）"，这实际是稻香村集资改组时间，朱仲笙早在1926年7月即已接盘。[7] 再如，国营苏州糕点厂填报的《1977年工业企业统计年报》最早开工年份一栏，即谓："本企业1956年开始建设，于1956年开始投产。"[8] 1956年是稻香村茶食糖果号参加全行业公私合营第一年，仍为前店后坊。1958年稻香村及叶受和、采芝斋、广州等多家后坊合并成立了公私合营平江区糖果糕点食品厂，确切而言，这才是苏州糕点厂的前身。因此，公私合营苏州糖果糕点食品厂《一九六三年全民所有制工业统计年报》即填报本企业最早开工年份为"1958年"[9]。至于同治三年（1864年）说，究查史事，咸丰十年（1860年）太平军占据苏州后，将商贾迁出城外，严禁城内有商业贸易，同治二年（1863年）清军收复苏州，次年稻香村乃重新开

---

[1] 公私合营稻香村茶食糖果号：《一九五六年国营、合作社营及公私合营大型工业企业年报》（国家统计局制定），1957年1月4日寄出，苏州市档案馆藏，档号：C007-007-0357。
[2] 公私合营稻香村茶食糖果商店：《1957年非独立经济核算工业简要年报》（国家统计局制定），1958年1月填报，苏州市档案馆藏，档号：C007-007-0361。
[3] 公私合营稻香村茶食糖果商店：《一九六二年全民所有制工业统计年报》（国家统计局制定）第1表"企业概况"，1963年1月4日寄出，苏州市档案馆藏，档号：C007-007-0468。
[4] 公私合营稻香村茶食糖果商店：《1964年全民所有制工业企业统计年报》（国家统计局制定）第1表"企业概况"，1965年1月寄出，苏州市档案馆藏，档号：C007-007-0516。
[5] 《新闻报》光绪二十八年正月十三日第6版。
[6] 《江苏合资商业注册表》（民国二年十二月调制），载江苏省行政公署实业司编：《江苏省实业行政报告书》第五编"商政"，1914年6月印行，第63页。
[7] 稻香村茶食糖果号经理朱仲笙填报《苏南区苏州市商业登记表》（副本），1950年11月20日，苏州市档案馆藏，档号：C031-005-0015-137。
[8] 苏州糕点一厂：《1977年工业企业统计年报》统工1表"企业概况"，1978年1月8日报出，苏州市档案馆藏，档号：C007-006-0037-174-181。苏州糕点一厂即苏州糕点厂。
[9] 公私合营苏州糖果糕点食品厂：《一九六三年全民所有制工业统计年报》第1表"企业概况"，1964年1月报出，负责人徐金松（厂党支部副书记），苏州市档案馆藏，档号：C007-007-0484-035。

业于城中。有关史事容后详述。

总之，综合各项资料考订，苏州稻香村始创于乾隆年间，目前仍然是一个可信的论断。倘若按照民国时期苏州稻香村的仿单，具体时间最早可以追溯到乾隆元年，即公元1736年。

二、稻香村字号溯源

关于苏州"稻香村"字号来历，说法很多，例如翟树樟所撰《保定稻香村食品厂》一文曰：

> 民国初年，保定稻香村第二任经理焦烈臣在北京稻香村学徒时，曾听一南方师傅陈润伯讲了一段故事，道出稻香村字号的由来：从前，苏州城内有一家专做糖梅、蜜饯、果脯生意的糖食店，其旁邻有一个加工熟肉的铺子，字号陆稿荐，肉铺门前经常放着一大堆稻草，做煮肉用的燃料。有一年迈老翁，以讨饭为生，因无住处，每晚讨饭归来就在肉铺门前的稻草堆里过夜。这一天，稻草堆里的老翁出讨未归，从此再不见了。忽一日，苏州全城的人们都闻得肉香扑鼻，原来是陆稿荐肉铺用门前的稻草煮肉。这一故事的传开，使陆稿荐肉铺轰动一时，从此生意兴隆。邻居那家糖食店掌柜见此情景，大动脑筋，便与肉铺合为一号，共同经营，改名稻香村。合并后扩大生产项目，有各式糕点、果脯、蜜饯、鱼、鸭、肠、熟肉等，品种繁多，均选用上等原料，讲究质量，货真价实，生意更加兴旺，在江南的食品店中享有盛名。[1]

这段故事与清康熙二年（1663年）苏州陆稿荐"遇仙"得名的传说异曲同工，彰显苏州稻香村与陆稿荐历史关系之深。苏州地方民间传说也别具一格，突出了苏州稻香村创始人当行本色，以及店名追求的文化意蕴。如戴文达讲述，华士明搜集整理的《稻香村》传说称：

> 说起苏州稻香村，人人都晓得，名气蛮大。它的店名怎么起的。晓得的人不多。讲起来，蛮有趣。在太平天国之前，木渎有爿糕饼店，店里有两个学徒，一个姓沈，是个老实人；一个姓王，人蛮活络。师兄弟两家蛮要好。太平天国以后，姓沈的到苏州来哉，到现在稻香村的身底下，摆了一个摊头，只有一只煎盘，做太史饼，一卷十个，小本生意。隔了一阵，姓王的来苏州白相（游玩），碰着了姓沈的，问他："一只煎盘，像啥样子！要开店嘛，搭间房子，象象样样。"姓沈的说："要象样，铜钱哪里来？"老实头看不起聪

---

[1] 翟树樟：《保定稻香村食品厂》，中国人民政治协商会议河北省保定市委员会文史资料研究委员会编：《保定文史资料选辑》第10—11辑，1993年，第212页。

明朋友，聪明朋友倒蛮看得起老实头。姓王的晓得姓沈的做事踏实，糕点做得好，正好身边带着四百铜钿，就讲："铜钿不要你费心，你管翻花色，我管银钱来往。"师兄弟合作得很好，三弄两弄，一间房子搭起来了，花色品种也多起来了：四花饼、袜底酥……，慢慢地，连肉饺也做起来了。生意越做越大，一间屋不够用了。西边有个粪坑，顾客也嫌气味不好。姓王的动了脑筋，想买下来，再造间房子。哪晓得，粪坑的主人就是不肯卖。后来，吃客越来越多：姓王的脑筋灵活，交了些念书人做朋友，请念书人出面帮他跟粪坑主人打交道，才算把那块地皮买了下来。门面大了，还没有一块招牌。姓王的就出来求念书人题个招牌。念书人想起粪坑的味道不好闻，招牌总要题得雅一点，就题了个好听的名字，叫"稻香村"。[1]

流传广泛的主流说法，则是"稻香村"字号取自曹雪芹的文学名著《红楼梦》。苏州著名作家徐卓呆以呆呆笔名，1929年在《大亚画报》发表《谈谈稻香村》一文称：

> 查"稻香村"名辞的故典，谁都知道出在《红楼梦》里，是"大观园"中一个极朴素的所在。宝玉原题为"杏帘在望"，因黛玉替作的五言诗里，有"十里稻花香"之句，乃经元妃娘娘赐名为"稻香村"了。一切布置，极合大自然的色彩。所以怡红公子以富贵眼光说，这里不及"有凤来仪"。李纨以寡妇身分住在这里，极配享受这冷淡趣味。在当时曹雪芹先生弄一弄笔，编出这好的漂亮名辞。不想百十年后，就有一般神奸巨滑的商贾，竟轻轻抄袭偷窃了去，用做他们南货茶食庄的字号了。[2]

1931年莲影撰《苏州的茶食店》，谓："稻香村店东沈姓……因拟扩张营业，设肆于观前街。奈招牌乏人题名，乃就商于其挚友。友系太湖滨莳萝卜之某农，略识之无，喜观小说，见《红楼梦》大观园，有'稻香村'等匾额，即选此三字，为沈店题名。此三字，与茶食店有何关系？实令人不解，而沈翁受之，视同拱璧。与之约曰：'吾店若果发财，当提红利十分之二，以酬君题名之劳！'既而，店业果蒸蒸日上。沈翁克践前约，每逢岁底，除照分红利外，更媵以鸡、鱼、火腿等丰美之盘，至今不替云。"[3]吴希札在《稻香村的茶食糖果》一文中介绍了这种说法，并称："稻香村的店招，据店中过去的传说，店主王秋根，祖辈喜看《红楼梦》，后来从《红楼梦》中受到启示，又联想到茶食糕点的原料都是稻麦，

---

[1] 王一奇编：《中国食品传说》，北京：光明日报出版社，1986年，第219—220页。
[2] 呆呆：《谈谈稻香村》，《大亚画报》第167期，1929年7月10日出版，第3页。
[3] 莲影：《苏州的茶食店》，《红玫瑰》第7卷第14期，1931年5月，第1—2页。

所以决定取名为'稻香村'。"[1]

《红楼梦》中所述稻香村来历，一见第十七回《大观园试才题对额　荣国府归省庆元宵》："贾政又向众人道，杏花村固佳，只是犯了正村名，直待请名方可。众客都道是呀，如今虚的却是何字样好？大家想想。宝玉却等不得了，也不等贾政的命便说道，旧诗有云：'红杏梢头挂酒旗'，如今莫若且题以杏帘在望四字。众人都道好个在望，又暗合杏花村意思。宝玉冷笑道，村名若用杏花二字则俗陋不堪了，

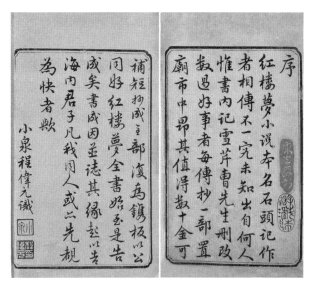

程甲本《新镌全部绣像红楼梦》程伟元序

又有唐人诗云'柴门临水稻花香'，何不用稻香村的妙。众人听了越发同声拍手道妙。"[2]但宝玉此议受到其父贾政斥责。接着第十八回《皇恩重元妃省父母　天伦乐宝玉呈才藻》，贾宝玉作诗四首，其四《杏帘在望》云："'杏帘招客饮，在望有山庄。菱荇鹅儿水，桑榆燕子梁。一畦春韭熟，十里稻花香。盛世无饥馁，何须耕织忙。'贾妃看毕，喜之不尽，说果然进益了，又指杏帘一首为四首之冠，遂将潇葛山庄改为稻香村。"[3]上述选自清乾隆五十六年（1791年）萃文书屋活字印本。学界对《红楼梦》的作者尚无一致定论，一般认为是曹雪芹。据学者考证，曹雪芹约生于康熙五十四年（1715年），约卒于乾隆二十七年（1762年）。相传其生于江宁（今江苏南京），出身于内务府正白旗包衣世家，为苏州织造、江宁织造曹寅之孙。雍正六年（1728年），曹家因亏空获罪被抄没后，曹雪芹穷居北京，潦倒困顿。这部名著在其生前并未出版，而以《石头记》钞本形式流传于世，颇为残缺杂乱。程伟元与其友高鹗搜辑整理，赫赫有功。程伟元（？—1818），字小泉，自署古吴人，苏州府长洲县人，诸生。工诗善画，久寓北京。据其所言，乾隆五十六年与友高鹗搜辑各种钞本，续补曹雪芹《石头记》残稿，由其萃文书屋以木活字排印为一百二十回本《新镌全部绣像红楼梦》，世称程甲本，

---

[1] 吴希札：《稻香村的茶食糖果》，苏州市商业局编史组：《苏州市商业志初稿（五）》第六章"名特商店与名特产"第一节"名特商店"，未刊稿，1991年12月，第1页。参见苏州市地方志编纂委员会办公室编：《苏州往昔》，苏州：古吴轩出版社，2015年，第213页。
[2] 曹雪芹：《新镌全部绣像红楼梦》第十七回，清乾隆五十六年萃文书屋活字印本，第6—7页。
[3] 曹雪芹：《新镌全部绣像红楼梦》第十八回，清乾隆五十六年萃文书屋活字印本，第10页。按："潇"同"浣"。

次年再加删订刊行，被称为程乙本，风靡一时。[1]显然，《红楼梦》行世时间，与苏州稻香村创办于清乾隆三十八年（1773年）等说难以吻合，故其稻香村店名不大可能取自于《红楼梦》。

其实，《红楼梦》已借贾宝玉之口言明稻香村之名，灵感来自唐诗。近人徐珂所编《清稗类钞》之诙谐类"稻香村"条则曰：

> 新城秔稻，风吹之，五里闻香，见魏文帝书，商店之以稻香村名者以此。稻香村所鬻，为糕饵及蜜饯花果、盐渍园蔬诸食物，盛于苏，苏人呼曰青盐店。金奇中曰："苏乡妇女美而艳者十之九，乱头粗服，楚楚有致，以天足故，皆从事田作，稻花自因之而香，不仅可闻五里也。"[2]

三国魏文帝曹丕所谓"新城秔稻，风吹之，五里闻香"，全文可见隋杜公瞻《编珠》卷四"五里香三月种"条，魏文帝与朝臣书曰："江表惟长沙名有好米，何得比新城秔稻耶？上风吹之，五里闻香。"[3]清官修《韵府拾遗》卷三十八与吴士玉《骈字类编》卷二百三十三之"好米"条皆同。[4]明张溥编《汉魏六朝一百三家集》所载《魏文帝集·与朝臣论秔稻书》则作："江表惟长沙名有好米，何得比新城秔稻邪？上风炊之，五里闻香。"[5]清严可均所编《全上古三代秦汉三国六朝文》载魏文帝《与朝臣书》同[6]。《艺文类聚》《太平御览》等类书亦作"上风炊之"。魏文帝与朝臣书，诸家文字虽略有差异，然此妙言隽句足以启迪后世。贾宝玉称引唐人诗，出自许浑《晚自朝台津至韦隐居郊园》："村径绕山松叶暗，柴门临水稻花香。"[7]后人多有发挥，如宋人杨万里诗《夏月频雨》：

---

[1] 清嘉庆五年（1800年）至七年，程伟元曾为盛京将军晋昌幕僚，兼任萃升书院教习。参阅赵建忠：《新发现的程伟元佚诗及相关红学史料的考辨》，《红楼梦学刊》2007年第6期；项旋：《新发现的程伟元史料考论》，《红楼梦学刊》2015年第3期。

[2] 徐珂编撰：《清稗类钞》第4册，北京：中华书局，1984年，第1879页。按："秔"同"粳"，从原文。

[3] 杜公瞻：《编珠》卷四补遗黍稷部，清康熙三十七年（1698年）刻本。按：魏文帝曹丕此书，各家所本文字略有异，例如清文渊阁四库全书本，明彭大翼《山堂肆考》卷一百九十五"百谷"之"五里闻香"条："魏志文帝与群臣书：江表惟长沙有好禾，是时新粳稻出，风吹之，五里闻香。"清陈元龙《格致镜原》格六十一："魏志文帝与群臣书曰：江表惟长沙名有好米，何得比新成粳稻耶？上风吹之，五里闻香。"

[4] 官修《韵府拾遗》卷三十八；吴士玉《骈字类编》卷二百三十三补遗"人事门"九，皆为清文渊阁四库全书本。

[5] 张溥：《汉魏六朝一百三家集》卷二十四，清文渊阁四库全书本。华希闵：《广事类赋》卷二十八"九里香吹"条亦同，清乾隆二十九年（1764年）华希闵刻本。

[6] 严可均编：《全上古三代秦汉三国六朝文》，全三国文卷七，魏七文帝四，民国十九年（1930年）影印清光绪二十年（1894年）黄冈王氏刻本。

[7] 许浑：《丁卯集笺注》卷五七言律，清乾隆二十一年（1756年）许钟德等刻本。清文渊阁四库全书补配清文津阁四库全书本，宋王安石《唐百家诗选》卷十六，上句"暗"作"滑"；下句"柴门"，宋刻本许浑《丁卯集》卷上作"野门"。

"隔水风来知有意，为吹十里稻花香。"[1]辛弃疾词《夜行黄沙道中》："稻花香里说丰年，听取蛙声一片。"[2]胡仔诗《题苕溪渔隐图》："钓舡尽日来往处，南村北村秔稻香。"[3]陆游诗《稽山行》："春雨桑柘绿，秋风秔稻香。村村作蟹椴，处处起鱼梁……我老述此诗，妄继古乐章。恨无季札听，大国风泱泱。"[4]

苏州为鱼米之乡，稻米生产历史悠久，一岁两熟，西晋左思《吴都赋》谓为"国税再熟之稻"[5]。北宋朱长文亦曰："其稼，则刈麦种禾，一岁再熟。稻有早晚，其名品甚繁，农民随其力之所及，择其土之所宜，以次种焉，惟号箭子者为最，岁供京师。"[6]《（乾隆）苏州府志》卷十二《物产》小序谓："吴中物产名天下。凡土地所宜，与夫江湖所育可以供食货者多矣，而人工精巧，他方亦罕及焉。今取范、卢、王诸志所载，重加考订，纪其有名者于篇。"稻之属，即有箭子稻、香子稻、红莲稻、糯秔稻、雪里拣、师姑秔（一名矮稻）、早白稻、天落黄、芋艿黄、蒔里白（一名节澳稻）、麦争场、六十日稻（又名早红莲、救工饥）、金成稻、大小籼禾、百日种（一名喇嘛稻，又名西番籼）、乌口稻、早稻（即占城稻）、中秋稻（一名闪西风）、紫芒稻、枇杷红、三朝齐、香珠糯、金钗糯、羊脂糯、青秆糯、秋风糯（又名冷粒糯、瞒官糯）、赶陈糯、矮糯（一名矮儿糯）、鹅脂糯、川粳糯、虎皮糯、羊须糯、胭脂糯、铁粳糯等。其中精品，如：

> 箭子稻，粒瘦长，雪色，味香甘，晚熟稻品之最高者。香子稻，色斑粒长，以一勺入他米炊之，饭皆香。软黄粳，粒大色白，性软，味香美。红莲稻，五月种，九月收，芒红粒大，有早晚二种。陆龟蒙诗："遥为晚花吟白菊，近炊香稻识红莲。"……百日种，一名喇嘛稻，又名西番籼，三月种，五月熟，一岁两收。粒长而色赤，作饭有香，如香粳。康熙五十五年颁种葑门外二十四都六、七两图，常佃之。按旧志有百日赤稻，芒赤，米小而白，殆亦此类。[7]

在长期的生产和生活实践中，吴地人民对于稻米的食用颇具特色，不仅摸索出了多种利用途径和方法，而且开发制作了不少名特产品，形成了诗文、民歌、

---

[1] 杨万里：《诚斋集》卷五，四部丛刊影印宋写本。
[2] 辛弃疾：《稼轩长短句》卷十，元大德三年（1299年）刊本。
[3] 魏庆之：《诗人玉屑》卷十《闲适》，清文渊阁四库全书本。按："舡"同"船"。
[4] 陆游：《剑南诗稿》卷六十五，清文渊阁四库全书补配文津阁四库全书本。
[5] 萧统撰，李善等注：《六臣注文选》卷第五，四部丛刊影宋本。
[6] 朱长文：《（元丰）吴郡图经续记》卷上《物产》，民国影印宋刻本，第10页。
[7] 习寯：《（乾隆）苏州府志》卷十二《物产》，第1—2页。参阅李彦章《江南催耕课稻编·江南再熟之稻》之"百日种"条，清刻榕园全集本。康熙帝命于苏州种植御稻，除官绅所种外，苏州织造李煦曾种50亩，参阅李煦：《奏报苏州本年六月种收御稻及粮价事》，康熙五十五年六月二十五日，中国第一历史档案馆藏，朱批奏折，档号：04-01-30-0282-014；《奏报苏州本年八月粮价及第二番种收御稻事》，康熙五十五年九月十六日，中国第一历史档案馆藏，朱批奏折，档号：04-01-30-0282-016。

农谚、饮食和民俗、节令等内涵丰富、形式多样、影响深远的稻作文化与饮食文化，"涵蓄着吴地人民的思想和情感"[1]。如名品红莲稻，南宋范成大《吴郡志》谓："红莲稻。自古有之。陆龟蒙《别墅怀归》诗云：'遥为晚花吟白菊，近炊香稻识红莲。'则唐人已书此米。中间绝不种。二十年来农家始复种，米粒肥而香。"[2]诗圣杜甫有句："东渚雨今足，伫闻秔稻香。"[3]而具体描摹苏州田园旖旎风光、稻香景象，则首推白居易。唐敬宗宝历元年（825年）五月，白居易就任苏州刺史，这年重阳节作诗《九日宴集醉题郡楼兼呈周殷二判官》，有句："江南九月未摇落，柳青蒲绿秔稻香。姑苏台榭傍苍蔼，太湖山水含清光。"[4]明永乐初户部郎中周枈至常熟修治水利，其诗《王均章画虞山图》有句："红桥画舫姑苏市，晚稻香粳湖上田。江山千里总奇绝，我昔思归情惘然。"[5]值得关注的是，清代著名学者程际盛还取室名为"稻香楼"。程际盛，原名炎，以字行，又字奂若，号东治，苏州府长洲县人。乾隆四十五年（1780年）进士。官至湖广道监察御史。精于训诂，绩学有至行。曾向沈德潜学诗，著有《稻香楼诗稿》，彰显其对"稻香"名号之挚爱。

总而言之，尽管目前我们难以确知苏州"稻香村"取名究系何人、何时，但是，"稻香村"一名源自魏文帝曹丕启迪，历代名家钟情，充满诗情画意，蕴含着对丰衣足食的向往，体现了苏州悠久的农耕传统、经济生态与人文内涵，是苏州人精致生活和绿色家园的历史文化铭牌，名雅格高，故能无胫而行，传之久远。

---

[1] 参阅王梦熊：《吴地与稻米相关的文化》，《苏州日报》1996年10月28日第5版。
[2] 范成大：《（绍定）吴郡志》卷三十《土物下》，第3页。
[3] 杜甫：《秋行官张望督促东渚耗稻向毕清晨遣女奴阿稽竖子阿段往问》，见钟惺：《唐诗归》卷十九盛唐十四，明刻本。参阅张玉书：《佩文韵府》卷二十二之二"稻香"条，清文渊阁四库全书本。
[4] 李昉：《文苑英华》卷三百三十六，明刻本。按：《全唐诗》等别本"秔稻香"作"稻䆉香"，"傍苍蔼"作"倚苍霭"。
[5] 钱谦益：《列朝诗集》乙集卷八，清顺治九年（1652年）毛氏汲古阁刻本。

第二章 清季苏州稻香村的发展与振兴

第一节 同治、光绪时期稻香村的中兴与改制

一、苏州稻香村的艰难创业和中兴

苏州稻香村始创于乾隆时期，年代久远，具体经营情况缺乏史料确切记载。吴希札道：

> 稻香村是先设摊后开店，而且摆摊的时间较长。当年观前街……玄妙观房屋一藏，五千零四十八间，东至洙泗巷，西至大成坊巷，北至牛角浜，南至玉带河。它的照墙从洙泗巷对面开始，沿玉带河直至松鹤楼下。稻香村当年设摊在东边照墙畔。摊主三人组成：沈秋泉（字树百）苏州人，世祖富裕，由他一人出资；王秋根是姑苏娄门外阳澄西湖五漊泾人，为读书人出身，掌管帐务和管理；赵明宝（绰号叫黄鼠狼）是吴县太湖上人，做茶食、糖果等技术师傅。若干年后在照墙东首开店。[1]

吴希札也认为"该店从设摊到正式开店，无确切考证"。但是，他关于稻香村创始人的认定需要讨论。稻香村起始出资情况不详，由沈、王、赵三姓合股，《申报》1926年7月16日至19日所刊稻香村股东沈鞠怀、王秋芳、赵仲如的《出盘声明》和稻香村禾记《受盘声明》讲得很清楚。[2]沈姓因占大股，为店主。至于上述沈秋泉、王秋根、赵明宝的事迹来自店内传说，尚未见到可证实的详切史料。

---

[1] 吴希札：《稻香村店史·生产设置及管理》，未刊稿，1986年。按：旧语"帐务"，今作"账务"。

[2] 《申报》1926年7月16日—19日第8版。《出盘声明》曰："鞠怀等前在苏州观前大街，有祖遗股开稻香村茶食糖果号。"《受盘声明》曰："本号集资盘替苏州观前大街沈、王、赵三姓合开之稻香村茶食糖果号。"

据吴希札言:"咸丰十年庚申(公元1860年)'长毛军'攻克苏州,那时遭到很大的破坏,所谓'洪杨兵燹',工商业无法经营,稻香村避难到阳澄湖西湖五溇泾王秋根故乡临时营业……咸丰十一年辛酉(公元1861年),稻香村由摆摊逐步转入开业。"[1]文中"长毛军"指太平军,阳澄湖西湖时称阳城湖西滩,在娄门外元和县益地乡金生里管上十七都八图五溇泾[2],即今苏州市相城区五众泾,因五条河汊在此交汇而得名,四方乡民都会于此,曾经十分繁华。从所叙史事看,沈秋泉、王秋根、赵明宝是苏州稻香村艰难创业的先辈,但是,沈秋泉字树百,有些张冠李戴。晚清光绪至民国前期久任稻香村店主、经理人的沈祖荫,字树百,常以字行,作沈树百,即前述股东沈鞠怀之父,清季为长洲县湘城人。[3]沈秋泉其人,应是沈祖荫的祖辈,尚需资料详考。

稻香村在乾隆时期属于初创,其发展情况主要是从民间传说故事中揣度。乾隆帝南巡至苏州时,微服私访偶遇稻香村,觉店名颇为雅致,品尝店内蜜糕后赞不绝口,回行宫即责令苏州府台日后将稻香村蜜糕进贡至京。乾隆帝在宫中吃到蜜糕,连声称赏,特别御赐苏州稻香村一块葫芦招牌。潘君明收集整理的民间传说《乾隆皇帝御赐匾额》颇为生动具体。

> 稻香村蜜糕,是馈赠亲友的佳品。这蜜糕在苏州民间中还有一段与乾隆皇帝有关的传说故事。
>
> 乾隆皇帝下江南,御驾停在苏州,吃过苏州的蜜糕,总也忘不了它的滋味,回到京城以后,就叫御膳房里去做,做来做去,做出来的蜜糕,总归不及苏州的好吃。乾隆皇帝就下了一道圣旨,派出一名钦差,到苏州去定做蜜糕。
>
> 钦差大臣到了苏州,找了几爿糕团店都勿肯做。为啥?苏州离京城路途遥远,交通不便,不是三天二天可以赶到的。蜜糕送到京城,时间长了,要发霉变质,那时候店里就要倒霉,弄得不好要杀头格。
>
> 后来找到了稻香村,稻香村的老板和做糕师傅一商量,做糕师傅包拍胸脯,一口答应下来了。
>
> 稻香村的做糕师傅,手艺高超,本领蛮大。他们配料精,做工细,用白糖、蜜糖和猪油拌和,再加上松子、桂花,做出来的蜜糕,色、香、味俱佳。

---

[1] 吴希札:《稻香村店史·稻香村的三兴三败》,未刊稿,1986年。
[2] 冯桂芬:《(同治)苏州府志》卷三十《乡都图圩村镇二》,第6页。
[3] 《申报》宣统元年闰二月初五日第3张第2版,报道江苏省谘议局议员长洲县初选情况:沈祖荫四十八票(乡)(湘城)。湘城,《(同治)苏州府志》卷二十九亦作相城,属长洲县益地乡金生里中十八都九图。再,民国八年《苏州总商会同会录·散帮各业》载,观东稻香村经理人沈树百,名祖荫,籍贯为江苏吴县。苏州市档案馆藏,档号:I014-001-0364。按:入民国后长洲县被撤并入吴县。

色是白粉雪雪白、香是桂花香喷喷、味是蜜糖甜津津，吃在嘴里软绵绵，十分上口，因为这种蜜糕做工特殊，时间放长一点也不会发霉变质，蜜糕做好后，装在漂亮的锦盒里，由钦差大臣带到京城去了。

乾隆皇帝吃着这种蜜糕，不禁龙颜大悦，越吃越想吃，连连称赞："好糕！好糕！"马上下一道圣旨，御赐稻香村一块葫芦招牌，上写"稻香村"三个大字。啥叫葫芦招牌？就是象葫芦一样的形状，上小下大，字体飞金。这是一种特殊的招牌，格外引人注目。稻香村的蜜糕就出了名。[1]

潘君明在《苏州民间采风集》一书中还收有一篇故事近似的《稻香村蜜糕》：

乾隆皇帝下江南，住在苏州的行宫里。这一天，乾隆换上一身便服，随身带了一个心腹小内侍，来到观前街，逛了一个时辰，觉得腹中有些饥饿，想买点东西吃吃。一抬头，看见前面挂着一块招牌，上写"稻香村"三字。他觉得这个店名非常雅致，遂信步走进店门，见里面摆的尽是糖果茶食。乾隆看着看着，看到一种雪白粉嫩的糕，十分诱人，便随口向店家问道："这叫什么糕？"

"蜜糕，蜜糖做的，甜如蜜糖。"

乾隆最喜欢吃甜食，买了两块一尝，觉得嘴里软绵绵、甜津津，十分好吃。心想：如此好糕，我还没有吃过呢，为什么苏州府不进贡，我倒要问问哩？乾隆回到行宫，立即把苏州府台叫来，加以责问，府台连连磕头说："奴才罪该万死！奴才立即差人去办，明日早上一定送来。"

…………

原来，稻香村的做糕师傅，手艺高超。他们选用上等好米，磨成细粉，用白糖、蜜糖和猪油拌和，再加上松子、桂花，做工讲究，时间放得长一点也不会发霉变质。蜜糕做好以后，装在漂亮的纸盒内，由府台专门派人送到京城，献给皇上。

乾隆在宫里吃到送来的蜜糕，不禁龙颜大悦。他马上下了一道圣旨，御赐一块葫芦招牌，上写"稻香村"三个飞金大字。

稻香村的名气更大了，蜜糕也从此出了名。[2]

这些终归是动人的传说，稻香村如果真有此等盛事，苏州的官绅士民与朝野史料不会隐没不书。稻香村"形成较大规模营业和生产是嘉庆至道光年间，这时

---

[1] 潘君明搜集整理：《乾隆皇帝御赐匾额》，苏州市文化馆编：《群众文化》副刊"百花园"第七期，1980年。
[2] 潘君明：《苏州民间采风集》（下），苏州：苏州大学出版社，2014年，第356—357页。本篇讲述人：潘生。采录时间：1979年冬。采录地点：苏州市五申弄。

期政局较为稳定,稻香村生意兴隆,连年有余,可谓第一次鼎盛时期"[1]。事实上,"该店在道光年间,生产大类品种众多,从茶食(糕点)、糖果、炒货的基础上发展到青盐蜜饯、野味。营业和生产规模虽在同行业中领先,但仍是规模不大"[2]。在行业中当时并不一定很著名。道光年间,钱思元《吴门补乘》所举小食点心名品名店有的尚在,并且有所增加。长洲诸生顾震涛(1790—约1860)所著《吴门表隐》曾分类著录各行业有名字号,其中饮食、茶食业中包括乾隆时即已著名的老字号:

> 业有招牌著名者,悦来斋茶食,安雅堂酏酪,有益斋藕粉,紫阳馆茶干……茂芳轩面饼,方大房羊脯……
>
> 业有地名著名者,温将军庙前乳腐,野味场野鸟,鼓楼坊馄饨,南马路桥馒头,周哑子巷饼饺,小郲街内钉头糕,善耕桥铁豆,百狮子桥瓜子,马医科烧饼,锵驾桥汤团……用直水绿豆糕,黄埭月饼,徐家衖口腐干。
>
> 业有人名著名者,孙春阳南货……
>
> 业有混名著名者,野荸荠饼饺,小枣子橄榄,曹箍桶芋艿,陆稿荐蹄子,家堂里花生,小青龙蜜饯,周马鞍首乌粉。[3]

顾震涛所记还有"以业名地者",即地名因铺店集中或某业出名而形成。这几种类型已涵盖了苏州名品的基本成因。[4]名店首举阊门内皋桥西的孙春阳南货店,"苏人讲求饮馔,无不推苏州孙春阳店之小食为精品"[5]。该店乃明代万历初年宁波孙姓生员所开,顾震涛称其"今为郡中之冠,有上用之物"。名士钱泳曰:"苏州皋桥西偏有孙春阳南货铺,天下闻名,铺中之物亦贡上用……自明至今已二百三四十年,子孙尚食其利,无他姓顶代者。吴中五方杂处,为东南一大都会,群货聚集,何啻数十万家,惟孙春阳为前明旧业,其店规之严,选制之精,合郡无有也。"[6]孙春阳南货店以诚信、特色、质量和管理取胜,这也是商号传之久远的不二途径,对于稻香村的成长与发展有着启发和鞭策的意义。

道光二十年(1840年)爆发的第一次鸦片战争,以不平等的中英《南京条约》宣告结束,中国从此进入了半殖民地半封建社会,清王朝很快陷入了内忧外患之中。道光三十年末,洪秀全与杨秀清等在广西桂平县金田村率拜上帝会众起

---

[1] 吴希札:《稻香村店史·稻香村的三兴三败》,未刊稿,1986年。
[2] 吴希札:《稻香村店史·稻香村之鼎盛时期》,未刊稿,1986年。
[3] 顾震涛:《吴门表隐·杂记》,吴县潘氏香雪草堂藏稿本。按:锵驾桥,嵇元《品读苏州》认为"可能就是装驾桥",尚待详考。
[4] 参阅范金民:《列肆招牌,灿若云锦——清代前期苏州城的工商铺店》,陈支平主编:《相聚休休亭:傅衣凌教授诞辰100周年纪念文集》,厦门:厦门大学出版社,2011年,第425—426页。
[5] 徐珂编撰:《清稗类钞》第5册"孙春阳设肆于苏"条,北京:中华书局,1984年,第2313页。
[6] 钱泳:《履园丛话》卷二十四《杂记下》,上海:上海古籍出版社,2012年,第434—435页。

义，建号太平天国，咸丰三年（1853年）春在南京定都，称为天京，先后进行北伐、西征，引发了全国性的反清武装起义高潮，处在发展势头上的苏州稻香村也受到了严重的影响。咸丰十年（1860年）闰三月，太平军击溃天京城外清军江南大营后，忠王李秀成挥师东征。四月初四日，驻防苏州的清军纵火焚烧阊门、胥门外沿城民房，"溃勇亦大至，纵横劫掠，号哭之声震天，自山塘至南濠，半成灰烬"[1]。大火燎原凡三昼夜。四月十三日太平军从阊门、胥门入城后，也大肆焚掠。时人潘钟瑞《苏台麋鹿记》曰："贼始破城，无固守志……始时无夜不火，阊门一路无论矣；南濠两岸直至胥门万年桥、城内学士街、道前街，延及养育巷，直至太平桥。莳则十泉街，东则平江路，中间临顿路、护龙街，凡十字路口市廛最密处，无不投以炎火；盖欲使苏城无复有市集贸易之所，民人不得谋生，势必委而去之。"[2]苏州城遭受了极其惨重的劫难。

太平天国以苏州为苏福省省会，太平军破城半月后方布告安民，申明军纪，并望绅董"递册投诚"，百姓"照常归农乐业"[3]。在城内六城门及玄妙观城中各设乡官局一所，"七局送册，合计尚有八万三千余口许，每口给米一斤……复传令尽驱合城百姓出城，各自谋生"[4]。奉忠王之命办理苏州地方事左同检熊某尚能恤民安抚，"居然发出资本，开设各种铺户，于是山塘成集，名为买卖街，而藉此不复拘束，即于数日间络续脱逃至他处谋生者，十有八九"[5]，"散居各乡，故乡镇之买卖转盛"[6]。如用直人杨引传《野烟录》载，因太平军先后转战上海、浙江，"而近苏各乡稍得休息。吾里遂晏然，市肆尤热闹。苏城人之避难者，往往有既出贼境，而仍搬来六（用——引者）直居住，房租昂贵，物价俱腾跃。米每升须六七十文，极贵至九十余文。肉每斤须三百文。他物亦较平时加倍，而人不以为忧者，五方之人杂处，泉布流通，蚁慕蝇营，谋生各遂。即贫媪婆儿，在茶坊酒肆卖瓜子等物，亦不难日获数百钱。农不废耕，米麦俱得善价。兼之博场昼喧，伎船夜集，浮荡之子，家积金尚有贼攫未尽者，更于此销焉。刀戟丛中，

---

[1] 赵烈文：《能静居日记》，咸丰十年四月初七日，长沙：岳麓书社，2013年，第139页。
[2] 潘钟瑞：《苏台麋鹿记》卷上，中国史学会主编，王重民等编：《中国近代史资料丛刊·太平天国》（五），上海：上海人民出版社、上海书店出版社，2000年，第274页。参阅王步青：《见闻录·苏州记事》，载《太平天国史料专辑》（《中华文史论丛》增刊），上海：上海古籍出版社，1979年，第539—540页。
[3]《忠王李秀成命苏郡四乡百姓举官造册谆谕》，太平天国历史博物馆编：《太平天国文书汇编》，北京：中华书局，1979年，第121页。
[4] 潘钟瑞：《苏台麋鹿记》卷上，中国史学会主编，王重民等编：《中国近代史资料丛刊·太平天国》（五），上海：上海人民出版社、上海书店出版社，2000年，第275页。
[5] 潘钟瑞：《苏台麋鹿记》卷下，中国史学会主编，王重民等编：《中国近代史资料丛刊·太平天国》（五），上海：上海人民出版社、上海书店出版社，2000年，第300页。
[6] 杨引传：《野烟录》，太平天国历史博物馆编：《太平天国史料丛编简辑》第二册，北京：中华书局，1962年，第175页。

且姿游戏，谓为忘货也可，谓为达生也亦可"[1]。五浲泾地处交通要道，基本未受战乱波及，依旧繁华热闹。前引《苏州的茶食店》所言，"稻香村店东沈姓，洪杨之役，避难居乡，曾设茶食摊于洋澄湖畔之某村，生意尚称不恶。乱后归城，积资已富"[2]，缘由主要在此。

同治二年（1863年）十月清军收复苏州，但见"城之中，瓦砾载涂，榛莽塞道。凡昔时之市，咸变为墟"[3]。苏州府城战乱前居民数十万人，清军克复苏州时，投降的太平军多达20万人，而城内百姓无几。[4]战乱期间行商大贾纷纷避难，大多移资于上海，苏州渐以坐商为主。同治三年（1864年）夏太平天国失败后，苏州"流亡渐集，商旅复通，城闉内外，百堵皆作"[5]。稻香村店东"待政局稍有平定，即回苏州原处经营。可是店中房屋大部被毁，货物抢劫一空，损失巨大，就在原地设摊，招牌写在芦菲上（芦苇编成的一种帘子），这是稻香村第一次衰败"[6]。随着城市社会经济生活的恢复，稻香村境况逐渐好转，"因拟扩张营业，设肆于观前街"[7]。由于阊门、胥门外南北两濠闹市被毁于兵燹，苏州商市的格局和重心逐渐向观前街转移，成为苏州战后初步恢复的标志性转变之一。[8]这对稻香村事业的中兴有着决定性的影响。

观前街"旧名碎锦街"[9]，系玄妙观前的一条小街。玄妙观前身可追溯到西晋咸宁二年（276年）所建真庆道院，东晋太宁二年（324年）被明帝赐名上真道院。唐开元二年（714年）玄宗赐名开元宫，别作紫极宫。北宋太平兴国元年（976年）扩建为太乙宫，大中祥符五年（1012年）真宗敕命改为天庆观，置道箓司。南宋淳熙八年（1181年）孝宗御书"金阙寥阳宝殿"揭于观内三清殿端。元成宗元贞元年（1295年）诏命改为玄妙观并赐额，以合老子《道德经》开篇

---

[1] 杨引传：《野烟录》，太平天国历史博物馆编：《太平天国史料丛编简辑》第二册，北京：中华书局，1962年，第176—177页。

[2] 莲影：《苏州的茶食店》，《红玫瑰》第7卷第14期，1931年。

[3] 潘曾玮：《咏勤公所重建关帝阁记》（同治五年仲夏），江苏省博物馆编：《江苏省明清以来碑刻资料选集》，北京：生活·读书·新知三联书店，1959年，第163页。

[4] 道光十年（1830年）苏州府340余万人，同治四年（1865年）已不足130万人。参阅王国平、唐力行主编：《苏州通史·清代卷》，苏州：苏州大学出版社，2019年，第121—123页。

[5] 潘曾玮：《咏勤公所重建关帝阁记》，同治五年（1866年）仲夏，江苏省博物馆编：《江苏省明清以来碑刻资料选集》，北京：生活·读书·新知三联书店，1959年，第163页。

[6] 吴希札：《稻香村店史·稻香村的三兴三败》，未刊稿，1986年。

[7] 莲影：《苏州的茶食店》，《红玫瑰》第7卷第14期，1931年。

[8] 关于苏州商市的格局和重心向观前街转移的历史，详请参阅王波：《苏州观前街区研究（1840—1940年）》，唐力行主编：《明清以来苏州城市社会研究》（上），上海：上海书店出版社，2013年，第282—333页。

[9] 《（同治）苏州府志》卷四十一《寺观三·玄妙观》，南宋淳熙六年（1179年）"提刑赵伯骕摄郡重建"句下注："观前旧名碎锦街。《云烟过眼录》载宋赵伯骕《桃源图》，即玄妙观，当日观中多桃花，故有是名。"按：南宋周密编著《云烟过眼录》，为中国书画著录书籍。观前街历史，可参阅姜晋、林锡旦：《百年观前》，苏州：苏州大学出版社，1999年。

所谓"玄之又玄，众妙之门"之奥义。玄妙观奉江西龙虎山张天师法箓，属于正一派，明太祖朱元璋洪武（1368—1398）中清理道教为"正一丛林"，置道纪司于此，仍习称玄妙观，或称玄都观。"这观踞郡城之中，为姑苏之胜。基址宽敞，庙貌崇宏，上至三清，下至十殿，无所不备。各房黄冠道士，何止数百。"[1]宏丽的殿宇与道教的世俗化为玄妙观注入了生机和活力，集市逐渐出现。明朝末年，书场、摊贩及部分商铺相继落户于观前，如谢云山创始的谢家糖即在观东洙泗巷口。[2]

清承明制，仍于此置道纪司，因避圣祖玄烨名讳，改称圆妙观，玄元相通，或称元妙观、元都观。康熙帝、乾隆帝南巡，皆赐御书匾额。传统的道教信仰对苏州民俗节日的产生、演变有很大影响，如阴历正月初一日即民间传统的正元吉日，亦是道教的天腊良辰，体现了道教文化与传统世俗文化的融通。名重江南

清末玄妙观

的玄妙观作为其特殊的承载者，不仅是道士与信众斋醮之所，也是士庶百姓游观娱乐和商品交易买卖之地，酬顾者骈集，观前街区坊巷、人口和商业活动亦随之大量增加。道光时期，"城中元妙观，尤为游人所争集。卖画张者，聚市于三清殿，乡人争买《芒神春牛图》。观内无市鬻之舍，支布幕为庐，晨集暮散，所鬻多糖果小吃、琐碎玩具，间及什物而已，而橄榄尤为聚处。杂耍诸戏，来自四方，各献所长，以娱游客之目"[3]。由观内而观外，市面愈发热闹，随着苏州传统城市的空间布局之调整，观前街区开始由传统集市向独立完整的商业功能区域发展。

道光二十一年（1841年）冬，由东汇潘氏潘筠浩等郡绅捐资砌筑了观前街长条石路，自醋坊桥起至察院场西口止，路宽3米有余，长约770米，"其工甚巨，坦坦履道，行人传颂"[4]。两面店铺多为江南特色的栅板门面，"屋檐伸出尺余，下面还有木板'撑水闼'，宽约三尺许，下挂木制店幌，有一块者，有数块者，上书店号以及所营商品。因路窄，与对面店铺中人可招呼交谈，可将纸包食品掷

---

[1] 冯梦龙：《警世通言》（上）第十五卷，严敦易校注，北京：人民文学出版社，1956年，第204页。
[2] 顾震涛：《吴门表隐·物产》，吴县潘氏香雪草堂藏稿本。
[3] 顾禄：《清嘉录》卷一"新年"条，见王稼句点校：《吴中风土丛刊》，苏州：古吴轩出版社，2019年，第54页。参阅赵亮等：《苏州道教史略》，北京：华文出版社，1994年，第186—197页。
[4] 顾震涛：《吴门表隐·杂记》，吴县潘氏香雪草堂藏稿本。

至对面店中"[1]。雨天时用竹竿挑只篮子传递过去，即可银货两讫。稻香村的茶食部设在街南，糖果部设在街北，当年顾客到茶食柜购物，如需购糖果、炒货之物者，只需顾客讲一声，店伙即向糖果部叫喊，对方将顾客所需之物称准包扎好，把货从北向南经街中心抛来，反之亦然。吴希札谓："所谓货物可在观前街抛来抛去，仅此稻香村一家焉。当时茶食作坊规模很小，就在茶食部南首几个人做做。再向南即是玉带河，后来营业扩大了，茶食原场地不敷应用，就在河上搭了一座木桥，跨过玉带河向南延伸，造房子为生产作场（当年空地有的是）。那时空地多，但炒货、蜜饯不能和茶食糖果作场设在一起，在临顿路大儒巷西首另设工场（栈房，即义隆酱油店旧址，现长发商厦部分）。在乾隆年间的玄妙观前，已经十分热闹，是商业的繁荣地区之一。稻香村糖果部街北的隔壁是老虎灶，传说稻香村是龙地，水灶是虎地，龙虎之地开店必发矣。"[2]

苏州城西因太平天国战争几成废墟，而观前仅北局一带被毁，玄妙观安好如故。"吴门首重机业，城东比户皆然"[3]，素为苏州纱缎业重地。经历"庚申之乱"后，苏州的"地主在二千户左右，拥田较多立栈收租的大户有五十余户，而居于城东临顿路两旁街巷中的就有二十余户，占全城大户之半"[4]。由于苏州城东地区消费力日显强大，吸引了许多商号、店铺、茶馆、戏院、酒肆、钱庄等，观前东脚门——洙泗巷口至醋坊桥一带的观东商市首先兴起。茶食糖果业中，文魁斋开设于光绪二年（1876年），采芝斋开设于光绪十年（1884年），叶受和开设于光绪十二年（1886年），而稻香村则是知名字号中最老和最早在观东洙泗巷口复业的前驱，抓住历史机遇，锐意进取，

民国初期观前街景

为引领茶食糖果业做大做强和观前街区走向苏州商业的中心街区做出了贡献。

清政府镇压太平天国运动后，统治秩序相对稳定，出现了所谓"同治中兴"。商品经济逐渐恢复和发展，尤其是衣食住行之类行业，因应民生需求，并适应统

---

[1] 朱宏涌：《漫话苏州商市变迁与观前街的发展》，政协苏州市委员会文史资料委员会，民建、工商联苏州市委员会编：《苏州经济史料（一）》（《苏州文史资料》第十八辑），1988年，第107页。
[2] 吴希札：《稻香村店史·生产设置及管理》，未刊稿，1986年。
[3] 顾震涛：《吴门表隐·杂记》，吴县潘氏香雪草堂藏稿本。
[4] 朱宏涌：《漫话苏州商市变迁与观前街的发展》，政协苏州市委员会文史资料委员会，民建、工商联苏州市委员会编：《苏州经济史料（一）》（《苏州文史资料》第十八辑），1988年，第123页。

治阶级奢靡生活日益增长的需要，发展特别迅速。工商业者也积极地恢复公所组织，整顿因战乱而废弛的行规。苏州茶食业早先已有江安茶食公所，行业规模虽小，行会形成却较早。后来曾任稻香村经理的汤长有向吴县知事王奎成呈称："窃敝公所创始前清，向在胥门外由斯弄底通渭桥浜底地方，为茶食糕饼同业常持汇议货价之数。并由同业各店捐钱存储，对年老失业酌给饭资，病则医药、死则衣棺等事宜。自经洪杨兵燹，公所被毁，旧章废弛，以至各店未能一律，难免潮（群——引者）怀争妒。清同治年间，经沈康沐等汇集同业，议定在西百花巷地方置买房屋一所，作为公所，如前集拟货价一律照旧，捐钱存储公用，一切章程均循旧例。"〔1〕稻香村是江安茶食公所最早的成员之一和有力的支持者、组织者。

稻香村在观前街洙泗巷口的店铺，后属于浒墅关花野圩拥有4000亩土地的"地主朱星海，人称'朱黑心'，他在市区还拥有一批出租房屋。在全市租价最高的观前街……大约有三分之一的店面市房为朱所有，如著名南货店孙如号、火腿店生春阳等等"〔2〕。

苏州稻香村的布置经营也有特色，其店中的大理石柜台成为独特的标志，后为别家仿冒的"稻香村"字号纷纷仿效。〔3〕店中的小摆设也非常闻名。苏州的应时风俗丰富多彩，特别是八月中秋，有赏月吃月饼、烧斗香、斋月宫、看小摆设之俗。一般人家，只要家中小有收藏，也都要摆放于桌上任人观赏。商家更是要将店内收藏的小摆设陈列出来供游人参观。各家店铺供小财神等制作精巧、色彩鲜艳的小摆设，大不逾尺，而台阁、几案、盘匜、衣冠、乐器、戏具及其他什物均缩至尺寸，堪称苏州的特种手工艺品，士女游观，门庭若市。"稻香村的小摆设

---

〔1〕 1925年9月12日《吴县知事公署布告》，吴希札：《稻香村店史·稻香村之大事纪要》之3"参加公所及同业公会"，未刊稿，1986年；苏州市商业局编史组：《苏州市商业志初稿（三）》第四章第二节"茶食糖果业"，未刊稿，1991年9月，第1—2页。王稼句《姑苏食话》称："茶食业的江安公所，创办于道咸间，设址胥门外由斯弄底通渭桥，同治间重建于西百花巷。"创办时期未见史料出处，待考。按：李鸿章《苏松太筹办团练善后官绅请奖折》（同治六年正月初二日），长洲县、元和县、吴县部分，谓："刑部司狱沈康沐……文童丁有祥等二十一员，均请加五品衔。"见顾廷龙、戴逸主编：《李鸿章全集》第3册《奏议三》，合肥：安徽教育出版社，2008年，第7页。沈康沐的刑部司狱为捐官。

〔2〕 高岑庵：《荒唐怪僻的地主生活》，政协苏州市委员会文史资料委员会编：《苏州文史资料》第1—5合辑，1990年，第361—362页；参阅龚恩栽：《地主对付佃户的酷刑》，第367页。《申报》1912年10月17日第6版曾报道："日前浒关花野圩朱星海家被盗。"《苏州明报》1929年3月31日第1版刊载朱星海长子朱肇基《恕讣不周》："显考星海府君痛于民国十七年夏历十一月初九日亥时寿终。"据此朱星海卒于1928年12月20日。朱星海有两子，因长子朱肇基（字冠伦）夫妇嗜烟好赌，1927年12月28日将所有田地房产预分为二，其中稻香村所租观前街铺面归次子朱肇沛（字骥英），朱骥英死后由子朱家元、朱家文继承。参阅《苏州明报》1937年3月11日第1版《朱卜氏声明》。

〔3〕 范烟桥在《市招杂话》中说："不识字者，记其特点以为别：如'稻香村'为石柜台，'叶受和'为铜柜台。"见《半月》杂志第4卷第15期，大东书局，1925年，第4页。《申报》光绪二十一年四月二十九日第6版刊载上海四马路姑苏稻香村协记启事，即曰："如蒙贵客赐顾，务须认明大理石柜台为记，庶不致误。"

'五路财神出巡仪仗'在苏州最为著名"[1]。这套"斋月宫""接路头"专用小摆设,相传于清朝同治年间购进,模拟农历正月初五日神诞日五路财神出宫巡行全副仪仗,共计六套484件小道具,"其目的是吸引群众来观看,起到广告作用"[2],成为中秋时景之一。

稻香村复业以来,营业蒸蒸日上。光绪八年(1882年)八月十八日出版的《申报》曾以"苏垣节景"为题,描述中秋时节观前稻香村的营业盛况:"苏垣自初旬以后雨晴不定,十二日竟日大雨,十三日犹未晴霁,迨十四五日,昼则天高气爽,日丽铜钲;夜则月明星稀,辉腾银汉。元都观里每日午后游人如织,街衢拥挤数倍往时,其茶寮酒肆烛铺饼店尤无驻足之处。闻此数日间,观前稻香邨、野荸荠两铺,日售现钱四五百千文,其获利可概见矣。噫!吴中各业近以物力维艰,无不声希味淡,而独此口食玩耍之场乃煊烂若此,何哺啜是求者竟若是其多耶?是可以观世矣。"[3]

稻香村注重维护自己的声誉,积极改进服务,便利顾客,并利用广告效应扩大宣传,特别注重开拓乡镇消费市场。仿单是稻香村招揽顾客的一种纸质广告,主要用于食品包装。光绪二十年(1894年)十一月,苏州著名画家吴友如主持的上海《点石斋画报》第394号,刊载有明甫所绘《赛行致病》图,配文曰:"苏垣尧峰山

《点石斋画报·赛行致病》

---

[1] 蔡利民《收藏历史与时代》称:"清末至民国时期,稻香村的小摆设'五路财神出巡仪仗'在苏州最为著名,这套小摆设,彩绘泥塑、竹雕木刻,一件件只有十来厘米高,从鸣锣开道、旗牌官,到轿夫走卒,从万民伞、肃回牌,到宝马、暖轿,应有尽有,一字儿排开有一丈多长,常常吸引了无数游人顾客。"见《苏州日报》1998年8月27日第6版。参阅陈刚:《苏州人过中秋》,《姑苏晚报》1997年9月17日第6版。董浩《苏州的小摆设》称:"过去每逢中秋节,苏州的店家和有钱人家都要在院子里摆设小摆设来斋月宫,以炫耀他们家里的豪富,其中观东稻香村的小摆设,也是特别闻名的。那小摆设是一付财神会上的仪仗,如'旂牌执事'、'细军板'、'红衣班'等等都做得齐全好看,确实是小摆设中的最好的一付。现在这副小摆设已由该店捐赠献给江苏省博物馆筹备处。"详见《新苏州报》1956年12月5日第3版。江苏省博物馆筹备处所在忠王府,后为苏州博物馆馆址。据吴希礼回忆,1949年苏州解放后,小摆设因带有迷信色彩,不可能再用,如果放之日久,无人管理坏掉可惜。1951年春由朱家元和吴希礼商量后,决定赠送给苏州市文物古迹保管委员会,后由江苏博物馆筹备处转交苏州博物馆。该小摆设经修复后,1985年6月5日开始在苏州博物馆迎神纳彩厅展出。详见吴希礼:《稻香村店史》附录15"迎财神小摆设",未刊稿,1986年。

[2] 吴希礼:《稻香村店史》附录15"迎财神小摆设",未刊稿,1986年。这套小摆设目录详见本书附录四。

[3] 《申报》光绪八年八月十八日第2版。

施某与同村人马某相善，日前万寿圣节期内，闻城中灯景之盛，马自夸捷足，与施约曰：'愿限二刻往返六十余里，违则倍罚，能则汝以英饼一枚酬我。'施诺之。对准日晷，奋步疾行，不逾时而马已归来。施以为诳，马出城中稻香村茶食示之，凡稻香村售物必印日期于纸裹之上。施见其非妄，如约酬之，同赴酒家买醉，甫入座，马即口吐鲜血，一息奄奄。施大惊，急延伤科某医，索酬多金，始肯施治。戏真无益哉！"[1]这个故事或许有虚构之处，但所言"稻香村售物必印日期于纸裹之上"，记录了当时稻香村茶食仿单的普遍使用，反映了稻香村的服务理念及其在苏州城乡乃至上海广受欢迎的事实。光绪二十四年（1898年）中秋前夕，上海有酷嗜苏州稻香村茶食之客，曾在《采风报》上发表专文《稻香村辨》，回忆甲午战前事曰："曩过吴门，必命仆往元都观前稻香村多购点心、瓜子等品，以备途次应用。盖舣舟金阊，必需数日，始能揽胜。间或购回沪渎，分赠亲友，则恒挂人齿颊间。比已三年，不曾闻寒山钟响，旧游回首，枨触深之。惟是口腹累

《采风报·稻香村辨》

人，不能以水程三百，稍加憩置。遇有执友往来其间者，知余所嗜，亦必购而见馈。丙申冬遘疾后，益思有所咀嚼，则驰函往购矣。旋有友告余曰：'子何迂执乃尔！上海稻香村如林之立，随在皆有，何必远劳雁足？'乃往各家购试之，虽不同土饭尘羹，而较之元都观前，无不味同嚼蜡。"[2]此情此景，真实生动，可在苏州茶食史上书写一笔。

二、清廷"新政"与苏州稻香村的近代化转型

"同治中兴"为稻香村在内的观前商业提供了新的发展契机。但是，道光二十三年（1843年）即已正式开埠的上海，也凭借此历史机遇，充分利用其在地理等方面的优越条件，逐渐发展成为江南区域的工业、商业、贸易和金融中心。作为内陆城市，苏州的地域区位优势则随之下降，然而，在传统的农业社会的基础上以消费为主的商业模式，加之上海的辐射作用，苏州仍然具有旺盛的生命力，对

---

[1]《点石斋画报》第394号，光绪二十年十一月小浣。光绪帝诞辰为六月二十六日，慈禧太后诞辰为十月初十日。从文中"灯景之盛"看，故事背景为慈禧太后六旬寿辰，苏城庆祝万寿圣节盛况，可见《申报》光绪二十年十月十三日第9版"苏垣灯景"。参阅王稼句：《采桑小集·说仿单》，济南：山东画报出版社，2013年，第161页。

[2]《采风报》光绪二十四年八月初六日第1版。该报馆在上海英租界三马路太平坊。

于稻香村的发展起着不可忽视的影响。

在中国近代化的历史进程中,苏州也曾一度承担着新的角色,产生了冯桂芬、王韬等维新思想家。第二次鸦片战争失败后,清朝统治阶级在"中体西用"思想指导下,开始了发展新式军事工业和民用工业以"求强""求富"的洋务运动,史称"同光新政"。江苏巡抚李鸿章于同治二年(1863年)聘请英国人马格里主持创办苏州洋炮局,堪称新式军事工业的滥觞。中日甲午战争失败后,光绪二十一年(1895年)三月,清政府被迫签订了丧权辱国的《马关条约》,苏州与重庆、沙市、杭州一道被增列为通商口岸,日本获准在中国通商口岸任便设立领事馆和工厂及输入各种机器,列强由此争相扩大对华商品输出和资本输出,甚至企图瓜分中国。严重的民族危机,加以民生日益艰困的情势,进一步激发起朝野对传统的重农抑商、崇本抑末政策的反思,以及对西方重商思想的体认,一时商战思想言论汇成一股巨流,民族资本主义进入了新的发展时期。受时局和风气的影响,苏州爱国官绅士商相继创办了苏经丝厂和苏纶纱厂,成为近代苏州民族工业诞生的标志。

稻香村在经历"同治中兴"后走向复兴,是在光绪年间,关键人物是沈祖荫。沈祖荫,或以字行,称沈树百,长洲县湘城人,具体在何年开始执掌稻香村,因资料缺乏未得其详。他受过一定程度的私塾教育,思想比较开明,能够认识潮流大势,做事缜密守法[1],秉持稻香村的诚信经营祖训:"老老实实品质第一,货真价实童叟无欺。"[2]以诚信构建稻香村品牌的核心与魅力。光绪三十年(1904年)五月初九日,稻香村因遵奉官府禁令被人诋毁,乃在《新闻报》头版刊发《稻香村声明》:

> 苏城观前稻香村开历数十年,交易公平,素无欺弊。近奉宪谕禁用砂铅破碎以及不能上串之钱,故小号交易遵奉宪章进出。今见五月五日新闻"蛮横宜惩"一则,有稻香村店伙挑剔小钱,恃恋殴人,致被宪提责罚云云。小号见之大为诧异。此事尽属子虚,不知何人捏造谣言。果有此

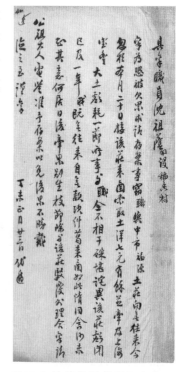

1907年沈祖荫呈苏州知府禀文

---

[1] 沈祖荫:《为恐被土庄牵累请准予存案的禀文》,光绪三十三年正月二十三日,苏州市档案馆藏,档号:I014-001-0119-005。此为稻香村与福源土庄(鸦片庄号)事禀呈苏州府知府何刚德。

[2] 慕夏:《稻香村:苏州人的情感家园》,《城市商报》2007年8月16日第10版。

案,小号不能粉饰隐瞒。今则凭空诬蔑,牵涉宪案,造言生事,大干例禁。先行声明。[1]

在经营管理上,沈祖荫善于用人,以汤长有和徐幹棠最为得力。汤长有(1874—1955),字子海,吴县人,家居都亭桥,读过私塾。14岁进稻香村做学徒,满师后,仅四五年即当上头柜,光绪二十二年(1896年)左右被聘为经理,是精通业务之能人:"在工作时业务上一把抓,稻香村的产品定价、调价都由他决定,一只产品经他'三一即可':一看、一颠、一尝就能定价。当时同行业大部分参照稻香村的销售价格。"[2]由于稻香村实力的增强,其生产能力和营业随之扩大,而苏州近代民族工商业的发展及时局变革的冲击,也要求稻香村在经营管理方式和组织形式上有所更张,以跟上新的潮流。

八国联军侵华,义和团被镇压,空前屈辱的《辛丑条约》被迫签订后,清廷为挽救摇摇欲坠的统治,推行一系列"新政"措施,如筹饷练兵,振兴商务,废科举兴学堂,改革官制、军制,修订新律,预备立宪,等等。光绪二十九年(1903年)七月十六日商部成立,九月初一日商部尚书载振等奏请力行保商之政,请旨"著各直省将军督抚通饬保商持平,力除留难延搁各项积弊,以顺商情而维财政"[3]。商部奏拟并经清廷批准颁行的重要法律文件有:光绪二十九年九月二十一日(1903年11月9日)的《奖励公司章程》[4],十二月初五日(1904年1月21日)的《商人通例》《公司律》[5],光绪三十年五月初二日(1904年6月15日)的《奏定公司注册试办章程》[6]。这些法律条例章程,提出了一系列的经济改革措施和鼓励、优惠政策,旨在"保护商人,推广商务",振兴实业,即要改变封建落后的重农抑商政策,大力鼓励发展并保护民族资本主义工商业,进步

---

[1]《新闻报》光绪三十年五月初九日第1版。
[2] 吴希札:《稻香村店史·名师名徒发挥作用》,未刊稿,1986年。吴希札谓汤长有生于同治十二年(1873年)。据《苏州总商会1916—1929年会员草册》载,民国十三年(1924年)第709号会员为桂香村茶食糖果号经理汤长有,五十一岁。见马敏、祖苏主编,华中师范大学中国近代史研究所、苏州市档案馆合编:《苏州商会档案丛编》第三辑上册(一九一九年—一九二七年),武汉:华中师范大学出版社,2009年,第101页。时人皆记虚岁,实岁当为同治十三年(1874年)。
[3] 商部尚书载振等:《奏为请饬力行保商之政以顺商情事》,光绪二十九年九月初一日,中国第一历史档案馆藏,录副奏折,档号:03-7133-047。
[4] 商部尚书载振等:《奏为酌拟奖励公司章程二十条事》,光绪二十九年九月二十一日,中国第一历史档案馆藏,录副奏折,档号:03-7131-021;《呈拟奖励华商公司章程清单》,光绪二十九年九月二十一日,中国第一历史档案馆藏,录副单,档号:03-7131-022。
[5] 商部尚书载振等:《奏为遵旨拟订商律先将公司一门缮册呈览事》,光绪二十九年十二月初五日,中国第一历史档案馆藏,录副奏折,档号:03-7227-056。详见《钦定商律》,《申报》光绪三十年正月十五日、十六日、二十五日、二十六日第1版。
[6] 光绪三十年十月初二日西宁兵备道胡《为奏拟定公司注册试办章程出示晓谕并通报出示日期事致循化分府王》附件《奏定公司注册试办章程》,青海档案馆藏,代号:483801,档号:07-3348-9-19。该章程亦刊于《东方杂志》1904年第5期。

的资本主义性质非常明显。[1]苏州商界认识到,"朝廷轸念时局,洞烛外情,特设商务专部,以为主持国计之本……实行保护商人、振兴商业政策,务俾商业进步,日起有功,以与各国争衡,驰逐于商界之中,庶国计因之而益巩固,此诚富强之至计焉……伏念苏州府城实为吴中省会,北辖常、镇,南通嘉、湖,东控松、太,西抱具区,民物繁庑,商务向称股赈(繁——引者)。近年城外又辟为通商口岸,他日宁沪铁路告成,苏城尤当孔道,货物流行,华洋毕萃,夫一哄之市,必立之平。若复玩其所习,故步自封"[2],必将落后于时代要求。当时朝野有识之士皆以商贸体制的改革为要务,深深体认欧美商务之所以发达,除有政府机构与之配合外,运用公司制度,集合民间资本,实为发展工商实业的利器。公司制度既被时人认为系挽救工商经济的利器,引进公司制度遂成为大势所趋。

苏州稻香村茶食糖果号根据上述法律文件,也正式呈请商部注册为"稻香村茶食糖果公司"。按照《奏定公司注册试办章程》有关条款规定,因苏州商务总会尚未成立,稻香村系由所在行业公所加盖图记呈报商部注册公司,经严格审核后,依甲等缴纳注册费50银圆,时合库平银36两。商部随即颁发执照,并盖用印信为凭。据中国第一历史档案馆所藏档案,光绪三十一年(1905年)《商部各类公司注册表》著录为:商类;名称为稻香村茶食糖果公司,设在江苏苏州;合资人沈树百等四人;资本"四千二百千文";有限;注册时间为光绪三十一年正月二十四日(1905年2月27日)。[3]《申报》光绪三十二年

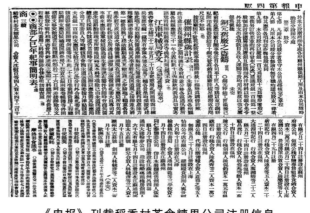

《申报》刊载稻香村茶食糖果公司注册信息

(1906年)二月初八日第4版刊载《商部乙巳年纪事简明表七续商三续》,稻香村茶食糖果公司有关登记情况与光绪三十一年《商部各类公司注册表》一样。稻

---

[1] 参阅朱英:《晚清经济政策与改革措施》,武汉:华中师范大学出版社,1996年,第261页。光绪三十二年(1906年)九月二十日谕命厘定官制,将工部并入商部,改为农工商部,参阅商部尚书载振等:《奏为奉旨工部并入商部改为农工商部相应请旨铸印事》,光绪三十二年九月二十四日,中国第一历史档案馆藏,录副奏折,档号:03-5467-100。

[2] 《王同愈等呈商部稿》,光绪三十一年五月二十八日(1905年6月30日),章开沅、刘望龄、叶万忠、马敏、肖芃主编,华中师范大学中国近代史研究所、苏州市档案馆合编:《苏州商会档案丛编》第一辑上册(一九〇五年——一九一一年),武汉:华中师范大学出版社,2012年,第4页。

[3] 丁进军编选:《清末商务史料(上)》,《历史档案》1991年第4期,第47—59页。丁进军从中国第一历史档案馆藏方略馆全宗档案中,选出光绪三十年至光绪三十二年间商部奏准办理各类公司、局、厂、学堂、商会诸方面的史料,分别依年份,按农、工、路、矿、商五大类刊布。

香村成为苏州、江苏乃至全国茶食糖果业与饮食服务业第一家注册公司,堪称盛举,具有历史性的意义。

光绪三十年（1904年）风气初开,在商部注册的各类工商企业并不多,光绪三十一年便大有变化,注册给照的企业大大增加,主要分布在北京、上海、江浙及其他省份。根据光绪三十年《商部各类公司局厂等注册给照表》统计：农类2家；工类5家,其中江苏占2家；商类2家,皆属江苏。据光绪三十一年《商部各类公司注册表》统计：农类4家,其中江苏占3家；工类21家,其中江苏占10家；路类1家；矿类3家；商类34家,包括稻香村在内,江苏占到11家。这一时期江苏注册各类公司局厂行号见表2-1、表2-2。

表2-1　商部光绪三十年江苏各类公司局厂行号等注册表

类别	名称	创办人	资本股本额	注册时间
工类	无锡裕昌丝厂（设在无锡）	二品顶戴、商部三等顾问官、无锡商务分会总理、三品衔候选道周廷弼	资本14万元	光绪三十年八月二十六日
工类	无锡茂新面粉公司（设在无锡）	总董张石君等	股本6万两	光绪三十年十二月初六日
商类	上海昇昌五金煤铁总号（设在上海）	周廷弼	资本19万元	光绪三十年八月二十六日
商类	无锡保昌典（设在无锡）	周廷弼	资本4万元	光绪三十年八月二十六日

表2-2　商部光绪三十一年江苏各类公司局厂行号等注册表

类别	名称	创办人	资本股本额	注册时间
农类	通海垦牧公司（设在通州海门,有限）	翰林院修撰、商部头等顾问官张謇	股本22万两	光绪三十一年七月十四日
农类	阜生蚕桑公司（设在通州,有限）	张謇	股本2万元	光绪三十一年七月十四日
农类	泽生水利公司（设在通州,有限）	合资人为张謇所办大生纱厂、通海垦牧公司	资本10万两	光绪三十一年七月十四日
工类	耀徐玻璃有限公司（设在宿迁）	张謇等10人	股本60万两	光绪三十一年五月十一日
工类	大生纱厂（设在通州,有限）	张謇	股本113万两	光绪三十一年七月十四日
工类	大生久隆分厂（设在崇明,有限）	张謇	股本60万两	光绪三十一年七月十四日

续表

类别	名称	创办人	资本股本额	注册时间
工类	广生油厂（设在通州，有限）	张謇	股本16万两	光绪三十一年七月十四日
工类	大兴面厂（设在通州，有限）	张謇	股本2.5万元	光绪三十一年七月十四日
工类	大隆油皂公司（设在通州，有限）	张謇	股本1万两	光绪三十一年七月十四日
工类	大照电灯公司（设在镇江，有限）	职商郭鸿仪	股本10万两	光绪三十一年八月初九日
工类	大有机器榨油有限公司（设在上海）	席裕福等3人	股本10万两	光绪三十一年八月二十二日
工类	海丰面粉公司（设在赣榆，有限）	道员许鼎霖等4人	股本20万两	光绪三十一年八月二十四日
工类	三星纸烟有限公司（设在上海）	职商刘树屏等9人	股本10万两	光绪三十一年十月初四日
商类	稻香村茶食糖果公司（设在苏州，有限）	合资人沈树百等4人	资本4200千文	光绪三十一年正月二十四日
商类	府海食盐公司（设在上海，有限）	合资人严舆敬等6人	资本2万元	光绪三十一年正月二十四日
商类	富润房屋公司（设在上海，有限）	合资人严乐贤堂等7人	资本30万两	光绪三十一年四月二十五日
商类	汇源公栈（设在上海，无限）	合资人庄得元等5人	资本20万两	光绪三十一年五月二十九日
商类	翰墨林印书局（设在通州，有限）	合资人张謇所办通州师范等3校	资本1万两	光绪三十一年七月十四日
商类	同仁泰盐业公司（设在通州吕四场，有限）	张謇	股本10万两	光绪三十一年七月十四日
商类	通州大达轮步公司（设在通州等处，有限）	张謇	股本5.6万元	光绪三十一年七月十四日
商类	上海大达轮步有限公司（设在上海，有限）	张謇等5人	股本100万两	光绪三十一年七月二十八日
商类	源泰和茶叶铺（设在扬州）	刘景韩	资本5千元	光绪三十一年十月初一日
商类	济和典（设在常州阳湖，无限）	合资人汪赞纶等4人	资本5万元	光绪三十一年十月二十八日
商类	崇昌轮船公司（设在上海、崇明等处，有限）	合资人周承基等6人	资本2万元	光绪三十一年十一月初八日

资料来源：丁进军编选：《清末商务史料（上）》，《历史档案》1991年第4期，第47—59页。

清廷批准颁行的《公司律》计11节131条，是关于公司的设立、组织、活动、解散及股东权利义务的法规，实为中国历史上第一部公司法。第一节"公司分类及创办呈报法"，计32条，除规定公司种类及各种公司的定义外，尚规定公司设立的程序，诸如章程应行记载事项及申请登记程序等。其中规定：

第一条　凡凑集资本共营贸易者名为公司。共分四种：一合资公司；一合资有限公司；一股分公司；一股分有限公司。

第二条　凡设立公司赴商部注册者，务须将创办公司之合同规条章程等，一概呈报商部存案。

第三条　公司名号后设者不得与先设者相同。

第四条　合资公司系二人或二人以上集资营业公取一名号者。

第五条　合资公司所办各事应公举出资者一人或二人经理以专责成。

第六条　合资有限公司系二人或二人以上集资营业声明以所集资本为限者。

第七条　设立合资有限公司，集资各人应立合同，联名签押，载明作何贸易，每人出资若干，某年某月某日起，期限以几年为度，限先期十五日将以上情形呈报商部注册，方准开办。

第八条　合资有限公司招牌及凡做贸易所出单票图记，均须标明某某名号有限公司字样。

第九条　合资有限公司如有亏蚀倒闭欠账等情，查无隐匿银两讹骗诸弊，只可将其合资银两之尽数并该公司产业变售还偿，不得另向合资人追补。

第十条　股分公司系七人或七人以上创办集资营业者。

第十三条　股分有限公司系七人或七人以上创办集资营业声明资本若干以此为限者。[1]

《公司律》第二十三条申明："凡现已设立与嗣后设立之公司及局厂行号店等均可向商部注册，以享一体保护之利益。"第三十条规定："无论官办、商办、官商合办等各项公司及各局，均应一体遵守商部定例办理。"《奏定公司注册试办章程》第一条也规定："凡商人经营贸易，均可照律载合资公司、合资有限公司、股分公司、股分有限公司此四项中认明何项，在本部呈报注册。无论现已设立与嗣后设立之公司局厂行号铺店，一经注册，即可享一体保护之利益。"该章程还指明由商部设立公司注册局，专办公司注册事宜，规定了各类公司注册应当缴纳的费用。上述规定使得稻香村等各类商办企业同官办、官商合办企业处于同等的地位，特别是公司注册制度的确立，宣告了市场的开放和进入的自由，任何人只要

---

[1]《申报》光绪三十年正月十五日第1版《公司律》。按：股分，今作"股份"。

符合法律的规定，即可注册设立公司，从事近代工商经济。这种制度和观念的确立具有重大的进步意义。

《公司律》规定了四种公司形式：有限责任两种，即合资有限公司和股份有限公司；无限责任两种，即合资公司和股份公司。在这四种形式中，对公司股东的最低人数做了限制，合资公司和合资有限公司的出资人为"二人或二人以上"，而股份公司和股份有限公司的出资人则为"七人或七人以上"，从而否定了独资企业取得公司形式的可能性。[1]沈祖荫等四位出资人注册的有限性质的稻香村茶食糖果公司，属于《公司律》中"合资有限公司"类型，其特点是合资者按比例出资，全部资本并不等分成等额的股份。它有些类似传统的合伙企业，但不同的是，在传统的合伙中，合伙者所负的都是无限责任，而在合资有限公司中，合资者所承担的责任只是以所集资本为限。这就是有限责任制度。在中国商业传统中，商人承担的一般都是无限但不连带的法律责任，这对商人来说是沉重的精神负担，从而极大地抑制了他们投资的热情。在近代洋务企业中，虽然注意引进西方近代股份公司的筹股和经营方面的方法，但并未明确商人股东的有限责任。筹办公司最要且最难者便是募集股款，而传统的无限责任显然对于公司的设立构成了很大阻碍，于是西方新型的有限责任形式自然会受到商人青睐。《公司律》第九条的规定，消除了股东出资后受无限责任牵累的忧虑。为此，《奏定公司注册试办章程》第五条也规定："凡各省各埠之公司局厂行号铺店等，一经遵照此次奏定章程赴部注册给照后，无论华洋商一律保护；其未经注册者，虽自称有限字样，不得沾公司律第九条、第二十九条之利益。"有限责任制度的引入，无疑极大地刺激了包括苏州稻香村沈祖荫在内的众多商人的投资热情，有力地推动了国内近代公司的迅速发展。

光绪三十一年（1905年）《商部各类公司注册表》谓稻香村茶食糖果公司的出资人为沈树百等4人。据1913年12月调制的《江苏合资商业注册表》，稻香村总号设于苏州玄妙观东大街洙泗巷，无分号，出资人为"沈诒记、沈树百、王慎

---

[1] 光绪三十二年五月商部《咨行各省独资商业注册呈式文》重申这一立法精神："查本部所拟公司注册试办章程，前已奏准通行，历经办理在案。此项章程系指公司注册而言，乃商人往往以独出资本，所开之局厂行号铺店，按照公司呈式填写到部，呈请注册，殊属误会。兹特定出商业注册呈式，嗣后商人独出资本，所开之局厂行号铺店不得称为公司，仍以局厂行号铺店名称。照后开呈式报部，归入独资商业，注册，不得用有限无限字样。缴纳公费银两悉按公司注册章程第九第十第十一各条办理，核准后即行文该省地方官，饬属保护。其商业资本在银500两以下者毋庸注册。"见《袁世凯为独出商业资本注册事札津商会》，光绪三十二年六月初八日（1906年7月28日），天津市档案馆编：《袁世凯天津档案史料选编》，天津：天津古籍出版社，1990年，第250页。参阅任满军：《晚清商事立法研究》，北京：光明日报出版社，2012年，第107页。

之等"，资本数目4200千文。[1]按商部登记注册为4人，此则缺一人。稻香村本为沈、王、赵三姓合伙经营，沈树百即沈祖荫，家住观前山门巷1号。王慎之似以字号行，所缺应为赵姓合伙人，名字待考。至于沈诒记，未必实有其人，应是沈氏"账房"字记以代出资人姓名，如此沈姓成为主要出资人和大股东。从丁进军据中国第一历史档案馆藏档案编选的《清末商务史料（上）》来看，不乏此例，如光绪三十一年注册的上海富润公司，合资人作严乐贤堂等7人，实际上严乐贤堂为严氏堂号，投资人主要为浙江慈溪人严筱舫（名信厚）。再如直隶承德府朝阳县小塔子沟金矿公司，创办人作胡久业堂等7人，胡久业堂即为胡氏堂号。再如光绪三十二年注册的苏州济大典合资无限公司，合资人盛复、盛颐记，实为盛复颐1人，盛颐记为其账房字记。[2]

在江苏省于商部注册并受保护的商号或企业中，稻香村茶食糖果公司的历史最为悠久，资格最老。它与上海府海食盐公司同日注册，注册时间仅晚于光绪三十年首批注册的4家工商企业，但是，它在注册资本上最少，仅为4200千文。[3]清初规定制钱1文值银1厘，则纹银1两可换制钱1千文，也即1吊钱，直到道光初年仍然稳定，4200千文当时可兑白银4200两。其后，银贵钱贱趋势明显，银两、银圆（元）与制钱之间相互兑换率名目颇多，京城与各省不一，即使同省份的不同地区也有差异。[4]光绪三十一年二月翰林院侍读翁斌孙奏称："数日以

---

[1]《江苏合资商业注册表》（民国二年十二月调制），载江苏省行政公署实业司编：《江苏省实业行政报告书》五编《商政》，1914年6月印行，第63页。表中稻香村注册日期误为光绪三十一年正月二十二日。

[2]《申报》光绪三十二年九月十九日第17版《保护注册典当》载："苏垣吴县境西城桥济大典当，资本四万元，近由盛复颐记赴商部呈明注册，奉部札饬地方官保护。吴县张大令以该典系职员王次沂请帖接开，并无盛姓合资字样，照会潘绅查复。该典原系王次沂出名领帖，与盛康合开，嗣于光绪二年王次沂将股本归并盛绅名下。迨盛绅故后，遗授伊孙盛复颐。本年就近在京报明商部注册，惟王次沂原领部帖遗失，现已具结，另禀详办等情，业已由县给示保护矣。"按：盛复颐，号讷斋，1922年、1923年曾与盛昇颐、盛慕颐等盛康裔孙因争继在苏州财产引发诉讼。

[3] 稻香村茶食糖果公司的注册资本，《商部乙巳年纪事简明表（续第七十六号）公司注册表（商）》误作"四千二百元"，见《新民丛报》第四年第五号，横滨：新民丛报社，1906年，杂纂类三，总第117页。农商部总务厅统计科编《中华民国二年第二次农商统计表（工业商业矿业）》，"商业公司"类载稻香村资本额为3834元，参见马敏：《官商之间：社会剧变中的近代绅商》，天津：天津人民出版社，1995年，第193页。

[4] 光绪三十年（1904年）三月漕运总督陆元鼎奏称："清淮一带，每银一两易钱一千一百文至一千零数十文。洋银一元易钱七百六十文至三四十文。"光绪三十一年署两江总督周馥奏曰："近来江苏寻常市价，每银一两易钱一千三百文，见骤涨至一千四百余文。每银元一枚向易钱八百五十文，见涨至九百六七十文。"光绪三十二年七月，财政处、户部议复粤督奏请改铸一文铜钱折内称："新造库平一两银币合制钱一千四百文。"光绪三十三年直隶总督杨士骧奏京津铜元纷杂折称："近时京师银价涨至十六七吊（即银一两合制钱一千六七百文）。"两江总督周馥等奏，江苏省银价腾贵，"目下银价每两一千六百八九十文"。宣统元年（1909年）安徽巡抚朱家宝奏："现在银价奇昂，每银一两需钱一千九百及二千文不等。"所引皆见杨端六编著：《清代货币金融史稿》，武汉：武汉大学出版社，2007年，第177—178页。

来银价益落,每银一两仅易大钱十一千有奇。"[1]以此计算,4200千文可以易银约3818两。如按商部《奏定公司注册试办章程》的注册费规定折兑银圆,"每圆合库平银七钱二分",则银3818两可兑约5303银圆。

需要指出的是,《公司律》中合资有限公司的"合资",事实上还是"合伙"的别称,稻香村茶食糖果公司仍然只是沈、王、赵三姓合伙营业的组织。这是因为《公司律》虽然为中国近代公司制度初步奠定了法律基础,具有开创性的进步意义,但从制度体系来看尚不够成熟。《公司律》最大的法理性缺陷就是没有关于"公司为法人"的基础性规定,尚未建立起明确而系统的法人制度。《公司律》规定的四种公司形式,缺乏两合公司,并非公司种类的统一划分,实为日德大陆法系和英美法系公司制度之杂汇,由于匆忙出台《公司律》,"不依公司种类分别规定,故有眉目不清难于明了之弊。且其大部分皆为股分公司之规定,而于合资公司略焉不详"[2]。如所周知,公司的法人品格是公司与合伙、独资企业区别开来的最主要的特质。如果抛开这一特质,则《公司律》中的合资公司几乎类同于传统的合伙企业或合股企业。《公司律》关于公司为"凑集资本共营贸易者"的定义,使得"传统的合伙企业,如果它们愿意按公司律注册为公司,几乎用不着对原来的体制作什么实质性的变更"[3]。《公司律》对工商企业组织形式法律特性的这种法理性的认识缺陷,反映了"法人"制度的法律思维尚未在《公司律》的立法过程中得到重视和呈现。

对于中国近代公司制企业的初始发展水平,估计不能过高。从总体考察,中国近代公司制企业所占比重小。与全国实有工商企业数量相比,以公司制企业组织形态在商部注册登记者所占比例很小。这表明,在为数众多的手工业工场和近代工厂之中,大多是规模较小并采用传统的独资或旧式合伙制经营者,采用公司制企业资本组织方式者为数不多,在当时的茶食糖果业乃至饮食服务业中,苏州稻香村属于凤毛麟角,独一无二。在苏州茶食糖果业,独资形态是主要的资本组织形态,其次才是合伙制,即使到了1942年,据《江苏省吴县茶食糖果业同业公会会员情况统计表》不完全统计有124户,其中合资的也仅仅19户:稻香村、采香村、东吴村、桂香村、一品香、泰丰洽、春阳泰、东生阳、同泰源、豫成丰、一芝村、天禄、生生、嘉穗芳、好青年、和平村、和平村分号、赵天禄、华星。[4]

---

[1] 翰林院侍读翁斌孙:《奏为在京城请暂设官钱局以维市面事》,光绪三十一年二月初六日,中国第一历史档案馆藏,录副奏折,档号:03-9537-006。
[2] 姚成瀚:《公司条例释义》,上海:商务印书馆,1914年,第10—11页。
[3] 张忠民:《近代中国的"公司法"与公司制度》,《上海社会科学院学术季刊》1997年第4期,第155页。
[4] 《江苏省吴县茶食糖果业同业公会会员情况统计表》,1942年7月,苏州市档案馆藏,档号:I002-002-0004-098。

包括叶受和、采芝斋等大户多为独资。这从一个侧面说明茶食糖果业在资本组织形态方面的落后性。

应该肯定的是，随着《公司律》及其他相关章程的颁布，公司之间、劳资之间、公司与政府之间的关系得以在新的法律关系基础上确定，全国各地迅速创办了许多公司，大致情况可见表2-3。

表2-3　1904—1908年全国注册公司及独资企业统计表

单位：家

类别	1904—1905年	1906年	1907年	1908年	合计
注册公司小计	58	65	55	50	228
其中：（1）合资公司	2	17	2	1	22
（2）股份公司	2	2	1	0	5
（3）合资有限公司	18	7	14	9	48
（4）股份有限公司	36	39	38	40	153
注册独资企业	13	13	11	7	44
总计	71	78	66	57	272

资料来源：据光绪三十四年（1908年）编订《农工商部统计表》（第一次）第五册，宣统元年（1909年）编订《农工商部统计表》（第二次）第五册"公司注册表""独资商业注册表"有关资料计算、编制。[1]

1904—1908年全国登记注册共228家公司。其中股份有限公司153家，占总数的67.1%；合资有限公司48家，占总数的21%，数量仅次于股份有限公司。这表明由于有限责任制度降低了投资风险，对组建大规模的近代企业具有促进作用。从行业分布来看，这些公司的注册成立，又与中国近代经济的发展构成和趋势相一致，反映了近代工商业发展的实际进程。数量只是一个方面，其实企业的品质、实力、规模、影响更为重要。实际上，近代中国企业的组织形态是业主制、合伙制和股份制三者并存。苏州稻香村茶食糖果号改组登记注册为合资有限公司，顺应了近代企业发展的历史趋势和方向。

光绪三十年（1904年）八月至光绪三十一年（1905年）四月间，江苏省有苏州稻香村茶食糖果公司、上海府海食盐公司、富润房屋公司、昇昌煤铁号、无锡裕昌丝厂、保昌典、茂新面粉公司等8户，最早经商部核准注册给照，商部即咨行署理两江总督周馥，转饬驻沪苏松太道袁树勋，并分饬各地方官妥为保护。

---

[1]　张忠民：《艰难的变迁：近代中国公司制度研究》，上海：上海社会科学院出版社，2002年，第250页。原表编号：表4-2。原表说明："在原统计表中，注册日期皆为传统纪年，而严格地说，中国的传统纪年与公元纪年在月份上是不尽相合的，因此，简单地将光绪纪年转换成公元纪年，其中会有一定的讹误。但为了统计上的便利起见，姑且将在同一纪年中注册的公司都归入与该纪年对应的公元纪年。"

《申报》光绪三十一年七月十六日以《江督札饬保护商部注册各公司店号》为题予以报道：

> 上海道袁观察昨奉江督周玉帅札文，内开：案准商部奏定公司注册章程内载，凡遇商人经营贸易，无论何项公司，一经注册即可享一体保护之利益等语。兹查有江苏省上海府海食盐公司等八户遵章到部呈请注册，业经本部核准注册给照在案，相应开列名号，咨行贵督饬属妥为保护可也等因，并抄单到本大臣。准此合行札饬札道，该道即便分饬各地方官一体妥为保护云云。观察当即分饬各属保护。[1]

从总体上看，清廷推行"新政"，动员和鼓励官商等各种力量发展工商业，声势渐次浩大。仅就表2-1、表2-2中江苏各类注册企业来说，资本最多者为通州（今南通）状元张謇的大生纱厂113万两，而苏州稻香村资本仅4200千文，最为单薄。但是从企业类别来看，此时乃至民国初年茶食糖果业及饮食服务行业中，正式注册的稻香村茶食糖果公司在苏州乃至全省、全国首开先河。而且，其他大多数企业创办者或为实力雄厚、地位显赫的官僚士绅，或系捐纳职衔担任商会职务的所谓"职商"，而稻香村合资人沈祖荫虽然后来纳资捐得同知衔候选州同，沈、王、赵三姓股东仍然是没有官绅背景的基层工商业主。对于苏州稻香村注册为稻香村茶食糖果公司，当时苏州地方人士于其性质和意义多不理解，维新人士汪康年回忆道："苏友冯君守之为余言，苏之稻香村，百余年老店也。近忽在农工商部注册为稻香村有限公司，未知为之者何意也？然假使店中管事，因加有限公司，伪为添招股分也者，而入虚股无算，以分股东之利，则股东不大受亏损乎？"[2]显然，当多数绅商仍然厮守着祖传字号的陈旧格局时，沈祖荫这部分工商阶层试图向近代工商资本家转化。他们怀着对稻香村老字号的热爱和强烈的进取意识，期望依凭法制获得政府对其自身合法权益的保护，更好地发展壮大。的确，奉两

---

[1]《申报》光绪三十一年七月十六日第4版。保护抄单计开："上海府海食盐公司，有限，二万两（元），光绪三十一年正月二十二（四）日注册；富顺（润）房屋公司，有限，三十万两，光绪三十一年四月二十四日注册；昇昌煤铁号，有限，十九万元，光绪三十一年八月二十五日（三十年八月二十六日）注册；汇源公栈，无限，三（二）十万两，光绪三十一年五月二十九日注册；苏州稻香村粉（糖）果号，有限，制钱十四千（四千）二百千文，光绪三十一年正月二十（四）日注册；无锡裕昌丝厂，有限，十四万元，光绪三十年八月二十五日注册；保昌典，有限，四万元，光绪三十年八月二十五（六）日注册；茂新面粉公司，有限，六万两，光绪三十年十二月初六日注册。"其中关于苏州稻香村的名称、注册资本与注册时间皆有错误，其他公司店号或名称、注册资本、注册时间亦有错误，笔者今以括注订误。

[2] 汪康年：《汪穰卿笔记》卷二，1926年，第23页。汪康年（1860—1911），字穰卿，浙江钱塘（今杭州）人。清光绪十八年（1892年）进士。官内阁中书。中国近代资产阶级维新派著名报人、政论家。另著有《汪穰卿遗著》。冯守之（1863—1933），又名守志，吴县人。清光绪八年（1882年）在上海泰昌糖果号司总账，后经商。热心公益，主张实业救国，宣传妇女解放。以特行独立，与朱锡梁（梁任）、张一麐（愿圃）并称"三痴子"。

江总督和苏松太道札饬，苏州府长洲县知县也专门发布了"不准冒牌告示"[1]，明令禁止仿冒稻香村牌号，加意保护。沈祖荫等人将一个传统的合伙商业企业——稻香村茶食糖果号注册为稻香村茶食糖果公司，投身向近代化转型的大潮，无疑是一个值得大书的标志性事件，产生了积极的影响。

据苏州商会档案的记载，在苏州稻香村之后，光绪三十二年（1906年）在商部注册的公司有以下几类。工类：纺织业的裕泰纺织有限公司，创办人朱谱爵，资本50万两，设在昭文县支塘镇；济泰公记股份有限公司，创办人蒋汝坊等，股本50万两，设在太仓县沙溪镇；生生电灯股份有限公司，创办人黄美颐等，股本10万元，总号设在苏州。商类：典当业的济大典合资无限公司，合资人盛复、盛颐记，资本4万元，设在苏州；同源典合资无限公司，合资人陆曜珍等4人，资本3万元，设在吴县东渚镇；瑞丰轮船合资有限公司，合资人欧阳元等4人，资本8千元，总号设在苏州，分号设在常熟、无锡、镇江等处。独资商号：滋德堂荷兰水厂，出资人徐培基，资本8千元，设在苏州。[2]其后，还有经营香料和肥皂的瑞兴胰皂有限公司、经营出口南洋商品的华通有限公司（1907年），经营禽鱼蔬果的三友垦牧合资有限公司（1910年）。另有筹建阶段及因资金缺乏而夭折的农业肥料有限公司（1906年）、张金有限公司（1907年）。包括苏州稻香村在内，这些公司尽管在数量、规模和资金上尚显寒怆，有的还在经营着具有浓厚封建性的高利贷资本，但毕竟套上了资本主义的新装，开始采用资本主义的运营方式，给传统工商业注入了某种新的活力，使之具有了一些近代因素，体现和符合向新式工商业过渡的历史发展方向。[3]

---

[1] 姑苏稻香村禾记：《函为注册稻香村店基牌号商标等字样由》，民国二十七年（1938年）七月十二日，苏州市档案馆藏，档号：I014-013-0159-040。
[2] 丁进军编选：《清末商务史料（下）》附件一《农工商部各类公司注册表》、附件二《独资商号注册表》，《历史档案》1992年第1期，第54—57页。
[3] 马敏：《官商之间：社会剧变中的近代绅商》，天津：天津人民出版社，1995年，第193—194页。上述公司营业内容、资本数量和创办人情况，可参见该书表4-13。参阅丁进军编选：《清末商务史料（下）》，《历史档案》1992年第1期，第54—57页。

第二节 沈祖荫的社会活动与苏州稻香村地位的提升

一、沈祖荫与永康糖食公所的成立

从传统的工商阶层向近代工商资本家递嬗的历史过程来看,沈祖荫尚属刨榛辟莽、转型过渡的一代,所创办的稻香村茶食糖果公司于商部正式注册,乃在苏州商务总会成立之前。商部谓:"上海商务总会设立最先。苏州地系省城,距沪较近,惟迩来开埠通商,复为沪宁路线所经,水陆辐辏,商货流通,市面日臻兴盛。自宜按照奏定章程……设立商务总会,以维商业。"[1]苏州商务总会由翰林院编修王同愈等官绅遵章请设,光绪三十一年(1905年)十月初五日商部札派侍读衔内阁中书尤先甲为总理,三品封职选用知府倪思九为协理,初八日奏准颁给关防。苏州商务总会的成立,是传统的工商业经济组织形式走向解体的重要里程碑,有力地促成了苏州新一代工商资产者的生长。苏州商务总会自称"以各业公所、各客帮为根据",据光绪三十四年(1908年)《苏州商务总会题名录》所载行帮、散帮和店铺作坊,工商各业几乎悉数参加。苏州商务总会具有明显的资本主义色彩和资产阶级的民主精神,按苏州商务总会组织法,分为会友、会员、议董和总理、协理四等。议董和总理、协理在会员中选出。凡每年交纳会费银洋300元以上的行帮,可推会员一人,并准其自行开列会友名单到会,实为商会中坚力量。稻香村属于首批会友,光绪三十二年(1906年)二月正式加入苏州商务总会[2],也是散帮各业中最早加入的茶食糖果商业企业。《苏州商务总会第二届报告清册》(光绪三十二年正月起至十二月底止)记载:"一收稻香村茶食全年会费洋拾六元。一收赵天禄茶食冬季会费洋三元。一收叶受和茶食

苏州商务总会会费存根

---

[1] 商部尚书载振等:《奏为苏州商务繁要遵章设立商务总会并请发给关防俾昭信守事》,光绪三十一年十月初八日,录副奏折,档号:03-5448-042。
[2] 《算收簿》公捐会费收据存根第壹佰肆拾号:"今收到稻香村宝号徐幹棠先生交付公捐会费全年龙洋拾六元正。留此存根备查。光绪三十二年二月十一日。会计议董吴似村、庞少如。"苏州市档案馆藏,档号:I014-001-0029-001-041(原档号乙2-1/29)。

冬季会费洋三元。"[1]赵天禄与叶受和皆系同年冬季入会，从入会时间和缴纳会费数额情况来看，实力与地位皆在稻香村之后。以稻香村为首，苏州茶食糖果业户已经初步形成了一股骨干力量。

苏州商务总会组织系统和管理体系完整，宗旨明确。王同愈等呈商部稿称："设立商会，以调查商业、和协商情、开通商智、研究商学为宗旨，而以保卫公益、调息纷争、改良品物、发达营业为成效。祛个人自私之见，辟公众乐利之源，以冀仰副朝廷整顿商务之至意。"[2]此后即以正式条款载入章程。稻香村发生纠纷事务，也积极依托苏州商务总会调解，妥当处理。例如，光绪三十二年（1906年）九月二十五日午后，徐汝霖至稻香村购买茶食，恃醉寻事，打毁该店货物，账桌银洋也被看客乘机掠去。稻香村执事龚秀亭诉至苏州商务总会，苏州商务总会次日即函告知府："观前为生意繁盛之区，一有此辈横行，商家畏惧，势将累及大局……敝会调查属实，合亟函告，务祈迅赐究问，饬令如数赔偿，以安商业而维公道。"将原告龚秀亭、被告徐汝霖结案实情移送中路巡署，"旋据二告到会，听候调处，徐汝霖遣人到稻香村服礼，和平了结"。[3]

苏州税赋之重向为全国之最，工商业者自然负担不轻。据罗玉东《中国厘金史》统计，光绪三十一年至三十四年（1905—1908），江苏每年厘捐浮动在银350万两至390万两，约占全国总额的20%。又据苏州市档案馆藏《宣统元二年苏沪两属厘金各项收数细册》估算，苏州年收厘金约占全省总数的三分之一，占全国总数的6%~7%。加之各种名目的苛捐杂税，使得产品成本加重，经营者营业不振，利润锐减，以至称苏州"昔为各货云集之繁盛之区，今成众商星散萧条之

---

[1]《苏州商务总会第二届报告清册》（光绪三十二年正月起至十二月底止），第9页，苏州市档案馆藏，档号：I014-001-0029-0145（原档号乙2-1/29）。《苏州商务总会第一届报告清册》（光绪三十一年八月起至十二月底止）未见稻香村及其他茶糖同业店号。《苏州商务总会第三届报告清册》（光绪三十三年正月起至十二月底止），第17页，稻香村全年会费洋16元，赵天禄、叶受和各洋12元。《苏州商务总会第四届报告清册》（光绪三十四年正月起至十二月底止），第3页，稻香村、赵天禄全年会费各洋16元，叶受和春夏秋季会费洋9元。《苏州商务总会第五届报告清册》（宣统元年正月起至十二月底止），第3页，稻香村全年会费洋16元，叶受和戊申冬季己酉全年会费洋15元。《苏州商务总会第六届报告清册》（宣统二年正月起至十二月底止），第3页，稻香村全年会费洋16元，叶受和春夏会费洋6元。《苏州商务总会第七届报告清册》（辛亥正月起至十二月底止），第3页，稻香村全年会费洋18元，叶受和庚戌秋冬辛亥全年会费洋18元。从会费情况可看出稻香村的实力与地位首屈一指。吴希礼《稻香村店史·稻香村之大事记》之3"参加公所及同业公会"，谓光绪三十一年苏州商务总会"第一届，散帮各业中（指交会费名册）有：稻香村（糖果），沈祖荫，吴县人；益昌尧（糖果），盛世林，吴县人；赵天禄（茶食），王翰臣，慈溪人；叶受和（茶食），洪品基，慈溪人；春阳泰（茶食），程晋禄，吴县人"。与民国八年《苏州总商会同人录》混同，多有错误。

[2]《王同愈等呈商部稿》，光绪三十一年五月二十八日（1905年6月30日），章开沅、刘望龄、叶万忠、马敏、肖芃主编，华中师范大学中国近代史研究所、苏州市档案馆合编：《苏州商会档案丛编》第一辑上册（一九〇五年—一九一一年），武汉：华中师范大学出版社，2012年，第4页。

[3] 苏州商务总会：《关于稻香村茶食店被徐汝霖寻衅毁物事的函》，光绪三十二年九月二十六日，苏州档案馆藏，档号：I014-001-0197-023。

地"[1]。稻香村面临困难局面，经营一度出现不利，加上扩大营业之需要，光绪三十二年（1906年），沈祖荫决定增资改组，以吴县人"徐幹棠为首，筹集股本四十股，每股银元一千元，计集资四万元，改由徐任经理"[2]。徐幹棠确实努力能干，营业逐年增长。在苏州商务总会倡导下，稻香村积极参与南洋劝业会和苏省商品陈列展览活动，增强了竞争意识和同业之间的相互联系。

苏州茶食糖果业向有旧章。同治年间茶食业的江安公所重建于西百花巷，糖果蜜饯业的青盐公所则在今阊门外南濠街43号。"糖果业早在庚申（1860）年主办永寿堂，为本业办理六门善举"[3]，"至同治年间，虽有糖果公所之设，但经营者屈指可数"[4]。仅赁屋几椽暂作公所，名永寿善堂，拟办施棺、义阡、养老、矜寡、恤孤、蒙学六门善举，苦无经费，皆由稻香村等同业有实力者筹款担任。光绪三十年（1904年）二月，稻香村与同业集资购置盘门外吴县盘一图黄字圩状元浜基地一所作为义塚，又购得位于观西施相公衖（今作弄）的长洲县亨一上图基地一块，拟建永寿善堂并附设公所。四月稻香村与同业创聚延寿会，办理善举。光绪三十二年（1906年）稻香村又与同业酌修公所，所立捐款收支碑曰：

> 盖闻立业与立德并重，守规较创规尤难。况今政尚维新，考求商务，为中国当务之急。是以工商各业莫不首先立会，以期联合。吾糖食一业，向有旧章，历来遵守。自遭庚申之变，数十年来，简陋相因，未经重整。乃于光绪三十年四月间，爰集同业，创聚延寿会。荷蒙各宝号慨发善心，乐助银款，当即置备棺木数十具，遇有无力之家，猝遭凶丧，难以成殓者，随时方便赒济，借为同业争光。兹因公所年久失修，特添置房屋一所，基地一方。并将公所酌量修理，稍加润色，以为遇事谈判之地。嗣后同业凡有交际，即可仍集公所会议，以副前辈兴办之初心，尔志同人维持之雅谊，盖亦一举而两善备焉。[5]

---

[1] 苏州市档案馆藏档案，原档号：乙2-1/109/1-24，转引自唐文权：《苏州工商各业公所的兴废》，《历史研究》1986年第3期，第68页。

[2] 吴希札：《稻香村店史·稻香村之大事纪要》之2"两次大改组"，未刊稿，1986年。

[3] 苏州市商业局编史组：《苏州市商业志初稿（三）》第四章第二节"茶食糖果业"，未刊稿，1991年9月，第2页。

[4] 王稼句：《蜜饯》，见马明博、肖瑶选编：《舌尖上的中国：文化名家说名吃》，北京：中国青年出版社，2012年，第232页。

[5] 《永康糖食公所捐款收支碑》，光绪三十二年五月吉日立，江苏省博物馆编：《江苏省明清以来碑刻资料选集》，北京：生活·读书·新知三联书店，1959年，第196—197页。捐款由经理人龚如柏、薛桂荣呈报列名之字号如下：稻香生、范隆顺（以上各助洋30元），吴鼎泰（助洋15元），周震昌、同宝森、东昇阳、桂香村、万顺兴、生春阳、采芝斋、东阳号、稻香村、毛馨香、老万丰、吴会丰、妙香村、严德茂、南如号（以上各助洋10元），老品香、陈德兴、潘鼎盛、沁香村、震泰仁、任和泰、姜德丰、老万源、同泰兴、何乾元、钱协昌、王源茂、丁协和、王万泰（以上各助洋5元）。

光绪三十三年（1907年）三月间，稻香村与同业垫资起造永寿善堂暨附设公所，计平屋二进六间五披，后有隙地围墙作园。随后，稻香村与同业拟订《苏城糖果公所简章》，全文如下。

苏城糖果公所简章

一、定名。本公所为苏府城厢内外糖果各同业所赞成，即以观西施（相——引者）公廨设之永寿善堂内附设糖果公所办善之地。

二、宗旨。以联络商情、亲爱同业为宗旨。应办各事分施棺、义阡、养老、矜寡、恤孤、蒙塾六项善举，细章另议。务使同业中之贫苦者利益均沾。俟款有盈余逐渐扩充。他如议评货价，厘定规则，亦以公所为集议之地。

三、经费。公所向无存储资本，不得不劝捐以资挹注。现定三次捐款：（一）不论业中业外均可随愿资助，随时交付经济董事；（二）同业中每日卖下钱，每千提捐二文，其款由经济董事自行收取；（三）同业中南北货行购货者，每千提捐四文，其款由南北货行业汇齐交付。

四、职员。举总董一人，经理善举，准酌商情，务得品学兼优者任之。又举经济董事八人，经理收取捐款、过付银两等事，亦须身家殷实、心地光明者任之。再举评货董事八人，经理货价涨落，可随时核定。然须精于会稽（计——引者）经验丰富者任之。各分权限，和衷共济，均不支领薪水。满一年后，有辞退者，会议另行举充；有不称者，亦复会议另举。

五、议期。每年正月，同业皆诣公所谈议商情一次。譬如商定一事，须由总董酌核该同业中十分之六，始可准行，即为定议。设有未经议妥事宜，亦得随时邀集同业酌议。

六、预算。每年年终预将来年应办各事需费若干预为计算，俾可正月内会议实行。

七、报告。所有捐款由经济董事收取后，存储殷实店铺生息。惟每年之终，须分别进款若干并已办各事，刊刻征信录，报告于各同业。

八、附则。此为创办时所定简章，其余未尽事宜，嗣后议妥修改，陆续增添，以成完善。[1]

《苏城糖果公所简章》由生员章继英与同知衔候选州同沈祖荫领衔，率稻香村执事龚秀亭等同业联名禀呈苏州府知府何刚德，"将详细缘由缕陈明晰，并粘呈章程、地图、冢图禀求，伏乞电鉴恩准立案，给示勒石，并求檄饬长、元、吴三县

---

[1]《苏城糖果公所简章》，光绪三十三年七月，苏州市档案馆藏，档号：I014-001-0143-014。

一体会衔给示勒石,俾可永远遵守,以维善举而扶商业"[1]。光绪三十三年（1907年）七月二十七日,元和、长洲、吴县三县奉知府札饬,共同向苏州商务总会送达《照会》,请其审核《苏城糖果公所简章》是否允协。苏州商务总会迅即核议《苏城糖果公所简章》,建议更名为糖食公所,以免因与糖果作业公所同名产生纠葛,稻香村等号欣然相从,该公所很快获得批准,正式成立。[2]此即永康糖食公所。

旧式行会的行规要求成员绝对服从,成员个人权利的内容少有规定,随着商品经济的进一步发展,行规愈益成为工商业者创新竞争之桎梏。20世纪初"政尚维新,考求商务,为中国当务之急",旧式工商业者在向新式工商业资本家转变的过程中,要求改革传统行规,使得这些行会的组织制度和管理功能随之变化。稻香村

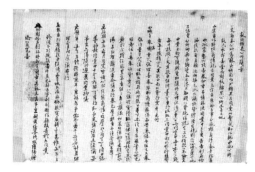

《苏城糖果公所简章》

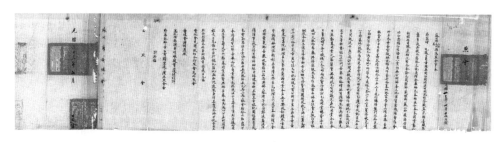

长、元、吴三县《照会》

主要发起和大力赞成的永康糖食公所,除办理公益善举外,要求"嗣后各店生意不得垄断居奇,犹不得货价颠倒,致启争端,以冀各归公平划一,恪守定章,庶可经久不弛"[3],其简章名目和内容比旧章多有新异之处。在宗旨上,强调"联络商情,亲爱同业",期望整个同业联合起来共同发展,不再强调行会的独占性、垄断性利益,与传统的行会相比,这是一大转变。在组织形式上,其职员与旧有的司年、司月、执事有别,除推举总董一员外,还设有经济董事、评货董事各八

---

[1]《苏城糖果公所简章》附《照会》,光绪三十三年七月,苏州市档案馆藏,档号：I014-001-0143-014。禀呈具名："生员章继英,同知衔候选州同沈祖荫,职监范循喜,职监龚秀亭,洪縠本、蒋揆芝、施义增、金鼎焕、朱春舫、廉如春、朱渭云、龚如柏、程亦甫、陈莲舫、沈坚志、金荫之、周荣卿、周雅卿、严仁卿、罗锦堂、程怡如。"《照会》全文详见本书附录三。

[2]《苏城糖果公所简章》,光绪三十三年七月,苏州市档案馆藏,档号：I014-001-0143-014。《历史研究》1986年第3期载唐文权《苏州工商各业公所的兴废》,引用此档（原档号乙2-1/143/14）,作1907年7月稻香村等茶食糖果店谋设糖果公所,其公历月份有误。

[3]《苏城糖果公所简章》附《照会》中沈祖荫等禀呈,光绪三十三年七月,苏州市档案馆藏,档号：I014-001-0143-014。

人，按权限专理各项事务。根据宗旨规定，每年正月同业皆诣公所谈议商情一次，凡议定一事须经总董酌核，同业中60%以上同意，"始可准行"。这些改革具有一定的资产阶级民主色彩，使旧式糖食公所向近代同业公会转变迈出了重要的第一步。[1]当选为首届经济董事的沈祖荫及其稻香村于此亦大有力焉。

二、沈祖荫竞选江苏省谘议局议员的意义

稻香村一向积极地投身于社会公益活动，以体现社会责任。市民公社是清末地方自治运动中仅见于苏州的进步社会组织。清末观前老店名铺比比皆是，商业门类基本齐全，据光绪三十四年（1908年）《苏州商务总会题名表》记载，"当时加入商会的观前商店约有46家，涉及绸缎、洋货、广货、布、南货、米、茶叶、药铺、烟、水果、典当、肉、履、纸、茶食、腌腊16个行业"[2]，茶食糖果业被列入散帮各业。随着观前街区加速向商业中心转变，新兴行业陆续落户，商人群体的地位日见提升，自我意识觉醒及把握时代脉搏的能力更高，在以商业为媒介形成的社会空间寻求自治的愿望愈益强烈。[3]在苏州商务总会的支持下，宣统元年（1909年）五月，苏城观前大街市民公社获准立案试办，并明确规定："本社只就苏城内观前大街，东至醋坊桥，西至察院场口，试办市政。定名为苏城观前大街市民公社。本社以联合团体，互相保卫，专办本街公益之事为宗旨。"[4]强调"资群策以谋公益……以冀成完全之自治团体"[5]，"异日者，合无数小团体成一大团体，振兴市面，扩张权利，不惟增无量之幸福，更且助宪政之进行"[6]。稻香村首批入社，缴纳入社费银洋2元、特别费银洋20元，自五月至十二月缴纳月助常年社费"计共小洋六十四角"[7]。宣统二年（1910年）五月，苏城观前大街市民公

---

[1] 参阅唐文权:《苏州工商各业公所的兴废》,《历史研究》1986年第3期；朱英:《中国传统行会在近代的发展演变》,见朱英:《中国早期资产阶级概论》,开封：河南大学出版社,1992年,第376页。

[2] 李长根、俞菁:《观前商业的历史特色》,苏州市地方志编纂委员会办公室、苏州市政协文史委员会编:《苏州史志资料选辑》总第25辑,2000年,第102页。参阅朱红:《观前旧事》,《苏州日报》1999年6月13日第4版。

[3] 参阅唐力行:《商人与中国近世社会》（修订本）,北京：商务印书馆,2006年,第376页。

[4] 《苏城观前大街市民公社简章》（宣统元年五月,批准成立前称草章）,苏州市档案局编:《苏州市民公社档案选辑》,见《辛亥革命史丛刊》编辑组编:《辛亥革命史丛刊》第四辑,北京：中华书局,1982年,第60—61页。

[5] 《观前大街市民公社缘起（一）》（宣统二年五月）,苏州市档案局编:《苏州市民公社档案选辑》,见《辛亥革命史丛刊》编辑组编:《辛亥革命史丛刊》第四辑,北京：中华书局,1982年,第59页。

[6] 《观前大街市民公社缘起（二）》（宣统二年五月）,此件原为陶惟坻《观前市民公社第一届报告册弁言》,苏州市档案局编:《苏州市民公社档案选辑》,见《辛亥革命史丛刊》编辑组编:《辛亥革命史丛刊》第四辑,北京：中华书局,1982年,第59页。

[7] 《观前大街市民公社第一届收支报告》（宣统元年五月初八日起至十二月三十日止）,宣统二年（1910年）,苏州市档案局（馆）编:《苏州市民公社档案资料选编》,上海：文汇出版社,2011年,第237—239页。叶受和七月入社,缴纳特别费银洋10元；采芝斋入社年份未见,缴纳特别费银洋5元。

社年会修改章程,规定:"本社职员分干事、评议、书记、经济、庶务、消防六部,经全体社员公举,以一年为任期。连举得连任。"[1]稻香村经理徐干棠当选为庶务部二段收费员,翌年连举连任。[2]稻香村所在的观前大街市民公社成为地方社团自治的模范。

早在光绪三十一年(1905年),清廷即宣布"预备立宪",次年颁诏以九年为期,开始模仿西方立宪制国家筹设中央与地方谘议机关。光绪三十四年(1908年)颁布《各省谘议局章程及议员选举章程》,要求一年之内完成,民族资产阶级为此欢欣鼓舞。沈祖荫先前就积极参加了苏州商务总会领导的反美华工禁约、抵制美货运动。光绪三十四年还参加了苏州拒款会,缴纳商办苏省铁路有限公司股份[3],支持维护利权运动。为切实支持筹办各乡及城厢内外江苏谘议局议员选举工作,沈祖荫以长洲县湘城乡董身份,参与提倡开办苏属长元吴选举调查事务所,各项开支均由各社会团体筹集担任,不拨官款。沈祖荫还亲自进行调查工作,直至十一月二十八日事务所事毕裁撤。长洲县知县赵梦泰函称:"窃维诸公提倡开办事务所,遵照筹办处颁定日期,依限蒇事,计时仅八十日,而成此美举,热心毅力,钦佩实深。各调查员担任义务,不辞劳瘁,尤为人所难能。"[4]

晚清政治格局的变化使地方精英成为推动立宪运动的领导力量,而谘议局议员选举作为中国历史上第一次民意代表选举,对于促使清廷加快预备立宪进程具有重大意义。沈祖荫积极投身于江苏谘议局议员的选举工作,表明他对全国和地方的政治进程有清醒的认识,力图为地方的政治和社会革新贡献力量。宣统元年(1909年)闰二月初四日,苏州府长、元、吴三县江苏省谘议局苏属议员初选举开票,按规定,长洲县城乡实到票数506票,应选13人,须有20票方可当选,当选者潘承锷25票,朱祖辉20票。其余票数不足者,杨廷栋17票,沈祖荫、张士达、周凤翔各13票,马应骥11票,陆基、沈琨海各10票,谢鹍、姚文潞各9票,张炳翔、姚文澂、吴凤清各8票,倪开鼎、费廷璜、胡柏各7票,张世璋、王凤池各6票,居子高、尤鸿鬻、徐宝增、杨则灵、李大桢、周大增、邱永康、徐伯年各5票。按长洲一县应选13人,尚少11人,照章按照应出当选人额数加倍,开列姓名重行选举,现有同票数3人,应由初选监督掣签决定,以符合重行

---

[1]《观前大街市民公社庚戌年会修改员额职务各条》,宣统二年(1910年),苏州市档案局(馆)编:《苏州市民公社档案资料选编》,上海:文汇出版社,2011年,第12页。
[2]《观前大街市民公社第二届机构设置及职员姓名、商号或住址》(宣统二年五月),苏州市档案局(馆)编:《苏州市民公社档案资料选编》,上海:文汇出版社,2011年,第72页。
[3]《苏州拒款会已缴苏路股份报告》谓六月初一日止解交苏省铁路驻苏公司(第一期交者):蒋锡珪、沈祖荫、刘文渊、蔡均、张文藻、汪家珍、姚祥林、谢绍昆、朱斌、倪介祉各一股,参阅《申报》光绪三十四年六月二十四日第4张第2版。
[4]《申报》光绪三十四年十二月初三日第3张第2版。

选举加倍之额。[1]因元和县、吴县也有票数不足情况，闰二月初九日在原投票处重行选举，十二日宣布开票票数，计长洲县实到436票，应选11人，仍以20票方可当选，沈祖荫48票，周凤翔42票，倪开鼎41票，章钰36票，吴凤清35票，杨廷栋28票，马应骥22票，陆基、尤鸿焘各20票，皆得当选。其余次多数者，费廷璜19票，张炳翔、谢鹍各18票，胡柏16票。[2]按该县应选13人，章钰辞后须选3人，闰二月十四日举行第三次选举重开票，计长洲实到60票，应以10票当选，当选者谢鹍20票，费廷璜17票，张炳翔15票。[3]

从苏属谘议局议员初次选举来看，三县参选者和当选者不乏各路精英和绅商里的头面人物，除长洲县外，元和县初选举当选者有陶惟坻、王同愈、曹士龙、邹福保、江衡、沈恩钦、祝秉纲、金国桢、陈世培、陈昌壬等，吴县初选举当选者有孔昭晋、尤先甲、蒋炳章、王亦曾、顾彦聪、吴本齐、冯泽衍、潘祖谦、曹元弼等。长洲县13名当选者，其中乡镇5人为沈祖荫（湘城）、周凤翔（湘城）、吴凤清（不详）、马应骥（黄埭）、尤鸿焘（北桥）。沈祖荫第一次初选举得票13票，排名并列第二，再行选举即得48票，名列第一，超过当选需要的20票一倍有余。当时规定江苏省谘议局苏属议员额定66人，宁属议员额定55人。《申报》宣统元年（1909年）三月十九日刊载《所希望于新议员者》一文曰："谘议局议员，为我中国第一届国民代表之徽号，最有荣誉之名称，最担重大之责任。"[4]虽然在三月的复选举中，沈祖荫最终未能当选议员，[5]但是从其社会地位和影响力的上升来看，可谓虽败犹荣。宣统元年四月，沈祖荫即被长洲县南桥镇自治董事会推举为总董。[6]虽然他因病请辞总董，但仍心系乡梓，究心民瘼。当时长洲县遭遇水灾，"南桥镇三区五十二图被淹田亩十有六七，地广灾重，户口繁多"，沈祖荫与周凤翔努力筹募款项救灾，获沪上江苏义赈会善款英洋1000元支持，如

---

[1]《申报》宣统元年闰二月初五日第3张第2版。
[2]《申报》宣统元年闰二月十三日第3张第2版。
[3]《申报》宣统元年闰二月十六日第3张第2版。
[4]《申报》宣统元年三月十九日第2张第4版。
[5]《申报》宣统元年三月十七日第4版苏州电称："苏州府属复选举十六日开票，当选议员金祖泽（吴江十票），钱崇威（吴江九票），方还（新阳八票），费树达（吴江七票），孔昭晋（吴县七票），王同愈（元和六票），丁祖荫（常熟六票），俞亮（长洲六票），江衡（元和五票），蔡璜（新阳五票）。"计府属议员应选11名，是日实到票数共102票，应以5票当选，尚缺一人，应将次多数加倍排列，重行复选。"当时因陶惟坻、蒋炳章、徐元绶均得三票，数目相同，经复选监督掣签定之，兹将次多数姓名录下：赵允绶四票，陶惟坻三票。以上均须重行复选，现定十七日仍在试院内投票，其余尤先甲二票，潘承锷二票，邵松年二票，费廷璜二票，李士璸二票，罗饴二票，刘永昌二票，金鉴一票，叶哲浚一票，杨廷栋一票，沈恩孚一票，俞166果一票，邹福保一票，以票数不足均未当选。惟本届复选因无候补当选人，业经筹办处禀请抚宪，电致宪政馆请示办法，须候馆电复到后再行核办。"《申报》宣统元年三月十九日第4版报道："苏州复选举十八日重行开票，当选议员元和陶惟坻，得二十四票。"可见人选皆精英，竞争之激烈。
[6]《沈祖荫启事》，《新闻报》宣统元年四月初二日第1版。沈祖荫因是年春"忽患痰厥肝易，诚恐有误要方，不能当此重任"，经禀明监督县自治各绅董而敬辞，并特此登报申明。

数购米散放灾区，俾救东西十三区、十二区饥民，受民感戴。[1]在清末大变局中，沈祖荫经受了具有时代特色的民主洗礼，向近代民族资本主义工商业者的转身，虽非华丽和完美，但具有一定的代表性，成为稻香村乃至苏州茶食糖果同业的骄傲。

马克思、恩格斯曾经指出："现代资产阶级本身是一个长期发展过程的产物，是生产方式和交换方式的一系列变革的产物。"[2]具体考察清代乾隆以来，特别是"同治中兴"以来，苏州稻香村的发展和演变过程，探究其变化原因，有助于深入了解苏州资本主义发展的曲折历程及近代工商业民族资产阶级的产生。稻香村作为茶食糖果业的一个特定经济单位，长期适合于传统的生产力和生产关系性质，但随着外部社会环境的剧变，它必须要随之进行变革，努力适应新的生产力和生产关系的要求，才有可能获得可持续的发展，避免像其他老字号消亡的命运。

---

[1] 周凤翔、沈祖荫：《领款志谢》，《新闻报》宣统元年四月初三日第1版。
[2] 马克思、恩格斯：《共产党宣言》（1848年），北京：人民出版社，1992年，第27页。

第三章 民国时期苏州稻香村的辉煌与萧索

第一节 民国成立后的一时辉煌

一、稻香村禾记的诞生与接盘

辛亥革命时期苏州和平光复，稻香村欢迎革故鼎新，曾参加中国红十字会的募捐活动，并受到公开表扬。[1] 1912年元旦孙中山在南京宣告中华民国成立后，苏州府被废，长洲、元和两县也被撤并入吴县，但苏州习称不变，江苏都督府留驻，社会保持了稳定，"当时孙中山先生初建民国，当地人民欢欣鼓舞，因此稻香村首先创制文明饼，以作'文明世界'开端的纪念"[2]。

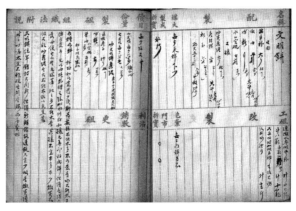

苏州稻香村文明饼配方

---

[1]《赤十字社第廿六次募捐广告》，《申报》宣统三年十一月初二日第5版。

[2] 苏州市商业局编：《苏州糖果糕点制造》，北京：轻工业出版社，1960年，第23页。参阅全国工商联烘焙业公会组织编写：《中华烘焙食品大辞典——产品及工艺分册》，北京：中国轻工业出版社，2009年，第175页。吴希札《稻香村店史·主要名特产品简介》说枣泥文明饼"是稻香村首创，在二十年代开展'新文化运动'时，为提倡'文明'而制'文明饼'"。按：《申报》1914年4月25日第12版"新开一枝春号创制特别茶食文明饼"广告首次报道沪上文明饼曰："文明细饼，说明详细。特别茶食，制法新奇。研究数年，参酌中西。无上食品，始创发起。"后6月、7月连续做广告。《申报》1916年8月31日、9月1日第4版刊载《一枝春文明饼声明》曰："自敝号文明饼发行以来，市上文明饼遂逐渐发现，近且日益增多，狡黠之徒更将牌号与敝牌字形相仿或音同字异，种种影射，难以枚举。不知文明饼一物为本主人苦心研究，独家秘法创制，故得社会欢迎。"录此待详考。

在苏州商务总会，稻香村已被改称为会员，每年会员费银洋 16 元，仍居同行业会员之首。[1]1914 年江苏都督府自苏州移驻南京，江苏省会因之随迁，对苏州工商业的负面影响很大："以流亡言。苏州之繁盛，以户口居留之多而繁盛。降至今日，高官奉檄末吏趋班之人去，而居留一空；挟资坐贾挈货行商之人去，而居留一空；席丰富户履厚大家之人去，而居留一空……已臻气象之萧条……以商务言。有都督即有官幕，有官幕即有眷属。举凡其人，有所衣衣之苏州，有所食食之苏州。无论其为需用品、奢费品、美术品、装饰品，果有鹜趋麇集之人烟，即有雾集云屯之商务。倘都督不驻于苏州，则其从人减，从人减则户籍减，户籍减而供求减，不独专属于商行为者失其业，兼使附属于商行为者同失其业。苏商何辜，忽遭灭绝！"[2]这就造成了苏州市面的凋敝冷落局面，对于稻香村及茶食糖果业而言当然多有不利。

辛亥革命以后，各地申请注册公司仍然沿用前清的《公司律》。1913 年 5 月，北京政府工商部以清廷旧章未尽妥洽为由，另行制定《注册暂行章程》，并裁撤注册局，归工商司直接管辖。在清季未及实行的《改订大清商律草案》基础上[3]，拟订的《公司条例》完全采纳大陆法系。《公司条例》分为总则、无限公司、两合公司、股份有限公司、股份两合公司、罚例 6 章共 251 条，首次正式赋予公司明确的法人地位，承认公司人格，定义："公司谓以商行为为业而设立之团体。"[4]《商人通例》也规定："凡有商业之规模布置者，自经呈报该管官厅注册后，一律作为商人。"[5]以股东权利为中心的公司法律关系结构圆满而明晰。1914 年 1 月 13 日农商部颁行《公司条例》后，按照《公司条例施行细则》的规定，凡是在《公司条例》施行之前成立但尚未注册的公司，应自《公司条例》施行之日起，一年内一律注册；曾依照前清《公司律》注册，而注册之重要事项与《公司条

---

[1] 《苏州商务总会第八至十五届收支报告四柱清册》（1912—1919），马敏、祖苏、肖芃主编，华中师范大学中国近代史研究所、苏州市档案馆合编：《苏州商会档案丛编》第二辑上册（一九一二年——九一九年），武汉：华中师范大学出版社，2012 年，第 60、65、72、84、92、102、113、123 页。同期叶受和会员费银洋 12 元。

[2] 《苏州钱业公会条陈利害开会议决都督永远驻苏呈苏总会文》，1912 年 4 月，马敏、祖苏、肖芃主编，华中师范大学中国近代史研究所、苏州市档案馆合编：《苏州商会档案丛编》第二辑下册（一九一二年——九一九年），武汉：华中师范大学出版社，2012 年，第 1151—1152 页。

[3] 参阅农工商部大臣溥颋等：《奏为改订大清商律总则公司两编草案请交资政院会议定夺事》，宣统二年十一月初二日，中国第一历史档案馆藏，录副奏折，档号：03-7564-006。溥颋等奏称："日本明治二十六年拟定公司法，不数年重加修改，至明治三十二年遂布新法，而关于公司一部尤为详备。中国至光绪二十九年奏定商律，商人通例、公司两编，学者于通例之简略，商人定义之狭隘，公司分类之不明确，公司变更之无方法，不无异议。故此次于总则编，规定商人及商人能力，商业注册，商号商业帐簿，并雇用代理商各章；于公司编则分无限公司、两合公司、股份有限公司、股分两合公司四种，于成立、变更、解散分别订定，专取东西各国成例，而统之以总纲，终之以罚则……计总则分七章七十三条，公司分六章二百四十九条，业经钞送宪政编查馆查核在案。"

[4] 参阅仲继银：《公司：治理机制的起源与演进》，北京：中国发展出版社，2015 年，第 221—226 页。

[5] 《商人通例》第一章第二条，《申报》1914 年 3 月 8 日第 10 版。

例》规定有所违反或遗漏者，应自《公司条例》施行之日起，一年内一律改正注册。[1]按照《公司条例》第三条及第五条，"公司为法人，非本店所在地主管官署登记后不得成立""凡独资经营或合伙性质之商号暨未经依法登记之公司，均不得使用公司名称"[2]。稻香村在清季注册的稻香村茶食糖果公司，原属合资有限公司，因《公司条例》取消了旧有《公司律》中的合资公司类型，未合注册要求条件，故在江苏省行政公署实业司调制的《江苏合资商业注册表》上名称仅为"稻香村"。[3]

苏州商团是苏州近代新式社会团体之一，肇始于光绪三十二年（1906年）八月十八日苏州商务总会禀呈商部获准存案成立的苏商体育会，系商界同人及有志保护商业者组织而成，"以健身卫生为始事，以保护公益、秩序、治安为宗旨……并拟章程十六条……所称办有成效，为将来商团之先声"[4]。1912年1月15日经江苏都督程德全批准，改组为苏州商团公会，并改订章程。两年之后，苏州商团公会重订暂行章程，规定："本会以联合各部商团组织，统一机关，互相援助，共保治安为宗旨。"[5]初期下设4个支部，后来城区扩展至12个支部，乡镇成立3个支部，发展成为一支组织严密、力量庞大的地方自卫武装。[6]商团二部负责区域东至平江路，南至干将坊巷，西至护龙街（今人民路），北至旧学前，经费乃就本区域内各商店劝募募集，依照章程，辅助军警，自保治安，维护商场秩序。部长总理本部团务，有指挥监督全权。1918年11月18日，沈祖荫以第一名计84

---

[1] 1929年南京国民政府修订并颁布新的《公司法》，公司类型规定承继了北京政府颁行的《公司条例》。参阅张忠民：《艰难的变迁：近代中国公司制度研究》，上海：上海社会科学院出版社，2002年，第254页。

[2] 参阅张忠民：《艰难的变迁：近代中国公司制度研究》，上海：上海社会科学院出版社，2002年，第254页。1944年，伪江苏省省政府根据伪实业部调查所得，依据《公司条例》上述规定，给吴县县商会通知："多家商号并非公司组织而采用以公司字样于法殊有不合……显属非法，自应严加取缔，勒令取消公司字样，并登报声明以符名实。"见《江苏省政府关于非公司组织而采用公司字样应勒令取消公司字样并登报声明致吴县县商会通知》，1944年10月17日，马敏、肖芃主编，华中师范大学中国近代史研究所、苏州市档案馆合编：《苏州商会档案丛编》第五辑上册（一九三八年——一九四五年），武汉：华中师范大学出版社，2010年，第420页。

[3] 《江苏合资商业注册表》（民国二年十二月调制），江苏省行政公署实业司编：《江苏省实业行政报告书》五编《商政》，1914年6月印行，第63页。

[4] 《苏州商务总会为倪开鼎等禀请试办苏商体育会呈文及清商部等批示》，章开沅、朱英、祖苏、叶万忠主编，华中师范大学中国近代史研究所、苏州市档案馆合编：《苏州商团档案汇编》上册，成都：巴蜀书社，2008年，第2页。

[5] 《苏州商团公会重订暂行章程》，章开沅、朱英、祖苏、叶万忠主编，华中师范大学中国近代史研究所、苏州市档案馆合编：《苏州商团档案汇编》上册，成都：巴蜀书社，2008年，第26页。参阅许冠亭：《苏州商团：志在保商的商人武装》，载许冠亭、谭金土等：《苏州工商往事》，苏州：苏州大学出版社，2014年，第136—138页。

[6] 沈慧瑛：《苏州商团考略》，沈慧瑛：《君自故乡来——苏州文人文事稗记》，上海：上海文艺出版社，2011年，第270—271页。

票的高票,当选为苏州商团二部部长,稻香村经理徐幹棠也当选为干事员。[1]同年观前大街市民公社第十届机构设置职员,沈祖荫为评议部评议员,徐幹棠由收费员转任经济部会计员。[2]12月29日,观前大街市民公社第十一届职员初选,当选共43人,1919年1月4日举行复选,"计选出正社长程志范,副社长沈鸿揆,干事徐怡春、杨伟伯、陶芝村、沈树百、徐幹堂(棠——引者)、程子范、陈鼎一、曹步青、谢序卿、顾艾生、卞裕成、马炳生"[3]。其中,稻香村一家即有店主沈祖荫与经理徐幹棠两个干事。1920年6月沈祖荫为苏州总商会第三届选举人,1921年又被推举为苏州商团团副候选人。1922年3月26日苏州商团公会改组为苏州商团,7月5日商团二部改组为第二支部即观前大街支部,并改选部长和职员,沈祖荫因已连选连任部长一次,按章程不能再任,被选为评议员,居程志范之后,排名第二。徐幹棠同时当选为评议员。[4]

沈祖荫、徐幹棠在苏州商团观前支部、观前大街市民公社所兼各职,皆为名誉之职,不支薪水,却为社会治安和公益事业做了大量工作,为观前街区工商业发挥保驾护航的作用,自然与稻香村经营的成功及影响力相关。1919年8月25日,稻香村曾联合采芝斋、赵天禄、佳蕙舫等号,以现进上海英国太古洋行赤白车糖原料昂贵,恐亏成本,"邀集同业数十家,在施相公弄永寿糖果公所公议,决照江安茶食一律办法,各项食品略加价格,以维血本"[5]。1919年即民国八年,据不完全统计,苏州茶食糖果号为25户。[6]而稻香村"到民国九年,员工达到一百零七人。那时一爿商店用人之多,规模之大,在当时也少有"[7]。吴希札称:

> 在同一时期,在同行业中稻香村还是领先,就是在衰退期,营业还是上

---

[1]《商团改选职员》,《申报》1918年11月21日第7版。报道称:"苏城商团第二支部于本月十八日开会改选职员,各机关均派代表莅场监视,计选出部长沈树百八十四票,副部长徐怡春七十四票,程志范四十九票。"徐怡春(1851—?),名家振,浙江吴兴人,广货公所代表,曾任苏州总商会议董;程志范(1881—?),名椿,吴县人,为观东恒孚银楼经理。此据《苏州总商会为报送第三届商事公断处职员名册致江苏省长呈》附《苏州总商会举定商事公断处第三届职员姓名、年岁、籍贯、职业清册》,1918年7月2日,马敏、祖苏、肖芃主编,华中师范大学中国近代史研究所、苏州市档案馆合编:《苏州商会档案丛编》第二辑上册(一九一二年—一九一九年),武汉:华中师范大学出版社,2012年,第396页。

[2]《苏州观前大街市民公社戊午年第十届机构设置职员姓名和单位》(民国七年十二月),苏州市档案局编:《苏州市民公社档案资料选辑》,见《辛亥革命史丛刊》编辑组编:《辛亥革命史丛刊》第四辑,北京:中华书局,1982年,第124页。

[3]《市民公社改选职员》,《申报》1919年1月8日第7版。

[4]《商团第二支部章程、规则》,《商团第二支部部长职员编制等名册表》之第二支部民国十一年改选部长职员姓名册(1922年7月5日),章开沅、朱英、祖苏、叶万忠主编,华中师范大学中国近代史研究所、苏州市档案馆合编:《苏州商团档案汇编》下册,成都:巴蜀书社,2008年,第509—512页。

[5]《苏州:糖果业议决涨价》,《申报》1919年1月8日第8版。

[6] 苏州市商业局编史组:《苏州市商业志初稿(三)》第四章第二节"茶食糖果业"附表1《早期饮茶(茶食——引者)糖果号》,未刊稿,1991年9月,第18页。该表计27户,本年未计入添禄丰(1920年)、协丰泰(1921年1月)。

[7] 吴希札:《稻香村店史·稻香村的三兴三败》,未刊稿,1986年。

乘。同时产品质量的提高、品种的增多,全店商品达五六百种(包括经销的饼干、罐头食品、西式糖果等)。从光绪后期至民国十二年的几十年间,稻香村在历史上是鼎盛时期,生产规模和职工人数达到顶峰,这和上海工商业的发达和本市经济繁荣有着密切的联系。此时,职工的待遇也是较好……物价也较稳定,百姓安居乐业,生活平安。[1]

稻香村的发展,也得益于苏州城市道路交通事业的进步,得益于观前街在新的时代思潮冲击下出现了新的面貌。1922年,为沟通苏城内外商贸旅游,建造南新桥,开辟新闾门,后又开辟金门。从阊门外石路经南新桥进金门,过景德路即可直达观前,步行不需半小时。观前街区的人口、商业进一步聚集。观前街分为观东、观西,向来以玄妙观为界。观东知名的茶食糖果号是稻香村、采芝斋与叶受和,"三家各有所长,所谓'糕饼稻香村'、'糖果采芝斋'、'茶食叶受和'。另以顾客来源分类,洙泗巷口的稻香村因迎合大众口味,尤为城外四周乡民所倾慕,故称'乡庄帮';采芝斋则独受上海客的青睐,人称'上海帮';坐落在观东的叶受和,虽是浙人所开,然所制茶食糕点仍以苏式的精细香甜为主,而赢得本地茶客欢心,被称为'苏州帮'"[2]。据苏州市档案馆所藏档案,叶受和创始于清光绪十二年(1886年),资本5000两纹银。创始人叶鸿年,浙江慈溪三北市鸣鹤人。[3]据莲影《苏州的茶食店》一文记载,叶受和的创办与稻香村大有关系,颇具传奇色彩。

> 叶受和店主,本非商人,系浙籍富绅。一日,游玩至苏,在观前街玉楼春茶室品茗。因往间壁稻香村,购糕饼数十文充饥。时苏店恶习:凡数主顾同时莅门,仅招待其购货之多者,其零星小主顾,往往置之不理焉。叶某等候已久,物品尚未到手,未免怒于色而怼于言。店伙谓叶曰:君如要紧,除非自己开店,方可称心!叶乃悻悻而出。时稻香村歇伙某,适在旁闻言,尾随叶某,谓之曰:君如有意开店,亦属非难,余愿助君一臂之力。叶某大喜,遽委该伙经理一切,而店业乃成。初年亏本颇巨。幸叶某家产甚丰,且系斗气性质,故屡经添本,不少迟疑。十余年来,渐有起色,今已与稻香村齐

---

[1] 吴希札:《稻香村店史·稻香村之鼎盛时期》,未刊稿,1986年。
[2] 俞菁:《和气生财的叶受和》,孙中浩主编:《苏州老字号》(苏州市政协文史委员会编《苏州文史资料》第三十九辑),苏州:古吴轩出版社,2006年,第169页。俞菁谓叶受和创办于光绪十一年(1885年)秋。
[3] 叶鸿年(1847—1919),原名维祺,字吉甫,一字蕉生,浙江慈溪鸣鹤人。清监生。捐官同知。曾任慈北第一任自治会经理、第四任水利局总理。在杭州有祖传叶种德堂国药店。多有善举。清同治七年(1868年)捐资刊行乡贤徐时栋《烟屿楼诗集》,并作序。妻周汶妹,字绮霞,吴江人,能诗。

名矣！[1]

观前街茶食糖果号早先一直是稻香村独大，叶受和创立后，形成"二柱"之势，采芝斋因主营糖果，业务上与"二柱"可说互不影响。野荸荠是乾隆时即有名的老牌茶食字号，1920年由沈坚志（名曾铿）自临顿路钮家巷口迁到萧家巷口，营业向好，与"二柱"俨然形成鼎足之势。1923年，枫隐撰文《野荸荠稻香村》，谓："苏州野荸荠、稻香村之茶食，遐迩驰名，分肆遍于各埠，然其大本营，则稻香村在苏州观前街之洙泗巷口，野荸荠在临顿路之钮家巷口，今迁萧家巷口。其出品，稻香村从前专批发于各乡镇，故营业虽佳，而制法甚粗，野荸荠则较精。惟近今有宁波人所开之叶受和，出而与之竞争，故稻香村亦大加改良，而野荸荠顿形退化。"[2] 至于稻香村的名特食品，《申报》刊文《苏州食品之一般》做过部分介绍："苏州著名的食品是很多，如酒菜、糖果、茶食、热点以及水果糕饼等等，俗语有句话说'苏州人的吃最考究'……稻香村之熏鱼等也都是顶刮刮的可口名菜……茶食如稻香村之糖橄榄、南瓜子……糕饼如稻香村之玫瑰猪油糕……亦皆苏城之名食品。"[3] 后来莲影《苏州的茶食店》的介绍更为详细：

> 故例以茶款客，必佐以细碟数事，内设糕饼之属，故谓之茶食。苏州茶食，为各省所不及，故异地之士绅，来苏游玩者，必购买之，以馈赠亲朋；受之者，视为琼瑶不啻也。其老店，如观前街之稻香村，临顿路之野荸荠，十全街之王仁和，其最著者也。至于叶受和，当时尚未开张，特后起之秀耳。
>
> ……
>
> 稻香村茶食，以月饼为最佳；而肉饺次之。月饼上市于八月，为中秋节送礼之珍品；以其形圆似月，故以月饼名之。其佳处，在糖重油多，入口松

---

[1] 莲影：《苏州的茶食店》，《红玫瑰》第7卷第14期，1931年5月，第2页。姜晋、林锡旦编著《百年观前》谓《苏州明报》1925年4月25日载文曰："从来同行开新店，习惯最喜欢仿用名牌店的牌号……这个姓叶的不题什么香字、村字，别开生面用'受和'两字，加上一个姓，就见他有独立志气，所以后来竟然成功。"俞菁《和气生财的叶受和》一文谓："叶鸿年将店取名'叶受和'，意在'和气生财'，不使顾客们受气。同时提出开店宗旨：凡稻香村有的，叶受和亦有；没有而应有的，弥补并力创名牌；尤在质量上不惜工本，务必赶超稻香村。"见孙中浩主编：《苏州老字号》（苏州市政协文史委员会编《苏州文史资料》第三十九辑），苏州：古吴轩出版社，2006年，第170页。吴希札《叶受和食品商店简史》谓："1929年翻造三层楼房时，又在门面塑了一个'丹凤'注册商标，图中二只凤凰，咀衔稻穗，脚踏荸荠，含义是'吃掉稻香村，脚踏野荸荠'。"见苏州市商业局编史组：《苏州市商业志初稿（五）》第六章第一节"名特商店"，未刊稿，1991年12月，第6页。《苏州日报》1998年10月1日第8版载程宗骏《叶受和兴废议》，叶鸿年幼子叶启乾（1916年生）自述，叶氏先祖任官山东。叶鸿年捐纳候补道，同时在杭州开设浙江第二大药材店"叶种德"。嗣后因抚台调任苏州，乃移家卜居于玄妙观牛角浜。叶启乾谓叶鸿年因派仆人购稻香村糕饼受气而开店，后来叶受和第三任经理陈葆初代为设计丹凤商标图案。

[2] 枫隐：《饕餮家言（七）》，《红杂志》第2卷第5期，总第55期，上海世界书局印行，1923年9月，第12—13页。朱惠元，字枫隐，一字蚜鱼，吴县人。居葑门迎枫桥，因以枫隐为别署。曾任吴县县立第四高等小学国文教员。1917年任公立吴县第三学区第一国民小学校长。著有《爱晚轩诗存》。

[3] 一梦：《苏州食品之一般》，《申报》1926年4月4日本埠增刊第1版。

酥易化。有玫瑰、豆沙、甘荣、椒盐等名目。其价每饼铜圆十枚。每盒四饼，谓之大荤月饼。若小荤月饼，其价减半，名色与大荤等。惟其中有一种，号清水玫瑰者，以洁白之糖，嫣红之花，和以荤油而成，较诸大荤，尤为可口。尚有圆大而扁之月饼，名之为月宫饼，简称之曰宫饼。内容枣泥，和以荤油，每个铜圆廿枚，每盒两个。此为甜月饼中之最佳者。至于咸月饼，曩年仅有南腿、葱油两种。迩年又新添鲜肉月饼。此三种，皆宜于出炉时即食之，则皮酥而味腴，洵别饶风味者也。若夫肉饺，其制法极考究：先将鲜肉剔尽筋膜，精肥支配均匀，然后剁烂，和以上好酱油，使之咸淡得中；外包酥制薄衣，入炉烘之，乘热即食，有汁而鲜；如冷后再烘而食，则汁已走入皮中，不甚鲜美矣。复有三、四月间上市之玫瑰猪油大方糕者，内容系白糖与荤油，加入鲜艳玫瑰花，香而且甜，亦醰醰有味。但蒸熟出釜时，在上午六钟左右；晨兴较早之人，得食之；稍迟，则被小贩等攫夺已尽，徒使人涎垂三尺焉。[1]

1923 年，沈祖荫病逝后，其子沈鞠怀（1895—?）承业，徐幹棠仍任经理，汤长有为协理（1921 年始任）。1925 年，徐幹棠因年老病衰卸任[2]，由朱仕棠继任经理，而朱仕棠在任仅一百天，即患病去世，由汤长有再任经理。汤长有遵照《商人通例》第八条，向稻香村所在官厅即吴县知事公署禀请审核准予注册，商标为禾字稻图商标，9 月 3 日获得农商部颁定的第贰类第一百十号商号注册执照，照录如下。

农商部颁定商号注册执照

> 据本县经理人汤长有在观前大街地方设立稻香村茶食店，遵照《商人通例》第捌条，禀请审核准予注册到县。核与通例相符，应准注册给照，一体保护，合将声明各款列后：
>
> 一、商号：稻香村，商标稻图。

---

[1] 莲影：《苏州的茶食店》，《红玫瑰》第 7 卷第 14 期，1931 年 5 月，第 1、3—4 页。该文亦见《醇华馆饮食脞志》，苏州印务局，1934 年。参阅《〈醇华馆饮食脞志〉稿》，臧寿源标校整理，见苏州市档案局、苏州市地方志编纂委员会办公室编：《苏州史志资料选辑》总第 21 辑，1996 年。

[2] 吴希札：《稻香村店史·稻香村之鼎盛时期》，未刊稿，1986 年。吴希札谓 1925 年徐幹棠病逝，实误。《申报》1927 年 11 月 26 日第 5 版载有徐幹棠子《徐福龙徐福馨徐福鹿紧要退保启事》："先严幹棠公生前所有与诸亲好友担保各事，以及口保、信保、图章保在外等项，福馨等能力薄弱，自先严病故日起一律停止，不生效力，完全退保，脱离关系，恕不负责。恐未周知，今特此登报郑重声明，诸惟鉴原是幸。"徐幹棠似应卒于 1927 年。《苏州总商会 1916—1929 年会员草册》所刊民国十七年第 922 号会员曰：稻香村禾记茶食号，徐幹棠，吴县，观前。年龄缺载。见马敏、祖苏主编，华中师范大学中国近代史研究所、苏州市档案馆合编：《苏州商会档案丛编》第三辑上册（一九一九年——一九二七年），武汉：华中师范大学出版社，2009 年，第 111 页。

二、营业：精制各种茶食糖果。

三、商业主人姓名住址：沈鞠怀，年三十一岁，吴县人，住山门巷第一号。

四、总分号所在地：苏州观前大街洙泗巷东首第三十四号。

右给经理汤长有收执

中华民国十四年九月三日

吴县知事王奎成

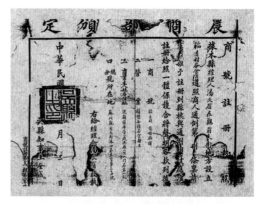

1925年农商部颁稻香村注册执照

稻香村三姓股东时为沈鞠怀、王秋芳、赵仲如，但是，经理汤长有仍然执掌统管稻香村经营和生产大权，同时还兼任桂香村茶食糖果号经理。[1]早在1920年江安茶食公所改选，老松珍的董子文为总董，汤长有为副董。汤长有后任总董。经他呈请，1925年9月12日吴县知事王奎成颁发布告，明令保护西百花巷之江安茶食公所同业利益。[2]1926年1月，苏州商团第六支部在阊门内宋仙洲巷本部事务所选举第十三届正副部长，汤长有为候选人之一。[3]5月，汤长有以稻香村经理、桂香村经理身份，又被列为苏州总商会第六届选举人。[4]

虽然汤长有精通业务，素有名望，但是，他再任经理时，稻香村面临的局势与以前大不相同。一方面是军阀混战不断，如1924年9—10月和1925年1—2月的两次江浙战争，即直系支持的江苏军阀齐燮元与皖系、奉系支持的浙江军阀卢永祥为争夺上海控制权而引发的战争，人民深受其害，苏州工商业因之不振，稻香村营业也大受影响，尤以第一次江浙战争创巨痛深："苏州观前街的稻香村是遐迩闻名的茶食店，每到八月里头，单就月饼一项，可售七八千元。现在呢还有谁吃得进那些东西，所以月饼生意一落千丈。"[5]黄转陶也回忆说："苏州之稻香

---

[1] 吴希札：《稻香村店史·稻香村的三兴三败》，未刊稿，1986年。1926年6月《苏州总商第六届选举人名单》有稻香村经理、桂香村经理汤长有，参阅《苏州总商会1916—1929年会员草册》之民国十三年第709号会员汤长有介绍，见马敏、祖苏主编，华中师范大学中国近代史研究所、苏州市档案馆合编：《苏州商会档案丛编》第三辑上册（一九一九年——一九二七年），武汉：华中师范大学出版社，2009年，第58、101页。

[2] 1925年9月12日《吴县知事公署布告》，吴希札：《稻香村店史·稻香村之大事纪要》之3"参加公所及同业公会"，未刊稿，1986年。

[3] 《苏州商团第六支部第拾叁届被选举人名单》，章开沅、朱英、祖苏、叶万忠主编，华中师范大学中国近代史研究所、苏州市档案馆合编：《苏州商团档案汇编》下册，成都：巴蜀书社，2008年，第586页。

[4] 《苏州总商会第六届选举人名单》，1926年，马敏、祖苏主编，华中师范大学中国近代史研究所、苏州市档案馆合编：《苏州商会档案丛编》第三辑上册（一九一九年——一九二七年），武汉：华中师范大学出版社，2009年，第58页。

[5] 劫余生编著：《东南烽火录》，上海：宏文图书馆，1924年，第46页。

村,以月饼著,所制即为粗陋之品,而每逢团圆节届,月饼上市之候,利市三倍,购者塞途,八月未过,无不售罄。故稻香村每岁之收入,以月饼为大宗。犹忆江浙战争,苏人避难沪上,桂花香时,战祸未罢,于是月饼乃大受影响,稻香村是岁即以亏绌闻矣。"[1]

另一方面,稻香村不仅要与叶受和、野荸荠等苏州同业竞争,还要面对观东新开的东禄茶食糖果号这样强劲的对手。上海天禄茶食号创始于1922年,因南京路邵万生隔壁自建房屋双开门面不敷应用,将总号迁移到浙江路口新造三层楼洋房四开间门面,1924年夏历正月十五日开市,"价廉物美,有口皆碑"。东禄茶食糖果号的沈姓老板为上海天禄茶食号的股东,看好苏州观前街大好商机,长袖善舞,从1925年8月23日(夏历七月初五日)起,在《申报》上开始刊登东禄茶食糖果号的广告:

> 苏州玄妙观东首新开东禄茶食糖果号,择于七月初八日大开张。本号主人精究制作茶食糖果清盐蜜饯,创设工场在苏城兵马司桥,专做同行拆货。今因推广营业、利便顾客起见,特设门市于玄妙观东首洙泗巷对面,坐南朝北,自造洋式门面。监制官礼茶食,中秋月饼,卫生细点,蜜饯糖果,香水瓜子,清盐食物,九制半夏,陈皮佛手,橄榄香橼,文明贡糖,东禄礼饼,鸡鱼腿松,十景酱菜,本湖野味,异味熏鱼,物质鲜美,装潢华丽,送礼咸宜,并设立申庄于五马路满庭坊,兼运华洋各种罐头食品。新张优待,价目从廉,请认明福寿商标。如蒙惠顾,不胜欢迎之至。电话四二七号。

东禄随后连续在《申报》上刊登开业广告至9月27日(夏历八月初十日)。同年8月26日(夏历七月初八日)东禄开张前后至10月31日(夏历九月十四日),在《苏州明报》头版及苏州其他报纸上的《苏城新开东禄茶食糖果号择吉开幕》的广告宣传更是连篇累牍。[2] 东禄经理是稻香村头柜裴钦邦之亲戚裴荣卿,后来"裴钦邦辞去稻香村头柜之职,去东禄担任经理。且经营商品大都与稻

---

[1] 转陶:《月饼琐谈》,《申报》1927年9月21日(夏历八月十五日)第17版。黄转陶(1906—?),名钧,笔名猫庵、百猫庵主等,吴县人。上海新闻界名流,鸳鸯蝴蝶派小说健将。

[2] 参阅"苏城新开东禄茶食糖果号择吉开幕"广告,《苏州明报》1925年9月1日第1版。按:清盐,多作"青盐";香橼,多作"香橼"。

香村、叶受和相同，一时两店大受影响"[1]。苏州报人、律师姚啸秋曾写过观感："人家说，阳历五月是个难关，因为五四、五七、五九，什么五卅呀，劳工纪念呀，都在这五月里发生的。现在吾们苏州人，却道阴历八月里是个难月。为什么呢？因为民国十四年的时候，上海天禄茶食号的股东，到苏州来开了一爿东禄，洋式门面装璜美丽。开门的日子，举行大廉价，一时叶受和、稻香村等等茶食店，也拼命放盘，顾客挤如潮涌。半月以来，未见稍退。"[2]这样的竞争对手和大廉价放盘，对盈利状况不佳的稻香村来说，无异于雪上加霜，加重了负担。

单就牌子和产品而言，稻香村自然有其优势，例如，含凉生（范烟桥）《吴中食谱》谓春间定升糕"以稻香村为软硬得宜，惜不易得热"，初夏"稻香村制方糕及松子黄千糕，每日有定数，故非早起不能得……熏鱼野鸭亦以稻香村为最，叶受和足望项背而已。东禄则以新张，不得老汁汤，自追踵莫及矣""东禄铺张扬厉，所出物品亦不过尔尔，惟近制鸡肉饺则殊可口"[3]。面对严酷的竞争和对手，稻香村不甘示弱，也决定翻造三开间洋式门面，在规模、装潢各方面要胜过东禄，但是，股东沈鞠怀、王秋芳、赵仲如已经身陷困境，力不从心。上海《新闻报》1926年7月9日头版和11日第2版相继刊出《苏州稻香村各旧东紧要声明》：

> 兹因旧东等祖遗苏州观前街稻香村茶食糖果号，现因无意营业，凭中出盘与稻香村禾记营业。所有以前人欠欠人各款以及外间如有纠葛等情，概归旧东理直，与禾记无涉。恐未周知，特此登报声明。

《新闻报》1926年7月15日第8版又刊出稻香村股东沈鞠怀、王秋芳、赵仲如的《出盘声明》：

> 启者。鞠怀等前在苏州观前大街，有祖遗股开稻香村茶食糖果号，现因

---

[1] 吴希札：《稻香村店史·稻香村的三兴三败》，未刊稿，1986年。1928年6月《苏州总商会选举人名单（散户）》各业经理中，裴钦邦以东禄茶食糖果号经理身份，与稻香村经理朱仲笙、桂香村经理汤长有、叶受和经理洪喆人、采芝斋经理金宜安同为选举人，见马敏、肖芃主编，华中师范大学中国近代史研究所、苏州市档案馆合编：《苏州商会档案丛编》第四辑上册（一九二八年——一九三七年），武汉：华中师范大学出版社，2009年，第25—26页。参见裴钦邦填报的《苏州市私人出租房屋登记表》（4-67 B-7），苏州市统计局1958年4月3日制，苏州市房地产档案馆藏。裴钦邦（1901—？），字虎林，自谓出身茶食职工。家住牛角浜3号，将社坛巷16号8间出租。后曾开过一芝香糖果店，1950年歇业，后又开东禄糖果店，寻歇业在家。成分被定为资本家。

[2]《阿秋胡说·如此苏州（六）》，《苏州明报》1929年9月5日第2版。"放盘"，即现时减价打折优惠。

[3] 含凉生：《吴中食谱（中）》，《红玫瑰》第2卷第21期，1926年4月24日发行。范烟桥（1894—1967），学名镛，字味韶，号烟桥，别署含凉生等，吴江同里镇人，移居苏州温家岸。著名作家。曾任苏州市文管会副主任，兼任江苏省文联副主席，江苏省政协常委，民进候补中央委员、苏州市委副主委。

无意营业,愿将稻香村店基牌号商标以及全副生财装折店栈货物并栈房房屋一应在内,凭中时值估价,出盘与稻香村禾记接续营业。自盘替以后,该店盈亏与出盘人无涉。所有以前稻香村人欠欠人以及与人担保并契约纠葛等事,概归出盘人理直,与受盘人无涉。除立契成交外,特此登报声明,诸希公鉴。出盘人沈鞠怀、王秋芳、赵仲如同启。

同日同版还刊出稻香村禾记的《受盘声明》:

> 启者。本号集资盘替苏州观前大街沈、王、赵三姓合开之稻香村茶食糖果号,今因原股东无意营业,愿将店基牌号商标以及全副生财装折店栈货物并栈房房屋一应在内,凭中时值估价,出盘与本号接续营业,定名稻香村禾记。自盘替以后,该店盈亏与出盘人无涉。所有以前稻香村人欠欠人以及与人担保并契约纠葛等事,概归出盘人理直,与稻香村禾记无涉。为特登报声明,诸希公鉴。受盘人稻香村禾记谨启。

《新闻报》7月16日—19日第8版、《申报》7月16日—19日第8版都连续同版刊载双方上述《出盘声明》与《受盘声明》。[1] 股东沈鞠怀、王秋芳、赵仲如为稻香村出盘人,受盘人为"稻香村禾记",未言受盘人姓名。此受盘人即为朱仲笙,据稻香村店内口口相传:

> 稻香村招盘,谁知一时无人问津,不是真无人要,目的是想杀价,当时竞盘者是:朱仲笙和金春泉(原采芝斋业主之一)两人。金预料朱无力,杀价利害,开价一万五千元(包括招牌),并对朱讲:"你要,马上拿出钱来,否则到明天就由我盘下来。"朱仲笙一是想当稻香村经理,二是斗气,当即朱决定盘下,朱虽有一定实力,但马上拿出万余元,并非易事。朱通过稻香村老股东徐福龙关系,其父任稻香村经理时的老股东程子和之子程寿和,程与徐福龙很知交,经程母与程父说合,商借银元一万五千元,程父开观前街宝大钱庄,甩出两只折子,借了现洋,第二天如数捧出,从此把店盘下。[2]

---

[1] 查阅7月《苏州明报》《吴语》等苏城报纸,均未见刊载稻香村出盘和受盘之启事、声明。
[2] 吴希札:《稻香村店史·稻香村的三兴三败》,未刊稿,1986年。吴希札叙述此事,曾认为稻香村改组为"民国十六年岁底",又称"民国十七年一月一日(1928年)稻香村改组",时间皆误。再者,金春泉为采芝斋第一代店主金荫芝次子金秋和的长子,1928年在观前街开办采芝春糖果店。徐福龙之父为稻香村经理徐幹棠。查阅苏州商会和钱业档案资料,并无宝大钱庄,应为"保大钱庄",为苏州钱业巨擘之一,在观西,经理人程子范(1867—?),名兆谟,籍贯吴县,见民国八年《苏州总商会同年录》,苏州市档案馆藏,档号:I014-001-0364。马敏、祖苏、肖芃主编,华中师范大学中国近代史研究所、苏州市档案馆编:《苏州商会档案丛编》第二辑上册(一九一二年——一九一九年)《苏州总商会民国七年选举职员姓名及年岁籍贯职业行号清册》《苏州总商会举定商事公断处第三届职员姓名、年岁、籍贯、职业清册》等作程兆模者,皆误。程子和或即程子范,与程寿和尚待详考。保大钱庄开设于1911年夏初,1936年6月23日宣告停业,老板为沈惺叔。

就事而言，从洙泗巷至山门巷仅百步之遥，稻香村在经营不利的情况下，要与叶受和、东禄两爿很有实力的同行进行竞争，翻造门面耗资巨大，资金不敷，加上沈鞠怀、王秋芳、赵仲如三姓股东与徐守之等有严重的商业纠纷等事，以至于有"行使伪造文书"罪名，牵涉官司诉讼旷日持久。[1]汤长有虽是位能干的经理也实无办法，那时稻香村资金已经不足二万元，无力再经营下去，不得不将稻香村招盘以解难纾困。

从"同治中兴"以来，稻香村在沈、王、赵三姓股东手里由传统逐渐向近代化转变，在苏州工商业经济关系中新旧因素交错争斗的时候，曾经取得了令人瞩目的发展，获得了良好的口碑。著名学者钱穆1927年任苏州中学国文教员，晚年在台北回忆道：

> 余幼居荡口镇……及余长，任教苏州中学。城内玄妙观前一街，最所知名。然一街店铺最多不过四十家左右。其中有稻香村采芝斋两铺，皆卖小食品，乃驰誉全国。余家本在七房桥，距苏州城四十里，有小航，日开一次。每月必托小航购买两铺食品，几乎全村皆然。至是已逾二十余年，乃知此两铺仅皆小门面，一小长柜。不只苏州人竞来争购，京沪铁路过客几乎无不来购。后余转赴北平任教，亦可得此两家食品……不知此两家历代相传，生齿日繁，生计何以维持。要之，此两家则依旧一小门面小店铺，无分店无扩张，则尽人皆知，无足疑者。[2]

事实表明，面对时代变迁和外部社会环境的剧变，苏州稻香村前进的步伐却愈益疲弱，力不从心，因循保守，缺乏以往凸显的创新精神和活力。东禄的成功体现在生产营销及商店装饰海派风格的改革刷新方面，于苏州茶食糖果业的竞争态势影响很大。可是苏州稻香村，店面仍旧是数十年不变的老式装饰，其他如价目单、产品介绍、包纸、仿单、罐匣，乃至于产品，更是陈陈相因，似乎不如此

---

[1] 因资料缺乏，官司具体案情不详。《苏州明报》1926年7月18日第4版刊载7月17日《吴县地方检察厅批示》："王秋芳批一件。为辨明被控情形由状悉，仰候核办。此批。"《申报》1929年4月10日第16版刊载吴县地方法院公示送达："徐守之与王秋芳等货款涉讼一案被告人王秋芳、沈鞠怀、赵仲如所在不明。据原告人徐守之声请公示送达，业经裁决照准，并选任章世律师为该被告等特别代理人在案。兹定于四月二十九日上午九时为言词辩论日期，仰该被告等依期到庭，慎毋自误。特此公示送达，右仰被告人王秋芳、沈鞠怀、赵仲如知照。以上四月八日。"《申报》1929年5月21日第16版刊载江苏高等法院批示："沈鞠怀补具上诉理由并委律师由，两状均悉，已向原审法院声明上诉应由，卷到再行核办。"《申报》1929年12月21日第16版刊载，最高法院"抗告驳回江苏沈鞠怀行使伪造文书抗告案"。《申报》1930年1月19日第16版刊载江苏高等法院公告："抗告人沈鞠怀因共同行使伪造公文书抗告案，不服吴县地方法院所为驳回其声请，因复原状之裁定提起抗告，并经本院裁定驳回。抗告人复不服再抗告，经最高法院裁定发回本院更为审查，裁定由（主文）抗告驳回。"

[2] 钱穆：《略论中国社会学》，载钱穆：《现代中国学术论衡》，台北：东大图书公司，1984年，第216页。按：荡口镇属无锡。

便不足以显示其牌子之老,从而在竞争中陷于被动和劣势。黄转陶在《月饼琐谈》中对此有所揭示:

> 月饼状团圆,故俗于中秋食月饼,以中秋有团圆之月也。今我弗谈中秋之月而谈中秋之月饼,傥为老饕所乐闻欤。老式月饼,均装以极薄之纸匣,装潢既不美观,形式又极粗陋。其馅亦不外豆沙、白糖、百果、枣泥数种,取价低廉,每枚仅铜元三数耳……月饼既以稻香村为最佳,然其式样则十余年来如一日,未尝求形式上之美观。而吴人购者,亦十余年来不衰,良以不尚形式而以味胜也。上海月饼之盛,胜于苏州,每逢八月,各食品公司无不争奇斗胜,蔚然为月饼之林。往往巧立名目,制为异形,以取悦于顾客。其价且十倍于苏州稻香村所制者,沪人好奢,即此月饼一端,以足窥其余矣。吾人行经精美之食品公司时,常见有硕大无朋之月饼,陈列于玻璃橱中。月饼之上,复缀以种种五颜六色之糖果,缕成蜿蜒屈曲之花纹,行人见之觉徘徊不忍遽去,店中人善于运用脑筋,可谓穷思极想矣。惟此种月饼,仅足以供观瞻,不足以快朵颐,盖吾辈非老饕,见之实不忍使之遭齿劫也。如以之为礼物,则确称馈送品之上乘。月饼之馅,愈出愈奇,有为吾人所不知者。然珍奇之馅,终不及豆沙为最酥腻,枣泥次之,百果则下驷矣。故月饼之肆,必多备豆沙与枣泥,否则,必致求过于供矣。初时稻香村之月饼,最大者只若英饼,今亦稍稍大矣。沪上普通之月饼,大如英饼之四倍,每匣盛四或二,匣上每绘以五彩之花纹,间有绘嫦娥者,取月里嫦娥之意也。食品公司之大者,每届秋令,恒陈列各种月饼,供人参观。今岁安乐园,且开一月饼大会,邀新闻界前往与会,一时颇多佳话,亦月饼声中之佳趣也。[1]

稻香村与苏州同业相比较,如后起的采芝斋,其进取有为更是给人以深刻的印象:

> 盖采芝斋之创设者,为今主人金宜安、金春泉昆仲之祖金某也。金某初于观前街洙泗巷口,设一糖果摊,惨淡经营,营业日盛,遂改为店。事在前清同治年间,距今盖已五六十年矣。然初设之时,其声名营业,尚不能与稻香村抗衡,盖以稻香村资格老也。厥后金某,则以年事既耄,而又勘破一切,遂以店务,归其一子一孙。其子即金宜安之父,其孙则即金春泉也。金春泉长袖善舞,故于糖果,多能发明改良,其店中若蜜饯松子糖,若松子南枣糕,若松子桂圆糕,若清水山楂(楂——引者)糕,若香水炒瓜子,胥由其发明改良者,因之声誉日隆,营业日盛。其初声名营业,在在不能与稻香村百年

---

[1] 转陶:《月饼琐谈》,《申报》1927年9月21日(夏历八月十五日)第17版。

老店抗衡者，不转瞬而异军特起，竟与之并驾齐驱，或且过之焉。今日谈论苏州之糖果店者，无不以稻香村、采芝斋并称。[1]

上海的《商业杂志》刊载的《苏州糖食店营业的概观》，对东禄引致的激烈竞争及对稻香村的影响，做了细致的观察：

> 东禄据说是上海人开的。它的位置是在稻香村的西，悦采芳的东，采芝斋的对面。它的房屋是新造的，一切装饰、布置，比较上没有他家可以及它。晚上的电灯，照耀如同白昼。开张的时候，是在阴历七月上旬，其时月饼将要上市。本来月饼的生意，首推稻香村。但是东禄的出品，倒也不输于它，并且所用装月饼的纸匣，比较美观些，所以顿时轰动了苏州城里城外的人，你也到东禄去买月饼，我也到东禄去买糖食，新开张的数天，店里店外，竟挤得水泄不通。有些人出了钱，竟买不到东西，营业的旺盛，可以想见了。
>
> 那时几家老牌子的糖食店，以为苏州人一窝蜂，新开店的生意，本来要比较发达些，等到日后时过境迁，自然会淡下来的，倒也不在其意。于是也乘此机会，廉价大放盘，吸引顾客。一班主顾落得便宜，有些已跑到东禄，因为人挤买不着东西的，有些怕到东禄去受挤的，都跑到老店里去买。还有已到东禄买过东西的，也跑到老店里去再买些，带回去，以资比较。那时观前街上的各糖食店，都是利市三倍，做着一笔好生意。
>
> 在起初大家以为东禄生意的旺盛，不过一时，谁知事实上却不然。一年以来，营业甚好，大概的原因，一方面固然由于出品还不差，但是一方面多少总还靠着商店的装饰罢。于是几家老店，都受着大大的影响。内中尤其是牌子最老的稻香村，不知为了什么，营业竟致一落千丈。有人说稻香村的茶食还不差，只因它店里的伙友，对待顾客，略欠和善，所以有些人不敢上它的门了。这种捕风捉影之谈，也不能作为它失败的证据。[2]

回顾以往，清季稻香村茶食糖果公司在商部注册，以其天时、地利与人和的有利条件，曾经为其转型与发展展示出了一个美好的前景。清末民初，从《公司律》到《公司条例》，近代中国公司制度在向新的阶段演进，要求近代工商企业在资本组织形态、内部组织结构等方面逐步规范化和定型化。苏州稻香村所属的传统的茶食糖果业和其他行业相比，有着一般意义上的共性，同时也有自己独特的社会、文化和经济、商业企业的内在逻辑，以及其转型所需要的主客观、内外部因素。近代化转型包含的因素丰富而复杂，如技术设备的新手段，经营管理的

---

[1] 觉口：《糖果发明家》，《申报》1928年4月21日第17版。参见《东省经济月刊》1928年第4卷第5期，第12页。金春泉后于观前街创设了金芝春糖果号。

[2] 碧桃：《苏州糖食店营业的概观》，《商业杂志》》1926年第1卷第2期，第2页。

第三章 民国时期苏州稻香村的辉煌与萧索

新方式,产品的新内容,市场的新开拓,观念的新调整,职业的新确立,体制的新变革,文化的新递演,乃至于工场门店的新样貌,等等。科学技术虽说是最活跃的生产力要素,但是转型更需要关注的,在于是否能够按照近代公司制度的要求,真正解决了诸如产权制度、组织制度、管理制度等的近代化问题,以适应新的生产力和生产关系的要求。但是,苏州稻香村沈、王、赵三姓股东自注册为稻香村茶食糖果公司以来,在这些方面显然没有多少实质性的进步,严格地来说其近代化的转型不大成功。它始终未能真正地脱离传统的狭隘的合伙企业窠臼,无法真正克服自身乃至整个行业的局限性,也就无力担负起历史曾经赋予的使命。

二、稻香村禾记与朱仲笙时代的开辟

朱仲笙(1879—1959),名士炳,字仲笙,以字行,吴县人,家居甫桥西街。清季诸生,捐纳县丞职衔,曾为河南分巡开归陈许郑等处兼理河务兵备道曹福元(苏州著名中医曹沧州弟)的钱谷幕僚。入民国后,曾任直隶省财政厅所属天津南区稽征矿税厘局会计员。祖遗资产尚厚,堂号为"朱勤德堂"。与人合伙投资苏州西山煤矿,又在吴县火车站开设恒丰煤炭号,自任经理。[1] 1926年5月,朱仲笙以苏州煤炭同业公会代表的身份,被列为苏州总商会第六届选举人[2],6月16日当选为苏州总商会第六届会董[3]。

朱仲笙

在沈、王、赵三姓股东决意出盘稻香村后,朱仲笙考虑以稻香村禾记名义接盘,字记乃取自禾字商标。《新闻报》1926年7月15日刊出前述稻香村禾记《受盘声明》和接盘后,朱仲笙即在经理汤长有的协助下,全力投入稻香村门面翻造工程,7月18日(夏历六月初九日)将观前街南茶食部暂迁于对门街北的糖果

---

[1] 苏州市工商联第三分会:《苏州市工商户情况登记表茶食糖果业(稻香村:朱仲笙)》,1952年,苏州市档案馆藏,档号:C001-017-0028-129。朱仲笙自述简历称:"1900年到河南做账房,1917年还苏州。做恒丰煤号经理,至1927年任稻香村经理迄今。"

[2] 《苏州总商会第六届选举人名单》,1926年,马敏、祖苏主编,华中师范大学中国近代史研究所、苏州市档案馆合编:《苏州商会档案丛编》第三辑上册(一九一九年——一九二七年),武汉:华中师范大学出版社,2009年,第56页。

[3] 《苏州总商会呈江苏省省长改选商会情形及当选职员姓名清册》,1926年7月3日,开列当选职员姓名、年岁、籍贯、商业行号、住址及当选票数:"朱士炳(仲笙),四十八岁,江苏吴县,恒丰煤灰号经理,火车站,七十票。"见马敏、祖苏主编,华中师范大学中国近代史研究所、苏州市档案馆合编:《苏州商会档案丛编》第三辑上册(一九一九年——一九二七年),武汉:华中师范大学出版社,2009年,第65页。按:文中"煤灰号"应为"煤炭号"。参阅《申报》1926年6月17日第10版苏州总商会改选新会董报道。据笔者采访朱仲笙孙女朱德瑾,朱仲笙生于1879年11月24日(清光绪五年十月十一日),卒于1959年12月6日(夏历十一月初七日)。

部,次日即在地方报纸《吴语》之《苏州社会日刊》刊出《稻香村启事》:"现因旧有茶食部房屋不敷应用,重行翻造洋式门面,于六月初九日起,将茶食部暂迁移对门糖果部交易。一俟新屋落成,再行迁还原处,择吉开张。恐未周知,特此声明。禾记敬启。"《苏州明报》7月20日至8月19日头版也刊出该启事,8月20日(夏历七月十三日)至9月2日(夏历七月二十六日)头版又连续刊出《苏城稻香村广告》:

> 本号开设苏城元妙观前洙泗巷东首,百有余年,驰名环球,现因扩充营业,仍在原址翻造高大洋式门面,专聘技师,自制中西茶食、各种糕饼以及青盐糖果、野味熏鱼,拣选新鲜原料,雇用超等工人,货物之精良,食味之甘美,四季适宜,尤合卫生,分装罐匣,便于携带,声名久著,素蒙各界欢迎,销路益广,值此新屋落成之际,特加禾字商标。先行归并对门糖果部交易,择于夏历七月廿四日开张,特别廉价,以酬惠顾诸君之雅意。恐未周知,特登广告。

为节省工程耗资,并且不要耽误中秋节的黄金利市,朱仲笙将稻香村的临时营业处暂设在景德路东段,在改造工程方面动了不少脑筋。吴希札记述道:

> 先生汤长有和老工人许桂生常讲:稻香村于民国十五年六月份翻建房屋(注:夏历六月初九日停业至七月二十四日开张仅一个月),时间局促,承包翻建房屋的营造单位,采取移建先进办法,将店面房屋之墙脚位置和柱墩砌好,店面房屋之墙头再拆除(柱和屋面不拆不卸),然后用木头把柱脚固定,再把两面柱脚搁在搭有牛油的洋松木上,南面用绞索把三间一进店面房子(整幢)绞进移放在预先制好的位置上,旧房三间店面的骑门梁(钢筋混凝土制)先卸下,等缩进房屋门面的两边墙墩砌好,然后把骑门大梁吊装在墙墩上,再造洋式门面,其高度达三层,负荷量确实重大。在当时条件下,是一大奇迹。这种建造方法,看上去是一种"拆烂糊"的做法,但这样做也有好处:一是节约建筑材料,如水泥、钢筋、砖头等;二是节省人工和费用;三是能缩短施工时间,计划营造一个半月,实际施工仅一个月不到。从停业至新屋落成开张共一个半月,要造好房子和店面,还要新做柜台、橱窗、门面装潢、电灯安装、下水道等,在这短短的时间做这些工程,确是惊人。尤其在二三十年代,尚无什么机械,而能把整座房屋移进一个阔六十公分、高八十五公分、长十余米的钢筋混凝土,至少也有七八十吨吊装好,就是现在

有起重机也是有困难的,这是建筑史上一大创举。[1]

关于1926年即夏历丙寅年稻香村翻造的洋式门面及附属工程,吴希札描述得非常细致:

> 当时很"洋式"三开间,三层楼房,铺面用骑门大梁,三间一通,中间无柱,外装活动铁门(当时苏州第二家)。二层中间门面上竖写稻香村三个大字;大字两边两项竖写字,左边是"只此苏城一家",右边是"外埠并无分出"。三层中间门面上一个大圆圈,圈内侧两边金黄色谷穗,并有绿色稻叶辅助,下面稻杆交叉,交叉处有一个红色蝴蝶结,谷穗中间一个大红"禾"字。三楼至二楼东西塞边,从上至下竖写两条立体字。左首是:精制荤素细点透味熏鱼肉松;右首是:拣选胶州瓜子青盐蜜饯名糖。下面骑门梁上一排自左至右横写字:本号创始乾隆年间自制四季茶食精美糖果闻名环球。

> 从骑门梁到马路人行道上面,装有华丽雨棚(防雨淋日晒),用三角铁搭成骨架,上面有四根铁杠吊牢。雨棚上面搭有田字格小三角铁架,上装七彩花纹玻璃;雨棚下面挂四块银杏制板,两面写有宣传名特产品字样。店堂中间天幔下横挂一块真金字招牌,从右至左写"稻香村"三个大字,款上首是:丙寅年仲夏;下首是:朱永璜书,并红印一方。(注:朱永璜是当时苏州的武举人,又是书法家,写字酬金银元三十元。)

> 稻香村新店装潢和店堂内配合和谐,门面上的商标、招牌和有文字的周围以及雨棚周边都装有彩色电灯;店堂两边柜台新制,外侧用红玫瑰花并有绿叶扶助的瓷砖,雅观大方。橱窗里面全部银光玻璃彩色电灯,金字招牌四周也装有彩色电灯。

> 民国十五年(1926年)十一月七日《苏州明报》第三版作者媚妃在《商情记略》上载:"稻香村与叶受和,本为观前茶食肆中之二柱。自去年洋式门面装饰华美之东禄开张以来,已成鼎足之势。稻、叶两号颇受影响,自非力为竞争不可。今则稻香村已翻造洋式门面,夜则电炬万支,大有与东禄一决雌雄之慨"……好一个"电炬万支",说明当年稻香村灯火辉煌,可见其"照势"之十足矣。[2]

---

[1] 吴希札:《稻香村店史》附录4"稻香村翻造门面的建筑方法",未刊稿,1986年。括注皆原文。吴希札称:"一九八四年,苏州建筑业也要写建筑史,该业编史者曾来向编者了解稻香村建筑情况,该业的老同志也讲,这在建筑史上也是罕见的。"

[2] 吴希札:《稻香村店史·稻香村之大事纪要》之1"民国十五年翻造门面",未刊稿,1986年。括注皆原文。按:稻香村两项竖写字,左为"只此一家",右为"并无分出"。再,朱永璜为武进士。朱永璜(1847—1928),字小汀,号髯仙,吴县人。乐圃朱氏衮绣坊支第32世。清同治六年(1867年)丁卯科武举人,同治十三年(1874年)甲戌科武进士。历官江南常州营中军守备、两江候补将等。1911年苏州和平光复后,曾任苏城民团统带。书法各体兼擅。苏州五奇人之一朱梁任为其子。

为保证顺利开张，稻香村于 8 月 25 日（夏历七月十八日）禀呈苏州总商会："敝号整顿营业，内部改组，翻造房屋，现已落成。择于夏历七月二十四日开张。诚恐人数众多，流氓人等藉端滋扰情事，应请贵会转恳警察厅给示，并饬区妥为保护。"[1] 苏州总商会即日转呈苏州警察厅，并请颁发布告，派警察维持秩序，8 月 27 日李钰林厅长即批准发布告，命令观前所隶南区警察署派员保护。[2] 8 月 31 日（夏历七月二十四日）稻香村如期重新开张。除《苏州明报》外，《吴语》《中报》等苏城报纸皆先期刊登了稻香村择吉开张的广告。[3] 上海《新闻报》8 月 24 日至 9 月 7 日也多次刊登了《苏州稻香村新屋落成正式开张》的广告，文字一如《苏州明报》所刊《苏城稻香村广告》。[4]

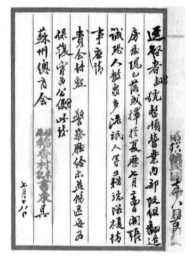 

稻香村呈请开张保护函　　　稻香村门店新貌

稻香村择吉开张之日，苏城轰动一时，人潮涌动，盛况空前，苏州知名报人汪知心有《观前街上看○》一文记热闹情景：

"○者，非其他之圈圈问题，乃应时之月饼形也。"入观前街，过叶受和、稻香村、东禄，售月饼之人，不亚千人。叶受和以木板制四圆形，如大月饼，上缀电灯，光芒四射，行人过其下，汗臭类粪厕。稻香村与东禄，亦皆以五色小电灯扎彩，五颜六色，光艳夺目。柜内陈设各种月饼，荤、素、

---

[1] 稻香村禾记茶食糖果号：《为稻香村开张请给予保护事函苏州总商会》，1926 年 8 月 25 日，苏州市档案馆藏，档号：I014-002-0098-028。

[2] 江苏苏州警察厅：《为稻香村开张颁发布告事复函苏州总商会》，1926 年 8 月 27 日，苏州市档案馆藏，档号：I014-002-0098-030。

[3] 参阅《吴语》1926 年 8 月 17 日—26 日稻香村广告；《中报》1926 年 8 月 26 日头版"观前稻香村广告"。

[4] 《新闻报》1926 年 8 月 24 日第 1 版；25 日、26 日、30 日第 4、3、2 版；9 月 2 日、3 日第 2 版。

火腿、猪油、百果,不胜枚举。橱内实月饼,橱顶放月饼,地上亦皆摊满月饼。再有一大月饼,中凿方孔,象钱形,有数人在孔中翻跟斗为戏,如体学家之盘杠子然。余为之叹观止,兴尽而返。[1]

汪知心还以"善吃居士"名义,特撰《上稻香村书》为之扬誉:"仆固穷措大,而专工小吃,考求滋味,且嗜宝号所制之火腿猪油月饼,因其悉心研究,甚为可口,较之叶受和、东禄,味胜一筹,大且二倍。兹值宝号开张骏发之喜,故特专函奉达。谨恳惠赐样饼二枚,以润馋肠,则鄙人口福无穷矣。"[2]

姚啸秋也在《苏州明报》上发文《稻香村新屋落成中之花花絮絮》:

> 去岁东禄新张,开苏州茶食界中之战争,与稻香村、叶受和拼命大减价,一班吃客,亦拼命大贪便宜(按:此语非虚,果有舍身贪利、勇往直前之势)。今者稻香村自建新屋,以示抵抗,前日新屋落成,自有一番热闹,其亦已成一年一度之老例乎,然则叶受和明岁亦将重建矣。

> 余居观东,地接闹市,晨鸡方唱,而街上喧扰,奔波之声,已醒余残梦。初疑火警,推窗视之,不见熊熊之光,心乃大定,默念其由,非稻香村之顾客,已作熙攘夺先之声。噫!吴人好小利,竟为戋戋之便宜,作秉烛达旦之守,得毋愚乎?是日稻香村,有警士守卫,免让纷扰,铁门启处,仅能通人,上系草绳,以防蜂拥也。欲购食物者,须低头俯躬,自绳下过,始得入。购后则须由后门出。甚矣哉,便宜货之难得也。

> 闻购物有先后秩序,茶食部如先为蜜糕,既而饼干、月饼,宛如交易所市场之例。至于购客之喧闹,一如经纪人之高声狂叫,叶受和、东禄二号亦如之……各物价格,随时降升,如月饼最初仅售五枚一匣,其后乃十枚、十五、廿枚,至晚则须售二百八十文,此诚可谓早晚市价不同矣。[3]

1926年9月21日为中秋节,晚上9时许,"时观前街电炬撤(澈——引者)明,有如不夜,接踵摩毂,异常热闹,虽上海之大马路,亦无如是之盛也。小家碧玉,竞赛衣饰于今夕……往岁稻香村,有小摆式供诸众赏,已列传为中秋时景之一"[4]。今年重建门面,又供较巨之香斗以资点缀。《苏州明报》9月13日至10月16日头版还刊出《稻香村茶食糖果号启事》,强调:"本号开设苏城元妙观

---

[1] 汪知心:《观前街上看○》,《苏州明报》1926年9月2日第2版。汪知心为《吴县市乡公报》记者,1927年曾创办《保安剃刀》三日刊。
[2] 汪知心:《上稻香村书》,《中报》1926年9月6日第2版。《中报》9月7日载沙叟《戏代稻香村答汪知心》有句:"火腿猪油滋味鲜,倘然要吃数铜钿。须知月饼非施粥,辜负先生食指牵。"
[3] 啸秋:《稻香村新屋落成中之花花絮絮》,《苏州明报》1926年9月3日第2版。参阅啸秋:《吴门茶食史》,《快活》1926年10月6日。
[4] 啸秋:《中秋之夜(上)》,《苏州明报》1926年9月23日第2版。

前洙泗巷东首,百有余年,驰名环球。只此一家,并无分出。"后稻香村还将电话号码1346和新建洋式门面彩印在本店仿单上,当年还在东吴大学二十五周年纪念特刊《回渊》上刊登了"苏城稻香村"英文广告[1]。

稻香村的宣传攻势相当凌厉,颇获实效。苏州作家朱猇在9月22日的《申报》发表《中秋与月饼》,特别是对本年稻香村的月饼利市做了生动的介绍:

《回渊》稻香村英文广告

> 驹光如驶,中秋届矣。中秋团圆节也,团圆之月,状如圆镜。昌黎诗曰:饼圆如月,藕大若船。故节届中秋,制饼以象月形,供我人之大嚼者,由来久矣。我苏人也,今且就两年来苏地之月饼状况,拉杂书之,以供自由谈,亦可见我苏人饕餮之一斑矣。
>
> 苏地富庶区也,而零食之价廉物美,尤名喧大江南北。惟精华所萃,悉集于观前一街。珠光宝气,绮围翠绕,而食肆尤栉比。其最宏大轩敞者共有三肆,比列而峙,东曰叶受和,中曰稻香村,而其西则东禄也。叶受和与稻香村,开设已久,而东禄则仅在曩岁中秋节前开张。尔时月饼适上市,以开张伊始,每饼售价六十文,而其重量,乃在三两以外,于是一般喜沾小惠之

苏州稻香村月饼包装

> 苏人,咸踊跃往购,三肆之门,人头拥挤如怒潮,每朝辄不至夕,堆积如山之月饼,均转眼立尽。而东禄开张之日,一孕妇因贪便宜,至腹中胎儿被众挤堕之惨史,犹与此中秋月饼,时时萦绕于我人脑中也。
>
> 今中秋又届矣,稻香村老铺新张,月饼风潮,又应节而生,凡往来观前

---

[1]《回渊》,东吴大学二十五周年纪念特刊,1926年12月。

街之人，几都人手一盒（月饼盒也），而稻香村门首铁栅之门，迄今两傍犹张展阑人，大类昔日苏地车站月台上之状况。当稻香村开市之日，大雨滂沱如倾盆，而往购食物之人，犹麇集而来，夹街乃成人弄，交通为塞，拼命勇往，以购此团圆月饼，而稻香村之铁门，仅开一容个人出入之道，上端复缭以麻绳，警士对峙，频挥竹竿，如临大敌，而购物者于此雨点频下之竹竿下，犹鼓勇阑入，此勇敢进攻之状，较之临敌之健儿尤锐进倍蓰。谁谓南人懦弱哉！〔1〕

作家杜伯超在 10 月 21 日的上海《新新日报》上发表《苏州的茶食店》一文，也描述了亲身经历与感受：

> 人是都知道苏州乃讲究吃喝地方，不谈别的，但瞧瞧观前一带的各茶食店，就有多少。我前日路过观前，只见那几爿大茶食店，如东禄、稻香村等等，他门上简直像施舍粥完全奉送，不取代价，一般那柜外的买客，围得水泄不通，但见人头簇簇，而且十分之八多是女将，莺声燕语，那般伙计直忙得像揭去头的痴苍蝇似的，东磕西撞，应接不暇。他们所买的又大半是月饼，我也想挤上去，买几个尝尝新，可怜不但挨不上，便好容易挤上去，那般伙友也只有招待女顾客的精神，没有应接男买主的余暇，望了望不觉退避三舍，勇气顿消，索性省些儿罢。于此可见，要享口福，苏州人实不可不做。外乡人于苏地方也不可不到，苏州的茶食店不可不开，苏州茶食店内的伙友，更不可不干。〔2〕

早先稻香村、叶受和与野荸荠之间的竞争较为和平，并无针锋相对激烈之举，互损有限。1925 年，"苏城观前街有东禄茶食店，与稻香村、叶受和成鼎足之势"〔3〕，才真正地形成三鼎足的激烈竞争，尤其中秋、年节，三店拼命大减价，一般吃客也大搭便宜货，故有一句俗语：一千卖八百，挑挑两个"吃客"。它们之间激烈的竞争产生了一连串的连锁反应，东禄开张之后，"次年稻香村重建新屋，落成之日，亦复如是。再次年叶受和翻造门面，也是减价。继而一枝香、采芝斋、悦采芳，一年一年的改造重建，而且都是在八月里完工的。所以八月茶食店大减价，已成为一年一度的老例了。现在因为每年八月里总要挤伤挤死好几个人，实在因为太便宜了。他们拼命放盘，比那年世界书局和中华、商务还要利害呢。因为万百样东西，都是买一样送一样的。于是他们想了个好法子，就是在七月半起到七

---

〔1〕 朱戬：《中秋与月饼》，《申报》1926 年 9 月 22 日第 13 版。
〔2〕 杜伯超：《苏州的茶食店》，《新新日报》1926 年 10 月 21 日第 3 版。
〔3〕 田希孟：《掌颊记》，《申报》1928 年 9 月 26 日第 18 版。

月三十为止,谁要买便宜货的,必须先行报名"[1]。

关于观前茶食糖果业的发展与竞争,以及稻香村的状况,1926年碧桃在上海的《商业杂志》上发表的《苏州糖食店营业的概观》一文,分析颇为深入:

> 苏州商业繁盛的所在地,大概可以分为两处。一处是阊门(中市大街和城外马路),一处是城中心的观前大街,观察近几年来商业的趋势,观前街有胜过阊门之象。而糖果茶食的生意,阊门尤其是不及观前街。所以本篇单讲观前街糖食的营业。
>
> 苏州观前街糖食店中,牌子最老的,要算稻香村了。糖食店中的稻香村,好像是肉店中的陆稿荐。所以别处的糖食店,用稻香村的牌号的很多。后来在稻香村的东面,添了一家叶受和。这两家都是糖果茶食兼卖的,出品营业,都不相上下。
>
> 在稻香村的西首,有一条横巷,名唤洙泗巷。从前巷口有人摆设一个小小的糖食摊,所制的糖果,异常可口。尤其是水炒瓜子,人人爱吃。因为拣选得匀净,所以生意很好,积了几年,颇有盈余,就在洙泗巷的西首,开起店来,名叫采芝斋,专卖糖果,不卖茶食,可算是稻香村、叶受和的劲敌。
>
> 后来,又有人在玄妙观正山门口,开设一爿糖食店,叫一枝香。起先专卖糖果,后来也兼卖茶食。但是茶食的出品,不及他家,营业上不免因此多少受着些影响。所以今年秋间,逗翻造门面的一个机会,把茶食部取消,仍旧专卖糖。
>
> 还有一家,唤做悦采芳,开在采芝斋的西面,一枝香的东面。其实这悦采芳是采芝斋一家开的,所以于采芝斋的营业上,丝毫没有影响。
>
> 更有已经闭歇的文魁斋,本来在元妙观中摆设梨膏糖摊几十年了,牌子也算很老,可是后来在观前街开了店,营业不佳,只好关门大吉。
>
> 以上所述的,可算得近几十年来观前街上糖食店的略史。开设店的虽多,但是却相安无事,并没有剧烈的变迁和竞争。可是到了民国十四年秋间七月里,风平浪静中,却起了一个很大的波涛,从此各糖食店,入于优胜劣败竞争的时代了。
>
> 谁不知"商店装饰学"影响于商业的盛衰很大。可是苏州糖食店对于装饰学,实在太没有考究了。店面的装饰,仍旧是数十年前的老式,好像不如此不足以表显它的老牌子。什么窗饰咧,光线咧,价目单咧,包纸咧,罐匣以及罐匣上面的说明书咧,更其是陈陈相因,丝毫没有刷新改善的表见。直到去年——民国十四年——受到一个很大的打击,便是新开了一家东禄。

---

[1]《阿秋胡说·如此苏州(六)》,《苏州明报》1929年9月5日第2版。

>   ……………
>   现在的稻香村，却不比从前了，也有很体面的店屋，和很旺盛的营业。原来今年夏间，已盘与别人，翻造新屋，在旧历七月廿四日，重新开张。同时一枝香也在今夏把门面重新翻过，取消茶食部，两家同于廿四日悬牌开张——不过一枝香在七月十四日起，已经先行交易，正式悬牌，则在廿四——那几家老店，也照抄去年的老文章，廉价放盘，于是又轰动了苏州城里城外的人，都跑到观前去买糖食茶果。
>   货色的确不差，价钱又很便宜，尤其是"蜜糕"的生意最好。"蜜糕"出板，每天只有两三回，逢到将近要出板的时候，店门前的人们，手中拿着铜元，都站在那里等候。一到出板，顿时万头攒动，人声鼎沸，几百只的手，高高举起，大家抢着去买，煞是好看。若是摄入电影，倒是银幕上绝妙的资料。
>   已失败的稻香村，重整旗鼓，以后它的营业如何，此刻还不能断定。但是据记者的推测，它若然从此蒸蒸日上，能恢复从前的老牌子，那末明年月饼汛（汛——引者）里，叶受和说不定也要照抄它的文章，那时苏州人又有便宜的糖果茶食吃哩。[1]

显而易见，朱仲笙接盘后的稻香村禾记起始即出手不凡，力挽颓势，活力毕现，展现出强劲发展的势头，从此开辟了属于他的时代。

三、稻香村禾记第一次改组与良好效应

随着国共合作的深入，国民革命迅速兴起，北洋军阀在江浙的统治迅速瓦解。1927年3月21日北伐军占领苏州，又迅速进据上海，稻香村与苏州工商界一起做出了欢迎革命的政治选择。江安茶食公所和永康糖食公所合组为茶食糖果公所，得到全同业资方赞成。3月22日苏州总工会正式成立后，在中国国民党苏州市党部的动员、支持下和茶食糖果公所的赞成下，稻香村职工王渭生、许桂生、许世培及司账倪我志，与叶受和的职工杨智明，以及其他茶食糖果店的方汉樵、殷桢瑞、周仁卿、郭子章、赵开甫、朱佩赓、李根生等人，第一次发起组织苏州茶食糖果业职工会，4月5日发布宣言，在护龙街宝积寺内厅设筹备处，次日召开筹

---

[1] 碧桃：《苏州糖食店营业的概观》，《商业杂志》1926年第1卷第2期，第1—3页。编者原按："苏州人最喜欢吃小食，所以苏州的糖食店也特别的多，什么稻香村啦，采芝斋啦，叶受和啦，一条观前街上，糖食店差不多占去了一半。可是这许多糖食店的历史、特产、营业等，大有兴趣和研究的存在。此篇由苏州碧桃君写来，非常详细，且笔法有些小说体裁，益能引起阅者不少兴味。诸君何妨拭目一读。"

备会。[1]经国民党市党部商人部批准，13日各店一律休业一天，奉令不得对职工扣工减食，以使职工能自由踊跃参加苏州茶食糖果业职工会成立大会。是日上午成立大会于施相公弄茶食糖果公所永寿堂召开，签到400余人，王渭生当选为首任常务委员。[2]午后继续开会，"讨论要求增加工资，改良待遇，取缔业外人私自营业"[3]。14日由市公安局政治部代表郭纯清、市党部工人部代表盛智醒主持召开仲裁会，苏州茶食糖果业职工会代表王渭生等，与苏州茶食糖果公所全同业资方代表龚子彝、罗锦堂、金宜安、毕楚书等展开了激烈的斗争。在资方压力下，鲍伯源等采芝斋、悦采芳同人宣告退出茶食糖果职工会。6月14日劳资双方代表会议，劳资纠纷得到仲裁并签署协议，但资方以其代表系被勒逼签字为由拒绝履行，在20日的《苏州明报》第2版刊出了《苏州茶食糖果公所全同业资方紧要启事》："为特登报声明，取消龚某等之代表资格，所签之事不生效力。该职工会即由本公所重行组织，复选代表与开会议，订洽妥章，以符工会规定，而达自由平权。"21日的《苏州明报》第2版随即刊出《苏州茶食糖果业职工会复本业资方紧要启事》，声明仲裁会磋商事实真相，恳请上级机关调查。苏州茶食糖果业劳资双方之条件相差悬远，未能达成一致。国民党苏州市党部命令茶食糖果业资方，限三日之内须照约履行。资方委派周靖如为代表，7月17日在《苏州明报》第1版刊出《苏州永康江安茶食糖果公所启事》，拒绝职工会代表华有文之指控。在国民党苏州市党部指导下，苏州市商民协会成立。8月6日，苏州市商民协会茶食糖果业筹备会设在施相公弄永寿堂，发布第1号通告，宣称："本会系三民主义，根据《商民协会章程》改善商人之组织，解除商人之痛苦、保障商人利益之组织茶食糖果商民协会。"[4]因茶食糖果公所"曾以勒逼资方签字、诈取各业伙友酬劳费"等情控告，国民党苏州市党部予以诬告须反坐警告[5]，认为该业资方"有反动嫌疑"，8月10日午刻致函苏州市公安局处理，公安局"即于下午派警将稻香村之徐福龙（字寿石）及悦采芳店主金宜安之甥赵某（即该店经理）传至公

---

[1]《各业组织职工会汇志·茶食糖果业》，《苏州明报》1927年4月6日第3版。《宣言》文云："吾业职员工友，初无团结，现应世界潮流之趋势，图谋生存于社会，爰有本会之组织。旨在交换职业常识，切磋行务。外尽国民天职，急公不落人后；内守本分范围，好义善与人同。倘有外侮压迫，誓同抵抗，若遇苦怜职工，志切援助。劳资本属共济，感情尤须联络。作慨天然自由，用何威胁挟制之可能。合力扶持现状，群策将来事业，开工商界空前之新气象，促成职工未有之好模范。凡我同志。盍乎来，敬此宣言，幸垂公鉴。"王渭生（1893—？），吴县人，家住唐家巷，读过私塾，为稻香村技师。倪我志为"职工会重要分子"，参阅《苏州明报》1927年4月28日第3版"稻香村调虎离山"条。
[2]《苏州茶食糖果业职工会筹备处启事》，《苏州明报》1927年4月12日第1版。
[3]《苏州明报》1927年4月13日、14日第3版。
[4]《苏州市商民协会茶食糖果业筹备会通告第1号》，《苏州明报》1927年8月6日第1版。
[5] 苏州市党部特别委员会：《苏州市云章公所永寿江安公所香业华洋布业暨震潫鸿米行负责人公鉴》，《苏州明报》1927年8月9日第1版。

安局暂押,听候市党部审查核办"[1],当晚7时许获释。为解决该业之劳资纠纷,茶食糖果公所也被要求改组。在国民党苏州市党部指导下,继华洋布业、铁机业之后,8月17日,徐福龙与金宜安、周靖如、程亦甫、王斌康、洪穀本、裴兆荣、毕楚书、罗锦堂、袁衡祚、章顺荃等11人,被苏州市商民协会委任为苏州茶食糖果业同业公会筹备委员。[2]时值国共分裂后,苏州也是一片白色恐怖。因资方一直未履行条件,8月21日,设于玄妙观真人殿内的苏州茶食糖果业职工会召集会员开会,执行委员杨举贤、方大元等人被拘捕,工友被迫解散。苏州市公安局以在玄妙观发现种种"反动标语"为由,将新任苏州市总工会筹备委员会委员、茶食糖果业职工会常务委员王渭生以重大嫌疑拘捕。[3]茶食糖果业"该业资方乘各机关相继改组之时,实行毁约,将工会忠实会员陆续辞歇,迄今各执委纷纷离苏,会员或有失业,或已从军,以致该会会务维持乏人"[4],工人运动很快走向低潮。

从1927年6月江苏省政府设立苏州市政筹备处,筹备建市起,观前商业街区的发展走向成熟阶段,已有绸缎、棉布、洋广货、皮货、南北货、鞋帽、日杂、五金、珠宝首饰、文化用品、书局、茶馆、酒楼、旅馆等40多个行业计120余家店铺。陆鸿宾编著的《旅苏必读》转载有一篇老苏编写的《新观前景》:"空闲无事体呀,唱唱观前景。元妙观里向呀,摊头摆端正。说书傀儡戏呀,外加西洋镜……一出正山门呀,大街轧得狠。几只金子店呀,恒孚最顶真。银匠首饰店呀,装潢来得精。绸缎顾绣店呀,看亦看勿尽。香粉店里向呀,花样说勿尽。水果野味店呀,山头摆齐正。书坊药房里呀,倒亦勿算清。珍珠宝石店呀,扎得花样新。要买南货吃呀,孙如号最灵。茶食糖蜜饯呀,到底稻香村……"[5]由于稻香村等众多著名老店丛集,观前饮食服务与茶食糖果业的中心地位得以确立,民谣"吃煞观前街"传颂越发广远。[6]

在以服务、质量及价格战为重要标志的同行业竞争中,稻香村声名鹊起,宣

---

[1]《茶食糖果业资方二人被传》,《苏州明报》1927年8月11日第3版。
[2]《申报》1927年8月19日第10版。参阅《苏州明报》1927年8月18日第2版《商民协会第五次常会记》。
[3]《苏州明报》1927年8月22日第2版;《申报》1927年8月23日第10版。
[4]《茶食糖果职工会改组》,《苏州明报》1928年1月8日第2版。
[5] 陆鸿宾(璇卿)编著:《旅苏必读》第三卷,苏州:吴县市乡公报社,1927年,第7页。原载《吴语》1921年8月24日,"说勿尽"作"说弗尽"。
[6] 观钦(程瞻庐)《苏州识小录》:"城内有四街,性质各异。'仓街'冷落无店铺,'北街'多受阳光,'观前街'食铺林立,'护龙街'衣肆栉比。苏人之谣曰:饿煞仓街,晒煞北街,吃煞观前街,着煞护龙街。"见《红杂志》1922年第18期,第26页。参阅周振鹤:《苏州风俗》,广州:国立中山大学语言历史研究所,1928年,第88页。《申报》1930年12月13日第13版《吃煞利利公司》曰:"俗语有云:吃煞观前街。以观前街为姑苏商业中心,商肆林立,尤以食品为最著。"

传依旧不遗余力。[1]但是,稻香村要维护在苏州茶食糖果业竞争中的优势地位,保持领先势头,做到可持续发展,就必须进一步增强实力,创出特色。1927年朱仲笙亲任经理后,决定改组稻香村禾记,新招一部分股东,分40股,每股银洋1000元,计银洋40000元,共有19人认股,1928年1月正式订立合同议据。今举"朱止记"所执合同议据如下。

合同议据
朱止记

立合同议据:程荫记、韩伍记、朱止记、陆慎馀公记、陆唐记、刘桐记、华洽记、俞仁记、朱钰记、马源记、程根记、徐馀记、朱金记、朱延记、蔡巽记、冯思记、周松记、华咏记、田咏记,兹因情投意洽,信义相孚,在苏城观东大街受盘稻香村茶食糖果号,仍就原有牌号特加禾记字样继续营业,集成资本肆拾股,每股洋壹千元整,计:

程荫记陆股,进资本洋陆千元;韩伍记肆股,进资本洋肆千元;朱止记叁股,进资本洋叁千元;程根记叁股,进资本洋叁千元;陆慎馀公记贰股,进资本洋贰千元;陆唐记贰股,进资本洋贰千元;刘桐记贰股,进资本洋贰千元;华洽记贰股,进资本洋贰千元;俞仁记贰股,进资本洋贰千元;朱钰记贰股,进资本洋贰千元;马源记贰股,进资本洋贰千元;徐馀记贰股,进资本洋贰千元;朱金记贰股,进资本洋贰千元;朱延记壹股,进资本洋壹千元;蔡巽记壹股,进资本洋壹千元;冯思记壹股,进资本洋壹千元;周松记壹股,进资本洋壹千元;华咏记壹股,进资本洋壹千元;田咏记壹股,进资本洋壹千元。共集成资本肆万元整,当均收足。公举朱仲笙君为经理,店中事务全权责任,如后生意推广资本不敷,各东按股照垫,无得推辞。一切规章,众议允洽,载明于后。从此同舟共济,自然事业兴隆。爰立议据十九纸,各执一纸存证。

计开:

一议本号营业以糖果茶食等为范围,不得另营他业。

一议本号股东如有无意营业者,必须先尽在股诸东,然后谋诸于外。

一议号内用人须由保证,薪工进退由经理酌定。

一议各股东不得半途中止,亦不得借宕银钱,本合同不得在外抵押等情。

一议官利长年壹分,待至元宵连同红帐由经理分送,不得预支。

---

[1]《苏州明报》1927年5月4日刊发稻香村茶食糖果号广告,自夏历四月初一日起"新增应时荤素方糕",并称:"本号开设观前洙泗巷东,百有余年。自制中西茶食、各种糕饼、青盐糖果、野味熏鱼。如蒙惠顾,无任欢迎。"

一议各友薪金均发月俸,不得预支,如有挂宕,归经理负责归偿。

一议每年分帐结彩盈余以五十六股分派,股东得肆拾股,尚余十六股归经理及各友花红,逢有盈余,归经理酌派。

一议本号簿册图章归经理保管,图章除店事正用外,不得擅自私盖在外担保等情。

一议本合同议据一式拾玖纸,各执一纸存照。

中华民国十七年岁次戊辰吉月吉日立合同议据。

朱止记合同议据

程荫记、韩伍记、朱止记、陆慎馀公记、陆唐记、刘桐记、华洽记、俞仁记、朱钰记、马源记、程根记、徐馀记、朱金记、朱延记、蔡巽记、冯思记、周松记、华咏记、田咏记。

见议人王舜卿。[1]

以上合同议据,因年代久远,一些签章画押字迹难以辨识。朱仲笙签押朱止记3股、朱金记2股,共出资银洋5000元。陆唐记、刘桐记、华洽记、华咏记、朱钰记、周松记、程根记等股东详情待考,其他股东情况如下。

程荫记。程荫南字号,上海食糖业批发商。[2]程根记由宗亲程荫南代签。

陆慎馀公记。为苏州钱业慎馀庄。

马源记。间邱坊巷口马姓纱缎庄,清光绪初年创办,1922年注册,厂名马源记丝织工场,时任经理马养时。全面抗战前苏州共有木机1000台左右,马源记拥机最多,有300余台。[3]

徐馀记。徐幹棠长子徐福龙,于观前街开设益记布号,又在南京开太平村茶

---

[1]《朱止记合同议据》,苏州稻香村食品有限公司档案室藏。

[2] 程荫记,上海永安街41弄5号,见鲍文熙:《上海之糖业》五之《表二 上海最近食糖批发商调查》,王季深编:《上海战时经济》第1辑下编,上海:中国科学公司,1945年10月,第235页。

[3] 参阅《律师陈宾受任马源记庄马养时君聘为常年法律顾问》,《苏州明报》1928年5月5日第1版。据《1929年苏州纱缎业会员录》,马养时,54岁,吴县人。子为马宝麟。参阅王翔:《民国初年传统丝织业的转型》表1《苏州丝织业"账房"向"绸厂"的转化》,陈绛编:《近代中国》第19辑,上海:上海社会科学院出版社,2009年,第297页。

食店、协记布店。[1]

田咏记。田永达，在观前街开设东阳源南货店东、西号，后曾任吴县南北海货糖业公会代表。

韩伍记。韩云骏（1871—1931），字遂青，号萃青，别作萃卿，吴县人。清光绪二十三年（1897年）丁酉科拔贡。江阴南菁书院、苏州学古堂肄业。历官直隶州州判，陆军部实缺主事、陆军部承政司典章科科长兼司长上行走郎中，宪政筹备处办理宪政筹备事宜。1912年加入同盟会，当选为国民党苏州支部评议员，曾任山塘市民公社社长。历任苏州警察厅总务科科长、上海税务总公所所长、苏北淮扬滩地征租总局局长、大胜关税务总公所所长等职，1927年任吴县临时行政委员会财政局接收税务委员。

俞仁记。俞武功（1868—1942），字梦池，吴县人。清季增生。江阴南菁书院、苏州学古堂肄业。曾任浦庄镇董事、公立浦庄初等小学堂堂长、长元吴教育会调查员。入民国后，历任吴县议事会议员、国民党苏州支部副部长、吴县参事会参事员、吴县临时行政委员会财政局度支课课长、吴县公益经理处委员、苏州市政筹备处参事、横泾市市政筹备委员、横泾市行政局长、吴县公款公产管理处主计员等。1928年时任苏州商团横泾支部部长，后任横泾市政局局长、吴县第五区保卫团团长等职。

蔡巽记。蔡俊镛（1876—1957），字云生，号巽庵，吴县人。苏州总商会会长蔡廷恩子。清光绪二十年（1894年）举人。江阴南菁书院肄业。历任上海华童公学中文总教习，安徽广德州中学堂校长，长元吴学务公所议董，苏州公立第一中学堂（草桥中学）首任校长，河南省试用知县。民国初曾任国民党苏州支部副部长。擅诗文、书法，精于考证。

冯思记。冯世德（1886—1953），字稚眉，号心支，吴县人。改良思想家冯桂芬孙。清季诸生。日本私立东洋大学（原名私立哲学馆大学）毕业，获文学士学位。宣统元年（1909年）获赐法政科举人。学部七品小京官，历掌江西高等学堂、优级师范学堂教务。1912年初当选为国会众议院议员。后为江苏私立神州法政专门学校教务长。当选为江苏省议会第二、三届议员，苏州工巡捐局董事。1927年任吴县临时行政委员会委员兼财政局局长，代理苏州关监督。后试署江苏镇江地方法院庭长，任吴县公款公产管理处副主任、吴县救济院副院长等职。

蔡俊镛、韩云骏、俞武功、冯世德皆朱仲笙老友[2]，共8股，计银洋

---

[1] 徐福龙（1906—1969），字寿石，吴县人。益记布号在观前街33号（1946年门牌）。家居盛家带22号。1969年10月31日去世，无政治历史问题。此据苏州市房地产档案馆藏档案。

[2] 蔡俊镛、韩云骏、俞武功、冯世德简历，参阅夏冰：《苏州第一中学首任校长蔡俊镛》，见苏州市传统文化研究会编：《传统文化研究》第19辑，北京：群言出版社，2012年，第408—421页。

8000元。

合同议据见议人王舜卿，浙江鄞县（今宁波市鄞州区）人，与王其相皆为著名牙医，购得沈祖荫、沈鞠怀所居观前三门巷1号，开设王氏齿科诊所。[1]

稻香村禾记的此次改组可谓成功，从合同议据来看，职责权利分明，照顾到各方的合理利益和关切。从股东来看，皆为苏州人，既有钱业、纱锻业、腌腊业、糖业、南货业、布业等行业业主，也有在任地方官员和社会贤达，明显地增强了实力，扩大了社会影响。这年清明节后，4月12日、13日的《申报》连续刊出苏州稻香村启事："苏州稻香村茶食糖果号谨谢各界，本号只此一家，外埠别无分出。此次封关汛，辱荷各界来苏游览，枉顾敝号，门市拥挤，招待不周，深为抱歉，并蒙惠顾隆情，特此鸣谢。倘蒙赐顾，毋任欢迎。"范烟桥重修的《苏州指南》将稻香村的月饼列入"有名商店之出品举要"[2]。《申报》9月1日第21版刊载了徐碧波的《吴下小新闻·果业之竞争》，对稻香村大加称赏：

> 比以两月未归乡里，不胜故园依依之思。近得家报谓"食肆如市之观前街上，糖果业竞标廉价，以挽显客"。苏人好吃，根于天性。平日每至傍晚，士女如云，咸就糖食肆，购取果饵。彩罐纸包，车载手携，相属于道焉。第记者旅沪久，亦曾目击天禄、冯大房之挤拥状况，是则好吃，乃为国人之天性，初非苏人为然也。考吴门糖果店，以稻香村牌子为最老，而所制茶食，亦饶有历史上悉心研究之风味。即如瓜子一项，其原料纯取胶东所产，且加以人工剔选，是故粒粒平整，无湾（弯——引者）瘪之弊。益以炒手之老练，火候适当，既弗枯焦，又不过嫩，而玫瑰、薄荷、甘草外敷之料，又复充分加入。香雾喷薄，能不令人口津沾滞者几希。是故顾客之凡购苏州瓜子者，佥以稻香村为归。举一反三，其他之饼饵甜品亦当出类拔萃。逆知此番竞争之结果，营业统计必仍以稻香村为首屈一指也。

1928年9月，稻香村响应苏州总商会号召，提供自产糖果4瓶、蜜饯4瓶，参加中华国货展览会。[3] 是年朱仲笙兼任苏州市政筹备处第七区委员，1929年2月又被委任为吴县第一感化院主管员，社会地位有所上升。而稻香村由于店老牌子响，历年营业额上乘，逐步取胜。当时职工有七八十人之多。《苏州明报》1931年2月曾报道1930年各业盈亏情况："茶食糖果业，年来同业竞争，厥惟观前街各店营业最盛。上年获盈者，计稻香村、叶受和、悦采芳各盈三四千元不等，

---

[1] 三门巷1号占地0.977亩，为王舜卿、王其相共有，见《吴县元妙乡镇土地所有权登记声请书》，1946年11月29日填写，登记日期为1947年1月10日，苏州市房地产档案馆藏。
[2] 朱揖文原著，范烟桥重修：《苏州指南》附编杂记，苏州：苏州文新印刷公司，1928年，第23页。
[3] 苏州总商会：《出品目录》（1928年9月19日），苏州市档案馆藏，档号：014-002-0493-194。

采芝斋盈一万余元,采芝春盈五千余元。惟东禄营业虽尚发达,乃因号主投机失败,以致有亏无盈。"[1]

苏州自改市制以后,举凡商业、道路、建筑、游艺,均大异于往昔。1928年2月6日元宵节,举行了万人参加的"苏州市平门及平门路并接收梅村桥落成典礼"。随之护龙街道路拓宽,"城内与火车站之捷径打通,市面从此转移,观前街顿成苏州全市最繁华之中心区域"[2]。《苏州明报》称:"自平门开辟、护龙街北段工程告一段落后,城外之热闹,已转移入城。现在景德路亦已完成,商业当渐次振兴。观前察院场,地冲首要,一如上海之大新街,而观前之热闹,则一如南京路,盖交通与商业有莫大关系。"[3]其后观前街改造,工程历时一年半,至1931年11月竣工,街道由3米拓宽至8米,皆以15厘米见方的苏州特产金山石铺就,两侧店铺纷纷缩进,改建门面或新建楼房,式样上是西洋和上海风格,颇为独

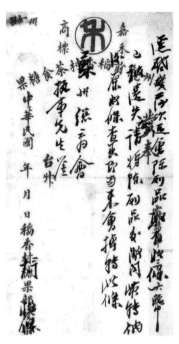

1928年稻香村致苏州总商会函

特,成为苏州最有气派的一条街道,也是沪宁线上最有特色的一条街道。[4]改造后的观前街上有各种店肆270家,国办、民办、地方办大小银行17家。[5]稻香村所在的观前街已经完全成为苏州的商业、金融业、饮食业及文化中心。1929年郑振铎在上海撰成《黄昏的观前街》一文,把有观前街的苏州比作意大利历史文化名城威尼斯:

> 这条街是苏州城繁华的中心的观前街……我所得的苏州印象,这一次可说是最好——从前不曾于黄昏时候在观前街散步过,半里多长的一条古式的

---

[1]《结账后各业盈亏概况·茶食》,《苏州明报》1931年2月21日第3版。

[2] 退安:《吴门观感琐志(上)》,《申报》1929年9月7日本埠增刊第7版。参阅苏州市政府土地科编:《苏州市地价调查及统计》,无锡:锡成印刷公司,1930年,第8、19页。本书所载旧警区(东、南、西、北、阊五区)分所各项地价,皆以1929年度为标准。《例言》曰:"地价的高低,每以交通为标准,交通发达的地方,工商业随之发达,地价即高;反之即低。南区第五分所境内各街巷适处全市中心,交通异常便利,因之地价即高,每亩假定平均价格为2345.35元,中数为2050.00元,最高价每亩竟达15000元,最低价每亩亦有800元。"该年阊区第五分所阊门大马路最繁华的福安茶馆至广济桥段,每亩地价不过7000元。

[3]《开辟新观前之动机·以观前比方大马路》,《苏州明报》1930年2月25日第3版。王波:《苏州观前街区研究(1840—1940年)》,此文及《开辟新观前》引文,误标为《苏州明报》1930年2月11日。见唐力行主编:《明清以来苏州城市社会研究》(上),上海:上海书店出版社,2013年,第304—305页。

[4] 徐刚毅:《话说观前(中)》,《苏州日报》1998年12月24日第8版。

[5] 朱元丰、吴颂和:《观前街商店的统计》,《苏中校刊》第71期,1932年,第29页。参阅臧寿源:《七十年前的观前街改造(下)》,《姑苏晚报》1999年2月20日第8版。

石板街道，半部车子也没有，你可以安安稳稳的在街心踱方步。灯光耀耀煌煌的，铜的，布的，黑漆金字的市招，密簇簇的排列在你的头上，一举手便可触到了几块。茶食店里的玻璃匣，亮晶晶的在繁灯之下发光，照得匣内的茶食通明的映入行人眼里，似欲伸手招致他们去买几色苏制的糖食带回去……有观前街的燠暖温馥与亲切之感的大都市，我只见到了一个委尼司。[1]

1932年春天，著名记者、作家曹聚仁首度旅居苏州，在《吴侬软语说苏州》一文中写道："苏州风光，第一件大事，就是上观前街，进吴苑吃茶。观前，有如北京的东安市场，南京的夫子庙，上海的城隍庙，也是百货大市场；玄妙观只是一景……那儿有许多吃食店，豆浆、粽子摊，老少妇孺，各得其所。"[2]1935年浮萍在《苏州观前大街的黄昏》一文中写道："观前大街是苏州城里的市中心……'荡观前'是苏州人每日生活中的重要生活……黄昏时观前大街上所有的脸都有闲适的神情……观前大街的食品店的生意兴隆便不是没有理由了……你走过苏州无人不知的专卖糖果瓜子的稻香村、采芝斋、叶受和门口，你可以看见一个一个安闲的脸带了大小包，从店里走到街上，一点一点的吃，继续在'观前'的这一端踱到那一端。"[3]后来张扬在《人间的天堂——苏州》写道："一到苏州，首先要去的，便是观前街；那儿，街道宽阔，商肆林立，是全苏州商业繁荣的中心区，类似上海的南京路……'着在杭州，吃在苏州'。苏州的吃，原很有名的……面食以外，那要轮到糖食，采芝斋，稻香村，叶受和，采芝春……都是百年以上的老铺。旅客们假使没有尝到一粒玫瑰水炒的西瓜子，便不能算你到得苏州……除瓜子以外，各色各样的糖果，名目繁多，假如你初到苏州，谁也记不清这许多名儿。从一条观前街上溜跶一过，起码使你咽下百十口馋涎，'吃在苏州'一语，绝对不是欺人之谈。"[4]

四、关于"以稻香村代表苏州的商业"之讨论

关于苏州城市商业的繁华与闲适生活的意趣，时人多有议论，苏州稻香村的知名度和美誉度在这一时期蒸蒸日上，一度被某些论者认作苏州商业的代表。1929年，东生在《没落中的苏州》一文中做过这样的探讨和分析。

---

[1] 西谛：《黄昏的观前街》（1929年3月3日），《小说月报》第20卷第4期，1929年，第666—669页。"委尼司"今译"威尼斯"。

[2] 曹聚仁：《万里行记》，福州：福建人民出版社，1983年，第96页。曹聚仁1932年先后寓居苏州工专、沧浪亭，1946年任教于苏州社会教育学院，寓居拙政园。

[3] 浮萍：《苏州观前大街的黄昏》，《太白》1935年第1卷第9期，第445—446页。

[4] 张扬：《人间的天堂——苏州》，《万象》1943年5月号，第2年第11期，第25—26页。该文1945年以张逸凡名义又被载于《交通周刊》创刊号。

我们走上观前街,在从容自在的群众中间步着,我们但见五光十色的是稻香村、采芝斋、陆稿荐等等糖果野味肉类的铺子。我们由此知道苏州人所讲究的是零星的吃食……以此,我们认识了苏州的商业是稻香村,苏州的文学是说书、小报及上海报的附张。而为这两种东西的基础的是苏州人玄妙观的因循苟安的闲逸游惰的生活。但是,苏州人的这种游惰生活的基础,又是什么呢?

我们来观察苏州的社会与经济。苏州没有出产,有的是供人享乐消费用的糖果蜜饯,野味肉类,还有是麻雀牌。苏州向来是官吏产地。满清的时候,出状元最多的,便是苏州。苏州的所以繁盛,便是因为产了许多官僚。官僚从外面刮了地皮,运回苏州,于是安富尊荣的过其一生。同时,更买地置产,役使乡下农民,而自为地主。所以苏州的社会,质言之,便是一个建立在农奴身上的官僚地主的社会,是代表的封建社会。

苏州人以高利贷资本及田租,寄生在四乡农民的身上,自然除享乐外,无所事事。因为没有事,乃产生了稻香村、玄妙观等消闲的吃食与游乐。因此,文学也不免为一种消遣的东西,堕落成上海的小报及附张……苏州现在的衰落,即表示官僚、地主之必然的要趋于灭亡。

所以苏州之荒凉衰落,是当然的,苏州若欲由衰落而走上兴盛的境地,像无锡一样,则苏州的社会与经济,至少非如无锡样走上工业的社会与经济不可。[1]

1928年与1929年之交,九芝在苏州度过了除夕,他在《游苏杂感》中写道:

游苏的一个总概念是萧索。

萧索的原因当然是经济的。从前苏州人的经济的来源是田租和官俸,米价的增长是不能敌其他各项生活费用的增长的;只知收租不知考求农事的结果自然是荒歉;加以年来颇有些减租的风声传到农人的耳里,农人自然没有从来一般驯服了。这三项是田租减少的粗浅的原因。民国以来,苏州不曾出过大官,苏州三大产品之一的状元现在已经不消行了。官俸的来源几乎断绝。

现在我以三样东西代表苏州的文化:以报屁股代表苏州的文学;以稻香村代表苏州的商业;以梅兰芳代表苏州的艺术。

九芝此文接着论及苏州的社会与经济,观点一如东生的《没落中的苏州》,最后的发问也有异曲同工之妙:

如果苏州经济情形好,古迹名胜都修得完整些,再加上这样的文学支流

---

[1] 东生:《没落中的苏州》,《文学周报》第8卷第5—9期,1929年,第176—177页。

附佩着，人类的生活不就算美备了吗？正如一切工商业都发达，倘然没有稻香村，生活便索然寡味了；但倘没有其他工商业，却把稻香村当正经，试问稻香村的点心是能够当饭吃的吗？[1]

学者王庸也于《时代公论》1932年第10号刊文《苏州闲话》，就"稻香村代表苏州的商业"发表了自己的观点：

> 从前在《春潮》杂志上有人——记不清是什么人了——讲过下面几句话："虎丘代表苏州的风景。梅兰芳代表苏州的艺术。稻香村代表苏州的商业……"
>
> 这话很有点意思。不过，第二句不很对，（也许我记错了）因为梅兰芳既非苏州人，亦非苏州人所深爱"艺术家"。我只觉得"昆曲"或"说书"确可以代表苏州的艺术。
>
> ……………
>
> 苏州人很聪明，作事很能计算。他们不大肯牺牲目前利益，去求将来不可必得的幸福。这是苏州人的稳当处，亦便是苏州人所以干不起大事业的缘故。老练的将军不大能打大胜仗，其苏州人之谓欤！
>
> 苏州以外的冒牌稻香村不知有多少，而苏州的真正稻香村却依旧只挂着"只此一家 并无分出"的老牌子。苏州人是以真牌子和老牌子去竞争的，"险"都不敢冒的。
>
> "出门一里，不如家里"，苏州人多数在有意无意中遵奉着这"格言"的教训……苏州人在外面的虽然很少，而苏州城里的土著怕不很多。有些所谓"英雄""豪杰"之士干过了一番"为国为民"的"大事业"之后，多跑到苏州去"退隐""韬晦"，与世无竞了。这个"内移"潮流如果不从今日始，那么苏州人的稳健，和平，不革命，决不是苏州人天生的特性。
>
> 如果地理环境可以决定人类生活状态，那么苏州和无锡的地理环境并没有特别显著的差别，可是为什么无锡的工商业发达得很快，而苏州早有的工商业反日渐衰落呢？这其间实在找不到十足的地理原因可以解释。
>
> 无锡和苏州虽是邻县，而风气很有差别。无锡人像暴发户，苏州人似破落乡绅，无锡的绅士带着商人气，而苏州的商人却有点绅士气。无锡人的生活当然不如苏州人精致，风雅，可是苏州人的"生命力"差得多了……许是

---

[1] 九芝：《游苏杂感》，《春潮》第1卷第3期，1928年，第112—114页。

为了"绅士式"的苏州社会太安逸了的缘故。[1]

著名作家、电影编剧家陈醉云于1933年新春追记的《姑苏散曲》,也值得一读。

  苏州是一个农业都市。上海的繁荣,依仗工商业;杭州的繁荣,依仗游客;苏州的繁荣,却是依仗农业。苏州的住户,除了外来的寓公外,所谓本地人,多半靠着田租地租过活。

  苏州最得地利的是太湖,雨多时靠它涵蓄,雨少时靠它灌溉,不愁水灾,不愁旱灾,农业遂有所赖。稻麦蚕桑,既提供了美食锦衣;而水泽宜于养鸭,湖中饶有鱼虾,也正是肴馔的资源所在。再加沿湖河道复杂,舟楫往还无阻,产物的交换自更便利,文化的构成也就更易。

  我们试看这周围三四十里的苏州城,四面都有河道环绕,除了流贯城内,更是远通四境。轮船所直达的重要路线,较远的如上海、杭州、湖州、嘉兴、常熟等地,落乡的如木渎、甪直、黄埭、荡口、东山等处,每天都有多量的行人往来。至于定时开行的航船,藉以装货载客的,也有百数,城市与乡镇可通。而一般非定期过往的船,更是不计其数。所以讲到内河交通,可说没有比苏州再便利的地方了。这也是使它成为农业都市的重要条件。[2]

…………

  苏州是一个享乐的都市,而且是廉价的享乐,因为什么东西都便宜。这一则是农业都市的特征,二则是与苏州人的生活条件有关。

  那些以田租为主的人,生活自然颇为闲暇,于是适于消闲的东西,就随着产生。同时又因农业都市的收益,还停滞在手工生产的阶段,不像工商业都市用机器生产那样饶有巨大的进益,高度的浪费势有所不能,所以物价也受相当的限制了。

  苏州有三多,一是茶馆,二是糖果,三是雀牌。这三样东西,同具着消闲的功能,也就是构成苏州生活的染色细胞……观前街一带,茶食店很多,香,色,味,在在投射出诱人的魅力,大都生意兴隆,很足以表示苏人对于

---

[1] 王庸:《苏州闲话》(1932年5月19日),《时代公论》1932年第10期,第30—32页。作者附记中又说:"'中国民族'的'救星'不是这种'苏州人',是许多充满着活力的反'苏州人'。"王庸(1900—1956),字以中,江苏无锡人,著名地理学家,中国地理学史学科的开创者。1925年入清华国学研究院,从梁启超、王国维等治中西交通史。曾任西南联大、暨南大学等校教授,苏州国立社会教育学院新闻系主任等。著有《中国地理学史》《中国地理图籍丛考》《中国地图史纲》《王庸文存》等。

[2] 陈醉云:《姑苏散曲·农业都市》,《东方杂志》第30卷第8期,1933年,第11页。陈醉云(1895—1982),谱名载荣,又名逸、载耘,字醉云,浙江嵊县(今嵊州市)人。历任上海中华书局编辑、神州影片公司编剧主任,后执教于南京大学中文系。善作小说和新诗,著有小品文集《卖唱者》、《太平天国史》等。

糖果糕饼的消费状态……拿苏州的物价，与杭州的物价相比较，则杭州的物价昂贵得多，尤其是春季游客群集的时候。为甚么这两者之间差得这样远呢？这是因为杭州已被资本主义的势力所征服，像西湖边上的市场，简直是为资产阶级与买办阶级的游客们而设的。至于苏州，则因为农业都市的机构较为巩固，还能同商业化的势力相抗衡，即使吸收新式的消费方式，也用固有的生活条例作相当限制。这就是苏州社会的特殊性。[1]

关于以苏州稻香村作为苏州商业的代表问题的讨论，已经牵涉关于苏州的社会、历史、文化及政治、经济、地理环境、阶级阶层，乃至苏州人的个性与共性等重大问题。著名学者顾颉刚对于这些问题也多次发表过重要见解，如1929年4月在苏州中学的演讲中说：

苏州本来是文化的中心，从吴越时，文化已很发达了，不过在古书中的记载不甚详尽，仅于经书中约略见出它与中原不同的文化。至于它的文化占势力，大概可以说从三国时候的吴起。唐以后为尤甚。所以能如此者，也自有两点关系：第一是经济背景，因为运河的经过，交通上便了，成了一个大都市。第二是生活较他处为安适，所以有余闲创造文化。我虽没曾到过多少地方，但是所看见的他处的生活都及不上苏州，即北平固然好，然而也是帝王遗族的，民众的衣食住却不能和苏州比。不特苏州的亭台楼榭，花园池沿胜过他处，即以食物而论，稻香村的出品是最有名的，差不多无论哪个城市里都有分号，牌子上面写着"姑苏分此"。而苏州则写着："只此一家，并无分出。"这可见他方人的羡慕苏州人的生活和苏州人的不欢喜向外发展的脾气。苏州人的生活舒服，大家觉得满意了，不想进步，所以没有改变。例如苏州的绸缎是很出名的，但现在竟被杭州的打倒了。刺绣又被夺于湖南了。从前以文化中心傲人的，现在只保存些残骸零骨，生路是断绝了！我常想：苏州的好像一家破落大户，在一天一天地消沉下去。倘要保得住不家破人亡，只有我们自己起来文艺复兴运动。这是目下苏州人的一种很大的责任。

苏州人的所以弄到如此绝境，大受经济压迫的原因，只在当初太生活好过，不愿意出门经营，别地的人看出门是寻常的事……以前因为苏州人写字、会做文章，所以科举极发达，因而科第的发达，而使苏州人可以做官，一个人做官，可以拖带多少亲友，所以那时的苏州人是有出路的。在机械工业未进中国的时候，苏州的手工业是很巧妙的。在农产物为经济中心的时候，苏州的良田美池，是全国的膏腴。在海轮铁道未发达之前，苏州是全国最大的

---

[1] 陈醉云：《姑苏散曲·有闲生活》，《东方杂志》第30卷第8期，1933年，第15—16页。

商埠,现在呢,科举停了,手工业和农产物不占重要地位了,商埠是早迁到上海去了。苏州人再有些什么生路?所以我觉得目下亟应提倡苏州人的民族主义,亟应打破怕出门的心理,到外边去和别人竞争,倘使再不振作起来,殷鉴不远。[1]

顾颉刚后来在苏州国立社会教育学院新闻系所做题为《苏州的文化》的演讲,仍然就上述观点发挥说:

> 可惜太平天国时,这个区域破坏最烈,一切破坏完了,经济力量又不足以图恢复,朴学也就不能继续发展了。
>
> 从前苏州人生活于优厚的文化环境,一家有了二三百亩田地就没有衣食问题,所以集中精神在物质的享受上,在文学艺术的创造上,在科学的研究上……
>
> 苏州文化,开始在春秋吴国,极盛于唐宋元明清,可惜到了太平天国而突然衰落……自从五口通商,经济中心由苏州东移至上海。太平天国之后,苏州残破,米业又西移到无锡。辛亥革命后,省会迁到南京,国民革命后,省府迁到镇江。于是苏州既不是经济中心,也不是省区政治中心,离开了经济和政治的力量,文化水准也就每况愈下了。现在苏州只成一个住宅区,做了京沪两地的移民站,凡是在京沪住不下的人,都住到苏州来。于是街道愈来愈不整齐,房屋愈来愈破败,市面愈来愈不景气,可以说是破落户的总汇了……
>
> 可是苏州人有一件最坏的性情,便是懒惰。他们注重享受,衣食住各方面都很考究,以至只能守着老家,不能向外发展。这实是数千年历史积累而成,也是农业社会中高度文化的必然结果。因为苏州的文化都是享受的文化而不是服务的文化,所以极不适合于这生存竞争的剧烈时代,这真是苏州人的危机。希望本院同学,本着服务社会的精神,把它改造过来。[2]

鸦片战争以来,中国从封建社会进入了半殖民地半封建社会。由于外国资本主义的侵入,传统的以农业与手工业相结合的小农经济逐渐解体,也促进了中国的资本主义逐渐成长,在地主阶级与农民阶级之外,产生了代表着先进的生产关系和生产力的资产阶级与无产阶级,与这些阶级矛盾并存的民族矛盾,即中华民族与外国资本主义、帝国主义侵略势力的矛盾,成为这个社会最主要的矛盾。因此,反帝反封建就成为中国近代资产阶级民主革命的主要任务。所有这些,苏州概莫能外。明清时期繁盛的苏州社会以发达的小农经济为基础,但是,近代以来

---

[1] 顾颉刚:《对于苏州男女中学的史学同志的几个希望》(1929年4月),由任禹成(于伶)笔记,《苏中校刊》第1卷第21、22期合刊,1929年6—7月,第36页。

[2] 顾颉刚:《苏州的文化》,由陈文德笔记,《教育与社会》第6卷第1期,1947年,第58—59页。

由盛转衰的苏州社会转型也有自己的特点："因为上海人家的经济制度建立于资本主义的，凡是从工商业得来的金钱，总看得轻易平常一面，而多数的苏州人家，经济制度建立于祖产，究竟要重视一点……苏州是一个静的城市，什么都有一种安闲、从容的气氛，我们是到街坊上就可以感觉得，不像上海那么急急忙忙，好似要抓住一分一秒的时间，不肯放松的。"[1]这里所谓"祖产"主要是田产，大多集中于官僚地主、乡绅地主、工商地主[2]，他们构成了寄生性食利阶层的阶级主体，他们对于大规模工业化的风险多有疑惧，对于生活高消费则常有新的追求，使苏州成为一个依赖性很强的消费性城市，小农经济基础厚实且顽固，而苏州工业基础薄弱，城市乃至于整个社会的近代化步伐确实比较缓慢。

近代资本主义生产的典型形式是机器制造业。在半殖民地半封建社会的历史条件下，"现代化大机器工业与工场手工业、个体手工业同时并存，大机器生产与手工操作同时并举，前资本主义的经营与资本主义的经营相结合，资本主义经营的高级形态与低级形态同时并行。多层次、多形式和多成分，成为苏南地区工业结构的特征……尽管历史的发展经历着曲折和坎坷，这个多层次的工业结构始终顽强地存在下来。这是中国社会生产力低下的反映，也是历史上形成的中国国情之一。"[3]在这样的一个多层次结构中，稻香村这类茶食糖果业工场，在生产关系上属于资本主义性质，是近代工业的初级形态，在苏州多层次的工商业结构和地域经济中，以其新质的经济成分具有生命力。稻香村这样的老字号存在的主要价值在于其传统的名特产品。这些名特产品，是在独特的自然、社会和历史条件下，凭借独到的技艺创造和产品的特殊品质，表现出浓厚的传统色彩和文化内涵，其生命力在于苏州消费社会有其市场体系和外延的市场需求，适应了苏州社会浓郁的闲适生活气息和传统生活氛围，即所谓苏式生活方式的沿袭和变异。[4]

与其他社会要素稍有不同的是，成长于特定自然生态和人文环境中的日常生

---

[1] 华留：《苏州女儿》，《新女性》1944年创刊号，第71—72页。
[2] 参阅陈醉云：《姑苏散曲·大地主》，《东方杂志》第30卷第8期，1933年，第17页。据张少梅、王骏人1949年5月29日呈报的《角直镇田业业主概况》，当时角直田业业主185户，占有吴县境内土地9938亩，昆山县境内土地33273亩，合计42950亩。最多的顾善昌即占有土地6990.821亩。平均每户田业业主占有232亩，而角直土改时分进农户的标准平均2.7亩。地租形式有活租、定租，分为实物地租、货币地租、劳役地租，以实物地租较普遍，每亩约糙米1石—1.2石，基本上占到当时全年亩产的一半。
[3] 段本洛：《历史上苏南多层次的工业结构》，《历史研究》1988年第5期，第113页。
[4] 张思义《苏州的魔力》一文写道："那谋差事做巡官的人口中所称道的'金阊'与'银观'——就是阊门与观前——算是苏州最繁华的地方了……一般而论，苏州人都是潇洒闲适的，处在这环境里，我们丝毫不会感觉到紧张。在苏州，没有局促，没有险恶，没有喧嚣；只有静，闲，笑。我所谓生活美空气美，其美就美在那里。这种闲适轻松的生活美，是要有对比才会感觉到。住在上海四马路，久受了商业的喧嚣，或是住在南京，饱经了宦海的险邪……于是到苏州，才觉到苏州人是潇洒温文的可亲近。苏州地方是和平轻松的可留恋。"见《敬中学生期刊》1936年第2期，第65—68页。关于苏式生活的沿袭与变异，参阅朱小田、汪建红主编：《苏州通史·中华民国卷》第四章第一节，苏州：苏州大学出版社，2019年，第258—264页。

活,总是显示出浓郁的地方色彩,具有两千多年历史并长期占据经济和文化中心地位的苏州,个性就更为突出,并以此与其他城市相区别:"以言享受,苏州的一切享受设备远不及上海,但其中原不必相提并论的。苏州与上海的趣味根本不同,上海的趣味是浓烈的,苏州的趣味是冲淡的……吃茶是苏州人生活中最重要的一个节目。在苏州而不去孵茶馆,就不能领略苏州人的情调。'孵茶馆'三字也是苏州特有的语汇。进茶馆原不真在吃茶,趣味就在尽是天长地久的孵下去。"[1]倘若人不是在茶馆中,就是在澡堂里,所谓"早上皮包水,午后水包皮"。生活方式的近代变迁以其与生活的享受和改善直接相联系,在闲适生活的表象下,苏州的工商业与市场的联系更加紧密,茶食糖果业也因此获得了新的发展动力。苏城内外,遍布大大小小的点心茶食坊肆,虽然是街市上的寻常风景,却以其对苏式闲适生活独特的经济、社会乃至于文化意义格外引人注目。而作为茶食糖果行业元老和翘楚的稻香村,在这个意义上堪称苏州商业的代表,也是苏州这片老店一个标志性的商标。

第二节　前店后坊的生产经营模式与技艺传承

一、前店后坊的生产经营管理

苏州的茶食糖果业,"在抗战以前经营业务类型可以分为两大类,一种是蜜饯作,另一种即茶食糖果,而蜜饯组主要以外销为主,本市茶食店出售之蜜饯,均由各茶食店自制,因此两组虽属一业,但关系不大"[2]。稻香村以糕饼为主打,苏式糕点传统的各大类产品齐备,自产的炒货、青盐蜜饯和野味咸味则为附属,以就近内销现销为主。租用的糕点生产作场后门在碧凤坊(1949年后门牌为28号),炒货、青盐蜜饯工场设在清洲观前38号(1949年后门牌为3号),为1926年朱仲笙以2500银元购得,满足了生产规模扩大的要求。稻香村在从传统向近代化转变的历史过程中,其"前店后坊"的生产管理及经营也有自己的特色,吴希札对此有所介绍:

> 稻香村在民国十五年(公元1926年)翻造门面后,归并北首糖果部,在左设茶食柜,右设糖果柜;店中间是顾客活动之地。店后面即是作坊"圆堂":设油面、野味、包装、糖果四个部门,属门市部管理,工人在生产结束

---

[1] 林涵之:《孵茶馆》,《作家》1944年第1期"闲话苏州特辑",第34页。
[2] 《历史演变情况——茶食糖果业》(手写稿),苏州市工商联,1955年6月7日,苏州市档案馆藏,档号:B003-010-0011-030。

后，还要带做柜台（营业员）。圆堂后，进工场有道石库门，内四间直到碧凤坊，内设炉货、蛋糕饼、糕房（片糕）、糖货（酥糖等）、水镬、印板六大部分；附设粉碎、礁（醮——引者）糕二个部门。此时的炒货、青盐蜜饯工场已设在清洲观前三号，称之栈房，并附设拣剥工部门。

管理方面：经理统筹全店，下设总账房，柜台有头柜、账房先生。头柜管理全柜和经营进货等。茶食头柜开工场生产的水牌（即生产的品名、数量），账房管理经济。"圆堂"四个部门设老大，如油面老大、野味老大、糖果老大等，糕点工场由把作师傅统管。这些所谓头柜、老大、先生都是经理的心腹人，所谓"眼睛"，哪个部门有事或出了问题，就由部门负责人向经理汇报处置。这样的管理，看上去很简单，经理也很省力，但各部各处都有人管，真可谓"井井有条"矣。[1]

稻香村主要是手工生产，设备主要是作台板、烘炉和作灶，生产条件比较简陋。[2]稻香村的食糖等主要生产原料进货，多由南北货行业茶会上做交易，胥门有南北货行业的江鲁公所，货源来自天南海北。历史上把经营南北货、海味、茶食、罐头食品和杂货的零售店统称南货业；把经营海味、食糖和南北杂货的批发行栈分别称为海味、糖业、北货和檀香、桂圆业。糖业公会与南北货参加同一个行会公会——吴县南北海货糖业同业公会，稻香村与其会员业务往来十分密切。

苏州稻香村仿单

在苏州的茶食糖果业中，稻香村产品门类齐全，讲究质量，富于声誉，传统产品代表品种可见表3-1。朱仲笙之子朱家元晚年回顾说：

---

[1] 吴希礼：《稻香村店史·生产设置与管理》，未刊稿，1986年。按：圆堂，是江南园林厅堂的一种形式，原文作"园堂"。账房，原文作"帐房"。

[2] 参阅碧桃：《苏州糖食店营业的概观》，《商业杂志》1926年第1卷第2期，第3页。

我们分六大类：糕点、糖果、油面、野味、炒货、蜜饯。做糖三个人，一人为主，两个副手，做好糖，还要站柜台。油面，有袜底酥、肉饺、水花饼、月饼等。油面师傅也只有三个人。一只热炉不歇格，一年四季有供应。只有热天稍微断一断。开春做酒酿饼，下来做肉饺。水花饼、袜底酥常年供应。水花饼：小格、圆格，一圈十只像水果糖，胚子和袜底酥差不多，入口而化，甜咪咪，咸遛遛，交关（非常）好吃。热天作干菜饺，处暑前就要做肉月饼了。七月巧果，六月份就要做了（脆、松，带一点甜，放豆腐一起做，适于热天吃）……酒酿饼一过正月就要做了。四月十四要开神仙炉，做少量月饼供应市场，让顾客未到其时，先有月饼之念。做做停停。热天还有冰雪酥、玉胡酥。野味，有虾子鲞鱼。过去压缸，要选身子硬张（结实饱满）的，捏牢头，尾巴要能挺直，条子一斤左右，太大肉老，太小也不行。野味也不过三个人。此外，还有熏鱼、野鸭、油氽鲚子鱼、鲜虾子酱油等。许桂生做的熏鱼、野鸭是相当好吃的。[1]

表 3-1　苏州稻香村传统产品代表品种

类别		品名
苏式糕点	炉货类	1. 松子猪油枣泥麻饼；2. 三色夹糕；3. 荤、素杏仁酥；4. 葱油桃酥；5. 松子酥；6. 滋养饼干；7. 洋钿饼（洋钱饼、金钱饼）；8. 文明饼；9. 酒酿饼（味分玫瑰、薄荷、豆沙）。
	蛋糕类	1. 鸡蛋糕；2. 大方蛋糕；3. 蒸蛋糕；4. 猪油夹心蛋糕。
	酥皮类（油面类）	1. 苏式甜月饼（味分百果、玫瑰、椒盐、黑麻、豆沙）；2. 苏式咸月饼（味分鲜肉、金腿、葱猪油）；3. 鲜肉饺（鲜肉文饺）；4. 咖喱饺；5. 干菜饺；6. 松子枣泥宫饼；7. 太师饼（麻太史）；8. 麻蓉酥（袜底酥）；9. 水花饼。
	油氽类[2]	1. 芙蓉酥；2. 米花糖；3. 巧果；4. 巧酥；5. 枇杷梗（大京果、油梗）；6. 鸡蛋炸食。
	水蒸类	1. 桂花糖年糕；2. 猪油年糕（味分玫瑰、薄荷、桂花、枣泥）；3. 大方糕（味分玫瑰、豆沙、百果、薄荷、鲜肉）；4. 面枫糕；5. 碗枫糕（米枫糕）；6. 马蹄糕（条头糕）；7. 定升糕（定胜糕、定榫糕）；8. 百果蜜糕；9. 代乳糕（婴儿糕）；10. 松子黄千糕；11. 绿豆糕（味分玫瑰、枣泥）。

---

[1] 蔡利民编著：《苏州民俗采风录》，苏州：古吴轩出版社，2014 年，第 68 页。锦浪（金季鹤）《苏州食谱》谓："苏州的茶食糖果业，那专营作场批发的不计，大小殆不止百家……稻香村的熏鱼，怕走遍苏城，谁也望尘莫及，隽美鲜腴，可称独绝。"见《金刚钻》1935 年 6 月 29 日第 2 版。时有竹枝词赞稻香村熏鱼："胥江水碧银鳞活，五味调来文火燔。惹得酒徒涎欲滴，熏鱼精制稻香村。"下有小字注曰："中秋节后，稻香村熏鱼上市，购以佐酒，味殊鲜美。"见金孟远：《吴门新竹枝》，苏州：文新印书馆，1936 年，第 21 页。按：金季鹤（1900—1946），名芳雄，笔名锦浪生、小江山馆主等。金松岑次子。吴江同里人，居苏州。与郑逸梅为草桥中学同学和星社社友。有文名。长兄金孟远（1893—1950），名树声。按：鲚子鱼，习称"烤子鱼"，即凤尾鱼，又名"子鲚"，学名"凤鲚"，属名贵的经济鱼类。

[2] 油氽，原文误作"油氽"，以下径改。

续表

类别		品名
苏式糕点	片糕类	1. 橘红糕（玫橘糕）；2. 云片糕（雪片糕）；3. 胡桃云片（桃云片）；4. 松玉云片（松云片）；5. 四色片糕（味分玫瑰片、杏仁片、松花片、苔菜片）；6. 椒桃片；7. 麻糕（五香麻糕）；8. 冰雪酥（清凉糕）；9. 排砂糕；10. 火炙糕（茯苓糕、寿翁糕）。
	印板类	1. 八珍糕；2. 炒米糕；3. 资生糕；4. 黑白麻酥（黑麻酥、白麻酥）。
	糖货类	1. 酥糖（味分玫瑰、白麻、黑麻）；2. 寸金糖。
野味咸味		1. 胡葱野鸭；2. 异味枫鱼；3. 透味熏鱼；4. 虾子鲞鱼；5. 香糟鲥鱼；6. 苏式肉松；7. 虾子酱油。
蜜饯炒货		1. 青盐蜜饯；2. 水炒瓜子（味分玫瑰、桂花、甘草、盐水）。

资料来源：吴希札：《稻香村店史》附录 5 "传统产品代表品种品名目录"，未刊稿，1986年。[1] 参阅陆璇卿《旅苏必读》（吴县市乡公报社，1922年）、陶凤子《苏州快览》（世界书局，1925年）、范烟桥重修《苏州指南》（苏州文新印刷公司，1931年）、尤玄父《新苏州导游》（文怡书局，1939年）等。

苏州稻香村标贴

苏州稻香村的经营服务也有其特点，吴希札对此总结道：

一是生产经营门类齐全，有茶食（糕点）、糖果、油面、野味、炒货、青盐蜜饯。

二是供应品种众多，自己生产的品种（包括季节性产品）约五六百种，并兼营西式糖果、饼干、罐头食品、乳制品、饮品等，整个供应品种达上千种。

三是高、中、低档产品都生产和经营，适应各类顾客需要，如南京太平村经销该店产品，解放后北京东安市场稻香春经销苏州稻香村糕点、糖果、

---

[1] 参阅吴希札《稻香村店史·主要名特产品简介》、陈茂生《代表性商品的产品史、规格及工艺操作过程》，详见本书附录二。

蜜饯产品。

四是供应方法灵活便利，服务周到。如售点低，营业时间长，全天达十五六个小时，即使未开门和已打烊，只要顾客需要，也照样供应。

五是不同季节都有应时产品和热食品供应，如春季有大方糕、松子黄千糕、酒酿饼等；夏季有薄荷冰雪酥、绿豆糕、豆仁糖、夏酥糖等；秋季有鲜肉、葱油、金腿月饼等热炉供应；冬季有鲜肉文饺、袜底酥、水花饼等。

六是小贩串了（贩卖）稻香村名特产到四街小巷叫卖，如春季早晨五六点钟就能听到小贩叫卖声：啊要稻香村大方糕、薄荷糕、松子黄千糕等。

七是生产糕点、小包装，不管高、中、低档，都要做到选料好、规格准、分量足。如：糕点生产，生坯只只上秤，连松子枣泥麻饼的酿（馅——引者）芯也只只称过后才包入饼中；小包装如五香麻糕、桃云片、椒桃片、各种酥糖、苓糕等包包上秤，门市上的小包装也包包称过后才出售。

八是服务主动、热情，顾客从人行道走进店，还未到柜台，营业员已在迎接，顾客看到那里，营业员跟着走到那里，并可先看样、品尝（不要钱），后再行购买，称、包、扎、算，准、快、牢、好。真真做到高兴而来，满意而归，顾客走时还讲：走好（或）慢走、下次再来、欢迎欢迎等等。[1]

苏州茶食糖果业的销售规律，每年有三个阶段：二月至五月为"平月"，其中有一个月为春游季节；六月至八月为"淡月"，但其中夹杂着秋游和中秋节；九月至翌年正月为"旺月"，是行业的黄金季节，俗称"三春靠一冬"。这个规律至今未变。利润计算：批发占比15%强，零售占比30%以上。营业范围，占全年营业额百分比：旺月占比50%，平月占比30%，淡月占比20%。[2]稻香村与各等业户皆同。在销售上注意优惠政策。每逢过年、立夏、端午、中秋等重大节日都要"放盘"，减价打折，一时生意兴隆又有了回头客。[3]茶食糖果业"在抗战前销售对象均为一些大地主及资产阶级，因此均以高贵品种为主，营业集中于各大户，而售价利润亦由各户自定，因而大户规格特高，售价亦最昂。利润高达40%—50%以上，而陋规亦很多，以8两、12两8钱、14两4钱作一斤出售者"[4]。这些陋规在整个茶食糖果业由来已久，为获取高额利润的重要来源，当

---

[1] 吴希札：《稻香村店史·稻香村之经营特点》，未刊稿，1986年。
[2] 《苏州市各业概况调查表（茶糖）》，苏州市茶食糖果商业同业公会理事长金杏荪填报，1950年8月20日，苏州市档案馆藏，档号：B003-005-0005-065。参阅苏州市商业局编史组：《苏州市商业志初稿（三）》第四章第二节"茶食糖果业"，未刊稿，1991年9月，第15—17页。志稿谓三月至五月为"平月"，六月至九月末为"淡月"，十月至翌年二月末为"旺月"，与前说略有不同。
[3] 陶然：《市民评说观前老字号》，《姑苏晚报》2004年9月28日第3版。
[4] 《历史演变情况——茶食糖果业》（手写稿），苏州市工商联，1955年6月7日，苏州市档案馆藏，档号：B003-010-0011-030。按：其时老秤多以16两作1斤。

然也并不是稻香村一家的专属。

稻香村重视产品的规格质量,既能注意跟踪上海新潮流,也能注重发扬老传统。苏州人"在家中待客,落座后先是进茶,然后进茶食,也就是糖果、脯饵、糕点之类的小吃。茶食大都放在果盆里,果盆有玻璃高脚的,有银制高脚的,也有用瓷碟的。有的人家则用果盘,果盘有七子盘、九子盘之分,七子者七个瓷碟,九子者九个瓷碟,放着不同的茶食。讲究的果盘用红木制成,或者是嵌银镶螺的扬州漆器,形状有方有圆,也有平面作瓜果状的,以方形红木果盘来说,掀开盒盖,盘架上正中一只瓷碟,四周环绕六只或八只略小的瓷碟,或方或圆,瓷碟都飞金沿边,并精绘山水花鸟仕女,风格浑然一体,很有观赏价值"[1]。20世纪20年代以来,稻香村与采芝斋、叶受和等店家,出售茶食时兼带果盘。这种果盘用裱花硬板纸制成,上面的盒盖镶嵌玻璃,物美价廉,特别适合作访客的礼品,一时间销路颇佳。

做生意要销路旺、生意好,正月初五敬财神、接路头必不可少。曾任稻香村协理的朱家元晚年讲述:"接路头,用三果盘,放核桃、枣子等。点香烛。在店堂后一进作场里供。用方台子,红桌围。全统蜡烛,香,三果盘。三牲:鸡、鱼、肉。鱼是整条头的,眼睛上贴上红纸。鸡两只,稍微烧一烧,放点蛋。肋条上放一只猪脚爪,用筷子扦牢,贴点红纸。鱼供过后,用于吃路头酒,不放生。要放酒杯、筷,地上红毡毯(苏州人称'拜垫')。经理开始,职员、工人依次叩拜。不用轴子,用纸马。仪式也比较简单。点点香烛,筛酒,跪拜。接路头时还在假日中,在店里的职工就叫过来拜拜,不在的也就算了。酒一般筛三次。纸马不送,不化。"[2]此外的习俗还有"打醮":"六月里,道教玄妙观打醮。因为食品行业要杀生,所以热天辰光到玄妙观打一次醮,以此消灾。企业出一笔钞票,做三天法事,在道观里吃三天素。职工有空都可以去,主持人板要去。阴历的六月排得蛮满的,要排日脚的。"[3]

在稻香村,按行业规矩,店内职工担任职位分级:头柜、把作和炒货上手、糖上手为甲级;二柜、二帮为乙级;三柜、三帮为丙级;三柜以下、三帮以下为丁级;牵磨、烧饭为戊级;满师学徒为己级。甲级工资待遇最高,以下依次降低。[4]除头柜、账房等店主亲信外,二柜、外场(采购)、作场司务等也须有人推荐,

---

[1] 王稼句:《姑苏食话·茶食》,济南:山东画报出版社,2014年,第455页。
[2] 蔡利民编著:《苏州民俗采风录》,苏州:古吴轩出版社,2014年,第67页。此篇题为《朱嘉元谈商业习俗》,"嘉"应作"家"。访谈时间为1987年9月10日下午,凤凰街家中。以下同书所引皆此篇。
[3] 蔡利民编著:《苏州民俗采风录》,苏州:古吴轩出版社,2014年,第69页。"板要去"乃苏州方言,"非去不可""一定要去"之意。
[4] 参阅《吴县茶食糖果业职业工会整理委员会提出调整工友待遇办法表》,1946年8月,苏州市档案馆藏,档号:I013-001-0224-006。

被聘用者必须是有经验,拉得住顾客,被店主认为可靠的人,一般工资略高,年终视盈利多寡,还给一些额外红包。作场雇用的工人,除了制糖果、做茶食之外,杂务像扛货、抬重等事,要紧时都要做。像稻香村翻造门面,把原来的旧木料运到作场中,都是工人们扛的。逢到竞争放盘的时候,需要一多,工人只有日夜加工赶造。而店规严格,缺勤扣工,是留是歇,任凭店主随心所欲。但是,稻香村"此时,职工的待遇也是较好,头柜、老大、把作、先生之职的人员,每月薪金:银元十至十五元;一般人员六至八元;小朋友四至五元,当时米价每石(160斤老秤)四至五元"[1]。而抗日战争之前苏州茶食糖果业职工每月薪金,通常甲级也不过十元左右,普通职员仅四五元。拣剥工一般多为住在作场附近小户人家的妇女,原属临时性质,替作场拣瓜子、剥花生、敲松子等,稍有规格不齐、质量不好、拣剥不净,就得返工,而返工并无工资。[2]但其工资论质按件,能干者也有可观。《金刚钻》1935年5月29日曾报道稻香村的拣剥女工工潮:

> 稻香村是苏州茶食糖果业之巨擘,牌子既老,规模又大,别说分店殆遍大江之南,就苏州老店,派头可真不含糊。近观前街一带的小家碧玉,十九靠几家茶食糖果店,干那拣瓜子剥花生敲松子肉的生涯,工钱每天可得三四角,而外拆化全视个人的手术了,凭店掂斤播两称出来……据说高明的一天统可赚到七八角钱。试想一个贫苦姑娘,他老子奔忙一整天,说不定还赚不到她半数……不料近来稻香村竟要整饬纲纪,大裁女工,还乘机更换新工,迅雷疾风地一干,致旧女工之被裁者达四五十人之多,那辈碧玉姑娘们……发誓要起来抵抗,宁愿闹一个天翻地覆,果然在前天,娘子军浩浩荡荡,直杀进作场里去。[3]

稻香村辞退职工也有讲究,约定俗成。朱家元介绍说:"像我们这儿回头生意(辞退)要到初五,初五早上吃茶,要见面,回头生意哉。早上叫一部分人吃茶,有些人叫去吃茶不一定是回头生意格,是警戒警戒,个别的是歇生意。吃茶一般在茶馆,是由管人事的总管来约吃茶的。叫到吃茶总归有点事体格。一种是警戒性质,一种就是歇生意。一年三次,端午、八月半也有歇生意格,但是极个别的。五月端午,过节的第二天,八月十六,约你吃茶,就是要回头生意哉。柜台上的营业员,有'吃铜飞货'的,就要回头生意哉。'吃铜'就是偷钱;'飞货',就是熟人来买东西,比如付一元钱,给他十元的货等等。这种人歇了生意,以后寻

---

[1] 吴希札:《稻香村店史·稻香村之鼎盛时期》,未刊稿,1986年。
[2] 苏州市商业局编史组:《苏州市商业志初稿(三)》第四章第二节"茶食糖果业",未刊稿,1991年9月,第15—17页。
[3] 灵修:《稻香村之女工潮》,《金刚钻》1935年5月29日第2版。

生意都比较困难的。但一般不点明的，比较婉转，借口'店里情况不太好，要减少人员呀'之类，被辞的人自己心里明白。"[1]但是，总的来看，稻香村按照职位、技术和工种确定工薪，在固定工资外，依照各业先例，农历年关大忙，加发双工一个月。[2]另有年节等奖金，包职工膳宿，还注重抚贫恤寡之类的善举，以笼络工匠徒伙，缓和劳资矛盾，这是传统经济结构变化在分配问题上的表现，有利于其维护正常的生产管理秩序与相对和谐的人际环境。

二、职工来源与生产技艺传承

历史上，苏州糖果糕点的制作工人以扬州、镇江地区的农民居多，最早来苏州大约是在明末清初扬州城毁之后。这些人员来后，融合苏州民间传统茶食制作技艺，丰富了苏式糖果糕点品种，并且牵亲带眷，代代相传。尤其是20世纪30年代和抗日战争胜利前后，这两个阶段，又有不少外地糕点制作的手艺人，携带家眷来苏州设摊开店，一块作台板，一只吊炉，以简陋设备制作大众化产品，如云片糕、烘蛋糕、枇杷梗、鲜肉月饼等，现产现销以维持生计，进一步壮大了茶食行业商贩队伍。[3]据1948年5月编印的《吴县茶食糖果业职业工会会员名册》，全部会员396人，其中稻香村职工会员30人（表3-2），按籍贯划分：镇江5人，江都2人，丹徒1人，江宁1人，南通2人，武进1人，无锡3人，常熟3人，昆山1人，吴县11人（其中拣瓜子女工3人）。这从一个侧面说明，以男性为主体的苏州茶食糖果业工人，特别是技术工人主要来自扬州、镇江地区的历史传统已经被打破，苏州本地的技术力量已经成长起来，而卑微的拣剥女工地位得到提高，也破天荒地成了茶食糖果业职业工会会员，这反映了历史的进步。[4]

表3-2 吴县茶食糖果业职业工会稻香村会员表（1948年5月）

姓名	性别	年龄	籍贯	入会资格	现在职业
马子彬	男	57	丹徒	向执本业	茶食糖果
徐寅伯	男	37	吴县	向执本业	茶食糖果
朱祥生	男	48	镇江	向执本业	茶食糖果
蔡见华	男	49	江都	向执本业	茶食糖果

---

[1] 蔡利民编著：《苏州民俗采风录》，苏州：古吴轩出版社，2014年，第67—68页。
[2] 吴县茶食糖果业职业工会常务理事田春林：《为据会员要求农历十二月加发双工一个月祈迅赐召集劳资双方调解以弥纠纷》，1937年1月2日，苏州市档案馆藏，档号：I003-001-0226-021。
[3] 苏州市商业局编史组：《苏州市商业志初稿（三）》第四章第二节"茶食糖果业"，未刊稿，1991年9月，第16页。
[4] 吴县茶食糖果业职业公会：《关于据呈各糖果号拣瓜子女工应否加入工会呈请核示祇遵的呈文》，1947年，苏州市档案馆藏，档号：I013-001-0226-082。

续表

姓名	性别	年龄	籍贯	入会资格	现在职业
许桂生	男	51	无锡	向执本业	茶食糖果
周福泉	男	47	吴县	向执本业	茶食糖果
李少甫	男	46	镇江	向执本业	茶食糖果
薛根福	男	57	常熟	向执本业	茶食糖果
薛梦烛	男	29	吴县	向执本业	茶食糖果
王渭仪	男	28	江宁	向执本业	茶食糖果
俞福生	男	28	常熟	向执本业	茶食糖果
邓钰林	男	39	镇江	向执本业	茶食糖果
吴锦棠	男	57	武进	向执本业	茶食糖果
俞运道	男	48	南通	向执本业	茶食糖果
金德卿	男	69	吴县	向执本业	茶食糖果
陈根生	男	18	常熟	向执本业	茶食糖果
萧永庆	男	34	镇江	向执本业	茶食糖果
刘德卿	男	33	江都	向执本业	茶食糖果
沈锡裕	男	44	无锡	向执本业	茶食糖果
许阿甫	男	44	无锡	向执本业	茶食糖果
顾阿二	男	49	昆山	向执本业	茶食糖果
徐增荣	男	35	吴县	向执本业	茶食糖果
朱培连	男	39	镇江	向执本业	茶食糖果
吴胜隆	男	33	南通	向执本业	茶食糖果
吴钰树	男	52	吴县	向执本业	茶食糖果
曹秀峰	男	50	吴县	向执本业	茶食糖果
曹根福	男	38	吴县	向执本业	茶食糖果
汤素英	女	23	吴县	向执本业	茶食糖果
王月华	女	18	吴县	向执本业	茶食糖果
华三男	女	16	吴县	向执本业	茶食糖果

资料来源：《吴县茶食糖果业职业工会会员名册》（民国三十七年五月），苏州市档案馆藏，档号：I002-007-0008-013。

稻香村为限制来自行业内部或外部的竞争，以维护本号利益，沿袭行业传统，严格控制招收学徒（后称练习生），以垄断工艺技术，防止其外传。据老职工说：

旧时稻香村招收学徒年龄都比较小，一般都是苦出身，很多也不是苏州人，而是附近各省的流浪儿，东家看到人聪明伶俐能吃苦，就招收录用，自此从小吃住在铺子里，每个学徒都会把铺子当成家，东家培养他们的品德，考验人品，训练他们为人处事，但是从不许他们读书识字；把作师傅观察考验学徒吃苦能力、耐心、动手能力和灵活性等，然后决定是否收徒，一旦正式收徒，学徒都会一辈子把师傅当成父亲来看待，并且终生服务于稻香村。把作师傅招学徒前还有一个潜规则，就是绝对不招读书识字的，因此历来稻香村所有的把作师傅都不识字，甚至有些人都不善言辞，这个也要很长时间考验，主要是为了防止竞争对手派人来偷学技术，也为了防止学徒学会后记录下来出卖技术。所以把作师傅根本无法自己记录东西，所有的技术配方和流程都在自己的脑子里，这是旧社会东家为了保住产品配方和技术秘密不得已采取的一种方式。[1]

以上所说学徒招收流浪儿，未见确切史料，有待详考，但是，早先稻香村技术职工大多是文盲或半文盲，则是事实。那时学徒食宿免费，每月有几角月规钱，一天到晚当杂差。他们起得极早，睡得极晚，逢时逢节工场糕饼来不及做，更得夜以继日地操劳。三年满师，手艺好会被留用，给个最起码的工钱，就可以顶一个工人的用场；若是满师后本事不好就会被打发。[2]在这个行业，有许多限制学徒的清规戒律，学徒学成自立，除了自己的天赋以及吃苦耐劳、细心琢磨外，师傅的技艺传承至关重要。金季鹤在《苏州食谱》中描述了技艺传承对于保持苏州茶食糖果业特色的意义：

苏州以善吃著名，既善吃，自应善制。那苏州善制的食物，究是哪一种呢？苏州的菜，正是乏善可陈，苏州的点心，又是无长足述。喏，苏州所善制者，厥在茶食，厥在糖果。苏州的茶食糖果，作者并非阿私，倒确能当得"精美"两字。虽不及洋式的漂亮，然味道绝不相差，而比较能减少几分富贵气，又不及乡式的结实，然价值并不悬许，而比较能免除一种泥土气。于质料方面，采办既丰，选剔更精。就制造的手法，尤是苏州独有的技能，父传子，师授徒，虽然终生湮没在那作场里，朝爬糖，夜爬盐，干着机械的生活，可是终生的衣食问题，就永久不用愁得。而那几个名手佳工，居然也会在这市场一角，红过了半月天，自有各家的老板来礼聘，来偷挖，享受特殊的优

---

[1] 苏州稻香村食品工业有限公司：《苏州市非物质文化遗产代表作申报书》，2007年3月，苏州稻香村食品有限公司档案室藏。申报项目类别为民间手工技艺，项目名称为苏式月饼制作技艺。
[2] 参阅苏州市总工会宣传教育部：《不可忘却的历史》，《苏州工农报》1963年10月26日第3版。潘兆德1947年9月入稻香村作学徒，月规为1斗米钱。

俸。是啊，货色的高低，味道的美恶，连带及生意的兴衰，全系在作场司务手里。至于配料先生，那是上级伙友，除却经理之外，让他最为重要。设非老板的心腹，决不会当此重任。整担的原料，粗至豆荚花生，细至松子杏仁，从正路上谈，要费要省，积久计算起来，为数就很可观。这统是配料先生的权衡，也可以见得配料先生的本领。还有发女工，中间也颇有出入的啊。[1]

稻香村经理朱仲笙为晚清秀才，与蔡俊镛等名士为友，与曲学名家吴梅等也有交往。[2]他思想开明，一向重视名特产品的生产和品质，发挥名师名徒的作用。其子朱家元说："我伲店里，用外码头的人比较多，镇江帮、扬州帮，特别是镇江人比较多。食品完全是苏式的，用的人倒是外地的，要从学生意带起，一级级升上去，做到把作师傅技术就比较全面了。"[3]旧时稻香村一个普通的学徒成为把作师傅，要经历至少二十余年的磨炼。因为把作师傅的人品好坏和技术能力的高低在一定程度上决定着稻香村的兴衰存亡，自然店东对把作师傅的各方面要求也极高。历来稻香村内把作师傅不会超过三个。由于稻香村有上百种产品生产，有的把作师傅要负责很多种产品的研发管理，重要产品才会只有一个把作师傅负责。

苏式月饼制作技艺以苏州稻香村最为精湛。据稻香村苏式月饼制作技艺吴锦棠系第三代传承人王渭仪讲，最早的苏式月饼制作并不是很讲究，所用原料也是取自本地，大户人家自己也能简易制作，所以各式各样不尽相同，口味口感也千差万别，没有统一的科学的配方和流程。但是，基本的三个特点——奶白色、酥油皮、重糖重油，都是一样的。因为稻香村的产品要进贡，而且当时的大客户都是达官贵人，中秋佳节自然高朋满座、品尝月饼，因此对月饼的质量要求很高。把作师傅每年真正管理生产月饼的时间并不多，最多1—2个月，其他时间就是在调配配方，寻找合适的原料，不停地做实验。他们只会动手，不会记录，至今稻香村所有产品秘方和技艺流程，都是把作师傅一边口述一边演示自己的改良成果和配方流程，东家招来账房先生做笔录而得来的。这种记录基本上每年一次或者数年一次，把作师傅的演示被记录一次就会涨一次工钱，这实际上类似于今天的技术考核和述职。[4]

对于名师名徒作用的发挥和贡献，吴希札有所介绍：

---

[1] 锦浪：《苏州食谱》，《金刚钻》1935年6月29日第2版。
[2] 吴梅日记1932年12月23日载："阴。早起未出门，仲笙、仲吴、励安陆续来谈天。"见吴梅：《吴梅全集·日记卷》（上），石家庄：河北教育出版社，2002年，第251页。仲吴即陆仲吴，励安为顾铭烈字。
[3] 蔡利民编著：《苏州民俗采风录》，苏州：古吴轩出版社，2014年，第68页。
[4] 苏州稻香村食品工业有限公司：《苏州市非物质文化遗产代表作申报书》，2007年3月，苏州稻香村食品有限公司档案室藏。

名徒汤长有……几乎一世在稻香村工作，至 1955 年逝世，享年八十有二。由于汤经历长、业务精，又任过公所董事长等职，那时行业中有一句话"不认识汤子海是未出道者也"。

名徒吴锦棠，武进孟河人。生于光绪十九年癸巳（公元 1893 年），十五岁进稻香村学徒，三年满师后一直在稻香村当糕饼师傅，在 1958 年有了劳保退休时已六十五岁。吴虽然未当过稻香村茶食把作师傅，但他有两个以上大类糕点的专门特技，而且很多是他创新的名特产品。一大类是炉货：如月饼、松子枣泥饼、文明饼、杏仁酥、松子酥、葱油桃酥、八珍糕、黑白麻酥等，均由他称料、配制，中秋月饼的皮、酥总有他掌握，质量总是在行业之上。二是水镬类：如喜庆蜜糕、大方糕、松子黄千糕、蒸蛋糕、黄白年糕、猪油年糕、卜（薄——引者）脆饼等产品，亦是由他掌管配制，由于他的技术好，尤其是稻香村的著名产品松子黄千糕，他做的产品，从早到晚，风吹不硬，吃在嘴里总是软糯清香。吴锦棠当了师傅后，在这两用人才技术上培养不少徒弟，也出了不少技术师傅，对稻香村作出较大的贡献。

名师许桂生，无锡玉祁许家村人，1895 年生，十四岁到苏州宫巷牌楼下杨合兴野味店学徒。民国九年（公元 1920 年）进稻香村做野味，在他进店前虽早有野味生产，但名声尚不突出，由于他做野味，选料考究，工艺精良，操作技术熟练认真，从不马虎。经他几年操作后，稻香村的野味质量确有提高，名声传响苏城，扩大到中外。著名产品有胡葱野鸭、透味熏鱼、美味肉松、红烧牛肉、熏虾、烤子鱼、虾子酱油、虾子鲞鱼等，占全店营业额的五分之一。中外闻名的枫鱼，就是他创造的，解放前上海有人特地来苏州买了枫鱼带到香港和国外。许进稻香村后，有三点贡献：一是在经济上创造财富；二是传授技术；三是不仅野味出名，也带响了稻香村的牌子，使该店的声誉，中外驰名。[1]

当然，稻香村早年名师名徒还有不少。如刘焕章，清光绪十六年（1890 年）左右出生，吴县人。光绪三十一年（1905 年）入稻香村做店伙，后调入作坊当学徒，其苏式月饼制作技艺与吴锦棠齐名，但他病故后没有真正的传人。再如滑稽戏表演艺术家张幻尔的曾祖张小叔，在黄埭安桥浜开肉店，也有一手油面技艺。

---

[1] 吴希札：《稻香村店史·名徒名师发挥作用》，未刊稿，1986 年。据 1948 年 5 月编印的《吴县茶食糖果业职业工会会员名册》（表 3-2），吴锦棠，57 岁。此当为虚岁，实岁当生于光绪十八年壬辰（1892 年）。许桂生，51 岁，实岁当生于光绪二十四年戊戌（1898 年）。1983 年陈茂生采访许桂生，谓是年 88 岁，出生于 1896 年，则实岁应为 87 岁。朱家元谓许桂生 1985 年去世，享年 91 岁，则当出生于 1895 年。再，徐寅伯一说生于 1905 年，按名册时年 37 岁，则应生于 1914 年甲寅，其子徐全生谓父属虎，正是 1914 年。皆录此备考。

张幻尔祖父张景安承父衣钵,在稻香村做油面把作师傅,做苏式月饼最为拿手,在同行中首屈一指。当时在观前地区茶食店做月饼的,差不多都是他的徒弟。张景安还有一门手艺"油氽熏鱼",有专门配料。据说他氽熏鱼时香味远飘,东到醋坊桥,西至正山门。当时稻香村的生意十分红火,应该有他一份功劳。[1]

吴锦棠的嫡传弟子有徐寅伯(1914—1987),吴县人。初小毕业。1930年进入稻香村,学习糕饼制作,成为苏式月饼传统制作技艺的吴锦棠系第二代传人。另一嫡传弟子王渭仪(1921—2000),江宁(今南京市江宁区)人。文盲。1937年入稻香村作学徒,精制麻酥糖,也是1956年稻香村茶食糖果号公私合营前的最后一个苏式月饼把作师傅。

徐寅伯

王渭仪

第三节 抗战时期及战后稻香村茶食糖果号的衰变

一、沦陷时期苏州稻香村的劫难与复业

1931年发生九一八事变,日本野蛮地侵占了中国东北,中国自此进入了长达十四年的艰苦抗战时期。1932年一·二八事变发生后,日本侵略军大举进犯上海,十九路军在蔡廷锴军长指挥下英勇抗战。苏州是上海的后方,在举国支援淞沪抗战的爱国热潮鼓舞下,"苏州人民更是积极支军,稻香村劳资双方也投入支军,特制松子猪油枣泥大麻饼、太湖野鸭(整只装入大铁听密封)和听装红烧牛肉,得到广大军民好评"[2]。

受历年时局影响,且值农村经济濒临破产之际,米价连年惨跌,农村生意清淡,商业很不景气,以致一蹶不振无法维持的商店均相继倒闭,号称繁华的观前街和金阊各店均感危机日迫。华德1934年年末所撰《一年来糖果业》专文称:

> 苏州古迹名胜为江南第一,而距离上海又仅火车路程二小时。春秋假日,

---

[1] 李效尔:《张幻尔与稻香村》,《姑苏晚报》1997年12月28日第4版。张幻尔祖父张景安与稻香村的关系,系张幻尔三弟张仲池、六弟张叔平、九弟张季梅和十妹张秀珍向作者口述。
[2] 吴希札:《稻香村店史·稻香村之大事记要》之8"支援十九路军",未刊稿,1986年。

上海商界中人，每多携其眷属，或偕同情侣，作一日之游。于是乎苏州之旅馆菜馆，以及驴马伕负担小贩，莫不藉此而利市三倍。每年吸收游资，其数颇巨。而糖果一业，又为苏州之特产，名闻天下。本年镇江物品展览会，且获特等奖状。外来游客，倦游归去，每购买若干以馈赠亲友，藉表示苏州特产。故苏州之糖果营业，全年亦达廿余万元之多。自去年四月以来，不景气之景象，乃侵入苏州。上海各洋行等大商店之职员因其本身业务上之减退，经济情形远不如前，已无前此之雅兴及余款，可供其作无为之消耗，于是相率裹足，至今年又甚。旅馆菜馆营业不足六成，而糖果市面，不过对折。本来以观前街之采芝斋为此中巨擘，每年营业总额，达六七万元。其现则为采芝春，亦有二三万元。经营茶食糖果者首推悦采芳，叶受和及稻香村则专销乡帮。今年据调查，采芝斋、采芝春两家，仅对折。而采芝斋因年需一万元之牌号费之关系，势将赔本。悦采芳亦仅六折。致（至——引者）于稻香村及叶受和两家，则受旱灾影响，其营业更一落千丈。余如东禄等则在水平线以下矣。[1]

面对已历六年的世界经济恐慌加剧的浪潮冲击，"晚近商业不景气达于极点，金融紧迫，莫可喻言"[2]。为共克时艰，1935年4月4日儿童节，稻香村与叶受和、东禄在《苏州明报》联袂刊登大幅广告，"三号联合于四月四日起将后列上等精美糖果真实价廉，以副惠顾雅意"，稻香村还特别推出"自制河南怀庆山药粉糕，健脾和胃燥湿，专治脾虚久泻"。[3]

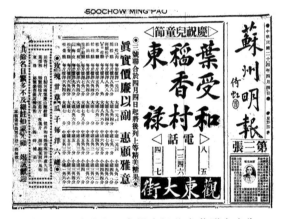

稻香村、叶受和、东禄庆祝儿童节联合广告

1935年12月19日，吴县茶食糖果业同业公会第二次改选委员，稻香村经理

---

[1]《苏州明报》1935年1月1日第34版。按：江苏全省物品展览会1934年10月1日至11月15日在省会镇江举行。
[2]《吴县南北海货糖业同业公会紧要通告》，《苏州明报》1935年4月4日第1张第4版。
[3]《苏州明报》1935年4月4日、5日第3张第9版，稻香村（电话1346）、叶受和（电话85）、东禄（电话427）庆祝儿童节联合广告。

朱仲笙当选为同业公会主席、常务委员，稻香村协理汤长有当选为候补监察委员。[1]朱仲笙积极联合同业，试图努力扭转不利局面，主持订立《吴县茶食糖果业同业公会业规》，"业规以维持增进同业公共利益及矫正营业之弊害为宗旨"，规定同业出售各货必须按照公会议定印发的批发、门市两种价目单执行，衡器不论盘秤钩秤，概用新制之市秤。凡同业开设新店，或遇有节庆纪念，皆应遵照省令，不得借故放盘，贬价廉售。业规经会员大会通过及县商会审议，奉吴县县政府民字第62号训令，1936年3月在《苏州明报》上公布，并印发吴县各同业，无论会员与非会员一体遵照执行。[2]

吴县茶食糖果业同业公会会址仍在施相公弄永善堂，1935年12月朱仲笙当选为同业公会主席、常务委员时，共有会员144户，店员508人，其中10人以上大户为稻香村（19人）、叶受和（含分号21人）、万顺兴（19人）、采芝春（18人）、悦采芳（16人）、一品香（15人）、赵天禄（14人）7户，店员122人。[3]行业竞争仍然激烈。野荸荠店主沈坚志因亏损无力经营，1930年盘给罗锦堂，迁址于老阊门外大马路，称野荸荠丰记，1933年转给李瑞禄后改称野荸荠义记，1936年1月因火灾关张。[4]抗日战争全面爆发前夕，时局动荡，人心惶惶，同业公会活动渐次处于停顿状态。采芝斋因家族内斗营业萎缩，叶受和连年有亏无盈，东禄已是勉强维持，稻香村的营业也大不如前，景象惨淡。

1937年的七七事变是日本帝国主义全面侵华战争的开始，也是中华民族全面抗日战争的开始。八一三事变后中日淞沪会战大规模地展开，8月16日至11月

---

[1]《吴县茶食糖果业同业公会第二次改选委员名册》，1935年12月19日选举，1937年4月填报，苏州市档案馆藏，档号：I002-002-0004-007。主席常务委员朱仲笙（经理），59岁，吴县人。常务执行委员：老松珍董子文，52岁，吴县人；采芝斋（糖果）金杏荪，29岁，吴县人。执委8人：紫阳观罗锦堂，58岁，宁波人；生春阳徐鹤琴，56岁，吴县人；小朋友（糖果）周玉润，40岁，吴县人；赵天禄袁衡祚（经理），59岁，宁波人；采芝春金春泉，38岁，吴县人；叶受和金立强（协理），41岁，宁波人；一品香章顺荃，62岁，溧水人；阜恒丰（糖果）朱定宝（经理），38岁，吴县人。候补执委：叶受和陈葆初（经理），58岁，宁波人；春阳泰丰记金瑞清，53岁，吴县人；东禄裴钦邦，32岁，吴县人。监察委员：万顺兴黄靖如，47岁，江阴人；悦采芳金宜安，45岁，吴县人；赵天禄张胜魁（协理），60岁，吴县人；东阳号毕楚书（经理），49岁，歙县人；嘉穗芳吴卓峰，67岁，吴县人。候补监委：如皋恒王斌康，53岁，吴县人；稻香村汤子海（协理），63岁，吴县人。皆私塾肄业。业别除括注糖果者外，皆为茶食糖果，营业主。参阅《吴县茶食糖果业同业公会职员履历表》，1935年12月19日，苏州市档案馆藏，档号：I002-002-0004-010。

[2]《吴县茶食糖果业同业公会紧要通告》附业规，《苏州明报》1936年3月18日第2版。该通告亦见该报3月19日、20日第4版。《吴县茶食糖果业同业公会业规》详见本书附录三。

[3]《吴县茶食糖果业同业公会会员名册》，1935年12月19日，苏州市档案馆藏，档号：I014-002-0442-018-025。详见本书附录四附表2。

[4]参阅夏冰、沈可：《赫赫有名的"野荸荠"》，《苏州杂志》1999年第4期。沈坚志堂侄孙、天津大学教授沈大栋撰《野荸荠外传（九）》，则谓罗锦堂伪冒野荸荠，1937年11月日军占领苏州后，萧家巷口野荸荠老店被洗劫一空，方才关门歇业。

17日日军飞机对苏州城乡多次狂轰滥炸[1]，11月15日"苏州'南京路'观前街，落炸弹二枚"[2]。随着中国军队淞沪会战失利撤退，苏城一片混乱，百姓争相逃难。稻香村也无法营业，10月即暂时关门。经理朱仲笙等人避难到洞庭东山，住在农民金阿毛家中。股东徐福龙等人避难到光福穹窿山，住在纯阳殿，其他人各奔东西寻处藏避。11月19日日军侵占苏州后，无恶不作。"苏州本为京沪线商业繁盛区域，人口约有五十万，八一三战后，以日机不断轰炸，居民络绎迁避，至失陷时，留城居民不满千人。"[3]人民生命和财产损失巨大和惨重[4]，稻香村和茶食糖果同业亦在其中，1938年3月20日的《生报》以《苏州糖食满地铺》为题对此做了专题报道：

> 苏州糖果茶食，素名著全国，味美制精，称为第一，海上之往苏州游者，归时必携苏州糖食，以遗亲友，其为人欢迎可知，即海上各糖食店，大半托名姑苏，以显其佳，故姑苏糖食，为土产名品之一。但去年十月之后，苏州糖食，非惟无人顾问，且满铺地面，不值一文。盖此时苏地，军队方退，维持无人，地痞流氓，到处抢劫，尽成一空，观前街各商店货物，莫不洗劫完结。只采芝斋、稻香村、叶受和、采芝村（春——引者）等糖食店，以店内所有，尽为糖果茶食，既不能易钱，又难以携带，只可到店内大嚼，或略取较佳食品，其余如西瓜子、粽子糖等，大半散洒地上，致入店门，糖果茶食，地上铺满，到处皆是，积有寸余高度，且以践踏霉湿，不能再食。无由取出，遂任其铺置地上，达月余之久，至苏城治安较定，店中主方归城往视，清扫地上，所受损失，为数均巨。采芝斋等，尚有一小部份糖食，未曾损坏，乃取出在玄都观中，设一小摊应市，故日来观场，多此糖食小摊，即抢剩之糖食也。[5]

《申报》1938年4月7日则以《天堂变地狱：沦陷四月来的苏州》为题报道：

> 最近已渐有居民归来，万事皆空，为勉强维持生活，设法摆摊子或做托盘的小卖买，也不分阶级贫富贵贱，完全求解决粥饭问题，因此，摊多成市。玄妙观也恢复旧日的繁盛，观前街上亦排列着不少摊头，以前的大商店如大

---

[1] 参阅《苏州关代理税务司陈祖袒（华籍）就日机轰炸苏城、关署人员被迫后撤和避难吴县木渎横泾侯家桥遭抢劫事给税务司梅乐和（英籍）之报告》，1938年1月29日，中国第二历史档案馆全宗号六七九（2）第1809卷，周德华译，转引自中华人民共和国苏州海关编，陆允昌编注：《近代苏州通商口岸史料集成》，上海：文汇出版社，2010年，第251—253页。
[2]《天堂变地狱：沦陷四月来的苏州》，《申报》1938年4月7日第2版。
[3]《苏州伪组织之丑态》，《申报》1938年10月20日第7版。
[4]《近代史资料》编辑部、中国人民抗日战争纪念馆编：《日军侵华暴行实录（三）》之《苏州沦陷初期损失统计》，北京：北京出版社，1997年，第57页。参阅王国平主编：《苏州史纲》，苏州：古吴轩出版社，2009年，第524—526页。
[5] 红月：《苏州糖食满地铺》，《生报》1938年3月20日第2版。

亨、乾泰祥、同仁和等绸布局，都检出些布料，摆设布摊。采芝春、稻香村、东禄等糖食号，亦摆设糖果摊，维持职工的生活。[1]

据吴县县商会整理委员会工作报告，截至1938年5月，"各干路商店逐渐回复，摊肆逐渐减少……全县洗劫之余，各业商店损失奇重"[2]。观前街的悦采芳损失28400元，在茶食户中最为严重。1938年7月12日，稻香村也向吴县县商会报告了自己的损失情况：

> 查敝号自上年事变时，号中同人均避难乡间，于本年春间返城。查悉房屋被炸，货物洗劫一空。现经逐一整理，先将房屋修建工竣，检点计所失货物外，尚有前清长洲县不准冒牌告示一幅，农商部注册牌号执照一页，贵会会证一页，本业公会会证一页，历次陈列贵会等奖状五页。又空白礼票及礼票上所盖图章二个。除分别登报声明作废外，相应函请贵会查照备案。再，敝号注册尚有前稻香村沈鞠怀等绝卖与禾记接续营业文契，上书明注册稻香村店基牌号商标等字样，合并陈明。[3]

苏州沦陷前后，稻香村店铺房屋被炸，店门被砸开，商品被寇盗洗劫一空，柜台、橱窗亦被打坏，损失巨大。幸而稻香村作坊石库门牢固，未能被打开，尚存有生产原材料。开始只能摆摊自救，几个月后房屋修竣才开店，一时很是困难。吴希札称："这是稻香村第三次衰败。营业规模比前小了。职工最初才10人，后来仅有四五十人。"[4]

苏州茶食糖果业在抗日战争全面爆发以前有130余户，大型店户10余户，经此劫难，大伤元气。据1938年元旦《吴县茶食糖果业同业公会店员名册》，共罗列42户，218人。稻香村15人，

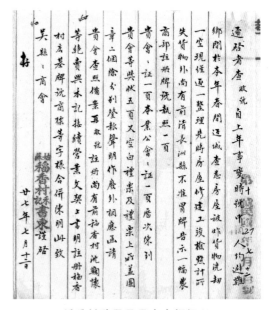

稻香村致吴县县商会报损函

---

[1]《天堂变地狱：沦陷四月来的苏州》，《申报》1938年4月7日香港版第2版。
[2]《吴县县商会整理委员会工作报告（1938年2月至5月止）》，马敏、肖芃主编，华中师范大学中国近代史研究所、苏州市档案馆合编：《苏州商会档案丛编》第五辑上册（一九三八年——一九四五年），武汉：华中师范大学出版社，2010年，第36页。
[3] 稻香村禾记：《函为注册稻香村店基牌号商标等字样由》，1938年7月12日，苏州市档案馆藏，档号：I014-003-0159-040。
[4] 吴希札：《稻香村店史·稻香村的三兴三败》，未刊稿，1986年。

其余大户一品香 15 人，叶受和、野荸荠各 13 人，赵天禄、东禄各 12 人，采芝斋、悦采芳各 10 人，10 人以下者居多，如生春阳等户 2 人，同仁和、老大房、瑞泰丰等仅仅 1 人（表 3-3）。[1]

表 3-3 吴县茶食糖果业同业公会店员统计表（1938 年 1 月 1 日）

行号牌号	店址	店员人数	行号牌号	店址	店员人数
稻香村	观前	15（王晋生等）	老松珍	养育巷	5
聚源兴	养育巷	2	天禄	道前街	5
野荸荠		6（金荣卿等）	添禄丰	带城桥	1
同仁和		1	稻香利		1
协丰泰		1	同泰源	甫桥	4
一品香	阊门外	15	天元祥		1
老大房		1（郭荣生）	方同茂	娄门外	3
赵天禄	阊门吊桥	12	同和泰	娄内大街	8
祥丰泰	临顿路	3	万顺兴	胥内大街	6
野荸荠		13（沈金宝等）	陵嘉和	阊门外石路	9
紫阳观	阊门外	8	东禄	观前	12
瑞泰丰		1	桂香村	都亭桥	4
祥申昌	桃花桥	2	同嘉禄		1
嘉穗芳	泰伯庙桥	6	采芝春	观东	6
采芝斋	观前	10	悦采芳西号		5
妙香村	宫巷	6	叶受和	观前	13
悦采芳	观前	10（张书绅等）	老大房	东中市	3（戴永祥等）
申禄		1	生春阳	皋桥	2
东生阳	吊桥头	3	东春阳	阊内马路	3
新香村		3	阜恒丰	新桥	3
仁记东阳	山塘街	3	叶成泰		1

资料来源：《吴县茶食糖果业同业公会店员名册》，1938 年 1 月 1 日，苏州市档案馆藏，档号：I002-002-0004-013-024。

1938 年 4 月，以汉奸组织"苏州地方自治委员会"为基础，改组成立了伪江苏省政府，隶属于伪中华民国维新政府。1940 年 3 月汪伪国民政府成立后，日伪

---

[1]《吴县茶食糖果业同业公会店员名册》，1938 年 1 月 1 日，苏州市档案馆藏，档号：I002-002-0004-013-024。稻香村 15 人情况：稻香村经理兼出席吴县茶食糖果业同业公会代表王晋生，53 岁；邹永祥，32 岁；顾志云，46 岁；张才贵，36 岁；汤三宝，54 岁；於寅根，30 岁；薛星福，54 岁；徐仁生，36 岁；薛钦宝，33 岁；赵仁生，28 岁；廉金宝，34 岁；张桂卿，34 岁；朱顺康，28 岁；方耀全，24 岁；赵九宝，20 岁。

军残酷实行"清乡"运动，镇压抗日力量，以稳定沦陷区的统治秩序。苏州作为伪江苏省省会，据 1939 年 4 月保甲统计，城内关厢人口已达 27 万人。[1]1944 年 8 月吴县人口统计，吴县城区 421976 人，已"清乡"区 12 区共 642434 人，未"清乡"区 3 区为横泾镇和东山、西山，共 96003 人，合计全县男女 1166413 人，"人口激增，于是可见一斑……本城区在事变时，物质损失，虽受十室九空之劫，然各建筑物仍能屹立幸存，秩序恢复甚快。现有银行三十家，钱庄汇划等有八十家之多，因此商业鼎盛，市廛栉比，热闹繁华之区，仍推观前"[2]。避难百姓陆续回城，乡村地主士绅纷纷迁城而居，日伪党政军警宪特各级各类机关人员聚集众多，"一批汉奸、地痞、流氓均集中此地，烟馆、妓院、酒楼、赌场等兴起，因此营业特盛。经营此业（茶食糖果业——引者）者日众，户数急增"[3]。

早在 1938 年春，观前街一路路灯已经先行开通，以便利商店复业和市民行路。同年 11 月 29 日，总部设在上海的日商华中都市公共汽车公司在苏州城区创辟了 4 条公共交通营运线路，2 条从火车站经金门或经临顿路至观前正山门，1 条从石路经老阊门至观前正山门，1 条从石路经胥门至二马路（今人民南路）。公共交通线路的开辟有利于观前街区包括稻香村在内的工商业户的恢复与发展，京沪线旅客至苏州旅游探亲做生意者也日渐增多。茶食糖果作坊从 26 户增加到 44 户，由于行业竞争激烈，东禄等 10 户闭歇，但稻香村仍然是同业中营业情况最好的。日本人高仓正三 1939 年至 1941 年在苏州，其日记中曾记载所购观前街稻香村土特名产，有肉月饼、火腿月饼、椒盐月饼、蜜糕（米粉）、桃片、豆末酥、杏仁糖、麻酥糖等。[4]

1941 年吴县茶食糖果业职业工会于刘家浜成立，签到者 414 人，稻香村头柜马子彬当选为理事。[5]1942 年 2 月 13 日，稻香村职工为维护权益自发组织罢工，吴希札时为学徒，亲眼目击了罢工，晚年回忆说：

> 民国三十年（夏历）年底（公元已跨入 1942 年 2 月）。这年节稻香村生意特别好，开始朱仲笙经理许愿，只要你们（指职工）好好做，我不会亏待你们，往年发双薪，今年发三薪，这样职工积极工作、生产，供应仍是跟不上，此时朱又许愿，决定再增加一个月，一共连本薪发四个月，职工们听了，

---

[1] 颜克刚：《吴县民政状况调查报告书》，《县政研究》第 1 卷 8 期，1939 年，第 38 页。
[2] 闵贤：《吴县近况》，《申报》1944 年 10 月 26 日第 2 版。
[3] 《历史演变情况——茶食糖果业》（手写稿），苏州市工商联，1955 年 6 月 7 日，苏州市档案馆藏，档号：B003-010-0011-030。
[4] [日] 高仓正三：《高仓正三苏州日记（1939—1941）：揭开日本人的中国记忆》，孙来庆译，苏州：古吴轩出版社，2014 年，第 26 页。
[5] 理事长先后为郑康年、田春林，理事、监事还有丁寿生（叶受和）、朱育才（采香村）、王良宝、瞿金川（东吴村）、孔庆华等人。参阅吴希札：《稻香村店史·小小年夜罢工记实》，未刊稿，1986 年。

大家拼命干。可到了阴历十二月二十七日止（阳历二月十四日星期六晚），工资只发了三个月，朱许愿未全部兑现。当即店伙议论纷纷，但谁也不愿出头去向朱提出交涉。当天晚上，由油面先生娄桂荣、驼子金根、头柜周福泉、糖老大吴宗琪（小弟）、包货老大张根宝等人，在三层搁楼开秘密小会，讨论如何办？大家认为今天是小年夜，到大除夕还有两天，罢工还来得及，决定明天一早行动（二十八日小年夜）。当即议决几条：1. 啥人为首发起罢工保密，否则是工贼；2. 用大硬纸板一块，写明要点；3. 由娄桂荣执笔，张根宝明天挂在铁门外面；4. 发起人都住在店中，明一早大家站在店中间，看朱如何说法，再行动；5. 团结起来，只要罢工中有一人解雇，就大家一起辞职，让他生意做不成，等等。二十八日晨，周福泉、娄桂荣先起身。到工场动员不做年糕，并抽去蒸糕灶炉排。六点多钟，朱仲笙和往常一样，坐了包车（自有）拉到店门口停下，一看纸牌，便知罢工。他不敲门，马上叫车夫往官巷，从碧凤坊作场后门进入店中，朱到店堂一看，大家都站着，便讲：啥人为首，出来讲话，并大叫，拿锒头来，敲开铁锁店门，谁也不理睬。朱一轧苗头难以解决，灵机一动，马上叫车夫拉到铁瓶巷徐福龙家（徐是稻香村股东，又是对面益记布店老板，有一定威信），说明来意，请徐出面调解。徐马上到店，已是七点多，店门上挂着牌，已有不少人在看热闹。徐讲：你们推出代表，马上跟我到布店面谈，当即由娄桂荣、周福泉两人去和谈，关于一个月工资问题，徐无条件一口答应，向我拿。事已解决，当即开门营业和生产。叫职工到布店去拿工资，发起人个个去拿，其他人有的去拿，也有的不敢去拿，结果去拿的人数不过半数。一场风波看来已解决，实际后患尚存。请徐福龙出面调停，是朱仲笙的"缓兵之计"。到了明年正月初六日，参加罢工的人只留1~2个，其余全部解雇。其他职工凡是去拿工资的，一律在正月份工资中扣除。许桂生在这件事中，做了一个不光彩人物，发起罢工者，是他向朱仲笙告发。结果他提升"看清"先生，当上第三把手。一场罢工，职工未占便宜，反而歇掉一批工人，这说明工人无组织、人心不齐矣。当时伪行业工会虽已成立，实际尚在筹备，而且大部分职工还未加入工会。更由于朱仲笙手法"巧妙"，资本家占了便宜，一场罢工风波，如此而告终。[1]

在沦陷期间，这次职工集体罢工事件算是稻香村一次较大的劳资纠纷，表面上以劳资双方和解而结束，旧历新年时业主仍然循照旧例解雇职工。职业工会曾与同业公会理事协调解决被解雇职工的救济问题。以物价上涨，而薪资每月仅四

---

[1] 吴希札:《稻香村店史·小小年夜罢工记实》，未刊稿，1986年。吴希札回忆称民国三十年阴历十二月二十七日为1942年"阳历二月十四日星期六"，有误，二十七日应为二十九日。民国三十年阴历十二月二十七日为阳历1942年2月12日。

五十元，无法维生为由，1942年7月茶食糖果业工友300多人集体通过职业工会要求业主加薪，并以伪币中储券（即汪伪中央储备银行兑换券，亦称中储币、储币）支付，在职业工会与同业公会交涉下，劳资双方达成和解。[1]其中，稻香村的职工会员为维护自身合理权益，也在不同程度上参加了斗争，发出了自己的呼声。

二、稻香村禾记第二次改组及其经营状况

据《江苏省吴县茶食糖果业同业公会会员情况统计表》，1942年7月，吴县茶食糖果业同业公会有会员124户，或属不完全统计。[2]稻香村在同业公会的代表为汤长有。从用人情况看：桂香村15人；叶受和10人，加其分号共15人；和平村9人，加其分号共14人；稻香村、采芝斋、赵天禄、张祥丰皆为10人；9—6人为16户。从表3-4看出吴县茶食糖果业同业公会会员资本与组织性质，稻香村等合资户19户，其他皆独资。资本情况，上万元者33户，其中稻香村96000元，仅次于糖果号采芝斋、张祥丰，在茶食商户中资本最为雄厚。

表3-4　吴县茶食糖果业同业公会会员资本与组织性质（1942年7月）

商号名称	资本金额/元	组织性质	商号名称	资本金额/元	组织性质
稻香村	96000	合	一芝村	5000	合
赵天禄	36000	合	生生	2000	合
桂香村	18000	合	佳禄和	1000	独
泰丰洽	60000	合	嘉穗芳	9000	合
一品香	60000	合	生春阳	1000	独
义顺丰	16000	独	好青年	5000	合
春阳泰	45000	合	和平村	5000	合
东昇阳	80000	独	永鑫	10000	独
张长丰	10000	分号	和平村分号		合

---

[1]《茶食业工风潮圆满解决》，《江苏日报》1942年1月30日第2版；《茶食糖果工会救济解雇职工》，《江苏日报》1942年2月23日第3版；《吴茶食业工人要求资方加薪》，《江苏日报》1942年7月3日第3版。《吴茶食糖果业职工加薪签约》，《江苏日报》1943年5月6日第3版；《吴茶食糖果业劳资纠纷解决》，《江苏日报》1943年8月21日第3版；《吴茶食糖果业改善职工待遇》，《江苏日报》1943年12月29日第3版。参阅巫仁恕：《抗战时期沦陷下苏州的茶馆》，见唐力行主编：《江南社会历史评论》第9期，北京：商务印书馆，2016年，第230页。

[2] 吴县茶食糖果业同业公会：《商会会费清册》《江苏省吴县茶食糖果业同业公会会员情况统计表》，1942年7月，苏州市档案馆藏，档号：I002-002-0004-098-102。与吴县茶食糖果业商业同业公会1947年10月营业税表比较，此表未见者有广州、香港、金芝斋等57户。详见本书附录四附表3《吴县茶食糖果业同业公会会员概况》（1942年7月）。

续表

商号名称	资本金额/元	组织性质	商号名称	资本金额/元	组织性质
成记	30000	分号	申禄	400	独
东阳泰	5000	独	采芳斋	1500	独
一芝香	5000	独	同万兴	3000	独
采芝香	2500	独	老大房	3000	独
靽香斋	4000	独	万香村	2400	独
叶成泰	500	独	万康	1000	独
东吴村	20000	合	永禄	5000	独
东生阳	40000	合	东阳仁	8000	独
太平春	15000	独	采芝香	600	独
中西	3000	独	聚源兴	1000	独
老福兴	1000	独	悦来	500	独
同泰盛	5000	独	老野荸荠	25000	独
如兰村	500	独	老松珍	3000	独
东禄斋	1000	独	乾泰	1000	独
同嘉禄	1000	独	老天禄	1000	独
同嘉禄润记	1000	独	乾丰	700	独
孙禄斋	1500	独	天禄	2000	合
悦来芳	3000	独	老荸荠	1000	独
王人和	2500	独	采芝佳	600	独
祥丰泰	2500	独	小朋友	16000	独
悦来芳分号	500	独	孙天禄	700	独
天来香	900	独	三友社	8000	独
惠凌村	400	独	任和泰	500	独
叶受和	84000	独	采芝斋	180000	独
采芝春	38000	独	张祥丰	100000	独
快活林	600	独	同和泰	30000	独
同森泰	5000	独	杏林村	1500	独
方同茂	12000	独	同福泰	800	独
复兴祥	3000	独	复兴祥分号	200	独
采香村	8000	合	老振华	9500	独
姜义泰	1000	独	如号恒	12000	独
万顺兴	9000	独	东阳盛	5000	独
报元芳	3000	独	振华	15000	独

续表

商号名称	资本金额/元	组织性质	商号名称	资本金额/元	组织性质
泰丰	500	独	同泰源	48000	合
叶受和	500	独	添禄丰	800	独
协丰泰	500	独	沈永兴	12000	独
申成昌	1000	独	信隆盛	12000	独
如意斋	600	独	稻香利	800	独
东乐	3000	独	穗香村	700	独
万和	200	独	悦采芳	14000	独
阜恒丰	60000	独	豫成丰	60000	合
劝工社	10000	独	杏花村	500	独
苏州糖果	40000	独	金星	5000	独
老湖园	3000	独	东永茂	1000	独
乾生元	45000	独	王裕丰	500	独
果香斋	2000	独	文魁斋	400	独
叶受和分号		独	永利居	15000	独
协丰和记	500	独	振华森记		独
芝万生	1000	独	同和泰分号		独
如号恒分号		独	味香村	500	独
野荸荠	2000	独	华星	5000	合
源兴	5000	独	三家园	2000	独
万春顺	500	独			

资料来源：《江苏省吴县茶食糖果业同业公会会员情况统计表》，1942年7月，苏州市档案馆藏，档号：I002-002-0004-029-032。按：该表缺载《商会会费清册》中"扬子"1户。

汪伪政权税费日见苛重，物价腾飞。1941年1月汪伪国民政府建立"中央储备银行"，发行中储券，因信用不及法币而暂准法币流通。1942年6月明令统一通货，强制将法币以2:1兑换中储券，在一切交易未改用"新法币"以前，应以二对一折合计算，纳税亦不得例外。但是，1942年度1—6月营业税款依照"新法币"计算收取，"受损实巨。查会员等营业收入均为旧法币，而今新旧法币以二对一计算，缴纳税款自当以二对一本位折算方称公允"[1]。应稻香村等同业强烈要求，吴县茶食糖果业同业公会主席周靖如特此具函，恳请吴县县商会向伪江苏省政府请求救济。但伪江苏省财政厅批示："查本年各物价值激增之程度，均已

---

[1] 周靖如：《茶食糖果业公会为按新币征收营业税受损巨大恳向省府领请救济致吴县县商会函》，1942年6月16日，马敏、肖芃主编，华中师范大学中国近代史研究所、苏州市档案馆合编：《苏州商会档案丛编》第五辑上册（一九三八年——一九四五年），武汉：华中师范大学出版社，2010年，第625页。

超越去年物价一倍以上,各商户之营业收入额,早已随之俱增。此次营业税调查,均以去年各商户账册登载确数,作为本年营业额或资本额,照率课税,并未照本年营业额征税,所请照二比一折合新币缴税一节,应毋庸议。"[1]

为因应形势,提高竞争实力,努力渡过难关,朱仲笙决意对稻香村进行第二次改组,重新招股,依旧共40股,每股5000元,总计伪中储券20万元,旧的合同议据作废,新立股单以"朱延记"所执股单为例。

朱延记股单

今承

朱延记加入稻香村禾记糖果茶食号合伙营业,计认叁股,进储币壹万伍仟元正,一切规章众议允洽,载明于后,合给股单存证。

计开:

一议本号资本总额为储币贰拾万元正,共分肆拾股,每股储币伍仟元正,当均收足。

一议本号每年开股东会议一次,由经理定期召集,以全体股权三分之二出席为法定数,出席股权过半数之决议行之,如有股权二分之一以上请求,经理应召集临时会议。

一议本股单不得在外抵押等情。

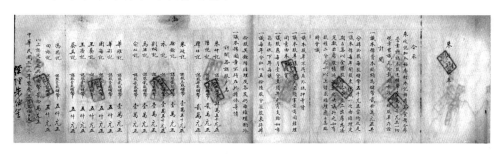

朱延记股单

一议本股单让渡过户,必须事前商同经理同意,由本号收买。

一议股息每月壹分,至须年元宵支给,如市息高低,下年再议。

一议每年分红以伍拾陆股分派,股东得肆拾股,其余归经理及各友,仍由经理酌派。

一议本号图章不得在外担保等情。

---

[1] 江苏省财政厅厅长余百鲁:《江苏省财政厅为各业所报营业税额均以旧币为单位,以二比一折合交纳批示吴县县商会》(1942年7月2日),马敏、肖芃主编,华中师范大学中国近代史研究所、苏州市档案馆合编:《苏州商会档案丛编》第五辑上册(一九三八年——一九四五年),武汉:华中师范大学出版社,2010年,第625页。

计开各认股户名

朱仲记　　　认股玖股 储币肆万五千元
陆悦记　　　认股肆股 储币贰万元正
韩伍记　　　认股肆股 储币贰万元正
朱延记　　　认股叁股 储币壹万五千元正
徐馀记　　　认股贰股 储币壹万元正
禾记　　　　认股叁股 储币壹万五千元正
刘桐记　　　认股贰股 储币壹万元正
马源记　　　认股贰股 储币壹万元正
俞仁记　　　认股贰股 储币壹万元正
华维记　　　认股贰股 储币壹万元正
华彩记　　　认股壹股 储币五仟元正
周海记　　　认股壹股 储币五仟元正
王养记　　　认股壹股 储币五仟元正
王浩记　　　认股壹股 储币五仟元正
蔡巽记　　　认股壹股 储币五仟元正
冯思记　　　认股壹股 储币五仟元正
田咏记　　　认股壹股 储币五仟元正

以上认定股款共计储币贰拾万元正
中华民国三十二年农历正月五路日立
姑苏稻香村禾记书柬（图章）经理 朱仲笙（仲笙印）[1]

中华民国三十二年农历正月五路日，即1943年2月9日。五路日即财神日，民间传统节日每年正月初五日接财神。与1928年1月改组的合同议据对比，不变者韩伍记、朱延记、刘桐记、俞仁记、马源记、徐馀记、蔡巽记、冯思记、田咏记9家，程荫记、朱止记、陆慎馀公记、陆唐记、华洽记、朱钰记、程根记、朱金记、周松记、华咏记退出，或改换为朱仲记、陆悦记、禾记、华维记、华彩记、周海记、王养记、王浩记8家，其中朱仲记、禾记为朱仲笙股，股本6万元，加朱延记股，共7.5万元，占比三分之一强，依然为最大股东。股单所列规章关于经理和股东之责权利各条，在上次改组议据规定的基础上，突出了定期召开股东会议和股权多数决定的法律意义，实际上是以股东会议为最高权力机构，召开和议事规则采用股权决定主义，对股东地位平等和股东合法权利给予了进一步的保障。

---

[1]《朱延记股单》，苏州稻香村食品有限公司档案室藏。

第三章 民国时期苏州稻香村的辉煌与萧索

稻香村这一时期的生产经营状况，缺乏具体的资料。当时稻香村与茶食糖果同业严格遵守吴县茶食糖果业同业公会业规。汪伪国民政府1942年6月强制统一通货，滥征苛税，稻香村和诸同业严重受损。在这样的情况下，吴县茶食糖果业同业公会依照7月10日的价格公议行单"酌量减短之"，仍以"新法币"为标准，于8月1日"实行照售"，其中茶食部产品58种，糖果部产品50种，稻香村及同业会员皆照单执行。[1]

临近抗日战争后期，沦陷区物价腾贵，日伪经济管制加强。1943年3月奉伪江苏省经济局令，经稻香村等同业反复斟酌公议，吴县茶食糖果业同业公会将已应时应市各货填报物品成本售价表（表3-5），经吴县县商会转呈伪江苏省经济局，4月7日经伪省会物价评定委员会第32次例会议决核

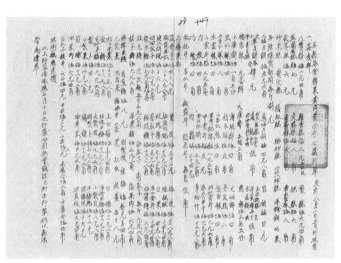

1942年吴县茶食糖果业同业公会行单

减通过，评定吴县茶食糖果业28种产品售价清单如表3-6所示。

表3-5 吴县茶食糖果业各项制品成本售价表（1943年3月）

品名	售价	成本价	备注
玫瑰、奶油、甘草、薄荷瓜子	每斤32元	每斤26.92元	本印子每担1050元，拣工每担30元；菜油3斤，每斤16元，计48元；柴2担，每担57元，计114元；玫瑰油1磅120元，包扎27元；共计1389元。次货（拣出者）值250元，净本1139元。 本印子1担拣净47斤，炒熟9折，42斤4两，成本合如上数。
冰糖、可可、椒盐、轻糖软脆胡桃	每斤32元	每斤27.04元	桃球每担1550元，剥工每担300元，炭几40只，计8元；白糖22斤，每斤48元，计1056元；煤几2担，每担32元，计64元；共计2027.6元。 桃球1担去壳皮，烘干制成桃肉53斤，加糖22斤，制成胡桃糖75斤，成本合如上数。

---

[1]《吴县茶食糖果业同业公会公议行单》，1942年7月，苏州市档案馆藏，档号：I014-003-0249-020。行单分为茶食部、糖果部两部分，详见本书附录四附表4、附表5。

续表

品名	售价	成本价	备注
玫瑰、甘草、桂花半梅	每斤22.40元	每斤18.67元	半梅143斤,每担500元,计715元;白糖50斤,每担480元,计240元;梨膏糖50斤,每担130元,计650元;玫瑰花1斤40元,包扎35元;共计1680元。 半梅143斤,晒干成坯子100斤,加白糖、梨膏糖、玫瑰花成半梅90斤,成本合如上数。
洋果糖	每斤23.60元	每斤11.66元	盐果肉54斤,每斤10.7元,计577.8元;白糖20斤,每斤4.8元,计96元;梨膏糖20斤,每斤13元,计260元;煤几40斤,每担32元,计12.80元;柴50斤,每担57元,计28.5元;桂花香料51;共计1026.1元。以上原料制成洋果糖88斤,成本合如上数。
椒盐杏仁	每斤44.80元	每斤35.86元	白玉扁杏仁10斤,每斤28元,计280元;加盐1元;柴5元;包扎4元;生杏仁炒熟,拣去屑子,净成7.50斤。成本合如上数。
甜制酸	每斤20.80元	每斤17.65元	大元梅100斤,450元,又43斤,193.5元;白糖50斤,240元;梨膏糖50斤,650元;甘草2斤,24元;包扎31.20元;共计1588.60元。 大元梅143斤,晒干成100斤,加糖100斤,制成制酸90斤,成本合如上数。
盐果肉	每斤13.60元	每斤10.75元	果肉100斤,710元;盐6斤,7.20元;柴60斤,34.20元;香料80元;包扎88.40元;共计1888元。 果肉100斤,拣去次货,净剩60斤,炒熟9折,制54斤,次果肉40斤,售200元。成本合如上数。
台果	每斤9.60元	每斤9.00元	长生果100斤,390元;拣工每担10元;柴50斤,28.50元;包扎86.40元;次货值100元(拣出者);共计344.90元。 长生果100斤,拣净45斤,炒熟净剩38斤,成本合如上数。
九制双梅	每斤28.80元	每斤23.78元	大双梅143斤,每担600元,计858元;甘草30斤,每斤12元,计360元;柴(煎甘草水用)100斤,57元;包扎33元;共计1308元。 大双梅100斤,晒干剩70斤,经甘草水九制制成55斤;成本合如上数。
南枣脯	每斤25.60元	每斤21.16元	高黑枣100斤,800元;炭几250只,50元;透明纸50张,300元;出衣桃肉3斤,75元;糖5斤,44.50元;共计1269.5元。黑枣去皮核,烘干制成南枣脯60斤。成本合如上数。

续表

品名	售价	成本价	备注
金柑饼	每斤25.60元	每斤20.56元	金柑100斤,400元;做工20元;糖30斤,144元;梨膏糖30斤,390元;柴60斤,34.20元;包扎40元;共计1028.20元。制成金柑饼50斤,成本合如上数。
沉香果	每斤16.00元	每斤13.04元	惠元果100斤,500元;白糖80斤(操炼过者),每斤8.90元,计712元;甘草粉0.5斤,10元;柴160斤,91元;包扎27元;沉香末30元;共计1370元。制成沉香果105斤,成本合如上数。
奶糕	每包1.20元	每包1.07元	白米1石,350元;提净白糖36斤,每斤16元,计576元;奶粉4磅,每磅60元,计240元;梗柴5担,每担57元,计285元;炭5篓,每篓52元,计260元;共计1788元。除燥能做出奶糕160斤,每斤10包,成本合如上数。
鸡蛋糕	每块18.00元	每块14.80元	鸡蛋120只,每只0.90元,计108元;提净白糖6斤,96元;白糖4斤,193元;洋面5.7斤,每斤4元,23.50元;菜油1斤,16元;煤几1担32元;炭几120个,每个0.20元,计24元;匣子23只,每只1元,23元;共计340.70元。做蛋糕23块。成本合如上数。
荤桃、杏仁酥	每斤16.00元	每斤13.50元	蒸熟洋面10斤,42元;白糖2斤,9.60元;提净白糖3斤,48元;荤油7斤,每斤18元,计126元;发药5元;煤炭几20元;包扎10元。制成20斤,成本合如上数。
胡桃云片、玉带软糕	每斤19.20元	每斤15.50元	桃肉1斤,15元;白糖0.6斤,1.80元;提糖0.7斤,7元;糯炒米粉7两,1.90元;桂花1两,2.50元;炭煤、包扎2.80元;共计31元。制成胡桃云片2斤,成本合如上数。
洋钱饼、油梗、炒米糕、橘红糕	每斤15.20元	每斤12.25元	洋面10斤,42元;白糖3斤,14.40元;梨膏糖3斤,39元;荤油4斤,72元;白切麻8斤,72元;硬柴、煤炭几及发药共36.60元;共计276元。制22.5斤,成本合如上数。
定升糕	每斤16.00元	每斤13.00元	米粉5斤,12.50元;白糖2斤,9.60元;提净白糖3斤,48元;猪油3斤,67.50元;玫瑰花0.5斤,8元;燃料及其他20元;共计165.60元。制成12斤12两,成本合如上数。
松子酥	每斤16.00元	每斤13.58元	洋面10斤,40元;白糖2.5斤,12元;提糖2.5斤,32.50元;荤油3斤,48元;鸡蛋20只,25.50元;猪油7.5斤,135元;糖花0.5斤,8元;发药12.50元;燃料、包扎26元;共计339.50元。制成成本合如上数。

续表

品名	售价	成本价	备注
广饼、袜底酥、番饼、大八件	每斤14.80元	每斤11.70元	洋面10斤,40元;白糖2.5斤,12元;提糖2.5斤,40元;荤油3斤,54元;鸡蛋30只,35.50元;发药0.5斤,20元;煤火、包扎。合计成本如上数。
麻糕、椒桃片、椒盐片、松花片	每斤16.00元	每斤12.52元	白切麻13斤,每斤9元,计277元;白糖8斤,38.40元;梨膏糖5斤,128元;糯炒米粉7.5斤,32.20元;桃玉4斤,60元;煤炭几、包扎48.30元;共计423.90元。制成麻糕33斤12两。合计成本如上数。
滋养饼干	每斤19.20元	每斤15.44元	洋面10斤,40元;白糖2斤,9.60元;提糖3斤,48元;荤油5斤,90元;发药10两,25元;鸡蛋40只,36元;煤火、包扎37.20元;共计285.80元。去燥净货18.5斤。成本合如上数。
麻饼	每个1.80元	每个1.48元	洋面50斤,200元;饴糖15斤,48元;菜油1斤,16元;枣泥15斤,240元;提净白糖20斤,320元;板油20斤,360元;玫瑰花5斤,80元;芝麻12斤,108元;煤几1.5担,48元;炭几240个,48元;共计1468元,做992个。成本合如上数。
苓糕	每斤12.80元	每斤11.20元	粳米1石,350元;提净白糖75斤,1200元;硬柴5担,285元;烘炭5篓,260元;共计2095元。加包扎7厘。做出苓糕202斤。成本合如上数。

资料来源:《茶食糖果业公会为造送各项制品成本售价表并附说明》所附成本售价表第一表、第二表,1943年3月,苏州市档案馆藏,档号:I014-003-0249-055。一表旁注:"未列各货尚未应时故不列入。"二表旁注:"未上市各货尚未列入。"按:定升糕,原表作"定胜糕"。

表3-6 评定吴县茶食糖果业售价清单(1943年4月)

品名	单位	单价/元	品名	单位	单价/元
西瓜子	斤	12.50	奶糕	包	0.70
南瓜子	斤	12.50	麻糕	包	0.60
奶油瓜子	斤	14.60	袜底酥	只	0.40
盐果肉	斤	8.40	中云片	条	6.00
制果	斤	8.80	松花片	包	—
制卜	斤	5.20	洋果糖	斤	9.40
荤素桃酥	卷	1.80	金饼	斤	16.60
沉香果	斤	10.40	鸡蛋糕	斤	10.40
蒸圆蛋糕	蒸	8.00	茯苓糕	包	3.00
滋养饼干	斤	11.50	椒桃片	包	0.60
桃楂糖	斤	16.60	冰糖胡桃	斤	20.80

续表

品名	单位	单价/元	品名	单位	单价/元
桃精糖	斤	20.80	咖啡胡桃	斤	20.80
三色胡桃糖	斤	20.80	香瓜子	斤	9.30
柠檬果糖	斤	10.40	大制双	斤	12.50
杨梅干	斤	18.00	甜制卜	斤	9.40
蜜糕	斤	8.30	花云片	条	10.40
定升糕	块	1.10	袋袋糕	袋	0.70
豆酥糖	包	0.50	小云片	条	3.00
椒盐片	包	0.60	胡桃糖	斤	20.80

资料来源：伪江苏省经济局：《通知为抄发省会物价评定委员会第三十二次例会重行评定吴县茶食糖果业售价表即转饬遵照（附清单一份）》，1943年4月7日，苏州市档案馆藏，档号：I014-003-0249-060。

在日伪严酷的统治之下，沦陷区人民生活维艰，伪币泛滥而贬值，物价飞涨。特别是1941年12月太平洋战争爆发后，日伪对物质原料及主要商品都通过商会进行登记控制，实行配给制，严密封锁。[1]糖源尤其紧张，苏州食糖由中国商业组合配给[2]，稻香村与同业的生产严重受限。吴县茶食糖果业同业公会理事长周靖如上呈伪党务办事处转伪经济局，谓：

> 本会同业以制造茶食糖果为主，其最原料首推砂糖，次要者为米、面、油、盐等，无一非统制之货。虽经政府明令，限价出售，亟批购进，事实上竟无处可买。其最感缺乏者，砂糖尤甚，用量大者，日需一二包，普通者日需五六十斤，范围较小者，亦日需二三十斤。虽有中国合作社砂糖组按月配给，然而杯水车薪，无济于事；况且配给日期未能如期实行，配给数量又未能与登记标准相合，被摒于配给之外，困难殊甚，如若长此以往，恐将陷入被迫停业状态，数千工人，一旦失业何堪设想，故特陈述隐衷，恳请贵会转

---

[1] 吴县封锁管理所：《为请求将茶食等项自由通过不能携出事函复吴县县商会》，1943年3月22日，苏州市档案馆藏，档号：I014-003-0261-013；吴县封锁管理所：《函复茶食糖果业请自由携带茶点事》，1943年3月23日，苏州市档案馆藏，档号：I014-003-0261-014；吴县县商会：《函知茶食糖果业公会封管所复知小量茶食经过检问所不加统制事》（字第1040号），1943年3月23日，苏州市档案馆藏，档号：I014-003-0261-014。

[2] 《苏州中国商业组合砂糖为发配给食糖领收书等致吴县县商会函（附领收书、简等）》，1943年2月13日，马敏、肖芃主编，华中师范大学中国近代史研究所、苏州市档案馆合编：《苏州商会档案丛编》第五辑上册（一九三八年——一九四五年），武汉：华中师范大学出版社，2010年，第1120—1122页。附件一表格列出本期配给砂糖品名每市斤价格（中储券）：上白糖四元八角，次白糖四元六角五分，绵白糖四元六角五分，青糖四元三角五分。

请经济局设法救济，以利营业，而维生计。实为至盼！[1]

恳请无济于事，而稻香村维持性的生产经营活动当然也大受限制。1943年10月19日，吴县茶食糖果业同业公会改选，稻香村司账王晓沧当选为理事。[2]据统计，1943年12月吴县茶食糖果业同业公会有会员223家，到1945年2月增至266家，仍呈现出畸形繁荣景象。[3]改组后的稻香村在同业中营业情况尚佳，但也难以正常和健康地发展。

三、抗战胜利后苏州稻香村的衰变

1945年8月抗日战争胜利，苏州光复后，工商业者欢欣鼓舞，积极筹划恢复之计。稻香村店址为观前街33号，观前街37号有中式楼6间、平房6间，面积0.3082亩，由稻香村等号共同租用。[4]朱仲笙次子朱家元，本名勋臣，上海复旦大学肄业，协助其父经营稻香村，初任会计，后任协理，为苏州茶食糖果业中当时学历最高者。[5]吴县茶食糖果业同业公会于1946年2月8日开始整理，登报通告同业办理登记手续，24日整理就绪，正式改组成立吴县茶食糖果商业同业公会，会址仍在施相公弄15号，会员175户。在第一届一次会议上，金立强当选为理事长，朱仲笙与江信孚当选为常务理事，努力"维持同业之公共利益及矫正营业上之弊害，及政府商会之委办事项"[6]。同年4月，稻香村获颁复字第133号《吴县茶食糖果业同业公会会员证书》，12月获颁商字第01376号《吴县县商会会

---

[1] 周靖如：《函请转请经济局设法救济以利营业而维工人生计》，1942年12月18日，苏州市档案馆藏，档号：I014-003-0254-057-058。

[2] 《吴县茶食糖果业同业公会理监事略历表》，1943年10月19日改选，苏州市档案馆藏，档号：I002-002-0004-035。桂香村经理陈章乐为理事长。理事王晓沧，48岁，吴县人，高小毕业。

[3] 马敏、肖芃主编，华中师范大学中国近代史研究所、苏州市档案馆合编：《苏州商会档案丛编》第五辑上册（一九三八年——九四五年），武汉：华中师范大学出版社，2010年，第199、234页。苏州市商业局编史组：《苏州市商业志初稿（一）》谓1944年计有茶食糖果业公会会员138户，未见出处，录此备考。

[4] 《吴县碧凤乡镇土地所有权登记声请书》（字第61号），1946年12月11日填报，苏州市房地产档案馆藏。业主朱家元（1937—?），朱星海孙、朱骥英子，学生，籍贯吴县，家住马医科巷43号。声请人为朱卜氏，51岁，吴县人。观前街37号四至：东38号王，南36号吕，西35号金，北为街。申报地价，每市亩标准地价1250万元，本号地计3853000元，现值计5764000元。租用人为稻香村等。参阅业主朱家元《苏州市私有房地产登记表》第1526号，有东风区观前办马医科居委会意见。

[5] 朱家元（1924—2015），本名勋臣，吴县人。先后毕业于乐群小学、乐群初中、商业中学高中。1943年至1944年于复旦大学肄业（辍学）。1945年起任稻香村会计。参阅《朱家元苏州市工商界青年情况登记表》，苏州市档案馆藏，档号：B003-012-0064-004。

[6] 《吴县茶食糖果商业同业公会业务调查表》（民国三十六年四月），金立强填报，苏州市档案馆藏，档号：I014-003-0476-073。理事顾家振、金杏荪、王世馥、张基昌、陆子清、刘振英，常务监事李葆元，监事朱子麟、张振之。参阅《吴县县商会各同业公会会员统计表（1947年5月）》，马敏、肖芃主编，华中师范大学中国近代史研究所、苏州市档案馆合编：《苏州商会档案丛编》第六辑上册（一九四五年——九四九年），武汉：华中师范大学出版社，2011年，第613页。

员证》。1947年5月21日，朱仲笙以2500银元购得碧凤坊巷42号，土地面积0.9亩，加上清洲观前38号，二处房屋共41.5间，土地面积达到2.372亩。[1]

 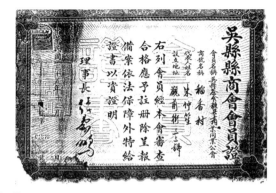

1946年稻香村吴县茶食糖果业同业公会会员证书　　　　1946年稻香村吴县县商会会员证书

抗日战争胜利后，稻香村元气渐复。参加吴县茶食糖果业职业工会的稻香村职工会员19人，与万顺兴相等，仅次于叶受和（15人）及其分号（6人）的21人。[2]1945年9月，吴县茶食糖果业职业工会遵令组织整理委员会，原常务理事田春林为主任委员，稻香村外柜朱祥生、头柜蔡见华为整理委员，头柜马子彬为监察委员。[3]1946年1月13日，改组后的吴县茶食糖果业职业工会举行成立大会。这是抗日战争胜利后，续前第三次组织同业工会，常务理事为原稻香村技师、兴记内作王渭生，稻香村朱祥生当选为理事，马子彬当选为候补理事。理事尚有丁寿生（叶受和）、田春林（福香斋）、朱育才（采香村）等人。1946年8月，王渭生因年老多病及承担钟楼镇本乡农会工作辞职，由朱祥生暂代常务理事，对呈报并推选田春林为常务理事，发挥了重要作用。

1947年2月6日即正月初五日，理事朱祥生向吴县茶食糖果业职业工会申诉："本人素向在本城观前街稻香村茶食号服务，历有多年，平时确守店规，尽力服务，不意于本年夏历元月初五日以出席工会疏忽职务为名，而突遭资方解雇，请予保障。"[4]常务理事田春林即派员与稻香村经理朱仲笙之负责代表汤长有等一

---

[1] 稻香村茶食糖果号经理朱仲笙填报《苏南区苏州市商业登记表》（副本），1950年11月20日，苏州市档案馆藏，档号：C031-005-0015-137。表中碧凤坊巷42号朱仲笙填作"1947年银元2500万元购买"，"万"当为衍字。当时法币贬值严重，银元为硬通货。

[2] 吴县茶食糖果业同业工会：《会员名册》，1945年12月9日，苏州市档案馆藏，档号：I014-002-0442-018-024。其中采芝春18人，悦采芳16人，一品香15人，赵天禄14人，采香斋9人，东禄9人，桂香村8人。

[3] 《吴县茶食糖果业职业工会整理委员会委员略历表》，苏州市档案馆藏，档号：I013-001-0224-016。朱祥生，32岁，江苏镇江人，兼登记股员。蔡见华，又名蔡筱穆，40岁，江苏江都人。马子彬，52岁，江苏丹徒人，精制云片糕、花糕。

[4] 吴县茶食糖果业职业工会常务理事田春林：《呈为稻香村茶食号藉端解雇本会理事祈迅予救济由》，民国三十六年元月，苏州市档案馆藏，档号：I013-001-0226-033。

再洽商朱祥生复工问题，以工会理事、监事办理工会会务时，店方不得以旷废职务论，但稻香村资方拒绝接受，遂呈请吴县总工会理事长汪文焕，召集稻香村经理朱仲笙调解，要求即日将被解雇人朱祥生照常复工。3月17日，总工会召集劳资双方，由理事长汪文焕主持调处，吴县茶食糖果业商业同业公会代表金立强，同业职业工会代表田春林、朱祥生、徐文孝，稻香村经理朱仲笙参会。朱仲笙谓："朱祥生旷工累计达110次之多，引发工友不满，本店何堪？故不可复工。"为顾全双方情感，朱仲笙愿给朱祥生满意之条件。同业公会代表金立强与工会代表田春林、朱祥生、徐文孝达成协议：第一，朱祥生自愿放弃复工请求，由资方酌给历年功绩酬劳金，数额双方磋商。第二，劳资双方议妥后呈报总工会备案。后鉴于朱祥生受伤或回家请假不应算旷工，以及在店历有辛劳，朱仲笙仍将他留用于稻香村，处理颇为妥当。

抗日战争胜利后，国民党政府未能轸念民生，泽惠工商，而是坚持独裁，发动内战，滥发通货造成币制贬值，捐税繁重以杀鸡取卵，致使全国百业凋敝，苏州工商业境况也是日见艰难。1946年6月，《吴县县商会第四届第一次会员代表大会宣言》泣陈：

> 本县绾毂京沪，地当冲要，闾阎夙称富庶，工商亦为发达。然自敌寇侵苏以来，八载之间创巨痛深，重以伪币泛滥而贬值，物质萎缩而涨价。胜利伊始，或以筹划之未克尽善，致措施之难免失当，遂使外货倾销，金融停滞，高利盛行，劳资失调，百业凋弊，四民荼苦。既如短便（梗——引者）之深汲，不乏外强而中干。加之耕鬻者多失其业，仳离者鲜奠其居。盖已届瞬息崩溃之严重阶段矣……政府当胜利复员之始，捐税繁重，不免贻杀鸡取卵之讥。工商业以金融停滞，高利贷盛行之故，往往非厚利不足求生存。其势遂难逃飞蛾扑火之灾。然谁令致之，孰实为之？虽工商界有不能尽辞其咎者在，然币值既贬，物价自涨，人民之生活日见痛苦，而工商业之物质亦日见短绌，往往贱价售出而高价补进。论值币多而计货量少，经营之运转日难，资金之亏损殊甚。此盖皆今日之工商业之致命打击焉。故曰抑平物价，澄本清源，必谋原则上之供求相应。供求相应则物价自平，业外者之投机囤积亦不禁而自止，商业上之道德亦不提而自高……至本县工商业，于抗战以前，固不能与沪、锡相并驾而齐驱，至今日而尤而甚焉。八载之沦陷，敌伪之僭踞，工

商业之被剥削以及元气之被斫丧，几于罄笔所难计。[1]

受时局未靖之影响，苏州地处京（南京）沪冲要，迭受金融风潮袭击，在1946年夏秋之间，工商各业颇多岌岌自危。受高利贷压迫，通货膨胀，运输困难，物价波动，以致工商业在这年底危机四伏，合计停业约15%以上。1947年2月中旬、4月中旬，又受金潮与米价、纱价高涨的影响，在紊乱的环境下谋生存，商业不景气，工业不振兴。资金不足，现批现卖，物价时涨，有销无进，存底逐渐殆尽。仅仅一年，物价指数即由抗日战争胜利时的1884.55倍（以1937年1元为基数），增至5481.35倍。稻香村等吴县茶食糖果业商业同业公会会员以茶食糖果为苏州制造品大宗，所需之糖为数颇巨，每月即需1000包，仰赖上海市社会局及台糖公司依期配给，有时质量还不能保证。1946年9月14日，吴县茶食糖果业商业同业公会曾在《苏州明报》头版刊登《紧急启事》："查上海台糖公司第十期配糖一案变更办法，因糖质不合本业制造需用，经理监事会议决，前各会员登记费一律退还。"[2]次年台糖即被断供。[3]1947年，绵白糖每担按月最高门市价，1月份1700元，11月份15000元。面粉因麦贵粉贱，业者赔累颇重，难于维持，太和面粉每石1月份54000元，11月份228500元；白粳米每石1月份81000元，10月份700000元，11月份780000元。有关经济调查表亦称："窃查三十四年十月份粮价每石四千元，三十五年十月每石三万元，本年十一月已高达七十万元以上，民生之痛苦，可以想见。"[4]

吴县茶食糖果业商业同业公会和职业工会代表劳资双方，自抗战胜利后即多次谈判工资待遇问题。1945年10月，吴县茶食糖果业职业工会整理委员会以"米价飞涨，生活艰困，请求调整工资"[5]，要求：甲级头柜、把作和炒货上手、糖上手，月工资法币3000元；乙级二柜、二帮，月工资法币2500元；丙级三柜、

---

[1]《吴县县商会第四届第一次会员代表大会宣言（1946年6月）》，苏州市档案馆藏，档号：I014-003-0585-098-099。该宣言亦见马敏、肖芃主编，华中师范大学中国近代史研究所、苏州市档案馆合编：《苏州商会档案丛编》第六辑上册（一九四五年——一九四九年），武汉：华中师范大学出版社，2011年，第41—42页。该书转录多有错讹，如：富庶误作富广；高利贷盛行，原件无贷字；凋敝，原件作凋弊；取卵之讥，讥字误作机；不乏外强之中干，之字原件为而；难逃飞蛾扑火之灾，逊字原件为逃；道德亦不提自高，原件自高前有而字；于抗战以后，后字原件为前；至今日而尤加甚，加字原件为而；敌伪之僭踞，原件无之字；工商之被剥削，原件之字前有业字；斫丧误作断伤。今皆予改正。

[2]《吴县茶食糖果业同业公会紧急启事》，《苏州明报》1946年9月14日第1版。

[3] 马敏、肖芃主编，华中师范大学中国近代史研究所、苏州市档案馆合编：《苏州商会档案丛编》第六辑上册（一九四五年——一九四九年），武汉：华中师范大学出版社，2011年，第641—642页。

[4]《吴县糖业、面粉麸皮业、粮食商业工商经济调查表（民国三十六年）》，马敏、肖芃主编，华中师范大学中国近代史研究所、苏州市档案馆合编：《苏州商会档案丛编》第六辑上册（一九四五年——一九四九年），武汉：华中师范大学出版社，2011年，第622、626、632页。

[5] 吴县茶食糖果业职业工会整理委员会主任委员田春林：《关于百物高涨要求改善待遇救济的呈文》，1945年10月20日，苏州市档案馆藏，档号：I013-001-0224-003-004；田春林：《关于米价狂涨提出改善待遇之条件的呈文》，1945年10月27日，苏州市档案馆藏，档号：I013-001-0224-007-008。

三帮，月工资法币 2000 元；丁级三柜以下、三帮以下，月工资法币 1500 元；戊级牵磨、烧饭，月工资法币 1000 元；己级满师学徒，月工资法币 500 元。[1] 经谈判，1946 年 3 月 1 日，同业公会代表金立强与朱仲笙、江信孚、顾家振、陆士清、刘振英，以及职业工会代表王渭生、丁寿生、萧儒达、朱育才、姚宏川、徐文孝签订了《增加工资协议》：

一、薪工一律照旧额增加叁倍有半。
二、月规一律法币贰仟贰百元。
三、升工照旧每月五天。
四、歇工照扣（开工月规不扣）。
五、实行日期废历元月初一日起。[2]

随着物价涨势迅猛，职业工会与同业公会继续谈判。1946 年 5 月 24 日，资方代表金立强、朱仲笙等 7 人，与劳方代表王渭生、朱祥生等 6 人再度达成暂行劳资协议：

一、按月薪工依照中白米价，按月十六日参照苏报发给（依照农历）：1. 甲等每月壹石肆斗；2. 乙等每月壹石贰斗伍升；3. 丙等每月壹石壹斗；4. 丁等每月玖斗伍升；5. 戊等每月陆斗；6. 己等每月叁斗（满师未满壹年者）。
二、以上歇工照扣。
三、月规每月肆仟伍百元（学徒一律），歇工不扣。
四、升工伍天，歇工不扣。
以上协议于农历四月初一日起算，农历四月份米价以（肆万捌仟元）计算，工资已发给者一律照补。[3]

1947 年 3 月 3 日，资方代表金立强等 5 人，与劳方代表田春林、朱祥生、马子彬等 6 人商谈米价，又一次达成劳资协议，于农历二月初一日起实行，规定如下：

一、按月薪工依照三十五年九月议定分等计算，现调整米价，议定每石为拾万元，其余各级依次类推。

---

[1]《吴县茶食糖果业职业工会整理委员会提出调整工友待遇办法表》，1946 年 8 月，苏州市档案馆藏，档号：I013-001-0224-006。原表说明："凡范围较小之店家所雇之工友而论职位，以甲级任用为起始，循序推算。"

[2]《吴县茶食糖果业同业公会职业工会增加工资协议》，1946 年 3 月 1 日，苏州市档案馆藏，档号：I013-001-0226-010。按：废历指夏历，又称农历、阴历。

[3]《中华民国三十五年五月二十四日劳资协议》，苏州市档案馆藏，档号：I013-001-0224-011。升工：1. 旧谓短工转长工或学徒工转正式工；2. 指节假日加班高于日平均工资几倍的加班费。按：旧制计量单位石、斗、升、合之间按十进制换算，1 石等于 10 斗，1 斗等于 10 升，1 升等于 10 合。若按旧制 1 斤为 16 两，1 石米为 160 斤。

二、米价议定以后，在柒万五千元至拾贰万五千以内，双方议定不得增减。

三、以上米价以门市中白米售价为标准：1.甲级贰石，计洋贰拾万元；2.乙级壹石柒斗捌升半，计洋拾柒万捌千五百元；3.丙级壹石五斗柒升，计洋拾五万柒千元；4.丁级壹石叁斗五升，计洋拾叁万五千肆百元；5.戊级捌斗五升柒，计洋捌万伍千柒百元；6.己级肆斗贰升捌，计洋肆万贰千捌百元。

四、以上歇工照扣。

五、月规每月壹万伍千元（职工学徒一律），歇工不扣。

六、升工每月伍天，歇工不扣。[1]

由于物价继续高涨，骇人听闻，尤以粮价更属骇人，而稻香村与广大同业公会会员一样，职工薪水计算均以米价为准。抗日战争以前茶食糖果业职工薪金，甲级十元左右，普通职员不过四五元，合战前米价最高薪金亦仅一石，而今之薪金，按米二石计，相差一倍。所谓"戡乱"时期，粮食价格势必因恐慌而暴涨不停，其比率超过一切，故以米价发薪实不堪重负，而营业收入远不及往日之多，盖物价愈高，购买力愈趋下落。如此入不敷出，以致形成难以维持之迹象。[2]

茶食糖果业发展在此背景下举步维艰。据1947年5月统计，茶食糖果业商业同业公会会员现有164户。[3]查《吴县茶食糖果业同业公会经募自来水股款清册》，总计47户，募款1000万元，其中甲级户9户，观前街有稻香村、采芝斋、叶受和（以上观东）和广州（观西），募款各50万元，而接驾桥东经理汤长有的采香村为丁级户，募款仅5万元，差距可见一斑。[4]茶食糖果业商业同业公会会员中小商店占多，鳞次栉比，竞争之势更加突出。从吴县茶食糖果业商业同业公会1947年度10月营业税表来看，总计146户（含分号），"观前四大户"稻香村、叶受和、采芝斋、广州的营业情况名列前茅（表3-7），总额稻香村排在广式

---

[1]《中华民国三十六年三月三日劳资协议》，苏州市档案馆藏，档号：I013-001-0224-011-013。参阅东吴村茶食糖果号：《上呈吴县茶食糖果业商业同业公会为申请补救破产停业而减少支出之办法事》，1948年7月11日，苏州市档案馆藏，档号：I014-009-0002。

[2] 参阅东吴村茶食糖果号：《因生活指数上升工资难以维持生活祈设法补救致函吴县茶食糖果业同业公会》，1948年7月11日，苏州市档案馆藏，档号：I014-009-0002-064。

[3]《吴县县商会各同业公会会员统计表（1947年5月）》，马敏、肖芃主编，华中师范大学中国近代史研究所、苏州市档案馆合编：《苏州商会档案丛编》第六辑上册（一九四五年——一九四九年），武汉：华中师范大学出版社，2011年，第119页。苏州市商业局编史组：《苏州市商业志初稿（一）》，谓1947年计有茶食糖果业同业公会会员211户，未见出处。据金立强填报《吴县茶食糖果商业同业公会业务调查表》（民国三十六年四月），"现有会员数二百十五家"，苏州市档案馆藏，档号：I014-003-0476-073。

[4]《吴县县商会为募集自来水股款业经洽定金城银行及庆泰钱庄立户收款致苏州自来水募股委员会函（1947年3月7日）》附清册，马敏、肖芃主编，华中师范大学中国近代史研究所、苏州市档案馆合编：《苏州商会档案丛编》第六辑下册（一九四五年——一九四九年），武汉：华中师范大学出版社，2011年，第1241页。

产品老大"广州"之后为全业第二名,在传统茶食糖果类则拔得了头筹。[1]就商业情况评分而言,稻香村53.51分,采芝斋51.73分,叶受和38.58分,稻香村在三家之中计分最高。[2]

苏州稻香村仿单

表3-7 稻香村、叶受和、采芝斋、广州1947年9—10月营业税表

单位:法币元

营业字号	地址	营业种类	9月营业税	10月营业税照9月加$\frac{1}{4}$	合计
稻香村	观前街	茶食糖果	2338454	2924318	5262772
叶受和	观前街	茶食糖果	1581716	1977145	3558861
叶受和分号	景德路	茶食糖果	493248	616560	1109808
采芝斋	观前街	糖果	1399490	1749362	3148852
广州	观前街	糖果饼干罐头食品	2173570	3966962	6140532

资料来源:《吴县茶食糖果业商业同业公会民国三十六年度拾月份营业税表》,苏州市档案馆藏,档号:I002-002-0004-077。

1948年5月7日,经吴县茶食糖果业商业同业公会第一届二次会员大会选举,朱仲笙当选为理事。[3]此时稻香村面临着日益严峻的困难局面,必须设法速谋补救之法。但是,国民党政府的各种苛捐杂税和摊派,使工商业者无法承受,正常的交易受到限制,商品已成为囤积居奇的通货筹码,为保值而在转移。大量的经营者以买空卖空的投机活动来代替正常营业。通货恶性膨胀愈益严重,如以1937

---

[1]《吴县茶食糖果业同业公会民国三十六年度拾月份营业税表》,苏州市档案馆藏,档号:I002-002-0004-077。全业情况详见本书附录四附表7。

[2] 吴县茶食糖果业同业公会:《各会员商况计分清册》,苏州市档案馆藏,档号:I002-002-0004-045-054。此外,采芝春69.81分,一品香66.90分,稻香村则为第三。

[3]《吴县茶食糖果业商业同业公会关于改选经过及记录誓词等致吴县县商会的函》,1948年5月,苏州市档案馆藏,档号:I014-003-0357-034-035。理事长金杏荪,常务理事金立强、金培元,其他理事为江信孚、朱子麟、陈章乐、陆士清、刘振英。

年6月的物价为基数，1948年8月19日金圆券发行时增达600万倍。国民党政府实行币制改革，以300万元法币兑换金圆券1元，同时实行限价，在上海首先严厉实行，"嗣以沪地抢购风潮侵延苏埠，各商店经此抢购恶风之影响，几成半停顿状态，货源绝迹，营业停滞，而开支浩繁，不容减少，处境困难已极"[1]。10月10日，吴县县政府要求稻香村等各个店家商号填写《吴县工商业存货登记表》一式四份，送所属同业公会，转吴县县商会上呈苏州经济检查委员会，对各店主要商品存货按照"八·一九"限价强卖。市场掀起了各物抢购风潮，观前街商户几乎家家橱窗柜台荡然一空。稻香村及其他茶食糖果同业不得不隐藏原料，每日仅少量生产应付门面，卖光为止，以"执货不执币"为对策，保存实力，尽量减少损失。到10月底，全市大小商店只销难进，纷纷濒临破产。11月取消限价后，物价仍然继续猛涨，从1948年8月19日金圆券发行到1949年4月24日为止，仅白粳米门售即增达105000倍。[2]大量金圆券因贬值成为废纸，包括稻香村在内的整个工商业受到重大打击。[3]《力报》1949年1月5日发表记者继斋题为《时局动荡下看"人间天堂"：苏州的衣食住行》之报道，副题作《千元一桌酒不见全鸭　青菜肉价钿弗算希奇》："谚谓'上有天堂，下有苏杭'，在目前这动荡时局下的苏州，已非复过去那样底繁荣了，观前街与阊门外，市面一片凄凉……今日苏州的物价，都超出了上海，有过之无不及，至于衣食住行，一切的一切，都改观了，人间天堂这个雅号，在笔者看来是名存实亡。"[4]稻香村及整个苏州茶食糖果业自然也是奄奄一息，直至1949年4月27日苏州解放后，才获得了新生。

---

[1]《吴县县商会第四届第三次会员代表大会会务报告（1948年10月24日）》，马敏、肖芃主编，华中师范大学中国近代史研究所、苏州市档案馆合编：《苏州商会档案丛编》第六辑上册（一九四五年——一九四九年），武汉：华中师范大学出版社，2011年，第100页。

[2] 江苏师院历史系三年级财贸历史小组：《十年来苏州市财经贸易工作的成就》（初稿），1958年12月，苏州市档案馆藏，档号：A008-001-0010。参阅杨坚白编著：《中华人民共和国恢复和发展国民经济的成就》，北京：统计出版社，1956年，第15页。

[3] 参阅《民国三十七年度吴县茶食糖果业商业同业公会各会员商号资本额》，苏州市档案馆藏，档号：I002-002-0004-038-044。

[4] 继斋：《时局动荡下看"人间天堂"：苏州的衣食住行》，《力报》1949年1月5日第4版。

第四章 社会主义革命与苏州稻香村的变迁

第一节　社会主义改造的洗礼

一、国民经济恢复时期的稻香村茶食糖果号

1949年4月27日中国人民解放军解放苏州，新生的苏州市人民政府全面展开城市接管工作。从10月1日中华人民共和国宣告成立到1952年年底，是国民经济恢复时期，也是进行大规模社会主义经济建设和社会主义改造的准备阶段，稻香村茶食糖果号的历史也因之揭开了新的篇章。

由于苏州是一个对外依赖性很大的典型的消费城市，长期以来商业发展畸形，富于投机性和寄生性，同时旧时代遗留下来的通货膨胀、物价飞涨、市场萧条等问题依然非常严峻，国家财政经济状况尚未好转，初建的国营经济"立足未稳"。在当时的社会商品零售额中，国营商业比重只占1.33%，私营商业占到98.67%，批发营业大部分掌握在私营批发商手里，各种商业投机活动猖獗。自1949年5月至11月，市场上掀起了三次大的涨价风潮，以与人民生活和稻香村生产直接相关的粳米、面粉价格（旧人民币）为例：1949年5月1日粳米每石1600元，面粉每袋700元；6月12日粳米每石13800元，涨幅762%，面粉每袋3600元，涨幅414%。其后，7月18日粳米每石46500元，面粉每袋10250元，11月中旬粳米每石111500元，面粉每袋39500元。[1]苏州市人民政府按照中央统一部署，积极采取有力措施，严厉打击各种投机不法活动，平抑物价，加强金融和市场管理，

---

[1] 苏州市商业局编史组编：《苏州市商业志初稿（一）》之"苏州市私营商业的社会主义改造"，未刊稿，1992年2月，第1—5页。参阅江苏师院历史系三年级财贸历史小组：《十年来苏州市财经贸易工作的成就》（初稿），1958年12月，苏州市档案馆藏，档号：A008-001-0010-011。另据记载，从6月上旬到12月25日止连续三次物价大波动，单粮食一项就上升了3.6倍。

把一切交易活动纳入国家管理范围。同时，大力组织城乡物质交流，调剂市场供求，稳定经济秩序。1950年3月，中央人民政府颁布《关于统一国家财政经济的决定》后，苏州市人民政府结合本市实际情况坚决贯彻，力争财政收支平衡，多年剧烈波动的物价终于稳定下来，以投机为主、破坏国民经济的市场，基本上改变成为在国营经济领导下的为生产、为人民生活服务的市场，为新民主主义时期工商业的发展和国民经济的恢复提供了有力的保障，苏州经济逐步向新民主主义经济转变。

面对经济转轨，尤其是在采取抑制通货膨胀的强力措施后，银根缩紧，物价平稳，市场虚假购买力消失，包括稻香村在内的私营工商业的生产经营一度出现了严重困难，有的商家停工、歇业，有的商家拆分店面、化整为零、场外交易以逃避税收。严峻的形势表明，对私营工商业的调整已成为亟待解决的中心工作。1950年6月，根据中共七届三中全会对克服全国经济困难与调整私营工商业的重要指示，中共苏州市委和市人民政府以发展生产为中心，根据"公私兼顾""劳资两利"的原则和"发展生产，繁荣经济"的要求，积极调整公私关系、劳资关系、产销关系及税收和金融政策，税种由14种减为11种，货物税目由1136个减为358个，印花税由36目减为25目，按照合理负担的原则，减轻私营工商业者的税收负担，扶持发展私营工商业，保护工商业者正常的生产经营。这些政策措施对于稻香村及苏州茶食糖果业的恢复，起到了积极的作用。

朱仲笙担任理事的吴县茶食糖果商业同业公会经过整顿重组，更名为苏州市茶食糖果商业同业公会（地址仍在施相公弄15号）。据首任理事长金杏荪于1950年8月20日填报的《苏州市各业概况调查表（茶糖）》，茶食糖果业户在解放前为216户，初解放时198户，新闭歇1户，现有197户。等级划分为6等，资金（以实物计）估计：甲等6户，资金151~200担白糖；乙等6户，资金81~120担白糖；丙等2户，61~80担白糖；丁等9户，资金36~80担白糖；戊等18户，资金21~35担白糖；己等156户，资金5~20担白糖。加上未入公会者约30户，合计约227户。加入同业公会的197户中，东区13户，西区54户，南区26户，北区44户，稻香村所在的中区60户。其中批发商38户，零售商159户。利润计算：批发，过去占比15%，现在占比10%；零售，过去占比30%，现在占比20%。营业范围，占全年营业额百分比：旺月（自九月至来年一月止），占比50%；平月（自二月至五月止），占比30%；淡月（自六月至八月止），占比20%。稻香村与各等业户皆同。[1]

---

[1]《苏州市各业概况调查表（茶糖）》，苏州市茶食糖果商业同业公会理事长金杏荪填报，1950年8月20日，苏州市档案馆藏，档号：B003-005-0005-065。备注："（一）户数栏内现有数中二户已报停业，并下月份另有核准退会者1户。（二）本会会员向不分等级，为适合填报本表起见，暂行酌情划分。"

据业内资深人士分析，苏州茶食糖果业"在解放初期1949年至1950年间，营业一度极为衰落。主要原因在于原来的销售对象地主、官僚们有的被打倒了，有的不敢再公开享受，因此营业逐步衰落。但到1951年，劳动人民的生活都有了很显著的提高，因此茶食、糖果的销售又渐渐好转"[1]。稻香村向来属于苏州茶食糖果业中名列前茅的甲等户和大户之一。苏州解放后，因银元投机刺激物价，妨碍人民群众生计及工商业发展，经理朱仲笙响应人民政府号召，拥护人民币为唯一合法流通的货币，坚持生产。但在苏州解放前，稻香村的生产经营已是处境艰难，1949年度自报"并无盈余"[2]，1950年夏季还曾减低全体职工薪金，共度时艰。[3]随着对人民政府政策的了解和认识日渐深入，随着苏州经济向新民主主义经济转变出现的新气象，朱仲笙逐渐树立起了信心。1950年5月，朱仲笙担任苏州市茶食糖果商业同业公会筹备会委员，并兼任观前街中区17段组长。他积极支持稻香村职工参加苏州市茶食糖果业职业工会筹备会工作，建立学习小组，支持茶食糖果业劳资协商会成立。苏州市茶食糖果业与酱工等三业，参照政务院关于调整财政收支米价的决定，订立劳资协议，决定职工薪给以米计算者，按照5月的米价折价，不论粮价下落多少，均以5月的粮价为标准，上涨时则按照涨价计算，从10月起，按照该业5月两次发放工资时的米价平均计划。[4]因为职工在克服困难期间，都曾经照顾资方困难，降低薪给，各地粮价虽有下跌，而其他工业品则一般平稳或上涨，以米计薪的职工生活受到影响，如不适当调整，生产也会受到影响。朱仲笙积极执行协议，职工薪给依照5月平均米价每石24万元计算发给，职工的工资贴补获得解决。

1950年11月20日，稻香村茶食糖果号向苏州市工商局申请，并获准重新登记，营业登记证为商字第2619号，电话号码仍为361号，开业地址不变，但门牌被更改为观前街61号。据朱仲笙所填《苏南区苏州商业登记表》，稻香村茶食糖

---

[1]《历史演变情况——茶食糖果业》（手写稿），苏州市工商联，1955年6月7日，苏州市档案馆藏，档号：B003-010-0011-030。

[2] 稻香村茶食糖果号经理朱仲笙填报《苏南区苏州市商业登记表（副本）》之"上年度盈余分配情形"栏，1950年11月20日，苏州市档案馆藏，档号：C031-005-0015-137。

[3] 参阅桂香村茶食糖果号：《苏南区苏州市商业登记表（副本）》，1950年11月18日，苏州市档案馆藏，档号：C031-005-0015-242。中市大街陈章乐等合伙办的桂香村，创办于1940年，固定资本200万元，流动资本1000万元。1949年度损失13183683元（按照年底存货当日价目计算）。申请登记时称："现本店情况困难，职员照顾店方，自愿按月轮流回家生产，每人做壹仟拿贰月薪工之外再打陆折，而照营业计算（照原薪十分之三）。"

[4] 参阅华东：《召开首次筹委会决定目前三项主要工作》，《新苏州报》1949年10月15日第1版；本报讯：《劳资协商会成立》，《新苏州报》1950年8月30日第2版；汪周安、朱文焕、冯焕章：《酱工等三业订立劳资协议》，《新苏州报》1950年11月12日第2版；劳：《工资贴补获得解决》，《新苏州报》1950年11月25日第2版。据报道，1949年10月11日苏州市茶食糖果业职业工会筹备会召开首次筹备委员会议。1950年8月24日举行茶食糖果业劳资协商会成立大会，11月10日召开第一次协商会议。

果号创设年月作"公元一九二八年一月（改组）"，固定资本8050000元（旧人民币，下同），流动资本24768626.46元（自有），合计32818626.46元。朱仲笙经理时年已是72岁。职工总数42人，其中职员38人，练习生（即学徒）4人，皆供膳宿。职工待遇（月薪）：最高者583100元，最低者143100元，平均498800元；练习生（即学徒）三项不变，平均20000元。房地产情况是：观前街61号的铺面，3间，土地面积约1分，仍系自朱家租赁，房主仍为朱星海孙、朱骥英子朱家元。清洲观前38号、碧凤坊巷42号仍为朱仲笙自有，房屋共41.5间，土地面积2.372亩。[1]

该号仍为合伙性质，上述商业登记表备注栏内注明："旧合伙议据早予废弃，现暂无议据。租赁契约年久散失。"现业主或股东一栏见表4-1（年龄原表未填）。

表4-1　1950年稻香村茶食糖果号股东一览表

姓名	年龄	籍贯	现在住址	出资年月	出资种类	出资数额	简历
韩韶扬		苏州	十梓街	1928.1	银元	4000元	教育界
俞仲年		苏州	长春巷	1928.1	银元	2000元	运输
朱鼎臣		苏州	甫桥西街	1928.1	银元	7000元	钱庄
马秉渊		苏州	上海中山北路	1928.1	银元	2000元	牛奶用具制造业
徐寿石		苏州	宜多宾巷	1928.1	银元	2000元	糖果业
冯锺秀		苏州	花桥巷	1928.1	银元	1000元	无业
朱家元		苏州	观前街	1928.1	银元	7000元	茶食糖果业
蔡云生		苏州	曹胡徐巷	1928.1	银元	1000元	无业
田永达		苏州	观前街	1928.1	银元	1000元	南北货业
刘承恩		苏州	山塘街	1928.1	银元	1000元	腌腊业
刘承贵		苏州	山塘街	1928.1	银元	1000元	腌腊业
周祖培		苏州	同里镇	1928.1	银元	1000元	食粮业
朱炳璜		苏州	钮家巷	1928.1	银元	3000元	银行员

资料来源：稻香村茶食糖果号经理朱仲笙填报《苏南区苏州市商业登记表（副本）》，1950年11月20日，苏州市档案馆藏，档号：C031-005-0015-137。

与1943年2月9日第二次改组后的股单对比，所留苏州老股东为原韩伍记（韩韶扬）、刘桐记（刘承恩、刘承贵）、俞仁记（俞仲年）、马源记（马秉渊）、徐馀记（徐寿石即徐福龙）、蔡巽记（蔡云生即蔡俊镛）、冯思记（冯锺秀）、田咏记（田永达）、周海记（周祖培）；朱仲记、禾记、朱止记原朱仲笙股改为其子

---

[1] 稻香村茶食糖果号：《苏南区苏州市商业登记表（副本）》，1950年11月20日，经理朱仲笙填报，苏州市档案馆藏，档号：C031-005-0015-137。

朱家元（勋臣）；朱延记、朱金记为同宗朱鼎臣、朱炳璜。其中，韩韶扬为1941年6月毕业的东吴大学理学士，曾任各大学校友主办的上海暑期学校数学教员。后任苏州市第六中学教师，1956年被评为江苏省优秀教师。马秉渊，曾于阊门外朱家庄施家巷购得张壬荷房屋，1931年为丹麦罗森德洋行买办，后为上海协和丰号老板，1943年2月盘得张汉民明明奶具公司。冯锺秀，据《申报》1924年7月29日载，被江苏公立南京工业专门学校高中工业预科录取，后为作家。

1950年11月，苏州市茶食糖果商业同业公会经过整理改组，登记有会员187户，归属市工商联二联（第二联合办事

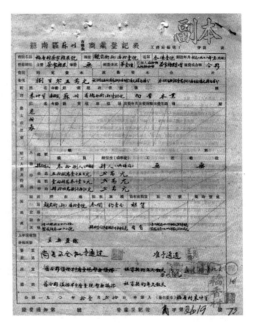

1950年稻香村茶食糖果号商业登记表

处），另有非会员75户，总计262户，资本7亿元（旧人民币，下同），营业额16亿元。[1]其后苏南区苏州商业登记全业有224户，其中茶食糖果业186户，仍归隶市工商联二联，后在册会员达到237户。就解放初期的苏州茶食糕点业而言，大体分下列几种：一是夫妻老婆作坊；二是夫妻和家属，再雇用2—3人的小作坊；三是前店后坊（大中小不等）。当时的生产人数，总共不足200人，年产量不过1000吨，品种才50多种。就稻香村茶食糖果号登记表来看，其人员、技术、资金和产量等综合实力，仍在同业中名列前茅，1949年营业总额124619319元，纯益额9128649.25元；1950年营业总额1074496367元，纯益额8936452元。[2] 1951年1月，为贯彻合理负担政策，经城中区分评会糖果业小组营业税民主评议，稻香村补报了1950年度营业税9000万元。[3]

据朱仲笙填报的《稻香村商店基本情况登记表》，截至1951年年底，稻香村股东及股份情况有所变动：朱仲笙14股；韩耐烦即韩韶扬4股；马秉渊、俞仲年、徐福龙各2股；蔡俊镛、刘承恩、刘承贵、田永达、周祖培各1股；朱蕊荪

---

[1] 苏州市商业局编史组：《苏州市商业志初稿（三）》第四章第二节"茶食糖果业"，未刊稿，1991年9月，第2页。

[2] 苏州市工商联第三分会：《苏州市工商户情况登记表茶食糖果业（稻香村：朱仲笙）》，1952年，苏州市档案馆藏，档号：C001-017-0028-129。参阅本表补充情况说明："纯益额依照账面纯益。"

[3] 李尚珍：《影响评议不能展开》，《新苏州报》1951年1月20日第3版。据报道，1月17日晚糖果业小组评议时即掀起了补报热潮，"短短的时间中，即补报了三亿两千多万元，如采芝斋一家便补了一亿（元）"。

即朱炳璜 3 股；新增公股 1 股（反革命财产清理处），实为被没收的原冯锺秀股。原投资本额（1928 年银元 4 万元），1949 年 9 月 1 日申报 32818626.46 元，现在实际资本额流动 6000 万元、固定 10000 万元（包括房屋 2 所）。生财器具，1949 年 9 月 1 日估值 1105 万元，按现值计算约计 3000 万元。负债情况为：银行借款 400 万元，应付账款 400 万元。账外资金 99636600 元（含 1949—1950 年支付股息 5250 万元及经理交际费等开支）。职工全员 53 人，其中会计人员 3 人，普通职员 15 人，技术工人 35 人。工资等级（包括升工月规）情况如下：以白米计，三石四升，3 人；二石九升，1 人；二石五斗，10 人；二石二斗四升二合，5 人；一石九斗八升四合，7 人；一石七斗二升，5 人；一石四斗二升，5 人；一石三斗，1 人。另有一石一斗八升者未报。茶食糖果、炒货蜜饯和野味绝大部分均自制自销，以门市销售为主，营业主要商品有瓜子、杨梅干、蛋糕、肉松、果玉、玫瑰梅、麻饼、熏鱼等。"进货以本市行家为主，兼亦向青岛、上海进货"，有业务关系的国营公司主要有中国百货公司（糖）、煤业公司（白煤烟煤）、中粮公司（面粉）、土产公司（南北货）及水产公司（鱼）等。[1]

1951 年的生产经营状况，现存《稻香村现金日记簿》第一册（1951.1.1—1952.1.17）有细致的记载和反映。[2] 1951 年 12 月 31 日结账分录如下。

购货金额：1951 年度 722771420 元；存货金额：1951 年期末 168879420 元；销货金额：1310441830 元，销货成本 767862750 元，销货折让 2234008 元。

职员薪金：253370000 元；奖金：4346800 元；临时工资：10113260 元；救济金：2516050 元；膳食费：32396680 元。

税捐：110825782 元；房租：6852240 元。

工会经费：6314126 元；公会费：3582600 元。

广告费：793000 元；印刷费：3129200 元；包装费：46214315 元。

利息收入：1871210 元。[3]

以上 1951 年度购货金额 722771420 元、存货金额 168879420 元属于资产。收入 = 销货金额 − 销货折让 + 利息收入，计为 1310079032 元；成本、费用 = 销货成本 + 薪金 + 奖金 + 临时工资 + 救济金 + 膳食费 + 税捐 + 广告费 + 房租 + 工会经费 + 公会费 + 印刷费 + 包装费，计为 1248316803 元。收入核减成本，1951 年度计

---

[1] 苏州市工商联第三分会：《苏州市工商户情况登记表茶食糖果业（稻香村：朱仲笙）》，1952 年，苏州市档案馆藏，档号：C001-017-0028-129。

[2] 《稻香村现金日记簿》第一册（1951.1.1—1952.1.17），苏州市饮食文化研究会会长华永根收藏。

[3] 当时拣瓜子、剥壳、敲松子者皆为临时工。临时工资，如 1951 年 3 月 8 日敲松子 50 斤，工资 75000 元，3 月 16 日拣瓜子一等 61 斤，工资 432000 元。房租按月支付，如 1 月付铺面租金 48 万元，4 月 30 日付铺面租金 57 万元，12 月 1 日付上月铺面租金 338140 元，31 日付本月铺面租金 383500 元。印刷费，2 月 28 日付代印白盐瓜子袋 40 万元。以上举例可供参考。

盈利 61762229 元。但是，盈利中尚未计股东分红情况。而据朱仲笙填报的《稻香村商店基本情况登记表》，1951 年营业总额 1310441830 元，纯损额 11025457.66 元，存在的主要困难："资金短缺，营业清淡，开支浩大，入不敷出，周转极为困难。"[1]

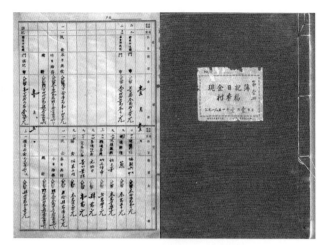

1951 年《稻香村现金日记簿》

为比较直观地了解具体情况，此处摘录《稻香村现金日记簿》1951 年第一册（1951.1.1—1951.5.15）部分记载。

1月1日（元旦）

门市：糖果部现销人民币 2438400 元，茶食部现销人民币 3820300 元。现金共收 62601400 元，昨日给存 3619012.66 元，总计 9880412.66 元。

现进野鸭：协盛兴 361000 元；杂项：葱 35000 元；饺肉：杜元芳 32800 元；杂项：竹丝扫帚 28000 元；各项使力：40000 元；文具用品墨水笔杆：10000 元；膳食与肉：39400 元。

现金本日共付 546200 元，今日给存 9334212.66 元。总计 9880412.66 元。

1月2日

门市：糖果部现销人民币 186200 元；茶食部现销人民币 2613600 元。

职员薪金：元旦加发薪工 491500 元。女工年终奖金 500000 元，练习生 574000 元。

1月16日

门市：糖果部现销人民币 1901700 元，茶食部现销人民币 2670800 元。

应付账款：同泰人民币 560000 元。

预支薪金：俞运道 300000 元，邓钰林 500000 元，李斗南 200000 元，祝文贵 150000 元。

1月22日

职员薪金：朱仲笙 864500 元，朱家元 674800 元，王晓沧 674800 元，蔡

---

[1] 苏州市工商联第三分会：《苏州市工商户情况登记表茶食糖果业（稻香村：朱仲笙）》，1952 年，苏州市档案馆藏，档号：C001-017-0028-129。

仲鹏 650500 元，沈锡裕 507600 元，顾阿二 493900 元，刘德卿 357600 元，徐增荣 497700 元，许阿甫 376400 元。

2月4日

门市：糖果部现销人民币 8674900 元，茶食部现销人民币 6836800 元。

应付年终奖金：

朱仲笙三分之一 370400 元，朱家元三分之一 289200 元，王晓沧三分之一 289200 元，李荣宝三分之一 161300 元，刘德才三分之一 51100 元，马子彬三分之一 189600 元，吴锦棠三分之一 239000 元，徐寅伯三分之一 213300 元，曹根福三分之一 187600 元，王渭根三分之一 161300 元，俞运道三分之一 187600 元，祝文贵三分之一 51100 元。

汤子海 289200 元，蔡仲鹏 278700 元，沈锡裕 239000 元，顾阿二 239000 元，刘德卿 239000 元，徐增荣 213300 元，许阿甫 161300 元，朱万金 161300 元，李斗南 213300 元，许桂生 239000 元，周福泉 239000 元，李少甫 239000 元，薛志刚 89600 元，俞浩然 187600 元，吴希礼 187600 元，陈玉珩 161300 元，宫士芳 102400 元，张云嵩 119500 元，曹秀峰 213300 元，蔡见华 239000 元，邓钰林 213300 元，成福保 219000 元（病故后为朱培莲），萧永庆 187600 元，吴钰树 187600 元，欧朝洪 102400 元。

练习生：

吴炳祥全份二斗 143500 元，潘兆德全份二斗 143500 元，冯国安全份二斗 143500 元，徐金松全份二斗 143500 元。

现进饺肉：陶华昌 33600 元。

现进板油：刘益兴 90000 元，北东美 91500 元，老陆稿仁记 345000 元。

现进杂项：泰仁 70000 元，酒精 12000 元，真粉 10000 元，薄荷末 30000 元。

现进糖类：中国百货公司 2273600 元。

临时工资：敲松子 24000 元。

杂项另用：水筹 10000 元，一月失业救济金伙食 27500 元，新闻报等 6300 元，毛巾 2 条 7000 元，电灯泡 8000 元。

应付账款：振华 308100 元，协生 1301000 元。

膳食：饭菜肉 116400 元，香糟 19600 元。

现金：

本日共收 15511700 元，昨日给存 12426202.66 元，总计 27938402.66 元。

本日共付 12999600 元，今日给存 14938802.66 元，总计 27938402.66 元。

2月5日（除夕）

各友押岁 210000 元。

2 月 15 日

门市：糖果部现销人民币 2255100 元，茶食部现销人民币 2122100 元。

应付年终奖金：

朱仲笙 370400 元，朱家元 289200 元，王晓沧 289200 元，蔡仲鹏 278700 元，沈锡裕 239000 元，顾阿二 239000 元，刘德卿 239000 元，徐增荣 213300 元，许阿甫 161300 元，马子彬 239000 元，吴锦棠 239000 元，徐寅伯 213300 元，曹根福 87600 元，王渭根 161300 元，吴胜隆 213300 元，俞运道 187600 元，李荣宝 161300 元，汤子海 289200 元，李斗南 213300 元，许桂生 239000 元，周福泉 239000 元，李少甫 239000 元，薛志刚 187600 元，俞浩然 187600 元，吴希札 187600 元，宫士芳 102400 元，曹秀峰 213300 元，蔡见华 239000 元，邓钰林 213300 元，成福保 239000 元，萧永庆 187600 元，吴钰树 187600 元，朱万金 161300 元，欧朝洪 102400 元，刘德才 51100 元，张云嵩 119500 元。[1]

以上有助于大致了解 1951 年元旦至春节前后稻香村的日常生产经营和收支状况，旺月里购销一片繁忙。其中值得注意的是职工待遇问题。与 1950 年 11 月 20 日稻香村工商登记时比较，1951 年职工待遇皆有所提高。除经理朱仲笙外，其子协理朱家元（勋臣）与管理人员王晓沧、汤子海（长有）待遇相同，与其他职工待遇总体上相差不是很大。职工除薪金外，遇年节、年终有奖金，店里提供膳宿，病故者发放抚恤金，如 1951 年 3 月 3 日即发放马子彬病故抚恤金两月，计 956000 元。稻香村还注意维护女工权益，发放年终奖金，三八国际劳动妇女节给女工放假，工资照常发放一天，计 79700 元。

1951 年与稻香村有业务往来的主要企业字号，绝大多数为私营性质。鱼：德成鱼行、永丰、陆宝珠、永兴泰、朱绍中（青鱼），薛永中（荡鲤鱼、鳝丝）。鲞鱼：合成。饺肉：杜元芳。割肉：谢洪泉、老陆稿、大房陆稿荐。板油：周宝利、单泉兴、朱雅记、刘益兴、魏三珍、金月兰、公记、三义兴、震丰、斜塘朱桂香、协和、北东美、吴福记、香雪斋。酱油：庆余、义滪。野鸭：复兴、协盛兴、稻元章。鸡蛋：永兴蛋行、程顺兴。胶县瓜子：永安行（代办）。乔湾瓜子：无锡勤益。松子、南瓜子：宏隆行。葵花子、花生仁：鸿业。梅皮：常熟益丰。梅子：沈允记。蜜枣：南联。青盐果：吴万丰。花生：源源。桂花：虎丘朱念兴。糖精：志乐西药房。糖：周森泰、华德糖果、协生。面粉：仁记、裕新、太和、苏州面粉厂。菜油：协泰丰。硬柴、松柴：公兴。包装：钱太源。纸张：瑞元纸号。

---

[1]《稻香村现金日记簿》第一册（1951.7.1—1952.1.17），1951 年 1 月 22 日误记沈锡裕薪金为 57600 元。1951 年 7 月 19 日记载职员薪金人员增加，有祝文贵、冯国安、邓昌源、潘兆德。

因存款借贷业务往来的银行,除国营的中国人民银行外,还有四明银行、浙江兴业银行、国华银行、中国实业银行、新华银行、亚洲银行等民营商业银行。

1951年2月,稻香村参加了苏州市工商局、工商联联合举办的抗美援朝保家卫国工业生产展览会,产品陈列于食品工业馆。5月,稻香村赴无锡参加苏南区城乡土产特产交流物产展览大会,展品陈设于苏州馆,在第一集团糖果行业进行交流,获得座商外销证。7月参加上海华东土特产展览会、苏南土特产展览会,稻香村也获得了商机,积极开拓业务,投资增收。如《稻香村日记账》第一册(1951.7.1—1952.1.17)记载,7月18日,赊销应收账款:杭州沈庆良831000元。9月15日,应收月饼、宫饼等产品账款:虎丘合作社2924000元;上海四马路(福州路)稻香村(人民北局支3631)276400元,17日又收276400元。10月30日,苏纶合作社代销货品2800637元,折让156273元。12月13日,投资公私合营苏州物资贸易公司60股,计600万元,翌年2月又缴纳优先股30股,计300万元。[1]

稻香村积极支持抗美援朝运动。1951年3月20日慰问志愿军糖果6000元,26日慰劳中朝战士和救济朝鲜难民80万元,另外捐献子弹费等。4月20日捐献子弹费,欢迎志愿军7000元。开展增产节约运动,为志愿军捐献飞机大炮:7月31日捐献1245000元,8月24日捐献1845000元,9月28日捐献3200000元,9月29日捐献2500000元,10月22日捐献5080690元,总计捐献13870690元。

稻香村积极支持工会筹备和成立,在中国店员公会茶食糖果业分工会组织指导下,1950年11月10日,男女职工49人经全体职工大会民主选举稻香村基层工会筹备委员会,1951年3月15日由中国店员公会苏州市海货土产业中区工作委员会确定分工:"主任许桂生,副主任周福泉,组织李少甫,劳保徐寅伯,生产

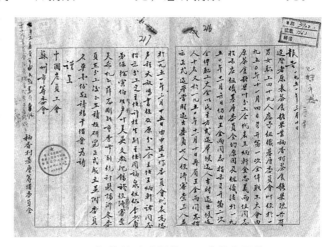

1951年苏州稻香村基层工会筹备报告

---

〔1〕 参阅苏州物资贸易公司:《茶食糖果业股东名簿:稻香村》,1953年,苏州市档案馆藏,档号:C010-002-0003-040。该名簿稻香村户编号41—35共30股,1952年2月25日又缴纳300万元,1956年11月29日全部转让。

叶美英，文教沈锡裕，经济审查吴希札正、薛志刚副、曹秀峰副，统计欧阳沂。"[1] 4月17日中国店员公会海货土产业稻香村基层委员会成立，店里赠送锦旗，补助费20万元，[2] 又资助有关工作费用，以及清洲观前读报组、职工俱乐部费用。稻香村基层工会成立后，全员53人中49名职工全部加入[3]，吴希札为首任

吴希札　　　　《稻香村店史》封面

工会主席，其后许桂生接任。在确认工人民主权利的基础上，工人努力生产，提高劳动生产率，协助资方朱仲笙克服困难，并能获得合理利润，使稻香村仍能保持其在苏州茶食糖果业中的优势地位。

茶食糖果多有高级产品，例如松子肉，以往贵得要花五六斗米的钱才可买到一斤，消费对象主要是官僚、地主、资本家等剥削阶级，解放后，剥削阶级被打倒，销售极度清淡，如人民商场一个茶食糖果部每天只能做值五六斗米钱的生意。茶食糖果业多有陋规，过去"一遇到节日，就要犯'年过三十夜，黄土也要涨三分'的老毛病，因此不应涨价的，也要涨上去"[4]。为了响应中央贸易部关于稳定中秋节食品价格的指示，苏州市南北山货糖果市场订立《爱国公约》："（一）保证各种货品统一规格。（二）划出明码标价，使买客一看就知道价钱。（三）在中秋节前后决不拒售，决不随便涨价，并且不偷工减料；实事求是对待顾客。（四）绝对遵守市场现在所订出的各项制度。"[5] 稻香村坚决遵守爱国公约，坚决执行茶食糖果业决议，保证糖果月饼的规格一致，积极响应工商联的号召，把保证物价稳定作为自己的责任；同时"要革除过去陋规，树立新的商业道德"[6]，及时改变经营方针，树立为广大劳动人民服务的方向。在这个改造过程中，稻香村的职工们也团结、教育了资方，在人民政府领导和政策支持下，稻香

---

[1] 中国店员公会苏州市海货土产业中区工作委员会：《关于茶食糖果业稻香村茶食糖果号的情况报告》，1951年3月20日，苏州市档案馆藏，档号：A032-006-0390-216。

[2] 参阅《苏州市总工会给中国店员公会苏州市委员会筹备会的批示》，1951年3月31日，主席尤旭等批示，同意3月20日报告海货土产业稻香村委员会定期成立。苏州市档案馆藏，档号：A032-006-0359-083。

[3] 苏州市工商联第三分会：《苏州市工商户情况登记表茶食糖果业（稻香村：朱仲笙）》，1952年，苏州市档案馆藏，档号：C001-017-0028-129。

[4] 本报讯：《保证中秋节前后不投机抬价》，《新苏州报》1951年9月13日第2版。

[5] 吴孝维、郑鼎三：《保证中秋节前后不涨价》，《新苏州报》1951年9月12日第2版。

[6] 本报讯：《保证中秋节前后不投机抬价》，《新苏州报》1951年9月13日第2版。

村的业务逐步好转和扩大。

国民经济恢复时期稻香村的发展反映了苏州商业的新气象。1950年苏州社会商品零售总额为958863800元,"五一年度的营业额很多超过五〇年度的营业额。国营公司的限制零售,调整批零差价,更有力地鼓舞了私商业经营积极性,推动了私商的恢复和发展,在人民生活水平日益提高,城乡交流扩大开展的情况之下,私商是要负担起责任很好服务的"[1]。为了巩固两年来的成绩,使私营企业进一步在国营经济的领导下,改进生产经营,革除陋规,建立新的商业道德,苏州市在北局举办了私营企业生产经营改造展览会。1951年11月5日展览会开幕,7日开始交易,设置临时商场,至12月2日胜利闭幕,观众超过10万人。稻香村也积极地参加了此次盛会。会后到12月11日前,苏州市召开了革除陋规、改善经营的行业会议。茶食糖果业把展览会上没有暴露完全的陋规,自我暴露出来,同时在思想上又进一步地进行了自我改造教育。[2]稻香村全体职工,通过抗美援朝、土地改革、镇压反革命这三大运动,爱国主义教育得到普遍加强,觉悟程度明显提高,在检查中更加清楚地认识到生产经营上的陋规的危害性:不但损害了广大人民群众的利益,也腐蚀了工商业本身,阻碍了私营企业的进步与发展。资方更从两年来依靠工人阶级搞好生产和改进生产经营所得来的成绩中,认识到今后经营的方向:必须有利于人民,有益于国计民生,服从国营经济领导,为城乡交流服务。1951年由于苏州地区土地改革完成,工农业生产迅速恢复与发展,城乡劳动人民购买力提高。稻香村认真执行行业业务公约,严格遵照茶食糖果业保证,在国营经济领导下,保证不涨价,货真价实,根除陋规(废除旧历年节每位加倍的陋规),为稳定新旧年关物价做出了自己的贡献。

1951年12月,中共中央分别发出《关于实行精兵简政、增产节约、反对贪污、反对浪费和反对官僚主义的决定》和《关于反贪污斗争必须大张旗鼓地去进行的指示》,"三反"运动在全国各地迅速展开。随着扶持和合理调整工商业方针政策的执行,部分资本家唯利是图,甚至勾结、腐蚀国家工作人员,进行行贿、偷税漏税、盗窃国家财产、偷工减料、盗窃国家经济情报(通称"五毒")等不法活动,破坏国家的经济建设,损害人民群众切身利益。1952年1月26日,中共中央发出《关于在城市中限期开展大规模的坚决彻底的"五反"斗争的指示》,2月初苏州市"五反"运动开始启动,4月全面展开,6月底结束。在强大的运动压力和政策感召下,稻香村经理朱仲笙也如实汇报交代了解放以来的有关问题。

---

[1]《江苏省苏州市私营工商业情况汇报》,1952年12月22日,马敏、肖芃主编,华中师范大学中国近代史研究所、苏州市档案馆合编:《苏州商会档案续编》第一辑(一九四九——九五四),武汉:华中师范大学出版社,2017年,第376—377页。

[2] 胡荣琪、李长根、张学祖:《革除陋规改善经营》,《新苏州报》1951年12月17日第1版。

据1952年4月19日朱仲笙填报的《违法工商业户五反结论报告表》，稻香村当时有职工51人。账内资金1.6亿元，账外资金9677.5万元，仍为合伙经营。涉及有关问题如下。

1949年

偷税漏税：营业税491712元；行商税51万元；印花税292171元；房产税30万元；所得税144万元。

其他：逃避资金65375000元；违反金融放款收息60000元（私人）；苏州解放初经由吴县茶食糖果业商业同业公会理事长、金芝斋经理金杏荪经手，送给派出所白米5斗，计现值11万元。

总计68578883元。

1950年

行贿：3月22日"东北税务分局刘、顾二同志查印花，稻香村有漏贴，具结之后，怕受罚金，行贿20万元"。

偷税漏税：营业税1222000元；行商税335万元；印花税260520元；房产税60万元；所得税56829000元。

其他：逃避资金1160万元；违反金融借款收息40万元（私人）；认购公债1172份未完成，少购187份。"拖延春季评补税达半年，不重视税收，夏季减低职工薪金进行剥削。"

总计74461520元。

1951年

偷税漏税：营业税400800元；行商税67万元；印花税40080元；房产税30万元。

其他：逃避资金480万元；1952年1月"偷工减料攫取暴利45万元"。

总计6660880元。

以上三年各项合计149701283元。朱仲笙在表中备注："逃避资金包括股息及经、协理奖金及经理车马交际费在内。所得税尚有七成五千余万元未缴，保证四月底完成。"他并亲自具结："以上为三年来本人所犯违法罪行，澈底坦白属实，并无隐瞒，保证今后痛改前非，决不再犯任何错误，坚决服从国营经济领导，服从工人阶级领导，遵守共同纲领，做守法工商业者。今后如犯任何违法错误行为，愿受政府严厉处分。"[1]

此表按照规定要经由茶食糖果业同业小组、稻香村工人及职员审查，工会出具审查意见，上报苏州市节约检查委员会审查并提出处理意见。苏州市在"三反""五反"运动中定案处理，贯彻了"斗争从严，处理从宽"的原则，占总户数1.81%的严重违法户和0.31%的完全违法户受到了严肃处理。"五反"以后，个别工商业者由于对政策认识不足，径自出走或者对经营缺乏信心，置企业于不顾，因此，个别企业单位就由职工生产自救，继续经营。茶食糖果业及面馆业等都存在这些情况。朱仲笙受到了深刻的爱国守法教育，认识提高，态度诚恳，违法程度轻微，被宽大处理，得以轻装上阵，继续致力于企业的生产经营管理。

通过"三反""五反"运动，对有利于国计民生的私营商业，有区别有步骤地从扶持入手，进行社会主义改造。社会主义经济飞速壮大，在苏州社会商品零售总额中，1950年社会主义经济比重为11.87%，私营经济比重88.63%，1952年前者比重一跃为39.75%，后者下降为60.25%。随着国民经济的全面恢复和发展，"工人职员收入52年比49年增加49.67%，农民增加29.09%，人民生活有相应的提高"[2]，市场空前地活跃起来。

在参加完苏南第三次城乡物资交流大会之后，1952年10月30日，朱仲笙于人民南路17号开设稻香村分号——稻香村南门分销处，隶属大太平巷居委会，电话1747，性质仍为合伙经营，零售稻香村总号产品。主营茶食，兼营饼干野味。职员2人，经理由朱仲笙兼任，月薪95万元。同年12月初，"政府调整了商业关系，国营公司收缩门售面并调整了批零差价，合作社明确以社员为供应对象以后，私营商业情况显著好转，因而大大鼓舞了私营工商业者的经营积极性，市场情况也进一步活跃了……茶食糖果业因合作社方面是相当照顾的，订立了业务合同，该业进货系期款进货"[3]。这年苏州市茶食糖果业总体情况是："至1952年上半年，因'五反'运动开展，资本家经营信心低落，生产不正常，业务又直线下降。但通过下半年城乡交流的开展，银行大力扶助，整个糖果业营业又直线上升，

---

[1] 朱仲笙填报《苏州市违法工商业户五反结论报告表》，1952年4月19日，苏州市档案馆藏，档号：C001-017-0030-189。表上印有填表说明："一、填表人必须以老实和澈底坦白的态度填写此表，不得隐瞒，否则一经查出，以抗拒运动论处。二、填写违法主要事项各栏，应将违法时间和盗窃国家财富数字填写清楚。三、审查人审查此表时，必须采取认真负责的态度，并签注意见签名盖章。四、此表填一式三份，自留一份，工会一份，节约检查委员会一份。五、此表必须墨笔或钢笔填写，字迹要清楚，不得潦草涂改。六、具结系指对坦白材料负完全真实责任，并表明今后态度。"按：澈底，今作"彻底"。

[2] 江苏师院历史系三年级财贸历史小组：《十年来苏州市财经贸易工作的成就》（初稿），1958年12月，苏州市档案馆藏，档号：A008-001-0010-026。

[3] 苏州市工商业联合会：《目前工商业情况汇报》，1952年3月，马敏、肖芃主编，华中师范大学中国近代史研究所、苏州市档案馆合编：《苏州商会档案续编》第一辑（一九四九——九五四），武汉：华中师范大学出版社，2017年，第381、385页。

而且多有了盈余。并且将上半年在'五反'时期的亏损都弥补了过来。"[1]稻香村的业务发展也受益良多[2]，11月份估征所得税多缴的税款，根据"不多收不少收，贯彻合理负担"的人民税收政策精神，翌年也给办理了退税手续。稻香村协理朱家元表示："政府的政策是很正确的，我们今后要积极搞好经营。"[3]并把退到的税款，运用到生产与经营上去。

二、向社会主义过渡时期的稻香村茶食糖果号

从1953年起，在国民经济全面恢复的基础上，以实施第一个五年计划为标志，我国开始转入有计划的大规模经济建设时期，也是社会主义过渡时期。稻香村的事业继续向好。以现行价格计算，1953年总产值为1516344千元，其中由于国家贸易系统收购经销而生产的成品价值（包括原材料价值）94797千元，自销1421548千元。以1952年不变价格计算，1953年总产值为1353337千元，其中由于国家贸易系统收购经销而生产的成品价值（包括原材料价值）84605千元，自销12687328千元。[4]以稻香村南门分销处为例，1953年零售营业额为：1月1027万元，2月2334万元，3月1058万元，4月935万元，5月704万元，6月699万元，7月618万元，8月822万元，9月2486万元，10月1241万元，11月1034万元，12月829万元。合计13787万元，月平均1149万元。[5]

据1953年12月统计，稻香村所在的观前街中区17段，职工人数满20人以上的商店约18家，其中属茶食糖果业的5家。观前街200号广州（经理赵达廷，协理郭秀霞），职工人数31人；观前街72号金芝斋（经理金杏荪，协理金木石），职工人数27人（包括计件工12人在内）；观前街35号叶受和（经理金立强，协理陈茂生），职工人数58人（包括分店两户在内，人数中包括计件工14人在内）；观前街91号采芝斋（经理金培元），职工人数47人（包括计件工27人在内）。稻香村职工人数已达49人（包括计件工12人在内），全部资金235914千元，实力名列前茅。[6]这年稻香村基层工会建立了劳资协商会和护税小组，参

---

[1] 《历史演变情况——茶食糖果业》（手写稿），苏州市工商联，1955年6月7日，苏州市档案馆藏，档号：B003-010-0011-030。

[2] 参阅账字第10号《稻香村各项费用分日账》（1952.9.27—1952.12.31）；账字第17号《稻香村各项费用分户账》第二册（1952.8.1—1952.12.31），苏州市人民政府税务局中区分局商号账册登记，苏州稻香村有限公司档案室藏。从制造人工费用和包装费用项目来看，产品主要有月饼、麻饼、桃酥、方蛋糕、资生糕、酥糖、瓜子、炒米粉等。

[3] 治、泽、财：《正进行去年所得税补退工作》，《新苏州报》1953年6月13日第1版。

[4] 苏州稻香村茶食糖果号：《私营工业企业1954年度基本年报表》第3表"总产值（现行价格）""总产值（不变价格）"，1955年3月25日填报，企业负责人朱仲笙（经理）签章，制表人王晓沧，苏州市档案馆藏，档号：C007-007-0314-388。

[5] 稻香村南门分销处：《苏州市南区茶食糖果业基本情况》1表，1954年2月17日（调查日期），苏州市档案馆藏，档号：B003-014-0013-100。

[6] 《苏州市职工人数满20人以上商店基本情况登记表》，1953年12月，苏州市档案馆藏，档号：B003-005-0159-084。

与改善经营管理和对私社会主义改造工作。

从1953年春节更加明显看出人民生活水平愈益提高,"往年认为比较高级的货品,今年已成为畅销的大众化货品了"[1]。本年9月稻香村曾向上海巢荣记机器厂订购水果弹簧机2架、模子4副、滚刀1把,积极开展增产节约运动,根据稳定中秋物价和薄利多销的精神,积极配合国营商业、合作社,准备节日物资供应。苏州市合作总社和稻香村茶食糖果号签订大宗月饼购销合约,供应给广大社员。稻香村严格执行苏州市茶食糖果业商业同业公会议定的各种月饼规格、价格:一级每两售550元,二级每两售500元,三级每两售450元,火腿月饼每两售1000元。[2]由于这年月饼的主要原料食糖的价格比上年降低25%,因此月饼价格较上年便宜。[3]

但是,自1953年下半年起,专业糖行被取缔,改为由国营中国百货公司苏州市公司(时称中国百货公司江苏省苏州商店)供货。由于油料作物被统筹管理后,花生、黄豆、向日葵子均告断货,稻香村业务还是受到了影响。1953年9月18日,朱家元曾致函在南京开太平村茶食店的股东徐福龙:

> 此间北货虽有登场,但货源不畅,新桃玉尚多,价斤廿五万元,身份甚好,瓜子络续有到,但到则一售而空,价与宁地相仿,约四十万左右,货劣不佳,新花生米市场甚缺,到货极少。市场登记配售,时断时续,即有配到,亦仅只每家二三十斤,无济于事,故请在宁代为拣身份较好者购进贰包……宁地如有山楂到货,请即予以购进壹件为荷。苏地一号白糖,已有百货公司大量供应,但猪油则仍缺,收购困难。月饼上星期调整售价,现每斤八千八百元,生意络续起色,昨门市八百万余,谅宁地亦然。[4]

11月15日朱家元复致函徐福龙:

> 此间所得税本定拾日纳库,但因业内排队不匀,经反复研究,故延至今日纳库。吾号纯益率为21%,计缴税款玖仟柒百余万元,今向南北货业熟悉行家设法暂借得贰仟万元,勉强完成。今日此间召开大会,为继续深入贯澈整饬纳税纪律运动,今由首长作动员报告,即将推及全面,进行自查补报,因过去所贯澈,不够深入,故重再开展,重点在一九五二年度所得税上,因根据税局抽查150户中都有轻重不同偷漏,共计税款达贰拾柒亿之多,故有开展整饬纳税纪律之必要。近日苏地营业较差,市场交易亦清,生仁、花生

---

[1] 堂、昌:《从今年春节里看人民生活的提高》,《新苏州报》1953年2月24日第2版。
[2] 唐鼎元、义:《充分供应广大人民节日需要》,《新苏州报》1953年9月16日第2版。
[3] 珍、曾涛、义、澧:《本市国营商业积极准备节日物资》,《新苏州报》1953年9月8日第1版。
[4] 苏州稻香村茶食糖果号协理朱家元:《致南京太平村徐福龙(寿石)函》,1953年9月18日,苏州稻香村食品有限公司档案室藏。按:廿五万、四十万、八百万,原文为苏州码子。

已成管理商品，市场乏货，因此盐果玉、长生果各家均无出售。瓜子土产公司有江西子，价五十二万，约可拣叁成有余。藕粉新货已登场，价捌拾五万元，糖百货公司继有供应，已能满足各家需要，不成问题矣。[1]

为保证正常的生产经营和原辅料质量，稻香村积极努力。1953年9月11日，鉴于胶州瓜子业已登场，稻香村经理朱仲笙即向老合作伙伴永安货栈发出委托书，委托其在1953年9月1日至12月31日代理稻香村在山东胶县地区采办胶州瓜子。首批汇款350万元，经理朱仲笙还函请永安货栈铭轩于短期内收妥1000斤胶州瓜子。[2]1954年2月7日朱仲笙又致函陈惠祖："兹苏地南子及葵子均无供应，不知申地有货否？如有供应，望即代为购进各伍包。"[3]

稻香村一向重视产品包装设计，委托上海大同印刷厂徐又新代请上海秋生美术画社设计酥糖盒。1953年11月，朱家元与本店同人等

苏州稻香村给永安货栈委托书

参阅后，对寄来的方广盒设计画稿指出如下缺点：（1）画盒面花纹呆板复杂，且不美观大方。（2）盒边与盒面情调完全不一致，不能协调。（3）盒边与盒面农村画面一是水彩画，一是图案画，不能相称。（4）盒面农村风景画面太小。（5）盒边"苏州稻香村"字样将画面破坏。综合以上缺点，提供修改意见如下：（1）盒面盒边农村风景一律改为水彩画。（2）盒面风景所占地位应予适当扩大，能不用花纹余地最好。（3）盒边农村风景颇佳，地位不宜放大，上下使尽量将边缩小，"苏州稻香村"字样勿破坏画面。（4）盒边四面，不宜面面皆同，祈再行设计壹面。"总的说来，其整个情景能参照前所绘酥糖盒情形，最为相宜，祈请绘稿者参考焉。"[4]对修改后画稿，朱家元复函同意照此制版付印，但提出注意事项："惟所画之彩色较为淡薄，望于制版时注意，能印制较叠厚，使画面可以凸出鲜明，因

---

[1] 苏州稻香村茶食糖果号协理朱家元：《致南京太平村徐福龙（寿石）函》，1953年11月15日，苏州稻香村食品有限公司档案室藏。按：贯澈，今作"贯彻"。

[2] 稻香村茶食糖果号《委托书》及朱仲笙函，1953年9月11日（发出日期），苏州稻香村食品有限公司档案室藏。按：永安货栈即前之永安行。

[3] 苏州稻香村茶食糖果号经理朱仲笙：《致陈惠祖函》，1954年2月7日，苏州稻香村食品有限公司档案室藏。

[4] 苏州稻香村茶食糖果号协理朱家元：《致上海大同印刷厂徐又新函》，1953年11月5日，苏州稻香村食品有限公司档案室藏。按：函中"盒"字，原文皆俗写作"合"。

现与酥糖盒并印,有五套颜色,底纹可制粗细各项胶版,使之色调匀和美观,可避免过于清淡之病。"[1]1954 年 1 月 6 日又就酥糖盒画稿和小样提出意见:"酥糖盒面有一月亮,是否可以取消。如可能,望取去,成为不是夜景而成为日间风景。"[2]这些包装设计几经修改,终于获得满意的效果。

苏州稻香村包装盒

稻香村积极开展外销业务,与上海、天津、北京等地市场联系密切,在上海的合作伙伴有新丰炒货号、大同新瓜子厂、大江南农产果品制造场、培丽土产公司、西区老大房、采芝村、生活商店,以及企业合作社等。1953 年 12 月 30 日发货给老客户上海申新三厂合作社虾子酱油 10 打、瓜子 400 听。[3]与天津老字号紫阳观稻香村及森记稻香村等也有业务联系,1954 年 2 月 24 日朱仲笙致函森记稻香村经理胡国琇,推销白糖杨梅,批发价每担 120 万元。[4]森记稻香村迅即购进白糖杨梅 100 斤。苏州稻香村还与北京东安市场的南货巨擘稻香春商洽销售白糖杨梅[5],以及甜梅、玫瑰梅等产品。

稻香村的产品还远销西北。1953 年 12 月 24 日配制完毕,交运西北贸易公司宝鸡市支公司采购的各项糖果 10 箱,货款 854.93 万元,代作木箱 10 只计 7 万元,泰昌运输行运费 68.17 万元。[6]接奉该公司来电后复函:"悉承采办炒米粉 2000 盒,椒盐桃片 100 盒,及虾子酱油 100 瓶,甚感。但奈因炒米粉及椒盐桃片

---

[1] 苏州稻香村茶食糖果号协理朱家元:《致上海大同印刷厂徐又新函》,1953 年 11 月 21 日,苏州稻香村食品有限公司档案室藏。

[2] 苏州稻香村茶食糖果号协理朱家元:《致上海大同印刷厂徐又新函》,1954 年 1 月 6 日,苏州稻香村食品有限公司档案室藏。

[3] 苏州稻香村茶食糖果号:《致申新三厂合作社函》,1953 年 12 月 30 日,苏州稻香村食品有限公司档案室藏。1954 年 2 月 20 日稻香村向上海生活商店报价(每斤):散水果 9600 元,白脱司各去 9600 元,纸包什锦硬糖 8200 元,拌砂硬糖 7200 元。

[4] 苏州稻香村茶食糖果号经理朱仲笙:《致天津森记稻香村经理胡国琇函》,1954 年 2 月 24 日,苏州稻香村食品有限公司档案室藏。按:廿万,俗作"念万"。

[5] 苏州稻香村茶食糖果号:《致北京稻香春函》,1954 年 3 月 4 日,苏州稻香村食品有限公司档案室藏。

[6] 苏州稻香村茶食糖果号:《致西北贸易公司宝鸡市支公司函》,1953 年 12 月 21 日、30 日,苏州稻香村食品有限公司档案室藏。

内主要原料黑芝麻,属政府所颁布四类管理商品之一,苏市久无供应,缺货已久。吾号该两项产品,已告停产,致无法装奉,甚歉。虾子酱油当即装奉不误,兹附奉松子云片及胡桃云片样品各一包,该货与椒盐桃片相仿,不知是否能合贵地销路,要否进行试销……松子云片批价每百包拾万另捌仟元,胡桃云片批价每百包柒万贰仟元。"[1]该公司迅即回复同意,1954年1月17日、25日稻香村即分批付运,货款341.5万元。[2]

稻香村还进行多种经营,销售其他厂号如上海广生园、凯福糖果制造厂的产品,如1953年9月向广生园添购大福果49斤。1954年1月18日收到凯福糖果制造厂的雪花软糖等产品后复函,请继发太妃软糖(分2种)20盒,雪花软糖、什锦软糖、什锦牛轧糖各10盒,白塔球糖、香草麦乳精各5盒,[3]转售给西北贸易公司宝鸡市支公司。此外还销售啤酒、白兰地、蜂蜜等。

1954年3月,稻香村职工积极认购国家经济建设公债,高度发挥了爱国热忱,在6月即超额完成了任务,并且全部缴清了公债款,[4]受到了表彰,生产积极性十分高涨。

据稻香村填报的《私营工业企业1954年度基本年报表》,企业编号为3大(2981)30,其类别属于工场手工业,业别仍属茶食糖果,营业组成性质为合伙。主要生产设备为作台13只、作灶5座。工人一班工作8小时。主要产品为西瓜子、年糕、月饼等。截至1954年12月31日,稻香村全体从业人员及全年薪资情况见表4-2。

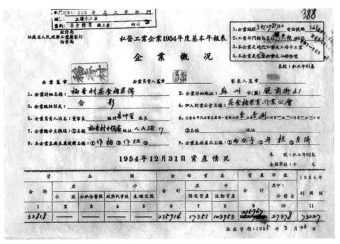

1954年苏州稻香村基本年报表

---

[1] 苏州稻香村茶食糖果号:《致西北贸易公司宝鸡市支公司函》,1954年1月13日,苏州稻香村食品有限公司档案室藏。

[2] 苏州稻香村茶食糖果号:《致西北贸易公司宝鸡市支公司函》,1954年2月14日,苏州稻香村食品有限公司档案室藏。

[3] 苏州稻香村茶食糖果号协理朱家元:《致上海凯福糖果制造厂钟荣璋函》,1954年1月18日、2月24日、3月4日,苏州稻香村食品有限公司档案室藏。

[4] 《积极争取提前完成公债缴款工作》,《新苏州报》1954年7月3日第1版。据档案,稻香村企业购买胜利公债342万元,建设公债2525万元。

第四章 社会主义革命与苏州稻香村的变迁

表 4-2　1954 年稻香村茶食糖果号从业人员数及全年薪资总数

	年底实有人数	全年平均人数	全年薪资总数/千元
1．全部从业人员（2＋3）	52	54	287229
2．全部职工	50	52	264721
其中：（1）生产工人	34	35	154845（临 8020）
（2）学徒			
（3）工程技术人员			
（4）职员	15	16	103474（临 8470）
3．在职资本家及资本家代理人	2	×	22508
其中：熟悉工程技术的人员		×	

资料来源：苏州稻香村茶食糖果号：《私营工业企业 1954 年度基本年报表》第 5 表 "1954 年从业人员数及全年薪资总数"，1955 年 3 月 25 日填报，苏州市档案馆藏，档号：C007-007-0314-392。表内注明：厂外家庭工人，旺季平均人数 2 人。

资本额合计 32818 千元。全部资产 235914 千元，其中固定资产 17351 千元，流动资产 103953 千元；资产净值合计 215967 千元，其中公积金 27378 千元。[1]

以当时价格计算，1954 年全年总产值 1228493 千元，其中国家贸易系统收购、经销 115585 千元，利润 73227 千元（含人民路 17 号稻香村南门分销处）。主要产品全部销售一空。[2]1954 年总产值、主要产品产销量及原材料、燃料消费情况，分别见表 4-3、表 4-4、表 4-5。

表 4-3　1954 年稻香村茶食糖果号总产值表

单位：千元

		合计	第一季度	第二季度	第三季度	第四季度
1	总产值暨全部成品价值（以现行价格计算）	1228493	416936	272036	317042	222479
	总产值暨全部成品价值（以不变价格计算）	1131441	383998	250545	291995	204903

---

〔1〕1954 年稻香村年终资产情况：固定资产 6106 万元，其中房地产 630 万元，生财器具 1105 万元（1949 年 9 月 1 日估值），公债 3909 万元，其他 462 万元；流动资产 10395 万元，其中现金 109 万元，存货 9579 万元，其他 707 万元；负债 1995 万元，其中固定垫款 67 万元，其他 1928 万元。较 1954 年度基本年报表更为翔确。见苏州市工商联：《苏州市私营企业情况报告表：苏州稻香村茶食糖果号》，1955 年，苏州市档案馆藏，档号：C003-012-0371-490。

〔2〕苏州稻香村茶食糖果号：《私营工业企业 1954 年度基本年报表》第 1 表 "企业概况"、第 8 表 "私营工业企业 1954 年基本情况表"，1955 年 3 月 25 日填报，企业负责人朱仲笙（经理）签章，制表人王晓沧，苏州市档案馆藏，档号：C007-007-0314-388。1954 年具体经营情况：营业额 173120 万元，营业税 6490 万元，费用开支 27071 万元，盈利 7323 万元。见苏州市工商联：《苏州市私营企业情况报告表：苏州稻香村茶食糖果号》，1955 年，苏州市档案馆藏，档号：C003-012-0371-490。

续表

		合计	第一季度	第二季度	第三季度	第四季度
2	其中由于国家贸易系统收购经销而生产的成品价值（以现行价格计算）	115585	47650	14246	48484	5205
	其中由于国家贸易系统收购经销而生产的成品价值（以不变价格计算）	106453	43885	13120	44654	4794
3	自营自销（以现行价格计算）	1112908	369286	257790	268558	217274
	自营自销（以不变价格计算）	1024988	340113	237425	247341	200109

资料来源：苏州稻香村茶食糖果号：《私营工业企业1954年度基本年报表》第3表"总产值（现行价格）""总产值（以不变价格计算）"及其附表"一九五四年产值分月调整表（以现行价格计算）"，1955年3月25日填报，苏州市档案馆藏，档号：C007-007-0314-388-390-395。说明：成品价值均包括原材料价值。不变价格指1952年不变价格。

表4-4　1954年稻香村茶食糖果号主要产品产销量

单位：公斤

产品名称	年初结存量	全年生产量	全年销售量			年底结存量
			合计	国家贸易系统统购包销	自销	
西瓜子	281	7911	8082	801	7281	110
年糕	3336	3336	3336	195	3141	
月饼	6447	6447	6447	1475	4972	

资料来源：苏州稻香村茶食糖果号：《私营工业企业1954年度基本年报表》第4表"1954年主要产品产销量"，1955年3月25日填报，苏州市档案馆藏，档号：C007-007-0314-392。据第4表附表"一九五四年主要产品产量分月调整表"，西瓜子每月生产，年糕仅在1月生产，月饼仅在9月生产。

表4-5　1954年稻香村茶食糖果号主要原材料、燃料消费

单位：公斤

主要原材料及燃料名称	全年收入量		全年消费量	年底结存量	全年需要量估计
	合计	国家及合作社供应原料数量	自销		
煤	41	41	39.86	1.14	42
砂糖	20062	20062	19897.5	164.5	24000
白糯米	6275	6275	6265	10	7500
白粳米	6430	6430	6430		9000
面粉	495	495	488.5	6.5	560

资料来源：苏州稻香村茶食糖果号：《私营工业企业1954年度基本年报表》第6表"1954年主要原材料燃料消费情况"，1955年3月25日填报，苏州市档案馆藏，档号：C007-007-0314-393。

苏州市茶食糖果业在解放后,经过组织市场及整理改组同业公会,在业内分了组别,计有茶食糖果组、蜜饯组、炒货组(实质上和茶食糖果组性质相仿,只不过以炒货批发为主),另外,在抗日战争以后发展起来的新兴的饼干作和硬糖厂,亦分别成立了饼干组及硬糖组。自1953年起生产趋于正常,业务上也发生了转变。茶食糖果组到1953年行业中实行统一议价时,将会员分为甲、乙、丙三级,为了照顾丙级的营业,将每种品种分为三等价格,甲级稻香村等售价最高,丙级售价最低廉,使小店也可以拉拢一些营业。从1954年1月起,包括稻香村在内,各店产品均通过苏州市合作总社介绍关系出售,停止了直接与外埠批发商发生关系,同年7月与本市合作社签订了购销合同,规定了收购品种,同时所有原料如食糖、生坯农产品均由合作社优先代替采购供应。在销货上,通过合作社安排,规定在市场出售,生产逐步纳入计划。由于从1954年起更进一步实行了统一价格、统一规格,大小店都是一样,因此甲、乙、丙级已无存在的必要。苏州市茶食糖果业"在大户中,有些店在沪宁一带,甚至全国来说,素负盛誉。如采芝斋的糖果瓜子,叶受和、稻香村的糕饼,桂香村的大方糕等。因此春秋假日,营业特好"[1]。

据《苏州市私营企业情况报告表》,1955年春稻香村股东出资额情况为:朱仲笙1392万元,韩韶扬410万元,俞仲年、马秉渊、徐福龙各205万元,蔡俊镛、刘承恩、刘承贵、田永达、周祖培各103万元,朱炳璜308万元,总计3240万元。人员总计40人,除去出资人和资方代理人朱仲笙、朱家元父子,工人职员38人。[2]人员基本情况见表4-6。

表4-6 1955年稻香村茶食糖果号人员基本情况

姓名	年龄	文化程度	企业职务	每月工资/万元	家庭人口 大	家庭人口 小	每月其他收入(包括家庭)
朱仲笙	76	私塾	经理	91.54	4	3	
朱家元	30	高中毕业	资从	72.03	2	2	30万元
汤子海	81	私塾6年	业务负责	72.03	1	2	
蔡仲鹏	77	私塾	会计	69.54	3		
王晓沧	49	小学	会计	72.03		4	5万元
曹秀峰	54	小学	会计	53.82	1	2	10万元
李斗南	39	小学	会计	53.82	3	1	3亩田

---

[1]《历史演变情况——茶食糖果业》(手写稿),苏州市工商联,1955年6月7日,苏州市档案馆藏,档号:B003-010-0011-030。

[2] 苏州市工商联:《苏州市私营企业情况报告表:苏州稻香村茶食糖果号》(附表),1955年,苏州市档案馆藏,档号:C003-012-0371-490-493。

续表

姓名	年龄	文化程度	企业职务	每月工资/万元	家庭人口 大	家庭人口 小	每月其他收入（包括家庭）
蔡见华	49	私塾	职员	59.99	3	5	3.8亩田
邓昌源	38	私塾4年	职员	53.82	3	5	2万元
萧永庆	31	私塾3年	职员	47.66	2	2	1.6亩旱田
欧朝洪	25	初中	职员	34.18	4	1	
刘德才	23	小学	职员	34.18	1	1	
周福泉	40	小学	职员	59.99	2	3	2.5万元
李少甫	39	小学	职员	59.99	1	3	
张云嵩	63	私塾6年	职员	28.68	1		
薛志刚	28	小学毕业	职工	47.66	1	2	
沈锡裕	49	私塾	职工	59.99	3	1	4亩田
陈玉珩	32	私塾2年	职工	41.35	2	1	2亩田
朱培莲	46	私塾1年	制糖工	59.99	2	3	2.5万
朱万金	25	小学	制糖工	41.35	3	2	2万元
吴希札	30	初中3年	油面	47.66	2	2	3万元
宫士芳	23	初中1年	油面	34.18	3		5万
许桂生	58	私塾3年	野味	59.99	2	4	2.5亩田
俞浩然	33	小学4年	野味	47.66	2	3	
潘兆德	23	小学3年	野味	28.44	5		4亩田
徐寅伯	41	私塾4年	茶食工	59.99	1	5	
王渭根	29	私塾3年	茶食工	47.66	2	3	
曹根福	45		茶食工	53.82	3	7	44万元
吴炳祥	25	初中2年	茶食工	28.44	3	1	38万元
祝文贵	23	小学4年	茶食工	34.18	3		1亩旱田
徐金松	25	私塾3年	茶食工	28.44	1	1	3亩田
吴胜隆	38	私塾2年	茶食工	53.82	2	2	3万元
俞运道	53		茶食工	47.66	3	3	6亩田
许阿甫	51	私塾3年	茶食工	41.35	2	2	6亩田
李荣宝	37	小学4年	茶食工	41.35	2	4	10万元
吴锦棠	63	私塾3年	茶食工	59.99	3		5亩旱田
刘德卿	39	小学2年	蜜饯工	59.99	4	4	3.5亩田
徐增荣	40		炒货工	59.99	2	1	3万元

续表

姓名	年龄	文化程度	企业职务	每月工资/万元	家庭人口 大	家庭人口 小	每月其他收入（包括家庭）
顾阿二	54	私塾2年	炒货工	53.82	1	3	
冯国安	21	小学4年	炒货工	28.44	2	3	

资料来源：苏州市工商联：《苏州市私营企业情况报告表：苏州稻香村茶食糖果号》（附表），1955年，苏州市档案馆藏，档号：C003-012-0371-490-493。表中人员皆男性，个别人员工资调整情况为：1951年2月调整前宫士芳28.44万元，王渭根即王渭仪41.35万元；1951年9月调整前欧朝洪即欧阳沂28.44万元；1952年1月调整前徐增荣53.80万元，顾阿二59.99万元；1953年9月调整前曹根福47.66万元。[1]

据1955年8月普查，稻香村人员40人（其中技工16人），计件工13人。资金（固定、流动）人民币19291元（新币1元折兑旧币10000元，旧币于1955年5月10日停止流通）。同时期，采芝斋共有26人（其中技工9人），计件工25人，资金40590元；叶受和共有49人（其中技工19人），计件工12人，资金22086元；广州共有31人（其中技工17人），流动资金12215元，固定资金23836元。除却主营西点面包及罐头食品的广州不论，可知采芝斋、叶受和当时的资金超过稻香村，但在生产经营上各家仍然是各有侧重，各有拳头产品。稻香村主营糕点、野味、糖果、蜜饯、炒货，除月饼等特色糕点外，生产的野鸭、熏鱼、枫鱼、虾子鲞鱼等，独具风味，销路之广，素来在苏城首屈一指，占到营业额25%。其他糕点，农村销售对象占一定的比重。[2]

稻香村1955年实际总产值暨商品产值，按1952年不变价格计算为145千元。[3] 主要产品产量见表4-7。

---

[1] 据笔者2021年2月21日下午采访潘兆德老先生记录：王晓沧，司账；蔡仲鹏，总账房；沈锡裕，清洲观前3号栈房总管；朱培莲，一作朱培连；顾阿二、徐增荣师傅；刘德卿，一作刘德庆，刘德才兄；冯国安师傅；吴锦棠、祝文贵、吴炳祥、徐金松师傅；许阿甫，杂工，许桂生同乡；吴胜隆，杂工；俞运道，牵磨，冯国安岳父；李荣宝，烧饭；李斗南，账台收款，原名李炳生，潘兆德姐夫；许桂生、潘兆德师傅；周福泉，茶食头柜；李少甫，茶食头柜；薛志刚，油面，薛根福子；俞浩然，原名俞福生；吴希札，原名吴泉根，吴炳祥为其侄；陈玉珩，包货；曹秀峰，糖果二柜；蔡见华，糖果头柜；萧永庆，原名萧根荣，营业员；欧朝洪，又名欧阳洪、欧阳沂，营业员；张云嵩，职员，朱仲笙亲友。吴希札、徐金松、宫士芳、萧永庆、欧阳沂等先后加入中国共产党。

[2] 苏州糕点厂厂志编写小组，陈茂生执笔：《苏州糕点厂厂志》第一章"并厂前的概述"之"合并前各户前店后坊简史扼要"，未刊讨论稿，1985年。

[3] 公私合营稻香村茶食糖果号：《一九五六年国营、合作社营及公私合营大型工业企业年报》第Ⅱ部第1表"总产值及商品产值"附记，1957年1月4日填报，制表人王晓沧，苏州市档案馆藏，档号：C007-007-0357-081。

表 4-7　1955 年稻香村茶食糖果号主要产品产量

序号	主要产品名称	实际产量	序号	主要产品名称	实际产量
1	熏制鱼	2157 公斤	6	点心	51967 公斤
2	鲞鱼	1863 公斤	7	糖果合计	3974 公斤
3	咸制果蔬	921 公斤	8	蜜饯	1000 公斤
4	干制果蔬	6704 公斤	9	肉松	337 公斤
5	酱渍果蔬	29 公斤	10	虾子酱油	2176 瓶

资料来源：公私合营稻香村茶食糖果号：《一九五六年国营、合作社营及公私合营大型工业企业年报》第Ⅱ部第 2 表"主要产品产量"，1957 年 1 月 4 日填报，苏州市档案馆藏，档号：C007-007-0357-083。

稻香村的职工在工作中充分发挥了工人阶级的先进作用和创造精神，吴希札撰文《可口的素桃酥的由来》回忆说：

> 有一次，我们稻香村茶食糖果店资本家告诉职工说，要做素油桃酥了。我们一看规格，发现用油量多了一些，做虽没有做错，却没有做成功桃酥，成为废品了。于是，向资本家提出意见说，赶快把规格修正一下才能做，不然，既浪费原料，又要影响供应。造成这个现象，主要是商品市场技术研究组和议价组在制订价格时，没有很好研究历史资料和天时情况，而是马马虎虎订出来的。对技术研究组和议价组里的资本家的敷衍塞责的工作作风，职工很有意见。后来，经过我们职工的努力，才把素油桃酥的规格修正了。我们职工做的时候特别用心，精工细作，各种原料配得很准足，因而做出了美味可口的素油桃酥，供应市民的需要。[1]

经过土地改革和工商业的合理调整，国民经济迅速得到恢复，国营经济在国民经济中开始处于主导地位。早在 1953 年 9 月 25 日，《人民日报》即公布了中国共产党在过渡时期的总路线："从中华人民共和国成立，到社会主义改造基本完成，这是一个过渡时期。党在这个过渡时期的总路线和总任务，是要在一个相当长的时期内，逐步实现国家的社会主义工业化，并逐步实现国家对农业、对手工业和对资本主义工商业的社会主义改造。"12 月 28 日，中共中央宣传部制发的关于总路线的学习和宣传提纲指出："我国资本主义工商业在一定时期内有对于国计民生有利的积极作用和对于国计民生不利的消极作用两个方面。中华人民共和国成立以来，党对资本主义工商业采取了利用、限制和改造的政策，即：利用资本主义工商业有利于国计民生的积极作用，限制资本主义工商业不利于国计民生的消极作用，和对资本主义工商业逐步实行社会主义的改造。利用资本主义工商业

---

[1] 吴希札：《可口的素桃酥的由来》，《新苏州报》1955 年 12 月 4 日第 2 版。

的积极作用是必要的,因为中国的私人资本主义还是一个不可忽视的重要的力量。"[1]按照中共中央和中共江苏省委的部署,苏州地市对主要农副产品陆续实施统购统销的政策("统购"即在农村向余粮户实行粮食计划收购,"统销"即对城市居民和农村缺粮户实行粮食计划供应),1955年9月1日起在城镇开始实行粮食定量供应。[2]随着国家逐步控制粮食、油料等农副产品为主要原料的私营工商业的货源渠道,逐步扩大加工订货、统购包销的范围,私营工商业的自由市场更加萎缩。陈茂生回忆说:

> 全市糖果糕点行业合营前有同业公会组织,内分甲组13家(指前店后坊大中户),乙组180家左右(小商店),硬糖组11家,饼干组16家,蜜饯组13家,炒货批发组12家,共计245户……1953年国家对粮油统购统销后,我业列入计划供应。每月生产户申请需用粮计划,由同业公会签具意见,请粮食局审批,核定数字,由用户向粮店购进。食糖由中百公司每月下达数量,一般在五六万斤之间,最少只有四万斤,由同业工会按各组情况进行分配,果辅原料向土产公司及供销社或私营行商自由选购,间或向上海等地采购干果等原料……销售对象整个行业各组情况不同,甲乙组以门市销售为主,对象当然是城市消费者,但苏州是游览胜地,每到春秋旅游季节,外地旅游者接踵而来,糖果糕点久负盛名,如西瓜子、苏式糖果、清水蜜饯、猪油枣泥麻饼、芝麻酥糖、虾子鲞鱼等,尤为外地旅游者所欢迎,几家大户能做到些生意,大户中如稻香村、叶受和,把一些名特产品批给上海、无锡等地经销。[3]

为迅速发展和壮大国营经济,国家采取坚定的政策,首先改造了私营批发商,包括茶食糖果及粮食、南北货、肉品、腌腊、棉布、茶叶等21个主要行业,300余户,从业人员在1000人以上。营业额占全市总批发额的40%。改造的大体步骤是,在国家教育和职工的鼓励监督下及工商联与民主建国会的帮助下,根据赎买政策安排转业或歇业等。至1955年,"私营批发比重从1952年的49.63%,下

---

[1] 中共中央宣传部:《为动员一切力量把我国建设成为一个伟大的社会主义国家而斗争——关于党在过渡时期总路线的学习和宣传提纲》,1953年12月28日,中共中央华东局宣传部翻印,1954年1月,第25页。

[2] 1955年底,苏州市区城镇粮食定量供应人口40.17万人,平均每人每月定量13.45公斤。专区各城镇居民粮食定量供应人口78.25万人,平均每人每月定量16.25公斤。

[3] 苏州糕点厂厂志编写小组,陈茂生执笔:《苏州糕点厂厂志》第一章"并厂前的概述",未刊讨论稿,1985年。初稿作乙组100家左右(小商店),硬糖组10家,饼干组16家,蜜饯组8家,炒货批发组12家。陈茂生谓:"其他如炒货组、硬糖组、饼干组一般以批发为主,除供应本市部门门市店、小户小商贩外,地区各县农村都是他们供应对象,而蜜饯组除供应上述地区外,还远销河南、天津、营口等地。"

降为14.30%，国营则从1952年的37.10%，上升达78.60%"[1]。对私营零售商的扶持与改造，也有步骤地先从零售总额占私营零售商的59.49%的16个行业入手，主要包括茶食糖果、粮食、南北货、肉品、腌腊、棉布、茶叶、煤炭等。截至1955年9月，苏州的国家资本主义商业已增加到1200余家。私人资本主义的初步改造，为苏州市资本主义工商业社会主义改造的完成奠定了物质基础。1955年，国营商业已发展到14家公司，批发额在总批发额中占78.60%，如连同合作社、国家资本主义经济在内占85.97%。私营批发商仅剩下破布旧货、水果等业，在总批发额中占14.03%。各种主要商品如油、粮、大宗土产、绸布、百货、五金、交电、化工等项货源已全被国营公司掌握。根据《苏州市统计局1952—1955年国民经济统计资料》，国家资本主义零售比重在1952年仅有0.05%，而至1955年即上升为25.09%。零售比重私营经济虽占53.01%，但绝大部分为国营商业系统各公司主动让出的安排数字，私营经济完全依赖国营经济而维持。[2]"这个形势迫使资本主义迅速走上国家资本主义的道路，成为必然的趋势。私人资本主义经济的社会主义改造高潮的到来，已成为必然的规律。"[3]农业合作化的高潮则大大地促进了资本主义工商业社会主义改造高潮的到来。"公私合营前，茶食糖果业全市有738户，从业人员1350人。其中：前店后坊50户，纯零售（大户）11户，从业人员533人，小生产、小商业194户，从业者311人，摊贩483户有506人。私有资本总额25.79万元，其中：流动资金11.84万元，前店后坊（大户）占89.1%；小生产、小商业占8.08%，摊贩占2.82%，工人职员共有450人，占总人数的$\frac{1}{3}$。"[4]但是，茶食糖果业在苏州虽属大行业，究竟属于手工生产，利润微薄，资金大多短绌，在四五万元之间的，仅广州、采芝斋、张祥丰等寥寥数户，满万元的也为数不多。全行业私股资金包括固定资产在内，总数不到50万元，大部分字号为数千元或几百元，最少的不过数十元而已。不少经营户发展遇到困难，甚至难以为继。此外，由于一些店主对社会主义改造政策不理解，甚至产生抵触情绪，因而消极经营，假分家，飞过海，抽逃资金和偷税漏税。进行社会主义改造，既是当时的政治经济要求，也是稻香村等私营茶食糖果业继续生存和发展的必要条件。

---

[1] 苏州市商业局：《解放十年来的苏州市商业工作》，1959年10月2日，苏州市档案馆藏，档号：G031-001-0023-098。

[2] 江苏师院历史系三年级财贸历史小组：《十年来苏州市财经贸易工作的成就》（初稿），1958年12月，苏州市档案馆藏，档号：A008-001-0010-037。

[3] 江苏师院历史系三年级财贸历史小组：《十年来苏州市财经贸易工作的成就》（初稿），1958年12月，苏州市档案馆藏，档号：A008-001-0010-043。

[4] 参阅苏州市商业局编史组：《苏州市商业志初稿（三）》第四章第二节之"茶食糖果业"附表2"1955年私营茶食糖果商店基本情况"，未刊稿，1991年9月，第19页。

1954年1月政务院财政经济委员会提出《关于有步骤地将10个工人以上的资本主义工业基本上改造为公私合营企业的意见》,把有计划地扩展公私合营作为资本主义工业改造的重点,实行国家同资本家在企业内部的联系和合作。8月,中共苏州市委、苏州市人民委员会制订了《苏州市私营10人以上工业进行社会主义改造方案》,贯彻中央关于发展公私合营企业"国家投入少量资金和少量干部,充分利用原有企业的资金、干部和技术"的方针,在需要、可能、自愿的原则下,按照先大后小、先易后难、先主要后次要的顺序,分批改造资本主义企业。1955年10月1日,苏州市各区改名,其中东区改称平江区,南区改称沧浪区,西区改称金阊区,北区改称北塔区,稻香村所在的中区改称观前区。11月,《中共中央关于资本主义工商业改造的决议（草案）》确定了推进全行业公私合营、实行和平赎买的重大方针。经过广泛深入的宣传教育和细致耐心的思想工作,包括稻香村及苏州市茶食糖果商业同业公

《新苏州报》稻香村等同业庆祝1956年元旦广告

会绝大多数成员在内,接受社会主义改造的政治觉悟和要求公私合营的积极性普遍得到提高。1956年1月1日,稻香村与一品香、采芝斋、采芝春、采香村、香港、广州、叶受和、金芝斋、东吴村、桂香村、赵天禄茶食糖果号大户联袂在《新苏州报》刊登广告:"庆祝1956年元旦""迎接改造资本主义工商业的新阶段"[1]。

1956年1月15日,北京首先完成全行业公私合营,"首先进入社会主义"的捷报传来,包括稻香村在内的广大茶食糖果业工商业者,当日即以苏州市茶食糖果业全体会员的名义做出《苏州市茶食糖果业申请全业公私合营的决议》,并向苏州市工业局、中百苏州分公司和苏州市工商联第二联办事处提交《申请书》和《保证书》。全体会员一致表示:"要坚决接受社会主义改造……使自己从一个剥削者逐步改造成为一个自食其力的劳动者。"并做出如下保证:"（一）加强学习,提高思想认识,消除顾虑,积极的（地——引者）接受社会主义改造。（二）做好当前旺季及春节供应工作,服从国家计划,保证生产任务和进销货计划的完成。（三）在批准公私合营后,坚决服从公方领导及工人群众的监督,服从统一分配,守职尽责。（四）积极做好合营准备工作,实事求是处理好一切债权债务。"[2] 1

---

[1]《新苏州报》1956年1月1日第3版。
[2]《苏州市茶食糖果业申请全业公私合营的决议》及《申请书》《保证书》,1956年1月15日,苏州市档案馆藏,档号:B003-010-0018-022-024。决议及申请书详见本书附录三。按:原文茶食糖果叶、企叶、全行叶、农叶、工商叶皆俗写,"叶"皆当作"业"。

月 17 日，苏州市社会主义改造运动达到高潮的顶点。苏州市人民委员会认为，全市资本主义工商业向社会主义和平过渡的条件已经成熟，批准全市 59 个行业 725 户的私营工业户、78 个行业 3188 户的私营商业户、43 户私营交通运输户全部实行全行业公私合营。苏州市茶食糖果商业同业公会结束了其历史使命，稻香村茶食糖果号自此日起正式变更为公私合营商业企业。

公私合营企业在清产核资后一律对资本家以定息办法进行赎买。企业的行政与业务在国营公司直接指导下，独立经营和计算盈亏，资本家除拿定息外，和职工同样取得一定的工资。公私合营稻香村茶食糖果号的清产估价与核资工作，也是根据中央指示的"从宽处理，尽量了结"和"公平合理，实事求是"的原则，按照苏州市对资改造办公室的统一要求，采用了资方自点、自估、自填、自报，职工协助监督，同业评议，私报公批的办法，至 7 月结束。房屋执行全市核定统一价格，土地统一按纳税标准估算。对生财估价，按账面核实计算。对商品的估价则分别按市价或批发价估算，残次冷背货品按质论价。

在清产核资工作的基础上，公私合营稻香村茶食糖果号的利润分肥研究，也是采取内外分头进行的办法，外由工商联负责，内由公方代表与工会研究提出盈余分配的意见，报上级批准。分配股息红利的比例，按照盈余和资产比例大小，历年有否盈余及流动资金的多少为原则确定。发放的 1956 年上半年的定息，给 50% 的公债，使资方获得一定的现金，又完成公债认购任务。初期定股定息工作，根据历年资本家实得和应得情况，由各行业确定其息率，至 6 月，根据国务院规定一律改为年息 5 厘。其后进行 1953 年至 1955 年盈余分配和定股付息工作。7 月，稻香村所在的观前区被撤并入平江区，定股付息工作未受影响，到 9 月基本结束。每年的定息按时足额发放，对历年盈余进行合理分配，解决了稻香村及同业资方的顾虑，较好地落实了党的对私改造政策，"糖果业资本家称：这一次定息五厘，是政府关心到私方人员的生活，让我们的生活安定了，就可以安心的（地——引者）工作，接受改造了"[1]。

1956 年 9 月召开的中国共产党第八次全国代表大会，正确分析了社会主义改造基本完成以后，国内的主要矛盾不再是工人阶级和资产阶级之间的矛盾，而是人民对于建立先进的工业国的要求同落后的农业国的现实之间的矛盾，是人民对于经济文化迅速发展的需要同当前经济文化不能满足人民需要的状况之间的矛盾，确定把党的工作重点全面转向社会主义建设。完成生产资料私人所有制的社会主义改造的稻香村茶食糖果号，成为全民所有制的公私合营企业，国营经济确立了巩固的领导，资本家的剥削被限制在千分之五的定息范围之内。在改组工作的同

---

[1] 江苏师院历史系三年级财贸历史小组：《十年来苏州市财经贸易工作的成就》（初稿），1958 年 12 月，苏州市档案馆藏，档号：A008-001-0010-045-049。

时进行了人事安排，企业职工积极分子被提拔为公方代表。对私方人员，根据全部包下、量才录用、适当照顾的原则，经过私提公批、公私协商，朱仲笙仍任私方经理，后任代主任。首任公方代表为杨志祥[1]，次年为吴希札，私方代表退出管理。稻香村协理朱家元是工商界进步青年，曾任工商联中区二商联执委，是苏州市、江苏省青年代表大会代表。为贯彻企业改造和人的改造相结合的精神，稻香村茶食糖果号公私合营后，朱家元以"资从人员"予以妥善安排，担任茶食行业归口的中百公司苏州分公司财会科副科长之职。[2]事实说明，用和平改造和赎买政策来团结、教育、改造资本家，使他们积极投入社会主义建设，是完全可能和必要的。

第二节 公私合营稻香村茶食糖果商店的曲折经历

一、公私合营后的基本发展情况

据1956年11月7日朱仲笙填报的《江苏省苏州市工商业者登记表》，批准合营时前店后坊职工共38人，现在39人。[3]据稻香村填报的《一九五六年国营、合作社营及公私合营大型工业企业年报》，企业详细名称为公私合营稻香村茶食糖果号，仍在观前街61号，电话361，由苏州市第一商业局主管。经济类型为地方公私合营。主要产品为点心、熏制鱼、糖果。企业（后坊）为工场手工业，不独立核算。"自1956年1月17日全行业公私合营同时变更为公私合营企业"，属于国家计划单位。截至1956年12月31日，全部工业生产人员为29人。1956年内实际开工366日，各班工作时数10小时。1956年工业总产值及商品产值，按1952年不变价格计算为240千元（实数240050元），按1956年现行价格计算为173千元（实数172625元）。[4]1956年总产值、职工人数及工资情况见表4-8、表4-9。

---

[1] 杨志祥，评弹演员出身，中共党员。
[2] 《朱家元苏州市工商界青年情况登记表》，苏州市档案馆藏，档号：B003-012-0064-004。朱家元后曾任苏州市糖业烟酒公司经理部科长、食品工业公司计财科科长，苏州市平江区政协委员，苏州市政协委员，民主建国会苏州市委员会委员、支部主任，苏州市工商联执委、副秘书长等职。
[3] 朱仲笙填报《江苏省苏州市工商业者登记表》（江苏省工商联制表，江苏省统计局批准），1956年11月7日，苏州市档案馆藏，档号：B003-017-0011-237。
[4] 公私合营稻香村茶食糖果号：《一九五六年国营、合作社营及公私合营大型工业企业年报》第Ⅰ部"企业概况"（国家统计局制定），1957年1月4日寄出，制表人王晓沧，苏州市档案馆藏，档号：C007-007-0357-080。

表 4-8　1956 年稻香村茶食糖果号总产值、职工人数及工资情况

		计算单位	全年总计或平均	第一季度合计或平均	第二季度合计或平均	第三季度合计或平均	第四季度合计或平均
总产值（按1952年不变价格计算）		千元	240	91.10	36.10	62.80	50.00
平均在册人数	企业全部在册人员	人	29	31	24	29	32
	其中：工业生产人员	人	29	31	24	29	32
	其中：(1)工人	人	26	28	21	26	29
	(2)工程技术人员	人					
工资总数	企业全部在册人员	千元	18.59	5.19	3.99	4.65	4.76
	其中：工业生产人员	千元	18.59	5.19	3.99	4.65	4.76
	其中：(1)工人	千元	16.49	4.61	3.45	4.11	4.32
	(2)工程技术人员	千元					

表 4-9　1956 年稻香村茶食糖果号总产值、职工人数及工资分月表

		计算单位	1月	2月	3月	4月	5月	6月	7月	8月	9月	10月	11月	12月
总产值（按1952年不变价格计算）		千元	46.7	36.5	7.9	13.4	10.5	12.2	14.4	19.8	28.6	19.2	17.1	13.7
平均在册人数	企业全部在册人员	人	50	22	22	24	25	23	22	36	30	31	28	37
	其中：工业生产人员	人	50	22	22	24	25	23	22	36	30	31	28	37
	其中：(1)工人	人	47	19	19	21	22	20	19	33	27	28	25	34
	(2)工程技术人员	人												
工资总数	企业全部在册人员	千元	2.00	1.90	1.29	1.30	1.35	1.34	1.25	1.65	1.75	1.71	1.44	1.61
	其中：工业生产人员	千元	2.00	1.90	1.29	1.30	1.35	1.34	1.25	1.65	1.75	1.71	1.44	1.61
	其中：(1)工人	千元	1.80	1.70	1.11	1.12	1.17	1.16	1.07	1.47	1.57	1.53	1.31	1.48
	(2)工程技术人员	千元												

资料来源：公私合营稻香村茶食糖果号：《一九五六年国营、合作社营及公私合营大型工业企业年报》第Ⅱ部第1表"总产值及商品产值"附表"总产值、职工人数及工资情况"，1957年1月4日填报，苏州市档案馆藏，档号：C007-007-0357-081。附表为江苏省统计局制定，作为1957年定期月报去年同期栏数字之依据。

1956年主要产品产量情况见表4-10、表4-11。

表4-10　1956年稻香村茶食糖果号主要产品产量

序号	主要产品名称	实际产量	序号	主要产品名称	实际产量	备注
1	熏制鱼	1871公斤	7	点心	89579公斤	其中蛋糕4104公斤
2	鲞鱼	1957公斤	8	糖果合计	11505公斤	其中软糖3396公斤，硬糖8109公斤
3	枫鱼	85公斤	9	蜜饯	1897公斤	
4	咸制果蔬	1013公斤	10	肉松	887公斤	
5	干制果蔬	4838公斤	11	虾子酱油	5258瓶	
6	酱渍果蔬	253公斤				

表4-11　1956年稻香村茶食糖果号主要产品产量分月表

产品名称	计量单位	1月	2月	3月	4月	5月	6月	7月	8月	9月	10月	11月	12月
熏制鱼	公斤	428	274	85		25	43				52	418	546
肉松	公斤						63	124	100	156	105	90	73	176
蜜饯	公斤	174			222	19		1190	31	20	78	125	38
咸制果蔬	公斤					36	260	36		233	100	152	194
干制果蔬	公斤		1686			230	1511	521		32	848		10
点心	公斤	16561	12942	4060	6171	4252	3072	2407	8034	13416	6995	5736	5933
其中蛋糕	公斤	550	377	218	398	390	112	90	164	231	566	652	356
糖果合计	公斤	5021	2877	32	339	263	59	20	802	312	196	1175	409
其中软糖	公斤	1804	114	32	85	17	7		5	41	120	1092	79
其中硬糖	公斤	3217	2763		254	246	52	20	797	271	76	83	330
虾子酱油	瓶						1059	705	151	671	1657	888	127
鲞鱼	公斤					85	249	718	271	310	324		
枫鱼	公斤						57	28					
酱渍果蔬	公斤					27	14	14	76	50		72	

资料来源：公私合营稻香村茶食糖果号：《一九五六年国营、合作社营及公私合营大型工业企业年报》第Ⅱ部第2表"主要产品产量"及其附表，1957年1月4日填报，苏州市档案馆藏，档号：C007-007-0357-083-084。

与1955年比较，1956年的主要产品和产量，除熏制鱼和干制果蔬产量减少外，其他产品产量均都超过，特别是糕点和糖果的生产，较上年有了一个大的飞跃，公私合营体制的优越性一面展现了出来。

稻香村公私合营后，据第415048号《苏州市单位自有房屋登记表》，房屋坐落于观前街57号、61号，本为朱星海孙、朱骥英子朱家元等继承。61号于1955

年2月26日即已被苏州市人民法院判处没收充公，57号后亦被改造归公。[1]企业隶属财贸系统，经济性质为全民所有制。房屋结构为砖木，中式二层，房屋质量一等。自然间数12间，建筑面积341.19平方米。其中使用面积，主要用房11间289.30平方米，附属用房1间16.75平方米，合计12间306.05平方米，全部为商业用途。

租用公房：自然间数16间（原表误作6），建筑面积347.68平方米。其中使用面积，主要用房15间283.28平方米，附属用房1间18.16平方米，合计16间301.44平方米。

租用私房：自然间数$2\frac{1}{2}$间，建筑面积55.51平方米。其中使用面积，主要用房$2\frac{1}{2}$间47.31平方米，合计$2\frac{1}{2}$间47.31平方米。

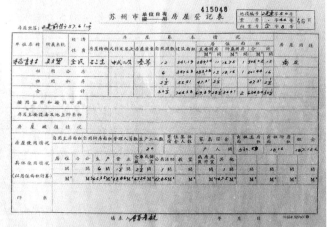

苏州市单位自有房屋登记表（稻香村）

合计：自然间数$30\frac{1}{2}$间，建筑面积744.38平方米。其中使用面积，主要用房$28\frac{1}{2}$间619.89平方米，附属用房2间34.91平方米，合计$30\frac{1}{2}$间654.80平方米。

房屋使用情况：生产工人20人。出租主房面积330.59平方米，出租附房面积18.16平方米，租金187.12元。

具体使用情况：生产用房6间65.35平方米；营业$1\frac{1}{2}$间28.86平方米，仓库或储藏室$2\frac{1}{2}$间67.24平方米，公共活动1间27.85平方米，其他1间16.75

---

[1] 1955年2月26日《苏州市人民法院刑事裁定》，1954年刑字第9162号，苏州市房地产档案馆藏。苏州市人民法院刑事审判庭，审判员许秋霞，助理审判员马荫源。被告：朱骥英（已故），案由：恶霸财产。刑事裁定书称："被告朱骥英系恶坝（霸——引者）地主，其父朱星海（绰号朱黑心）有田千亩以上，在吴县保安乡一带设租柜统治剥削农民。朱星海死后即由被告朱骥英雇用狗腿子包星芝继续进行剥削压榨农民，并勾结反动政府残酷的（地——引者）向农民武装逼租，任意关押群众，被其关押致死者已查明有农民二人，严重的（地——引者）危害人民利益。根据以上罪行，其所有财产应依法处理。故除将本市马医科十七号及西中市二十一号、观前街五十二号房地产各一所及马医科十八号内家俱（具——引者）用物留作其家属生活费用外，其余在本市观前街一五七、一四五、七十、六十三、六十一、六十五号房屋财产及马医科十八号房屋全部予以没收。特定裁定。"据苏州市房地产档案馆藏《苏州市公管房屋登记表》第205039号，1964年8月8日，观前街57、61号，原产权人为徐建芬、朱家元。私房改造，用作商业。另据《苏州市私有房地产登记表》第1526号，1968年2月20日登记，东风区观前办马医科居委会签署意见。房主朱家元，32岁，家庭出身地主，本人成分职工，住址为清江市淮海印刷厂，团员。弟朱家汶（文），29岁，居马医科17号，马医科第一小学教师，团员。

平方米。[1]

稻香村公私合营后，由于工作扎实、群众发动充分和统战工作细致，职工政治觉悟和生产热情进一步提高，以增加品种、提高服务质量和产量等实际行动，不断做出了新成绩。例如，为做好1956年春节供应工作，王渭仪做小方蛋糕，日产量从过去540只提高到1300多只；徐金松做云片糕，由过去的日产量24斤增加到70多斤。[2] 包装工人陈玉珩，日包麻酥糖1000包，最高达到3000多包。[3] 稻香村还本着为顾客服务的精神，陆续恢复了许多有名的品种，其中有虾子鲞鱼、猪油枣泥麻饼等著名茶点。[4]

由于合营初期调整商业网，要求大户带小户，又名大船带小船，稻香村带着悦品香、同万兴、老湖园，以为人民服务为宗旨，提倡社会主义商业新风尚，积极参加以改善服务态度、增加花色品种、健全手续制度、改善经营管理为内容的社会主义竞赛，确实提高了产品质量和服务质量，给消费群众带来了不少方便。[5] 从1956年12月4日起，苏州市"茶食糖果业生产的产品，不再由市百货公司统一加工订货，改为本市及外埠零售商直接购销关系"[6]，这是茶食糖果业和零售单位供应上的一个大转变。这年11月，有关部门就积极研究了改变购销关系以后的经营管理办法，全市零售商贩都领到了全省通用的购货卡。本市小业主和小商贩如果在规定

1956年苏州稻香村仿单

的中心商店进不到所需要的品种，就可以自由地向其他中心店或到外埠凭卡进货。合营户、兼营户、贩卖户以及郊区农村和外埠客商都可以在本市市场直接选购茶食糖果，或者到外埠选购。本市生产商除了保证本市零售市场需要外，若有多余的商品，在市场管理委员会同意下，也可向外埠推销。有些商品由于原料一时不能得到充分供应，因而仍需要在中心店和市场上采用适当的分配办法，以做好供

---

[1]《苏州市单位自有房屋登记表（稻香村）》，编号415048；房屋地段编号：观东字50号，案号字44号；档案号：企字8号。苏州市房地产档案馆藏。按：观前街57号旧门牌为37号。

[2] 士芳：《不断提高产量》，《新苏州报》1956年2月3日第2版。

[3]《各合营商店积极做好节日供应》，《新苏州报》1956年2月9日第1版。

[4] 吴本镛：《许多饮食、糖果店恢复著名品种》，《新苏州报》1956年5月15日第1版。

[5] 吴希札回忆说："一九五六年公私合营后……同万兴并入稻香村核算。谓之'大船带小船'，生产也随之并入，原同万兴做饼师傅唐仁敖，来到稻香村一起做酒酿饼，他看到馅芯全用荤油和糖猪油时，暗吃一惊，便问道：'阿是妮笃全部用油格？'吴希札反问，你们（同万兴）不全部用油？唐说：'我俚放一点点油，大部放水。'从这段事中可以证实稻香村酒酿饼超过同万兴也。"见吴希札：《稻香村店史·主要名特产品简介》，未刊稿，1986年。

[6] 顾飞：《茶食糖果改变购销关系》，《新苏州报》1956年12月5日第1版。

应工作。有些商品因质量差难以推销，生产商可委托零售商代销。购销关系改变以后，市场茶食糖果零售价格仍保持平稳。采取这个办法，促使稻香村等广大生产商更好地组织原料，发扬过去的经营特色，提高质量，降低成本；零售商也可以减少进货环节，及时购进当令新鲜商品，更好地供应人民需要。例如，1956年"苏式广式中秋月饼在配料上完全恢复了原有的特色"[1]。1957年茶食糖果业的糖果花色品种又多于上年[2]，苏州市食品公司重行安排了中秋节月饼生产计划，拨出了一部分生板油给稻香村与叶受和等5家，生产原来准备停止生产的葱油和火腿月饼。葱油月饼因1957年生板油油薄、价高、出率低，因此每斤价格要比上年上涨8分钱，火腿月饼仍维持上年的价格。[3]

根据江苏省人民委员会苏办财（1957）书字第5028号文件关于本省商业、服务、供销合作社机构设置和分工的通知，苏州市人民委员会第四次会议决定，从1957年7月1日起撤销第一商业局，成立商业局，撤销第二、第三商业局，成立服务局，撤销农产品采购局，业务并入市供销合作社。具体分工为：商业局主管日用工业品和一部分生产资料的收购与供应，服务局主管副食品的收购、供应和领导管理饮食业、服务性行业，供销合作社主管农副产品（粮食、油料除外）和农业生产资料的收购与供应及废品的收购。[4]据稻香村填报的《1957年非独立经济核算工业简要年报》之"企业概况"[5]，企业详细名称改为公私合营稻香村茶食糖果商店，主管机关改为江苏省苏州市服务局，具体归属1957年年底成立的平江区糖果糕点中心店领导。

截至1957年12月31日，稻香村工业生产用固定资产原值11422元，净值11169元。1957年内实际开工363日。1957年工业总产值按1952年不变价格计算为257550元，按1957年不变价格计算为164026元（总产值及主要产品产量分月附表将总产值误作16390千元）。1957年工业商品的产值，按该年现行价格计算为182925元，工业商品产值及产品实际产量都超过了1956年（表4-12）。

---

[1] 贾椿祥：《苏式广式月饼昨起生产配料完全恢复原有特色》，《新苏州报》1956年8月16日第2版。
[2] 参阅顾季鹤：《糖果茶食花色品种繁多》，《新苏州报》1957年1月29日第2版。
[3] 椿祥：《增加两种规格的月饼》，《新苏州报》1957年9月1日第2版。
[4]《江苏省苏州市人民委员会关于撤销第一、二、三商业局、农产品采购局成立商业局、服务局的通知》，市编（57）字第104号，1957年6月29日，苏州市档案馆藏，档号：C001-001-0042-002。
[5] 公私合营稻香村茶食糖果商店：《1957年非独立经济核算工业简要年报》（国家统计局制定），1958年1月填报，苏州市档案馆藏，档号：C007-007-0361-080-085。

第四章 社会主义革命与苏州稻香村的变迁

表 4-12　1957 年稻香村茶食糖果商店工业商品产值及产品产量

类别	计算单位	1956 年实际产量	1957 年实际产量（包括代客加工或用订货者来料制造的全部产品产量及这些产品的全部价值）	
			数量	1957 年现行价格计算的产品价值/元
工业商品产值				182995
枫鱼	公斤	85	114	530
熏鱼	公斤	1871	2232	5245
肉松	吨	887	1505	6908
蜜饯	吨	1897		
制卜	吨		1242	1334
橄榄	吨		734	828
杨梅干	吨		772	2224
酱渍果蔬	吨	253	353	706
咸制果蔬	吨	1013	317	536
干制果蔬	吨	4838	8097	8157
苏式点心	公斤	89579	103344	139059
糖果	公斤	11505	5485	9259
大瓶虾子酱油	瓶	5258	3541	3187
小瓶虾子酱油	瓶		1879	996
虾子鲞鱼	公斤	1957	1388	4026

资料来源：公私合营稻香村茶食糖果商店《1957 年非独立经济核算工业简要年报》之"总产值及产品产量表V"与"总产值及主要产品产量分月附表"，1958 年 1 月填报，苏州市档案馆藏，档号：C007-007-0361-081-083。按：制卜，原表作"支卜"。

据公私合营稻香村茶食糖果商店《1957 年非独立经济核算工业简要年报》之"设备及电力收支Ⅳ"，截至 1957 年 12 月 31 日，稻香村没有一台动力机械设备、金属切削机床及锻压设备，其他设备为作台 21 只、作灶 6 副、石磨 4 具。全年购电量 775 度，全部用于生产及照明。

据年报《职工人数及工资附表》统计的后坊全部在册人员，1 月最高为 44 人，其中工业生产人员 43 人（工人 42 人，职员 1 人），无工程技术人员，私方、私方从业人员全部退出。其后 2 月 31 人，3 月 33 人。4 月 33 人（工业生产人员 32 人，其中工人 30 人，职员 2 人。以下各月职

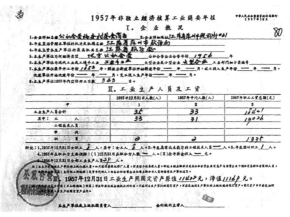

1957 年苏州稻香村工业简要年报

员皆为2人),5月29人,6月28人,7月34人,8月37人,9月34人,10月37人,11月36人,12月36人。[1]有关工业生产人员及工资情况见表4-13。

表4-13 1957年稻香村茶食糖果商店工业生产人员及工资情况

类别	1957年12月31日	1957年平均人数	1957年职工工资总额
工人	33人	31人	17026元
工程技术人员			
学徒			
职员	2人	2人	1375元
工业生产人员合计	35人	33人	18401元
备注	1957年女职工8人,年底临时工1人。在职私方人数0人,全年薪金收入0元。1956年12月31日全部工业生产人员29人。		

资料来源:公私合营稻香村茶食糖果商店《1957年非独立经济核算工业简要年报》之"企业概况",1958年1月填报,苏州市档案馆藏,档号:C007-007-0361-080。

有关职工基本情况,1957年2月调查了27名男职工(含新招收的临时工3人),其中工人25人,学徒1人。职工年龄、工龄与技术熟练程度见表4-14,文化程度与政治情况见表4-15。

表4-14 稻香村茶食糖果商店职工年龄、工龄与技术熟练程度

被调查的人数	年龄				工龄			工人技术熟练程度	
	25岁以下	25—50岁	51—60岁	60岁以上	4年以下	4—7年	7年以上	1—4级	5—8级
27	2	17	7	1	3		24		
其中:工人25	2	16	6	1	3		22	14	11

表4-15 稻香村茶食糖果商店职工文化程度与政治情况

被调查的人数	文化程度				政治情况		
	大专学校	中学	小学	文盲	共产党员	青年团员	民主党派
27	3	22	2		1	4	
其中:工人25		2	21	2	1	4	

资料来源:公私合营稻香村茶食糖果号:《职工基本情况调查表》之基调第1—3表,1957年2月28日填报,单位负责人吴希札(公方代表)签章,苏州市档案馆藏,档号:C007-007-00521-212。按:1957年3月更名为公私合营稻香村茶食糖果商店。

---

[1] 公私合营稻香村茶食糖果商店:《1957年非独立经济核算工业简要年报》(国家统计局制定)之"设备及电力收支Ⅳ"与"职工人数及工资附表",1958年1月填报,苏州市档案馆藏,档号:C007-007-0361-084。

另据苏州市烟酒糖业糕点公司1963年《人员机构"稻香村"搞点普查专题材料》，1957年公私合营稻香村茶食糖果商店前店后坊基本情况如下。

（一）人员情况

全店人员54人，其中职工48人，私方4人，私从2人。政治情况：党员5人，团员4人。

全店54人中，出身本行业53人，新手1人。其中技工27人，占总人数50%；营业员13人，占总人数25%。身体强者44人，占全员80%；身体健康一般者6人，占10%；老弱残者4人。

（二）营业情况

营业员14人，其中老手13人，新手1人。

营业时间：早上8时开门，晚上7时半打烊，对外营业时间11时半。营业员实际工时9小时，每月有4天工休。

平均每天营业额340元，劳动效率每天每人24元。

（三）生产情况

生产工33人，其中技工27人，一般工2人，辅助工4人。

生产时间：上工（早）6:30，下工（下午）3:00。

实际工时7小时，每月4天公休。

每天平均产值350元，劳动效率每天每人11.10元（原文如此，似应为10.60元，四舍五入为11元——引者）。

没有运输工。每月运输雇用临时小板车，运价为货每担0.40元，面粉每包0.20元。

管理人员：公方代表1名，负责全店行政工作。

会统人员：6人。分工为：总会计兼出纳1人，门市会计、统计2人，商品会计1人，原料会计、统计2人。

（四）福利情况

季度有竞赛奖，冬天有烤火费。

职工疾病普通药品报销，贵重药品自理。满15年工龄者病假工资不扣。

（五）企业制度

有小休制度、进货验收制度、借物制度。[1]

1956年1月稻香村茶食糖果号随着全行业改为公私合营，是其发展历史上的

---

[1] 苏州市烟酒糖业糕点公司：《烟酒茶糖行业人员机构普查情况（初查）》，1963年11月10日，苏州市档案馆藏，档号：G036-002-0077-028。

重大转折，1957年3月改名为公私合营稻香村茶食糖果商店，由公方代表全面负责全店行政与生产经营管理工作。所有制性质成为全民所有制，工人阶级的领导地位和权益得到充分体现和保证，而朱仲笙经理及各位股东则成为定息的定期领取者，退出了生产经营管理的舞台，这标志着稻香村的"朱仲笙时代"的终结。经历了整风运动和"反右派"运动，其后稻香村因为形势与政策变化等因素导致店坊反复离合，走过了曲折的历史路程。

二、店坊分离复合与职工结构、产销问题

1958年，社会主义建设"大跃进"全面展开，稻香村茶食糖果商店的干部职工以社会主义的革命干劲辛勤劳动，涌现了不少先进事迹。如在"苦战七天保证做好春节供应工作"行动中，糖台生产工人朱万金、朱培连提前5天完成了香草花生和果糖的生产任务，并支援了营业部门。吴炳祥也以8天的时间完成了11天的猪油年糕任务。原来工人每天生产豆酥糖3700包，这时提高到6000包。[1] 1958年3月3日中共中央发出《关于开展反浪费反保守运动的指示》后，中共苏州市委积极贯彻落实，提出思想、工作大跃进，3月10日晚，中共苏州市委工业部、财贸部和市总工会、广播站联合举办了在工矿企业大整大改、大比大赛中发挥工会小组作用的广播大会，市委书记处书记俞臻要求整改不仅要有生产、工作的大跃进，而且要有社会主义思想的大跃进，要求"五好"（生产质量好、勤俭节约好、团结互助好、遵守纪律好、安全生产好）小组在大整大改中要不断修订"五好"指标，充实"五好"保证内容，通过大整大改、大比大赛，促进政治、思想、经济、文化一切方面的全面大跃进。稻香村的职工听了广播大会以后，马上同采芝斋、叶受和的职工开展挑战应战活动，要在三天内整改完，老年职工许桂生、王渭仪当夜贴出了要公开技术的保证书，表示他们投入大整大改、大比大赛高潮的决心。[2]

在社会主义建设"大跃进"形势下，苏州市商业系统在开展"六好"（执行政策好、服务态度好、增产节约好、工作质量好、安全卫生好、团结学习好）粮店竞赛运动的经验基础上，4月初提出开展创立"八好"（支持工农业生产好、政策执行好、服务态度好、计划完成好、规格质量好、勤俭节约经营管理好、团结互助学习好、安全卫生好）商店竞赛建议。为促进生产更大发展，更好地为人民群众服务，又开展巩固"八好"、实现"五满意"（国家、公社、群众、各部门、

---

〔1〕 张贵耀：《商业职工日日夜夜辛勤劳动》，《新苏州报》1958年2月16日第2版。朱培连，原文误作"朱佩连"。

〔2〕 永铮：《决心抓住关键改深改透》，《新苏州报》1958年3月11日第1版。王渭仪，原文误作王维仪。按："大比大赛"要求比思想，比先进，发扬共产主义精神，全面实现跃进规划。

各地区商业职工满意）的竞赛运动。[1]稻香村职工积极响应，并迅速行动起来。为节约粮食，苏州市市场服务部大力探寻野生植物，在浙江发现了可作糕饼辅料的松花粉。这种松花粉中药里常用，性清凉，可解毒。5月，稻香村用这种松花粉试制成功松花片、奶油酥、奶粉冰雪酥，味美可口。[2]

1958年5月召开的中共八大二次会议，正式改变了1956年八大一次会议关于国内主要矛盾问题的提法，指出："在整个过渡时期，也就是说，在社会主义社会建成以前，无产阶级同资产阶级的斗争，社会主义道路同资本主义道路的斗争，始终是我国内部的主要矛盾。"并提出了党的社会主义建设总路线是"鼓足干劲，力争上游，多快好省地建设社会主义"。由于在经济工作中急躁冒进的"左"倾思想迅速滋长，以片面追求工农业生产、建设高速度为标志的"大跃进运动"在苏州进一步开展起来。为了适应工农业生产"大跃进"的新形势，中共苏州市委批转了市商业局党组通盘规划商业网的报告，在1956年公私合营后调整商业网的基础上又一次全面调整。党中央提出全党全民大办工业的号召后，商业战线也迅速掀起建设热潮。

商业网点的分布、调整和改善经营管理，如何符合国家和人民生产生活的实际需要，以及社会主义计划经济的要求，牵涉的面很广，内容也很多，是一项细致而复杂的工作。当时对此认识非常不足，以为就是批发零售必须与生产企业条线分明，各司其职。茶食糖果业的经济改组就是彻底改变前店后坊的传统格局，迁迁并并搞大企业，所以"前店后坊一户不留"[3]，表现出严重的盲目性。1958年2月进行商业体制改革，零售合营商业已经一律下放给各区商业科领导，各区调整零售商业组织，变革生产机构，划分工商集中生产。经平江区人民委员会批准，6月1日，在观前街"以稻香村后坊为主体建立平江区第一个糖果糕点厂"[4]，即公私合营苏州市平江区糖果糕点食品厂。稻香村茶食糖果商店成为单一的非生产性零售单位，仍隶属平江区糖果糕点中心店，后改隶平江区副食品区店。在全市"以钢为纲，全面跃进"的运动中，商业部门腾出部分人力和房屋支援工业建设，平江区也积极调整商业网点，8月稻香村茶食糖果商店关门，支援平江区糖果糕点食品厂糕点工场，抽出人员到商业局钢铁厂大炼钢铁，"支援钢铁元帅升帐"。

---

[1]《中共苏州市委财贸部1958年至1960年大事记索引》，苏州市档案馆藏，档号：A008-001-0016-001-003。
[2]《为节约粮食打开途径》，《新苏州报》1958年5月11日第2版。
[3] 江苏省苏州市烟酒糖业糕点公司：《关于恢复糖果糕点作坊和精简经营环节的意见（草案）》，1963年4月15日，苏州市档案馆藏，档号：G036-002-0066-019。
[4] 吴希札：《稻香村店史·十年动乱名牌被毁》，未刊稿，1986年。参阅苏州糕点厂厂志编写小组，陈茂生执笔：《苏州糕点厂厂志》第二章"并厂时的概述"及大事记，未刊讨论稿，1985年。

但是，商业服务网调整面广量大，在调整时缺乏认真的分析研究，缺乏经验，因而产生了新的失调现象。平江区处于苏州市的经济文化活动中心，不仅是城乡人民大量集结的地方，而且外埠来往旅客也都集中在观前街一带，对现有商业网进一步通盘规划、全面安排、合理调整更显得迫切与重要。在平江区糖果糕点食品厂更名为平江糖果糕点食品厂后，1959年3月，中共平江区委决定：去年撤并的服务点，有必要恢复的应立即恢复；改行的服务人员，应按实际需要调回，充分发扬经营特色，满足人民需要。在主要街道本着"统一布局、重点设置、繁荣市场、整洁市容"的要求，贯彻大、中、小结合与专业、综合相结合的原则。方法上采取在现有网点基础上参照自然地区历史规律进行重点调整，消灭空关门面，增设高级专业店，恢复名店特产。在这次调整中，"广大群众信仰喜爱的名牌特色店"之一稻香村茶食糖果商店得以恢复营业[1]，并以热情的服务受到顾客由衷的欢迎[2]。

为了保持和发扬观前地区名牌商店的经营特色，平江区商业部门在6月初加强了这方面的工作。对观前区的名牌商店、传统产品进行排队摸底、调查研究，根据可能条件，分别轻重缓急，迅速恢复发展。过去撤并不合理的名牌商店，将原店的生产技工按"原班人马"归队，做到门市部和生产工场合一，因而名店名产得到迅速恢复。观前街稻香村和叶受和的苏式茶食向负盛名，根据原材料情况，7月份稻香村的椒盐桃片、枣泥麻饼等苏式茶食名产都已恢复供应，并在积极增加冰雪酥、薄荷糖、玫瑰方糖等夏令传统商品的供应。[3]

广州食品商店工场生产的广式莲蓉月饼，每天需用莲子60～90斤，但是必须一颗一颗将莲子中发苦的芯子凿去，才能用来做馅芯。如果一个人做，就要花10天时间。在商业职工大战9月，做好中秋、国庆节日供应工作的共同愿望下，稻香村与广州食品商店的营业员和叶受和工场的工人共40余人伸出协作之手，清晨4点多钟就到广州食品商店工场凿莲芯，一直干到7点钟，再回到各自的商店和工场，从事营业或生产，发扬了"一盘棋"和共产主义协作精神。[4]

稻香村门市部职工千方百计为顾客提供便利，从9月起，取消了饼干4两起售，杏梅、小红梅1角起码的老一套工作方法，1两粮票就可买到饼干，红梅和杏梅一只也可以买，深受顾客们的好评。[5]在出色地做好中秋和国庆两大节日的

---

[1] 中共平江区委副书记、平江区区长石高才：《调整商业网　改进供应工作》；李长根：《平江区全面调整商业网》，《新苏州报》1959年7月15日第2版。在这次调整中恢复的名牌特色店还有东阳源南货店、上海老正兴菜饭馆和李增记、新新、国际等服装商店。
[2] 欧阳沂：《热情接待顾客》，《新苏州报》1959年5月25日第3版。文中介绍营业员杨惠芬的事迹。
[3] 《观前地区名店特产恢复发展》，《新苏州报》1959年7月15日第2版。
[4] 纯炎、敬仪：《为人欢乐为人忙》，《新苏州报》1959年9月10日第3版。
[5] 欧阳沂：《降低起售点》，《新苏州报》1959年9月17日第5版。

供应服务工作后，10月17日，稻香村与全市各零售商店的一千余名职工，举行了决战第四季度誓师大会，坚决响应市委财贸部提出的提前和超额完成第四季度各项财贸工作任务的号召，决心深入开展"六好"红旗运动。当天下午分绸布百货、副食品、饮食、服务四条线，以改进供应和服务方法、提高服务质量，执行各项政策，开展技术革新、提高业务水平，改善经营管理，增加商品花色品种，美化商店、安全卫生六个方面，开展打擂比武竞赛。在副食品系统比武会上，稻香村与一品香、广州、赵天禄、采香斋、春阳泰等茶食糖果店相互竞赛，争先进夺擂旗，气氛非常热烈，[1]而且制定了较为先进的竞赛指标。11月，平江糖果糕点食品厂将其"茶食工场一部份划入稻香村"[2]，恢复后坊。在12月举行的苏州市财贸系统业务技术操作表演比赛中，稻香村的欧阳沂荣获茶食糖果业珠算、心算、包扎全部三项的第一名，钮鹤英荣获包扎项目第二名。[3]

1960年3月，公私合营平江糖果糕点食品厂更名为公私合营稻香村糖果食品厂，以突出老字号名牌效应，稻香村茶食糖果商店的后坊再度被并入。5月，在前一阶段"八好五满意""十二好"竞赛的基础上，促进财贸工作更大跃进的红旗街、红旗单位、红旗手竞赛运动开展起来。稻香村茶食糖果商店所在观前地区的副食品行业也制定了竞赛规划，在6月的竞赛中，进一步掀起"比学赶帮"的热潮，要求达到红旗成林，标兵成列，革新成龙，经验成套，稻香村茶食糖果商店与采芝斋、广州食品商店等五个单位争取成为红旗单位。稻香村茶食糖果商店职工表示要跳出柜台深入里弄，送货上门，还提出要在居委会设立临时供应店，便利工人和居民群众。[4]但是，稻香村茶食糖果商店因无自有作坊，经销产品多是稻香村糖果食品厂的大路货、乡帮货，在品种、质量等方面尚不能满足市场的需求。

1961年1月，中共苏州市委召开生活工作会议，提出以整风为纲、以促进生产为中心，安排好市场，大抓市场，大抓生活。苏州市的糖果糕点生产销售，在1956年全行业公私合营以前，基本上维持历史传统经营特色。既有前店后坊的商店，又有专门负责生产的手工业作坊（行业内称为关门作坊）。当时有稻香村、叶受和等大型的茶食糖果店12家，都是自有作坊，自产自销，各具特点，风格独特，享有盛名。其产品一般是较为高级的。另有中小型的茶食糖果商店38家，其中12户是关门作坊。在历史形成的过程中，也具有"小流转"的特点，紧密地

---

[1] 德明、潜耕、瑞源：《零售商店职工誓师再跃进》，《新苏州报》1959年10月20日第3版。
[2] 公私合营苏州市平江糖果糕点食品厂：《1959年工业年报基层表》第1表"企业概况"，1960年1月1日报出，企业负责人严务先（厂党支部副书记）签章，制表人王晓沧，苏州市档案馆藏，档号：C007-007-0401-310。按：部份，今作"部分"。以下引文不再括出。
[3] 《苏州市财贸系统业务技术操作表演比赛前三名名单》，《新苏州报》1959年12月6日第3版。
[4] 《财贸职工红旗运动蓬勃》，《新苏州报》1960年6月1日第3版。

适应市场变化较快的需要，因而也自有作坊，自产自销，产销直接见面，其产品一般是大路货、乡帮货。此外，全市中小型茶食糖果零售商店销售的大路货、品种繁多的小食品，则由几个作坊集中生产，直接向市内零售商店和郊区乡货船进行批发。"经过几年来的企业经济改组调整以后，尤以大跃进的撤并调整后，当时前店后坊一户不留，全撤并上升为纯食品工厂。"[1]由于合并过大，管理过于强调集中，传统名特产品失色，造成产销脱节，批零环节多，产品品种越来越少，质量不高等问题，不能很好地服务于生产和人民群众生活的需要。1959年5月1日，平江糖果糕点食品厂的糖果工场被划归采芝斋，"首先恢复前店后坊，实行厂店合一"。1960年3月该厂更名为稻香村糖果食品厂后，根据上级指示和新形势的发展要求，加快了支持名店恢复后坊的工作步伐。1961年12月14日，稻香村糖果食品厂向苏州市商业局打报告，呈请恢复稻香村茶食糖果商店后坊，名为"公私合营稻香村糕点工场"。1962年1月18日，苏州市商业局发出《为建立公私合营稻香村糕点工场和更换厂名的批复》如下。

稻香村糖果食品厂：

  你厂61年12月14日报告悉。为了适应形势发展，进一步满足市场和人民群众生活上的需要，恢复原有经营特色和历史产品的生产，经研究同意建立公私合营稻香村糕点工场，并提出如下几点：

  1. 稻香村糕点工场所需生产工具设备、人员，应从有利于生产和勤俭办企业、勤俭办一切事业的精神出发，从厂内划出一部份，列出品名、规格、数量和人员名单，报区、局审核。

  2. 在经济上公私合营稻香村糕点工场与稻香村门市部合并，统一作商业核算，厂（工场——引者）单独作工业核算。

  3. 为了对外联系和避免账务上的混淆，原"公私合营稻香村糖果糕点食品厂"更名为"公私合营苏州糖果糕点食品厂"，即日对外挂牌，图记俟刻就发下。

  以上各点希遵照执行。

1962.1.18

  抄送：市财贸办公室、市计委、平江区委、平江区商业科[2]

---

[1] 江苏省苏州市烟酒糖业糕点公司：《关于恢复糖果糕点作坊和精简经营环节的意见（草案）》，1963年4月15日，苏州市档案馆藏，档号：G036-002-0066-019。

[2] 苏州市商业局：《关于建立公私合营稻香村糕点工场和更换厂名的批复》，商工（62）字第22号，1962年1月18日，苏州市档案馆藏，档号：C031-002-0146-009。按：文中"公私合营稻香村糖果糕点食品厂"有误，厂名实际无"糕点"二字。

在稻香村糖果食品厂的大力支持下，公私合营稻香村糕点工场"于1962年由叶受和糕点糖果商店划出恢复自建工场，建立单独核算，经过二月筹备，三月起投入生产"[1]。所言"由叶受和糕点糖果商店划出"，指的是该厂被叶受和占用的原属稻香村后坊的那部分房屋及场所，人员"基本上以原稻香村人员为主"[2]。是年稻香村前店后坊的传统生产经营格局恢复后，具体情况在其填报的《一九六二年全民所有制工业统计年报》第1表"企业概况"有所反映。

企业详细名称为公私合营苏州市稻香村茶食糖果商店（工场），详细地址为江苏省苏州市观前街61号，电话号码361，负责人杨志祥（公方主任）。企业主管机关为苏州市服务局烟酒糖业糕点公司。

企业为小型食品工业，非独立核算。主要生产方式为"土法生产"，主要产品为糕点、糖果。1962年实际开工天数202天，工人分两班倒，每班工作时间皆为8小时。本年年底全部职工人数及其年平均人数皆为37人，其中生产工人30人。全部职工全年工资总额12000元。

本年年底全部土地面积90平方米，其中工业生产用地面积78平方米。全年实际用煤量53.68吨，实际耗电量545度。[3]

1962年计划工业总产值按1957年不变价格计算为14万元，实际工业总产值16.35万元，按现行价格计算为16.85万元。[4]1962年年底全部固定资产（皆工业生产用）原值1.47万元，净值1.22万元。[5]全年产品产量见表4-16。

---

[1] 公私合营稻香村茶食糖果商店：《一九六二年全民所有制工业统计年报》第1表"企业概况"，1963年1月4日寄出，企业负责人杨志祥（公方主任）签章，苏州市档案馆藏，档号：C007-007-0468-100。

[2] 苏州糕点厂厂志编写小组，陈茂生执笔：《苏州糕点厂厂志》第二章"并厂时的概述"之"企业基本情况"，未刊讨论稿，1985年。

[3] 公私合营稻香村茶食糖果商店：《一九六二年全民所有制工业统计年报》第1表"企业概况"，1963年1月4日寄出，企业负责人杨志祥（公方主任）签章，苏州市档案馆藏，档号：C007-007-0468-100。

[4] 公私合营稻香村茶食糖果商店：《一九六二年全民所有制工业统计年报》第2表"总产值及商品产值"、第3表"总产值及商品产值分月附表"，1963年1月4日寄出，苏州市档案馆藏，档号：C007-007-0468-101-102。

[5] 公私合营稻香村茶食糖果商店：《一九六二年全民所有制工业统计年报》第4表"固定资产、流动资金及净产值"，1963年1月4日寄出，苏州市档案馆藏，档号：C007-007-0468-104。

表 4-16　1962 年稻香村茶食糖果商店产品产量

产品名称		计算单位	实际产量	备注
1. 糕点	一般糕点	吨	98.35	1 季度 2.98 吨，2 季度 20.48 吨，3 季度 33.80 吨，4 季度 41.09 吨。
	高级糕点	吨	28.63	1 季度 2.91 吨，2 季度 15.98 吨，3 季度 11.73 吨，4 季度 5.01 吨。
	合计	吨	126.98	1 季度 5.89 吨，2 季度 36.46 吨，3 季度 38.53 吨，4 季度 46.10 吨。
2. 月饼		吨	10.03	3 季度 9 月 10.03 吨。
3. 糖果		吨	0.27	4 季度 11 月 0.27 吨。

资料来源：公私合营稻香村茶食糖果商店：《一九六二年全民所有制工业统计年报》第 3 表"产品产量"，1963 年 1 月 4 日寄出，苏州市档案馆藏，档号：C007-007-0468-103。

主要产品质量及技术经济指标：（1）糕点。生产量 1235.58 吨，耗煤量 364.26 吨，煤耗率 28.48%；次品生产量 15.62 吨，次品率 1.26%。（2）糖果。生产量 196.21 吨，耗煤量 47.98 吨，煤耗率 24.40%；次品生产量 2.67 吨，次品率 1.36%。[1]

公私合营稻香村茶食糖果商店人员，据苏州市专卖公司行业整顿办公室的调查登记资料[2]，截至 1962 年 4 月，前店门市部 16 人，后坊即工场 33 人，基本情况见表 4-17 和表 4-18。

表 4-17　1962 年稻香村茶食糖果商店门市部（前店）人员情况

姓名	年龄	文化程度	本人成分	家庭出身	担任何职	何时调来	工资收入/元	家庭人口
肖永庆	39	高小	工人	贫农	公方主任	1940	58.66	5
杨志祥	42	初中	店员	店员	公方主任	1961	59.40	6
贾玉金	34	高小	店员	贫农	营业员	1959	53.60	3
王炳荣	55	高小	营业员	下中农	营业员	1960	65.43	6
李斗南	48	高小	工人	中农	会计	1961	63.54	3
钮鹤英	44	初中	工人	贫农	营业员	1961	65.08	8

---

[1] 公私合营苏州糖果糕点食品厂：《一九六二年全民所有制工业统计年报》第 5 表"产品质量及技术经济指标"，1963 年 1 月 5 日寄出，制表人吴一民，苏州市档案馆藏，档号：C007-007-0468-072。
[2]《平江区茶糖烟酒区店合营企业（公私合营稻香村茶食糖果商店）人员基本情况登记表》（表 1），1962 年 4 月，江苏省苏州市专卖公司行业整顿办公室，苏州市档案馆藏，档号：G036-002-0057-001-003。该表原栏目名称依次为：编号、企业名称、姓名、性别、年龄、文化程度、本人成分、家庭出身、担任何职、人员来源（何时调来）（何单位调来）、工资收入、有何特长、健康情况状况、家庭住址、入股资金（固定）（流动）、福利享受标准、家庭经济情况、个人工作能力、工作态度、备注。

续表

姓名	年龄	文化程度	本人成分	家庭出身	担任何职	何时调来	工资收入/元	家庭人口
朱吉人	47	初中	工人	中农	营业员	1961	37.40	5
王泉生	34	高小	工人	工人	营业员	1961	53.86	5
沈绮萍（女）	28	高小	工人	工人	营业员	1960	30.60	2
王品珍（女）	28	初中	工人	商人	营业员	1961	24	3
王惠珍（女）	35	小学	工人	手工业者	营业员	1941	24	3
张林捐（女）	32	高小	工人	工人	营业员	1960	20	8
赵丽薇（女）	57	高小	店员	工人	营业员	1959	48.36	5
许凤英（女）	20	初一	工人	工人	营业员	1961	28	3
黄慧英（女）	29	高小	工人	手工业者	营业员	1950	26.40	4
王佩珍（女）	31	高小	居民	商人	营业员	1961	27	6

表4-18　1962年稻香村茶食糖果商店工场（后坊）人员情况

姓名	年龄	文化程度	本人成分	家庭出身	担任何职	何时调来	工资收入/元	家庭人口
欧阳沂	34	初中	工人	贫农	主任	1945	47.00	9
王晓沧	57	初中	职员	职员	会计	1932	62.00	5
王渭仪	38	文盲	工人	工人	工人	1937	59.60	7
吴炳祥	31	初中	工人	贫农	会计	1946	43.50	8
曹根福	52	文盲	工人	工人	会计	1926	65.82	8
徐有发	33	初小	工人	贫农	工人	1944	41.80	7
潘兆德	32	初小	工人	贫农	保卫	1947	43.00	4
许阿甫	58	初小	工人	贫农	工人	1944	53.60	3
祝文贵	33	高小	工人	贫农	管理员	1945	47.00	8
陈玉珩	40	小学	工人	贫农	管理员	1938	53.30	6
刘德卿	47	高小	工人	贫农	工人	1933	72.00	
徐寅伯	49	初小	工人	工人	工人	1930	71.99	7
刘德才	31	初小	工人	工人	工人	1947	47.00	7
吴志茂	37	初中	工人	贫农	采购	1961	48.00	
诸雪生	31	小学	工人	贫农	运输	1958	36.00	
沈雪林	43	高中	工人	工人	工人	1961	30.00	6
王维元	30	初中	工人	职工	工人	1958	36.00	4
赵金荣	39	初中	劳动者		运输		30.00	4
朱炳南	18	小学			工人		26.00	8

续表

姓名	年龄	文化程度	本人成分	家庭出身	担任何职	何时调来	工资收入/元	家庭人口
郑坤荣	36	初中	劳动者	工人	工人		36.60	4
孙路平	17	初中	学徒	手工业者	工人	1960	14.00	3
江仁金(女)	34	小学	劳动者	商人	工人	1958	30.00	4
孙培芳(女)	45	小学	工人	工人	工人	1934	26.40	3
周小妹(女)	25	文盲	工人	贫农	工人	1958	24.00	10
杨素珍(女)	17	初中	工人	小商人	工人	1962	16.00	5
王月华(女)	37	初中	工人	小商人	工人	1938	26.00	5
顾雪珍(女)	30	初中	工人	平民	工人	1942	26.40	7
张福保(女)	66	文盲	工人	工人	工人		24.00	5
项景霞(女)	42	初中	工人	商人	工人		28.00	
顾巧凤(女)	31	小学	工人	商人	工人	1960	40.80	
张素珍(女)	38	文盲	工人	手工业者	工人	1961	26.00	
李阿狗(女)	53	文盲	工人	工人	工人	1958	20.00	9
唐祥娣(女)	30	初小	工人	贫农	工人	1958	26.00	5

资料来源：《平江区茶糖烟酒区店合营企业（公私合营稻香村茶食糖果商店）人员基本情况登记表》（表1），江苏省苏州市专卖公司行业整顿办公室，1962年4月，苏州市档案馆藏，档号：G036-002-0057-001-003。表中人员福利享受标准皆为全费，皆无入股资金（固定、流动）。除肖永庆[1]、黄慧英、赵丽薇、曹根福、徐寅伯、赵金荣患有疾病外，其他人员身体状况皆为健康。

据1962年苏州市烟酒糖业糕点公司调查统计，烟酒业职工共78人，就学历而言，文盲8人，半文盲22人，高小27人，初中18人，高中2人，大学1人。而茶食糖果业职工共451人，学历为：文盲24人，半文盲168人，高小131人，初中110人，高中17人，大学1人。[2]稻香村前店16人（其中女性8人），学历

---

[1] 肖永庆，本姓萧，图章仍为萧永庆。1977年12月20日，经国务院批准，国家语言文字工作委员会正式公布《第二次汉字简化方案（草案）》，将"萧"简化为"肖"，但未注明姓氏不在简化之列。该方案20世纪50年代开始酝酿制订，1960年向全国征集意见，始在群众中广泛流行。由于《第二次汉字简化方案（草案）》不成熟，为纠正社会用字混乱现象，1986年6月24日国务院宣布废止，但涉及户籍、身份管理等问题，肖、萧两姓依然并存。此外，曹根福，原表作曹根富；陈玉珩，原表作陈玉衡；徐有发，原表作徐友发。徐有发夫人李荣芳和其子徐红生向笔者确认本名为徐有发，徐友发、徐友法乃谐音别称。徐有发（1930—1997），江苏丹徒人，高小毕业。师从名师高文庆，尤擅制作云片糕。

[2] 《平江区茶糖烟酒区店合营企业（公私合营稻香村茶食糖果商店）人员基本情况登记表》（表1），江苏省苏州市专卖公司行业整顿办公室，1962年4月，苏州市档案馆藏，档号：G036-002-0057-001-003。需要注意表中未统计袁素珍(贞)。袁素珍(贞)，女，浙江绍兴人，家住吴趋坊13号。高小毕业。1955年15岁，在其父袁长水（1955年47岁，私塾6年，小业主）所开同仁和作会计，为资（私）从人员。1957年10月23日被批准划为右派，1958年被下放到稻香村茶食糖果商店监督劳动，为运输员。1961年被摘帽，后调叶受和。1964年调苏州糕点厂，1966年调往新疆工作。

为：小学 11 人，初中 5 人（含初一肄业 1 人）。后坊 33 人（其中女性 11 人），学历为：文盲 6 人，小学 14 人（含初小 5 人），初中 12 人，高中 1 人。职工的学历结构和文化程度，与解放前比较而言有些许乐观。稻香村虽然恢复了后坊，但人员来源较以前已有变化，如王炳荣、钮鹤英原属采芝斋，徐有发、王佩珍原属叶受和，赵丽薇原属广州食品商店。就家庭人口数量而言，职工的收入水平总体上偏低，大多仅够维持生活。

根据上级布置的商业人员力量配备普查工作要求，为充实、整顿行业队伍，1963 年苏州市烟酒糖业糕点公司对烟酒茶糖行业人员机构又进行了普查，在 11 月 10 日的《烟酒茶糖行业人员机构普查情况（初查）》中分析道：

> 在当前我市烟糖行业中，在人员方面存在女职工多，新职工多，私方业主多，业务骨干力量不足，党团员骨干少，接班人补充不上……熟悉业务骨干 194 人〔其中工人成份（分——引者）164 人〕，占总人数 939 人的 21.34%，从上述生产工分析，技工 65 人占总生产工 331 人的 19.63%，据稻香村人员情况重点调查技术力量，63 年与 57 年（相比——引者）有所降低。57 年稻香村技工 27 人，63 年技工只有 8 人，63 年的技术力量只有 57 年二分之一。技术熟练（工——引者）减少原因：（A）年老退休，（B）精简回乡，（C）调出本系统担任领导工作，（D）反之补充接班人没有及时跟上。[1]

《烟酒茶糖行业人员机构普查情况（初查）》第十一部分为"人员机构'稻香村'搞点普查专题材料"，对稻香村的基本情况，以 1957 年（见前）和 1963 年进行了全面对比，1963 年的基本情况如下。

（一）人员情况

全店人员 47 人，其中职工 46 人，私从人员 1 人。政治情况：党员 3 人，团员 4 人。

出身本行业 15 人，占全员 30%（其中拣瓜子女工 2 人），其中技工 8 人，占全员 20%，另营业员 8 人，占全员 20%。

出身本店 12 人，占全员 25%；营业员 13 人，占总人数 25%。

来自外系统 20 人，占全员 45%（其中 1958 年后新工人 15 人，占全员 30%；再：其中 6 人，占全员 14%，是在 1959 年、1960 年从商校和工厂调来的）。

职工健康状况：身体强者 15 人，占全员 30%；身体健康一般者 23 人，占全员 50%；身体弱者 9 人，占全员 20%。

---

[1] 江苏省苏州市烟酒糖业糕点公司：《烟酒茶糖行业人员机构普查情况（初查）》，1963 年 11 月 10 日，苏州市档案馆藏，档号：G036-002-0077-015。

（二）营业情况

营业员13人，其中老手8人，新手5人。

营业时间：早上8时开门，晚上8时打烊，对外营业时间12小时。

营业员实际工时11小时，每月工休4天。

平均每天营业额550元，劳动效率每人每天42.30元。

（三）生产情况

生产工23人，其中技工8人，一般工9人，辅助工6人。

生产时间：上工（早）7:00，下工（下午）5:00。

实际工时10小时，每月公休4天。

每天平均产值460元，劳动效率每天每人20元。

有2个运输工，每天运输量约为1200斤，主要运送生产原料和商品。

管理人员：支部书记1人，主任2人，负责全店政治思想和行政工作。

会统人员：5人。分工为：总会计、门市会计、原料会计、成品发货、统计。

（四）福利情况

季度有竞赛奖、综合奖，劳保用品为服装、围裙、手巾。

热天生产工有0.08—0.20元营养、冷饮费。

职工看病、治疗药费全部由企业负担。满8年工龄者病假工资不扣。

（五）企业制度

职工保卫工作值班制度、营业员十项守则、工场生产制度、进货验收制度、领用原物料制度、成品进仓验收制度。[1]

关于稻香村的领导力量、工作情况和人员余缺等问题，也有具体分析。该店书记吴伯康把每个星期六作为固定劳动日，平时有空就参加劳动。时任门市部主任肖永庆、工场主任朱万金（杨志祥已调任叶受和分店主任）是不脱产的，都是稻香村的老职工，肖永庆是老营业员，朱万金是做糖技工，"稻香村目前店领导的力量比57年强一些（有书记、主任三个，57年只有公方代表一个），但店领导水平不能适应形势和实际业务的需要，缺乏较高的管理水平，但参加劳动的迫切性是较强的（如书记吴伯康同志）。在中层生产组长方面缺乏骨干作用，怕做骨干，希望和生产工一样，生产收工万事大吉，缺乏上进心。因此，店领导、中层不能很好充份（分——引者）利用和抓起来，使工作被动，难于完成……关于店内人员余和缺的问题，主要症结是：缺乏内行（技工），多些外行。特别是不少具体

---

[1] 江苏省苏州市烟酒糖业糕点公司：《烟酒茶糖行业人员机构普查情况（初查）》第十一部分"人员机构'稻香村'搞点普查专题材料"，1963年11月10日，苏州市档案馆藏，档号：G036-002-0077-022-025。

困难的同志，多子女，多病，严重不安心商业工作，影响了企业的生产工作"[1]。虽然该店存在上述问题，但店内人员还是较紧的。总之，离劳动效率高质量是有一段距离的。

关于培养接班人的问题，市烟酒糖业糕点公司分析道："从接班人来看，（A）自58年后吸收的新工人221人，其中学徒67人，仅占总人数30.45%；（B）在这些学徒中，有些系高初中毕业生，还不安心商业工作，因此操作生产上不主动，老师傅也就很少教导学徒，认为干脆自己搞来得爽快。据这次排队中，感到接班人较缺。经初步排队共缺接班人89人（不包括公司接班保管员6人），其中：营业员40人，生产工44人，会统员5人。"而稻香村即要求有7个好的接班人（糖果生产1人，青盐1人，茶食2人，炒货1人，营业员2人），培养对象有朱炳南、孙路平等。"该店书记吴伯康说接班人是个大问题。当前技工年龄一年大一年，体力一年不如一年，如再不跟上（接班人），名牌产品要失传了。因此他建议接班人一定要自愿，不能分派，自愿的人，就会全心全意去钻研业务，学好技术。"[2]

从1962年"稻香村恢复前店后坊，场地仅能生产些糕点，无多余场地来生产炒伙（货——引者）蜜饯野味咸货，名不符实，徒有虚名，是大合并的后果"[3]。由于稻香村工场有批发业务，工时单独核算，这就客观上造成一店两本账、两个样的做法，门市部不能够统一经营安排，助长了"坊大于店"的认识趋向，改革幅度还跟不上形势发展和经营管理的客观要求。当时苏州市商业局直接领导公私合营苏州糖果糕点食品厂和金星糖果厂、大明饼干厂等3户，稻香村与采芝斋、叶受和、广州、同森泰、桂香村、一品香、赵天禄、东吴村9户前店后坊的生产业务，全部划归苏州市服务局所属苏州市烟酒糖业糕点公司领导，共有生产工人357人，占全市糖果糕点工人总数的41.76%。在全市生产比重方面：9户前店后坊高价糖果占14.65%，高价糕点占69.5%；平价糖果占28.55%，平价糕点占43.47%。此外，市烟酒糖业糕点公司还领导西中市嘉穗芳合作工场。对于"坊店矛盾"突显的"产销脱节"等问题，1963年4月，市烟酒糖业糕点公司在《关于恢复糖果糕点作坊和精简经营环节的意见（草案）》中指出："由于十家前店后坊在经营形式上，至今还存在着以批销为主，对集中力量发挥后坊为前店销售业

---

[1] 江苏省苏州市烟酒糖业糕点公司：《烟酒茶糖行业人员机构普查情况（初查）》第十一部分"人员机构'稻香村'搞点普查专题材料"，1963年11月10日，苏州市档案馆藏，档号：G036-002-0077-025。

[2] 江苏省苏州市烟酒糖业糕点公司：《烟酒茶糖行业人员机构普查情况（初查）》第十一部分"人员机构'稻香村'搞点普查专题材料"，1963年11月10日，苏州市档案馆藏，档号：G036-002-0077-016。

[3] 苏州糕点厂厂志编写小组，陈茂生执笔：《苏州糕点厂厂志》第二章"并厂时的概述"之"生产规模及生产工具产品的沿革"，未刊讨论稿，1985年。

务服务还很不够,因而真正地发扬名牌特色还显得有些不足。生产不问市场的结果,形成生产指导消费,而不是消费指导生产。"[1]由此造成的产品积压损坏,不仅浪费了人工、燃料,而且还浪费了原辅料,影响了产品质量和服务质量,影响了市场安排和增加国家积累,群众屡有意见,在政治影响上也有一定的损害。为此,市烟酒糖业糕点公司根据形势发展的要求与商业工作为生产、为消费者服务的原则,提出有关改进意见:(1)进一步恢复前店后坊的加工作坊。在11个茶糖门市部的基础上增设后坊,主要是解决发扬特色、便利消费、扩大销售、增加盈利。从这一原则出发,虎丘土特产商店"结合增设后坊,恢复发扬苏州名牌特色,调整企业名称为稻香村分店"。(2)改进供货方式。对公司归口的前店后坊,原则上贯彻后坊为前店服务、不对外批发的精神,生产与门市销售体现一本账,作坊不再单独核算。(3)加强计划管理。切实发挥统计监督和财务监督作用,以有利于统一安排市场,加强市场的统一领导。(4)"调整技术力量。总的是按发扬名店特点、发扬前店后坊经营特色、适应与便利群众需要、搞活搞好市场出发,以加强与巩固现有前店后坊的技术力量,尤以加强与巩固享有盛名的前店后坊的技术力量为原则"[2]。

稻香村分店,即虎丘土特产商店,按它1963年第一季度销售高价糕点405斤、一般糕点17246斤,增设后坊需要技工7人。稻香村总店现有技工23人,月度生产量达18560斤,而门市部月度销售数14134斤,平均每个技工生产定额为800斤,可调出技工5人。为发扬真正特色,确保产品质量,稻香村分店技术力量即由稻香村总店抽调5人,一品香抽调2人。生产设备的添置,以节约为原则,获准砌2眼灶、炉灶各一座。[3]

根据苏州市烟酒糖业糕点公司的改革精神和要求,稻香村除进一步建立健全管理制度,加强监督、杜绝漏洞外,着重在以下几个方面开展工作。

第一,前店后坊纳入统一核算,以店为主,店主任统一指挥。砍掉了后坊糕点的批发业务,调整了后坊的劳动组织,压缩了管理人员,统一了前店后坊的工作步调。在此基础上,实行了营业员、生产员、采购员的"三员"联系制度,规定每天下班前"三员"碰头研究,营业人员把哪些商品热销,哪些商品不受群众欢迎,或者消费者有些什么反映和要求,主动向生产人员提出意见,作为研究安

---

[1] 江苏省苏州市烟酒糖业糕点公司:《关于恢复糖果糕点作坊和精简经营环节的意见(草案)》,1963年4月15日,苏州市档案馆藏,档号:G036-002-0066-019-020。
[2] 江苏省苏州市烟酒糖业糕点公司:《关于恢复糖果糕点作坊和精简经营环节的意见(草案)》,1963年4月15日、18日,苏州市档案馆藏,档号:G036-002-0066-022-026。同时调整的还有,将车站商店改为采芝斋分店,中市副食品商场改为老野荸荠。
[3] 江苏省苏州市烟酒糖业糕点公司:《关于恢复糖果糕点作坊和精简经营环节的意见(草案)》,1963年4月15日、18日,苏州市档案馆藏,档号:G036-002-0066-027。

排次日生产的依据,做到了以销定产,产销结合,确保产销搞得更活。

第二,积极安排多品种生产,既能丰富商店门市,美化市场,又能增加货币回笼,提高经济效益。如1963年经营糕点一类只有65个品种,1964年总共达到144个品种,增加一倍以上。恢复了多年不供应的哈哩饼、松子黄千糕、芙蓉酥、绿豆糕、火炙糕、百果蜜糕等传统产品,野味一类恢复了熏鱼、野鸭等4个品种,还供应热货等各类商品。

第三,把提高产品质量作为提高服务质量的基础。调动职工的一切积极因素,讲究精工细作,扩大销路。生产工人能够遵守操作规程,坚守第一炉,小样不过关,大样不生产。在营业过程中,对不符合规格质量要求的商品坚决做到不出样,不出售,坚决退回后坊推倒重来。因此,产品质量由不稳定趋向稳定,在稳定的基础上显著提高。1964年,"以打大仗,打硬仗,打胜仗的革命精神完成了4万多斤中秋月饼的生产和供应任务,超过了历史最高纪录。从产品质量上来看,做到外形鼓橙式,色采(彩——引者)虎皮黄,操作小包酥,产品质量比往年有了很大的提高,出现了人人争购稻香村的月饼,人人夸扬稻香村的月饼"[1]的局面。

1964年苏州稻香村中秋月饼旺销场景

从调整糖果糕点生产布局的经验来看,稻香村等老字号恢复前店后坊,产销两旺,收效良好。[2]据稻香村填报的《1964年全民所有制工业企业统计年报》第1表"企业概况",稻香村工场仍属小型企业,全部职工平均人数33人,其中工人平均人数29人;全部职工年末人数28人,其中工人年末人数24人。工业总产值或商品产值按1957年不变价格计算为14.2万元,按本年现行价格计算为12.9万元。主要产品产量为糕点105吨、糖果9吨。企业全年耗电量1000度。年底全部固定资产(工业生产用)原值为7000元,净值为5000元。[3]

这些情况说明,在1959年至1961年的三年困难时期之后,随着国民经济的

---

[1] 《我们是怎样以政治带业务,把生意做活做足的——公私合营稻香村商店公方主任肖永庆同志的发言》,1965年4月,苏州市档案馆藏,档号:C036-001-0105-092-104。

[2] 中国糖业烟酒公司江苏省苏州分公司:《关于改进各县糖果糕点生产工作意见》,1964年3月2日,苏州市档案馆藏,档号:G036-002-0092-096-100。

[3] 公私合营稻香村茶食糖果商店:《1964年全民所有制工业企业统计年报》第1表"企业概况",1965年1月寄出,苏州市档案馆藏,档号:C007-007-0516-031。

调整和逐步恢复，稻香村的生产经营上了一个新台阶。实际上，稻香村工场的产品品种比表上简报的还要丰富，产品质量不断提高，受到市场的欢迎和消费者的喜爱。

三、全市糕点生产布局与稻香村的名特产品

糖果糕点向来以名牌特色、时令季节、用料优劣、市货、行货等由各店（坊）自行定价供应。1949年苏州解放后，因粮（米、面粉、豆类）、油统购统销，食品工业的用粮经主管部门统一计划，由归口公司统筹安排。每个店（坊）的生产品种、用粮情况必须先试小样、定成本，经归口专业公司物价部门审核，确定批发、零售价格。1959年至1961年国民经济三年困难时期，物资供应较为紧张，尤其是以粮油为原料的食品，各地方政府部门统一规定实行凭粮票购买糕点食品。实行高价商品供应时期，城郊人口每月每人曾发放半斤糕点券。经商业部报请国务院财贸办公室批准，小部分优质糕点糖果实行高价敞开销售。高价利润专项上缴国库。从1961年2月5日开始，苏州首先对高价糖果敞开供应，13日高价糕点见市。1964年元旦起高价糕点实行议价粮生产，不收粮票敞开供应，到1965年7月14日营业结束盘点结账止，高价供应政策撤销，次日糖果糕点恢复平价收粮票敞开和议价不收粮票两种供应办法。[1]

为加强工作指导，优化高价糕点、普通糕点生产布局，发挥稻香村等各家厂店和关门作坊各自的名牌特色，1964年4月30日，稻香村的主管机关中国糖业

---

〔1〕 苏州市商业局编史组：《苏州市商业志初稿（三）》第四章第一节之"食糖业"，未刊稿，1991年9月，第2—3页。该志稿载："1961年2月对部分商品实行高价政策后……高价糖果日生产量从3000市斤逐步增加到25000市斤，高价糕点日生产量从2000多只增加到35000只。供应网点开始为3户，以后扩大为248户。高价糖果每市斤5元，高价糕点每市斤3元，高价古巴砂糖每市斤4元。以后于1962年7月、10月、63年3月进行过三次降价，到1965年7月14日，高价糖果、糕点、砂糖，于营业结束盘点结账后，次日退出高价。"参阅中国糖业烟酒公司江苏省苏州分公司：《苏州市高价糕点实行议价粮生产后的情况汇报》，1964年3月9日，苏州市档案馆藏，档号：G036-002-0088-156-161。该文对高价糕点不收粮票前后做了对比："顶收粮票时，著名的麻饼起码买贰只，收粮半两，售价4角6分，酥糖和麻饼一样，起码两包，收粮半两，售价3角；不收粮票后，一只一包随便购买。另外论斤计售的小件糕点，原来每斤成品收粮二两半，售价1.50元，要买起码半两粮票，售价3角，现在一两一包，售价0.15元。最受农民欢迎的云片糕，原来收粮3两，售价0.65元，现在不收粮票，原价供应，农民缺少粮票，购买者大大增加。消费者的反映，如春节前农民结婚的较多，在习惯上购买四色小件糕点，每样0.15元，招待客人，既价廉又好看，购买者很多。其次，外地旅客，粮票少，现在可以不收粮票，购买一些喜爱的土产。另外，停收粮票后，购买麻饼、酥糖馈赠亲友的也有了增加。各零售店停收粮票后，商品拆零自然降低，购买方便，营业额都有了上升。"

烟酒公司江苏省苏州分公司内部编印了《苏州市高价糕点规格价格》。[1]当时在高价糕点生产布局和品种中，全市统一规格、统一价格的有24种。除此之外，桂香村有1种，同森泰有2种，采香斋有6种，春阳泰有12种，苏州糖果糕点食品厂有20种，叶受和有23种，一品香有27种，广州有29种，稻香村一家则多达44种，独占鳌头。稻香村高价糕点的规格、价格见表4-19，配料和成本见表4-20。

表4-19 稻香村茶食糖果商店高价糕点规格、价格（1964年4月）

产品名称	生产总成本/元	单位	规格/两	产量	零售价/元	批发价/元 一类	批发价/元 二类	单位成本/元	生产利润	出厂价/元
香草果条	6.858	只	0.4	210	0.06	0.051	0.0498	0.03266	14%	0.0392
猪油雪饼	6.858	只	0.4	210	0.06	0.051	0.0498	0.03266	14%	0.0392
香草阿四	6.858	只	0.4	210	0.06	0.051	0.0498	0.03266	14%	0.0392
猪油哈哩饼	7.498	只	0.6	150	0.09	0.0365	0.0343	0.04998	14%	0.057
猪油松子酥	7.498	只	0.6	150	0.09	0.0365	0.0343	0.04998	14%	0.057
黑麻猪油酥	7.906	只	0.6	150	0.09	0.0365	0.0343	0.0527	14%	0.06
哈哩饼	7.906	只	0.6	150	0.09	0.0365	0.0343	0.0527	14%	0.06
工字饼	7.126	只	0.6	150	0.09	0.0365	0.0343	0.0475	14%	0.0542
菊花饼	7.126	只	0.6	150	0.09	0.0365	0.0343	0.0475	14%	0.0542
荤油杏仁酥	76.565	只	0.66	1350	0.10	0.085	0.083	0.05671	14%	0.0646
三色猪油夹糕	109.495	块	1.05	1100	0.16	0.136	0.133	0.09954	14%	0.113
猪油松子麻饼	168.18	只	1.5	1270	0.27	0.23	0.224	0.1324	14%	0.151
荤油杏元	8.036	斤	散装	9	1.60	1.36	1.328	0.8927	15%	1.027
香草麻元	8.036	斤	散装	9	1.60	1.36	1.328	0.8927	15%	1.027
蛋黄果元	8.036	斤	散装	9	1.60	1.36	1.328	0.8927	15%	1.027
什锦拉花	8.34	斤	散装	9.1	1.60	1.36	1.328	0.916	15%	1.053

---

[1] 中国糖业烟酒公司江苏省苏州分公司编印：《苏州市高价糕点规格价格》，1964年4月30日，内部资料，苏州市档案馆藏，档号：G036-002-0090-021-044。其中《苏州市高价糕点耗用原材料及辅助材料价格统一计算表》《高价糕点统一规格统一价格表》详见本书附录四附表8—附表10。
《说明》称：
一、本册根据现行生产和市场供应的产品，经与各单位再度研究确定正（整——引者）理了209个品种，今后各生产单位应遵照本册所规定的规格，投料生产，并按规定的价格销售，不得任意抄册（用——引者）其他单位的品种规格进行生产，如果某些品种计算上有出入，或者有些字迹印得不清楚时，请各单位事先和我们联系，研究解决，未经同意前不得擅自变动规格和售价。
二、今后各单位在生产中，需要变动规格价格时，可依照本册所编订的产品名称及编号，在申报成本单上注明，以便核价。不得任意更改新名称。
三、为了便于帮助保管员、营业员等熟悉商品知识，练好基本功起见，因此，我们也发给各门市部一册，希各单位组织学习，提高业务水平，更好地为消费者服务。

续表

产品名称	生产总成本/元	单位	规格/两	产量	零售价/元	批发价/元 一类	批发价/元 二类	单位成本/元	生产利润	出厂价/元
鸡蛋拉花	8.34	斤	散装	9.1	1.60	1.36	1.328	0.916	15%	1.053
奶油拉花	8.34	斤	散装	9.1	1.60	1.36	1.328	0.916	15%	1.053
洋蛋饼	12.015	只	0.65	235	0.10	0.085	0.083	0.05112	14%	0.0583
玫瑰猪油枣泥夹心蛋糕	16.728	只	0.8	254	0.12	0.10	0.0996	0.07585	14%	0.0751
豆沙猪油合盘酥	6.289	只	0.4	200	0.06	0.051	0.0498	0.031415	14%	0.0358
合盘酥	6.843	只	0.4	210	0.06	0.051	0.0498	0.0326	14%	0.0372
百合酥	6.843	只	0.4	210	0.06	0.051	0.0498	0.0326	14%	0.0372
双口酥	6.843	只	0.4	210	0.06	0.051	0.0498	0.0326	14%	0.0372
白玉酥	6.843	只	0.4	210	0.06	0.051	0.0498	0.0326	14%	0.0372
和合酥	6.843	只	0.4	210	0.06	0.051	0.0498	0.0326	14%	0.0372
小礼饼	6.843	只	0.4	210	0.06	0.051	0.0498	0.0326	14%	0.0372
荷叶酥	6.663	只	0.6	140	0.09	0.0765	0.0747	0.04759	14%	0.0543
荷花饼	6.663	只	0.6	140	0.09	0.0765	0.0747	0.04759	14%	0.0543
肉松卷	6.663	只	0.6	140	0.09	0.0765	0.0747	0.04759	14%	0.0543
白麻花盘酥	6.994	只	0.6	150	0.09	0.0765	0.0747	0.04662	14%	0.0531
薄荷油酥	6.994	只	0.6	150	0.09	0.0765	0.0747	0.04662	14%	0.0531
玉带酥	11.65	只	0.8	170	0.12	0.102	0.0996	0.0685	14%	0.0781
花兰酥	11.65	只	0.8	170	0.12	0.102	0.0996	0.0685	14%	0.0781
猪油甜酥	11.65	只	0.8	170	0.12	0.102	0.0996	0.0685	14%	0.0781
各色猪油合子酥	10.433	只	1	100	0.18	0.153	0.149	0.1003	14%	0.119
荤油蛋黄炸食	7.788	斤	10	8.55	1.60	1.36	1.328	0.9108	15%	1.047
鸡蛋八结	8.145	斤	10	8.7	1.60	1.36	1.328	0.9362	15%	1.077
蛋黄麻梗	8.021	斤	10	9.3	1.60	1.36	1.328	0.863	15%	0.992
小开口笑	8.021	斤	10	9.3	1.60	1.36	1.328	0.863	15%	0.992
各色花糕	37.06	包	0.8	540	0.12	0.102	0.0996	0.06863	14%	0.0782
四色云片	12.02	包	0.8	150	0.13	0.111	0.108	0.0801	14%	0.0913
猪油酥糖	148.73	包	1	1600	0.18	0.153	0.149	0.10295	14%	0.106
猪油芙蓉酥	6.468	包	1.2	60	0.20	0.17	0.166	0.1078	14%	0.103

表 4-20 稻香村茶食糖果商店高价糕点配料和成本

序号	品名	配料和成本
1	香草果条	上白粉5斤,绵白糖2.8斤,饴糖5两,豆油6两,糖精2分,香精2分,鲜蛋5只,苏打5钱,糖油或果玉0.52元,工燃费0.64元。
2	猪油雪饼	上白粉5斤,甲绵白糖2.8斤,饴糖5两,豆油6两,糖精2分,香精2分,鲜蛋5只,苏打5钱,糖油或果玉3两,工燃费0.64元。
3	香草阿四	上白粉5斤,甲绵白糖2.8斤,饴糖5两,豆油6两,糖精2分,香精2分,鲜蛋5只,苏打5钱,糖油或果玉3两,工燃费0.64元。
4	猪油哈哩饼	上白粉3.5斤,甲绵白糖1斤,饴糖1斤,豆油6两,苏打5钱,熟面1.5斤,绵白糖1.5斤,糖油1斤,豆油4两,塔蛋3.5两,工燃费0.64元。
5	猪油松子酥	上白粉3.5斤,甲绵白糖1斤,饴糖1斤,豆油6两,苏打5钱,熟面1.5斤,绵白糖1.5斤,糖油1斤,豆油4两,塔蛋3.5两,工燃费0.64元。
6	黑麻猪油酥	上白粉3.5斤,甲绵白糖1斤,饴糖1斤,豆油5两,苏打5钱,熟面1.5斤,绵白糖1.5斤,黑麻或玫瑰3两,糖油1斤,豆油3两,塔蛋3两,工燃费0.64元。
7	哈哩饼	上白粉3.5斤,甲绵白糖1斤,饴糖1斤,豆油5两,苏打5钱,熟面1.5斤,绵白糖1.5斤,黑麻或玫瑰3两,糖油1斤,豆油3两,塔蛋3两,工燃费0.64元。
8	工字饼	上白粉3.5斤,甲绵白糖1斤,饴糖1斤,豆油6两,可可油1两,苏打5钱,熟面1.5斤,甲绵白糖1.8斤,饴糖5两,豆油4两,香精3分,塔蛋3两,工燃费0.64元。
9	菊花饼	上白粉3.5斤,甲绵白糖1斤,饴糖1斤,豆油6两,可可油1两,苏打5钱,熟面1.5斤,甲绵白糖1.8斤,饴糖5两,豆油4两,香精3分,塔蛋3两,工燃费0.64元。
10	荤油杏仁酥	上白粉50斤,绵白糖25斤,荤油8斤,豆油1.5斤,桂花1.28元,苏打1斤,鸡蛋1.5斤,工燃费5.20元。
11	三色猪油夹糕	上白粉15斤,饴糖10斤,豆油3斤,苏打5两,玫瑰花5斤,熟面35斤,绵白糖25斤,豆油5斤,糖猪油10斤,伊枣玉15斤,松玉2斤,桃玉4斤,瓜玉2斤,熟麻5斤,工燃费6.40元。
12	猪油松子麻饼	上白粉50斤,饴糖30斤,豆油3斤,苏打5两,石碱5两,黑枣玉20斤,绵白糖30斤,玫瑰花4斤,松玉5斤,糖猪油40斤,熟麻16斤,工燃费5.90元。

续表

序号	品名	配料和成本
13	荤油杏元	上白粉5斤,甲绵白糖2.5斤,饴糖5两,糖精2分,鸡蛋1.5斤,荤油5两,豆油1两,白麻8两,香精适量,工燃费0.93元。
14	香草麻元	上白粉5斤,甲绵白糖2.5斤,饴糖5两,糖精2分,鸡蛋1.5斤,荤油5两,豆油1两,白麻8两,香精适量,工燃费0.93元。
15	蛋黄果元	上白粉5斤,甲绵白糖2.5斤,饴糖5两,糖精2分,鸡蛋1.5斤,荤油5两,豆油1两,白麻8两,香精适量,工燃费0.93元。
16	什锦拉花	上白粉5斤,绵白糖2.5斤,饴糖5两,鲜蛋1.5斤,荤油1斤,苏打8两,色素适量,工燃费0.93元。
17	鸡蛋拉花	上白粉5斤,绵白糖2.5斤,饴糖5两,鲜蛋1.5斤,荤油1斤,苏打8两,色素适量,工燃费0.93元。
18	奶油拉花	上白粉5斤,绵白糖2.5斤,饴糖5两,鲜蛋1.5斤,荤油1斤,苏打8两,色素适量,工燃费0.93元。
19	洋蛋饼	上白粉5斤,鲜蛋6斤,砂糖3斤,饴糖3.5斤,糖精2分,荤油3两,工燃费0.735元。
20	玫瑰猪油枣泥夹心蛋糕	上白粉4斤,鲜蛋5斤,砂糖2斤,饴糖3斤,糖精2分,苏打2钱,熟面1斤,绵白糖5两,脂粉1两,糖油4斤,伊枣玉3.5斤,工燃费0.83元。
21	豆沙猪油合盘酥	上白粉2.3斤,荤油5两,上白粉1斤,荤油5两,赤豆1斤,标熟粉8两,砂糖2斤,桂花1两,工燃费0.79元。
22	合盘酥	上白粉2斤,荤油4.5两,饴糖1斤,上白粉1斤,荤油4.5两,熟面2两,绵白糖2斤,糖精2分,豆油2两,伊枣玉5两,芝麻4两,香精2分,工燃费0.79元。
23	百合酥	上白粉2斤,荤油4.5两,饴糖1斤,上白粉1斤,荤油4.5两,熟面2两,绵白糖2斤,糖精2分,豆油2两,伊枣玉5两,芝麻4两,香精2分,工燃费0.79元。
24	双口酥	上白粉2斤,荤油4.5两,饴糖1斤,上白粉1斤,荤油4.5两,熟面2两,绵白糖2斤,糖精2分,豆油2两,伊枣玉5两,芝麻4两,香精2分,工燃费0.79元。
25	白玉酥	上白粉2斤,荤油4.5两,饴糖1斤,上白粉1斤,荤油4.5两,熟面2两,绵白糖2斤,糖精2分,豆油2两,伊枣玉5两,芝麻4两,香精2分,工燃费0.79元。
26	和合酥	上白粉2斤,荤油4.5两,饴糖1斤,上白粉1斤,荤油4.5两,熟面2两,绵白糖2斤,糖精2分,豆油2两,伊枣玉5两,芝麻4两,香精2分,工燃费0.79元。

续表

序号	品名	配料和成本
27	小礼饼	上白粉2斤，荤油4.5两，饴糖1斤，上白粉1斤，荤油4.5两，熟面2斤，绵白糖2斤，糖精2分，豆油2两，伊枣玉5两，芝麻4两，香精2分，工燃费0.79元。
28	荷叶酥	上白粉2斤，荤油4两，饴糖1两，上白粉1斤，荤油5两，熟面2斤，绵白糖1.5斤，豆油2两，精盐5钱，味精2分，肉松0.80元，工燃费0.64元。
29	荷花饼	上白粉2斤，荤油4两，饴糖1两，上白粉1斤，荤油5两，熟面2斤，绵白糖1.5斤，豆油2两，精盐5钱，味精2分，肉松0.80元，工燃费0.64元。
30	肉松卷	上白粉2斤，荤油4两，饴糖1两，上白粉1斤，荤油5两，熟面2斤，绵白糖1.5斤，豆油2两，精盐5钱，味精2分，肉松0.80元，工燃费0.64元。
31	白麻花盘酥	上白粉2斤，荤油4两，饴糖1两，上白粉1斤，荤油5两，熟面2斤，绵白糖2斤，豆油4两，薄荷末5钱，芝麻4两，伊枣玉8两，工燃费0.64元。
32	薄荷油酥	上白粉2斤，荤油4两，饴糖1两，上白粉1斤，荤油5两，熟面2斤，绵白糖2斤，豆油4两，薄荷末5钱，芝麻4两，伊枣玉8两，工燃费0.64元。
33	玉带酥	上白粉1.5斤，荤油4两，上白粉1斤，荤油5两，糖油1.5斤，熟面2.5斤，绵白糖3斤，桃玉2两，松玉2两，瓜玉1两，玫瑰花5钱，伊枣玉2.5斤，薄荷2分，食用色素2分，工燃费0.64元。
34	花兰酥	上白粉1.5斤，荤油4两，上白粉1斤，荤油5两，糖油1.5斤，熟面2.5斤，绵白糖3斤，桃玉2两，松玉2两，瓜玉1两，玫瑰花5钱，伊枣玉2.5斤，薄荷2分，食用色素2分，工燃费0.64元。
35	猪油甜酥	上白粉1.5斤，荤油4两，上白粉1斤，荤油5两，糖油1.5斤，熟面2.5斤，绵白糖3斤，桃玉2两，松玉2两，瓜玉1两，玫瑰花5钱，伊枣玉2.5斤，薄荷2分，食用色素2分，工燃费0.64元。
36	各色猪油合子酥	上白粉5斤，荤油1.5斤，伊枣玉1.5斤，绵白糖1斤，糖油1斤，佘荤油1.2斤，工燃费0.79元。
37	荤油蛋黄炸食	标粉5斤，绵白糖2斤，鲜蛋1.5斤，豆油1两，苏打2钱，佘荤油1.2斤，工燃费0.93元。
38	鸡蛋八结	上白粉5斤，甲绵白糖2.5斤，荤油2两，鲜蛋1.5斤，糖精1分，苏打2钱，佘豆油1.6斤，工燃费0.93元。
39	蛋黄麻梗	上白粉5斤，甲绵白糖2.5斤，荤油1两，鲜蛋1.5斤，苏打2钱，白麻1.2斤，糖精1分，佘豆油1.6斤，工燃费0.93元。

续表

序号	品名	配料和成本
40	小开口笑	上白粉5斤,甲绵白糖2.5斤,荤油1两,鲜蛋1.5斤,苏打2钱,白麻1.2斤,糖精1分,氽豆油1.6斤,工燃费0.93元。
41	各色花糕	元炒粉23斤,绵白糖18斤,糖精5斤,豆油5两,脂粉2.5两,可可粉2.5两,薄荷末1两,山楂灰1两,黑麻屑4两,白透明纸1.32元,糖精1钱,减甜头0.80元,工燃费4.73元。
42	四色云片	元炒粉5.5斤,甲绵白糖4斤,白饴糖1.2斤,糖精1.05分,豆油5两,松玉3两,麻屑4两,瓜玉3两,桃玉4两,果玉4两,薄荷末3钱,脂粉5钱,透明纸1.20元,工燃费1.14元。
43	猪油酥糖	标粉45斤,熟面5斤,黑麻30斤,绵白糖40斤,荤油2斤,饴糖18斤,糖猪油40斤,包装纸12.80元,工燃费12.48元。
44	猪油芙蓉酥	玉兰片3斤,荤油8两,饴糖3斤,绵白糖8两,糖油1斤,桂花5钱,包装0.48元,工燃费0.384元。

资料来源:中国糖业烟酒公司江苏省苏州分公司编印《苏州市高价糕点规格价格》,稻饼1-44,1964年4月30日,内部资料,第53—57页。苏州市档案馆藏,档号:G036-002-0090-040-044。按:工燃费,指生产人工、燃料费。绵白糖,原表作"棉白糖"。糖精计量单位"钱",原表作"全"。塔蛋,也称搭蛋,即在产品表面涂上鸡蛋液增加色彩。

1964年4月30日,中国糖业烟酒公司江苏省苏州分公司还内部编印了《苏州市普通糕点规格价格》[1],规定了全市生产的普通糕点品种70种(实际为67

---

〔1〕 中国糖业烟酒公司江苏省苏州分公司编印:《苏州市普通糕点规格价格》,1964年4月30日,内部资料,苏州市档案馆藏,档号:G036-002-0090-045-066。其中《苏州市普通糕点耗用原材料及辅助材料价格统一计算表》《普通糕点统一规格统一价格表》详见本书附录四附表10—附表13。
《说明》称:
1. 本册是根据现行生产和市场供应的产品,经与各单位再度研究整理确定了169个品种,其中全市统一规格、统一价格的有70种,今后各生产单位应遵照本册所规定的价格执行、规定的规格投料生产(配方中:食糖、糖猪油、荤油、素油、饴糖、蛋品不得随便降低用量;粮食品种和发酵剂,可以根据生产情况进行调换;果辅料如果是规定耗用品种和数量的,应根据规定使用;如果是规定果辅料金额的,可由生产单位按规定金额任意选用各种干果蜜饯类商品,也可以从中抽出部分金额使用议价红糖,增加糕饼甜度),也不得任意抄用其他单位的品种规格进行生产,如果某些品种计算上有出入,或者有些字迹印得不清楚,请各单位和我们联系后更正,未经同意前不得自行变动售价和规格。
2. 本册各品种的产销价格,都以总成本金额为计算标准,所以各单位配料时不得低于总成本金额。如其中某一原辅料的成本单价有下降时,原则上按降价品种相应增加用量,提高质量,如荤油计算成本时每斤1.95元,现为1.64元,可以每斤相应增加0.19斤,即原配方中用一斤的,可用1.19斤荤油。根据现在情况看,荤油、糖猪油、鸡蛋、糖精、鲜肉都比原来计算成本时有所下降(新价格已在耗用原辅料价格计算上说明),因此各单位应根据上述精神办理。如果某些原辅料降价后,增加用量要影响质量时,可以把应增加的数量折成金额,全部或一部份换用其他品种。
3. 今后各单位在生产中需要变动规格(不包括因某些原辅料降价后而增加用量的因素)价格时,可依照本册所编订的产品名称及编号,在申报成本上注明,以便核价。不得任意更改新名称(确系新产品除外)。
4. 为了便于帮助保管员、营业员等熟悉商品质量,练好基本功起见,因此,也发给各门市部一份,希各单位组织学习,提高业务水平,更好地为消费者服务。

种、方蛋糕、云片糕、金刚球只列有产品名称和编号）。除此之外，在普通糕点生产布局和品种中，还规定了王人和、采香村、嘉穗芳、信隆盛、同森泰、苏州糖果糕点食品厂各1种，汪永兴2种，苏民工场、赵天禄、采香斋、东吴村各3种，一品香6种，桂香村、春阳泰各8种，叶受和14种，广州29种，稻香村15种的产品规格价格。1964年6月稻香村又增加4种。稻香村普通糕点规格、价格见表4-21、表4-22，配料和成本见表4-23。

表4-21 稻香村茶食糖果商店普通糕点规格、价格（1964年4月）

产品名称	生产总成本/元	单位	产量	顶粮/两	规格	批发价/元	零售价/元	单位成本/元	生产利润	批零差率
吉祥饼	38.18	只	1000	0.5	0.9	0.0435	0.05	0.03815	14%	15%
树叶饼	38.18	只	1000	0.5	0.9	0.0435	0.05	0.03815	14%	15%
四喜饼	38.18	只	1000	0.5	0.9	0.0435	0.05	0.03815	14%	15%
猪油糯米炉饼	45.78	只	1000	0.5	0.95	0.0522	0.06	0.04578	14%	15%
苹果饼	4.578	只	100	0.5	1	0.0522	0.06	0.04578	14%	15%
猪油条糕	30.80	条	500	1	2	0.0696	0.08	0.066	13%	15%
猪油大方糕	12.32	块	160	1	2.5	0.087	0.10	0.077	13%	15%
鲜肉大方糕	14.78	块	160	1	2.5	0.1044	0.12	0.0924	13%	15%
苹果卷	40.80	斤	10	5	2.5	0.552	0.64	0.48	15%	16%
小什景	4.80	斤	10	5	2.5	0.552	0.64	0.48	15%	16%
小杏元	39.98	斤	83.3	6		0.552	0.64	0.48	15%	16%
芝麻方块	48.00	斤	100	5		0.552	0.64	0.48	15%	16%
秋叶条	48.00	斤	100	5		0.522	0.64	0.48	15%	16%
芝麻夹心	48.00	斤	100	5		0.522	0.64	0.48	15%	16%
奶油夹心	48.00	斤	100	5		0.522	0.64	0.48	15%	16%

资料来源：中国糖业烟酒公司江苏省苏州分公司编印《苏州市普通糕点规格价格》，1964年4月30日，内部资料，第26—28页。苏州市档案馆藏，档号：G036-002-0090-056-058。按：树叶饼，原表作"树业饼"。

表4-22 稻香村茶食糖果商店普通糕点规格、价格（1964年6月）

产品名称	生产总成本/元	单位	产量	顶粮/两	规格	批发价/元	零售价/元	单位成本/元	生产利润	批零差率
薄脆饼	38.15	只	1000	0.5	0.8	0.0435	0.05	0.03815	14%	15%
油氽猪油饺	45.78	只	1000	0.5	0.85	0.0522	0.06	0.04578	14%	15%
葱油炉饼	38.15	只	1000	0.5	1	0.0435	0.05	0.03815	14%	15%
洋蛋糕	10.07	只	220	0.25	0.65	0.0522	0.06	0.4578	14%	15%

资料来源：中国糖业烟酒公司江苏省苏州分公司编印《苏州市普通糕点规格价格、高级糕

点糖果规格价格》第 2 册，1964 年 6 月，内部资料，第 40 页。苏州市档案馆藏，档号：G036-002-0090-085。

表 4-23 稻香村茶食糖果商店普通糕点配料和成本

序号	品名	配料和成本
1	吉祥饼	标粉 35 斤，饴糖 32 斤，豆油 3 斤，苏打 1 斤，糖精 2 钱，熟面 15 斤，砂糖 4 斤，塔蛋 3 斤，果辅料 8.26 元，工燃费 4.20 元。
2	树叶饼	标粉 35 斤，饴糖 32 斤，豆油 3 斤，苏打 1 斤，糖精 2 钱，熟面 15 斤，砂糖 4 斤，塔蛋 3 斤，果辅料 8.26 元，工燃费 4.20 元。
3	四喜饼	上白粉 40 斤，饴糖 10 斤，苏打 5 两，元米 10 斤，糖猪油 10 斤，糖精 2 钱，塔蛋 1 斤，果辅料 14.82 元，工燃费 4.20 元。
4	苹果饼	标粉 3.5 斤，粳粉 5 两，饴糖 2.2 斤，豆油 3 两，糖精 2 分，熟面 1 斤，砂糖 7 两，苹果肤 6 两，枣泥酱 1.4 斤，塔蛋 3 两，苏打 0.1 斤，工燃费 4.20 元。
5	猪油条糕	元粉 40 斤，粳粉 10 斤，糖精 2 钱，饴糖 20 斤，糖猪油 10 斤，食油 5 两，工燃费 2.70 元。
6	猪油大方糕	元粉 5 斤，粳粉 9.5 斤，赤豆 1.5 斤，砂糖 5 斤，饴糖 3 斤，糖精 0.64 钱，伊枣玉 4 斤，糖猪油 4 斤，食油 5 两，工燃费 1.22 元。
7	鲜肉大方糕	元粉 6 斤，粳粉 10 斤，鲜肉 10 斤，砂糖 6 两，麻屑 6 两，菜油 1.6 斤，退下脚 0.57 元，工燃费 1.22 元。
8	苹果卷	标粉 3.5 斤，粳粉 5 两，饴糖 2 斤，豆油 3 两，糖精 2 分，苏打 8 钱，熟面 1 斤，砂糖 5 两，香精 2 分，塔蛋 3 两，果辅料 1.73 元，工燃费 0.68 元。
9	小什景	标粉 3.5 斤，粳粉 5 两，饴糖 2 斤，豆油 3 两，糖精 2 分，苏打 8 钱，熟面 1 斤，砂糖 5 两，香精 2 分，塔蛋 3 两，果辅料 1.73 元，工燃费 0.68 元。
10	小杏元	标粉 50 斤，饴糖 22 斤，砂糖 8 斤，糖精 2 钱，豆油 3 斤，可可油 1 斤，苏打 1 斤，塔蛋 3 斤，香料 2.17 元，工燃费 6.80 元。
11	芝麻方块	标粉 40 斤，饴糖 25 斤，豆油 3 斤，苏打 1 斤，糖精 2 钱，可可油 1 斤，熟标粉 10 斤，砂糖 8 斤，熟麻 2 斤，塔蛋 3 斤，果辅料 7.58 元，工燃费 6.80 元。
12	秋叶条	标粉 40 斤，饴糖 25 斤，豆油 3 斤，苏打 1 斤，糖精 2 钱，可可油 1 斤，熟标粉 10 斤，砂糖 8 斤，熟麻 2 斤，塔蛋 3 斤，果辅料 7.58 元，工燃费 6.80 元。
13	芝麻夹心	标粉 40 斤，饴糖 25 斤，豆油 3 斤，苏打 1 斤，糖精 2 钱，可可油 1 斤，熟标粉 10 斤，砂糖 8 斤，熟麻 2 斤，塔蛋 3 斤，果辅料 7.58 元，工燃费 6.80 元。

续表

序号	品名	配料和成本
14	奶油夹心	标粉40斤，饴糖25斤，豆油3斤，苏打1斤，糖精2钱，可可油1斤，熟标粉10斤，砂糖8斤，熟麻2斤，塔蛋3斤，果辅料7.58元，工燃费6.80元。
15	薄脆饼	标粉50斤，红糖粉4斤，敞开加工红糖13.5斤，饴糖10斤，菜油7斤，芝麻5.5斤，奶粉1斤，果辅料0.21元，工燃费4.20元。
16	油氽猪油饺	元粉30斤，粳粉20斤，饴糖2.5斤，糖精1钱，糖猪油8斤，敞开加工红糖4斤，氽油10斤，果辅料4.37元，工燃费3.10元。
17	葱油炉饼	上白粉40斤，饴糖10斤，元粉10斤，猪油1斤，精板油12.6斤，香精0.32元，工燃费4.20元。
18	洋蛋糕	鲜蛋6斤，饴糖5.8斤，上白粉5.5斤，糖精2钱，白砂糖0.5斤，荤油0.6斤，□□0.15斤，工燃费0.77元。

资料来源：中国糖业烟酒公司江苏省苏州分公司编印《苏州市普通糕点规格价格》，1964年4月30日，内部资料，第26—28页，苏州市档案馆藏，档号：G036-002-0090-056-058。《苏州市普通糕点规格价格、高级糕点糖果规格价格》第2册，1964年6月，内部资料，第40页，苏州市档案馆藏，档号：G036-002-0090-085。按：洋蛋糕配料，□□乃原档模糊不清，谈雪良师傅谓不影响配比。

随着形势的发展、政策的调整和变革的深入，稻香村恢复前店后坊后取得了良好的业绩和经验，对传承名特产品，活跃市场，保障供应，发挥了积极的作用，展现了老字号的实力、活力和影响力。1962年第二、第三季度以来，稻香村与采芝斋、叶受和等9家食品商店，在老师傅的努力下，生产了98种苏式名牌糖果糕点，受到群众欢迎。[1]稻香村糕点工场职工发扬和保持老店名牌特色，严格操作制度，做到配料准足。如王渭仪、徐有发等老师傅在生产枣泥麻饼时，先把枣泥配料下锅复制，经过高温炒搭，这样生产出来的枣泥麻饼色香味美，吃起来鲜洁、细腻、甜性足。[2]应市的稻香村月饼生产了9个品种，在配料、搓粉、包馅、火口等生产工序上，都由第一手老师傅把关，制成的月饼色味齐全，达到了"两面虎皮色，形状如古礅，中间雪雪白"的要求。[3]随着三年困难时期的结束，1963年，由于农业生产的大好形势和商业部门的及早调运，各种糕点生产需要的原料、辅料货源十分充沛，做月饼需要的猪油、松子、蜜饯等都比1962年成倍增加供应，因此，稻香村生产的月饼不但质量好，而且数量也多。[4]稻香村生产的糕点在群众中素著嘉誉，上级公司希望稻香村再接再厉，进一步提高糕点质量。开始时店里

---

[1] 德全、家涛：《九十八种苏式名牌糖果糕点应市》，《苏州工农报》1962年10月20日第2版。
[2] 欧阳沂、李少甫：《精制枣泥麻饼》，《苏州工农报》1963年1月12日第2版。按：徐有发，原文误作"李有发"，今据笔者采访潘兆德记录而改正。
[3] 鼎祺、季鹤：《"稻香村"月饼有特色》，《苏州工农报》1962年9月6日第2版。
[4] 王蔚明：《商业部门准备节日商品丰富多采》，《苏州工农报》1963年9月21日第2版。

有人认为：我们质量已经不错了，怎么还要提高呢？做生意总归是做生意，糕点只要卖得掉就行了。针对这些思想，店党支部加强了思想教育，还组织老工人进行新旧社会的回忆对比，使职工们进一步认识到今天的稻香村是社会主义企业，要自觉服务好人民群众。在提高为人民群众服务质量，适应消费者的需要思想指导下，稻香村的门市营业员和工场工人加强了联系。营业员每天把顾客的意见转告给工场工人，工场每天下午也派人到前店参加营业，了解顾客需要。负责后坊的店主任朱万金每星期有三分之二的时间参加劳动，经常和工人一起研究、改进操作，还常常找老师傅一起研究生产问题，吸收意见。工场工人普遍加强了精工细作。老工人王渭仪平时细心操作，每道工序都认真检查，严格按照规定进行生产。老工人徐寅伯不仅自己认真操作，还把配料、加料等工序上的传统操作，具体地做给其他工人看，帮助他们努力提高技术水平。在全店职工的努力下，1964年8月以来，稻香村20多种糕点的质量普遍有了提高，并增加了品种。该店还到里弄、农村进行访问，了解群众需要，以进一步提高糕点质量，更好地为群众服务。[1]

四、稻香村服务工作的先进经验与反响

1963年夏天，为了适应社会主义建设形势发展的需要，全国财贸系统广泛而深入地开展"五好"（政治工作好、执行政策完成国家计划好、经营管理好、生活管理好、干部作风好）企业、"六好"（政治思想好、执行政策完成任务好、爱护公共财物好、团结互助好、经常学习好、服务态度好）职工社会主义劳动竞赛运动。这一竞赛既反映了企业加强政治思想工作和正确贯彻执行党的方针政策的要求，也反映了加强企业经营管理、提高企业管理水平的要求，不仅是提高企业经济工作水平的群众运动，也是提高企业政治思想工作水平和职工社会主义觉悟的群众运动，对老字号稻香村产生了重要的影响。稻香村茶食糖果商店在以董超（女）为书记的党支部领导下，在工会的积极支持下[2]，工作大有起色，产品质量与服务质量较高，创造了先进经验。1964年8月4日，中国财贸工会苏州糖业烟酒分公司基层联合委员会观前一条街公司工作组整理的《总结推广稻香村商店几项主要经验》，作为苏州分公司第一届一次职工代表大会的交流文件，产生了热烈的反响。为史事存真起见，转录文件如下。

---

[1] 龚泰生、群工：《提高糕饼质量 满足群众需要》，《苏州工农报》1964年8月30日第2版。
[2] 苏州市总工会平江区办事处：《研究同意苏州市平江区稻香村茶食糖果商店筹备委员会撤消稻香村基层委员会并建立稻香村基层工会筹备委员会的批复》，1963年7月2日，苏州市档案馆藏，档号：A032-003-0515-081。筹备委员会主任委员肖永庆，副主任委员王桂芳，组织委员王渭仪，宣传委员徐有发，生产委员虞玉瑾，生活委员潘兆德，女工委员徐萍，财务委员吴炳祥，经审委员李少甫。

总结推广稻香村商店几项主要经验

观前一条街公司工作组的同志，通过蹲点稻香村、跟班劳动、实地观察，大家一致认为，在比、学、赶、帮，"五好"、"六好"竞赛运动中，稻香村商店由于加强了政治思想工作，人的积极因素得到了充分发挥，职工的精神面貌有了很大的改变。从领导到群众，始终保持着旺盛的革命意志，以苦干、实干、巧干的革命精神改变了企业的面貌。特别是对二个质量的提高，在思想上扎实生根，在行动上雷厉风行，在效果上显著提高。为了总结经验，发扬先进，现将几项主要经验整理如下，供各店研究参考，因地制宜组织推广。

（一）顾客未开口，营业员先招呼

只要顾客走上门，营业员的眼睛很快就注意着顾客在选择哪一样商品，不等顾客开口，营业员就笑脸相迎，主动、热情地招呼了："同志，你要买点啥？""送亲赠友松子枣泥麻饼，质量很好"，"虾子酱油、虾子鲞鱼都是时鲜货"，"老伯伯，冰口酥吃口好，夏天最适宜"，"杏仁酥刚刚出炉，鸡蛋糕顶新鲜……"顾客都说："稻香村的营业员真像自己人，态度顶和气，真会做生意。"有些顾客是需要买一些东西的，但拿不定主意，看看东西样样好，不知买了哪样好。周福泉同志总是主动问长问短，耐心介绍商品。如有一位顾客想买一些东西，带到上海去送亲友，想买一些上海没有的而又是苏州的土产，周福泉同志就主动介绍菉（绿——引者）豆糕和虾子鲞鱼。又如有一位顾客要买一些东西带到新疆去，钮鹤英就主动介绍青盐蜜饯等容易保存，时间长不会变质，又是苏州土产的东西。因此，顾客称赞说："稻香村的营业员，想得比自己还要周到，事事做得贴心，真是顾客的好参谋。"有些顾客是顺便路过稻香村，被营业员招呼住了，也就买了一些食品准备"现吃"，周福泉同志总是主动供茶水，拿椅子、递毛巾，让顾客坐下来定心的吃。如有位顾客抱了一个小孩买了一瓶牛奶在吃，营业员王国祥同志看见小孩也想吃，就主动递上一把匙，便于喂给小孩吃，这位顾客非常满意地说："稻香村的营业员，不是单纯的做生意，而是处处关心顾客。"也有些顾客是专心诚意来买东西的，但不巧得很，他所要的商品正好缺货，营业员邓昌源同志总是向顾客打招呼，说明情况，尽量介绍其他商品以有代无。或请顾客留下地址和需要的商品数量，等货到后，立即派人送货上门，尽可能让顾客少化（花——引者）时、少跑路、少操心，千方百计便利顾客，满足消费，根据以上情况看来，工作组的同志认为：稻香村的营业员，特别是老营业员，基本上已做到了服务标准八个字："主动、热情、诚恳、耐心"和六个一样："买与不买一样，冷热商品一样，忙时闲时一样，男女老少一样，生人和熟人一样。"

（二）一块抹布手中拿，橱窗玻璃亮堂堂

营业员对食品卫生和环境卫生十分重视，上班第一件大事，就是将所有的抹布，洗刷清洁，人人手执一块抹布，在未开店门之前，个个动手。做好卫生工作和商品整理工作，营业开始了，他们也是手不离布，只要有空隙时间，就忙擦玻璃柜台和玻璃橱窗，特别是老营业员，一天到晚手脚不停，不是称包商品，就是布置柜台，不是擦擦抹抹，就是扫地抹尘。因此店内店外经常保持清洁整齐，商品出样丰满显著，到过稻香村的人们都感到心情舒畅。

（三）立柜台似站岗，无事小事不离岗

稻香村的营业员，一般都能提前到店，到店后从不随便离店离柜台，严守岗位一丝不苟。营业时个个都是严肃认真，专心一致地接待顾客；营业时没有人吃零食或闲谈家常；营业时没有人在柜台吸烟或看书看报；营业时没有人处理私人事情或点私人的钞票。柜台里至少要二个人，他们才肯交替吃饭，无人接替，坚决不下岗。吃饭时人人抓紧时间，不论是吃食堂的或者是回家吃的，都是吃了就来，来了就做，从不拖拖拉拉，更没有"借脚上街头"等自由散漫现象，遵守劳动纪律，已成为全店职工自觉的要求。

（四）面向群众，方便消费

稻香村是全市闻名的百年老店，在观前街又是一家大型商店，糕点、野味在群众中享有较高的信誉，因此，从早到晚顾客盈门，但是，企业领导和职工丝毫没有"大店"思想，相反，在经营作风上、服务质量上，从小眼着手，面向群众，方便消费。经常深入厂矿企业、团体单位、里弄居民，进行调查研究，通过挂钩推销，电话送货，设摊供应等方法全心全意为消费者服务。如今年"统考"期间，主动与市三中、大儒巷中心等学校连续挂钩，从第一天起，到考试结束，每天送货到"考场"，满足了考生和教师的需要。又如：今年夏天奇热，中暑、生病者比较多，医疗单位极忙，为了方便消费，就主动到专区医院、第二人民医院、平江联合医院等医疗单位联系挂钩，将他们需要的商品及时送到。其他如：东吴丝厂召开联欢晚会，专区医院召开风凉晚会，稻香村都能主动派员去设摊供应，几次都供应到11点钟左右，会议结束后才回店。振亚丝厂、苏州仪表厂、江南木器厂、苏州蓄电池厂等都是送货上门的老主顾，因此，工作组的同志们认为：稻香村既能积极做好门市部供应，也能走出大门，一起（切——引者）从方便消费出发，送货上门，全心全意为群众服务，这是三大观点的具体反映，同时也说明通过比、学、赶、帮，学王颐吉、赶先进，稻香村商店全体职工的革命干劲大大提高了。

（五）大练基本功，积极提高服务质量

稻香村的一套营业班底是过得硬的。肖永庆、邓昌源、周福泉、钮鹤英、陈玉珩、王国祥、朱吉人等都是20年以上，有的是30年以上的老营业员了，他们的业务熟悉，接待顾客主动，称、包、扎、算样样精通，但是他们并不自满，能虚心学习。老营业员周福泉同志说："老营业员要把业务技术毫无保留地传授给青年，但青年职工的钻研劲头，和学习'毛选'的精神，我们应该向他们学习。"老营业员对青年职工非常关心，经常帮助他们大练基本功，除了边营业边教练外，领导上专门安排时间，组织职工大练基本功。青年营业员李纪乔主动与周福泉订立了师徒合同，一个是诚恳地教，一个是专心地学，现在李纪乔同志的业务水平提高得较快。由于大练基本功的结果，营业员的服务质量普遍提高，顾客反映说："到稻香村买东西不会吃亏。"也有顾客说："稻香村的营业员称得准、包得快、扎得牢、算得清，买了东西心里舒畅。"

（六）贯彻岗位责任制一丝不苟，各道环节人人把守

为了加强各道环节各个岗位的责任心，稻香村早在今年四月份就制订了，既有职责范围和工作质量，又有具体权力的"六员"岗位责任制，并雷厉风行贯彻到人。通过岗位责任制的贯彻，企业管理水平和二个质量的提高比较快。自从砍掉了批发业务后，领导力量集中抓产品质量，从配料到生产，从生产到成品一抓到底，狠抓第一炉产品，严把质量关。目前杏仁酥、鸡蛋糕、麻饼等热销商品，基本改变面貌，质量比较稳定，在经营管理上亦有很大的提高，进货、验收、销售、盘点普遍提高了责任心，二季度以来没有发生较大的差错事故和责任事故。

（七）关心职工生活，贯彻劳逸结合

营业员工时长，这是行业中普遍存在的一个老问题，五月份以前营业人员留店时间一般均14小时以上。通过学大庆、学解放军，从关心人出发，稻香村领导上能及时研究措施，贯彻劳逸结合，合理安排小休制度，将营业员在店时间压缩到九个半小时以内，使职工有足够的时间休息，有充沛的精力更好地做好工作。进入夏季以来，气候炎热，夜市生意较好，为了贯彻积极经营，更好地为消费服务，必须相应调整和延长营业时间，但又不能增加职工的劳动强度，稻香村领导上就从排问题、挖潜力着手，克服了保守思想，坚持实行二班制，营业员在店时间压缩到8小时。实行二班制以后，群众反映良好，过去长期病假的王品珍同志说："党和领导这样关心我们，自己再不好好干工作，良心上过不过去。"过去一直多病的沈绮萍同志，以前是上一天班，要休息二天，自从领导上主动关心职工生活，注意劳逸结合后，从三月份起一直坚持跟班劳动，有些小困难能克服过去。

（八）政治思想工作做得深、做得细、做得活

政治是统帅，政治是灵魂，没有先进的思想，就没有先进的行动。稻香村领导上从一季度以来，就重视和加强了政治思想工作，并以学习主席著作为动力，活学活用。贯彻抓头头，头头抓，层层贯，层层通，领导教育群众，群众帮助领导，以群教群的方法把思想工作做活，因此，领导与领导之间，领导与群众之间，群众与群众之间加强了团结。支部书记、行政领导和工会主席他们既是指挥员又是战斗员，哪里工作最艰巨领导就到哪里。经常参加劳动和职工打成一片，深入柜组、深入实际，了解职工思想情况和工作情况，透过业务抓思想。支部书记、行政领导和工会主席还经常深入职工家庭访问，了解职工的生活情况和家庭情况，帮助解决实际问题。一季度以来，领导作风贯彻了以表扬为主、适当批评的教育方法以后，群众的自觉革命性大大提高了。有个职工说："过去领导上一碰就批评，二碰就训人。现在给我们送功，耐心的教育我们，自己的缺点自己知道，痛得深了，改得也快了。"

综上所述，稻香村商店从一季度以来，成绩显著，经验不少，是过得硬的。但是，工作中并不是十全十美，样样都是好的。职工的精神面貌虽然有了改变，但还需继续巩固提高，企业管理制度执行方面，虽然有所改进，但还存在一定差距，必须进一步加强。

亲爱的稻香村商店全体职工同志们：

今天，我们在总结推广你们经验的同时，真诚希望你们巩固成绩，正视缺点，戒骄戒躁，虚心学习一切经验，勤排差异。门市部在学王颐吉、赶九福（省群英会先进集体）、超九福；后坊在学上海、赶上海、超无锡的浪潮中紧紧依靠党的领导，发挥更大的干劲，为在今年的中秋、国庆、秋后更大旺季，为人民、为国家作出更大的贡献。[1]

中国糖业烟酒公司江苏省苏州分公司"五好"竞赛委员会还整理了《他们是怎样"积极经营、面向工农、满足消费的"——稻香村商店门市部一九六四年度先进事迹》，主要分为四个方面：一是提高为人民服务的思想认识，批判单纯大店、大生意思想，明确经营方向；二是思想工农化，商品大众化；三是处处关心群众，当好顾客参谋；四是处处为工农，事事讲服务，生意越做越活。对于稻香村取得的成绩给予了行业突出的评价：

稻香村是烟糖系统中的一家大型商店，地处观前中心，是一家百年老店，

---

[1] 苏州糖业烟酒分公司工会基联会观前一条街公司工作组：《总结推广稻香村商店几项主要经验》，1964年8月4日，苏州市档案馆藏，档号：G036-001-0094-128-134。按：陈玉珩，原文误作陈玉衡；李纪乔，原文误作李纪秀；沈绮萍，原文误作沈绮平。

主要经营业务有：糕点、糖果、青盐、蜜饯、炒货、野味、罐头、冷饮等八个大类。门市部现有职工 12 人，其中党员主任 1 人，团员和青年 6 人，20 年～30 年以上工令（龄——引者）的老职工 5 人。一年来通过"四学"，通过以"五好"、"六好"为目标的比学赶帮竞赛活动，职工群众的阶级觉悟提高了，精神面貌大改变，特别是他们在积极经营，面向工农，满足消费等方面，作出了显著成绩。从经济效果来看，六四年全年营业额为 27 万元，比六三年增长 11.21%，每人全年劳动效率达 22900 元，费用水平比六三年下降 0.86%，上缴利润比六三年增加 37.4%，他们的工作与六三年相比，是大踏步向前迈进了一步，他们的先进思想、先进事迹，在行业中是比较突出的。[1]

稻香村茶食糖果商店党支部认识到加强思想政治工作，把人的思想工作做好做活，是做好社会主义商业工作的前提，并将"站柜台就是干革命，做买卖就是为人民服务"作为中心议题，紧紧围绕本店的实际情况，以排各个时期的思想规律来抓人的活思想，以排自己的差异去学习先进单位的经验，以依靠老职工对青工开展阶级教育、搞好传帮带，以学毛泽东著作武装干部职工的头脑，以干部转变作风解决群众工作生活"老大难"问题，以提高产品质量、服务质量为中心改善企业经营管理。坚持政治第一，坚持服务第一，以政治带业务，贯彻"好、小、低、新"（质量好、规格小、价格低、品种新）方针，加强与消费者的密切联系，确立面向工农的经营方向，增加了为数不少的、适合工农群众要求的论斤小件的商品。由于商品对路，生意越做越活，"各项经济指标，达到了茶糖行业的先进水平"[2]。

由于出色的工作和成绩，1965 年 4 月，稻香村茶食糖果商店门市部小组被命名为苏州市工业、交通运输、基本建设、财贸方面 1964 年度商业系统"五好"集体。[3] 稻香村茶食糖果商店门市部与王颐吉南酱园店的代表一同参加了苏州市群英会，又一同出席了江苏省工业、交通运输、基本建设、财贸方面"五好"和

---

[1] 中国糖业烟酒公司江苏省苏州分公司"五好"竞赛委员会：《他们是怎样"积极经营、面向工农、满足消费的"——稻香村商店门市部一九六四年度先进事迹》，1965 年 4 月，苏州市档案馆藏，档号：A032-003-0525-105-108。全文详见本书附录三。

[2] 《我们是怎样以政治带业务，把生意做活做足的——公私合营稻香村商店公方主任肖永庆同志的发言》，1965 年 4 月，苏州市档案馆藏，档号：C036-001-0105-092-104。全文详见本书附录三。

[3] 《苏州市工业、交通运输基本建设、财贸方面一九六四年度"五好"企业、"五好"集体、"五好"职工名单》，《苏州工农报》1965 年 4 月 18 日第 2 版。

先进代表会议[1]，作为零售企业先进集体代表，稻香村公方主任肖永庆在大会上做了题为《我们是怎样以政治带业务，把生意做活做足的》的经验交流发言，引起了热烈反响。"学王颐吉南、赶稻香村"运动在中国糖业烟酒公司江苏省苏州分公司系统零售商店蓬勃开展起来。

1964年，稻香村曾派人三上王颐吉南，虚心学习先进经验，与各店相互学习交流非常频繁，请过来有20家商店33人次，走上门去有9家商店58人次，呈现出你追我赶的新局面。1965年4月，在市群英会期间，"五好"集体稻香村门市部代表，就同"五好"企业沐泰山国药店代表约好，会后到他们那里学习先进经验。沐泰山国药店却先派陈成兴、徐德荣上门学习，跟班劳动。他们看到稻香村一位营业员接待一位顾客，极其热情耐心。那位顾客要买4盒蜜汁素鸡，营业员用纸盒全部包装好后，顾客忽然又要求改用纸包。营业员不厌其烦地按照他的要求，改装成纸包。陈成兴等向沐泰山职工特地做了详细传达，大家很感动，有些职工当场检讨了自己平时缺少这种为人民服务的精神，表示要向稻香村门市部的职工学习。稻香村门市部职工深深为他们这种虚心学习的精神所感动，马上派了王渭仪、张景福去沐泰山跟班取经，看到沐泰山职工全心全意为人民服务的精神面貌，对待顾客态度热情，服务周到，有位老太太没工夫等配药，营业员就主动送上门去。营业员还以对人民负责的强烈责任感，坚持做好清洁卫生工作。王渭仪、张景福回店以后，大家马上对照先进，排出差异，学赶先进，卫生工作上也采取了不少新的措施，服务态度上有了进一步改善。[2]夏令盛暑期间，许多企业把酸梅汤作为职工防暑降温的清凉饮料。稻香村茶食糖果商店积极为工厂夏令防暑降温服务，入夏后，就与振亚丝织厂、苏绣厂、西乐器厂等单位挂好钩，负责供应各厂每天所需的酸梅汤。由于工厂需要量大，运输又不方便，稻香村职工们就满腔热情地把配制酸梅汤的全部技术教给有关挂钩工厂，并进行现场辅导，使它们能够自行配制。[3]

稻香村茶食糖果商店还积极组织工场职工参加中国糖业烟酒公司江苏省苏州分公司、中国财贸工会苏州糖业烟酒公司基层联合委员会举办的同品种苏式糕点（云片糕、卷桃酥、杏仁酥、麻饼）、苏式糖果（松中糖、玫瑰糖）生产业务技术操作比赛，并组织力量参加镇江、常州、扬州、无锡、苏州对口同品种业务技术

---

[1] 中国财贸工会苏州糖业烟酒公司基层联合委员会：《1965年度五好、六好、先进、能手评比情况》附致省公司秘书科函，《（65）苏糖便字第103号通知》，1965年4月15日，苏州市档案馆藏，档号：G036-001-0105-091。参阅《本市出席省工业、交通运输、基本建设、财贸方面"五好"和先进代表会议代表名单》，《苏州工农报》1965年4月25日第2版。

[2] 训泉：《跟班劳动学先进 我找出差距争上游》，《苏州工农报》1965年5月7日第2版；本报讯：《跟班学习 力争上游》，《苏州工农报》1965年5月16日第1版。按：张景福，原文作张全福，今据采访潘兆德记录而改正。

[3] 汤正中：《为工厂防暑降温服务》，《苏州工农报》1965年7月31日第2版。

操作竞赛。[1] 1965年，稻香村工场也取得了不俗的成绩。全部职工年平均人数30人，其中工人平均人数25人；年末全部职工27人，其中工人22人。主要生产设备为6台电动机，计13.88千瓦。全部固定资产原值2.28万元，净值1.24万元，其中工业生产用固定资产原值0.50万元。年末全部流动资金6.64万元，定额流动资金5.30万元。全部商品总成本25.27万元，商品产品销售税金0.28万元，利润总额1.30万元。工业总产值按1957年不变价格计算为23.48万元，按本年现行价格计算为19.69万元。主要产品为糕点119.08吨，糖果16.26吨。[2] 具体情况参见表4-24。

表4-24 稻香村茶食糖果商店工业总产值及主要产品产量（1965年12月）

	计算单位	本月	本季	本月止累计	去年同月止累计
总产值（按1957年不变价格计算）	万元	2.01	5.66	23.48	18.98
主要产品产量：糕点	吨	10.13	22.29	119.08	104.57
其中：（1）高价糕点	吨			10.76	17.63
（2）糖年糕	吨	1.94	1.94	17.92	15.96
（3）中秋月饼	吨			24.03	11.70
糖果	吨	2.87	8.67	16.26	9.07
其中：（1）高价糖果	吨			2	4.12
（2）春节糖果	吨			4.05	3.78
小商品	吨			0.27	0.34
其他类	万元	0.33	1.38	5.18	4.80

资料来源：公私合营稻香村茶食糖果商店：《1965年全民所有制工业企业统计年报》之工基1表（乙），1966年1月报出，企业负责人肖永庆（公方主任）签章，苏州市档案馆藏，档号：C007-007-0536-081。

连年工作成绩的取得，依靠的是稻香村干部职工的奋发努力。据中国糖业烟酒公司江苏省苏州分公司中国财贸工会基层联合会的统计，1964年度稻香村评比出"六好"职工2人，先进工作者3人，合计5人，其中先进工作者有老职工陈玉珩等。1965年度稻香村参加总评共有职工47人，稻香村主任肖永庆和老职工曹根福、周福泉被评为"六好"职工，刘德卿、张景福被评为先进生产（工作）者，潘兆德、童瑞庆、王国祥、俞升湘、王月华、王国华被评为竞赛能手，合计

---

[1] 中国糖业烟酒公司江苏省苏州分公司、中国财贸工会苏州糖业烟酒公司基层联合委员会：《关于举行业务技术操作选拔赛的联合通知补充》（65）苏糖生字第11号、（65）苏糖工字第2号，1965年7月21日，苏州市档案馆藏，档号：G036-001-0105-125。

[2] 公私合营稻香村茶食糖果商店：《1965年全民所有制工业企业统计年报》之"企业概况"，1966年1月报出，企业负责人肖永庆（公方主任）签章，苏州市档案馆藏，档号：C007-007-0536-080。

11 人,占职工总人数的 23.4%,比 1964 年度占比增长 10%,比 1964 年度总评增长 120%。稻香村门市部与叶受和工场还一同被评为 1965 年度中国糖业烟酒公司江苏省苏州分公司仅有的两个"五好班组"。[1]

---

[1] 中国财贸工会苏州糖业烟酒公司基层联合委员会:《1965 年度五好、六好、先进、能手评比情况》,1966 年 5 月 26 日,苏州市档案馆藏,档号:G036-001-0105-075-082。

第五章 国营苏州糕点厂的演变及其与稻香村的分合

第一节 公私合营平江区糖果糕点食品厂的成立与演变

一、公私合营平江区糖果糕点食品厂的成立

随着国民经济发展和人民生活的提高，客观上要求苏州市茶食糖果业的生产有一个飞跃性发展。1958年"大跃进运动"全面展开，在全党、全民办工业热潮的鼓舞下，苏州财贸部门各单位热烈响应，办了大厂14个，小厂百余个，其中仅市粮食局和商业局两个系统就兴办了75个，还计划兴办35个。中共苏州市委提出"以土为主、以小为主、土法上马、土中出洋、土洋并举"的方针[1]，要求贯彻勤俭办企业的原则，坚持"用两条腿走路"，大闹技术革命，掀起更大跃进浪潮。

商业办工业是发动群众，直线上升，对茶食糖果行业，当时政策要求"前店后坊一户不留，全撤并上升为纯食品工厂"[2]，每个区一个，原来开设在大街小巷的关门作坊也全部被并入各区食品厂，或成为工厂的车间。金阊区的"阊门三鼎足"一品香、东吴村、赵天禄，与季日新、阜恒丰、颐香村等后坊人员及设备被划出，率先合并成立公私合营金阊区糖果糕点食品厂，全员108人，设在石路乐荣坊3号。其后，北塔区的桂香村、采香村、悦来芳协记、佳禄如、报元芳、廉美、天宝、有益社、一芝村、新香村、好吃来、采芝佳等后坊人员和设备被划出，合并成立公私合营北塔区糖果糕点食品厂，设在古市巷口。沧浪区的春阳泰、福兴章记、三香村、采香斋、老松珍、信隆盛等后坊人员和设备被划出，合并成

---

[1]《鼓起革命冲天劲　掀起更大跃进潮》，《新苏州报》1959年3月1日第2版。
[2] 江苏省苏州市烟酒糖业糕点公司：《关于恢复糖果糕点作坊和精简经营环节的意见（草案）》，1963年4月15日，苏州市档案馆藏，档号：G036-002-0066-019。

立公私合营沧浪区糖果糕点食品厂,设在道前街,全员 100 余人。

经平江区人民委员会批准,以"观前四大户"稻香村、叶受和、采芝斋、广州等 14 户为主,包括采芝春、金芝斋、王人和、同森泰、香港、同和泰、复兴祥、梅园、如号恒、方同茂、快活林、万泰兴、同万兴、颐香斋、夜来香、老湖园、兴业、悦品香、津津 19 家店号后坊人员及设备被划出,1958 年 6 月 1 日,在观前街 57 号稻香村后坊合并成立了公私合营苏州市平江区糖果糕点食品厂。[1] 各店成为该厂门市部。据该厂《一九五八年工业年报》第 1 表"企业概况",企业地址为观前街 198 号,电话 31。经济类型为地方公私合营,属工场手工业,主要产品为苏式点心、面包、糖果和野味。市级主管机关为苏州市商业局,直接管辖机关为苏州市平江区商业科。该年报介绍企业 1958 年内变动情况说:"本企业原系采芝斋、稻香村、叶受和、广州食品商店等 14 户糖果茶食店合并而成,于 6 月 1 日建厂,至 8 月 1 日北塔区茶糖业并入本企业。9 月 1 日起与门市部划分经济,开始独立。"[2]

1958 年 7 月北塔区被撤销并入平江区,8 月 1 日北塔区糖果糕点食品厂也被并入平江区糖果糕点食品厂,其间被并入的还有汪荣兴香脆饼店、平江发酵工场。与行业有直接关系的老顺泰黑白铁店业主匡福荣有技术,积极肯干。该店先是加入第一黑白铁生产合作社,后被并入金属制品厂。平江区糖果糕点食品厂因添修工具及一些白铁生活需要,

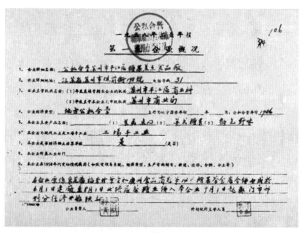

1958 年平江区糖果糕点食品厂工业年报

通过平江区委王书记与金属制品厂协商,同意将该店设备工具及人员 5 人并入本厂,组建金工组。9 月 1 日平江糖果糕点集体工场被并入,该工场为夫妻店,人

---

[1] 苏州糕点厂厂志编写小组,陈茂生执笔:《苏州糕点厂厂志》序言、第二章"并厂时的概述",未刊讨论稿,1985 年。曾任副厂长的陈茂生回忆说:"我厂并后仅过了不到一年时间,就开始并并拆拆,加上厂房的翻建迁址,促使办公管理机构搬东搬西,统计一下从 58 年到现在为止共搬迁了八次之多,搬迁地址如下:1958 年 6 月 1 日并厂时在采芝斋楼上,10 月份在广州商店楼上,1959 年 4 月快活林楼上,1961 年春节边生春阳楼上,1961 年 3 月观前街 57 号边门,1962 年碧凤坊 28 号,1970 年原稻香村楼上,1982 年 10 月碧凤坊新屋三楼四楼。"

[2] 公私合营苏州市平江区糖果糕点食品厂:《一九五八年工业年报》第 1 表"企业概况",1959 年 1 月报出,企业负责人严务先(公方副厂长)签章,审表人王晓沧,苏州市档案馆藏,档号:C007-007-0382-374。

员有肖水金、龚梅生等 15 人。[1]平江区糖果糕点食品厂自此与各店完全脱钩，各自独立核算。

在"大跃进运动"中，苏州全市茶食糖果业的作坊和前店后坊被合并为三个糖果糕点食品厂和三个大型作坊，生产规模显著扩大，劳动生产率得到了提高，其中以公私合营平江区糖果糕点食品厂最大最强（表5-1）。并厂初期称车间为工场，当时成立四个工场：糕点工场（别称茶食工场）、糖果炒货蜜饯工场、广式工场和咸味工场（别称鲜咸工场）。

陈茂生　　　《苏州糕点厂厂志》封面

每个工场设主任一人，副主任 1—2 人，下设组长，全厂共有人员 396 人。第一任厂长为徐祖诒（公方），副厂长严务先（公方）、陈茂生（私方），皆由平江区人民委员会任命。[2]首任工会主席孙景坤（原叶受和职工），首任团支部书记宗祥生。糕点工场首任主任吴希札（原稻香村职工，公方代表），副主任陈章乐（原桂香村经理）、王美荣（私方人员）；糖果炒货蜜饯工场首任主任徐森（原采芝斋职工），副主任金杏荪（原金芝斋经理）；广式工场首任主任周安生（原金芝斋职工），副主任赵达廷（原广州经理）、马财宝（原快活林经理）；咸味工场首任主任陈茂华（原叶受和职工，兼工会副主席），副主任祝骝（原津津经理）、俞锡成（私方人员）。并厂初期科室人员很精干，仅有会计沈剑青、徐郁恩二人。[3]

---

[1] 苏州糕点厂厂志编写小组，陈茂生执笔：《苏州糕点厂厂志》第二章"并厂时的概述"之"企业基本情况"，未刊讨论稿，1985 年。陈茂生评价匡福荣说："20 多年来对技术改革中的金工生活，如建链条炉、第一台切糕机及白铁工方面的生活，该同志发挥他的特长，刻苦钻研，精益求精。特别是机械发生故障，不论白天或更半夜，随叫随到，从不讨价还价，对厂是有一定贡献的。惜乎在他退休前，曾向领导建议，希望多培养些白铁工接班人，没有采纳他的意见，感到遗憾。"

[2] 苏州糕点厂厂志编写小组，陈茂生执笔：《苏州糕点厂厂志》第三章"行政管理机构及人事更迭""苏州糕点厂大事记"，未刊讨论稿，1985 年。陈茂生（1918—1998），浙江慈溪鸣鹤人。叶受和第三任经理陈葆初子。高小毕业。1947 年任叶受和协理，1956 年公私合营后为首任私方经理。加入中国民主建国会，曾兼任苏州市茶食糖果业商业同业公会副理事长，当选为苏州市工商联常委、苏州市政协委员。冷伟民（1932—　），江苏丹阳人，店员出身。1957 年入党，采芝斋首任公方代表，奉调来厂挂职，在平江区开展行业"肃反"运动，翌年"肃反"结束即另调工作单位，曾任北塔商场主任等职。2021 年 2 月 21 日笔者电话采访 91 岁高龄的冷伟民先生，被告知他实际未在厂里工作。"肃反"结束，厂内有一人以"反革命戴帽分子"被管制，二人因历史问题被劳动教养，其中一位原是广州食品商店职工。

[3] 苏州糕点厂厂志编写小组，陈茂生执笔：《苏州糕点厂厂志》第二章"并厂时的概述"之"企业基本情况"，未刊讨论稿，1985 年。按：王美荣别作王美镁，俞锡成别作俞夕成，沈剑青别作沈剑清。

表 5-1　合并前其他前店后坊茶食糖果号普查情况（1955 年 8 月）

字号	创办时间	人员情况	资金情况	产品特色与业务
采芝斋	1884 年	负责人金培元。共 25 人（陈茂生作 26 人），其中技工 9 人。另有计件工 25 人。	40590 元	观前街 91 号。主营糖果、蜜饯、炒货，清水蜜饯、各色瓜子驰名远近。销售对象外埠占很大比例，业务在同业前列。职工年终奖金高于同业水平。
叶受和	1886 年	负责人金立强。共 49 人，其中技工 19 人。另有计件工 12 人。	20086 元（陈茂生作 22086 元）	观前街 35 号。主营糕点、咸味、糖果、蜜饯、炒货。职工人数在同业中最多，销售对象本市占大多数。产品糕点中各式片糕有一定的名誉，素有宁式茶食之称。尤其是婴儿代奶糕，可谓全市小囝基本上吃过。1949 年后咸味产品步稻香村后尘，逐渐外销到上海、无锡等地。合营后采芝香、梅园、万泰兴由其大船拖小船一并核算。
采芝春	1928 年	负责人金春泉。共 11 人（陈茂生作 12 人），其中技工 4 人。另有计件工 7 人。	2690 元	观前街 86 号。主营糖果、蜜饯、炒货，以春制梅皮博得上层消费者好评。
金芝斋	1944 年 10 月（陈茂生作 1941 年）	负责人金杏荪。共 14 人，其中技工 5 人。另有计件工 11 人。	4643 元	观前街 72 号。主营糖果、蜜饯、炒货。1949 年解放后几乎每年亏本，职工为克服困难而减低工资。
悦品香	1949 年 11 月	负责人李元根。共 4 人。	409 元	大成坊 80 号。主营糖果、炒货及少量油面。
采芝香	1934 年	负责人钮子铭（1954 年去世）。共 5 人。另有计件工 3 人。	867 元（陈茂生作流动资金 570 元，固定资金 297 元）	观前街 135 号。主营糖果、蜜饯、炒货，为困难户。职工生产自救，平均工资每人 40 元。
梅园	1940 年 1 月（陈茂生作 1952 年）	负责人胡中豪（陈茂生作胡中浩）。共 6 人。	722 元（负债 892 元超过资产）	观前街 158 号。主营三色大麻饼及零星品种。地处观西闹市，产品颇受消费者欢迎。因不善于经营管理，处境很困难，职工平均工资每人 20 多元（包括伙食）。

续表

字号	创办时间	人员情况	资金情况	产品特色与业务
万泰兴	1950年4月	负责人马恩禄（陈茂生作马恩六）。原同泰源职工，该店歇业后开设。	228元	濂溪坊46号。生产户。生产蜜饯、炒货，批发糕点等业务。
同和泰	1937年3月	负责人总店胡凤岐、分店胡凤石。共19人（陈茂生作15人），其中技工4人。	5729元（陈茂生作6652元，即流动资金5729元，固定资金923元）	总店娄门外大街255号，分店73号。主营糕点、糖果、炒货。在批发户中属大户，娄门外附近农村皆其销售对象。
方同茂	1922年6月	负责人方汉臣。共7人。	1600元（陈茂生作1160元）	娄门外大街11号。主营糖果、炒货兼批发，在炒货组中实力较雄厚。
如号恒	1909年（陈茂生作1919年）	负责人王淳新。共6人。	1810元	齐门外大街206号。主营糖果、炒货兼批发，销售对象为齐门外郊区农村。
悦来芳协记	1930年3月	负责人陆莲芳。共10人，其中技工4人。	4694元	天后巷大街5号。主营糖果、炒货兼批发为主，属于殷实户。
王人和	1936年4月	负责人王云嘉。共7人。	2254元	临顿路538号。主营糖果、炒货兼批发。在炒货组中属中间状态。
复兴祥	1933年9月	负责人朱坤兴。共5人。	1596元	平江路170号。主营糖果、炒货兼批发。业务下坡，形成困难。
桂香村	1920年前（陈茂生作1940年）	负责人陈章乐。共23人，其中计件工5人。	5130元（陈茂生作3955元）	东中市97号，主营糕点、糖果、蜜饯、炒货，各色大方糕名闻全城。因市口关系人员多，业务不太好，有一定的困难。
广州	1927年（陈茂生作1924年）	负责人赵达廷。共28人（陈茂生作31人），其中技工17人。	23836元（陈茂生谓此为固定资金，流动资金12215元）	观前街200号。主营西点、面包及罐头食品等，皆该店自产，质量比较好，选料讲究。原有部分小贩沿街叫卖，既做广告，又推销生意。行业中有五六户经营类似业务，而该店始终执同业牛耳。公私合营后，香港、快活林、兴业被并入该店核算。

续表

字号	创办时间	人员情况	资金情况	产品特色与业务
香港	1939年7月（陈茂生作1937年）	负责人高志成。共6人（陈茂生作8人），其中技工3人。	1726元（陈茂生作流动资金726元，固定资金1000元）	观前街169号。主营西点、饼干、面包，营业一般化。1949年解放后业务每况愈下，企业相当困难。职工工资少得可怜，高志成每月才40元。1954年起政府照顾些原料，迁移两开间门面，情况有所好转。公私合营后没能有四马分肥的红利。
快活林	1944年	负责人马财宝。共4人（陈茂生作6人），其中技工3人。	520元	观前街37号。主营西点、面包。马财宝有一定技术，店面在观东市口落后，仅能平平而过，资金短绌，趋于困难状况。
兴业	1945年（商业志附表缺）	负责人赵全生。共3人。	121元	濂溪坊110号。生产户。仅能生产些面包，其他批来经营。系大船拖小船带进广州。
同万兴	1930年	负责人刘斌海。共4人（陈茂生作3人）。	290元	宫巷132号。
老湖园	1938年7月	负责人宋则施。共3人。		太监弄18号。
颐香斋	1949年3月	负责人王美生。共4人。	998元	平江路77号。
同森泰	民国	负责人魏俊卿。共11人。	2999元	观前街6号，临顿路96、97、102号。以生产饴糖闻名。名特产品有葱管糖、寸金糖、五香烂兰糖等及米枫糕等。后被并入苏州饴糖厂。
夜来香	1946年	负责人陈自强。		太监弄30号。生产户。
津津	1937年	负责人祝骝。共17人（陈茂生作6人），其中技工5人。另有计件工8人。	7794元	大儒巷仁孝里6号。主营各味牛肉干。全市独家经营，经营管理较好。因牛肉来源紧张，改营卤汁豆腐干。后被并入苏州食品厂。

资料来源：苏州市商业局编史组：《苏州市商业志初稿（三）》第四章第二节"茶食糖果"附表2"1955年私营茶食糖果商店基本情况"、附表3"1955年个体茶食糖果商店基本情况"，未刊稿，1991年9月，第19—21、24—29页平江区情况；苏州糕点厂厂志编写小组，陈茂生执笔：《苏州糕点厂厂志》第一章"并厂前的概述"之"合并前各户前店后坊简史扼要"，未刊讨论稿，1985年。[1]

---

[1] 二志多有相异之处，须酌加考订。如陈茂生称采芝斋创始于1794年，津津人员6人，显误。而据1950年11月广州、桂香村填报的《苏南区苏州商业登记表（副本）》（苏州市档案馆藏，档号：C031-005-0015-242），广州始创于1924年春，桂香村始创于1940年，志稿或有误。

并厂初期各店坊并来资金在 25 万元之间,其中私股资金 157563 元。[1]资金每月一转。有关生产供销情况,陈茂生回顾道:

> 并厂后第一任厂长徐祖诒,提出口号,解放思想,树立雄心壮志,大购大销,内外贸同时并举,供销两头抓。为迎接"大跃进",要有足够的库存原料,派员分批向外地采购,向北直到牡丹江,沿途采购些现货原料,还订了些期货协议,到秋季新货登场,给大炼钢铁冲脱。其它如到浙江采购梅子金桔等。他自己也外出向各地外贸局、公司联系,拟打开外销,扩大苏州糖果在国际的影响。经多方面的奔波,与上海食品出口公司挂上钩,订了些业务合同。1958 年秋冬之间交货,共生产了松子软糖、胡桃软糖 400 箱(每箱伍拾斤)。当时无机械设备,手工操作,人海战争,开糖开得手红肿从不叫苦,做到轻伤不下火线。从江苏外贸局寄存上海冷库的冻猪肉调拨四万斤,生产肉松出口。技术力量不够,上海出口公司协助调来三人支援。此间由许贵(桂——引者)生师傅带头生产,宁波调来罗纹二万斤生产金桔饼,天津外贸公司调来甜杏仁,炒椒盐杏仁出口。外销用采芝斋牌号,上海口岸出口业务是苏州打开的,而上海也有采芝斋,被他们近水楼台拉过去,苏州就很少出口了。
>
> 内销去路上升较快,而原料已趋紧张,大找代用品生产。糖果限于原料,明货很少生产,拌砂软糖为主,果料别开生面,向毛豆做文章,拌豆糖果、果酱软糖、笋豆等。糕点,广式动山芋、芋艿的脑筋。那年仅芋艿要购进 80000 斤,做果酱等。咸味生产基本保持特色,如卤汁豆腐干,熏鱼,基本用鲭鱼,虾子鲞鱼、酱油、小鱼、宁蚶、姜汁羊肉、醉蟹等。各工场热火朝天,领导一号召,从不计较时间。[2]

平江区糖果糕点食品厂成立后,广大职工热情投身于工作,开展技术革新运动,决心为"争取完成和超额完成 1958 年度的产值一翻再翻而奋斗"[3]。11 月 1 日,苏州市商业职工举行代表会议,决定从本月起开展以支持钢铁元帅升帐、提高服务质量、贯彻大购大销为中心的"八好""五满意"突击月运动。平江区糖果糕点食品厂和金阊区糖果糕点食品厂全体职工,为"迎接大会的召开,苦干和巧干了一昼夜,以米粉代面粉试制成了糕点三百四十种,向大会献礼"[4]。

---

[1] 公私合营苏州市平江糖果糕点食品厂:《一九五九年工业企业基本业务决算报告》第 1 表"资金平衡表",1959 年 12 月 31 日报出,企业负责人严务先(厂党支部副书记)签章,部门负责人沈剑青,苏州市档案馆藏,档号:C031-007-0003-123-126。

[2] 苏州糕点厂厂志编写小组、陈茂生执笔:《苏州糕点厂厂志》第二章"并厂时的概述"之"供销及流动资金情况",未刊讨论稿,1985 年。按:罗纹,别名圆金柑。

[3] 平江区糖果糕点食品厂广式糕点工场全体工作人员:《超额完成生产计划 增强保卫和平力量》,《新苏州报》1958 年 7 月 27 日第 3 版。

[4] 庆荣、德明:《商业职工开展购销突击月》,《新苏州报》1958 年 11 月 2 日第 1 版。

按1957年不变价格计算，尚未被合并入平江区糖果糕点食品厂的稻香村等店，1957年总产值89.91万元。1958年6月平江区糖果糕点食品厂成立后，计划总产值220万元，实际完成232.60万元（其中1—5月70.65万元），按1958年现行价格计算为209.34万元，完成计划105.73%。1958年自产自销的零售额200.98万元，全年利润总额274210元。企业全年用电量7.62万度，其中生产用电7.10万度。[1]固定资产：截至1957年12月31日原值9.50万元，净值8.69万元，其中工业生产用固定资产原值、净值3.56万元；截至1958年12月31日原值8.00万元，净值6.94万元，其中工业生产用固定资产原值、净值4.18万元。[2]全部流动资金合计359382.35元，其中定额资产327339.41元。[3]

1958年平江区糖果糕点食品厂职工人数、工资概况及主要生产设备、产品产量，分别见表5-2、表5-3和表5-4。

表5-2 1958年平江区糖果糕点食品厂职工人数及工资概况

	1958年12月31日职工人数	1958年全年职工实际平均人数	1958年全年实际工资总额/万元
企业全部职工合计	390（女职工124）	358	15.30
其中：生产工人	335	316	12.43
在企业全部职工中固定职工	336	289	14.17
Ⅰ.生产工人	281	247	11.50
其中：学徒			
Ⅱ.管理人员	55	42	2.67
其中：技术人员			
Ⅲ.服务人员			

资料来源：公私合营苏州市平江区糖果糕点食品厂：《一九五八年工业年报》第4表"职工人数及工资"，1959年1月报出，苏州市档案馆藏，档号：C007-007-0382-374-377。

---

[1] 公私合营苏州市平江区糖果糕点食品厂：《一九五八年工业年报》第2表"总产值表"，1959年1月报出，企业负责人严务先（公方副厂长）签章，制表人沈剑青，审核人王晓沧，苏州市档案馆藏，档号：C007-007-0382-374。该表备注曰：原总产值为268.76万元，其中包括加重重复产值26.26万元，化工高价产值9.90万元，现经调整为232.60万元。除去建厂前1—5月产值70.65万元，实际总产值161.95万元，其后又调整为135.97万元，见公私合营苏州市平江糖果糕点食品厂：《1959年工业年报基层表》第2表"总产值及商品产值"附记，1960年1月1日报出，企业负责人严务先（厂党支部副书记）签章，制表人王晓沧，苏州市档案馆藏，档号：C007-007-0401-310-311。

[2] 公私合营苏州市平江区糖果糕点食品厂：《一九五八年工业年报》第7表"固定资产"，1959年1月报出，制表人沈剑青，审核人王晓沧，苏州市档案馆藏，档号：C007-007-0382-374-380。据《1959年工业年报基层表》第12表"固定资产及流动资金"，截至1958年12月31日，固定资产原值83774.09元，净值73196.67元，其中工业生产用固定资产原值42468.66元，净值37870.45元。

[3] 公私合营苏州市平江糖果糕点食品厂：《1959年工业年报基层表》第12表"固定资产及流动资金"，1960年1月1日报出，企业负责人严务先（厂党支部副书记）签章，制表人王晓沧，苏州市档案馆藏，档号：C007-007-0401-310-320。

表 5-3　1958 年平江区糖果糕点食品厂主要生产设备

设备名称	单位	1957 年 12 月 31 日总计		1958 年 12 月 31 日总计	
		数量	能力	数量	能力
电动机	台	3	4 千瓦	3	4 千瓦
打蛋机	台	2		2	
摇面机	部	1		1	
切片机	部			1	
大炉灶	座	1		1	
8 眼大炉	座			1	
4 眼大炉	座			1	
作灶	副	8		16	
糖炉	只	5		9	
水灶	副			2	
石磨	具	4		10	

资料来源：公私合营苏州市平江区糖果糕点食品厂：《一九五八年工业年报》第 6 表"主要生产设备"，1959 年 1 月报出，苏州市档案馆藏，档号：C007-007-0382-374-379。

表 5-4　1958 年平江区糖果糕点食品厂主要产品产量

主要产品名称	计算单位	1958 年计划产量	全年实际产量		备注
			1958 年	1957 年	1958 年 1—5 月产量
糖果	公斤	107894	120809	55461	46036
咸制果蔬	公斤	2397	95435	2157	404
干制果蔬	公斤	126615	127609	58518	46834
酱渍果蔬	公斤	9600	6396	7195	2986
杨梅干	公斤		19642	4447	56
苏式点心	公斤	585664	713623	314233	174482
面包	公斤	205000	171626	160679	77179
广式点心	公斤	135000	236071	51027	36637
素火腿	只	642600	362025	400262	206730
素鸡	公斤	60057	67723	58738	22274
虾子鲞鱼	公斤		5475	3562	29
制卜	公斤		7360	7560	1736
橄榄	公斤		23899	3676	166
虾子酱油	瓶		8798	12099	0

资料来源：公私合营苏州市平江区糖果糕点食品厂：《一九五八年工业年报》第 3 表"主

要产品产量"及"1958年总产值及主要产品产量分月附表",1959年1月报出,苏州市档案馆藏,档号：C007-007-0382-374-376-383。

1958年度平江区委下达的指标是120万元,厂领导刚开始认为困难多,完不成,单纯向上级要糖、油和粮食。经过发动群众大辩论、大献计后,在原料供应不足的情况下,采用代用品制出了很多品种的糕点供应市场（表5-5）。工人们还大搞技术革新（表5-6）,积极改进工具设备,提高了出率和劳动效率。例如,为了提高商品的产量和质量,他们决心改建炉子,先去参观了无锡食品厂的大炉子。鉴于这种炉子只能烘糕饼,他们进一步动脑筋,在大火炉上面加砌了"烤箱橱",如掌握好一定的温度,可烘奶糕、炒米糕、饼干等一切东西,基本上消灭烘焦、烘黄等出次品的现象,同时还能大量地节约煤炭,提高产量,像定升糕的产量就提高了20倍。[1]到11月底,职工已提前完成了年度计划,仍不放松继续大干,到12月29日已超额完成年度计划20%[2],《新苏州报》宣传说总计240万元,超过原定指标一倍。[3]

表5-5　1958年平江区糖果糕点食品厂代用品使用情况

代用品名称	代替原来使用的原材料名称	利用代用品所生产的主要产品名称	有否大量生产	经济效果简述
木茹粉	面粉、米粉	茶食面包	基本上依靠了代用品生产	减低了成本,满足了消费者需要,一般经济效果良好。
三机粉	面粉、米粉	麻饼广饼		
山芋、芋艿	面粉、米粉	糕点饼类		
蜜饯、蜜糖、麦精	砂糖	果酱糖		
磷脂	荤油	中点茶食		

资料来源：公私合营苏州市平江区糖果糕点食品厂：《一九五八年工业年报》第11表"代用品使用情况",1959年1月报出,苏州市档案馆藏,档号：C007-007-0382-374-382。按：磷脂,原表作"胗脂"。

---

[1] 徐金松：《改建炉子烘糕好》,《新苏州报》1958年7月4日第2版。
[2] 陈庆华：《甜在嘴　喜在心》,《新苏州报》1958年12月30日第2版。
[3] 《鼓起革命冲天劲　掀起更大跃进潮》,《新苏州报》1959年3月1日第2版。

表 5-6　1958 年平江区糖果糕点食品厂主要技术革新内容

技术革新名称	创造人姓名	职别	革新内容及革新后效果简述
8 眼炉灶	吴希札	主任	焙制饼点颜色匀、焖得足、质量高，出率高 2 倍多。
平刀车	徐森	主任	代替人工切糖，效率增高 1 倍，劳动强度减少。
炭几烘箱	褚浩煜	工人	过去做蜜饯靠太阳生产，现在利用烤箱，打破了迷信思想。
放大糖板	陈茂华	主任	改制绵白糖从过去 50 斤改进为 200 斤 1 板，效力提高 4 倍。
切果料机	广式车间	工人	系由摇肉机改制，各种果料均可摇切，工作速度提高 8 倍。
划奶糕刀	茶食车间	工人	经过设计改制，效果质量不差，效率提高 10 倍。

资料来源：公私合营苏州市平江区糖果糕点食品厂：《一九五八年工业年报》第 8 表 "技术革新内容表"，1959 年 1 月报出，苏州市档案馆藏，档号：C007-007-0382-374-381。

苏式糖果素来是国内的著名特产，但过去只限内销，从不出口。1958 年 6 月平江区糖果糕点食品厂成立后，积极与本市对外贸易公司打交道，争取出口业务，8 月间开始将本厂生产的高级糖果试销国外。由于产品质量好，颇受国外市场的欢迎。12 月底又接受了上海食品出口公司高级软松糖松子、胡桃软糖 400 箱订货。这批订货与 4 万斤冻猪肉加工苏式肉松任务，是 1949 年以来苏州本行业的第一次大规模外贸出口任务。这批糖果按要求必须在春节前运往马来亚，最迟要在 1959 年 1 月 20 日交货，但根据该厂现有人力、设备，一般总要 40 天才能完成。时间、任务紧迫，原料及包装材料也有困难。由于领导的重视，经过多方面的努力，解决了原材料问题。通过充分发动群众，鼓足干劲，苦干巧干，经过 18 天的日夜奋战，终于提前两天完成了这一光荣而艰巨的任务。[1]同时，为保证春节供应，全体职工克服生产任务多，设备、劳动力少的困难，努力完成了生产任务，满足了市场供应，并做到了成本低、质量高、交货快。[2]

根据中央基本上在原有税负基础上简化税制的方针，苏州市从 1958 年 11 月 1 日全面试行商货印营四种税结合的新的工商统一税。金阊、沧浪、平江三个区相继成立了区人民公社，形成了城区政社合一体制。[3]鉴于新形势下糖果糕点行业生产机构变革出现的新问题，11 月 7 日蔬菜糖果经理部上呈苏州市商业局《为糖果糕点生产建议并厂经营或外销业务集中由本部经营的报告》：

---

[1] 许百福：《赶制出口软松糖》，《新苏州报》1959 年 1 月 23 日第 3 版。
[2] 正明、念萱、祥鸿、全根：《商业职工春节供应准备忙》，《新苏州报》1959 年 1 月 18 日第 3 版。
[3] 苏州农村快速人民公社化后，1958 年 9 月 27 日市区第一个人民公社——长春人民公社在金阊区长春巷办事处成立，至 11 月 3 日，金阊、沧浪、平江三区相继成立区人民公社，形成城区政社合一体制。1962 年 6 月撤销城市人民公社，恢复区、街道办事处的建制。

> 本市糖果糕点行业，原来各个零售单位，很多自设工场，部分商品进行自产自销，在各区调整另（零——引者）售商业组织中，三个区分别建立糖果糕点厂，划分工商集中生产，几个月来，对进一步发挥生产潜力作（起——引者）了很大作用。
>
> 随着生产机构的变革，也出现了一些新问题。第一，三个区生产能力相差悬殊，生产人员平江厂占65%，沧浪厂占7%，金阊厂占28%。在我们分配的油粮、食糖、果料各种原料，经常有争多论少，在供应工作中，区与区之间不够平衡，像平江厂生产能力最大，但对系统外的商场、外区支持不多。第二，糖果糕点品种多，变化也大。三个区厂的产品规格质量不能统一，如著名的麻饼，规格价格就高低不一，容易引起消费者的误会。第三，生产厂单位，对外地业务不断发展，如平江厂不断有糖果羔并（糕饼——引者）大量运销北京、无锡等地，增加了我们的原料供应压力，也影响了本市供应。
>
> 根据以上情况，我们提出两个意见：
>
> （一）将三个糕点糖果厂合并为一个核算单位，由市领导建立管理处，统一安排生产，平衡供应，生产上照顾另售的特点，供应一部份（分——引者）苏式名产。
>
> （二）如果不合并，对各厂的外销业务，统一由我部经营，各厂停止直接外销，加强商品外流管理。
>
> 为特报请核批为荷。[1]

苏州市商业局、苏州市市场管理委员会经研究，12月15日发出《为明确蔬菜糖果经理部和各区糖果糕点厂的业务范围的通知》，并抄送各区商业科、副食品区店、外贸公司：

> 经我局与有关部门研究，为了加强市场管理，保证本市市场供应，我们意见：各区糖果糕点厂除对本市另售商店直接供应外，其他对外地销售的业务，均由蔬菜糖果经理部统一经营，各厂不得自由外流。对外贸需要出口的商品，或需要本市各加工厂代为加工出口商品，一律通过蔬菜糖果经理部会同各区中心店统一安排，不作购销处理。但其中如有不符合出口规格的制成品由经理部统一收购，各厂亦不得自行处理和外流，否则均作为违反市场管理论处。

---

[1] 苏州市商业局蔬菜糖果经理部：《为糖果糕点生产建议并厂经营或外销业务集中由本部经营的报告》，苏菜业发（58）字第61号，1958年11月7日，苏州市档案馆藏，档号：C031-009-0037-052。按："另售"今作"零售"，"部份"今作"部分"，以下引文不再括注。

第五章 | 国营苏州糕点厂的演变及其与稻香村的分合

以上意见希即贯彻执行。[1]

平江区糖果糕点食品厂并厂初期，无非就是拆并而成规模较大的手工工场，条件简陋，创业艰难。但是，广大职工在党的社会主义建设总路线的鼓舞下，能够齐心协力，因地制宜，以有条件要上，没有条件创造条件也要上的决心，焕发出强大的干劲，为该厂的发展奠定了基础。陈茂生对此有着生动的回忆。

并厂初期平江区委号召因陋就简穷办厂，少花钱或不花钱，因地制宜，利用各店后坊及原仓库，如糕点工场，开在稻香村后坊，隔壁租用了几间房屋，碧凤坊28号后门对过党校（引者注：原稿将居委会划掉改党校）有个球场，同他们协商借用。大炼钢铁时关闭了稻香村门市部，全部归糕点工场……糖果车间原利用采芝斋后坊，与门市部分开。后来几次拆并不受影响，仅在账面上转一笔账而已。炒货蜜饯并厂时，利用原金芝斋、叶受和、采芝春仓库基地（原来是生产炒货蜜饯的）……咸味工场并厂时，生产品种有卤汁豆腐干、肉松、熏鱼及属于这一类型的咸味产品，利用原稻香村仓库（清洲观前），放弃津津、老津津生产场地……广式工场并厂时，利用广州商店后坊，场地后面原是赵达廷住宅，他能看清形势，主动把住宅搬出工场，扩大些使用面积。并进该工场的有快活林、香港、兴业，虽在"大跃进"（引号为引者加，下同）时吸收些新工人，总的来说生产场地还可以，几次拆并仅在编制及账面上进出而已，留下几人照样生产面包，无关大局。[2]

全行业公私合营时，生产规模除大明饼干厂基本上机械外，其它各户基本上按照老框框手工操作，椿（舂——引者）粉用石臼脚踏，当时认为可以保证质量，事实上原有人员与那时销路情况相等，逢到中秋春节采用加班办法（那时名称日带工）解决，而一家一户生产，各自在服务质量上做文章，一家买了碎粉机，别家效尤，影响原来各自操作的质量，而一些关门小作坊（指专营批发的称呼）利润微薄，资金短绌，根本无经济能力，哪里谈得上机械生产。即使资金比较浓厚的蜜饯组大户，也安于墨守旧规靠天吃饭，如广州也仅有一部小型打蛋机。[3]

并厂初期生产人员来自各单位，有相识的，有不相识的。按各工种分配到各工场。技术方面大都想一显身手，情绪高涨，干劲鼓得足足的，显示人

---

[1] 苏州市商业局、苏州市市场管理委员会：《为明确蔬菜糖果经理部和各区糖果糕点厂的业务范围的通知》，商市（58）字第1004号，1958年12月15日，苏州市档案馆藏，档号：C031-009-0037-050。
[2] 苏州糕点厂厂志编写小组，陈茂生执笔：《苏州糕点厂厂志》第二章"并厂时的概述"之"生产规模及生产工具产品的沿革"，未刊讨论稿，1985年。按：炒货，原文多讹作"炒伙"。
[3] 苏州糕点厂厂志编写小组，陈茂生执笔：《苏州糕点厂厂志》第一章"并厂前的概述"之"生产规模及生产工具产品的沿革"，未刊讨论稿，1985年。

多力量大。但基本上无机械设备,仅津津并来有只小鼓风机及广州有只球式打蛋机,其他仍是人工操作。指标比一家一户有所提高,拎炉改为庙炉,流水作业,是提高产量因素之一。各工场生产时间超过 8 小时的不足为奇。惜乎我业原料来自农村,"大跃进"开始产量提高而原料跟不上,不得不找代用品办法,如山芋、芋头、毛豆代糖品、果酱、小鱼等。名为新产品,来代替传统产品而增加产值。"大跃进"开始向机械化进军口号喊得很响,但当时实际情况是商办工厂技术力量缺乏,而搞机械材料尤非易事,非一般采购员所能办到的。[1]

1959 年 3 月,企业更名为公私合营苏州市平江糖果糕点食品厂,成立了厂党支部,居光辉为首任书记。同时设立人事科,工会副主席陈茂华兼任负责人。企业地址改为观前街 37 号,电话号码 31 不变,仍由平江区商业科直接主管。[2]

由于供应趋于紧张,苏州熟食品从 1959 年 4 月 28 日开始实行凭票供应。按照中央关于纠正"左"倾错误和工业生产领域整顿的精神,苏州着重调整工业结构,恢复小商品生产;整顿企业管理,加强经济核算,建立质量检验等规章制度;增加商业网点,加强日用工业品的采购和供应;撤并转迁部分在"大跃进"期间新办的企业,缩减企业职工,加大工业支援农业的力度。平江糖果糕点食品厂根据有关领导指示,为保持老字号名牌特色,经事先做好准备工作,5 月 1 日将糖果工场及部分人员、设备划归采芝斋糖果商店,恢复其后坊。炒货蜜饯生产场所由市商业局蔬菜糖果经理部拨给古吴路房屋一幢,给采芝斋派用场,以徐森为主,大多是采芝斋并来的人员。原社坛巷 11 号的炒货蜜饯生产场所,改为平江糖果糕点食品厂的糖果(炒货蜜饯)工场。8 月,广式工场及部分人员被划归广州食品商店,恢复其后坊;糕点工场划出部分人员给叶受和恢复后坊。苏州财贸系统纷纷举行擂台比武大会,平江糖果糕点食品厂因"秋季开展反右倾的影响,又来个硬突进,那时原料已很枯竭,不得不弄虚作假"[3]。市场上猪肉供应也开始紧张。10 月,咸味工场被"划并平江食品厂",除酌留少数人员外,极大部分人员连同整个工场的房屋及全部工具实际并给

平江糖果糕点食品厂徽章

---

[1] 苏州糕点厂厂志编写小组,陈茂生执笔:《苏州糕点厂厂志》第二章"并厂时的概述"之"生产规模及生产工具产品的沿革",未刊讨论稿,1985 年。
[2] 公私合营苏州市平江糖果糕点食品厂:《1959 年工业年报基层表》第 1 表"企业概况",1960 年 1 月 1 日报出,企业负责人严务先(厂党支部副书记)签章,制表人王晓沧,苏州市档案馆藏,档号:C007-007-0401-310。
[3] 苏州糕点厂厂志编写小组,陈茂生执笔:《苏州糕点厂厂志》第二章"并厂时的概述"之"供销及流动资金情况",未刊讨论稿,1985 年。

了陆稿荐。"11月份茶食工场一部份划入稻香村"[1]。其后人员有升调，各工场正副主任有调整，糕点工场有宗祥生、陆长和、陈章乐、王美荣，糖果工场有龚培根（原叶受和职工）、金杏荪、祝骠。这年会计徐郁恩调出，由王晓沧（原稻香村职员）递补。采购员一为邓永泉，一由陈章乐兼。同年12月还成立了供销科，孙景坤为首任副科长（主持工作）兼工会主席。

全厂职工人数（平均数）1959年初358人，其中生产工人316人，截至1959年12月31日，全部职工205人，全年平均人数203人，其中生产工人172人。全年实际开工日316天，各班工作时间皆为10小时。全年耗电量12874度，其中生产耗电量5837度。[2]1959年实际总产值，按1957年不变价格计算为198.13万元（其中商品产值

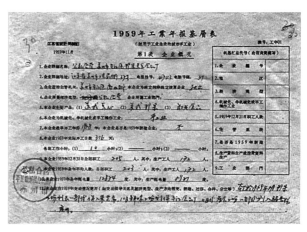

1959年平江糖果糕点食品厂工业年报

171.64万元，已被加工的订货者原材料价值26.49万元，下同），其中为日常生活需要服务的总产值181.46万元，为出口服务的16.67万元。此外，金工车间非本工业部门产品产值11万元。[3]计划利润206490元，实际利润191142.83元，上缴利润185234.21元。产品销售一空，库存量为0。[4]

截至1959年12月31日，固定资产原值31932.08元，净值29837.74元，其中工业生产用固定资产原值20635.68元（年初数36243.55元），净值19102.72元。全部流动资金合计152424.04元，其中定额资产125000元。[5]资金总计年初数640919.45元，期末数379839.19元，具体来源情况见表5-7。

---

[1] 公私合营苏州市平江糖果糕点食品厂：《1959年工业年报基层表》第1表"企业概况"，1960年1月1日报出，企业负责人严务先签章，制表人王晓沧，苏州市档案馆藏，档号：C007-007-0401-310。

[2] 公私合营苏州市平江糖果糕点食品厂：《1959年工业年报基层表》第1表"企业概况"，1960年1月1日报出，企业负责人严务先签章，制表人王晓沧，苏州市档案馆藏，档号：C007-007-0401-310。

[3] 公私合营苏州市平江糖果糕点食品厂：《1959年工业年报基层表》第2表"总产值及商品产值"，1960年1月1日报出，企业负责人严务先签章，制表人王晓沧，苏州市档案馆藏，档号：C007-007-0401-310-311。按1959年现行价格计算实际总产值为147.22万元（其中商品产值120.73万元）。

[4] 公私合营苏州市平江糖果糕点食品厂：《1959年工业年报基层表》第3表"主要工业产品产量"附表"全部利润、上缴利润及自产自销商品另售金额、主要产品另售量、库存量"，1960年1月1日报出，企业负责人严务先签章，制表人王晓沧，苏州市档案馆藏，档号：C007-007-0401-310-314。

[5] 公私合营苏州市平江糖果糕点食品厂：《1959年工业年报基层表》第12表"固定资产及流动资金"，1960年1月1日报出，企业负责人严务先签章，制表人王晓沧，苏州市档案馆藏，档号：C007-007-0401-310-320。

表 5-7 1959 年平江糖果糕点食品厂资金来源情况

单位：元

资金来源	年初数	期末数	资金来源	年初数	期末数
一、基金			三、定额资产银行借款	204244.54	204244.54
1. 国家基金	1321.27	6200.05	四、其他银行借款		
其中：流动资金	1247.47		五、应付及预付款	2853.72	12573.26
2. 私股资金	157563.00	157563.00	六、利润及拨补		
其中：流动资金	84440.13	5428.28	1. 利润	274209.85	191142.83
3. 私股资金调整		-128497.53	2. 基本折旧基金		4555.56
基金合计	158884.27	35265.52	利润及拨补合计	274209.85	195698.39
二、其他资金来源			七、企业基金	727.10	-3516.98

资料来源：公私合营苏州市平江糖果糕点食品厂：《一九五九年工业企业基本业务决算报告》第 1 表 "资金平衡表"，1959 年 12 月 31 日报出，企业负责人严务先（厂党支部副书记）签章，部门负责人沈剑青，苏州市档案馆藏，档号：C031-007-0003-123-126。按：私股定额股息年初数 7436.10 元，期末数 5908.62 元。企业利润提成基金用于社会主义竞赛奖金和其他各种不包括在工资总额内的奖金支出 6491 元。

据该厂《一九五九年工业企业基本业务决算报告》，全部流动资金 211947.47 元，其中定额流动资金计划数 214775 元，实际数 211606.28 元。资金周转天数计划 31 天，实际 34 天。全年商品产品销售收入（包括税金）计划数 2521000 元，实际数 2218852.64 元。工业总产值暨商品产品工厂成本 1883646.01 元，加销售费 5103.25 元，全部商品产品成本 1888749.26 元。自筹基建基金 18620.51 元，完成 15799.51 元。[1]

主要生产设备的情况为：电动机新增 3 台，共 6 台 10.75 千瓦，余同上年。企业建筑面积 2490 平方米，其中自有全部建筑面积 2130 平方米，全部车间建筑面积 2319 平方米。建成托儿所 1 所。[2]

1959 年度主要工业产品产量见表 5-8，其中苏式糕点的主要产品产量和成本见表 5-9，主要商品产品销售利润见表 5-10。

---

[1] 公私合营苏州市平江糖果糕点食品厂：《一九五九年工业企业基本业务决算报告》第 2 表 "流动资金情况表"、第 4 表 "生产费用表"、第 13 表 "基本建设资金平衡表"、第 14 表 "基本建设资金使用情况表"，1959 年 12 月 31 日报出，企业负责人严务先签章，部门负责人沈剑青，苏州市档案馆藏，档号：C031-007-0003-123-126。

[2] 公私合营苏州市平江糖果糕点食品厂：《1959 年工业年报基层表》第 9 表 "动力设备"、第 11 表 "企业建筑面积及文教福利设施情况"，1960 年 1 月 1 日报出，企业负责人严务先签章，制表人王晓沧，苏州市档案馆藏，档号：C007-007-0401-310-317-319。

表 5-8　1959 年平江糖果糕点食品厂主要工业产品产量

主要产品名称	计算单位	产量合计	主要产品名称	计算单位	产量合计
苏式点心	公斤	823884	橄榄	公斤	3191
苏式糖果	公斤	117099	高级糖果	公斤	13335
咸制果蔬	公斤	349721	糟枫鱼	公斤	4357
干制果蔬	公斤	100357	鸭肫肝	只	39985
酱渍果蔬	公斤	59192	眼镜架	打	3947
杨梅干	公斤	4408	电工仪表板	块	1026
制卜	公斤	96555			

资料来源：公私合营苏州市平江糖果糕点食品厂：《1959 年工业年报基层表》第 3 表"主要工业产品产量"，1960 年 1 月 1 日报出，苏州市档案馆藏，档号：C007-007-0401-310-313。其中高级糖果、糟枫鱼、鸭肫肝、眼镜架、电工仪表板生产皆在第四季度。

表 5-9　1959 年平江糖果糕点食品厂苏式糕点主要产品产量和成本

商品产品名称	计量单位	本期产量	单位成本/元		本期总成本/元	
			计划成本	实际成本	按计划成本计算	本期实际
奶糕	包	339361	0.042	0.0354	14253.16	12013.38
大广饼	只	775212	0.0768	0.069	59536.28	53489.63
双面枣泥麻饼	只	384194	0.1015	0.0933	38995.69	35845.30
白糖年糕	斤	105873	0.256	0.2338	27103.49	24753.09
黄糖年糕	斤	134520	0.232	0.209	31208.64	28114.68
猪油年糕	斤	48713	0.425	0.38	20703.02	18510.94
甜荤月饼	斤	136550	0.627	0.565	82885.85	77150.75
素月饼	斤	12523	0.546	0.51	6837.56	6836.73
小计					281523.69	256264.50
					1632484.76	1632484.76
合计					1914008.45	1888749.26

资料来源：公私合营苏州市平江糖果糕点食品厂：《一九五九年工业企业基本业务决算报告》第 5 表"商品产品成本表（按行业和主要产品别计算）"，1959 年 12 月 31 日报出，苏州市档案馆藏，档号：C031-007-0003-123-130。

表 5-10　1959 年平江糖果糕点食品厂主要产品销售利润

商品产品名称	计量单位	销售数量	销售收入/元	销售税金/元	实际销售工厂成本/元	实际销售费/元	销售利润/元
奶糕	包	338080	14436.02	729.02	11968.03	33.49	1705.48
大广饼	只	787417	66143.03	3340.22	54331.77	153.45	8317.59
双面枣泥麻饼	只	395212	43473.32	2195.40	36873.28	100.86	4303.78

续表

商品产品名称	计量单位	销售数量	销售收入/元	实际销售税金/元	销售工厂成本/元	实际销售费/元	销售利润/元
白糖年糕	斤	105873	30172.21	1523.70	24753.09	69.99	3825.43
黄糖年糕	斤	134520	33630.00	1698.32	28114.68	78.02	3738.98
猪油年糕	斤	48713	22651.54	1143.90	18510.94	52.55	2944.15
甜荤月饼	斤	136550	90705.75	458064	77150.75	210.43	8763.93
素月饼	斤	12523	7513.80	379.45	6386.73	17.43	730.19
瓜子	斤	13701	20825.52	1051.69	18948.48	48.31	777.04
纸包松子糖	斤	15407	30814.00	1556.11	27424.46	71.49	1761.94
香草话梅	斤	19275	38550.00	1946.78	33153.00	89.44	3360.78
腊鸭肫肝	只	142880	27147.20	1370.93	24575.36	62.98	1137.93
椒盐榧子	斤	6390	14249.70	719.61	12843.90	33.06	653.13
金柑饼	斤	4891	7825.60	395.19	7043.04	18.15	369.22
其他			1770714.95	91400.19	1538115.46	4063.60	137135.70
合计			2218852.64	114031.15	1920192.97	5103.25	179525.27

资料来源：公私合营苏州市平江糖果糕点食品厂：《一九五九年工业企业基本业务决算报告》第10表"主要商品产品销售利润（亏损）明细表"，1959年12月31日报出，苏州市档案馆藏，档号：C031-007-0003-123-133。

1959年试制成功新产品13种，其中日常生活需要方面的5种，提供出口的8种。如夹心蛋糕、椒味酥、麻条、果料软糖、高级软糖、苹果糖，主要的新产品在11月试制成功，供应出口的有腊鸭肫肝，供销国内市场的有甜制茭白、瓶装糖醋辣酱油、鲜肉黄豆、听装红烧羊肉、清炖青鱼、红烧块鱼、梨罐头等。[1]

1959年内参加或提出技术革新项目的职工156人，新产品创造发明10件，操作方法的改进和工艺改革3件，节约与综合利用原材料2件。其中重大技术革新项目是：（1）电动切糕机，节约劳动力，提高工作效能50倍。（2）包馅机，提高工作效能30倍。（3）刨萝卜丝机、剥皮机、包浆机、切糕机，分别提高工作效能12倍、190倍、10倍、25倍。[2]

1959年第一季度，平江糖果糕点食品厂被评为苏州市工矿、交通企业红旗单

---

[1] 公私合营苏州市平江糖果糕点食品厂：《1959年工业年报基层表》第4表"新种类工业产品试制及生产情况"，1960年1月1日报出，企业负责人严务先签章，制表人王晓沧，苏州市档案馆藏，档号：C007-007-0401-310-315。

[2] 公私合营苏州市平江糖果糕点食品厂：《1959年工业年报基层表》第5表"技术革新情况"，1960年1月1日报出，企业负责人严务先签章，制表人王晓沧，苏州市档案馆藏，档号：C007-007-0401-310-316。

位[1],这是全体职工以艰巨和辛勤的劳动所获得的荣誉。为做好春节供应工作,糕点工场职工赵正余接连十多天生产年糕,两只手背发肿,当领导劝他休息时,仍坚持非要完成任务不可。[2]糕点工场加工组的王培业刚来组工作不久,看到剥去肉的枣核堆得很高,约有3000多斤,再三思索废料利用的办法。他将100斤枣核放在锅内和水煮沸,然后用密布筛子滤清残核渣,再放进6钱糖精与6斤黄豆粉和汁拌和,制成了80多斤果酱,不但为国家节约了财富,同时也解决了目前原料供应不足的一些困难。[3]糕点工场为了节约用煤,支持工业生产,烧的是旧木料,大多数是农村中已经不用的废旧农具,工人们不厌其烦地将上面零碎的小铁条、铁圈、铁钉等敲下来,以免浪费,两个月中就收集了100多斤,受到了领导的表扬。[4]根据平江区商业科的工作要求,在全面突击清仓工作中,全厂职工结合开展增产节约运动,人人动手,样样盘点,自4月26日至5月12日止,广式工场原来需要调进各种饮料玻璃瓶,经过清仓盘点摸家底,反而可以调出10000只。厂里及时对职工群众进行教育,明确勤俭办企业,开展增产节约,挖掘企业潜力,促进生产,安排市场的重要意义,推动了改善企业经营管理的工作。[5]

平江糖果糕点食品厂从1958年8月开始抽出部分人员大炼钢铁,搞了两三个月,无成绩而作罢。接着为了反产值,成立了化工工场,先后生产了磷菌肥料和畜用土霉素,支援农业生产需要。1959年4月,他们发扬全国一盘棋的精神,将已购到的土霉素原料麸皮让给其他单位生产市场上更需要的产品。为了克服原料困难,继续生产,工场领导经过算账排队,决定就地取材,利用野生植物进行生产。在市第三初中老师的热情指导和有关部门的大力支持下,经过多次试验,制成多种有用的物质,如淀粉、葡萄糖、粗制石蒜硷、酒精等,酒精浓度已达90°,待蒸馏塔设备解决后即可投入大量生产。[6]但是,土法上马,总的来看得不偿失。陈茂生也回顾说,化工工场"由周安生负责搞畜用土霉素、活性炭、抛光红粉等化工产品。虽有成品,由于不合规格,搁置几年而报废"[7]。

为了不断提高生产效率,大幅降低劳动强度,节约国家财富,平江糖果糕点

---

[1]《苏州市工矿、交通企业红旗单位》,《新苏州报》1959年4月15日第1版。
[2] 程庆荣:《全市商业职工辛勤劳动》,《新苏州报》1959年2月7日第3版。
[3] 徐金松:《枣核制成甜果酱》,《新苏州报》1959年3月14日第3版。
[4] 徐金松:《柴中拣铁》,《新苏州报》1959年4月3日第3版。
[5] 倪桢祥:《思想工作先行群众发动充分 平江区清仓工作成绩显著》,《新苏州报》1959年5月17日第3版。
[6] 邓、吴、戴、俞:《食品厂化工工场职工利用石蒜生产酒精》,《新苏州报》1959年6月6日第3版。参阅中国科学技术情报研究所编:《中文内部科技资料库藏目录:化工、轻工及食品工业部份》,第153713号石蒜,活页不定期,1961年9月,第197页。
[7] 苏州糕点厂厂志编写小组、陈茂生执笔:《苏州糕点厂厂志》第二章"并厂时的概述"之"企业基本情况",未刊讨论稿,1985年。

食品厂干部职工下了不少功夫。1959年1月,由于赶制供应春节所需的糖年糕数量大,时间紧,劳动强度极大,在来厂视察的王纪副市长支持下,厂里组织材料及技术力量,自行制造了第一台拌和机,迈出了向机械化进军的第一步。与此同时,广式工场剥芋艿也实现了机械化。广式工场从1958年12月用芋艿代替主粮,每天要用20~30个劳动力来剥皮,还供应不上生产的需要。1959年新年伊始,为了解决这个关键问题,职工们利用蛋糕机,把机内甩扫捆上草绳用来剥皮,经试验后,只要一个人管理,每天就可剥1200斤,工作效率提高24倍。[1]

糕点工场的职工,在深入开展"九比"(比干劲、比内容、比形式、比及时、比队伍、比深入、比主动、比节约、比效果)竞赛中,积极开动脑筋,先后革新了不少操作工具。他们制成的电动、手摇两用切云片糕机,摆脱了多少年来一直用手工操作的状况。在革新过程中,工场主任吴希札和工人胡云、韦根子、吴炳祥、蔡志坚等人去上海参观学习,回来后就土法上马,没有硬木料打机身,就设法买来一只旧的轧面机架子替代,青工韦根子用一根旧铁条自己动手开"牙",经过几天的苦磨,制成"走牙盘"。在金工组的协作下,这部电动、手摇两用切云片糕机于6月制成使用后,生产效率提高5倍,切片质量很好。[2]9月22日,吴炳祥等又成功改进蒸定升糕用的蒸架工具,由原来一笼蒸16块提高到176块,大大提高了生产效率,定升糕质量也有所提高。在改进蒸架工具的过程中,得到了领导大力支持,如厚白铁材料困难,工场主任吴希札到上海设法买回一只厚厚的白铁箱子,在白铁组的支持下,完成了20余张细眼垫子。没有木工,自己用残旧木架修钉,终于完成了这项工具的改进,不但大大提高了蒸效,而且每月还能节约用煤5000余斤。[3]

糖果工场职工组织到大批毛豆,准备加工做成酱豆、熏青豆等,但剥毛豆这道工序很伤脑筋,用人工剥,速度慢、费用大。10月,工人何锦昌、俞康民利用废旧料制成了一架毛豆剥壳机,只需两个人操作,每小时能剥壳60斤,工效提高10倍,每天还能节约剥工费用18元。[4]

在平江区糖果糕点区店的领导下,平江糖果糕点食品厂通过"五定"(定人、定时、定质、定产、定原料)和技术革新改进操作后,提高了工效,核实了成本,调低了部分产品的售价。广式工场的维他面包、克罗面包,原售价每只分别为1角、5分,降为售价8分、4分。糕点工场的定升糕原售价每只5分,减为售价4分。咸味工场的素鸡和虾子酱油也都调低了售价。顾客们对这些价廉质好的苏州

---

[1] 茂:《剥芋艿皮机械化》,《新苏州报》1959年1月20日第3版。
[2] 金松、康民、华:《切云片糕机制成了》,《新苏州报》1959年6月10日第3版。
[3] 徐金松:《改进操作效率高》,《新苏州报》1959年10月11日第3版。
[4] 惠志学:《制成毛豆剥壳机》,《新苏州报》1959年10月14日第3版。

名产很是满意。[1]

1958年6月建厂以来，平江糖果糕点食品厂的生产量激增[2]，但对保持苏州茶食的特色注意不够，名产糕点曾一度停止生产。自从1959年6月实行产销合一后，经过增产节约运动，恢复了名产糕点的生产，以供应广大消费者的生活需要，仅在几天内就先后推出了20余种。新增花色品种有胡桃果片、营养饼、三鲜酥、葡萄干面包、枣子蛋糕等，恢复了大众化的枣泥麻饼、各色小包的片糕和胡桃、松子片等。[3]还有老年人最爱吃的杏仁酥、油桃酥，婴儿喜食的云片糕，以及松子酥、耳朵饼、杏仁片、冰雪酥、鸡蛋糕等，这些产品都具有苏州茶食的特色，都是过去受顾客欢迎的好糕点。[4]平江区伊斯兰食品商店于1959年8月被划给平江区副食品区店后，糕点工场还抽调了二位老师傅支援该商店，增加生产了杏仁酥、耳朵饼等适合少数民族品味的清真茶食商品，来满足少数民族和宗教居民的需要。[5]

此外，在原料供应不足的情况下，糕点工场职工千方百计利用代用品，还试制成功了甜咸穿心酥、三角芝麻饼、营养饼、咸菜馅饼等新产品。如将洋山芋粉碎后，用作糕饼中辅助原料，不仅节约粉制原料，而且营养好，味道可口。有些新产品由于利用代用品，出售时免收粮票，很受消费者欢迎。[6]

平江糖果糕点食品厂不少职工爱厂如家，努力工作，事迹感人。1959年6月18日傍晚，咸味工场的工人们刚要下班，齐门鲜鱼批发部运来了500斤左右新鲜的小鱼，如果当天不进行加工，就容易变质，从而受到损失。于是，工人们吃过晚饭后说干就干，经过几个小时的劳动，把鱼全部洗干净了，但还要进行油氽，也更费时间。老年工人许桂生、黄炳年、任月林、周阿大、徐瑞元等人不辞辛劳全部氽好，第二天及时供应了市场的需要。[7]为响应主管机关苏州市蔬菜糖果糕点公司职工代表大会号召，以实际行动大战8月、9月，掀起增产节约、优质高产新高潮，向国庆十周年献礼[8]，糕点工场老年工人薛荣生担任原料运输工作，勤勤恳恳，多年如一日。人家装面粉每车顶多12包，他能载18包，并且注意安全，从未发生过工伤事故。对国家财富他也十分注意节约，装运的原料、商品、包装附着物等一点也不让浪费及破坏。他知道第二天有鲜鱼要运，总是在头天深夜提前准备好盛装器具。生产中秋月饼用的部分荤油，他一早就从屠宰场运回来。

---

[1] 志学、志刚：《市场简讯》，《新苏州报》1959年8月11日第3版。
[2] 黎潮：《从半斤月饼谈起》，《新苏州报》1959年9月29日第6版。
[3] 志学、志刚：《实行产销合一 增加糕点品种》，《新苏州报》1959年7月15日第2版。
[4] 徐金松：《名产糕点受欢迎》，《新苏州报》1959年7月29日第3版。
[5] 居光辉：《增加清真茶食》，《新苏州报》1959年8月19日第3版。
[6] 徐金松：《施巧计增产糕点》，《新苏州报》1959年7月14日第3版。
[7] 徐金松：《五百斤鲜鱼》，《新苏州报》1959年6月25日第3版。
[8] 鸣康、明德、鼎元、俊：《摆擂台 破万难 再跃进》，《新苏州报》1959年8月20日第3版。

他被誉为运输员中的一面红旗。[1]糕点工场10副作台板上,40多名工人开展月饼生产劳动竞赛,每天有5吨多月饼,从他们手里分1两、2两一只只地包出来。年老体弱的沈炳泉和一些扭伤了手筋的工人,将医生开的休假证明单暗暗藏起,仍旧投入紧张的月饼生产。他们说:"任务重,人手少,不能休息。为了人们欢度中秋佳节,吃到一年一度的月饼,轻伤不下火线,不完成任务不收兵。"在焙烘月饼的高温炉前,工人们赤着膊,手上戴着厚厚的手套,汗流浃背,不停地翻着烫手的月饼铁盘。体力差的人在这里等上一两个小时准要晕倒。以往工人最怕干这种活,而韦德培、张兴宝、孙思禄、穆世昌说:"我们年轻力壮,应该让我们来做。"他们向领导坚决要求专门担任炉前焙烘月饼的工作。[2]据《新苏州报》报道,苏州全专区至1959年10月24日止,工业系统方面已有8个地区和308家单位提前完成了全年国家计划。其中第一名吴县全县提前68天,苏州市平江区全区提前69天,名列第二名,平江糖果糕点食品厂也登上了光荣榜,受到了表彰。[3]

二、从公私合营稻香村糖果食品厂到苏州糖果糕点食品厂

为进一步发挥名牌特色效应,1960年3月,公私合营平江糖果糕点食品厂更名为公私合营稻香村糖果食品厂[4],吴希札任厂党支部书记,徐金松接任副厂长[5]。稻香村茶食糖果商店的后坊再度被并入。位于悬桥巷的集体所有制企业苏民食品厂,原为苏民集体工场,是由一个街道工厂发展起来的关门作坊,生产软鱼姜片一类小食品,底子薄,条件差。1959年3月转变为地方国营厂,共46人,大部分是家庭妇女,缺乏懂得食品制造技术的老师傅,工具设备大部分是东拼西凑借来的,厂里的流动资金也极微薄。但是,由于全厂职工发奋图强,苦钻苦干,生产搞得很出色。转变为地方国营厂以来,月月超额完成生产计划,产品质量在同行业中名列前茅,产品品种也搞得很多。一、二季度连续获得了区里颁发的优胜红旗。[6]1960年4月,该厂的全部人员、工具被并入稻香村糖果食品厂,但其房屋被放弃了。

---

[1] 惠志学:《运输员薛荣生》,《新苏州报》1959年9月10日第3版。薛荣生原为叶受和职工。
[2] 纯炎、敬仪:《为人欢乐为人忙》,《新苏州报》1959年9月10日第3版。
[3] 《苏州专区工业、交通战线上提前完成》,《新苏州报》1959年10月28日第2版。
[4] 公私合营苏州市稻香村糖果食品厂:《1960年工业年报基层表》(苏州市统计局制定)第1表"企业概况",1961年1月报出,企业负责人吴希札(厂党支部书记)签章,苏州市档案馆藏,档号:C007-007-0411-244。表内介绍本年企业变动情况:"本厂原名平江糖果羔(糕——引者)点食品厂,于今年3月份改名为稻香村糖果食品厂,由平江区工业办公室领导,自7月份起区工办撤销,由商业局领导。"
[5] 公私合营苏州市稻香村糖果食品厂:《干部名册》(1960年),苏州市档案馆藏,档号:E001-002-0082-212。表内干部还有:副厂长陈茂生,供销科长孙景坤,供销员茅长生、谢恩庆、薛志刚、陈章乐,会计王晓沧、沈剑青,记账员冯书经、任岐香,人保眭荣锦。按:沈剑青,原文误作沈剑清;眭荣锦,原文误作眭金荣。
[6] 参阅繁福、有恒、工:《月月超计划 优质夺红旗》,《新苏州报》1959年8月10日第1版。

第五章 | 国营苏州糕点厂的演变及其与稻香村的分合

由于体制变化，稻香村糖果食品厂自 1960 年 3 月起受平江区人民公社工业办公室领导，7 月起由苏州市商业局直接主管。据该厂填报的《1960 年工业年报基层表》第 1 表"企业概况"，企业地址、电话号码不变。企业隶属苏州市平江区人民公社，直接主管机关为苏州市商业局，仍属小型食品工业，独立核算。主要生产方式为土法生产，主要产品为苏式糕点、糖果、蜜饯、调味品、冷饮。1960 年实际开工天数 307 天，正常开工班次为 1 班。全部土地面积 4413 平方米，已建筑土地面积 2436 平方米，其中厂房占用土地面积 2130 平方米。[1]从正规化管理考虑，糕点工场被改称糕点车间（一车间），糖果工场被改称糖果车间（二车间）。

1960 年，苏州市将手工操作实现机械化和半机械化程度达到 75% 以上，机械化生产逐步实现自动化，作为技术革命的目标，号召以提高机械化操作程度为中心，大搞技术革命。在中共苏州市委召开的技术革命运动战誓师大会和平江区委在苏州车辆厂召开技术革命现场会议以后，平江区全区职工取得了新的成就。1960 年 2 月

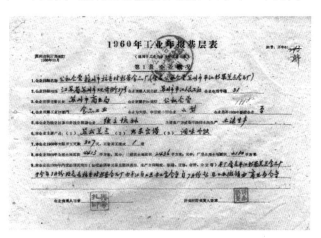

1960 年稻香村糖果食品厂工业年报

18—24 日这一周中，全区实现的主要革新项目达 325 项，机械化程度迅速由原来的 29.93% 上升到 41.7%。26 日，中共平江区委在平江糕点糖果食品厂召开全区技术革命现场会议。会议解决了在部分干部中存在的"金工力量薄弱，无法搞技术革新"的唯条件论思想问题，要求充分发扬人的主观能动作用，积极投入技术革命运动战。在现场会议上，设备条件较差、底子较薄的平江糖果糕点食品厂被树立为高速度实现技术革命的典型之一，由于该厂大力破除"没有金工车间难搞革新""糕点性质软、黏性强，无法用机器"等保守思想，充分发动群众，献计献策，大干快上，短短 7 天就搞出了包馅器、切糕机、炒米机、打粉机等 12 项重要革新，大大改变了落后的手工操作面貌。

在促进财贸工作发展的红旗街、红旗单位、红旗手竞赛运动中[2]，该厂广大职工订规划、定措施，明确自己的职责和奋斗目标。苏州的特产苏式糖果历来都用手工操作，在这次技术革命的浪潮里，平江糖果糕点食品厂更名为稻香村糖果

---

[1] 公私合营苏州市稻香村糖果食品厂：《1960 年工业年报基层表》（苏州市统计局制定）第 1 表"企业概况"，1961 年 1 月报出，企业负责人吴希札签章，苏州市档案馆藏，档号：C007-007-0411-244。

[2] 《财贸职工红旗运动蓬勃》，《新苏州报》1960 年 6 月 1 日第 3 版。

食品厂后,糖果车间工人敢作敢为,克服原材料困难,以木代铁制成了炒糖机,工效提高6倍以上,使历来的手工操作实现机械化,生产安全,产量提高,劳动强度大大减轻。[1] 糖果车间开糖历来也是手工操作,产量低,大小均匀不一,而且糖的黏性强,开好后往往容易粘在一起,包装时还须用手去拉开来。车间主任龚培根和工人朱福宝因陋就简,利用旧木架和几根洋圆(钢筋)做材料,自己既做锻工又做木工,终于搞成功一台既能开糖又能自动跳糖的机器。每次可开成块糖四五十块,开好的糖还会一只只自动跳出来,工效提高十多倍,而且质量好,劳动强度大为减轻,制糖工人给这台机器取名为"跳糖机"。[2] 为生产更多的花色糖果,利用蚕豆做糖果的原料,由于蚕豆手工脱壳费功夫,往年都要用很多人,仍然来不及、供不上。朱福宝等职工参照毛豆剥壳机的原理,利用旧摇面机上的两只铁架子和一只圆铁盘,再装上一只木架子,经过3个昼夜的突击,制成了一台电动蚕豆脱壳机,经试验效果良好,比手工脱壳提高工效10~15倍,解决了人工剥豆劳力不足的困难。[3]

糕点车间过去做糕饼粉都用人工磨,不仅产量低,而且很吃力,一个强劳动力每天只能磨100斤。技术革新组的顾仲良和木工、白铁工等一起动手,经过7个昼夜的奋战,把原有的一台碎粉机改装成了自动碎粉机,以前要两个人看1台机,现在一个人可看6台机,大大节约了劳动力。[4] 蒸糕组工人徐凤山,想办法利用河泥浆和煤搭烧,创造了节约用煤的一条好经验。用这个办法蒸糕,火力很旺,班产提高了40%,煤耗降低了35%。以一个月计算,单是蒸糕就可以节约9100余斤煤。[5]

稻香村糖果食品厂将自动大炉作为最为急不缓待的技革重大项目。1959年10月以后,该厂多次派人到南京、上海先进单位参观学习,确定上海徐汇食品厂的大炉式样最适合本厂情况,该炉费用低,效率高,操作简便,优越性多:(1)可以不要炭几,解决目前供应问题;(2)节约用煤和煤球;(3)提高劳动生产率50%(原来烧炉4人减为2人);(4)大炉封闭后可以降低温度;(5)大大减轻劳动强度;(6)安全卫生,既不烫坏工人,又无灰尘向外飞扬;(7)不是技工也可操作。1960年9月7日,稻香村糖果食品厂向市商业局呈交《为申请重大革新

---

[1] 金松、富根:《电动炒糖机》,《新苏州报》1960年4月5日第3版。
[2] 徐金松:《糖果车间革新多》,《新苏州报》1960年5月8日第5版。按:龚培根,文中误作龚盘根。朱福宝(1911—?),江苏镇江人,原为春阳泰技工。
[3] 金松:《电动蚕豆脱壳机》,《新苏州报》1960年6月4日第3版。按:朱福宝,文中误作朱福保。
[4] 薛志刚:《自动碎粉机》,《新苏州报》1960年6月4日第3版。
[5] 徐金松:《节约用煤的好经验》,《新苏州报》1960年12月24日第2版。

自动大炉希即批准的紧急报告》[1]，报告很快被市商业局批准，拨款工料费8000元，并帮助解决了部分角铁，技术指导及砌炉主要材料大部分皆由该厂自行解决。12月该厂建成一座自动链条烘炉，能大量烘制各种饮食、糕点、面包、饼干等。操作时，只要一个人在炉子前面，把铁盘里成型的产品放到炉子轨道上，就会自动地把它送到炉膛里；当产品烘熟后，又自动送到炉门口，一个人在炉前把铁盘里的成品接下来即可。这项技术革新的重大成果，大大地减轻了劳动强度，工效提高4倍以上。[2]

稻香村糖果食品厂党支部一手抓生产，一手抓生活，领导干部深入温度最高的糕点车间，和工人一起研究如何做好防暑降温工作，除每天供应清凉饮料外，还积极支持工人自己动手做了4只土风扇，有效地降低了温度，茶食产量比原来提高了30%。[3]糕点、糖果两个车间，过去工人生产时大多习惯于赤膊操作，不太注意个人卫生。党支部深入进行思想教育，提高了工人对卫生工作重要性的认识，自觉地改变了不合卫生要求的操作习惯，不仅解决了操作时赤膊的问题，而且掀起了大搞环境卫生的高潮。如打奶粉工人陈桂鲁，积极主动地担当起粉刷墙壁的任务。车间里做到环境六面光，作台板无粉垢，人人讲卫生。[4]1960年12月，为方便职工就医和抓好卫生工作，厂里还设立了医务室。

"大跃进运动"影响国民经济的协调发展，自1959年下半年以来，苏州的农业主要产品产量大幅度减产，轻、重工业比例严重失调，市场物资供应紧张。1960年10月起，城镇居民实行熟食糕点凭券供应、蔬菜每日凭证供应。[5]1961年1月，为扭转国民经济日益困难的严重局面，中共八届九中全会正式批准"调整、巩固、充实、提高"八字方针，9月中共中央颁发《国营工业企业工作条例（草案）》即《工业七十条》。稻香村糖果食品厂认真贯彻落实，积极加强企业内部的管理制度建设，建立健全以党支部领导下的厂长负责制为中心的一系列经营管理责任制，组织干部职工学习《工业七十条》的基本精神，对行政管理、计划管理、技术管理、财务管理等制定整顿方案。按照《工业七十条》的要求，搞好"五定五保"，即国家对企业实行"五定"：定产品方案和生产规模，定人员和机构，定主要的原料、材料、燃料、动力、工具的消耗定额和供应来源，定固定资

---

[1] 公私合营稻香村糖果食品厂：《为申请重大革新自动大炉希即批准的紧急报告》，1960年9月7日，苏州市档案馆藏，档号：C026-001-0013-082。原报告手写无标点，其中俗写介（解）决、令（领）导等，今予改正。炭几，别作炭吉、炭基。
[2] 邓永泉：《建成自动链条烘炉》，《新苏州报》1960年12月29日第3版。
[3] 金松、锦：《在最热的车间抓降温工作》，《新苏州报》1960年7月22日第3版。
[4] 周康民、沈永昌、薛惠馨：《深入第一线　抓好食品卫生》，《新苏州报》1960年8月13日第3版。
[5] 参阅王玉贵、吴晨潮：《苏州通史·中华人民共和国卷（1949—1978）》，苏州：苏州大学出版社，2019年，第138—139页。

产和流动资金,定协作关系;企业对国家实行"五保":保证产品的品种、质量、数量,保证不超过工资总额,保证完成成本计划并且力求降低成本,保证完成上缴利润,保证主要设备的使用期限。

为改善车间生产环境,以符合食品工业卫生要求,在来厂检查工作的中共苏州市委财贸部领导关心和市商业局的支持下,1961年5月,为彻底翻建老式破旧的糕点车间,由市商业局张强局长亲自出面向部队借来木材。糕点车间翻建完成后,通过房管公司又租用了后面东隔壁100多平方米,前后贯通,后为发货部门。还通过平江区钱云鹏副区长,租得碧凤坊28号房屋花园船所作为原料间,将原居民食堂一半改为生产糖果场所,一半作为厂食堂。前面安排脱摇线工场,改作托儿所。这年6月,职工试制成功干酵母。经过试验,用这种干酵母发酵制成的面包或馒头,松软可口,并含有较多的蛋白质和维生素B,营养丰富,成批投入生产后,名为强身牌发酵粉。[1]职工还积极动脑筋,不断改进炉型,改进操作,每月可以节约煤炭6吨以上。[2]7月,职工自力更生制成一架自动甩糖机。该甩糖机结构简单,操作灵便,只要把糖果放在轴上,利用齿轮转动的力量,很快可把糖果甩白,不仅质量提高,而且工效提高一倍以上。[3]

为贯彻落实国民经济"调整、巩固、充实、提高"的八字方针,苏州市对全市工业布局进行调整,在缩短工业战线、加强农业战线的总前提下,工业内部着重是压缩重工业和充实、恢复农用、市场、日用品工业。根

强身牌发酵粉标贴

据苏州市优化高价糕点、普通糕点生产布局的需要,稻香村糖果食品厂于1961年12月14日向市商业局呈请建立公私合营稻香村糕点工场,以保持该店的名产特色。1962年1月18日苏州市商业局批复同意,要求稻香村糕点工场所需生产工具设备、人员从厂内划出一部分解决,同时将公私合营稻香村糖果食品厂更名为公私合营苏州糖果糕点食品厂,即日对外挂牌。[4]6月18日人民商场附设红旗食

---

[1] 永泉:《试制成功干酵母》,《苏州工农报》1961年6月23日第1版。
[2] 永泉:《煤炭节约再节约》,《苏州工农报》1961年8月5日第1版。
[3] 福庆、张、寿:《制成自动甩糖机》,《苏州工农报》1961年7月30日第1版。
[4] 苏州市商业局:《关于建立公私合营稻香村糕点工场和更换厂名的批复》,商工(62)字第22号,1962年1月18日,苏州市档案馆藏,档号:C031-002-0146-009。参阅苏州糕点厂厂志编写小组,陈茂生执笔:《苏州糕点厂厂志》第二章"并厂时的概述"之"企业基本情况"及大事记,未刊讨论稿,1985年。陈茂生谓稻香村工场"基本上以原稻香村人员为主""原则上以原稻香村生产工人为主"。

第五章 | 国营苏州糕点厂的演变及其与稻香村的分合

品厂被撤销，20多人连同生产工具于8月被并入苏州糖果糕点食品厂，房屋仍被放弃。[1]

苏州糖果糕点食品厂的情况在其填报的《一九六二年全民所有制工业统计年报》第1表"企业概况"有具体反映。

企业详细名称为苏州糖果糕点食品厂，详细地址为苏州市碧凤坊28号，企业负责人眭荣锦。企业主管机关为苏州市服务局。后与金星糖果厂、大明饼干厂由苏州市商业局主管并直接领导。

企业为小型食品工业，独立核算，最早开工年份作1958年。1962年实际开工天数306天，工人分一班，工作时间8小时。本年底全部职工212人，年平均人数211人，其中生产工人211人。生产工人年平均人数相同。全年职工工资总额10.06万元。

本年底全部占地面积4413平方米，其中工业生产用地面积3130平方米。建筑物占地面积2436平方米。全年实际用煤量412吨、耗电量18023度。全年四项费用3124.26元，大修理费用962.29元。[2]

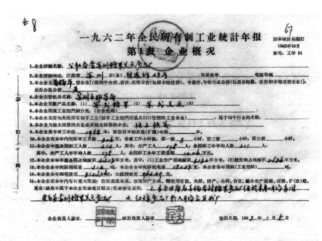

1962年苏州糖果糕点食品厂工业统计年报

1961年实际工业总产值按1957年不变价格计算为309.55万元。1962年计划工业总产值按1957年不变价格计算为185.77万元，实际工业总产值187.36万元，按现行价格计算为149.98万元，比1961年大幅度下降。[3]

1962年年底全部固定资产原值5.91万元，净值4.3万元；其中工业生产用

---

[1] 江苏省苏州市人民委员会：《关于同意撤消人民商场所属红旗服装厂、红旗食品厂的批复》，苏财杨字第154号，1962年6月18日，苏州市档案馆藏，档号：C031-002-0146-001。此件系对苏州市商业局商人（62）字第270号、275号呈文的批复。公私合营苏州糕点食品厂关于企业本年内变动情况说明："红旗食品厂于八月份合并我厂。"见该厂填报的《一九六二年全民所有制工业统计年报》第1表"企业概况"，1963年1月5日寄出，企业负责人眭荣锦（副厂长）签章，苏州市档案馆藏，档号：C007-007-0468-067。陈茂生《苏州糕点厂大事记》误记此事为1961年8月。按：撤消，今多作"撤销"。
[2] 公私合营苏州糖果糕点食品厂：《一九六二年全民所有制工业统计年报》第1表"企业概况"，1963年1月5日寄出，企业负责人眭荣锦签章，苏州市档案馆藏，档号：C007-007-0468-067。
[3] 公私合营苏州糖果糕点食品厂：《一九六二年全民所有制工业统计年报》第2表"总产值及商品产值"、第3表"总产值及商品产值分月附表"，1963年1月5日寄出，制表人吴一民，苏州市档案馆藏，档号：C007-007-0468-068-069。

固定资产原值4.65万元,净值3.31万元;各种设备原值3.58万元,净值2.79万元。本年提取的基本折旧基金0.55万元,大修理基金0.27万元。年底全部流动资金27万元,其中定额流动资金25.47万元。商品产品销售税金7.54万元,利润9.17万元,上缴预算利润8.11万元。净产值28.39万元,其中工资9.54万元,工资附加费1.61万元,各项应缴税金7.59万元,各项应得利润9.17万元,利息支出0.43万元,其他非物质消耗支出0.5万元。[1]

1962年具体产品产量见表5-11。主要产品苏式糕点、苏式糖果的主要生产方式仍为"土法生产"。主要产品质量及技术经济指标如下。(1)糕点:生产量1235.58吨,耗煤量364.26吨,煤耗率28.48%;次品生产量15.62吨,次品率1.26%。(2)糖果:生产量196.21吨,耗煤量47.98吨,煤耗率24.40%;次品生产量2.67吨,次品率1.36%。[2]

表5-11　1962年苏州糖果糕点食品厂主要产品产量

产品名称	计算单位	计划产量	实际产量	备注
苏式糕点	吨	1188.07	1235.58	一季度418.34吨,二季度265.29吨,三季度279.44吨,四季度272.51吨。
其中高级糕点	吨	120.53	129.36	一季度36.87吨,二季度56.58吨,三季度20.08吨,四季度15.83吨。
其中(1)月饼	吨	38.13	40.98	三季度8月5.63吨,9月35.35吨。
(2)糖年糕	吨		84.34	一季度1月84.34吨。
苏式糖果	吨	195.88	196.21	一季度84.83吨,二季度55.50吨,三季度17.55吨,四季度38.33吨。
其中高级糖果	吨	168.59	180.91	一季度69.63吨,二季度55.50吨,三季度17.55吨,四季度38.33吨。
酱渍果蔬	吨		8.14	一季度2月7.53吨,四季度11月0.54吨,12月0.07吨。
酱油	吨		3.56	三季度7月3.56吨。
白醋	吨		2.77	三季度7月2.21吨,8月0.56吨。
干制果蔬	吨		2.57	三季度7月、9月2.35吨,四季度10月0.22吨。

资料来源:公私合营苏州糖果糕点食品厂:《一九六二年全民所有制工业统计年报》第3表"产品产量",1963年1月5日寄出,苏州市档案馆藏,档号:C007-007-0468-070。

---

[1] 公私合营苏州糖果糕点食品厂:《一九六二年全民所有制工业统计年报》第4表"固定资产、流动资金及净产值",1963年1月5日寄出,制表人吴一民,苏州市档案馆藏,档号:C007-007-0468-071。

[2] 公私合营苏州糖果糕点食品厂:《一九六二年全民所有制工业统计年报》第5表"产品质量及技术经济指标",1963年1月5日寄出,制表人吴一民,苏州市档案馆藏,档号:C007-007-0468-072。

本年会计王晓沧调出,由吴一民递补并兼统计,采购员陈章乐调出,由薛志刚递补。糕点车间主任宗祥生被下放农村后,由周志良递补。糖果车间主任龚培根调任人事科科长,由何锦昌递补。人事后来改称政工,到"文革"前先后担任过该工作的有眭荣锦、王雪珍、吴德铭、李惠菊、龚培根、魏腊泉、吴兴隆等人。

随着三年困难时期的过去,1963年春节供应的二十多种食品中,质量普遍比上年高,其中猪肉、家禽、蛋品、油豆腐等7个品种的供应量比上年有所增加。为了提高各种糕点、豆制品的质量,粮食部门向苏州糖果糕点食品厂等生产单位供应了优质面粉、米粉和黄豆,商业部门也根据货源,增加了食糖和荤油的供应量。例如,用50斤面粉生产500只杏仁酥,1962年用素油5斤、饴糖12.5斤,1963年用荤油8斤、饴糖25斤。商业部门还积极扩大茶食糖果供应网点,改进供应方法,便利群众办年货。[1]退休老工人王金纪听说厂里春节生产任务忙,特地从几百里以外的丹阳乡下赶来参加生产一个月,自愿贡献自己的力量。王金纪从16岁起出来学生意,做酥糖有50年的丰富经验,技术在苏州数一数二。当他了解到厂里生产情况和今年国家供应的糖、油、芝麻、花生等辅料都比上年增加时,表示一定要发扬传统的经营特色,把今年酥糖的质量提高一步。因此,在生产酥糖时,他采取了传统操作方法,并改进了用糖粉代替砂糖的配方,做出来的酥糖细腻喷香,并且天天超额完成日产2333包的任务。在完成酥糖生产任务后,他又主动参加葱油桃酥生产,第一天就创造了双板削桃酥的操作方法,提高生产效率近一倍,帮助厂里提前完成了生产计划。因此,工人们都称赞他是春节生产战线上的"老黄忠"。[2]

糖果车间职工在增产节约运动中,努力挖掘潜力,不断攻破煤耗高的薄弱环节。过去,工人对每天用煤量心中无数,烧煤时燃烧不够充分的"二煤"也没利用,经过教育,大家提高了节约用煤、支援国家建设的思想觉悟。生产组长朱福宝经常起早摸黑挑拣"二煤",继续利用,其他班组工人也展开了多拣"二煤"的劳动竞赛。从1962年第四季度起,煤耗月月下降,12月每100斤糖果煤耗,从11月的28斤下降到17斤。有些人认为降低煤耗成绩已经很大,加上春节生产任务繁忙,没法再节约用煤了。朱福宝并不满足已有的成绩,他根据家里经济煤炉的原理,利用一只坏铅桶做炉胆,再涂上一层黄泥,把原来炉胆缩小一半,经试验节约用煤效果良好。但是,铅桶不耐火烧,没几天就坏了。朱福宝并未灰心,星期天又在厂里自己动手,用火泥和砖头代替铅桶炉胆,和司炉工夏达永一起,采用流水加煤操作法,使炉火很旺,这样既节约了煤炭,又缩短了生产时间。

---

[1]《本市商业部门积极做好春节供应》,《苏州工农报》1963年1月15日第1版。
[2] 邓永泉:《"老黄忠"》,《苏州工农报》1963年1月19日第2版。王金纪(1897—?),江苏丹阳人,早先为桂香村技工。

1963年1月节约用煤2800余斤,超额完成了糖果生产任务。[1]

按照厂里规定,每生产100斤糖果,要用2.5两揩盘油,相当于每斤糖用二分半油,以防止糖粘牢盘。但是,在往盘里倒油时难免有所浪费。1963年3月2日晚,在讨论增产节约方案时,制糖工人谢承良提出节约揩盘油的建议,其他工人都积极支持,提出了合理化建议。第二天谢承良就和方振民老师傅一齐动手,把倒油揩盘改为蘸油揩盘,这样每生产100斤糖果,揩盘油就从原来的2.5两下降到1两,即每生产1斤糖果少耗了1.5分油。第三天生产糖果时,他们采取降低水箱温度,经常搅拌和调换水箱中的冷水,降低糖盘温度,减少翻糖次数,又使每生产1斤糖果的油耗降低到0.75分。他们这样生产的3000斤糖果就节约了5斤多揩盘油。这个数字虽不大,但是以全年生产40万斤糖果计算,就可以节约用油700余斤。人民日报社论《一本大账》曾指出:"'九层之台,起于累土,千里之行,始于足下',建设社会主义的雄心壮志必须贯穿到一点一滴的日常工作中去,才能对社会主义建设作出实际的贡献。"《苏州工农报》编者按援引该社论后说:"谁说节省一条锯缝、一分油、一分钟没啥了不起呢?今天本报报道的几件事,有力地回答了这个问题!这些小数目,决不可小视!"并号召各条战线上的职工同志,都来发扬这种崇高的革命精神,把建设社会主义的雄心壮志,贯穿到每一个日常的具体行动中去![2]

《中华人民共和国劳动保险条例》于1951年2月即已发布施行,1953年1月又经修订。1963年1月3日,经厂党支部同意,公私合营苏州糖果糕点食品厂工会申请实施劳动保险条例。职工总人数143人,其中女性90人,职员24人,工会会员93人,私方人员22人。工资总额8009.15元,每月两次发放,本月应缴劳动保险金160.18元。1月7日,行政主管机关苏州市服务局审查该厂为定型工厂,符合劳动保险条例第二条规定,同意实行该条例。7月30日苏州市总工会批准后正式实行,特约医院为苏州市第一人民医院、第四人民医院、中医医院和苏州专区人民医院。[3]

从1962年起,调整工业布局的工作与精简职工、压缩城市人口结合起来进行。根据中央关于减少城镇人口和压缩城镇粮食销量的指示精神,苏州市对全民所有制职工、城镇人口、粮食定量统销人口进行精简,动员家在农村的职工为国家挑重担,支援农业,主要对象为1958年1月以来参加工作的来自农村的新职工。在调整精简职工工作中,坚持贯彻"决心大、步子稳、工作细、安置实、行

---

[1] 邓永泉:《重视节约用煤 煤耗逐月下降》,《苏州工农报》1963年2月23日第2版。
[2] 邓永泉:《"一厘钱"精神在苏州·两分半油上的窍门》,《苏州工农报》1963年3月28日第1版。
[3] 公私合营苏州糖果糕点食品厂:《实施劳动保险条例批复及登记表》(1963年1月),苏州市档案馆藏,档号:A032-0093-0521-144。

动快"的原则[1]，到 1963 年 4 月，全厂共有 15 人响应号召下放农村。与此同时，对 1958 年建厂以来从工人中提拔的干部，根据本人实际情况和工作需要研究是否精简下放，1963 年 5 月中共苏州糖果糕点食品厂支部委员会上报《干部精简对象调查表》，对从工人中提拔当干部的第 3 类人员徐金松（副书记）、眭荣锦（副厂长）、孙景坤（供销科长）、龚培根（人事科长）、邓永泉（供销员）、薛志刚（供销员）、周志良（车间主任）、吴一民（会计）、王雪珍（统计），提出了具体处理意见。[2]6 月 3 日苏州市商业局发文批复同意：孙景坤、龚培根下放车间做不脱产主任，王雪珍下放车间做工人。[3]

为调整全民所有制与集体所有制的关系，1963 年 3 月将集体所有制性质的苏民食品厂、平江集体工场人员划出，5 月将牛角浜 23 号二车间房屋划出一部分，

---

[1] 苏州市人民委员会办公室：《苏州市调整工业布局、精简工业职工的情况报告》，1962 年 12 月 27 日，苏州市档案馆藏，档号：A001-009-0104-074。

[2] 中共苏州糖果糕点食品厂支部委员会：《干部精简对象调查表》，1963 年 5 月，苏州市档案馆藏，档号：C031-002-0164-063-064。按：眭荣锦原表作眭荣金，孙景坤原表作孙金坤。

徐金松，男，33 岁，本人成分工人，中共党员，1959 年从工人中提拔当厂长，现任支部（副）书记。家庭共 9 人，本人收入 45 元，其他收入 65 元，共 110 元。1944 年来苏，到稻香村当学徒。1958 年从稻香村合并入本厂。单位支部处理意见：书记职务保留。局审批意见：有人顶替下放做车间主任。

眭荣锦，男，40 岁，本人成分工人，中共党员，1959 年从工人中提拔，现任（副）厂长。家庭共 6 人，本人收入 44 元，家庭其余 5 口在农村参加农业生产。1940 年来苏，在采芝香当学徒。1958 年合并入本厂。单位支部处理意见：保留厂长职务。局审批意见：保留。

孙景坤，男，56 岁，本人成分工人，群众，1958 年从工人中提拔，现任供销科长。家庭共 6 人，本人收入 72 元，长子贴补 8 元，共 80 元。1923 年来苏，为久大昌学徒。1931 年入叶受和，1958 年合并入本厂。单位支部处理意见：下放车间当主任。局审批意见：同意。

龚培根，男，32 岁，本人成分工人，中共党员，1959 年从工人中提拔为车间主任，现任人事。家庭共 4 人，本人收入 43 元，其他成员在农村参加农业生产。1948 年来苏，为采芝香学徒。1958 年合并入本厂。单位支部处理意见：下放车间当主任。局审批意见：该人有报告要求回农村，暂作保留。

邓永泉，男，36 岁，本人成分工人，群众，1959 年从工人中提拔，现任供销员。家庭共 4 人，本人收入 53 元，其他成员收入 45 元。1941 年来苏，为广州学徒。1958 年合并入本厂。单位支部处理意见：保留。局审批意见：今后有人顶替下放。

薛志刚，男，36 岁，本人成分工人，群众，1959 年从工人中提拔，现任供销员。家庭共 7 人，本人收入 59.66 元，无其他收入。1936—1940 年来苏，为稻香村学徒。1958 年合并入本厂。单位支部处理意见：保留。局审批意见：暂行留用。

周志良，男，36 岁，本人成分工人，中共党员，1958 年从工人中提拔，现任车间主任。家庭共 4 人，本人收入 53.36 元，其他成员收入 33 元。1946 年来苏，为叶受和学徒。1956 年到人民商场，1962 年合并入本厂。单位支部处理意见：保留车间主任。局审批意见：不作精简对象。

吴一民，男，56 岁，本人成分职员，群众，1957 年在社会上吸收，转入本厂，现任会计。家庭共 3 人，本人收入 49.76 元，长子收入 43 元。1939—1944 年在吴江、无锡、江阴等地任县财政局课员和县税务管理处课员。单位支部处理意见：留用。局审批意见：后拉上来的，不算精简对象。

王雪珍，女，30 岁，本人成分工人，团员，1959 年任科室工作，未经组织批准，现任统计。家庭共 6 人，本人收入 36 元，丈夫收入 53.40 元。1950 年供职于大同茶厂，1955 年到金阊联合诊所防疫站工作，1957 年在郊区搞血防工作，1958 年来本厂。单位支部处理意见：下放车间当工人。局审批意见：同意下放。

[3] 苏州市商业局：《关于精减对象处理意见的批复》，商人（63）字第 442 号，1963 年 6 月 3 日封发，苏州市档案馆藏，档号：C031-002-0164-062。

另行成立苏民食品厂,"仍担负关门作坊批发任务"[1]。12月万泰昶人员6人被并入厂,连带并来的2部轧粉机很适用,提高了轧粉功效。据陈茂生回忆并需要记述的是:"炒货蜜饯并厂时,利用原金芝斋、叶受和、采芝春仓库基地(原来是生产炒货蜜饯的)。第一次拆并时,即作为我厂的糖果车间。63年将糖果生产搬到碧凤坊,'自然灾害'时期,蜜饯原料鲜果等基本断档,炒货原料每到春节,国营公司拨出少量数字,按计划供应,每人几两,本身无法采购,也不允许采购。62年曾有短期开放,但也很难采购到,旋又不允许。而农村以粮为纲,很少种植。农副产品虽有些归国家收购,原采芝春仓库长年无形空关,被房产公司收回改建民房。"[2]这是生产资料方面的又一次损失。

原本苏州市商业局负责全市商业系统的行政领导,主管百货纺织品、专卖、杂品、五交化等公司以及市属有关工厂和各区商业科。苏州市服务局负责全市服务系统的行政领导,主管蔬菜、食品、水产、饮食服务公司等公司以及市属有关工厂和各区服务科。早在1962年2月23日,苏州市商业局和服务局就系统机构设置提出意见:(1)增设工商行政管理局;(2)将专卖公司及有关专卖所属产品的工厂划归服务局管理和领导。为加强部分"归口行业的政治思想领导",要求苏州市服务局下属的苏州市糖果糕点公司"主管全市糖果糕点行业的零售商店和金星糖果厂、大明厂、稻香村、一品香、饴糖厂等单位的人事、业务、财务、生产、政治思想的领导和管理,以及方针政策的贯彻"[3]。1963年9月30日,公私合营苏州糖果糕点食品厂被正式移交给接收单位江苏省苏州市烟酒糖业糕点公司主管,移交人为厂长刘承业,监交单位为苏州市商业局。企业登记地址为碧凤坊28号,电话31。《公私合营苏州糖果糕点食品厂移交清册》[4]提供了到移交截止时间企业的详尽情况。

该厂职工人数140人,累计平均数191人。据《商品产品成本计算表》,1963年第三季度商品产品全部成本287500元,实际成本288450.83元。自有流动资金91637.53元,公私合营企业私股资金157563元(全减去),合作商店及小商贩股金8037.53元。小业主股金分红,至9月78.13元。固定资产净值38624.18元,国家固定资金38624.18元,利润及拨补46144.84元,上缴国库利润

---

[1] 江苏省苏州市烟酒糖业糕点公司:《关于恢复糖果糕点作坊和精简经营环节的意见(草案)》,1963年4月15日,苏州市档案馆藏,档号:G036-002-0066-030。

[2] 苏州糕点厂厂志编写小组,陈茂生执笔:《苏州糕点厂厂志》第二章"并厂时的概述"之"生产规模及生产工具产品的沿革",未刊讨论稿,1985年。

[3] 《苏州市商业局、服务局系统机构设置意见(初稿)》,1962年2月23日,苏州市档案馆藏,档号:C021-002-0145-001。参阅江苏省苏州市烟酒糖业糕点公司:《关于恢复糖果糕点作坊和精简经营环节的意见(草案)》,1963年4月15日,苏州市档案馆藏,档号:G036-002-0066-019。

[4] 《公私合营苏州糖果糕点食品厂移交清册》,1963年9月30日,苏州市档案馆藏,档号:G036-001-0071-094-114。

32648.26 元。

库存主要产品见表 5-12，固定资产中土地房屋概况、设备工具概况分别见表 5-13、表 5-14。

表 5-12 苏州糖果糕点食品厂库存主要产品（1963 年 9 月）

类别	品名	备注
平价糕点	奶糕、老爷饼、杏仁酥、松子菊花酥、百果饼、蛋糕、麻饼、袜底酥、猪油开花酥、排砂糕、维他面包。	车站售面包、大圆蛋糕不收粮票。
高级糕点	杏仁酥、玫瑰酥糖、云片糕、可可烘片、胡椒云片、双面麻饼、各色月饼。	各色月饼：荤月饼 9 种（玫瑰、百果、椒盐、果、豆沙、枣泥、南腿、鲜肉、葱油），素月饼 5 种（玫瑰、百果、果仁、豆沙、枣泥）。
平价糖果	可可豆板、可可白剪、可可豆糖、纸包果仁夹心、炒米夹心糖、双色松软糖、胡椒软糖、玫瑰白糖、豆香糖。	
高级糖果	粽子糖、松中糖、玫瑰糖、纸包水果糖、椒盐松玉、各味方糖、糖豆板、豆松糖、豆方糖、维精白糖、轻松糖、重松糖。	
炒货蜜饯	甘草山楂、油豆板、五香豆、南瓜子、油黄豆、甜松豆、袋装五香豆、花生豆。	

资料来源：《公私合营苏州糖果糕点食品厂移交清册》之成品库存表，1963 年 9 月 30 日，苏州市档案馆藏，档号：G036-001-0071-094-114。此为了解该厂产品品种，具体库存数量未录。参阅王蔚明：《商业部门准备节日商品丰富多采》，《苏州工农报》1963 年 9 月 21 日第 2 版。

表 5-13 苏州糖果糕点食品厂土地房屋概况（1963 年 9 月）

序号	地址	土地面积	房屋间数	用途	备注
1	观前街 37 号	0.1537 亩	8 间	叶受和 20 号借用。	土地 5306.40 元，房屋 11060.17 元。
2	观前街 72 号	0.0749 亩	6 间	东阳源租用。	
3	清洲观前 4-6 号	0.4619 亩	6 间	工人宿舍，部分两户。	
4	清洲观前 30 号	0.1224 亩	3½ 间	采芝斋工场借用。	
5	清洲观前 32 号		11 间	糖果车间用。	
6	社坛巷 11 号	1.3408 亩	18 间	生产炒货蜜饯，部分由苏民工场租用。	
7	临顿路 538 号	连地 0.3614 亩	14 间	正丰建材商店租用。	
8	齐门大街 67 号	连地	7 间	如号恒租用。	

表 5-14 苏州糖果糕点食品厂设备工具概况（1963 年 9 月）

部门	设备名称与数量	备注
糕点车间	230 型磨粉机、碎粉机、2.8 千瓦电动机、1.7 千瓦电动机各 1 台，大型拌和机 1 台（未用），4 分台钻、0.75 千瓦电动机各 1 台，打糕机 2 台，2.8 千瓦电动机、1.7 千瓦电动机各 1 台，打粉机、2.8 千瓦电动机各 1 台，自动烘饼大炉 1 台（价值 11318.49 元，最贵的设备），2.8 千瓦电动机、4.5 千瓦电动机各 1 台，切糕机、0.75 千瓦电动机各 1 台，打蛋机用 0.75 千瓦电动机、摇肉机用 0.75 千瓦电动机、大电扇用 0.75 千瓦电动机各 1 台，四眼烘灶、四眼炒灶、四眼水灶各 1 座，奶糕烘箱 1 座，后园仓库 6 间，简易棚屋 2 间。	小计 38019.75 元
糖果车间	开糖机用 0.75 千瓦电动机、0.6 千瓦电动鼓风机各 1 台，500D 手推车 1 辆。	
金工组	28 寸剪刀车 1 台，4 号马达冲床、$4\frac{1}{2}$ 皮带车床、脚踏车床、轧底车各 1 台，皆停用。	
金工组	4.5 千瓦电动机、2.8 千瓦电动机、1.7 千瓦电动机各 1 台，0.75 千瓦电动机 4 台，0.75 千瓦电动鼓风机 1 台，皆停用。	小计 4746.50 元
供销科	2.8 千瓦电动机、0.75 千瓦电动机各 1 台，皆停用。	
苏民工场借用	0.75 千瓦电动机 1 台。	
停用待售	显微镜 1 台，保温箱 1 台，皮大衣 1 件。	

资料来源：《公私合营苏州糖果糕点食品厂移交清册》，1963 年 9 月 30 日，苏州市档案馆藏，档号：G036-001-0071-094-114。以上固定资产（原表 4 页）含土地房屋，共计 59132.82 元。

据苏州糖果糕点食品厂填报的《1963 年全民所有制工业统计年报》第 1 表"企业概况"，到 1963 年年底，企业全部占地面积、工业生产用地面积和建筑物占地面积同于上年。实际用煤量 438.32 吨，用电 22000 度，其中工业生产用电 16000 度。全年 4 项费用 820.26 元，大修理费用 5628.83 元。本年实际开工 306 天。年底全部职工 148 人，其中工人 120 人；全年全部职工平均人数 194 人，其中工人 166 人。全年工资总额 9.50 万元。[1]

据第 11 表"固定资产及流动资金（万元）"反映，到 1963 年年底，该厂全部固定资产合计为：原值 5.78 万元，净值 3.67 万元；其中固定资产投资原值 4.52 万元，净值 2.63 万元；各种设备原值 3.45 万元，净值 2.17 万元。本年提

---

[1] 公私合营苏州糖果糕点食品厂：《1963 年全民所有制工业统计年报》第 1 表"企业概况"，1964 年 1 月报出，苏州市档案馆藏，档号：C007-007-0484-035。参阅江苏省苏州市烟酒糖业糕点公司：《烟酒茶糖行业人员机构普查情况（初查）》，1963 年 11 月 10 日，苏州市档案馆藏，档号：G036-002-0077-029。当时统计，平江区 508 人，金阊区 244 人，沧浪区 151 人，合计 903 人。此外有公司 217 人，万泰昶 21 人。苏州糖果糕点食品厂职工人数在全行业中占有重要比率。

取的基本折旧基金0.57万元，大修理基金0.28万元。年底全部流动资金合计19.79万元，其中定额流动资金15.02万元。全部商品产品销售收入139.06万元，销售成本124.48万元，销售税金7.04万元。利润总额为7.67万元。[1]总体来看，各项主要指标皆低于上年。

与1958年公私合营平江区糖果糕点食品厂初创时相比较，公私合营苏州糖果糕点食品厂发展至今，可称"家大业大"，尤其是机械设备方面不可同日而语。

三、全市糕点生产布局与苏州糖果糕点食品厂的生产状况

在保障苏州市糖果糕点生产供应方面，苏州糖果糕点食品厂作为行业龙头企业，一向承担着繁重的任务和重大的责任，除普通糖果糕点外，从1962年1月起，又根据"上级指示生产高价糖果糕点"[2]，为丰富市场、促进消费，为国家加快回笼资金贡献力量。

从1964年元旦开始，苏州市高价糕点实行议价粮生产，不收粮票敞开供应，增加论斤、拆零小件供应和混合供应，极大地方便了消费者，特别是没有粮票的广大农民群众。1964年3月9日，中国糖业烟酒公司江苏省苏州分公司《苏州市高价糕点实行议价粮生产后的情况汇报》称"这一措施，便利购买，得到消费者的欢迎，零星购买显示活跃，销售量有了增加，进一步扩大了回笼"，并对这一政策实施前后的销售、利润等情况进行了分析。如变革前，1963年11月实销33650斤，12月实销39550斤，变革后，1964年1月即实销61600斤。高价糕点平均零售价每市斤1.395元，平均利润幅度，从生产成本（原料及生产费用）到零售价为88%，从收购价到批发价为29.3%。为了满足消费者的要求，上市品种，除了地方性的传统商品外，还密切注意推陈出新，勤翻花色品种、畅销商品，扩大上市，同时兼顾上市品种的不断增加，达到丰富市场、扩大销售的目的。存在的主要问题是："糖油用料定额水平低，影响了传统名产的应有质量。如麻饼每百斤主要原料，上海配方用面粉25斤，糖9.5斤，油11.6斤，饴糖9.6斤，辅料47.1斤；苏州配方用面粉50斤，糖4斤，油2斤，饴糖22斤，辅料26斤。又如云片糕每百斤成品，上海配方用粉44.7斤，糖44.7斤，油3斤，饴糖2斤，辅料6斤；苏州配方用粉60斤，糖30斤，油2.1斤，饴糖13.3斤，辅料3斤。"[3]

---

[1] 公私合营苏州糖果糕点食品厂：《1963年全民所有制工业统计年报》第1表"企业概况"，1964年1月，苏州市档案馆藏，档号：C007-007-0484-051。

[2] 苏州糕点厂厂志编写小组，陈茂生执笔：《苏州糕点厂厂志》附录"大事记"，未刊讨论稿，1985年。

[3] 中国糖业烟酒公司江苏省苏州分公司：《苏州市高价糕点实行议价粮生产后的情况汇报》，1964年3月9日，苏州市档案馆藏，档号：G036-002-0088-156-161。文中列举了云片糕、松子猪油枣泥麻饼、芝麻荤油酥糖三个畅销品种的成本规格。

苏州糖果糕点食品厂是全市糕点重点生产单位和大户。中国糖业烟酒公司江苏省苏州分公司曾组织该厂等下属单位学习上海同行的先进经验，1964年3月整理出《上海苏州部分糕点规格配料价格表》，以供了解和参考。该表前言"上海与苏州糕点的规格对比情况"谓："近来我们为了学上海先进，到上海了解配料，以便更好地学习，抄录了上海的部分规格配料，苏州市的目前规格配料对照一下，基本上全部相反。首先上海的规格小和精，我们苏州的规格大和粗。配料，上海的糖、油多，饴糖、辅料少，加上面粉白。上海除前店后坊外，对关门作坊（厂）每百斤成品安排，即粮60斤，糖14.5斤，油5.33斤，饴糖5斤。我们苏州糖、油少，饴糖、辅料多，加上面粉次。我们包括前店后坊每百斤成品安排，即粮60斤，糖4.8斤，油3.6斤，饴糖21斤。从品种来对比，上海的平价云片糕每百斤成品用糖35斤，我们的高价云片糕每百斤成品只用糖30斤。"[1]苏州与上海同样品种的规格配料有明显的差异，主要原因还是国民经济三年困难时期，两地实际情况有所不同，其中上海直辖市的地位和相对优惠的供应政策，是苏州无法享有的。陈茂生说苏州糖果糕点食品厂："60年后趋于困难时期……生产以糕点为主，发糕点专用券，糖油辅料一再减少到每包面粉耗用砂糖5斤，素油2斤，以糖精增加甜头。糖果炒货蜜饯车间平时无所事事，养鸡鸭猪，种蔬菜，生产人造肉筋，培养鲜蘑菇，代药厂做小工。每到春节前供应少量干果、砂糖，生产些果料糖，凭票供应，生产不到一个月完成任务。63年春节前生产高价糖果糕点，两个车间又忙起来了。到64年后供应情况逐步趋向正常，公司指示恢复部分传统商品，每包面粉，砂糖加20斤。其它大路品种糖油增加数字仍然不大，但炒货蜜饯原料仍然单（萧——引者）条。"[2]

1964年4月30日，中国糖业烟酒公司江苏省苏州分公司内部编印了《苏州市高价糕点规格价格》，反映了当时高价糕点生产布局和品种情况。全市统一规格、统一价格的24种。各家分工生产的名特产品，苏州糖果糕点食品厂有20种，数量仅少于稻香村、叶受和、一品香、广州4家，其产品规格、价格见表5-15，配料和成本见表5-16。

---

[1] 中国糖业烟酒公司江苏省苏州分公司：《上海苏州部分糕点规格配料价格表》，1964年3月2日，苏州市档案馆藏，档号：G036-002-0090-088。详见本书附录四附表15。

[2] 苏州糕点厂厂志编写小组，陈茂生执笔：《苏州糕点厂厂志》第二章"并厂时的概述"之"供销及流动资金情况"，未刊讨论稿，1985年。

表 5-15 苏州糖果糕点食品厂高价糕点规格、价格（1964 年 4 月）

产品名称	生产总成本/元	单位	规格/两	产量	批发价/元 一类	批发价/元 二类	零售价/元	单位成本/元	出厂价/元	生产利润
如意酥（水花饼）	99.93	只	0.60	2015	0.005	0.083	0.10	0.0495	0.0569	15%
		斤	散装	120.9	1.275	1.245	1.50	0.825	0.949	
小开口笑	71.263	斤	散装	97.5	1.275	1.245	1.50	0.7309	0.8405	15%
五香麻糕	27.46	只	0.66	400	0.102	0.996	0.12	0.06865	0.0783	14%
椒桃片	56.326	包	0.66	818	0.102	0.996	0.12	0.06885	0.0785	14%
夹心洋蛋糕	49.52	块	1.30	400	0.189	0.183	0.22	0.1238	0.1424	15%
豆仁酥	132.95	包	1.03	1120	0.17	0.166	0.20	0.1187	0.1353	14%
千层酥	78.58	只	0.60	1540	0.085	0.083	0.10	0.051	0.0581	14%
海棠酥（合盘酥）	35.82	只	0.68	620	0.0935	0.0913	0.11	0.0578	0.0659	14%
合桃酥	29.05	斤	散装	34	1.275	1.245	1.50	0.854	0.982	15%
大枣泥松子麻饼	236.75	只	0.50	640	0.68	0.664	0.80	0.37	0.4144	12%
粟酥	9.825	合	1.30	79	0.187	0.183	0.22	0.1244	0.143	15%
洋蛋饼	21.15	只	0.66	385	0.085	0.083	0.10	0.055	0.0627	14%
文明饼	74.77	只	0.63	1364	0.085	0.083	0.10	0.0548	0.06247	14%
玉和酥	36.28	块	0.25	1700	0.034	0.0332	0.04	0.02134	0.0245	15%
鸡蛋饼	20.61	只	0.25	1000	0.034	0.0332	0.04	0.0206	0.0237	15%
月圆酥	85.398	只	0.66	1460	0.085	0.083	0.10	0.05163	0.05886	14%
玫瑰大方片	6.14	斤	散装	7.5	1.275	1.245	1.50	0.8187	0.9333	14%
猪油松糕	28.57	块	2.00	180	0.255	0.249	0.30	0.1587	0.1809	14%
花边饺	146.46	只	0.70	1100	0.19	0.166	0.20	0.1331	0.1517	14%
生切酥	106.47	斤	散装	125	1.275	1.245	1.50	0.8517	0.9395	15%

表 5-16 苏州糖果糕点食品厂高价糕点配料和成本

序号	品名	配料和成本
1	如意酥（水花饼）	（皮）上白粉20斤，荤油8斤，饴糖2斤；（酥）上白粉10斤，荤油5斤，上白粉30斤，麻屑10斤，改制糖18斤，糖桂花3斤，椒盐3斤，豆油18斤，工燃费11.16元。
2	小开口笑	上白粉40斤，绵白糖22斤，鸡蛋5斤，豆油20斤，芝麻13斤，苏打0.3斤，工燃费9.30元。
3	五香麻糕	白麻屑8斤，改制糖12.5斤，桃玉3斤，元炒粉6斤，包装纸1.20元，工燃费1.29元。

续表

序号	品名	配料和成本
4	椒桃片	桃玉6斤,黑麻屑6斤,元炒粉24斤,改制糖22斤,素油1斤,饴糖1斤,包装纸2.45元,工燃费5.26元。
5	夹心洋蛋糕	上白粉10斤,绵白糖6斤,枣泥10斤,薄荷末1两,紫粉0.25斤,糖猪油14斤,干玫瑰花5钱,鸡蛋6斤,白砂糖6斤,透明纸6.00元,工燃费1.66元。
6	豆仁酥	元炒粉36斤,黄豆粉20斤,荤油20斤,白砂糖粉60斤,松玉2斤,干玫瑰花5两,鸡蛋6斤,透明纸11.20元,工燃费8.74元。
7	千层酥	上白粉20斤,绵白糖2斤,荤油4斤,苏打3两,上白粉10斤,荤油5斤,上白粉20斤,绵白糖10斤,荤油10斤,盐2斤,熟麻10斤,饴糖3斤,工燃费7.40元。
8	海棠酥（合盘酥）	上白粉10斤,荤油3斤,上白粉5斤,荤油2.5斤,上白粉4斤,绵白糖8斤,豆油4斤,桂花1.5斤,熟麻2.5斤,糖猪油2斤,盐1斤,工燃费2.43元。
9	合桃酥	熟上白粉20斤,绵白糖8斤,荤油4斤,豆油3斤,苏打0.25斤,精盐0.2斤,葱0.4斤,工燃费3.72元。
10	大枣泥松子麻饼	上白粉70斤,白饴糖50斤,衣粉10斤,豆油4斤,石碱2.5斤,伊枣玉80斤,绵白糖40斤,糖猪油50斤,玫瑰花6斤,松玉6斤,熟麻35斤,工燃费5.12元。
11	粟酥	绵白糖4斤,上白粉2斤,熟麻3斤,绵白糖1斤,玫瑰花1两,脂粉2两,饴糖1.3斤,盒子2.37元,工燃费0.41元。
12	洋蛋饼	鸡蛋10斤,白砂糖10斤,上白粉7.5斤,菜油1斤,工燃费1.10元。
13	文明饼	上白熟面40斤,荤油12斤,改制糖8斤,伊枣泥10斤,改制糖10斤,糖猪油5斤,糖玫瑰花2斤,松玉1斤,工燃费5.12元。
14	玉和酥	生粉10斤,荤油5斤,改制糖5斤,荤油5斤,白麻屑12.5斤,改制糖5斤,工燃费1.86元。
15	鸡蛋饼	鸡蛋10斤,古巴糖10斤,标准粉8斤,菜油1斤,工燃费1.33元。
16	月圆酥	上白粉20斤,荤油6斤,上白粉7斤,荤油4斤,伊枣玉20斤,绵白糖24斤,豆油6斤,熟标粉10斤,松玉4斤,脂粉1斤,山楂灰0.60元,工燃费4.74元。
17	玫瑰大方片	元炒粉4斤,绵白糖$3\frac{1}{2}$斤,豆油2两,饴糖1两,干玫瑰花1两,工燃费0.92元。
18	猪油松糕	粳粉14斤,元粉6斤,绵白糖10斤,糖猪油5斤,可可粉5两,松玉1斤,薄荷末1.28斤,工燃费2.08元。
19	花边饺	上白粉20斤,荤油6斤,上白粉10斤,荤油5斤,（百果芯）松玉4斤,桃玉4斤,绵白糖15斤,熟标面15斤,桂花2斤,荤油8斤,余荤油15斤,工燃费6.40元。
20	生切酥	上白粉20斤,绵白糖10斤,荤油3斤,鸡蛋8斤,苏打0.3斤（玫瑰芯子）,上白熟面10斤,绵白糖5斤,糖猪油6斤,玫瑰花1斤,脂花0.2斤,豆油6斤,工燃费9.45元。

资料来源：中国糖业烟酒公司江苏省苏州分公司编印《苏州市高价糕点规格价格》，1964

年4月30日,内部资料,第40—42页。苏州市档案馆藏,档号:G036-002-0090-027-029。[1]

1964年4月30日,中国糖业烟酒公司江苏省苏州分公司还内部编印了《苏州市普通糕点规格价格》,规定了全市统一生产的品种70种。分工生产的名特产品,苏州糖果糕点食品厂有果仁车轮酥1种,6月又增列了薄脆饼、奶粉奶糕2种,产品规格、价格见表5-17,配料和成本见表5-18。

表5-17 苏州糖果糕点食品厂普通糕点规格、价格(1964年4月、6月)

产品名称	生产总成本/元	单位	产量	顶粮/两	规格/两	批发价/元	零售价/元	单位成本/元	生产利润	批零差率
果仁车轮酥	38.15	只	1000	0.5	0.9	0.0435	0.05	0.03815	14%	15%
薄脆饼	38.15	只	1000	0.5	0.9	0.0435	0.05	0.03815	14%	15%
奶粉奶糕	26.82	包	500	1	1.05	0.0609	0.07	0.05364	13.55%	15%

表5-18 苏州糖果糕点食品厂普通糕点配料和成本

序号	品名	配料和成本
1	果仁车轮酥	标粉50斤,饴糖28斤,砂糖4斤,豆油3斤,荤油2斤,鸡蛋2.5斤,果玉5斤,糖精2钱,苏打1斤,塔蛋3斤,工燃费3.80元。
2	薄脆饼	标粉50斤,饴糖10斤,绵白糖12斤,古巴砂糖4斤,芝麻5斤,果辅料3.04元,工燃费4.20元。
3	奶粉奶糕	特粳粉50斤,甲绵白糖8斤,奶粉3斤,精盐0.4斤,包装纸500张1.50元,大包装纸50张0.30元,工燃费3.93元。

资料来源:中国糖业烟酒公司江苏省苏州分公司编印《苏州市普通糕点规格价格》,1964年4月30日,内部资料,第30页。苏州市档案馆藏,档号:G036-002-0090-060;《苏州市普通糕点规格价格、高级糕点糖果规格价格》第2册,1964年6月,内部资料,第39页。苏州市档案馆藏,档号:G036-002-0090-084。按:薄脆饼,原表作"卜脆饼"。

从上述来看,苏州糕点糖果食品厂的主要任务仍在于日常供应全市普通规格的产品,承担任务超过60%,保障供给贡献很大。

大庆油田是20世纪60年代初中国工业战线上的先进典型。1964年2月中央发出"工业学大庆"的号召后,苏州工业交通战线的工业学大庆运动随之展开,苏州糖果糕点食品厂也掀起了学习热潮,并积极地支援农业。市土产废品公司宫巷旧五金门市部职工,组织供应大忙中农民所需物资。夏收以后,各地都需要磨粉机加工麦子。浙江省一个大队来该门市部要买两台磨粉机,但该门市部的订货还未到,苏州糖果糕点食品厂经该门市部将两台多余的磨粉机卖给了这个大队,

---

[1] 月圆酥,原文误作月园酥,别称轧花酥、梅花酥、菠萝酥、松子荤油卷、花兰酥等。合桃酥,谈雪良师傅谓即核桃酥,当时桃酥为纸包或卷,没有盒装。绵白糖,原表多作棉白糖。紫粉,谈雪良师傅谓应该是调色的红米粉,因为配比上薄荷粉也是调色的,一个红色,一个绿色。

解了燃眉之急。[1]当时全厂人员 202 人，仍为两个车间，一车间生产糕点面包，二车间生产糖果炒货蜜饯（糖果搬到碧凤坊生产）。这年 10 月，二车间翻建了部分房屋，改善了生产场所。生产情况比较稳定，质量能过得去，管理认真，劳动纪律较好，销售额每月在 10 万元之间，上缴利润每月 7000 元至 8000 元，曾连续一年多在苏州市商业局系统每季都被评为先进。

1965 年 9 月 10 日，中国糖业烟酒公司江苏省苏州分公司上呈苏烟糖零业（65）字第 28 号《关于苏州糖果糕点厂糖果车间撤销的报告》，21 日苏州市商业局批复："经研究同意撤销苏州糖果糕点厂糖果车间，有关技工和生产人员的安排，由你公司研究决定，以保证重点单位提高产品质量。"[2]同时局领导批示："人员设备原则上分别划给采芝斋、金星，注意保密以防思想混乱。一切准备工作做好，动作要快，不要影响生产。月底以前办好。"24 日，苏州分公司向苏州糖果糕点食品厂、金星糖果冷饮制冰厂、采芝斋糖果商店发出《关于苏州糖果糕点厂糖果车间撤销的通知》，经研究决定，有关生产人员、设备、业务全部划出，生产人员以 9 月 5 日在册名单办理交接，生产人员、设备、低值易耗品及无价财产全部均由公司统一分配。原有生产业务分别划给金星厂、采芝斋两单位。要求"在 9 月 30 日前办妥交接手续。在交接过程中应注意确保生产业务正常进行"[3]。该厂糖果车间（除炒货蜜饯及厂房外）有关生产人员、设备、业务并给金星糖果冷饮制冰厂后，因该厂半成品加工有困难，又改划给了采芝斋。

1965 年，苏州糖果糕点食品厂全年职工平均人数 171 人，其中固定职工 165 人（工人 142 人）。因糖果车间撤销，年末全部职工 144 人（工人 118 人），其中固定职工 135 人（固定工人 109 人），管理人员 14 人（编制内干部 9 人）。全部职工工资总额 94155 元，其中固定职工 92092 元（工人 76401 元）。各种奖金 6089 元，各种津贴 2286 元。[4]

至 1965 年年末，主要专业生产设备有：自动大炉 1 座，总公称能力 1240 吨；切糕机 1 台，总公称能力 310 吨；万能粉碎机 2 台，总公称能力 496 吨。主要通用生产设备有：金属切削机床有车床、插床、铣床各 1 台；电动机 25 台，计 53.5 千瓦。全部固定资产原值 7.45 万元，净值 3.78 万元，其中工业生产用固定资产原值 6.07 万元。年末全部流动资金 14.12 万元，定额流动资金 10.52 万元。

---

[1] 程庆荣、蒋亚平：《旧五金门市部组织供应农用物资》，《苏州工农报》1964 年 6 月 18 日第 2 版。
[2] 苏州市商业局：《关于苏州糖果糕点厂糖果车间撤销的批复》，（65）商业字第 318 号，1965 年 9 月 21 日，苏州市档案馆藏，档号：G036-001-0101-020。
[3] 中国糖业烟酒公司江苏省苏州分公司：《关于苏州糖果糕点厂糖果车间撤销的通知》，苏烟糖劳工（65）字第 38 号，1965 年 9 月 24 日，苏州市档案馆藏，档号：G036-001-0101-021。
[4] 公私合营苏州糖果糕点食品厂：《1965 年职工人数与工资统计年报》，1966 年 1 月 7 日报出，单位负责人刘承业（厂长）签章，苏州市档案馆藏，档号：C007-007-0129-021。

全部商品总成本 116.35 万元，商品产品销售税金 3.79 万元，利润总额 3.07 万元。如表 5-19 所示，工业总产值按 1957 年不变价格计算为 124.78 万元，按本年现行价格计算为 116.55 万元。主要产品苏式糕点与糖果，主要技术经济指标为：糕点煤耗率 39.38%，次品率 0.52%。[1]

表 5-19　1965 年 12 月苏州糖果糕点食品厂工业总产值及主要产品产量

	计算单位	本月	本季	本月止累计	去年同月止累计
总产值（按 1957 年不变价格计算）	万元	9.3	27.09	124.78	139.41
主要产品产量：苏式糕点	吨	67.75	168.29	617.09	634.44
其中：（1）高价糕点	吨			26.81	76.41
（2）糖年糕	吨	1.83	1.83	46.93	76.17
（3）月饼	吨			33.55	37.93
（4）蛋糕	吨	1.97	14.97	46.45	
面包	吨	5.17	22.35	124.63	181.41
苏式糖果	吨			98.47	176.6
其中：高价糖果	吨			3.9	26.66
干制果蔬	吨	6.95	38.1	163.91	3.78

资料来源：公私合营苏州糖果糕点食品厂：《1965 年全民所有制工业企业统计年报》之工基 1 表（乙），1966 年 1 月报出，苏州市档案馆藏，档号：C007-007-0536-061。

从表 5-19 看出，本年的工业总产值和主要产品产量，都较上年下降，苏州糖果糕点食品厂对此有具体分析：

> 我厂在 1965 年全厂掀起了比学赶帮超的社会主义劳动竞赛，以提高产品质量为中心。过去生产的糕点有些品种质量较差，并且生产的都是一般大路货。每只用粮大都是一两的，甚至有二两的。速度虽快，质量较差。今年糕点的生产大大的改去了过去的面貌，质量逐步的提高。精工细作的生产小品种，大部份用粮是半两一只的，有的是一两四只的，甚至有一两八只。质量的提高在市场上得到一致的好评，但劳动力和生产时间近于要增加到一倍，所以生产能力方面要比去年减低得多了。
>
> 我厂在拾月份起经过上级指示撤销糖果车间，更能全力抓起糕点的质量，并增加了很多的花色品种。
>
> 糕点在第二季度营业较差，但在三季度中专区及吴县方面需要量逐渐增

---

[1] 公私合营苏州糖果糕点食品厂：《1965 年全民所有制工业企业统计年报》之"企业概况""主要技术经济指标"，1966 年 1 月报出，企业负责人刘承业签章，苏州市档案馆藏，档号：C007-007-0536-060-62。

高，大有供不应求之势，感到劳动力的缺乏。

炒货来源稀少，希望有关方面能够大力采办，以应市场需要。[1]

经过长期调整，到 1965 年，苏州地区国民经济的农、轻、重比例关系，在新的基础上实现了协调发展，财政收支平衡，市场稳定，人民生活条件得到改善。包括公私合营苏州糖果糕点食品厂、稻香村茶食糖果商店在内的苏州糖果糕点生产企业的发展与成绩有目共睹，为发展经济、保障供给做出了重要的贡献。但是，在国民经济调整基本完成的形势下，仍然必须努力抓好糖果、糕点及其他甜食品的生产经营，对苏州糖果糕点食品厂、稻香村茶食糖果商店在内的苏州糖果糕点生产企业提出的任务不仅没有减少，而且提出了更高的要求，既有条件又有必要把糖果糕点等商品搞得更好一些，质量更高一些，这不仅仅是给国家增加合理的积累，更重要的是可以进一步满足城乡人民的需要，也能在一定程度上反映城乡经济的繁荣景象和国家的政治氛围。中国糖业烟酒公司江苏省苏州分公司经理刘本清既对以往的成绩予以充分肯定，也实事求是地对存在的问题和落后方面，如片面追求数量第一、指标第一，与省内外先进城市同行业比较，商品流通费用、生产成本较高，全员劳动率、机械化程度、劳动效率偏低等，进行了深刻的分析，指出："苏式糖果和糕点在全国来说过去也成为一式……不仅要恢复过去的特色，更要发扬光大，既要发扬自己的特长，又要学习兄弟地区的好的产品。而关键又在于首先必须克服思想上的骄傲自满，固（故——引者）步自封，安于现状，以及只求数量，不求质量，利字当头的不问政治倾向……在多快好省的关系处理上，必须是好字当头，好中求快，好中求省，好中求多。产品质量只能步步提高，不得降低，花色品种只能增加不能减少……要把政治落实到业务上去。"[2]

上述问题，苏州糖果糕点食品厂在不同程度上同样存在。除去单纯强调"政治挂帅"和各种连续不断的政治运动的影响之外，就自身而言，建厂以来干部职工队伍的综合素质有待提高，技术力量十分薄弱。如 1960 年稻香村糖果食品厂曾统计按专业划分的各类科学技术干部：食品 5 人，食品加工学 4 人，卫生 1 人，医疗 1 人，没有 1 人为全日制、半日制或业余的中专、高校毕业生。[3]在学习苏联的计划经济模式下，产权划分不明晰，厂店几乎没有生产经营的自主权利，从 1958 年以来的拆并不断也对本厂的发展造成了许多损害。《苏州糕点厂厂志》说：

---

[1] 公私合营苏州糖果糕点食品厂：《1965 年全民所有制工业企业统计年报》附分析报告，1966 年 1 月 6 日，苏州市档案馆藏，档号：C007-007-0536-067。

[2] 中共苏州糖业烟酒分公司总支委员会、中国糖业烟酒公司江苏省苏州分公司：《一九六六年主要工作的初步意见》，1966 年 4 月 13 日，苏州市档案馆藏，档号：G036-001-0108-085。

[3] 公私合营苏州市稻香村糖果食品厂填报：《1960 年各类科学技术人员调查基层表》（江苏省统计局制发）之科调 3 表"按专业分的各类科学技术干部人数"，单位详细地址：观前 37—57 号，苏州市档案馆藏，档号：C007-007-0054-195。

"从我厂58年并厂以来,并拆的次数实足惊人,经济上的损失,生产工具的拖散,房屋放弃,姑且不谈,时常弄得人心惶惶,思想混乱,工人上班远的变近,近的变远,只讲生产,工人生活停留在嘴上,基层领导处于被动地位。"[1]

第二节 "文化大革命"与改制国营的稻香村和苏州糕点厂

一、"稻香村"更名为"红太阳"——国营红太阳糖果糕点商店

1966年本是国民经济第三个五年计划的开局之年,4月13日,中共苏州糖业烟酒分公司总支委员会、中国糖业烟酒公司江苏省苏州分公司提出了《一九六六年主要工作的初步意见》:"今年是我国第三个五年计划的头一年,当前全国的政治和经济都是大好形势,城乡社会主义教育运动更加广泛深入的开展,学习主席著作运动形成了空前的高潮,全国人民精神面貌起了显著的变化,极大地推动了各方面的工作,整个国民经济进入了一个新的发展时期。"根据财贸政治部财办的要求,1966年的工作是:"高举毛泽东思想红旗,突出政治,从毛主席备战备荒为人民的指示出发,立足于战争,坚决贯彻执行一个方针(发展经济,保障供给),搞好两个服务(为生产服务,为人民生活服务),加强三大观点(政治观点、生产观点、群众观点),面向农村,面向大众,放手发动群众,深入开展以增产节约为中心,以五好、六好为目标的学大庆、办大庆式企业(商店、工厂)的比学赶帮超群众运动。"[2]1966年在增产节约方面着重抓以下几个方面的工作:(1)支持生产,及时收购,积极组织货源。(2)面向农村。(3)把生意做活。(4)抓好糖果糕点及其他甜食品的生产和经营,把产品质量、花色品种搞上去。(5)努力节约商品流通费用和生产成本,提高全员劳动率,大力开展技术革命和技术革新,并提出了明确而具体的要求。但是,"文化大革命"(简称"文革")使公司及所属公私合营稻香村茶食糖果商店与苏州糖果糕点食品厂的主要工作随之转向。

5月16日,中共中央政治局扩大会议通过《中国共产党中央委员会通知》,8月8日,中共八届十一中全会通过了《中国共产党中央委员会关于无产阶级文化大革命的决定》(简称《十六条》),要"用无产阶级自己的新思想,新文化,新

---

[1] 苏州糕点厂厂志编写小组,陈茂生执笔:《苏州糕点厂厂志》第二章"并厂时的概述"之"企业基本情况",未刊讨论稿,1985年。
[2] 中共苏州糖业烟酒分公司总支委员会、中国糖业烟酒公司江苏省苏州分公司《一九六六年主要工作的初步意见》,1966年4月13日,苏州市档案馆藏,档号:G036-001-0108-085。

风俗，新习惯，来改变整个社会的精神面貌。"[1]8月23日，采芝斋率先换上了"红旗商店"的新招牌。8月24日，苏州许多街道、学校、剧院、诊所换上了崭新的革命化的名称。观前街被改为"东方红大街"，叶受和被改为"东方红"，广州被改为"前进"，其他如临顿路王人和被改为"迎春"，东中市桂香村被改为"向阳"，石路赵天禄被改为"朝阳"，一品香被改为"第二食品商店"，等等。[2]公私合营稻香村茶食糖果商店职工将店名改为"红太阳商店"，武进士朱永璜所书金字匾额被彻底砸烂，后坊即公私合营稻香村工场成为"红太阳工场"。[3]

9月21日，苏州市人民委员会正式命名观前街为东方红大街（自人民路口至临顿路）、玄妙观广场为东方红广场。[4]其后，平江区被改名为东风区。[5]根据江苏省人民委员会财贸办公室有关通知精神，9月21日，苏州市人民委员会财贸办公室向财贸口各局、社、行、商业、供销各公司、工厂发出《关于商业部门处理被查封的"四旧"商品的初步意见》的急件，要求："既要搞好商品的商标、名称、图案、造型的改革工作，又要不影响市场供应。"[6]红太阳商店和苏州糖果糕点食品厂都采取了积极措施，对有关商品组织复查，指定专门力量及时汇总整理，按要求在9月底以前启封一批，投入旺季市场供应。

1966年10月，红太阳商店后坊职工徐继发调往向阳商店，红太阳商店主任肖永庆调任红旗商店主任，东方红商店主任顾季鹤调任红太阳商店主任。当时红太阳商店给主管部门中国糖业烟酒公司江苏省苏州分公司人保劳动工资科出具的工资介绍函，仍用公私合营稻香村茶食糖果商店信笺，手写落款为"红太阳商店"，公章仍为"公私合营稻香村茶食糖果商店"[7]，1967年3月正式定名"国

---

[1]《人民日报》1966年8月9日第1版。参阅《横扫一切牛鬼蛇神》，北京：人民出版社，1966年，第1页。

[2]俞颂贤编：《苏州糖业烟酒公司志（1951—1987）》附表（4）"国营烟酒茶糖商店更改店名"，未刊稿，1990年11月，第124页。该附表缺载赵天禄、一品香。参阅《苏州工农报》1966年8月23日、24日第1版，8月25日第2版。

[3]据笔者采访稻香村老职工周巧官记录，周巧官提议改名"红太阳"，并将稻香村金字匾额送至清洲观前3号，后被毁。

[4]《苏州工农报》1966年10月23日刊载《市人民委员会决定更改首批主要道路桥梁名称》，决定称"本委于十月二十日召开了各有关方面的代表座谈会，进行了充分的协商。现将正式命名的首批主要道路、桥梁名称公布如下"。落款则为"苏州市人民委员会一九六六年九月二十一日"。

[5]《紧跟解放军 学好毛泽东思想》，《苏州工农报》1966年10月15日第1版。报道已称红旗区（原沧浪区）、东风区（原平江区）、延安区（原金阊区）。11月5日平江区正式更名为东风区，1979年6月1日复名平江区。

[6]苏州市人民委员会财贸办公室：《关于商业部门处理被查封的"四旧"商品的初步意见（急件）》，苏财贸（66）字第8号，1966年9月21日，苏州市档案馆藏，档号：A008-001-0043-096-097。

[7]参阅红太阳商店肖永庆、徐继发和东方红商店顾季鹤《调出工资介绍函》及《工资转移证存根》，1966年10月21日、24日，苏州市档案馆藏，档号：G036-002-0101-030-035；红太阳商店沈子白《调出工资介绍函》及《工资转移证存根》，1966年11月23日、12月7日，苏州市档案馆藏，档号：G036-002-0101-042-043。

营苏州市红太阳糖果糕点商店",并启用新公章。[1]

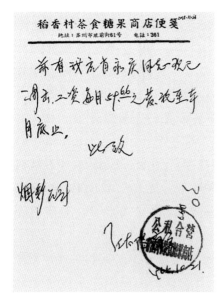

红太阳商店职工工资介绍函

红太阳糖果糕点商店工场季报

1967年,"毛泽东思想苏州市革命委员会"(简称"苏革会"),形成了支持"苏革会"的"支派"和踢开"苏革会"的"踢派"。红太阳糖果糕点商店"群众分裂为两大派,营业和生产处于半停顿状态"[2],但是工作尚能坚持开展。如1968年3月30日苏州市商业局照常批准"红太阳"的学徒徐全生按时转正,营业员卞桂初按时定级。[3]"红太阳"与"东方红"和以金阊区石路"一品香"为中心组建的第二食品商店承担着繁重的供给任务。1968年4月,中国糖业烟酒公司江苏省苏州分公司向苏州市商业局、江苏省糖业烟酒公司提交的《关于第二食品等三户另售商店要求调整资金定额的报告》可以反映。

> 二年来市场购买力活跃,销售上升。我公司所属第二食品、东方红、红太阳等三户另售商店(前店后坊)自一九六六年核资以来,生产、销售情况均有较大发展和扩大,原有资金定额已不能适应当前产、销需要,因而要求调整资金定额。为了有利于发展生产,保障供给,我公司对该三户流动资金

---

[1] 国营苏州市红太阳糖果糕点商店周玉琦《调出工资介绍函》,1967年3月25日,苏州市档案馆藏,档号:G036-002-0101-058。参见红太阳工场填报:《1967年壹季度生产用主要物资收支与库存季报》(国家统计局制定),苏州市档案馆藏,档号:C007-007-0275-067。

[2] 吴希札:《稻香村店史·十年动乱名牌被毁》,未刊稿,1986年。

[3]《中国糖业烟酒公司江苏省苏州分公司关于学徒转正、定级的批复》,苏烟糖劳人工资(68)字第12号,1968年4月,苏州市档案馆藏,档号:G036-002-0105-027。学徒徐全生转正工资28元,卞桂初定级业务9级,工资34.10元。

拟仍按平均资金定额作个别调整，请省公司核增资金 51000 元。兹将分户初核意见分述于后：（附调整资金初核情况表）

一、第二食品商店。该店生产、业务范围有了扩大和发展，自 67 年下半年朝阳商店后坊生产任务划入了该店（朝阳商店于去年武斗期间烧毁）增加了原材料储备，门市部增设了南货柜，扩大了经营，该店 1968 年计划销售额 820000 元（上半年实绩 454909 元），比 1966 年实绩上升 31.06%（66 年销售实绩 462364 元），因而扩大了商品储备，非商品资金也相应增加。该店自报增拨资金 24000 元，初核拟增拨 23000 元。

二、东方红商店。该店二年来生产、销售有较大增长，1968 年计划销售额 478200 元（上半年实绩 245298 元），比 1966 年实绩上升 42.69%（66 年销售实绩 335134 元），因此原材料储备、商品储备、低值易耗品、包装用品等都相应增加。该店自报增拨资金 13500 元，初核拟增拨 13000 元。

三、红太阳商店。该店二年来生产、销售也有一定程度发展和扩大，原来由苏州糕点厂挂钩供应的火车站业务，自 67 年改由该店供应，该店 1968 年计划销售额 545000 元（上半年实绩 297017 元），比 1966 年实绩上升 17.87%（66 年销售实绩 462364 元），因此原材料、商品储备、包装用品、低值易耗品等都相应增加。该店自报增拨资金 25000 元，初核拟增拨 16000 元。[1]

为便于比较，报告所附《第二食品商店等三户另售企业 1968 年调整资金核定表》按年拆解为三，见表 5-20、表 5-21 和表 5-22。

表 5-20　1966 年第二食品商店、东方红商店、红太阳商店资金定额

单位名称	销售/元	平均商品资金定额/百元	平均商品周转次数	年内最高季度非商品资金（包括委托银行收款）/百元
合计	13083	899		572
第二食品	5600	400	14	160
东方红	3621	231	15.7	198
红太阳	3862	268	14.4	214

---

[1] 中国糖业烟酒公司江苏省苏州分公司：《关于第二食品等三户另售商店要求调整资金定额的报告》，苏烟糖财（68）字第 6 号，1968 年 8 月 5 日封发，苏州市档案馆藏，档号：G036-002-0106-001-074。朝阳商店即赵天禄，1967 年 8 月 23 日被烧毁。

表 5-21 1967 年第二食品商店、东方红商店、红太阳商店资金定额

单位名称	销售/元	平均商品资金定额/百元	平均商品周转次数	年内最高季度非商品资金（包括委托银行收款）/百元
合计	15773	1113		732
第二食品	6055	487	12.4	265
东方红	4493	307	14.6	235
红太阳	5225	319	16.4	232

表 5-22 1968 年第二食品商店、东方红商店、红太阳商店自报资金定额

单位名称	销售/元	平均商品资金定额/百元	平均商品周转次数	年内最高季度非商品资金/百元	现有自有资金/百元	增拨不足自有资金数（包括委托银行收款）/百元
合计	18432	1259		722	1471	510
第二食品	8200	566	14.5	224	560	230
东方红	4782	304	15.7	245	429	120
红太阳	5450	389	14	252	482	160

资料来源：中国糖业烟酒公司江苏省苏州分公司：《关于第二食品等三户另售商店要求调整资金定额的报告》附表"第二食品商店等三户另售企业 1968 年调整资金核定表"，苏烟糖财（68）字第 6 号，1968 年 8 月 5 日封发，苏州市档案馆藏，档号：G036-002-0106-001-074。

以上各表所填非商品资金包括委托银行收款。据原表所注，第二食品商店商品资金增加理由：（1）业务增多；（2）增设南货柜增资金 3156.71 元；（3）朝阳后坊业务加入（朝阳 1967 年一季度原料库存 13181.92 元，二季度原材料季末库存 14990.78 元）。红太阳糖果糕点商店商品资金增加理由：1967 年平均商品资金，因在 8 月的武斗中有部分粮、油、食糖等原材料余款 28807 元未结算，财务未入账，因此资金占用当年未能反映。加入此因素，平均资金定额应为 39100 元，平均资金周转次数为 13.4 次。不包括此因素，则平均商品资金为 31900 元，平均商品周转次数为 16.4 次。可以看出，第二食品商店因 1967 年下半年将武斗被焚毁的朝阳商店即原赵天禄后坊生产任务划入，增加了原材料储备，扩大了经营。而红太阳糖果糕点商店的各项生产销售指标，都高于东方红商店，这在当时市场供应秩序很不正常的形势下，得来确属不易。

1968 年 6 月 3 日苏州市商业局革命委员会正式成立[1]，7 月组织全市国营零售职工交流改善经营管理、提高服务质量等经验，"大部分行业商店纷纷调整了服

---

[1]《苏州市商业局革命委员会工作汇报（第一号）》，1968 年 7 月 18 日，苏州市档案馆藏，档号：C031-001-0046-072。

务营业时间……东风区部分茶糖店也调整为对外营业十二小时"[1]。红太阳糖果糕点商店营业时间延长为12小时，表现积极。

1968年10月，红太阳前店后坊和东方红、红旗、向阳、前进等名牌商店后坊，以及伊斯兰食品商店前店后坊，又被撤并入国营苏州糕点厂。[2]红太阳门市部的职工则被分流到北塔商场。吴希札回忆说："一批前店后坊工场重新并入糕点厂，这样稻香村首当其冲，不仅后坊并掉，连门市部也撤销，三开门面的商店改为糕点厂的传达室和堆放杂物之地。"[3]直至1972年4月2日，稻香村在东方红糕点糖果商店（叶受和）原址恢复，更名为国营苏州市稻香村糕点糖果商店，以适应日益增多的外事工作和群众生活需要，但无后坊工场，成为纯零售的食品商店。[4]

二、国营苏州糕点厂的成立与发展

1966年8月23日、24日，公私合营苏州糖果糕点食品厂也换上了"苏州糕点厂"的新招牌[5]，1967年3月正式启用"国营苏州糕点厂"印章。厂里的造反派组织也分为"支派"和"踢派"，书记李桂（女）、厂长刘承业"靠边站"劳动。1968年3月两派实现大联合后，"斗、批、改"运动也相继开展，又走老路搞大合并。是年10月，向阳（桂香村）工场、市糖业烟酒公司技革组被并入，"同一个时候将广州后坊、采芝斋后坊、叶受和后坊、稻香村店坊一同并入，厂的范围又扩大了"[6]。

国营稻香村糕点糖果商店包装袋

---

[1]《苏州市商业局革命委员会工作汇报（第二号）》，1968年8月8日，苏州市档案馆藏，档号：C031-001-0046-077-081。

[2] 参阅郭兆瑞：《伊斯兰食品商店》，《苏州日报》1988年3月26日第3版。

[3] 吴希札：《稻香村店史·十年动乱名牌被毁》，未刊稿，1986年。参阅苏州糕点厂厂志编写小组，陈茂生执笔：《苏州糕点厂厂志》第二章"并厂时的概述"之"企业基本情况"，未刊讨论稿，1985年。

[4] 陈维新主编：《苏州市大事记（1949—1985）》，苏州市地方志编纂委员会办公室、苏州市档案局编：《苏州史志资料专辑》，1987年，第396页。同日，东方红饭店恢复为松鹤楼菜馆，红旗糖果商店恢复为采芝斋糖果商店，解放饭店恢复为新聚丰菜馆。

[5] 苏州糕点厂：《1967年一季度生产用主要物资收支与库存季报》（国家统计局制定），1967年4月3日报出，单位负责人刘承业（厂长）签章，制表俞康民，苏州市档案馆藏，档号：C007-007-0275-070。按公司所定工业企业管理费节约指标，1966年苏州糕点厂节约实绩为0.4万元，高于饴糖厂，低于糖果厂、饼干厂，1968年计划数0.31万元，实际未能完成。

[6] 苏州糕点厂厂志编写小组，陈茂生执笔：《苏州糕点厂厂志》第二章"并厂时的概述"之"企业基本情况"，未刊讨论稿，1985年。1973年5月27日祝文贵所填《（苏州糕点厂）工会会员登记表》（何文斌收藏），个人简历谓1945年6月入稻香村，1968年11月"并入本厂"。中共苏州糕点厂支部1983年6月2日《关于徐全生同志的考察报告》，谓徐全生"1966年参加工作，1968年到本厂工作，现任糕点大班长"。据笔者采访记录，徐全生回忆说1968年10月下文件，11月合并，拆掉一堵墙而已。1969年3月1日、29日，祝文贵、陈正珩等参加的座谈会记录《关于徐全生定级问题》说："徐全生到我们新班组……是在原红太阳工场进行定级。"

第五章 | 国营苏州糕点厂的演变及其与稻香村的分合

1968年，厂内批发部曾发生失窃919元一案。当时批发部所收现钞较多，原规定上午11时解款于银行，下午再解款一次。由于规章制度被冲击破坏，无人督促，收款员解款合并为下午一次，上午所收现款放在财会室写字台抽斗内。有一次收款员忘记上锁，个别造反派头头将款偷去，却贼喊捉贼，以至于反反复复才搞清楚。因违反规章制度本人吃苦，又连累许多人，个别人还一时受到冤枉，成为运动中发生的一个插曲，也是一个教训。[1]

1969年4月中国共产党第九次全国代表大会召开，苏州糕点厂职工积极行动，努力改变过去生产中互不协作的状况，"在产量、质量和节约用煤等方面都取得了较大成绩"[2]。7月29日，根据实行革命的"三结合"方针，以及苏州糕点厂无产阶级革命派大联合委员会7月25日关于成立国营苏州糕点厂革命委员会的请示报告，苏州市商业局革命委员会同意该厂革命委员会设委员5人，主任委员为原厂长刘承业，副主任委员为原副厂长眭荣锦，委员有朱云华、魏腊泉，暂缺1人。[3]厂里成立了抓革命促生产临时领导小组，撤销车间建制，成立以下5个"革临组"：第一革临组（糕点）领导成员吴兴隆、薛惠忠、徐有发、钱菊英、任雪清，第二革临组（综合、成品、批发、金工、服务）领导成员胡高林、马如刚、吴胜隆，第三革临组（糖果）领导成员陈志鸣、杨文凤、王仁金，第四革临组（炒货）领导成员周志良、徐有才、梁尚宽，第五革临组（面包）领导成员宦土根、何建华、杨正林。[4]

由于大联合后的再次大合并，国营苏州糕点厂职工人数急剧增加。1969年10月起，动员张根福、王惠英、高觉民等人，以及原私方人员副厂长陈茂生和叶炳元、顾正午、高志成、徐文元、王美荣等人，以革命需要和战备的名义，先后分三批下放苏北盐城地区。[5]此外还有原如号恒店主王淳新。11月16日，近两千名财贸系统各级带头人集会誓师，"誓做继续革命的带头人，争当上山下乡的促进派"，苏州糕点厂老职工孙景坤带领一家四代到主席台上向党和毛主席表决心，到农村插队落户干革命。[6]

---

[1] 苏州糕点厂厂志编写小组，陈茂生执笔：《苏州糕点厂厂志》第二章"并厂时的概述"之"生产经营管理情况的演变"，未刊讨论稿，1985年。参阅《市财贸系统所属人员花名册》（苏州糕点厂，1969年12月11日），苏州市档案馆藏，档号：C031-002-0264-001-037。

[2] 《烟糖公司革命生产出现新气象》，《苏州工农报》1969年4月9日第2版。

[3] 《江苏省苏州市商业局革命委员会关于成立苏州糕点厂革命委员会的批复》，（68）市革批字008号，1968年7月29日，苏州市档案馆藏，档号：C031-002-0247-018-019。按：眭荣锦，原文作眭荣金。

[4] 苏州糕点厂厂志编写小组，陈茂生执笔：《苏州糕点厂厂志》第三章"行政管理机构及人事更迭"，未刊讨论稿，1985年。按：吴胜隆，原文作吴胜龙。

[5] 《市财贸系统所属人员花名册》（苏州糕点厂，1969年12月11日），苏州市档案馆藏，档号：C031-002-0264-001-037。

[6] 《毛主席挥手我前进 上山下乡干革命——财贸系统"高举毛泽东思想伟大红旗，以革命加拼命的革命精神，加速战备，进一步掀起上山下乡新高潮誓师大会"侧记》，《苏州工农报》1969年11月18日第2版。按：孙景坤，一作孙金坤，原文误作孙金昆。

据1969年12月14日苏州糕点厂填报的《苏州市财贸系统所属干部职工情况表》，全厂总计372人：其中基本工275人，临时工15人，外包工64人，党员17人（其中正副主任2人，小班7人）。留用231人，下放盐城地区54人（其中厂领导2人，中层干部1人，一般干部5人；基本工22人，临时工10人，外包工14人。部分人员名单见表5-23）。回原籍2人，退职1人，退休14人，未定性1人，多余人员59人（中层干部1人，基本工5人，临时工4人，外包工49人）。[1]与12月11日《市财贸系统所属人员花名册》比较，1963年在册的稻香村职工并厂后被留用人员中，原门市部职工有外包工王佩珍（女），后坊职工有徐全生、王晓沧、王渭仪、吴炳祥（成品会计）、曹根福、徐有发、潘兆德、祝文贵、陈玉珩、刘德卿、沈雪林、朱炳南（政工组）、郑坤荣（生产组）和女职工孙培芳、王月华、顾雪珍、张素珍、李阿狗等。

表5-23 1969年苏州糕点厂下放盐城地区人员花名册

姓名	性别	年龄	出身	成分	籍贯	文化程度	单位	职务	备注
张根福	男	24	工人	学生	盐城	初小	糕点厂	临工	第二批
章根荣	男	26	工人	工人	无锡	初小	糕点厂	临工	第二批
韦月仙	女	30	工人	工人	宁波	初小	糕点厂	临工	第二批
贝福珍	女	38	贫农	贫农	吴县	文盲	糕点厂	临工	第二批
申月仙	女	49	中农	家妇	浦东	文盲	糕点厂	临工	
金守贻	男	42	贫农	学生	南京	初中	糕点厂	临工	第二批
曹根林	男	20	工人	工人	盐城	高小	糕点厂	临工	
叶志昇	男	25	工人	学生	苏州	高中	糕点厂	临工	
王景宜	男	26	工人	工人	苏州	初中	糕点厂	临工	
沈凤仙	女	40	工人	工人	绍兴	文盲	糕点厂	临工	
祁美英	女	46	商	家妇	杨中	小学	面包组	外包工	
史荣生	男	49	手工业	职工	常熟	初一	成品间	外包工	
王茹玉	女	42	店员	家妇	苏州	小学	糕点车间	外包工	第二批
李永奎	男	49	贫农	职员	浙江	初中	面包	外包工	
陈心涛	男	35	小商	工人	苏州	初中	炒货	外包工	
周秀英	女	39	下中农	工人	扬州	文盲	蜜饯	外包工	
顾雪珍	女	23	职工	学生	苏州	小学	糕点车间	外包工	

---

[1]《苏州市财贸系统所属干部职工情况表》（苏州糕点厂，1969年12月14日），苏州市档案馆藏，档号：C031-002-0263-005。

续表

姓名	性别	年龄	出身	成分	籍贯	文化程度	单位	职务	备注
褚际煜	男	50	小农	贫农	兴化	小学	原料	外包工	第二批
邱金媛	女	47	小贩	家妇	苏州	高小	糖果车间	外包工	
史爱文	女	41	贫农	家妇	苏州	初小	糖果车间	外包工	
丁桂英	女	43	贫农	工人	东台	文盲	糖果车间	外包工	
刘志英	女	51	手工业	工人	泰兴	文盲	面包	外包工	
宗淑英	女	54	工人	家妇	苏州	文盲	炒货	外包工	第二批
蔡秋霞	女	43	地主	家妇	无锡	初中	糖果车间	外包工	第二批第三次
王惠英	女	37	手工业	工人	苏州	初小	糕点厂	工人	
高觉民	女	59	小业主	工人	苏州	高小	三班	工人	
张月英	女	33	商	学生	苏州	初中		工人	
冯书经	男	45	贫农	工人	浙江	小学	糕点厂	工人	
徐文元	男	46	资本家	工人	昆山	初小		工人	
张雪梅	女	38	工人	工人	苏州	文盲		工人	
吴娟芳	女	46	小商	工人	吴县	初小	四班	工人	
何炳如	男	50	工人	工人	安徽	高小	炒货	工人	
王杰	男	55	职员	专业军人	扬州	高中		运输工	
徐冬生	男	33	独立劳动	工人	苏州	初中	糕点厂	工人	
任立松	男	40	下中农	工人	扬中	高小	糕点厂	工人	
姜长娣	女	48	贫农	工人	安徽	文盲	糕点厂	工人	第二批
洪玉菁	女	40	贫农	工人	安徽	小学	糖果车间	工人	
陈水根	男	21	工人	学生	苏州	高小	糖果组	工人	
古志英	女	46	工人	私从	六合	高小		生产工	
仲万寿	男	50	贫农	私方	丹阳	高小		生产工	
郑兰英	女	49	贫农	私从	丹阳	文盲		生产工	
王美荣	男	55	小商	私方	苏州	高小			
叶炳元	男	46	工商	私从	浙江	高中			
顾正午	男	55	商	私方	苏州	高小			
高志成	男	50	职工	私方	广东	初中			
陈茂生	男	51	工商	私方	浙江	初中			

资料来源：《市财贸系统所属人员花名册》（苏州糕点厂，1969年12月11日），苏州市档案馆藏，档号：C031-002-0264-001-037。

据国营苏州糕点厂革命委员会生产组填报的《1969年企业概况表》，企业详细名称为国营苏州糕点厂，地址碧凤坊28号（该厂后门）。至1969年底，全部职工274人，其中工人249人。专业生产设备主要有：自动大炉1座，万能碎粉机2台，切糕机、轧糖机、平糖机、双刀切糖机各1台。电动机由1963年23台38.25千瓦增至35台79.536千瓦。[1]

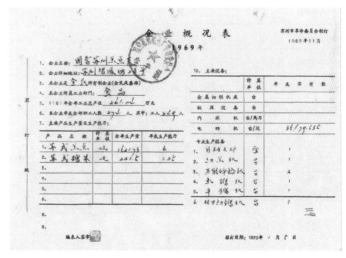

1969年国营苏州糕点厂企业概况表

1969年生产秩序较以往大有改观，趋向正常，全年工业总产值261.04万元，主要产品生产量为苏式糕点1521.73吨，苏式糖果221.5吨，具体情况可见表5-24。

表5-24　1969年苏州糕点厂工业总产值、产品产量分月整理表

	计算单位	全年合计	第一季度			第二季度			第三季度			第四季度		
			1月	2月	3月	4月	5月	6月	7月	8月	9月	10月	11月	12月
工业总产值	万元	261.04	20.14	32.45	22.83	21.28	21.60	18.87	16.19	18.38	29.98	19.12	18.61	21.59
苏式糕点	吨	1192.49	78.72	154.95	111.47	98.95	93.50	75.71	71.6	80.93	132.54	92.92	87.88	113.32
其中月饼	吨	50.53												
面包	吨	329.24	29.47	29.95	30.10	50.72	31.51	23.58	20.5	28.11	16.21	31.32	25.35	22.42
苏式糖果	吨	221.50	23.70	27.98	21.01	17.39	20.25	20.00	10.5	10.01	24.45	13.73	15.29	17.18
其他	万元	48.03	3.97	6.32	3.27	3.18	4.22	4.21	4.14	4.88	4.35	3.12	3.28	3.09

资料来源：国营苏州糕点厂：《1969年工业总产值、产品产量分月整理表》（苏州市革命委员会制定），1970年1月5日报出，苏州市档案馆藏，档号：C007-006-0523-120。

1970年1月5日，苏州市财贸革命委员会批复同意撤销糖业烟酒、蔬菜、果

---

[1] 国营苏州糕点厂：《1969年企业概况表》（苏州市革命委员会制定），1970年1月5日报出，苏州市档案馆藏，档号：C007-006-0523-119。

品、盐业等四个公司革命委员会，建立苏州副食品公司革命委员会，[1]成为苏州糕点厂的主管机关。月内，群益工场全部人员被并入苏州糕点厂。群益工场前身为1958年成立的公私合营沧浪区糖果糕点食品厂，1960年成为大明饼干厂的一个车间，1962年与大明饼干厂分开，改名群益工场。因其人员并入，苏州糕点厂开始有了机动三轮车开展动力运输。同年12月，苏州糕点厂将链条炉更换为风车炉，为此自己动手翻建房屋。[2]

1971年苏州糕点厂的发展情况，可见《1971年工业企业概况表》。企业地址改为东方红大街51号。全年工业总产值按1957年不变价格计算为396.64万元，按1970年不变价格计算为364.16万元。糕点年底生产能力1800吨，实际生产1760.75吨，其中一般糕点1424.47吨，年糕103.06吨，月饼173.79吨，蛋糕59.43吨。原因在于本厂基建工程抽去部分劳动力，又因糖源不足致使县区供应受到限制，故未达到生产最高水平。面包年底生产能力330吨，实际生产322.54吨，原因在于车站旅行面包一度销售呆滞，减少了生产。苏式糖果年底生产能力270吨，实际生产237.17吨，原因在于糖源和果辅料不足，以致花色品种减少，生产不足。糖精片年底生产能力10吨，实际生产6.64吨，原因在于设备陈旧，时常损坏，生产不能稳定，以致减产。菲丁（植酸钙）产量0.10吨，白酒产量0.31吨。其他产品83.78万元，年底到达生产能力80万元，由于鲜蚕豆丰收，货源涌到，以及上年热天比较长，酸梅汁增加生产，调度兄弟车间人员支援，因此超出生产能力。主要车间糕点正品率99.23%，超过该厂以往最好水平。

年末职工总计344人，其中固定职工339人，全年工资总额18.78万元。全员劳动生产率10581元，工人实物劳动生产率12908元，也超过该厂以往最好水平。

1971年年底，全部固定资产原值20.29万元，净值11.97万元。全年利润总额19.90万元。年末企业实有占地面积6937.75平方米，其中房屋及建筑面积5423.7平方米。全年生产用煤量872.61吨，生产用电量4.67万度。

主要工业生产设备有：风车炉1座，电动机89台158.45千瓦。拌和机7台，上麻机、打蛋糕机各5台，粉碎机3台，颠糖机、切糕机、冲片机、炒货机、打粉机、切糖机、平糖机、切条机各2台，麻条机、轧枣机、年糕机、筛熟面机、切油梗机、颗粒机、甩白机、炒豆沙机、轧豆沙机各1台，另有综合机1台（缺

---

[1] 苏州市财贸革命委员会：《关于同意撤销烟糖、蔬菜、果品、盐业公司革委会和建立苏州付食品公司革命委员会的批复》，财贸革（70）字第009号，1970年1月5日，苏州市档案馆藏，档号：G031-001-0050-043。按：付食品，应作"副食品"。原中国糖业烟酒公司江苏省苏州分公司经理、革命委员会主任委员刘本清任苏州副食品公司革命委员会主任委员。

[2] 国营苏州糕点厂：《1970年工业企业概况表》，1971年1月8日报出，企业负责人白鸣（厂党支部书记）签章，苏州市档案馆藏，档号：C007-006-0245-022。

少一些配套零件，尚未投入生产），计 46 台。$4\frac{1}{2}$ 尺车床 2 台（不用），C6136 机床、台式钻床、剪刀车、砂轮机各 1 台，计 6 台。

这年开始有了小型蒸汽工具爆仗炉（立式横水管锅炉），能烧 2 公斤水，解决了生活用水，少部分用于生产如开油锅等。新置综合机投入使用后，凡是无馅芯圆形的糕点都可以生产。另有已成功小改小革新 7 项，产品新品种计有糖精片、白酒、速煮面、福建肉松、那司面包、绍兴烧饼、清凉拌砂糖等（表 5-25）。[1]

表 5-25　1971 年苏州糕点厂工业新产品

名称	规格、型号、简明性能、用途及技术经济特点	试制成功日期	投产日期	需用单位名称
白酒	含酒量 60 度，原料利用下脚米泔水生产。	3 月	4 月	供本厂生产咸味商品
糖精片	每片含糖量 150 倍。容易掌握甜度，方便使用。	3 月	5 月	市场需要
清凉拌砂糖	每斤 73 只，减少用糖 50%。	8 月	9 月	市场需要
奶粉香糖	每斤 108 只，解决本厂积压奶粉。	9 月	10 月	市场需要
那司面包	重 1.6 两。增加花色，美化市场。	10 月	11 月	市场需要
樱桃面包	重 1.6 两。增加花色，美化市场。	1 月	1 月	市场需要
淇凌面包	重 1.6 两。增加花色，美化市场。	1 月	1 月	市场需要
速煮面	重 2.25 两，便利病家食用。	10 月		市场需要
绍兴烧饼	重 0.9 两，无糖商品。	5 月	6 月	市场需要
枣泥方酥	重 2 两，无糖商品。	2 月	2 月	市场需要
香草酥	重 0.7 两。增加花色，美化市场。	10 月	1 月	市场需要
福建肉松	重 1 斤，利用肉松头子、油渣等原料，改轻成本。	4 月	4 月	市场需要

资料来源：国营苏州糕点厂：《1971 年工业新产品》（基 4 表），1972 年 1 月 12 日报出，苏州市档案馆藏，档号：C007-006-0260-130。速煮面因包装未印好，尚未投产。

1971 年是实行国民经济第四个五年计划的第一年，苏州副食品公司革命委员会总结上半年工作，表彰苏州糕点厂"不断建立和健全了企业管理制度"；精益求精地生产出外宾喜爱的商品，为接待外宾做出了一定的贡献；勤俭办企业形成

---

[1] 国营苏州糕点厂：《1971 年工业企业概况表》（基 1 表）、《1971 年工业总产值、产品产量分月整理表》（基 2 表）、《工业新产品》（基 4 表）、《主要工业生产设备》（基 6 表），1972 年 1 月 12 日报出，企业负责人白鸣签章，苏州市档案馆藏，档号：C007-006-0260-129-134。

风气,发动群众自己动手造厂房。[1]苏州糕点厂原料间翻建房屋时,张定伟、丁觉先、吴平、周志良曾经因公跌伤。在 1971 年度工作总结中,苏州副食品公司革命委员会指出了总体存在的问题,如在增加花色品种、提高产品质量方面重视不够,技术革新不如 1970 年等,也表扬苏州糕点厂"积极加工鲜蚕豆,扩大销售,支持了农副业生产";国庆节日期间,为了满足市场需要,与"副食品厂等单位积极发动群众,挖掘劳动潜力,工人发扬了一不怕苦、二不怕死的革命精神,月饼每班台产量从 800 斤连续上升到 2000 斤以上,满足了群众需要"[2]。

苏州糕点厂努力搞好卫生工作,深入开展爱国卫生运动,进一步健全了各项卫生制度,严格遵守卫生操作规程,做到环境卫生"四定",即定时、定点、定人、定物,做到食品卫生"三不",即凡霉烂变质原料,采购员不进、验收员不收、生产人员不做,对成品做到"二防",即加罩防尘,检查仓库防止鼠咬,确保食品卫生。[3]组织职工将工场全面大扫除,针对夏令"四害"的活动规律,采取了必要的措施。如对阴井、厕所等一些蚊蝇滋生场所,实行了专人负责,定期用药物消毒,并自己动手翻修阴沟,清除了连年积累的垃圾。对生产工具和成品容器,也安排专人负责洗刷。全厂职工进一步结合当前中心工作,采取了互帮互学、全面检查、相互督促的方法,使卫生工作经常化。

据国营苏州糕点厂填报的《1972 年工业企业概况表》《1972 年工业企业基本情况》[4],企业地址改为观前街 57 号。全年工业总产值按 1970 年不变价格计算为 387.45 万元。主要产品生产量及生产能力为:苏式糕点 2383 吨,年底到达生产能力 3838 吨;回族糕点 54 吨,年底到达生产能力 162 吨;中式糖果 295 吨,年底到达生产能力 1125 吨;各种炒货 526 吨,年底到达生产能力 1373 吨;咸味品 153 吨,年底到达生产能力 500 吨。主要车间糕点正品率 99.30%,超过 1971 年的 99.23%。

1972 年全年工业零售额 14300 元。全年利润 15.77 万元,不及 1971 年的 19.9 万元。主要单位产品成本为:各种糕点 1 吨 916.72 元(1971 年 846.24

---

[1] 苏州副食品公司革命委员会:《沿着毛主席革命路线胜利前进!——苏州副食品公司革委会一九七一年上半年工作总结》,苏副革(71)字第 005 号,1971 年 7 月,苏州市档案馆藏,档号:G031-001-0117-043。

[2] 苏州副食品公司革命委员会:《毛主席革命路线是我们的生命线——苏州副食品公司一九七一年度工作总结》,苏州市档案馆藏,档号:G031-001-0118-015。

[3] 苏州糕点厂革委会供稿:《领导重视全面落实》,《苏州工农报》1971 年 1 月 17 日第 3 版;《街道联防搞好爱国卫生》,《苏州工农报》1971 年 1 月 24 日第 3 版;《糕点厂抓紧时机除四害》,《苏州工农报》1971 年 5 月 14 日第 3 版。

[4] 国营苏州糕点厂:《1972 年工业企业概况表》,1973 年 1 月 12 日报出,企业负责人白鸣签章,苏州市档案馆藏,档号:C007-006-0277-065-069;国营苏州糕点厂:《1972 年工业企业基本情况》,苏州市档案馆藏,档号:C007-006-0271-157-158。

元），中式糖果 1 吨 1685.17 元（1971 年 412.94 元），各种炒货 1 吨 933.39 元（1971 年 943.81 元），各种咸味 1 吨 2854.94 元（1971 年 2483.23 元）。全年可比产品总成本 364.63 万元，比 1971 年的 317.82 万元，提高 6.7%。

年末职工总计 366 人。其中固定职工 365 人：直接生产人员 332 人，工人占 310 人，学徒 22 人；管理人员 13 人，工程技术人员 0 人；服务人员 10 人，其他人员 11 人。全部职工年平均人数 374 人。全年工资总额 22.2983 万元。全员劳动生产率 10360 元，工人实物劳动生产率 11396 元，皆低于 1971 年。

据统计，1972 年投资 5.17 万元。年末固定资产原值 25.13 万元，其中工业生产用固定资产 22.7 万元；年末定额流动资金占用额 50.72 万元，年末全部流动资金占用额 51.16 万元。全年入厂货运量 6887 吨，出厂货运量 3448 吨。全年生产用煤 1078 吨（折 764.8 吨），年末库存 203.8 吨，折 143.7 吨；用电量 7.04 万度。

年末企业全部占地面积 9647 平方米，房屋建筑面积 7095 平方米，其中工业生产用 4734 平方米，均超上年。企业自有住宅面积则为 0 平方米。

主要设备与生产能力为：风车炉 1 座，设计生产能力 1800 吨；气泡炉 1 座，生产能力 0.2/1116 吨；面包烘炉 1 座，生产能力 800 吨；年糕机 1 台，生产能力 130 吨；炒货机 2 台，生产能力 788 吨；蛋糕机 1 台，生产能力 283 吨；切糕机 1 台，生产能力 480 吨；油梗机 1 台，生产能力 528 吨；粉碎机 2 台，生产能力 750 吨。另有电动机 91 台计 164 千瓦，锅炉 2 台，0.5＋0.3 蒸吨，金属切削机床 2 台（车床、刨床各 1 台）。

这年原料间由平房翻建为二层楼，计 608 平方米，成品间更新楼房 432 平方米。[1] 炒货间装设了吸尘机，建了大烟囱。技术革新成果之一蛋糕落料机问世，生产效率成倍增长。还购入了第一辆载重汽车，运输能力显著增强。

1969 年厂革命委员会成立后，党政工团机构渐次恢复。1970 年白鸣（女）任厂党支部书记，睦荣锦任副书记。翌年，蒋龙瑞任革委会副主任委员，1973 年与革委会主任委员刘承业调出，葛文桢、邱美君任革委会副主任委员，同年邱美君调出，黄明继任。工代会（革命职工代表大会的简称）建立于 1970 年，原工会副主席吴兴隆任主任，朱云华、吴钰培任副主任，1973 年恢复工会，又分别改任主席、副主席。1973 年团支部恢复，赵水声任书记。同年还恢复了车间名称。各车间与班组负责人如下：糕点车间为宦土根、冷培荣、任雪清；糖果车间为杨

---

[1] 碧凤坊的成品间翻建时，为扩大面积，征调了隔壁 24 号居民所住披屋（市房产所产权），农民工于旧柴灶底地坪下挖到一包清至民国时期的银元，经在场的张定伟、魏腊泉做工作，收集到银元 98 枚（直径 3.9 厘米），交厂财务部门保管。因长期无人认领，2018 年 6 月 26 日由苏州稻香村食品有限公司全部捐赠于苏州博物馆。

文凤、陈志鸣；炒货车间为周志良、徐有才；面包车间为胡高林、何建华；成批组为李金元、田根生；金工组为马如刚、古其林。

据国营苏州糕点厂《1973年工业企业统计报表》之"企业概况"，全年实际开工311天。年底全部职工368人，皆为固定职工，年平均人数369人。全员劳动生产率16423元。主要财务成本指标见表5-26。

表5-26　1973年苏州糕点厂主要财务成本指标

单位：元

指标名称	本年实际	指标名称	本年实际
年末固定资产总值	311918	产品销售收入	4003486
其中：工业生产用	313918	产品销售成本	3590537
年末固定资产净值		产品销售税金	214184
国家拨入流动资金年末数	291890	产品销售利润	192200
银行借款年末数	300000	全部产品总成本	3595511
定额流动资金年末占用额	477237	可比产品总成本	309634
全年利润（+）或亏损（-）总额	（+）173154	可比产品按上年实际单位成本计算的总成本	317879
		可比产品成本降低率	（-）2.6%

资料来源：国营苏州糕点厂：《1973年工业企业统计报表》年报（基）11表"主要财务成本指标"，1974年1月12日报出，苏州市档案馆藏，档号：C007-006-0294-097-104。

1973年全年工业总产值按1970年不变价格计算，本年计划382万元，实际完成386.82万元，按现行价格计算为401.66万元。全年利润17.32万元，较上年向好。

主要产品生产量为：糕点面包2590吨，苏式糖果278吨，咸味炒货516吨，总计3384.87吨。具体为：糕点1687.81吨，面包356.73吨，蛋糕142.40吨，年糕170.18吨，苏式月饼208.63吨，广式月饼24.74吨，苏式糖果266.93吨，出口糖果11.35吨，炒货340.01吨，咸味96.33吨，糖精片5.133吨，玫瑰酒24.61吨，酸梅汁50.02吨。主要质量指标为：糕点正品率99.62%，糖果正品率99.15%。

企业全年耗电量7.06万度，耗煤量1053.5吨，钢材消耗量7吨。年底占地面积7402平方米，其中工业用地6198平方米。新建金工车间400平方米，锅炉间64平方米。

主要设备与生产能力为：风车炉1座，生产能力1800吨；奶糕1台，生产能力800吨；年糕机1台，生产能力200吨；炒货机2台，生产能力788吨；蛋糕机1台，生产能力400吨；切糕机2台（完好1台），生产能力400吨；油梗机1

台,生产能力500吨;炒货机2台,生产能力700吨;开糖机2台(完好1台),生产能力360吨。新建成奶糕一条龙,原手工生产奶糕改为机械生产,提高功效7倍。[1]这年根据生产发展的需要,将爆仗炉改换为0.5吨康克林锅炉,最高能烧6公斤,使用面积扩大,建成了水汀烘房,用量大且卫生。

1974年,据苏州糕点厂填报的《1974年工业企业统计报表》《苏州市工业企业概况一览表(一九七四)》,工业总产值按1970年不变价格计算为362.5万元,利润总额13.95万元,较上年大幅滑坡。年内实际开工311天。年底全部职工人数365人,固定职工、年均职工365人,年度工资总额216100元。全员劳动生产率9931元,较上年大幅下降。主要财务成本指标见表5-27。

表5-27 1974年苏州糕点厂主要财务成本指标

单位:元

指标名称	本年实际	指标名称	本年实际
年末固定资产总值	347887.57	产品销售收入	3918833.83
其中:工业生产用	347887.57	产品销售成本	3539821.86
年末固定资产净值		产品销售税金	213065.03
国家拨入流动资金年末数	291890.03	产品销售利润	162653.43
银行借款年末数	180000	全部产品总成本	3488713.06
定额流动资金年末占用额	425209.69	可比产品总成本	587924.85
全年利润(+)或亏损(-)总额	(+)139466.70	可比产品按上年实际单位成本计算的总成本	579143.98
本年提取的更新改造基金	16014.81	可比产品成本降低率	上升1.52%

资料来源:国营苏州糕点厂:《1974年工业企业统计报表》年报(基)11表"主要财务成本指标",1975年1月5日报出,苏州市档案馆藏,档号:C007-006-0315-072-079。

主要产品生产量与生产能力为:糕点面包全年产量2443吨,年底生产能力4000吨;苏制糖果全年产量271吨,年底生产能力1000吨;咸味炒货全年产量502吨,年底生产能力1800吨。具体为:一般糕点1567.64吨,面包352.31吨,蛋糕164.23吨,年糕111.94吨,苏式月饼219.25吨,广式月饼27.29吨,苏式糖果265.78吨,出口糖果54.36吨,炒货430.83吨,咸味70.93吨,糖精片0.716吨,玫瑰酒24.552吨,酸梅汁24.90吨。主要经济技术指标为:糕点正品率99.17%,糖果正品率98.89%。

本年企业占地面积7230平方米,其中工业用地6207平方米。主要生产设备

---

[1] 国营苏州糕点厂:《1973年工业企业统计报表》,1974年1月报出,企业负责人白鸣签章,苏州市档案馆藏,档号:C007-006-0294-097-103。

同 1973 年。全年耗电量 7.3485 万度,耗煤 1177.6 吨,消耗钢材 10.524 吨。[1]

1972 年,苏州糕点厂按照国务院的要求开展工业整顿,加强企业管理,完善规章制度,使企业在徘徊中呈现上升趋势,1973 年取得了不俗的成绩。1974 年生产秩序又受到冲击。1975 年初,邓小平主持中共中央日常工作和国务院工作后,大力开展全面整顿工作。苏州糕点厂在新恢复组建的苏州市糖业烟酒公司领导下,通过严肃整顿,企业生产秩序进一步得到改善。炒肉松从手工操作改用机器,提高了产量。

据苏州糕点厂填报的《1975 年工业企业统计报表》,全年工业总产值按 1970 年不变价格计算为 363.13 万元(本年计划 295 万元),利润总额 11.91 万元,继续下滑。年内实际开工 306 天。年底全部职工人数 336 人,其中直接生产人员 305 人,全年工资总额 21.0481 万元。全年职工平均人数 361 人,全员劳动生产率 10059 元。主要财务成本指标见表 5-28。

表 5-28 1975 年苏州糕点厂主要财务成本指标

单位:元

指标名称	本年实际	指标名称	本年实际
年末固定资产原值	362415.77	全年积累总额(税金加利润总额或减亏总额)	316282.17
其中:工业生产用	362415.77	产品销售税金	197206.16
定额流动资金年末占用数	467653.01	产品销售利润	
全年利润总额(不包括所得税)(+)或亏损总额(-)	(+)119076.01	全部产品总成本	3441042.56
本年提取的更新改造基金	18550.57	可比产品总成本	313622.16
本年提取的大修理基金	17072.62	可比产品按上年实际单位成本计算的总成本	317895.44
附:工业总产值(万元)	363.13	可比产品成本降低率	1.35%

资料来源:苏州糕点厂:《1975 年工业企业统计报表》统工 7 表"独立核算工业企业主要财务成本指标",1976 年 1 月 28 日报出,苏州市档案馆藏,档号:C007-006-0335-106-113。

本企业占地面积、主要专业生产设备皆同于上年。全年耗电量 7.0766 万度,耗煤 1075 吨,消耗钢材 12 吨。

主要产品生产量与生产能力为:糕点面包全年产量 2439 吨,年底生产能力 4550 吨;苏式糖果全年产量 215 吨,年底生产能力 800 吨;咸味炒货全年产量

---

[1] 国营苏州糕点厂:《1974 年工业企业统计报表》,1975 年 1 月 4 日、12 日报出,企业负责人白鸣签章,填表人吴炳祥,苏州市档案馆藏,档号:C007-006-0315-072-079;苏州糕点厂:《苏州市工业企业概况一览表(一九七四)》,苏州市档案馆藏,档号:C007-005-0140-001。

641吨，年底生产能力2200吨。糕点正品率99.14%，原计划99%；糖果正品率98.21%，原计划98%。[1]主要产品产量及产能具体情况见表5-29。

表5-29　1975年苏州糕点厂主要产品产量、产能

单位：吨

产品名称	计划产量	实际产量	年初生产能力	年末生产能力
一般糕点	1415	1657.37	4000	4000
回民糕点			150	150
面包	360	366.56	500	400
蛋糕	80	162.49		
年糕	63	63.01		
苏式月饼	62	168.95		
广式月饼	10	20.77		
苏式糖果	176	215.04	1000	800
出口糖果	无	0.202		
各种炒货	520	527.52	1300	1200
各种咸味	56	96.58	500	500
玫瑰花酒	20	16.79	500	500
酸梅汁			100	100

资料来源：苏州糕点厂：《1975年工业企业统计报表》统工2表"工业总产值及主要产品产量"，1976年1月5日报出；统工4表"主要产品生产能力"，1976年1月14日报出，苏州市档案馆藏，档号：C007-006-0335-107-110。

1976年是"文革"结束之年。据苏州糕点厂《1976年工业企业统计报表》，全年工业总产值按1970年不变价格计算为368.43万元，净产值按现行价格计算为56万元。年内实际开工316天。年底全部职工人数358人，其中直接生产人员321人，全年工资总额20.65万元。全年职工平均人数357人，全员劳动生产率10320元。企业占地面积不变。全年耗电量7.2575万度，耗煤量1104吨，钢材消耗量21吨。[2]

全年计划产量3108吨，实际产量3319.886吨。其中，糕点、蛋糕、面包等全年产量2570.988吨，苏式糖果全年产量255.951吨，咸味炒货全年产量

---

[1] 苏州糕点厂：《1975年工业企业统计报表》，1976年2月3日报出，企业负责人白鸣签章，填表人吴炳祥，苏州市档案馆藏，档号：C007-006-0335-106-113。

[2] 苏州糕点一厂：《1976年工业企业统计报表》，1977年1月8日报出，企业负责人白鸣签章，填表人宋延龄，苏州市档案馆藏，档号：C007-006-0351-107-113。苏州糕点厂又称苏州糕点一厂，金阊糖果糕点厂更名为苏州糕点二厂，厂址在新风巷（乐荣坊）3号。1973年9月为安置回城知青，成立糕点三厂，厂址在养育巷古吴路$10\frac{1}{2}$号，职工40人。

454.461吨。糕点正品率99.49%，糖果正品率99.37%，原计划皆为99%。产品产量及产能具体情况见表5-30。

表5-30　1976年苏州糕点厂主要产品产量、产能

单位：吨

产品名称	计划产量	实际产量	年初生产能力	年末生产能力
一般糕点	1600	1833.18	4000	4000
面包	328	392.622	500	500
蛋糕	190	146.932		
年糕	60	65.718		
苏式月饼	160	134.838		
广式月饼	20	13.416		
苏式糖果	226	255.951	800	800
各种炒货	300	334.586	1200	1200
各种咸味	104	119.875	500	500
玫瑰花酒	20	12.768	500	500

资料来源：苏州糕点一厂：《1976年工业企业统计报表》统工2表"1976年工业总产值、产品产量分月表"，1977年1月6日报出；统工4表"主要产品生产能力"，1977年1月8日报出，苏州市档案馆藏，档号：C007-006-0351-108-110。

企业年内完成投资额6.55万元。年末固定资产原值41.78万元，定额流动资金占用额48.63万元，全部流动资金占用额54.47万元。全年利润10.03万元，可比产品总成本29.6140万元，税金17.83万元。主要财务成本指标见表5-31。

表5-31　1976年苏州糕点厂主要财务成本指标

单位：元

指标名称	本年实际	指标名称	本年实际
年末固定资产原值	417821.59	全年积累总额（税金加利润总额或减亏总额）	278557.55
其中：工业生产用	382008.61	产品销售税金	178250.24
定额流动资金年末占用数	486314.19	产品销售利润	
全年利润总额（不包括所得税）（+）或亏损总额（-）	（+）100307.31	全部产品总成本	3183030.57
本年提取的更新改造基金		可比产品总成本	296140.01
本年提取的大修理基金		可比产品按上年实际单位成本计算的总成本	310936.05
附：工业总产值（万元）	368.43	可比产品成本降低率	4.99%

资料来源：苏州糕点一厂：《1976年工业企业统计报表》统工7表"独立核算工业企业主要财务成本指标"，1977年1月8日报出，苏州市档案馆藏，档号：C007-006-0351-113。

主要专业生产设备及年末生产能力、主要技术经济指标分别见表 5-32 和表 5-33。

表 5-32　1976 年苏州糕点厂主要专业生产设备及年末生产能力

设备名称	单位	数量	生产能力	设备名称	单位	数量	生产能力
风车炉	座	1	2000 吨	面包炉	座	1	500 吨
奶糕机	台	1	800 吨	蛋糕机	台	1	500 吨
油梗机	台	1	500 吨	切糕机	台	2	200 吨
面包分块机	台	1	500 吨	面包搓圆机	台	1	500 吨
开糖机	台	2	200 吨	炒货机	台	2	600 吨
剪糖机	台	1	100 吨	酸梅汁拌和机	台	1	200 吨
车床	台	1		刨床	台	1	
锯床	台	1		台钻	台	2	

资料来源：苏州糕点一厂：《1976 年工业企业统计报表》统工 5 表"主要专业生产设备"，1977 年 1 月 9 日报出，苏州市档案馆藏，档号：C007-006-0351-111；苏州糕点一厂：《1977 年工业企业统计年报》统工 1 表、5 表，1978 年 1 月 8 日报出，苏州市档案馆藏，档号：C007-006-0037-174-181。

表 5-33　1976 年度苏州糕点厂主要技术经济指标

指标名称		计算单位	1976 年实际
一、产量	产品总产量	吨	3309.90
	1. 糕点、年糕、月饼	吨	2047.16
	2. 面包、蛋糕、点心	吨	539.55
	3. 苏州苏式糖果	吨	255.95
	4. 酸梅汁、炒货、玫瑰酱、蜜饯	吨	334.59
	5. 咸味（玫瑰酒）	吨	132.65
二、品种	糕点、面包、蛋糕、糖果、炒货、咸味等	只	284
三、质量	1. 糕点正品率	%	99.49
	2. 糖果正品率	%	99.37
四、消耗	1. 吨糕点耗煤	公斤	2806
	2. 吨面包耗煤	公斤	3409
	3. 吨糖果耗煤	公斤	3138
	4. 吨炒货耗煤	公斤	3082
五、全员劳动生产率	年末 357 人	元	10320

续表

指标名称			计算单位	1976年实际
六、成本	1. 可比产品成本降低率		%	
	2. 可比产品总成本			
	3. 可比产品按上年实际单位成本计算的总成本		万元	
	4. 单位产品成本		万元	
		（1）3两大云片糕	元	9037.71
		（2）1两鸡蛋糕面包	元	8983.97
七、利润	1. 利润总额		元	100307.31
	2. 上缴利润		万元	
八、每百元占用的定额流动资金平均余额	年平均		万元	11.14
附报	1. 定额流动资金平均余额		万元	
	2. 工业总产值（按1970年不变价格计算）		万元	52.68
	3. 全部职工平均人数		人	368.43

资料来源：苏州糕点一厂：《1977年工业企业统计年报》统工9表"1977年度八项技术经济指标"，1978年1月8日报出，企业负责人白鸣签章，填表人宋延龄，苏州市档案馆藏，档号：C007-006-0037-182。

1976年苏州糕点厂共生产284个品种，实际总产量3309.90吨，与1973年相比较，实际总产量少74.97吨。其中，糕点少3.29吨，苏式糖果少22.05吨，咸味炒货少48.76吨。主要质量指标为：糕点正品率低于0.13%，糖果正品率高于0.22%。利润总额约10.03万元，比1973年少7.08万元，比1971年少了9.87万元。

"文革"期间，苏州糕点厂广大干部群众牢记"发展经济，保障供给"的总方针，坚守岗位，坚持生产，加之大拆大并和国家投资所增强扩充的实力，使得企业仍有一定的发展，做出了很大的贡献。例如，1949—1972年企业累计获得投资24.768万元，其中1972年5.17万元。企业1965—1972年累计上缴利润85.88万元。[1]全省同行业全员劳动生产率，1965年南京为12150元、无锡12500元、常州9900元，苏州以8900元垫底。1973年苏州糕点厂为16423元，远远超过了1965年，创造了该厂以往最好水平。

---

[1] 苏州糕点厂：《1972年工业企业概况表》，1973年1月12日报出，企业负责人白鸣签章，苏州市档案馆藏，档号：C007-006-0277-065-069；苏州糕点厂：《1972年工业企业基本情况》，苏州市档案馆藏，档号：C007-006-0271-157-158。

在生产设备方面，开展技术革新，提高机械化程度，减轻劳动强度，提高劳动效率，更是有着长足的进步，长期主管生产的副厂长陈茂生对此有着深切的体会。1958年并厂时，只有津津牛肉工场的一个小鼓风机和广州食品商店的一个小型球式打蛋机，其他仍是手工操作。在"文革"前，"各个车间先后搞了些简易机器设备，有成功的，有失败的。如20世纪60年代搞土法沼气炒软糖，客观上糖源紧张，主观上技术不过关，昙花一现。切云片糕机第一台土的，第二台请上海同业幸福厂支持自己，派人来协助，比较精密些"〔1〕。再如，从手工操作的拎炉到庙炉，再到使用动力的链条炉、风车炉，不断改进。有了锅炉，使用面又扩大了些，如炖云片糕、奶糕、年糕和蒸蛋糕等，炒肉松，炒西瓜子、果玉和米，从手工到滚动机，1973年建成的奶糕一条龙机械生产，更是大大提高了功效。通过机械化提高了功效和产量，陈茂生还具体做了如下说明。

奶糕：并厂前1人脚踏石臼打粉50斤米，工作时间一般9小时之间，手工操作长刀划块，1人工作包括烘粉，带些另（零——引者）星生活，每人批发营业额十二三元。并厂后轧粉改用粉碎机，长刀改用滚刀，2人生产450斤粉，烘粉0.5人。有了锅炉改为一条龙生产，轧粉3人1900斤米，烘粉1人，生产3人（包括计件工），每人271市（斤——引者）米，每人批发营业额117元。数量的增加，质量不如以前，关键在轧粉一关，能控制这一关，可以与过去类似。

鸡蛋糕：原始工序人工操作，用竹丝扫帚打蛋，拎炉烧蛋糕。1人打蛋，烧炉三缸，每缸蛋8斤，砂糖8斤，面粉7.5斤，出成品900只，批发营业额45元。61年革新球式打蛋机，3人生产12缸，拎炉改用庙炉，产量3600只，逐步提高到16缸，产量4800只。71年革新盘式手工落料（仿杏元饼干落料式），打蛋机从球式改为卧式，6人生产42缸12600只。72年蛋糕落料机再进行革新，规格每只改0.5两粮，11人生产80缸16000只（比以前规格加倍）。经过半年操作逐步熟练，调整为10人生产100缸，到82年11月再调整为9人生产100缸，产量26000只，每人2889只，批发价为297.50元。

云片糕：原始操作1人炒米300斤，石磨磨粉1人60斤，粉的细度如淀粉，1人炖糕160条（每条0.45斤），2人切糕。并厂后改为小型钢磨轧米机，1人轧粉150—200斤之间。70年改用滚筒，2人炒米1000斤。万泰昶并来的轧粉机，2人轧粉1000斤。炖糕分人工同用蒸汽半条龙并行，1人炖

---

〔1〕苏州糕点厂厂志编写小组，陈茂生执笔：《苏州糕点厂厂志》第二章"并厂时的概述"之"生产经营管理情况的演变"，未刊讨论稿，1985年。

300 条（135 斤粉糖），切糕包糕 1 人 800 条。半条龙 3 人炖糕 4200 条，切糕包糕 3 人，从炒米，轧粉，炖、切糕，包糕，每个劳动力批发额为 90.50 元。

西瓜子：原始手工操作，用铲刀镬子，1 人炒 100 斤，一般工作时间 8 小时或要多些。革新滚筒灶后 2 人产量 1000 斤，工作时间一般 6—7 小时，可以保证质量。[1]

对苏州糕点厂来说，"文革"十年带来的后遗症之一是"劳动纪律松弛""产品粗制滥造，原物料任意浪费，求快不求好。人数虽不多，影响很大。规定 8 小时工作，四五小时完成。厂行政反复订了各项规章制度，措施也有，执行不甚得力，有收获但不甚显著"[2]。再者，"1956 年公私合营以后，商业经营体制有了很大变化，片面理解'大众化'，饮食业也不断由中小多、特色多、专业细，调整为综合性多、大路货多、专业粗。三年自然灾害中，由于原材料困难，质量下降；十年内乱期间，名店名产乱批乱砍、技术培训基本停顿"[3]。茶食糖果这个传统行业体制合并、归口、转制，分了合，合了分，拆并不断，元气大伤。在计划经济和短缺经济条件下，传统名特产品品种少，传统风味接近失传，传统技艺传承乏人，从公私合营之后到"文革"以前这些问题就不同程度地受到关注，并采取过一些措施，但是效果不彰。而"文革"十年，老字号作为"四旧"被打翻在地，传统名特产品品种、风味与技艺，同样到了濒临湮灭的边缘。

---

[1] 苏州糕点厂厂志编写小组，陈茂生执笔：《苏州糕点厂厂志》第二章"并厂时的概述"之"生产经营管理情况的演变"，未刊讨论稿，1985 年。
[2] 苏州糕点厂厂志编写小组，陈茂生执笔：《苏州糕点厂厂志》第二章"并厂时的概述"之"生产经营管理情况的演变"，未刊讨论稿，1985 年。
[3] 民建苏州市委员会、苏州市工商联：《为恢复苏州传统食品积极开展咨询工作》，1983 年 5 月，苏州市档案馆藏，档号：C003-005-0465-033。参阅润泉：《苏式糖果糕点前景如何》，《苏州日报》1999 年 1 月 29 日第 5 版。

第六章 改革开放时期稻香村的艰难探索

第一节 稻香村茶食糖果商店与苏州糕点厂的发展

一、稻香村茶食糖果商店恢复传统经营格局

1976年10月,"文革"实质上宣告结束,苏州各行各业开始拨乱反正,解放思想,经济建设得以逐渐恢复和正常发展,市场趋向兴旺,人民群众对于传统名特产品的需求迅速增加。为解决糕点糖果品种少、质量差的老问题,突破"左"的阻力,恢复稻香村等老字号传统经营格局的呼声日高,至1978年上半年,此事被提上了议事日程。

1978年3月,苏州糕点厂划出生产人员11人及原叶受和后坊,帮助稻香村糕点糖果商店复建后坊"稻香村工场",4月即恢复了生产。据1978年《工业企业统计年报》之统工1表"企业概况",稻香村工场仍为全民所有制,主管机关为苏州市糖业烟酒公司。1978年年末共有职工17人,其中直接生产人员15人,全年职工平均人数16人,全员劳动生产率8744元。全年工资总额0.81万元。工场本年实际开工237天。年末固定资产原值0.12万元,全部用于工业生产。全年耗煤量31吨。

稻香村工场在1978年4月—12月三个季度内,工业总产值计划8万元,实际工业总产值按1970年不变价格计算为13.99万元(表6-1),按现行价格计算为18.71万元。全年计划生产糕点70吨,实际生产124.86吨。另外生产野味1.86吨。社会商品零售总额55.66万元,除居民以外,社会集团消费品零售额为0.07万元。全年利润2.78万元、税金2.11万元,总计4.89万元。[1]

---

[1] 稻香村工场:《1978年工业企业统计年报》统工1表"企业概况",1979年1月6日报出,企业负责人徐寿元(店主任)签章,苏州市档案馆藏,档号:C007-006-0393-194。

表 6-1　1978 年稻香村糕点糖果商店工场工业总产值计算表

类目	计量单位	产量或数量	1970 年四季度出厂单价/元	产值/万元
工业总产值合计				13.99
产品价值合计				13.99
主要产品产量合计	吨	126.72		
1. 糕点合计	吨	124.86		7.76
其中：一般糕点	吨	77.57	1000	0.68
一般蛋糕	吨	5.93	1151	7.76
月饼	吨	38.63	1170	4.52
高级蛋糕	吨	0.07	1600	
高级糕点	吨	2.66	1600	0.45
2. 野味	吨	1.86	2930	0.58

资料来源：稻香村工场：《1978 年工业企业统计年报》之统工 2 表"工业总产值计算表"，1979 年 1 月 6 日报出，苏州市档案馆藏，档号：C007-006-0393-196。

1979 年，稻香村工场工业总产值按 1970 年不变价格计算为 28.68 万元，按现行价格计算为 31.75 万元。净产值 1978 年亏损 2600 元，1979 年则盈利 16899 元。[1] 从 1979 年工业总产值与主要产品产量（表 6-2）及销售情况（表 6-3）来看，主业糕点，兼业野味炒货，产销两旺，效益明显提高。

表 6-2　1979 年稻香村糕点糖果商店工场工业总产值与主要产品产量

类目	计量单位	产量或数量	产值
工业总产值合计	万元		28.68（1970 年不变价格）
主要产品产量合计	吨	269.43	
1. 糕点合计	吨	253.01	
其中：一般糕点	吨	158.58	
一般蛋糕	吨	22.07	
月饼	吨	51.37	
高级蛋糕	吨	0.11	
高级糕点	吨	1.71	
年糕	吨	19.17	
2. 野味	吨	4.64	
3. 炒货	吨	11.78	

资料来源：苏州市稻香村糕点糖果商店：《1979 年工业企业统计年报》统工 2 表附表"工

---

〔1〕 苏州市稻香村茶食糖果商店：《工业企业普查登记表》（国家经委、国家农委、国家工商行政管理总局制定），1980 年 5 月 9 日报出，企业负责人赵开仪（主任）签章，苏州市档案馆藏，档号：C034-002-0063-058-060。

业总产值、产品产量分月表",1980年1月6日报出,企业负责人徐寿元(主任)签章,苏州市档案馆藏,档号:C007-006-0444-216-218。

表6-3　1979年稻香村糕点糖果商店工场主要产品生产与销售

产品名称	计算单位	年生产能力	本年生产量	本年销售量		年末库存量
				合计	其中自销量	
糕点	吨	185	180.99	179.26	179.26	1.73
炒货	吨	10	7.96	7.96	7.96	
野味	吨	6	4.92	4.92	4.92	

资料来源:苏州市稻香村茶食糖果商店:《工业企业普查登记表》之"主要产品生产与销售",1980年5月9日报出,苏州市档案馆藏,档号:C034-002-0063-058-060。

稻香村糕点糖果商店1979年资金总额43176元,其中年末固定资产净值5176元,定额流动资金38000元。全部职工33人(生产工人27人,含计划外用工2人),其中固定职工31人(生产工人25人)。[1]由于领导重视食品卫生质量,群众发动充分,措施落实,稻香村糕点糖果商店被苏州市商业局评为卫生先进单位。[2]在全市基层商店度量衡器和商品规格质量大检查中,又以服务质量好、商品符合规格和斤两准足,受到了市工商行政管理局的通报表扬。[3]

稻香村糕点糖果商店虽然恢复了前店后坊、自产自销的传统经营方式,发挥现做现销特点,但品种少、质量差的问题依然突出,[4]门市上部分产品仍从苏州糕点厂进货。生产靠手工操作,1979年动力设备(已安装)只有9台电动机,总计12.9千瓦。随着逐步恢复生产一些名特产品,名牌特色作用渐次发挥。[5]1980年3月,苏州市稻香村糕点糖果商店复名为苏州市稻香村茶食糖果商店,主业糕点,兼业野味、炒货。[6]在江苏省糖业烟酒公司主办的全省十二市县糖果糕点评比展销中,稻香村工场生产的松子枣泥麻饼被评为江苏省名特产品。[7]截至1980年4月,全市糖业烟酒行业已有稻香村与采芝斋、桂香村、伊斯兰、广州5家食品商店恢复了自产自销的传统经营方式。这种经营方式除了有利于发挥商店独特

---

[1] 苏州市稻香村茶食糖果商店:《工业企业普查登记表》(国家经委、国家农委、国家工商行政管理总局制定),1980年5月9日报出,企业负责人赵开仪签章,苏州市档案馆藏,档号:C034-002-0063-058。

[2]《商业局组织力量检查食品卫生》,《苏州报》1979年7月17日第1版。

[3] 仓义英:《市工商行政管理局检查商品规格》,《苏州报》1979年10月18日第1版。

[4] 苏州市市场办公室编:《市场见闻》第四期,1978年11月30日,苏州市档案馆藏,档号:C031-002-0573-182。

[5] 金蔚然:《新春街头春意浓》,《苏州报》1980年2月16日第2版。

[6] 苏州市稻香村茶食糖果商店:《工业企业普查登记表》(国家经委、国家农委、国家工商行政管理总局制定),1980年5月9日报出,企业负责人赵开仪签章,苏州市档案馆藏,档号:C034-002-0063-058。

[7] 苏州市稻香村茶食糖果商店:《一九八四年江苏省优质食品奖申请表》附奖状,1984年6月,苏州稻香村食品有限公司档案室藏。

的技术特长外，还能根据顾客的需要，机动灵活地安排生产，做到小批量、多品种，适应市场的变化。《苏州报》报道说："具有百余年历史的稻香村糕点糖果商店，一向以自产自销苏式糕点闻名。它生产的糕点，用料讲究，操作精细，规格准足，风味独特。可是，在极左路线干扰期间，它的生产工场被撤销，糕点品种单调，失去了特色。前年，该店恢复了生产工场，品种、产量陡增，特色重又发扬。现在，它的糕点品种经常保持在五十个左右。枣泥麻饼是稻香村的代表性传统品种，保持和发扬了色彩金黄、厚薄均匀、圆边开花、吃口香脆等特色。"[1]

为了探讨恢复、发扬苏式糖果糕点的传统特色问题，1980年8月，市有关领导部门邀请糖果糕点行业的一些行家、老师傅进行了座谈，提出了很多建设性意见。稻香村茶食糖果商店主任徐寿元说，苏州的枣泥麻饼原来在沪宁线上影响很大，但是现在的质量也差了，原因是生产时原料加工粗制滥造，只求产量。顾客反映说，馅芯里的枣

观前街 35 号稻香村店貌

核屑不小心能崩掉牙，芝麻里泥块杂质很多，成品外形也不好看。他建议恢复一些原料加工基地，以保证大批原料供应，同时按传统加工一些精工细作的原料，如剥去皮的枣泥等等。[2]对于产品的原料、配方和操作工艺等各道环节存在的问题，稻香村积极地加以分析改进，恢复生产已停产十多年的"姑苏月饼"。9月，经江苏省糖业烟酒公司质量检查团巡回检查评定，苏州市生产的苏式月饼质量为全省第一，稻香村的玫瑰、百果月饼被评为一级优质产品。[3]

1981年春节，苏州市安排的糖果糕点供应量比上年增加10%。乘观前街初步整顿改造完成的东风[4]，稻香村积极做好年货供应：其中糖年糕生产32000斤，比上年增加52%；云片糕生产9000条，比上年增产1000条；酥糖生产130000包，比上年增产10000包。[5]为了保持和发扬苏式糕点的质量与特色，稻香村参照历史资料，对传统产品制定了具体的质量标准和工艺操作规程，让职工在生产

---

[1] 洪锋：《自产自销发扬特色》，《苏州报》1980年4月10日第2版。
[2] 《努力恢复、发扬苏式糖果糕点的传统特色》，《苏州报》1980年8月23日第2版。
[3] 国平、佩乙：《苏式月饼质量名列全省前茅》，《苏州报》1980年9月20日第1版。这年全市生产各式月饼共140万斤，其中包括20万斤姑苏月饼。姑苏月饼是苏式月饼中的传统优良品种，具有重糖重油果料多、皮少馅多吃口好的特色。
[4] 王洪庭、周康民：《专业商店增添新姿 传统老店恢复特色》，《苏州报》1981年1月24日第2版。
[5] 徐寿元、赵开仪：《稻香村年货陆续投入市场》，《苏州报》1981年1月10日第2版。

中严格掌握。在按照传统配方制作特级猪油枣泥麻饼时，因计划分配的黑枣质地较差，稻香村宁可减少利润，也要从外地采购肉厚质细的特级黑枣，以保证产品的特色。[1] 稻香村于 3 月 27 日起热炉现烘现售传统时令点心酒酿饼，除了供应深受顾客欢迎的玫瑰馅芯酒酿饼外，还恢复了白糖猪油馅芯的水晶酒酿饼的供应。[2] 稻香村的苏式月饼素有盛名，8 月每天生产 30000 只左右供应中秋节日市场。[3] 11 月，稻香村与本市食品一店、食品二店、广州食品商店和采芝斋、桂香村、伊斯兰等店，举办了地产糖果糕点展销会。稻香村的糕点、麻饼等传统名特产品经全市预展，被选送参加 12 月初在南京举行的江苏省商办食品工业产品展销会。[4]

1981 年稻香村茶食糖果商店职工增长到 60 人[5]，其中稻香村工场职工 36 人。作为全市糕点生产的 4 个前店后坊之一，随着生产工人的增加，稻香村劳动生产率有所提高，也在努力增加花色品种，主要产品糕点、野味和炒货的产量及质量有了很大的提高。[6] 还在观前街 37 号开设了稻香村冷饮部[7]。稻香村工场职工在主任李金元和班长的带领下，在老师傅少、学徒工多、技术力量薄弱的情况下，献计献策，互帮互学，齐心苦干，全面完成并超额完成了上级下达的任务。与上年比较：1980 年产值为 28.68 万元，1981 年产值为 29.88 万元，超额完成 1.2 万元，增长了 4.02%；1980 年产量为 253.01 吨，1981 年产量为 271.72 吨，超额完成 18.21 吨，增长了 6.89%，向国家多上缴利润 37899.43 元。稻香村工场被评为 1981 年度苏州市商业系统"五好"单位（集体）。[8]

1982 年，稻香村茶食糖果商店建立了党支部，调整了领导班子，营业和生产状况得到进一步的改善，在旅游旺季中，该店重点抓好麻饼、酥糖等名特产品的产销。从 4 月开始，酥糖由每天一班生产改为两班生产，产量翻一番，松子猪油枣泥麻饼增产三成。同时搞好时令品种玫瑰、水晶酒酿饼的生产和供应工作。对产品包装做到多样化，除了使用专用麻饼筒、酥糖盒、大方蛋糕盒外，尽量多用

---

[1] 盛修济、洪锋：《增产苏式糖果糕点供应春节市场》，《苏州报》1981 年 1 月 15 日第 2 版。汇君：《市场点滴》，《苏州报》1981 年 2 月 5 日第 8 版。《苏州报》2 月 5 日第 2 版刊载采芝斋、稻香村广告："百年老店重放光彩，糖果糕点万紫千红。本店精制茶食糕点：选料讲究，工艺精细，质量优良，久享盛誉。"

[2] 乙平：《市场点滴》，《苏州报》1981 年 3 月 28 日第 2 版。

[3] 沈锡锡摄：《图片新闻》，《苏州报》1981 年 8 月 22 日第 2 版。

[4] 虞国平：《部分商店今起举办糖果糕点展销》，《苏州报》1981 年 11 月 3 日第 1 版。进荪、肖驰：《我市五百多种食品陆续运宁》，《苏州报》1981 年 12 月 1 日第 2 版。

[5] 中国工商企业名录编辑部编：《中国工商企业名录》，北京：新华出版社，1981 年，第 M—25 页。M 为 "商业 其他行业"类代码。

[6] 稻香村工场：《1981 年工业企业统计年报》（国家统计局制定）统工 1 表 "企业概况"，1982 年 1 月报出，企业负责人赵开仪（店主任）签章，苏州市档案馆藏，档号：C031-002-0482-213。

[7] 苏州市平江区地方志编纂委员会编：《平江区志》（上），上海：上海社会科学院出版社，2006 年，第 642 页。

[8] 稻香村工场：《苏州市商业系统五好单位（集体）登记表》，1982 年 2 月 25 日，苏州市档案馆藏，档号：C031-002-0862-094。

什锦拼装盒,使旅游者购买一盒糕点便能品尝到多种苏式名特产品。除搞好本店门市供应外,还将一部分特色品种调拨给市中心的食品一店和拙政园附近的迎春糖果店上柜,便利游客购买。[1]六一儿童节期间,集中销售讲究营养结构、儿童喜爱的夏令食品,有冰雪酥、面枫糕、炒米糕、鸡蛋酥、小芝麻饼、樱桃酥等近50个花色品种。凡托儿所、幼儿园需要,可登记订货,商店负责送货上门。[2]稻香村生产的松子猪油枣泥麻饼和玫瑰、芝麻酥糖还被选送参加了在北京举行的全国儿童生活用品展销会。[3]9月,主管机关苏州市糖业烟酒公司组织进行了第二次月饼质量检查评比,由公司到各店工场现场抽样,按照省公司规定的全省月饼统一规格质量标准进行,稻香村的苏式玫瑰、百果月饼再被评为一级,得分最高。11月,稻香村上柜传统名点松子百果蜜糕。[4]12月,在徐州举行的江苏省同行业产品质量评比和技术操作比赛中,稻香村选手的豆酥糖示范操作表演获得好评,姚福顺制作的禾字牌云片糕被评为全省第一名。[5]这年,在桂林举办的全国食品展销会上,稻香村的禾字牌松子枣泥麻饼获省优桂冠。[6]

截至1982年末,稻香村房屋建筑面积994.57平方米,其中生产用505.46平方米,住宅用336.97平方米。动力设备有12台电动机计20.3千瓦,主要专业生产设备有风车炉1座,年末生产能力194.5吨。工业总产值按1980年不变价格计算为39.05万元,按现行价格计算为49.82万元。工业总产值与主要产品产量见表6-4。

表6-4　1982年稻香村茶食糖果商店工场工业总产值、产品产量分季表

	计算单位	全年合计	第一季度	第二季度	第三季度	第四季度
总产值	万元	39.05	10.61	6.97	13.31	8.16
糕点合计	吨	295.67	91.62	53.31	89.40	61.34
其中:一般糕点	吨	104.96	35.86	30.32	14.29	24.49
蛋糕	吨	35.09	12.29	8.96	6.60	7.74
云片糕	吨	11.58		1.23	4.02	6.33
酥糖	吨	35.28	7.79	7.96	6.70	12.83
麻饼	吨	17.76	5.12	4.84	3.19	4.61

---

[1]《增产苏式传统糕点》,《苏州报》1982年4月17日第1版。

[2] 国平、佩乙:《"稻香村"今起集中销售儿童食品》,《苏州报》1982年6月1日第2版。

[3] 虞国平:《我市四十种食品将参加全国儿童用品展销会》,《苏州报》1982年2月25日第1版。参阅徐森、乙平:《本市参加全国展销的首批儿童食品已启运》,《苏州报》1982年5月11日第1版。全国儿童生活用品展销会5月20日在北京开幕,苏州市参加展销的食品增至73个品种。

[4] 乙平:《稻香村茶食糖果商店近日上柜传统名点——松子百果蜜糕》,《苏州报》1982年11月13日第2版。

[5] 桂香村选手、原苏州糕点厂职工薛惠忠获得油梗、酥糖第一名。此据笔者采访薛惠忠记录。按:姚福顺(1927—?),江苏丹徒人,初小毕业。"文革"时为苏州糕点厂糕点车间一班工人。

[6] 润泉:《苏式糖果糕点前景如何》,《苏州日报》1999年1月29日第5版。

续表

	计算单位	全年合计	第一季度	第二季度	第三季度	第四季度
年糕	吨	30.87	30.56			0.31
月饼	吨	60.13			54.60	5.53
炒货	吨					
野味	吨	4.02	0.21	1.97	1.36	0.48

资料来源：苏州市稻香村茶食糖果商店：《一九八二年工业基层年报》统工 2 表附表"工业总产值、净产值、产品产量分月表"，1983 年 1 月 1 日报出，企业负责人高桂珍（主任）签章，苏州市档案馆藏，档号：C007-006-0512-164-170。

1983 年 1 月，稻香村茶食糖果商店的时令传统品种玫瑰猪油年糕早早上柜。[1] 5 月赶制一批儿童食品，品种有裱花动物蛋糕、纸杯蛋糕等。[2] 中秋佳节，以苏式月饼见长的稻香村与生产广式月饼的广州、生产麻油月饼的伊斯兰三店，9 月 18 日—20 日共销售月饼 35 万只以上。稻香村的鲜肉月饼特别畅销，一是应市早，使顾客早尝鲜。二是外形好，皮子酥。三是肉馅多，味道鲜。[3] 9 月 21 日稻香村生产了鲜肉月饼 16000 只，比上两天增产了 60%。[4] 10 月，提前供应时令糕点百果蜜糕，自制的猪肉松也有供应，还可预约定购定升糕。[5]《经济日报》10 月 11 日第 2 版发表苏阳的署名文章《姑苏的良好风尚》，表扬稻香村与松鹤楼、苏州书店、苏州食品店等商店营业员的良好服务态度，并希望将这种良好风尚巩固发扬。[6]

稻香村的名特产品生产恢复很快。如禾字牌云片糕，1981 年 16.50 吨，年产值（销售额）19949.30 元；1982 年 19.71 吨，年产值（销售额）23824.48 元；1983 年 10 月申报苏州市优良食品时，预计年产 17.82 吨，年产值（销售额）21545.66 元。[7] 由于稻香村历史悠久，生产的云片糕糕软、片薄、质量好，消费者在柜台看到是稻香村的产品就要买。此外，玫瑰酥糖也是稻香村著名特产，已有一百五十余年历史，誉满中外，曾出口香港、东南亚地区。1981 年年产 29.564 吨，年产值（销售额）57575.66 元；1982 年年产 44.48 吨，年产值（销售额）86683.12 元；1983 年 10 月申报苏州市优良食品时，预计年产 29.76 吨，年产值

---

[1] 国平文，宝龙摄：《图片新闻》，《苏州报》1983 年 1 月 8 日第 2 版。
[2] 平：《市场点滴》，《苏州报》1983 年 1 月 28 日第 2 版。
[3] 吴慧洁：《稻香村鲜肉月饼引来众人品尝》，《苏州日报》1992 年 8 月 15 日第 3 版。
[4] 佩乙、福明：《三家前店后工场商店努力增产多销》，《苏州报》1983 年 9 月 22 日第 1 版。
[5] 吴希札：《市场点滴》，《苏州报》1983 年 10 月 29 日第 2 版。
[6] 慧英：《〈经济日报〉的表扬》，《苏州报》1983 年 10 月 21 日第 2 版。
[7] 苏州稻香村茶食糖果商店：《苏州市优良食品申请表（云片糕）》附件，1983 年 10 月 19 日填表，苏州市档案馆藏，档号：C010-001-0120-130-133。

（销售额）58000.75元。[1]据苏州市第一食品商店反馈，该产品在市场上颇受消费者好评。

苏州市食品工业公司于1982年1月成立后，加强了对茶食糖果行业的规划和管理，在生产经营、品种开发、技术改造等方面做了许多工作。9月，在苏州市经济委员会、市商业局和食品工业公司的大力支持下，中国民主建国会苏州市委员会、苏州市工商业联合会成立了饮食经济咨询服务组，也首先以恢复和发扬苏州名点特色为课题开展工作。[2]1983年4月，根据民建与工商联两会中央关于召开传统食品咨询工作座谈会的通知要求，经过进一步调查研究并提出报告建议，编制了《江苏省苏州市著名传统食品（附表）》，包括地方小吃、苏式糕点、风味食品三大类共147种。[3]其中风味食品类、苏式糕点类，具体列举了稻香村的传统名特产品特色、生产、恢复与否情况。

在风味食品类，原行业即为肉品业的名牌大店陆稿荐（大房）10种，回民店1种（咸水鸭），鸿顺兴（回民）鸡鸭店3种；津津牛肉工场1种（卤汁豆腐干），野味业马咏斋5种；腌腊业生春阳1种，共21种。稻香村5种（表6-5），为诸家所无，占比23.8%。

表6-5 苏州市著名传统食品风味食品类稻香村品种

序号	品名	规格	特色	主要用料	供应季节	是否恢复	备注
1	☆虾子鲞鱼		咸中带香甜，清爽适口，特有风味。	咸鲞鱼（关背鲞）	四月底到八月底	已	1. 由于求过于供，生产单位操作马虎。2. 现在鲞鱼质量有差异，过去身手硬（是关背鲞），而目前都是开背鲞，肉质较松。3. 包装上存在问题。现在一斤一包，往往散成片片片片，不成其形。以往块段成形，正反两面上虾子分布均匀，褐色中带鲜红，色香味俱佳。

---

[1] 苏州稻香村茶食糖果商店：《苏州市优良食品申请表（玫瑰酥糖）》附件，1983年10月19日填表，苏州市档案馆藏，档号：C010-001-0120-136-137。

[2] 民建苏州市委员会、苏州市工商联：《为恢复苏州传统食品积极开展咨询工作》，1983年5月10日，苏州市档案馆藏，档号：B003-005-0465-033-034。全文详见本书附录二。

[3] 民建苏州市委员会、苏州市工商联：《为恢复苏州传统食品积极开展咨询工作》，1983年5月10日，苏州市档案馆藏，档号：B003-005-0465-033-035。原文作现已恢复75种，未恢复72种。

续表

序号	品名	规格	特色	主要用料	供应季节	是否恢复	备注
2	△透味熏鱼	切片油氽加酒糖卤	色泽金黄,既香又鲜,肉质松嫩。	8—10斤活青鱼	九月到次年四月	未	1. 货源有问题。2. 能制作人员已凤毛麟角,将后继乏人。
3	本湖野鸭	整只出售	独特咸味,其肉香酥,异香扑鼻。	太湖野鸭、砂仁	冬令	未	1. 野鸭来源存在问题。2. 操作名师早已退休(许桂生,现年88岁),后继乏人。
4	异味枫鱼	坛装每坛数块	营养丰富,异香扑鼻。	青鱼、福珍酒	春末及夏令	未	1. 青鱼来源存在问题。2. 制作过程复杂。3. 技术行将失传。4. 福珍酒无来源。
5	美味醉蟹	每只1.5两左右	其肉嫩鲜,蟹黄深褐,鲜美无比,酒香扑鼻。	雌蟹7—8只/斤	秋末到冬令	未	1. 蟹来源存在问题。2. 福珍酒无来源。

资料来源:民建苏州市委员会、苏州市工商联:《江苏省苏州市(风味食品类)著名传统食品(附表)》,1983年5月,苏州市档案馆藏,档号:B003-005-0465-003-006。原表符号说明:☆未达传统质量而打算提高到传统质量;△尚未恢复而打算恢复的品种。按:表中月份为阴历。

表6-6 苏州市著名传统食品苏式糕点类稻香村品种

序号	品名	规格(粮票/两)	特色	主要用料	供应季节	是否恢复	备注
1	松子猪油枣泥麻饼	0.5两	香甜肥	松子肉、枣子、玫瑰花、芝麻	全年	已	
2	大方蛋糕	4两	甜糯	鸡蛋、蔗糖、面粉	全年	已	
3	荤油酥饼	0.5两	酒香甜糯	酒脚、蔗糖、面粉	清明到立夏	已	
4	火腿月饼	0.5两		火腿、猪油	中秋前半月到中秋后半月	已	
5	鲜肉月饼	0.5两	鲜酥香	腿肉、荤油	中秋前半月到中秋后半月	已	
6	葱猪油月饼	0.5两	香肥酥	香葱、猪油	中秋前半月到中秋后半月	已	
7	百果蜜糕	1两	甜糯	果料、糯米粉、蔗糖	三伏天不生产	已	

续表

序号	品名	规格(粮票/两)	特色	主要用料	供应季节	是否恢复	备注
8	荤绿豆糕	0.25两	甜肥爽口	绿豆、糖、面粉	清明到七月底	已	
9	巧果	每斤收粮票6两	松脆香	蔗糖、面粉	立夏到七月底	已	
10	炸食	每斤收粮票6两	松脆香	蔗糖、面粉	全年	已	
11	枇杷梗	每斤收粮票5两	脆香甜	米粉、糖	九月到次年三月	已	
12	荤油芝麻酥糖	0.5两	甜香酥	芝麻、饴糖、荤油	中秋节到次年四月	已	
13	玫瑰酥糖	0.5两	甜香酥	炒米粉、饴糖	中秋节到次年四月	已	
14	冰雪酥	0.5两	甜香酥	炒米粉、饴糖	四月到八月	已	
15	浇切片		脆香甜	芝麻、蔗糖	立冬后到次年二月	已	
16	资生糕	1两	脆香甜	粳米粉、蔗糖	全年	已	
17	☆葱油桃酥	每包1两	香肥松脆	荤油、葱	全年	已	操作方式改变，用桃酥机挤压后松脆度差。
18	素酒酿饼	0.5两	酒香甜糯	酒脚、蔗糖、面粉	清明到立夏	未	同样与荤的一样生产，产值低，经济效益差。
19	☆清水玫瑰月饼	0.5两	甜松酥肥而不腻	果料、玫瑰花、荤油	四月十四到九月初九	已	果料玫瑰花少，十余年前改动规格未恢复。
20	☆百果月饼	0.5两	甜松酥肥而不腻	果料、荤油	四月十四到九月初九	已	果料少，十余年前改动规格未恢复。
21	☆椒盐月饼	0.5两	甜松酥肥而不腻	果料、荤油	四月十四到九月初九	已	果料少，十余年前改动规格未恢复。
22	圈饼（素月饼）	0.5两	油足甜松酥	果料、玫瑰花等	七月到八月底	已	只有伊斯兰生产，其他糕点生产单位不生产。
23	☆黄白年糕	每斤收粮票5两	甜糯	糯米粉、糖	十一月到十二月底	已	糖轻，十余年前规格改动未恢复。
24	☆玫瑰猪油年糕	每斤收粮票4两	甜肥糯	糯米粉、糖、猪油	十月到次年一月底	已	玫瑰花少，糖轻，十余年前规格改动未恢复。

续表

序号	品名	规格（粮票/两）	特色	主要用料	供应季节	是否恢复	备注
25	火炙糕	1两	香脆	糯米粉、糖	全年	已	现已改名为寿翁酥。
26	薄脆饼	0.5两	脆香甜	芝麻、蔗糖、面粉	全年	未	操作技术问题。会制作的老师傅均已退休，行将失传。
27	△猪油豆沙月饼	0.5两		豆沙、猪油	七月到中秋节	未	操作问题。老规格已变动，现用荤油，不用块猪油。
28	△枣泥月饼	0.5两		枣泥、荤油	七月到中秋节	未	操作问题。不重视花色品种，嫌制作麻烦，成本较高。
29	薄荷月饼	0.5两		薄荷、荤油	七月到中秋节	未	操作问题。薄荷未来源少，不重视花色品种。
30	黑麻月饼	0.5两		黑芝麻、荤油	七月到中秋节	未	操作问题。企业对花色品种不重视。
31	干菜月饼	0.5两		干菜、月饼	七月到中秋节	未	操作问题。企业对花色品种不重视。
32	△松子枣泥宫饼	2两		松子、枣泥、荤油	七月底到中秋	未	操作问题。枣泥制作麻烦，成本较高。
33	枣泥幢（盅）饼	16两		枣泥、荤油	中秋前	未	操作问题。枣泥制作麻烦，成本较高。
34	△鲜肉饺	0.25两	香鲜酥	腿肉、荤油	三伏天不生产	未	操作问题。花费工时，产量低，经济效益差。
35	干菜饺	0.25两	香甜酥	干菜、糖、荤油	四月到七月底	未	操作问题。花费工时，产量低，经济效益差。
36	△薄荷猪油年糕	每斤收粮票4两	甜肥糯	糯米粉、猪油、糖、薄荷	十月到十二月底	未	操作问题。企业对花色品种不重视。

续表

序号	品名	规格（粮票/两）	特色	主要用料	供应季节	是否恢复	备注
37	△桂花猪油年糕	每斤收粮票4两	甜肥糯	糯米粉、猪油、糖、桂花	十月到十二月底	未	操作问题。企业对花色品种不重视。
38	△枣泥猪油年糕	每斤收粮票4两	甜肥糯	枣泥、糯米粉、猪油	十月到十二月底	未	操作问题。企业对花色品种不重视，枣泥制作麻烦。
39	△松子黄千糕	1两	甜香糯	松子、糯米粉、黄糖	清明到端午	未	操作问题。老师傅已退休，后继乏人。
40	△素绿豆糕	0.25两	甜肥爽口	绿豆、糖、面粉	清明到七月底	未	产量问题。同样生产荤的产值高，经济效益好，所以不生产素的。
41	△猪油芙蓉酥	0.5两	肥香甜	米粉、猪油、糖	九月到次年四月	未	操作问题。生产过程长，手续多，经济效益差。
42	△米花糖	0.5两	脆香甜	炒米、糖	九月到次年四月	未	操作问题。生产环节多，企业不重视。
43	△猪油芝麻酥糖	0.5两	甜香酥	芝麻、饴糖、猪油	中秋后到次年四月	未	用块猪油后制作较困难，单位不重视生产。
44	△豆酥糖	0.5两	甜香酥	黄豆粉、饴糖	九月到次年四月	未	操作问题。原熟悉生产的老师傅大多已退休。
45	△黑白麻酥		甜香酥	芝麻、白糖	九月到次年四月	未	操作问题。原熟悉生产的老师傅大多已退休。
46	△寸金糖		甜香酥	芝麻、白糖、饴糖	十一月到次年二月	未	操作问题。原熟悉生产的老师傅大多已退休。

表 6-7　苏州市著名传统食品苏式糕点类其他名店品种

序号	名店牌号	品名	规格（粮票/两）	特色	主要用料	供应季节	是否恢复	备注
1	叶受和	三色大麻饼	3两	香甜肥	松子肉、枣子、玫瑰花、芝麻	全年	已	
2	叶受和	小芝麻饼	每斤收粮票6两	脆香甜	芝麻、蔗糖、面粉	全年	已	即洋钿饼
3	叶受和	滋养饼干	每斤收粮票6两	脆香甜	荤油、鸡蛋、面粉	全年	已	
4	叶受和	蒸蛋糕	0.5两	软香甜	鸡蛋、糖、面粉	三伏天不生产	已	
5	叶受和	八珍糕	1两	脆香甜	粳米粉、蔗糖	全年	已	
6	叶受和	婴儿奶糕	2两	粉细	粳米粉、蔗糖	全年	已	
7	叶受和	☆大小云片糕	大6两 小3两	甜香糯	糯炒米粉、糖	全年	已	糯粉不糯，片厚切不到底，连成一块，硬而无韧性。
8	叶受和	☆松子云片	0.5两	甜香糯	松肉、糯炒米粉	全年	已	松子少，片厚，操作马虎，体现不出特色。
9	叶受和	☆胡桃云片	0.5两	甜香糯	桃肉、糯炒米粉	全年	已	胡桃少，片厚，操作马虎，体现不出特色。
10	叶受和	☆麻糕	0.5两	香脆	芝麻、糯炒米粉	全年	已	硬的多，没有香脆之感，操作马虎，体现不出特色。
11	叶受和	☆椒盐桃片	0.5两	香脆	桃肉、糯炒米粉	全年	已	硬的多，没有香脆之感，操作马虎，体现不出特色。
12	叶受和	△小方糕	0.25两	甜香糯	豆沙、糯米粉、蔗糖	清明到端午	未	技术行将中断，原制作老师傅已退休。
13	叶受和	△薄荷糕	0.5两	甜香糯	薄荷、糯米粉、蔗糖	清明到端午	未	操作问题。技术行将中断，原制作老师傅已退休。
14	叶受和	茯苓糕	0.5两	甜香糯	茯苓末、糯米粉、蔗糖	清明到端午	未	操作问题。技术行将中断，原制作老师傅已退休。

续表

序号	名店牌号	品名	规格（粮票两）	特色	主要用料	供应季节	是否恢复	备注
15	叶受和	△四色玫瑰片糕	包0.5两	脆香甜	米粉、糖	全年	未	操作问题。质量要求高，企业不重视。
16	叶受和	四色杏仁片糕	包0.5两	脆香甜	米粉、糖	全年	未	操作问题。质量要求高，企业不重视。
17	叶受和	△四色松花片糕	包0.5两	脆香甜	米粉、糖	全年	未	操作问题。质量要求高，企业不重视。
18	叶受和	△四色苔菜片糕	包0.5两	脆香甜	糯米粉、糖	全年	未	操作问题。质量要求高，企业不重视。
19	桂香村	玫瑰大方糕	1两	甜糯	果料、玫瑰花、蔗糖	清明到端午	已	
20	桂香村	百果大方糕	1两	甜糯	果料、糯米粉、蔗糖	清明到端午	已	
21	桂香村	薄荷大方糕	1两	甜糯	果料、糯米粉、薄荷末	清明到端午	已	
22	桂香村	豆沙大方糕	1两	甜糯	松肉、糯米粉、豆沙	清明到端午	已	
23	桂香村	鲜肉大方糕	1两	甜糯	腿肉、糯米粉	清明到端午	已	
24	同森泰	素面枫糕	0.5两	清爽甜糯	面粉、蔗糖	立夏到六月	已	
25	同森泰	△松子碗米枫糕	0.5两	清爽甜糯	米粉、蔗糖	立夏到六月底	未	技术操作问题。熟悉生产的老师傅已退休，技术行将失传。
26	同森泰	△荤面枫糕	0.5两	清爽甜糯	面粉、蔗糖	立夏到六月底	未	操作问题。生产荤的比素的麻烦，所以只生产素的。
27	广州	荤油杏仁酥	0.5两	甜肥松脆	荤油、面粉	全年	已	

资料来源：民建苏州市委员会、苏州市工商联：《江苏省苏州市（苏式糕点类）著名传统食品（附表）》，1983年5月，苏州市档案馆藏，档号：B003-005-0465-001-013。原表符号说明：☆未达传统质量而打算提高到传统质量；△尚未恢复而打算恢复的品种。按：表中月份为阴历。

苏式糕点品种众多，还有如开口笑、咪咪笑、苔菜条、雪饼、鸡蛋酥、千层酥、松子细饼、四喜酥、百合酥、开花酥、双圈酥、鱼目酥、玉带酥、耳朵饼等。从上面表6-6、表6-7来看，与其他名店比较，在品种、数量上，稻香村在苏式糕点著名传统食品中占有明显的领头和领先地位。

苏州富于特色的传统食品向由茶食糖果等自然行业分别经营。中共十一届三中全会以后，各级领导在恢复特色、搞好经营、增设网点[1]方面做出了一定努力，取得了一定成绩，但是，历史遗留与现实存在的管理、质量、技术、传承等问题仍很突出。如与公私合营前鼎盛时期比较，品种大为减少。20世纪50年代传统的地方小吃、苏式糕点、风味食品要超过千种，附表所列比较著名的也仅147种，从已恢复的75个品种来看，质量达不到历史水平的有35种，占48.6%。1983年商业部"举办的产品质量评比苏式糕点均未评上"[2]。其中与稻香村无关的地方小吃48种，未恢复28种。风味食品26种，未恢复14种，其中稻香村共5种，未恢复透味熏鱼等4种。其他名店，陆稿荐10种，未恢复1种，马咏斋、生春阳、鸿顺兴全未恢复9种。苏式糕点73种，未恢复31种，其中稻香村共46种，未恢复的松子枣泥宫饼等就有22种。其他名店，叶受和8种中未恢复7种，同森泰3种中未恢复2种。名特产品品种减少，恢复缓慢，原因是多方面的，如原辅料统货供应难以保证质量，成本上涨、物价统死以至企业减工减料，机械代替手工的技术缺陷，技术力量青黄不接等，其中主要是由于操作上讲究精工细作、产量少、产值低、利润薄，企业从完成经济指标出发，不愿生产。例如，芙蓉酥是苏式糕点中的著名特产，肥美香甜，可以干吃，也可用开水或牛奶豆浆冲食，都各有口味，但制作过程繁复。第一步要糯米粉加糖，蒸制成糕、分开成条；第二步要切片如玉兰花瓣；第三步把切片用荤油氽透；第四步再用工具定量划成长方形块状，加外包装后出售。不像一般糕点，当日可以出成品销售。又如鲜肉饺，是群众极为喜爱的酥皮糕点，因系手工操作，费时多、产量低，而人工成本高，毛利微薄，每人每天加工鲜肉饺只能做10斤面粉，批发营业额22.40元。制作其他糕点，如麻饼批发营业额可达129元。黄天源的五色汤团也是这样，由于工艺要求高、产值低，已断供二十多年。[3]松子枣

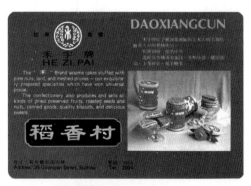

稻香村松子枣泥麻饼包装

---

[1] 1956年公私合营、合作化以后，全市饮食网点2013户，到1983年，城市人口增加近一倍，旅游者每年约1000万人次，而网点不到1956年的30%，个体经营也不普遍。参阅民建苏州委员会、苏州市工商联：《为恢复苏州传统食品积极开展咨询工作》，1983年5月，苏州市档案馆藏，档号：B003-005-0465-033。

[2] 民建苏州市委员会、苏州市工商联：《为恢复苏州传统食品积极开展咨询工作》，1983年5月，苏州市档案馆藏，档号：B003-005-0465-033。详见附录二。

[3] 民建苏州市委员会、苏州市工商联：《为恢复苏州传统食品积极开展咨询工作》，1983年5月，苏州市档案馆藏，档号：B003-005-0465-033。

泥宫饼是稻香村创业时的传统产品，具有二百余年历史，主要用于中秋赏月和斋月宫，所以谓之宫饼。稻香村前辈吴希札当时曾大声呼吁："宫饼已有三十年不生产供应了，如再不传艺生产，恐有失传之危险矣！"[1]

1984年春节前，市食品工业公司与糖业烟酒公司、饮食服务公司计划生产糖年糕81万斤、猪油年糕31万斤供应市场。生产单位包括稻香村、桂香村等茶食糖果店，黄天源、人民等糕团点心店和苏州糕点厂。这年糖年糕实行敞开供应，分普通和重糖两种规格，猪油年糕供应量比去年同期增加四分之一。[2]猪油年糕也是广大群众欢迎的一种传统食品，往年只生产单一的玫瑰品种，这年则增加恢复了薄荷、枣泥、白糖等品种。稻香村与桂香村等茶食糖果商店除大批生产酥糖、云片糕等传统品种外，还增加供应平时市场很少露面的各色印糕、金钱饼、四色蒸蛋糕、百果圆松糕等传统食品。[3]经苏州市食品工业产品展销会评比小组审批，1月25日，稻香村的禾字牌云片糕以及松子枣泥麻饼、玫瑰酥糖，被市经济委员会审定命名为市优良食品，圆蛋糕被评为市名特食品，共获奖金1000元。参加评比的麻糕、椒桃片、杏仁酥、猪油年糕等8只产品，分数均在95分以上。同年7月，在江苏省经济委员会组织进行的全省同类产品评比中，稻香村的松子枣泥麻饼被评为省优质食品，并获奖金3000元。[4]

苏州市食品工业公司认真贯彻执行支持商办工业发展的国务院国发［1984］104号文件，对茶食糖果行业"帮推并行"，促进工业管理现代化。[5]根据《中华人民共和国环境保护法》规定，以及平江区人民政府的实施细则要求，稻香村茶食糖果商店原有4眼炉灶需要改灶，因改灶费达12000元左右，难以负担，1985年5月13日，经苏州市

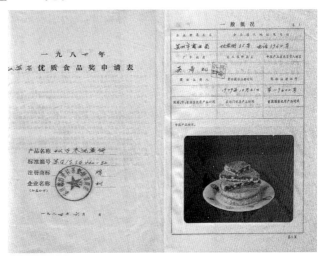

稻香村茶食糖果商店省优质食品奖申请表

---

[1] 吴希札：《稻香村店史·主要名特产品简介》，未刊稿，1986年。
[2] 肖驰：《糖年糕今年敞开供应》，《苏州报》1984年1月7日第2版。
[3] 史福明：《糖果糕点花色纷繁 传统品种竞相应市》，《苏州报》1984年1月20日第1版。
[4] 苏州市稻香村茶食糖果商店：《一九八四年江苏省优质食品奖申请表》附奖状，1984年6月，苏州稻香村食品有限公司档案室藏。该表第1页企业地址为观前街35号，电话3964；"厂长姓名"一栏，由吴希札签名盖章。
[5] 苏州市商业局编史组：《苏州市商业志初稿（三）》第四章第二节之"茶食糖果业"，未刊稿，1991年9月，第15—17页。

财政局、环保局批复同意补贴 2900 元，在市商业局排污收费的 80% 中列支，不足部分由稻香村自筹解决，要求稻香村抓紧改造，以获得较好的经济和环保效益。[1]

1985 年，稻香村茶食糖果商店经营范围继续扩大，发展势头向好。夏糕除重时令外最讲究新鲜，稻香村的糕点师傅每天凌晨起身，当天做当天卖，而且每日皆有定数，宁可卖得不够少做些生意，也绝不卖隔夜糕以确保其新鲜。[2]下半年该店加强了对市场需求的分析，努力为市场、为顾客提供更多的适销食品。例如，市食品工业公司本年中秋节月饼总产计划 180 多万斤，比上年略有上升。[3]鉴于月饼消费结构发生的变化，稻香村当机立断，比上年增加 50000 斤鲜肉月饼的产量，减少 30000 斤甜月饼的生产，并在甜月饼中增加了黑麻、豆沙等花色品种。自产的鲜肉月饼在门市上现烘现卖，平均每天比上年多销 3000 只。再如，往年中秋节过后，热炉就熄火停烘，不再营业。这年中秋节过后该店继续开炉烘烤，每天供应鲜肉饺、鲜肉炉饼、袜底酥各 1000 只，很受顾客特别是"老苏州"们的欢迎。稻香村在经营中注意方便顾客购买，营业时间比上年同期延长一小时，热炉传统糕点从上午 8 点半供应到下午 3 点半左右，餐间吃点心的顾客上午、下午都能买到。[4]营业员刘健华，向顾客介绍商品热情主动，服务态度和蔼可亲，在"两街五场"文明服务活动中，被评为文明营业员。[5]

尽管稻香村的名特产品适应市场需求，很受消费者欢迎，[6]毕竟店小力单，薄利经营，传统的生产方式落后，全年只有二三万元利润，在计划经济向社会主义市场经济过渡，社会生活和消费迅速升级转型的新时期，难以凭自身承担起传承和发展传统名特产品的重任。

二、国营苏州糕点厂的改革发展

长达十年的"文革"结束后，全党工作逐步向经济建设方面转移。1978 年 12 月召开的中共十一届三中全会，果断地停止使用"以阶级斗争为纲"的口号，做出把全党工作的重点转移到社会主义现代化建设上来的战略决策，从而结束了两年来在徘徊中前进的局面，揭开了改革开放的序幕，成为中国进入社会主义事业发展新时期的标志。中共苏州市委明确要求并积极引导各级各部门排除来自各方

---

[1] 苏州市财政局、环保局：《关于苏州稻香村改灶经费的批复》，(85)苏财综字第 135 号，苏环字(1985)第 61 号，1985 年 5 月 13 日，苏州市档案馆藏，档号：C065-002-0095-008-011。
[2] 翁洋洋：《盛夏啖糕》，《苏州报》1985 年 6 月 16 日第 4 版。
[3] 马文元、史福明：《苏式、广式月饼纷纷应市》，《苏州报》1985 年 8 月 21 日第 1 版。
[4] 庆甲、福明：《热炉烘得门前香 特色引来四方客》，《苏州报》1985 年 11 月 7 日第 2 版。
[5] 孙汝贤：《图片新闻》，《苏州报》1985 年 8 月 3 日第 2 版。
[6] 国珍：《把月饼送到工厂、学校》，《苏州报》1984 年 9 月 12 日第 2 版。

面的干扰，逐步学会按照客观经济规律办事，用经济方法管理经济，理直气壮地抓生产建设，以经济建设为中心，开创苏州四个现代化建设的新局面。在这样的新形势下，苏州糕点厂的改革发展也逐步明确了方向。

据苏州糕点厂填报的《1977年工业企业统计年报》[1]，该年年末职工357人，其中直接生产人员320人。全年职工平均人数363人，全员劳动生产率12129元。全年工业总产值按1970年不变价格计算为441.50万元（表6-8）[2]，净产值按现行价格计算为68.78万元。年末固定资产原值44.44万元，全部用于工业生产。定额流动资金年平均额59.56万元，年末全部流动资金占用额60.07万元。全年利润15.37万元。全部产品总成本38.5万元。可比产品总成本41.52万元，按上年实际单位成本计算的总成本42.34万元，成本降低率1.97%。全年税金22.99万元，积累总额38.36万元。职工全年工资总额20.84万元，劳保福利费用6.57万元，在本企业工作但未列为本企业职工的人员工资支出1.76万元；利息支出0.84万元，其他0.41万元。

表6-8 1977年苏州糕点厂工业总产值计算表

	计算单位	本年计划	全年合计	国家规定单价/元	产值/万元
工业总产值（1970年不变价格）	万元	415	441.50		441.50
主要产品产量与价值					
一般糕点	吨	2030	2087.84	1000	208.79
面包	吨	410	436.80	735	32.11
蛋糕	吨	110	121.72	1151	14.01
苏式月饼	吨	120	121.20	1170	16.50
广式月饼	吨	15	16.26	1360	
糖年（油）糕	吨	115	119.11	660	7.86
苏式糖果	吨	350	361.69	1706	61.70
炒货	吨	300	286.81	1080	30.98
咸味	吨	150	168.73	2930	49.44
玫瑰酒	吨	20	28.07	1750	4.91

---

[1] 苏州糕点一厂：《1977年工业企业统计年报》，1978年1月8日报出，企业负责人白鸣（厂党支部书记）签章，苏州市档案馆藏，档号：C007-006-0370-174-181。

[2] 1977年工业总产值另为43134百元，见苏州糕点厂：《工业企业普查登记表》（国家经委、国家农委、国家工商行政管理总局制定），1980年5月9日填报，企业负责人杨存诗（副厂长）签章，苏州市档案馆藏，档号：C034-002-0063-038。

续表

	计算单位	本年计划	全年合计	国家规定单价/元	产值/万元
酸梅汁	吨	110	113.98	1200	13.68
玫瑰酱	吨		8.43	1706	1.44
蜜饯	吨		0.56	1430	0.08
合计	吨	3730	3871.20		

资料来源：苏州糕点一厂：《1977年工业企业统计年报》统工2表及附表，1978年1月8日报出，苏州市档案馆藏，档号：C007-006-0370-175-176。

主要产品产量及生产能力为：糕点、蛋糕、面包，全年产量2902.93吨，年底生产能力3500吨；苏式糖果361.39吨，年底生产能力450吨；炒货咸味606.53吨（含酸梅汁、玫瑰酒等），年底生产能力800吨。对居民及社会集团的消费品零售额30.6820万元。八项技术经济指标良好（表6-9）。主要质量指标为：糕点正品率99.79%（本年计划99.5%），糖果正品率99.51%（本年计划99%），新创本厂历史最好水平。

表6-9　1977年苏州糕点厂八项技术经济指标

指标名称	计算单位	本年计划	本年实际	去年实际	历史先进水平	
					年份	实际
一、产量 　1. 糕点、年糕、月饼	吨	2280	2344.41	2047.16	1973	3384.87
2. 面包、蛋糕、点心	吨	520	558.52	539.55		
3. 苏州苏式糖果	吨	350	361.69	255.95		
4. 酸梅汁、炒货、玫瑰酱、蜜饯	吨	373	409.78	334.59		
5. 咸味（玫瑰酒）	吨	150	196.80	132.65		
二、品种 　糕点、面包、蛋糕、糖果、炒货、咸味等	只	280	292	284		
三、质量 　1. 糕点正品率	%	99.5	99.79	99.49	1973	99.62%
2. 糖果正品率	%	99	99.51	99.37	1973	99.50%
四、消耗 　1. 吨糕点耗煤	公斤	2800	2346	2806		
2. 吨面包耗煤	公斤	3820	3526	3409		
3. 吨糖果耗煤	公斤	2350	2054	3138		

续表

指标名称	计算单位	本年计划	本年实际	去年实际	历史先进水平	
					年份	实际
4. 吨炒货耗煤	公斤	4355	3511	3082		
五、全员劳动生产率：年末357人	元	11624	12129	10320		
六、成本 1. 可比产品成本降低率	%		降1.97			
2. 可比产品总成本	万元	415189.10				
3. 可比产品按上年实际单位成本计算的总成本	万元	423367.71				
4. 单位产品成本 （1）3两大云片糕	元	9420	9297.20	9037.71		
（2）1两鸡蛋糕面包	元	8940	8743.94	8983.97		
七、利润 1. 利润总额	万元	11＋4	15.371061	10.030731	1973	17.11
2. 上缴利润	万元					
八、每百元占用的定额流动资金平均余额：年平均	万元	12	10.26	11.14		
附报： 1. 定额流动资金平均余额	万元		59.56	52.68		
2. 工业总产值（按1970年不变价格计算）	万元	415	441.50	368.43	1971	398
3. 全部职工平均人数	人		364			

资料来源：苏州糕点一厂：《1977年工业企业统计年报》统工9表，1978年1月8日报出，苏州市档案馆藏，档号：C007-006-0370-182。

主要专业生产设备和年末生产能力略同于1976年（表6-10），包括自有载重汽车1辆。唯车床增加1台，但未安装使用。年底占地面积7230平方米，房屋建筑面积6718平方米。全年耗电量9.5416万度，钢材消耗量34.69吨。耗煤量1168吨，主要消耗指标为：吨糕点耗煤195.5公斤，吨面包耗煤293公斤，吨糖果耗煤171公斤，吨炒货耗煤293公斤。[1]

---

[1] 苏州糕点一厂：《1977年工业企业统计年报》统工1表"企业概况"，1978年1月8日报出，企业负责人白鸣签章，苏州市档案馆藏，档号：C007-006-0037-174-181。

表 6-10　1977 年苏州糕点厂主要专业生产设备及年末生产能力

设备名称	单位	数量	生产能力	设备名称	单位	数量	生产能力
风车炉	座	1	2000 吨	面包炉	座	1	500 吨
奶糕机	台	1	800 吨	蛋糕机	台	1	500 吨
油梗机	台	1	500 吨	切糕机	台	2	200 吨
面包分块机	台	1	500 吨	面包搓圆机	台	1	500 吨
开糖机	台	2	200 吨	炒货机	台	2	600 吨
剪糖机	台	1	100 吨	酸梅汁拌和机	台	1	200 吨
车床	台	2		刨床	台	1	
锯床	台	1		台钻	台	2	

资料来源：苏州糕点一厂：《1977 年工业企业统计年报》统工 5 表，1978 年 1 月 8 日报出，苏州市档案馆藏，档号：C007-006-0370-174-181。

1977 年，至 9 月底，固定职工总人数 366 人，其中调（增）资人数 247 人，调（增）资总额 1374.50 元。苏州糕点厂《一九七七年调资工资审批汇总表》（表 6-11）反映了有关职工结构情况。可以看出，苏州糕点厂职工十多年没有调资，总体收入偏低，技术力量特别薄弱，1960 年年底前的五级工 36 人，六级工 12 人，七级工及其以上者仅仅 5 人，较"文革"以前有了不少退步。

表 6-11　1977 年苏州糕点厂调资工资审批汇总表

项目	9 月底总人数	范围人数	调（增）资人数	按调资面计算占范围人数	调（增）资金额/元	备注
全部职工总数	366	247（205 级）			1370.50	
1972 年以来工作	38	—	—	—	—	
17 级及其以下干部	1	—	—	—	—	
1. 小计	78	78	76	97.4%	455	
1971 年底前一级工	14	14	14	100%	84	
1966 年底前二级工	64	64	62	96.8%	371	借调 2 人
2. 小计	30	30	6	4%	21	
1971 年底前二级工	22	22	1	4.5%	1	
1966 年底前三级工	8	8	5		15	限上 5 人
3. 小计	202	202	137（124.5 级）	60.1%	857.10	限上 25 人
1960 年底前三级工	65	65	47（42.5 级）	60.7%	254.00	限上 9 人
1960 年底前四级工	101	101	70(65 级)	61.4%	454.10	限上 10 人

续表

项目	9月底总人数	范围人数	调(增)资人数	按调资面计算占范围人数	调(增)资金额/元	备注
1960年底前五级工	36	36	20(17级)	47.2%	119	限上6人
4. 小计	17	17	5(3.5级)	10.1%	24.5	限上1人
1960年底前六级工	12	12	4(2.5级)	29.2%	17.50	限上3人
1960年底前七级工及其以上的。	5	5	1(1级)	20%	7	限上5人
1—4合计	327	327	224(205级)	62.6%	1357.60	限上28人
5. 1971年底前低于36.50元	x	21	21	100%	11	
6. 1966年底前低于41.50元	x	2	2	100%	1.80	
5—6合计		23	23	100%	12.80	28
7. 大专生定级	x					
补充资料:						
1. 1—4中按七元调资的中专生						
2. 1—4中按年限调资的学徒工		6	6	100%	26.30	
3. 按年限调(增)资的编外人员						按工资额增资、人
4. 按年限调(增)资的退休职工		9	7	71.7%	47.00	按工资额增资、人
5. 按年限调(增)资的死亡职工						按工资额增资、人
6. 按年限调(增)资的临时工						按工资额增资、人
7. 调(增)资后抵冲保留工资的职工		217				
8. 按规定增加半个级差折合的调整面			78-14-14	60%		

资料来源：苏州糕点厂：《一九七七年调资工资审批汇总表》，1978年2月4日填报，企业负责人白鸣签章，苏州市档案馆藏，档号：C031-002-0559-038。

1978年，苏州糕点厂全部职工平均人数337人。主要产品产量为：糕点、蛋糕、年糕2362.08吨，正品率99.69%；苏式糖果428.95吨；奶糕100.95吨；另有炒货咸味产品。糕点每吨耗煤207公斤，炒货每吨耗煤206公斤，显得偏高。全年工业总产值按1970年不变价格计算为434.64万元，净产值按现行价格计算为70.23万元，其中产品销售利润22.58万元，销售税金22.82万元，工资总额（包括临时工和计划外用工工资）21.71万元，职工福利基金2.35万元，利息支出0.91万元。利润总额（盈利）为16.27万元，全员劳动生产率1.2897万元。

1978年年末，实有金属切削机床6台：车床3台，刨床1台，铣床1台，锯床1台。另有台钻2台，主要专业生产设备同于上年。[1]在技术革新方面，1977年以张定伟为首设计包馅机，1978年工竣后曾到上海演示，经厂内试用并做出总结，但是正式投产后，因质量未完全过关，工人不愿意用，需要进一步改进。陈茂生谓后来"搁置不用实在可惜"。但是，1978年蒸糕改进座子后，提高了产量。

"文革"结束以后，苏州糕点厂规模扩大，日产量提高，对市场批发供货和供应商品有着举足轻重之势，但是，另一方面依旧是"二同"（同规格、同价格）、"四大"（大麻饼、大杏仁酥、大广饼、大麻条），只求产量、不重质量等问题依然突出。根据主管机关江苏省糖业烟酒公司苏州分公司指示：1978年，苏州糕点厂划出生产人员11人，帮助稻香村复建后坊（稻香村工场）；划出生产人员10人，帮助广州食品商店重建后坊；划出生产人员5人，帮助桂香村重建后坊；后又划出人员帮助伊斯兰食品商店重建前店后坊，为加快恢复传统产品的生产做出了贡献。江苏省糖业烟酒公司苏州分公司工业科还"组织了糖冷厂、糕点厂、糕点二厂和三厂负责生产的厂长等同志前往南门大楼、西园商场、稻香村、食品二店等商店现场检查，直接征求营业员意见，通过走访市场，看到了我市糖果糕点确实存在很大问题。公司工业科准备深入到各厂一个一个地去帮助落实整改措施，争取短期内解决品种少、质量差的问题"[2]。根据生产发展需要，市商业局上报苏商发字（78）第227号《关于苏州糕点厂翻扩建糕点车间的报告》，12月4日苏州市革命委员会基本建设委员会批复，同意该厂翻扩建糕点车间2500平方米，资金17.05万元；其中翻扩建1700平方米，所需资金11.05万元在厂大修理费用中列支；扩建800平方米，所需投资6万元由江苏省糖业烟酒苏州分公司更新资金中列支。所需钢材、木材由该分公司和苏州糕点厂自筹解决。[3]

---

[1] 苏州糕点厂：《1979年工业企业统计年报》之统工9表"八项技术经济指标"、统工10表"独立核算工业企业净产值"，1980年1月8日填报，企业负责人曹夕明（厂党支部副书记）、杨存诗（副厂长）签章，苏州市档案馆藏，档号：C007-006-0415-164-165；苏州糕点厂：《工业企业普查登记表》（国家经委、国家农委、国家工商行政管理总局制定），1980年5月9日填报，苏州市档案馆藏，档号：C034-002-0063-038。1978年苏州糕点厂的年产值别作4433500元，净产值703700元，见苏州糕点厂：《工业企业登记申请书》（江苏省工商行政管理局制定），1980年2月11日填报，企业负责人杨存诗签章，苏州市档案馆藏，档号：C034-002-0063-001。
[2] 苏州市市场办公室编：《市场见闻》第四期，1978年11月30日，苏州市档案馆藏，档号：C031-002-0573-182。
[3] 苏州市革命委员会基本建设委员会：《关于苏州糕点厂翻扩建糕点车间的批复》，苏革建（1978）102号，1978年12月4日，苏州市档案馆藏，档号：C031-002-0574-102。

第六章 改革开放时期稻香村的艰难探索

中共十一届三中全会后,改革开放步伐明显加快,城市经济管理体制改革也开始试点,着重改变计划经济一统天下之局面,通过搞活政策、企业、流通、分配,实现搞活经济,解放和发展社会生产力。为了改变计划经济体制下企业只是政府附属物,普遍"吃国家的大锅饭"的局面,逐步确立企业的经济发展主体地位,根据中央决定和省里要求,苏州市逐步扩大企业自主权,范围包括产供销和人财物,并实行利润留成制度,企业所得的分成充作生产基金、职工集体福利基金和奖励基金,由企业自主安排使用。为了鼓励企业从长计议,试点企业的基数利润留成比例比第一批时大有提高,进一步调动了企业发展生产、提高效益的积极性。在生产计划权、产品销售权、出口产品权、挖(潜)改(造)革(新)的自主权、人事劳动(调配)权、职工奖惩权等主要方面,给企业提供了较大的自主决策权力和空间。还探索推行企业职工分配制度改革,调动广大职工的积极性。苏州市从1978年起在部分企业试行计件工资和奖励工资制度,1979年全面推开,有97.7%的职工获得了相当于平均标准工资1.64个月的超定额奖励和考核计分等级奖励。工资奖

观前街57号苏州糕点厂门市部

苏州糕点厂门市部仿单

金分配制度的改革,使苏州糕点厂职工的收入和劳动成果直接挂上了钩,1978年该厂企业奖金3493.86元,以往职工拿死工资、吃大锅饭,干多干少、干好干坏一个样的局面开始改变。[1]

在中共十一届三中全会路线的指引下,商业系统展开拨乱反正,转移工作重点,逐步启动改革,探索开辟新时期传统名特产品发展的新路子。1979年4月,苏州糕点厂的糖果车间被全部划给采芝斋,并将丁家巷仓库划作采芝斋生产炒货

---

[1] 参阅姚福年:《苏州通史·中华人民共和国卷(1978—2000)》,苏州:苏州大学出版社,2019年,第51—52页。1979年全市企业发放的奖金总额1348万元,人均不到45元,这已是上年的488%。参阅张俊启、王东来、施晓平:《改革开放30年苏州脚印印象·1979》,《城市商报》2008年3月26日第3版。

蜜饯的场所，广式（面包）车间也被全部划给广州食品商店，扩大其后坊，支持扩大传统名特产品的生产。在糖果车间、广式（面包）车间被划出后，一车间（糕点）负责人为冷培荣、任雪清、徐全生；二车间（糖果炒货蜜饯）负责人为周志良、胡文华、包佳安；成批组负责人为薛志刚、田根生；金工组负责人为李定志、古其林。6月1日，苏州糕点厂附设门市部成立，21日正式开业，位于稻香村茶食糖果商店原址，非独立核算，首位负责人为朱云华，人员14人。当时该门市部未在工商行政管理局登记，主要经营本厂生产的糕点、苏式糖果、炒货、蜜饯等，产销直接见面，倾听消费者意见。

由于落实政策，厂内被错划为右派人员4人得以甄别改正，下放苏北的干部工人也陆续回厂工作，职工积极性得到调动。1979年11月，革新成功一座远红外加热电炉，烘炉升温时间和烘烤食品时间比原来用手工炭几火煎盘大大缩短。[1] 12月1日，历时半月由江苏省糖业烟酒公司主办的江苏省十二市县糖果糕点评比展销会在玄妙观举行，各路糖果糕点名师高手切磋竞技。12月8日上午，6位选手在苏州糕点厂二楼工场进行酥糖操作比赛，南京56岁的选手赵发海和苏州糕点厂26岁的选手谈雪良，都曾向苏州糕点厂王渭仪老师傅学过艺。他们包折迅捷，压坯匀称，操刀切片，谈雪良用时14分30秒，首先完成，赵发海紧随其后。谈雪良用7两4钱酥坯包了15斤1两酥屑和酥芯，赵发海用6两9钱酥坯包了13斤半酥屑和酥芯，都达到了先进水平。[2]

1979年，苏州糕点厂全部职工291人，其中工人234人，固定职工265人，生产工人208人，计划外用工26人。除去计划外用工，截至10月31日，全厂总人数263人，其中行政管理人员18人，工人245人。年末全部职工人数265人，其中直接生产人员194人。全年工资总额24.49万元。全年全部职工平均人数265+13人，年末265人，实际249人，全员劳动生产率计划13222元，实际为14467元。

全年工业总产值按1970年不变价格计算，计划348万元，实际383.78万元，按现行价格计算为452.75万元。全年工业净产值按现行价格计算为65.32万元。年末固定资产净值19.07万元，原值29.12万元，其中工业生产用24.78万元。资金总额425857元。定额流动资金23.51万元，全年平均余额55.26万元。年末全部流动资金占用额65.91万元。全年可比产品成本降低率为-0.602%。

经过整顿和调整，全市糕点生产共有苏州糕点厂等3个厂、稻香村等4个前店后坊，根据1980年5月工业企业普查统计，1979年，糕点生产人数521人，

---

[1] 蒋桐生：《推广先进技术 大力节电 重视小改小革 认真节油》，《苏州报》1979年11月22日第2版。
[2] 雷刚、小洁、蔚然：《高手献技 精湛多彩》，《苏州报》1979年12月18日第2版。

年产量5500吨以上，"花色品种在一百三十多种"[1]，其中苏州糕点厂即占到将近一半。表6-12反映了1979年主要产品产量、生产能力及产值情况，其中生产能力比上年减少2100吨。主要产品糕点、蛋糕、年糕、月饼等产量2271.98吨，计划正品率99.50%，实际99.71%；苏式糖果产量249.45吨，正品率99.63%。从表6-13可见，所有产品皆销售一空。全年销售收入433.59万元。社会商品零售总额63.62万元，其中6月—12月厂门市部零售额18.73万元。全年利润（包括所得税）17.61万元，产品销售税金19.76万元，其中门市部利润9.1万元、税金5.1万元。[2]

表6-12 1979年苏州糕点厂主要产品产量、产能及产值

产品名称	年初生产能力/吨	年末生产能力/吨	计划产量/吨	实际产量	国家规定单价/元	产值/万元
糕点	3000	2500	2208	1511.04	大类1000，优质1778	157.86
蛋糕				313.52	一般1151，优质2000，议价1423	40.83
月饼				295.19	1170	34.54
年（油）糕				152.23	660	10.50
面包	500	500	142	142.13	735	10.45
苏式糖果	800	200	158	193.46	1706	33.00
优质糖果				55.99	2930	16.41
炒货	1200	1200	220	302.80	1080	32.70
咸味	500	300	60	66.31	2930	19.43
玫瑰酒	500	200	2	4.96	1600	0.79
酒酿	150	150	90	97.92	1000	9.79
蜜饯	100	100	30	16.02	1430	2.29
酸梅汁	200	200	125	126.60	1200	15.19
合计	6950	5350	3035	3278.17		383.78

资料来源：苏州糕点厂：《1979年工业企业统计年报》之统工1表"企业概况"、统工2表"1979年工业总产值、产品产量分月表"及附表"工业总产值计算表"、统工4表"主要工

---

[1] 吴希札：《苏州糕点史料》第一章第四节"苏式糕点的新貌"，1981年，未刊稿，第15页。
[2] 苏州糕点厂：《1979年工业企业统计年报》，1980年1月8日填报，企业负责人曹夕明、杨存诗签章，苏州市档案馆藏，档号：C007-006-0415-156-165；苏州糕点厂：《工业企业普查登记表》（国家经委、国家农委、国家工商行政管理总局制定），1980年5月9日填报，苏州市档案馆藏，档号：C034-002-0063-038。该普查登记表第6—9页又称："主要产品：糕点、面包，1979年总产量2892.31吨，正品率99.69%；苏式糖果128.95吨，正品率99.63%；炒货、咸味、酸梅汁、小食品500.85吨，皆百分百全部销售一空。"与统计年报有异。参阅苏州糕点厂：《工业企业登记申请书》（江苏省工商行政管理局制定），1980年2月11日填报，企业负责人杨存诗签章，苏州市档案馆藏，档号：C034-002-0063-001。

业产品生产能力"，按1970年不变价格计算，1980年1月4日、7日填报，苏州市档案馆藏，档号：C007-006-0415-157-160。按：奶糕为考核品种，本年计划产量110吨，实际118.57吨，超过上年的100.95吨。原表未列入。

表6-13　1979年苏州糕点厂主要产品生产与销售

产品名称	计算单位	年生产能力	年初库存量	本年生产量	本年销售量 合计	其中自销量	年末库存量
甲	乙	1	2	3	4	5	6
糕点	吨	2500	36.21	2271.98	2288.52	2288.52	19.67
苏式糖果	吨	250	18.83	249.45	266.12	266.12	2.16
炒货	吨	600	0.49	302.80	300.74	300.74	2.55
咸味	吨	200	9.35	66.31	65.02	65.02	10.64
酸梅汁	吨	200	0	126.60	126.60	126.60	0
蜜饯酒酿	吨	150	0	113.94	113.48	113.48	0.46

资料来源：苏州糕点厂：《工业企业普查登记表》（国家经委、国家农委、国家工商行政管理总局制），1980年5月9日填报，苏州市档案馆藏，档号：C034-002-0063-038。表6-13各栏关系：2+3-4=6。

1979年苏州糕点厂主要燃料、动力、原材料情况见表6-14。主要消耗指标为：吨糕点耗煤198公斤，耗电19.3度；吨炒货耗煤194公斤，耗电29.7度。[1]

表6-14　1979年苏州糕点厂主要燃料、动力、原材料情况

燃料动力原材料名称	计算单位	本年计划量	年初库存量	收入量累计 合计	其中 国家分配	地方分配	加工来料	自筹	本年生产消耗量	本年拨出量	年末库存量
甲	乙	1	2	3	4	5	6	7	8	9	10
（Ⅰ）电	万度	9.86	—	9.86	9.86		—		9.86	—	
煤炭	万吨	009.5	001.8	008.96		008.96			009.25		000.63
焦炭	吨										
重油	吨										
天然气	千立方米										

---

〔1〕苏州糕点厂：《1979年工业企业统计年报》，1980年1月8日填报，企业负责人曹夕明、杨存诗签章，苏州市档案馆藏，档号：C007-006-0415-156-165。

续表

燃料动力原材料名称	计算单位	本年计划量	年初库存量	收入量累计					本年生产消耗量	本年拨出量	年末库存量
				合计	国家分配	地方分配	加工来料	自筹			
（Ⅱ）生铁	吨		0	3.3				3.3			3.3
钢材	吨	35.9	29.5	59.26				59.26	35.9	15.1	37.76
铜材	吨	0.03	0.35	0.02				0.02	0.03		0.34
水泥	吨	36.5	0	42.5		42.5			36.5	6	0
木材	立方米	47	22	44.7				44.7	47	8.7	11
粮食	吨	1130	88.4	1105.3	1105.3				1129.8		63.9
食糖	吨	800	38.9	782.2	782.2				797.2		23.9
食油	吨	215	8.7	213.6	213.6				214.6		7.7
肉类	吨	60	-2	61.8		61.8			59.8		0
蛋类	吨	145	1.1	146.2		146.2			145.4		1.9
奶产类	吨	7.38	0	8.98				8.98	7.88		1.6

资料来源：苏州糕点厂：《工业企业普查登记表》，1980年5月9日填报，苏州市档案馆藏，档号：C034-002-0063-038。表6-14各栏关系：2+3-8-9=10。

1979年年底企业占地面积4277平方米，房屋建筑面积3593平方米。自有载重汽车增至2辆。车床调出1台，增加砂轮机1台，其他主要生产设备与1978年同。[1]苏州糕点厂《工业企业普查登记表》填报的主要设备有：06136车床、0620-113车床、B650牛头刨床、A6232铣床各1台，风车炉1座，奶糕一条龙、蛋糕落料机、卧式调粉机、年糕分块机各1台，0.5吨康克林式蒸汽锅炉1台。[2]

厂里设有化验室，由专人负责对原料、产品进行抽样化验，糕点格专人清洗，原料间食品容器均加盖加罩。易燃易爆物质如氧气瓶、电石筒、香蕉水等专人保管，为了气焊生产安全，添置1 m³乙炔发生器1台。企业开始重视环保，注重治理"三废"，全年生产耗新水量2.67万吨，废水外排总量1.39万吨。1980年5月新安装自控1T/HKZZ锅炉及除尘设备一套，符合国家标准，6月投入生产使用。但是，"锅炉烟囱灰尘尚未解决，卫生制度经常性还做得不够达到文明生产要

---

[1] 苏州糕点厂：《1979年工业企业统计年报》，1980年1月8日填报，企业负责人曹夕明、杨存诗签章，苏州市档案馆藏，档号：C007-006-0415-156-165。
[2] 苏州糕点厂：《工业企业普查登记表》（国家经委、国家农委、国家工商行政管理总局制定），1980年5月9日填报，苏州市档案馆藏，档号：C034-002-0063-038。

求"[1]。

苏州糕点厂开业与设立日期皆为1958年6月1日,"1964年以后登记,登记证已经遗失"[2],经申请并经苏州市糖业烟酒公司、市商业局和市卫生防疫站审查同意,1980年12月22日由江苏省苏州市革命委员会工商行政管理局核准发证。营业执照商字第224号,企业地址观前街57号,注册资金473000元,负责人杨存诗。独立核算。经营范围:制造兼批发。主业:糕点、苏式糖果。兼营业务:咸味、蜜饯、炒货、玫瑰酒、酸梅汁。

据苏州糕点厂《1980年工业企业统计年报》,全年工业总产值按1970年不变价格计算为415.91万元,按本年现行价格计算565.78万元。全年工业净产值852005元:其中应得产品销售利润374853元,应缴纳产品销售税金213930元,计入工业生产费用的工资总额217729元,提取职工福利基金19427元,利息支出18318元,其他0.7748元。全年平均工人数280人。全年利润总额286811元,上缴利润284259元。

1980年主要产品生产能力、产量、质量与物耗情况见表6-15,其中生产能力较上年继续下降。企业年底占地面积、房屋建筑面积,以及主要专业生产设备、金属切削机床和自有载重汽车数量,皆同于1979年。动力设备(已安装数)51台,总能力158.3千瓦,其中电动机48台134.3千瓦,电炉3台24千瓦。企业年末固定资产原值350247元,净值237970元。[3]

表6-15 1980年苏州糕点厂主要产品生产能力、产量、质量与物耗

产品名称	年初生产能力/吨	年末生产能力/吨	实际产量/吨	正品率	物耗指标
糕点	2500	2500	1561.93	99.71%	1吨耗煤177.2公斤,耗电19.8度。
蛋糕			440.65		
月饼			314.13		
年(油)糕			222.44		
苏式糖果	200	200	116.08		
优质糖果			22.39		

---

[1] 苏州糕点厂:《工业企业登记申请书》(江苏省工商行政管理局制定),1980年2月11日填报,苏州市档案馆藏,档号:C034-002-0063-003。
[2] 苏州糕点厂:《工业企业登记申请书》(江苏省工商行政管理局制定),1980年2月11日填报,苏州市档案馆藏,档号:C034-002-0063-003-005。按:2003年3月12日苏州稻香村食品厂(股份合作制)换新《企业法人营业执照》,误将1980年12月22日发证日期填作成立日期。
[3] 苏州糕点厂:《1980年工业企业统计年报》之统工1表至11表,1981年1月11日填报,企业负责人杨存诗签章,苏州市档案馆藏,档号:C007-006-0444-174-179。

续表

产品名称	年初生产能力/吨	年末生产能力/吨	实际产量/吨	正品率	物耗指标
炒货	1200	1000	524.46		1吨耗煤156.7公斤。
咸味	300	300	50.67		
玫瑰酒			0.74		
酒酿	150	150	68.96		
蜜饯	100	100	12.66		
酸梅汁	200	200	102.22		
合计	4650	4450	3437.33		

资料来源：苏州糕点厂：《1980年工业企业统计年报》之统工1表"企业概况"、统工2表附表"1980年工业总产值、产品产量分月表"、统工4表"质量、物耗及其它主要技术经济指标分月表"、统工5表"主要产品生产能力"，1981年1月11日填报，苏州市档案馆藏，档号：C007-006-0444-174-179。

1981年，苏州糕点厂年末占地面积5881平方米，房屋建筑面积4766平方米，全部用于生产。因市糖业烟酒公司建造本系统职工宿舍，苏州糕点厂传达室和女更衣室被拆迁，经市糖业烟酒公司和市商业局批准，自筹资金5040元，利用被拆迁房屋材料，在牛角浜23号二车间（糖果车间）搭建简易传达室和男女更衣室（建筑面积84平方米）。[1]但是，8月二车间前进因年久失修突然坍房，傅永被压伤，暴露了安全隐患。

1981年工业总产值按1970年不变价格计算为439.78万元，按1980年不变价格计算为470.14万元。工业净产值按现行价格计算为871491元，其中应得产品销售利润377148元，应缴纳产品销售税金212715元。计入工业生产费用的工资总额229387元，提取职工福利基金19091元，利息支出22613元，其他10537元。

企业年末固定资产原值363999元，净值233499元。主要专业设备与上年相比，炒货机2台，另增加1台，生产能力增至800吨。动力设备（已安装数）57台，总能力169.6千瓦，主要是电动机较上年增加6台，总能力增至145.6千瓦。这年锅炉又扩大，购入1吨快速链条炉，能烧到8公斤。

全厂308人，工资总额245264元；全年平均工人数285人，工资总额

---

[1] 苏州糕点厂：《简易仓房申请表》，简基（81）03号，1981年5月30日填报，1982年1月6日报出，6月1日、2日分别被市糖业烟酒公司、市商业局批准，进度安排为6月至8月，经办人魏腊泉。苏州市档案馆藏，档号：C031-002-0041-048。

229387 元。全年利润总额 312608 元，上缴利润 321673 元。[1]

1981 年主要产品生产能力、产量、质量与物耗情况见表 6-16，全年合计生产产品略高于上年，经过挖潜、革新改造，新增糕点生产能力 200 吨，总体生产能力仍旧多有剩余。但是，本年旅游旺季，在糕点生产中占重要地位的苏州糕点厂，在市场上正大量需要糕点的时候反而减产，与上年同期相比，3 月减产 37 吨，4 月头 19 天减产 741 袋面粉的糕点，致使许多商店纷纷反映进货困难。而广州和伊斯兰两家设有作坊的食品商店积极增产，努力满足市场需要。广州食品商店 4 月 1 日—25 日生产的糕点，比上年同期增加了近 3 吨，尤其是蛋糕的产量超过去年同期，4 月全月生产 2.3 吨。该店糕点柜中常有各种花色蛋糕供应，生意十分兴隆。伊斯兰食品商店 4 月糕点产量和上年同期相比增产 2 吨，因而该店门市部的供应亦很丰富，营业额平均每天比 3 月增加近 200 元。苏州糕点厂却受到了舆论批评，他们决定采取措施，尽快变减产为增产。[2]

表 6-16　1981 年苏州糕点厂主要产品生产能力、产量、质量与物耗

产品名称	年初生产能力/吨	年末生产能力/吨	实际产量/吨	正品率	物耗指标
糕点	2500	2700	1522.30	99.78%	1 吨耗煤 181.5 公斤，耗电 21.8 度。
蛋糕			440.95		
月饼			347.83		
年（油）糕			234.07		
苏式糖果	200	200	107.09		
优质糖果			24.27		
炒货	1000	1000	743.86		1 吨耗煤 154 公斤。
咸味	300	300	47.99		
酒酿	150	150	26.40		
蜜饯	100	100			
酸梅汁	200	200	108.95		
合计	4450	4650	3603.71		

资料来源：苏州糕点厂：《1981 年工业企业统计年报》统工 1 表"企业概况"、统工 2 表附表"1981 年工业总产值、产品产量分月表"、统工 4 表"质量、物耗及其它主要技术经济指标分月表"、统工 5 表"主要产品生产能力"，1982 年 1 月 6 日报出，苏州市档案馆藏，档号：C007-006-0482-174-177。

---

〔1〕苏州糕点厂：《1981 年工业企业统计年报》，1982 年 1 月 6 日报出，企业负责人徐金松（厂长）签章，苏州市档案馆藏，档号：C007-006-0482-172-182。

〔2〕肖驰：《"广州"、"伊斯兰"适时增销　生意兴隆》，《苏州报》1981 年 5 月 2 日第 2 版。

1982年1月，苏州糕点厂转而隶属苏州市食品工业公司，8月6日被重新核准登记，与苏州糕点厂门市部获颁苏工商企字第1147号营业执照。[1]苏州糕点厂门市部1981年的营业额56.15万元，盈利3.93万元，总人数18人。在庆祝中华人民共和国成立三十三周年之际，门市部经整修后对外营业，营业面积比原来扩大一倍，经销的品种增加30%。传统品种麻太史、千层酥、菠萝酥、排砂糕等常有供应，著名特产卤汁豆腐干每天供应。[2]12月26日起，市食品工业公司在苏州糕点厂门市部举办苏州糖果、糕点、食品展销，葱管糖、香脆饼、大方糕、透味熏鱼等传统特色产品深受群众欢迎，还设有儿童食品专柜，供应小儿八珍糕、奶糕、婴儿奶粉、米老鼠糖等。[3]

　　由于农村逐步推行家庭联产承包责任制，农副产品大幅度增加，有力地促进了工业的发展。食品行业的原料基本上来自农村，原辅料的充沛，提高了糕点的质量，炒货原料香瓜子、西瓜子、南瓜子、果玉可以满足需要。价格开放为议价，每年有所下降。以西瓜子为例，1979年每百斤140元，1980年与1979年相仿，1981年128元，1982年115元，零售价相应下降，从每斤2.40元跌到每斤2.08元。由于政策对头，农副产品产量直线上升，干果原料充裕，供应正常，城乡销售兴旺。各县集镇供销社是苏州糕点厂的重要供应对象，为适应形势，苏州糕点厂对供销社采取送货上门。1982年全年销售额605.43万元（其中门市部零售59.13万元），每月平均50万元。全厂人员319人，劳动生产率比建厂的1958年提高166.5%，自有资金及贷款在60万元之间，资金周转率40~50天。[4]

　　据苏州糕点厂《1982年工业企业统计年报》[5]，工业总产值按1980年不变价格计算为485.32万元。工业净产值按现行价格计算为853086元（约85.31万元），其中应得产品销售利润339066元，应缴纳产品销售税金218904元。全年利润总额267313元，上缴利润271183元。计入工业生产费用的工资总额235422元，提取职工福利基金20290元，利息支出39404元。

　　1982年主要产品生产能力、产量、质量与物耗见表6-17。年末固定资产原值

---

[1]《苏州糕点厂门市部工商企业开业登记调查呈批表》，1982年，苏州市档案馆藏，档号：C034-002-0063-038。
[2] 庆甲：《糕点厂门市部扩大营业面积　增加销售品种》，《苏州报》1982年10月9日第2版。
[3] 小洁：《市场点滴》，《苏州报》1982年12月25日第2版；吴慧洁：《图片新闻》，《苏州报》1982年12月28日第2版；国平、小洁：《玩具又添新花样　儿童食品竟上柜》，《苏州报》1983年1月1日第2版。
[4] 苏州糕点厂厂志编写小组，陈茂生执笔：《苏州糕点厂厂志》第二章"并厂时的概述"之"供销及流动资金情况"，未刊讨论稿，1985年。
[5] 苏州糕点厂：《1982年工业企业统计年报》统工1表"企业概况"、统工2表"工业总产值"、统工3表"工业净产值"、统工6表"主要专业生产设备"、统工7表"金属切削机床拥有量"、统工9表"动力设备"、统工10表"主要财务成本指标"，1983年1月17日报出，企业负责人丁惠泉（厂长）签章，苏州市档案馆藏，档号：C007-006-0512-082-093。

508080 元，其中工业生产用 492987 元（工业设备 181704 元），净值 365153 元。主要专业生产设备与机床数量不变，动力设备（已安装数）80 台 214.85 千瓦：电动机 76 台 187.75 千瓦，电炉 4 台 27.1 千瓦。蒸汽锅炉 1 座，1 小时 1 蒸吨。占地面积、房屋建筑面积同上年，全部用于生产。载重汽车增至 3 辆，共 7.5 吨。

表 6-17　1982 年苏州糕点厂主要产品生产能力、产量、质量与物耗

产品名称	年初生产能力/吨	年末生产能力/吨	实际产量/吨	正品率	物耗指标
糕点	2700	2700	639.30	99.63%	1 吨耗煤 153.43 公斤，耗电 32.86 度。
优质议价蛋糕			446.55		
云片糕			390.34		
麻饼			125.09		
酥糖			108.46		
年糕			200.02		
苏式月饼			365.14		
奶糕			229.39		
苏式糖果	200	200	101.86		
玫瑰酒			0.46		
炒货	1000	1000	463.63		1 吨耗煤 135.35 公斤。
咸味	300	300	68.35		
蜜饯	100	100	11.83		
酸梅汁	200	150	120.18		
合计	4450	4650	3270.60		

资料来源：苏州糕点厂：《1982 年工业企业统计年报》统工 2 表附表 "1982 年工业总产值、净产值、产品产量分月表"、统工 4 表 "质量、物耗及其它主要技术经济指标分月表"、统工 5 表 "主要产品生产能力"，1983 年 1 月 8 日填报，苏州市档案馆藏，档号：C007-006-0512-084-088。

在拆除原木工间、油锅间、食堂的基础上，新建四楼用场，用于生产兼带办公。但是，生产场地和技术力量的不足等方面仍然存在问题，陈茂生说：

> 并厂初期有足够生产多品种的场地，在 "自然灾害" 期间，因生产单纯房屋空关，晒场空闲被房管公司收回，现在要生产大量青盐，晒南瓜子晒场不够用，且现在场地一家一户还是勉强的。外地如运来一二车皮干果无仓库，只好向外单位暂借，尚未引起各级领导的重视。
>
> 老一辈的生产工人大都年老退休，剩下寥寥数人，大多数是 70 年以后的工人，现在青工要占 70% 以上，培训技术接班人是当务之急。如何使老师傅

一手好技艺全般传授出来，对一批接收技术下一代来说，如何肯钻肯学，刻苦提高技术，苦练基本功，能达到青出于蓝而胜于蓝的地步。上级领导无具体措施，基层虽搞过订师徒合同，有荣誉而无物质报酬，收效不大，甚至有流于形式。[1]

由于苏州糕点厂"是由茶糖行业的许多小作坊合并起来的商办工厂，设备陈旧，厂房简陋，生产大呼隆，小作坊思想严重，劳动纪律松懈，职工素质差，生产秩序不正常，再加上生产季节性强，生产周期短，手工工艺复杂，劳动组合多变，生产计划又受市场限制，加上厂级领导频繁调动，因此在生产经营方面存在许多薄弱环节，浪费严重，产品质量逐年下降，管理水平低"[2]。在市商业局和食品工业公司的领导下，苏州糕点厂遵照中共中央、国务院［1982］2号文件精神，于1982年5月起有计划、有步骤地开展企业全面整顿工作。在市食品工业公司驻厂调查组的帮助下，苏州糕点厂组织全厂干部职工，深入学习、领会中央2号文件精神和国民经济"调整、改革、整顿、提高"的重要意义，明确整顿要求、内容和目的。选举恢复了厂党支部委员会，加强了行政领导班子建设，健全了三级领导管理体制。认真贯彻条例，实行党支部领导下的厂长负责制，实行职工民主管理，恢复健全了职工代表大会制度，并成立了企业整顿领导小组、经济考核小组、质量管理委员会等机构（图6-1）。

1983年11月第三届职代会全体代表留影

从企业基础管理着手，抓住各级领导班子的调整这个关键，以完善企业内部经济责任制、提高产品质量为突破口，以建立健全各项规章制度、整顿劳动组织纪律、调整岗位职责为基础，以降低成本、提高产品质量和经济效益为目标，以加强政治思想工作、提高职工队伍素质为动力，制定全面整顿实施方案、方法和步骤，工厂保持了良好的安定局面。

---

[1] 苏州糕点厂厂志编写小组，陈茂生执笔：《苏州糕点厂厂志》第二章"并厂时的概述"之"生产经营管理情况的沿革"，未刊讨论稿，1985年。

[2] 苏州糕点厂：《苏州糕点厂企业整顿情况汇报》，附《苏州糕点厂行政管理平面图》，1983年11月，苏州市档案馆藏，档号：A027-003-0103-022-034。全文详见本书附录三。

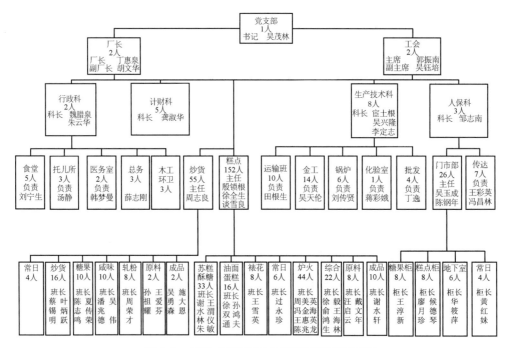

图 6-1　1983 年苏州糕点厂行政管理平面图

截至 1983 年 11 月，整顿工作基本结束，企业全员 325 人（包括 17 个培训工），努力完成国家下达的任务指标，经济效益较好。1983 年 1—11 月实现的经济指标如下。

总产量完成 3061.2 吨，比去年同期的 2987.1 吨增长 74.1 吨[1]，增长 2.48%，完成年度计划的 91.38%。其中糕点产品的正品率为 99.74%，比去年同期上升 0.13%。

实现利润 29.35 万元（包括上交公司分摊费用 1.33 万元），比去年同期 25.95 万元增加 3.4 万元，增长 13.1%。

每百元产值占用定额流动资金为 13.26 元，比去年同期的 17.36 元少占用 4.10 元；定额流动资金占用天数，截至 1983 年 11 月为 39.87 天，比去年同期的 56.2 天加快周转 16.33 天，提高资金利用率为 29.06%。

销售成本为 89.19%，比去年同期的 89.41% 下降 0.22%；产品成本占产品收入的 88.78%，比去年同期的 89.04% 下降 0.26%。

工业总产值完成 450.22 万元，比去年同期的 442.40 万元增加 7.87 万元，增长 1.78%，完成年度计划的 91.88%。

由于注意提高经济效益，发挥短线产品的作用，1983 年以来，银行贷款减少

---

[1] 苏州糕点厂：《苏州糕点厂企业整顿情况汇报》，1983 年 11 月，苏州市档案馆藏，档号：A027-003-0103-034。按：增长 74.1 吨，原文误作 741 吨。

利息支出1.37万元。地脚粉浪费比去年减少1310斤，金额达212.93元。整顿以来节约标准煤151.25吨。根据市场形势的发展在包装设计上进行了提高和创新，收到了一定的社会效果，1983年1—9月包装销售为62010元，比上年同期增长71.6%，包装盈利9110.60元，增长了89.6%。同时加强成本核算管理和物资管理责任制，1983年1—9月比上年同期减少木格损失3607只（包括自然损耗），减少损失25218元。

整顿工作开展以后，企业在改造挖潜中充分发动群众小改小革，自制了小蛋糕机、豆沙出壳机，改建了风车炉等，对奶糕一条龙、片糕一条龙进行改造，还规划逐步新上几条生产线，努力加快机械化作业的步伐。同时改善了酥糖生产场地，改造了二车间的成品间和云粉间的卫生设施，新增了包装用具。在加强文明生产的同时也兼顾到了文明经营工作，对门市部进行了整修，制定了优质服务经营管理办法，门市部销售与上年同期相比，销售额增长了22.58%，减少次品出售1614斤，比上年同期下降7%。[1]

改革开放以后，消费者从吃得饱转向要吃得好，并需要多种花色品种、名特品种，这就要求加快发展食品工业，切实提高品种、质量和包装等方面的工艺技术水平。1979年12月1—15日，由江苏省糖业烟酒公司主办的江苏省十二市县糖果糕点评比展销会在苏州玄妙观举行，在七类产品质量评比中，苏州糕点厂的云片糕获得了该类产品质量评比第一名。[2]这是徐有发老师傅废寝忘食动脑筋，经过足足一个星期的反复试验，取得了蒸、拌、切几道工序的最佳效果后搞出来的。[3]1980年8月，为努力恢复、发扬苏式糖果糕点的传统特色，市有关领导部门邀请行业的一些行家和老师傅举行了座谈会。[4]9月，经江苏省糖业烟酒公司质量检查团巡回检查评定，苏州糕点厂的百果月饼被评为一级优质产品。[5]11

---

[1] 苏州糕点厂：《苏州糕点厂企业整顿情况汇报》，1983年11月，苏州市档案馆藏，档号：A027-003-0103-022-034。

[2] 《十二市、县糖果糕点评比展销结束》，《苏州报》1979年12月15日第1版。苏州的松子枣泥麻饼被评选为名特产品。团体优胜单位：第一名徐州市，第二名无锡市，第三名南京市和常州市。

[3] 《努力恢复、发扬苏式糖果糕点的传统特色》，《苏州报》1980年8月23日第2版。按：徐有发，原文误作徐有法。

[4] 为发挥老师傅传帮带的作用，抓紧培养青年人接班，座谈会上苏州糕点厂车间主任冷培荣建议，对徐有发这样的老师傅给予鼓励、奖励。厂里的新徒工中，有的事业心很强，进厂半年就能独当一面，做的酥糖规格质量与老师傅做的不相上下。像这样的学徒，是否可以根据手工操作的技术要求，经同行老师傅鉴定后，让他们提前满师，鼓励青年人钻研技术。否则，像现在这样做得好与不好没有区别，甚至任务完不成也照拿工资，是不利于调动大家的积极性的。据《苏州报》1980年8月16日第2版《图片新闻》，1979年进厂的青年徒工蔡锡明、余鸿生，热爱本职工作，虚心好学，很快掌握了苏式月饼的制作技艺，受到表扬。按：蔡锡明，原文误作蔡锡林。

[5] 国平、佩乙：《苏式月饼质量名列全省前茅》，《苏州报》1980年9月20日第1版。

月,由陈茂生主持,苏州糕点厂恢复了传统品种小儿八珍糕的生产与销售。[1]此后还加紧试制一种营养价值较高的"5410"奶糕。[2]该厂出产的婴儿糕已成为很多婴儿的主食。[3]但是,在1981年5月于无锡举行的全省糕点糖果质量评比中,苏州的糕点糖果名落孙山,这对本行业的干部职工震动很大,广大群众也议论纷纷。如何改变本市糕点糖果品种单调、质量上不去的现状,继续保持苏式糕点糖果的传统特色,市政府于6月17日邀请糕点糖果行业的一些干部、老职工在市糖业烟酒公司召开座谈会。结合对杭州、无锡同行业的调查,苏州糕点厂副厂长杨存诗提出:"要抓好一只产品,不是靠突击,要靠科学态度,工具蛮要紧,是个大问题。现在要质量好,除非恢复原始的手工操作,如油梗,用石臼里冲出来的粉做,就好吃,但历史发展不允许,不可能在减少产量后再提高质量,应当改革工具,提高劳动效率。我们的包袱背得太重了,认为自己是老大哥,做表面文章,到一定辰光非吃败仗不可。"[4]市糖业烟酒公司工业科科长龚泰生认为:"与1979年相比,我们不是前进是落后了……这次在无锡评比,方法比较科学,为啥这样失败,不是偶然的,确实是工作没有做好,精力没有放在抓质量上。今后怎么办?要以质量求生存,以品种求发展,建立专职的质量检验网。新产品的设计试制、内在质量、外观包装和食品卫生等方面都要突上去。领导一定要懂行,要形成强有力的指挥生产的班子。现在制定生产指标往往一刀切,而不按照花色品种和费工时间长短等实际情况加以区别对待,这就不利于增加花色品种和提高产品质量。在产量大幅度增加的情况下,如何解决原辅料加工的问题,也值得引起重视。现在,加工部门提供的糕粉粗,芝麻杂质多,枣泥里有核屑。今后要设法搞好原辅料加工,提高原辅料的质量。"[5]会后苏州糕点厂认真采取了一些促进措施。1981年12月,江苏省商业厅在南京举办首届江苏省商办食品工业展销会,苏州糕点厂的小儿八珍糕、猪油芙蓉酥等产品很受欢迎和好评。[6]苏州糕点厂还通过轮船公司托运77件计重2200多公斤的传统特产糖果,保证杭州市场两大节日的供应。[7]

1982年2月,苏州糕点厂小儿八珍糕等苏式糕点,被选送参加六一儿童节北京全

---

[1] 吴钰培:《小儿八珍糕》,《苏州报》1980年11月22日第2版。小儿八珍糕由党参、山药、莲心、扁豆、米仁、鸡内金、茯苓等中药加入粳炒米粉和白糖精制而成,有助于治疗小儿疳膨食积、消化不良、脾胃虚弱等症。

[2] 福明:《糕点厂加紧试制奶糕新品种》,《苏州报》1981年5月28日第2版。

[3] 读者健文来信:《售票员为客垫钱 婴儿糕内有杂质》,《苏州报》1981年1月8日第1版。

[4] 胡月珍整理:《要以质量求生存 以品种求发展》,《苏州报》1981年6月27日第2版。

[5] 胡月珍整理:《要以质量求生存 以品种求发展》,《苏州报》1981年6月27日第2版。

[6] 钰泉、国平、福明:《猪头肉引客再顾 八珍糕美誉广传》,《苏州报》1981年12月26日第2版。

[7] 《苏州糕点厂把一批糖果及时发运杭州》,《苏州报》1981年12月29日第1版。

国儿童用品（包括食品）展销会，[1]还生产了松子桂圆软糖等特产糖果应市[2]。该厂从8月初就进行月饼的批量生产，以探测市场需要，同时根据以往的销售情况，增加了开洋、松仁麻蓉、薄荷月饼三个新品种供应。[3]为提高月饼质量，促进青年职工掌握、提高苏式糕点技术水平，市食品工业公司组织所属三家糕点厂于8月24日举行了首次苏式月饼技术操作表演赛，苏州糕点厂青年女职工周美英夺得了个人比赛第一名，裘正福和青年职工谈雪良并列第二名。[4]同年，该厂生产的杏仁酥、云片糕获得了全省同类产品质量第一名[5]，虎丘牌云片糕还在桂林全国食品展销会上获省优桂冠[6]。在江苏省糖业烟酒公司于徐州举办的全省糖果糕点技术交流活动中，苏州糕点厂的芝麻酥糖、苏式月饼、杏仁酥、松子枣泥麻饼都获得了名次，受到很大鼓舞。[7]

鲜肉饺系苏式油酥类糕点。苏州糕点厂1982年恢复生产，年产0.08吨，年产值0.02万元，年销售额0.02万元；1983年年产0.13吨，年产值0.03万元，年销售额0.06万元。此为创优产品，为赶超先进技术水平，不断提高质量，苏州糕点厂特别制定了企业内控指标，包括感官指标、理化指标、细菌指标等。据苏州糕点厂征求顾客的意见反映："我厂门市部自热炉生产传统产品鲜肉饺、鲜肉月饼、袜底酥以来，吸引了广大的新老顾客，他们对我们的产品非常满意，常常排队购买，生产数量满足不了消费者的需要。另外，我厂生产的熏青鱼，消费者也非常欢迎。还希望我们能多多生产这种传统产品，满足广大消费者的需要。"[8]

苏州糕点厂的清水玫瑰月饼系苏式月饼老糕点，富于苏州地方特色，无同品种产品可比较：1981年年产79.71吨，年产值11.96万元，年销售额12.16万元；1982年年产91.3吨，年产值13.7万元，年销售额13.88万元；1983年1—

---

[1] 虞国平：《我市四十种食品将参加全国儿童用品展销会》，《苏州报》1982年2月25日第1版。参阅徐森、乙平：《本市参加全国展销的首批儿童食品已启运》，《苏州报》1982年5月11日第1版。由苏州市食品工业公司指定，共73个品种的食品参加展销，其中有采芝斋的苏式糖果等。大部分食品采用了新颖的包装装潢，因天热和品种不对头而滞销，往返运输变质，以下脚处理，损失3000元。
[2] 亦今：《传统特产糖果上柜》，《苏州报》1982年2月27日第2版。
[3] 沈锡锡：《图片新闻》，《苏州报》1982年9月18日第2版。
[4] 叶庆甲：《市食品工业公司举行苏式月饼技术操作表演赛》，《苏州报》1982年8月28日第2版。谈雪良，原文作谈雪亮。苏州糕点二厂的吴美娣获个人第三名。苏州糕点三厂荣获集体优胜奖。
[5] 小洁：《糕点厂门市部——百种食品纷纷上柜》，《苏州报》1983年2月5日第2版。
[6] 润泉：《苏式糖果糕点前景如何》，《苏州日报》1999年1月29日第5版。
[7] 苏州市商业局编史组：《苏州市商业志初稿（三）》第四章第二节之"茶食糖果业"，未刊稿，1991年9月，第14页。
[8] 苏州糕点厂：《苏州市优良食品申请表（鲜肉饺）》附件，1983年11月，苏州市档案馆藏，档号：C010-001-0120-058-063-067。企业内控指标：1. 感官指标。色泽呈淡黄色，只形长短一致，皮薄，酥而爽口，无异味，具有该产品的风味。2. 理化指标。水分25%，忌糖100%，粗蛋白质7.5%～8.5%，粗脂肪22%～25%。3. 细菌指标。细菌总数＜750个/毫克，不得检出大肠菌群、致病菌。

10月生产69.8吨，产值10.41万元，销售额10.61万元。[1]

五香烂白糖是苏州著名特产，由于纯手工操作，劳动效率低，已停产多年。1983年2月，市食品工业公司在苏州糕点厂门市部举办迎新春糕点糖果食品展销，苏州糕点厂特邀苏州饴糖厂5位老师傅上门传技生产，每天下午上柜12000只，在门市部不到一个小时就售完，因价廉物美深受顾客欢迎。[2]蜂乳资生糕是一种适合老年人口味的苏式糕点，因产值小，已停产多年。该产品按历史传统配方，以粳炒米粉、白砂糖、山楂肉、陈皮等为主要原料，有润肺化痰、增强食欲等功效。11月，苏州糕点厂恢复生产蜂乳资生糕，还根据时令特点和市场需要，恢复生产袜底酥等产品。[3]12月20日，江苏省商业厅公布评选出的本年全省商业系统名特、四新、传统优良食品名单，苏州糕点厂的松子枣泥麻饼、芝麻酥糖和八珍糕被评为名特食品，在包括苏州在内各地区、各糕点厂家中名列第一。[4]苏州糕点厂荣获1983年江苏省优质产品奖，虎丘牌秘制云片糕（2.5两）在江苏省食品评比会上被评为省级优质产品第一名，油梗在全省同行业评比中名列第三。[5]

苏州糕点厂还着重就该厂松子枣泥麻饼、清水玫瑰月饼、五仁月饼、百果月饼、袜底酥、枇杷梗、葱油桃酥、鲜肉饼、八珍糕、酥糖、美味肉松、百果糖、蛋糕等十余种产品向社会广泛征求意见。1983年11月23日，苏州糕点厂在厂门市部举行苏州市优质产品消费者座谈会，出席人员来自5017厂、苏州乳胶厂、颜家巷小学、南京铁路医院、苏州医疗用品厂、苏州台板厂、苏州电冰箱厂、苏州变压器厂、苏州美术工艺厂、颜家巷居委会等单位的在职与退休人员，以及市食品工业公司工业科和苏州市工商联、市饮食服务公司、人民商场有关人员，还有该厂厂长丁惠泉、生产科科长宦土根、厂门市部主任吴玉成等。苏州电冰箱厂的吴甫新说："苏州有好几家单位生产酥糖，你们厂的产品，总的情况来说比较突出，香味足，特别是黑芝麻的。分量也足，包装也较以前提高了。"5017厂退休干部柳彬说："苏州月饼、酥糖，我买了寄给北京的友人，获得大大的称赞。苏州

---

[1] 苏州糕点厂：《苏州市优良食品申请表（虎丘牌清水玫瑰月饼）》附件，1983年11月，苏州市档案馆藏，档号：C010-001-0120-114-116。

[2] 庆甲：《五香烂白糖价廉物美受欢迎》，《苏州报》1983年2月12日第2版。

[3] 庆甲、余群：《蜂乳资生糕恢复生产》，《苏州报》1983年11月9日第2版；俞解民：《图片新闻》，《苏州报》1983年11月12日第2版。

[4] 《江苏省商业厅关于公布评选出的1983年全省商业系统名特、四新、传统优良食品名单的通知》，苏商工（83）373号，1983年12月20日，苏州市档案馆藏，档号：C031-010-0035-086-088。本次评比，在各行业认真评比和推荐的基础上，经过各地张榜公布，广泛征求群众意见，共确定79种产品，其中名特食品37种，四新食品20种，传统优良食品22种。采芝斋的苏式糖果此次也被评为名特产品。参阅庆甲、肖驰：《商业系统十一种食品荣获省厅证书》，《苏州报》1984年1月14日第1版。

[5] 苏州糕点厂：《苏州糕点厂企业整顿情况汇报》，1983年11月，苏州市档案馆藏，档号：A027-003-0103-022-034。参阅《苏州报》1984年4月22日第5版广告。

糕点名不虚传。你们厂门市部的鲜肉饺,我每天都来买 20 只,价廉物美。"市工商联副秘书长贝祖武也称赞道:"特别是肉饺,味道鲜、油酥,体现了真正的'酥'。"市饮食服务公司顾问唐慎友说:"我可以说是老食客了。尤其对苏州茶食,更是比较感兴趣。苏式糕点其优在于色、香、味俱全。当然和过去相比,是有一定差距,这有着客观上的原因。比如,生产规模扩大了,原料问题,加工工艺等,总的说来,桌上这些产品是苏式糕点中的精品,是上流的。拿过去的袜底酥来说吧,口感很不差,色泽也很好,就是体态稍小了一点,不过这不影响内在质量。内在质量已和过去的相差无几。还有麻饼、肉饺等。希望展销产品与市场供应的差别愈小愈好。"[1]这些意见都很中肯,评价客观。

苏州糕点厂生产科田振生、丁一等人,还专程到有关商店征求意见。11 月 25 日,国营苏州市双塔土特产商店反馈的销售意见说:"顾客反映良好,特别对芝麻酥糖供不应求,希望在现有条件之下多生产些,满足消费者的需要。尤其是春节即将来到,希望多生产些麻饼(不管特级、甲级)、枇杷梗、肉松等等之类的产品,保持市场货源的充沛,购销两旺。特别你厂新包装的盒装葱油桃酥,我店生意蛮好,外地顾客很欢迎,反映很好。1 元钱 1 盒,带回去送送亲戚朋友很实惠,而且是携带方便,不会轧碎了。"国营苏州市第二食品商店糕点柜经销部分产品,其《推荐苏州糕点厂创优产品意见》中说:"1. 枣泥麻饼。保持苏州土产特色,只型、规格等质量比较稳定,颇受本地及外地顾客欢迎。2. 八珍糕。药效婴幼食品,对优育儿童成长有效,颇受这类顾客欢迎。3. 香草小蛋糕。造型美观。色味均适,便利儿童食用,与其他厂产品相比,质量居上。4. 枇杷梗。另称传统茶点,质量稳定,受顾客欢迎。"[2]

1984 年 1 月 1—14 日,江苏省供销社牵头在江浦县(今南京市浦口区)举行全省炒货质量评比,苏州糕点厂荣获"新品种瓜子"第一名。同月 25 日,经苏州市食品工业产品展销会评比小组审批同意,市经委审定,命名该厂虎丘牌清水玫瑰月饼为市优良食品,虎丘牌鸡蛋糕、鲜肉饺为市名特食品。[3]从 2 月苏州糕点厂发布的糕点及糖果、炒货、蜜饯、咸味产品价目表来看,糕点计 172 种,分为炉货类 37 种,油面类 17 种,油氽类 23 种,水蒸类 18 种,片糕类 33 种,蛋糕

---

[1] 苏州糕点厂:《苏州市优良食品申请表(虎丘牌清水玫瑰月饼)》附件,1983 年 11 月,苏州市档案馆藏,档号:C010-001-0120-126-129。
[2] 苏州糕点厂:《苏州市优良食品申请表(虎丘牌鸡蛋糕)》附件,1983 年 11 月,苏州市档案馆藏,档号:C010-001-0120-056-057。按:"另称"乃"零称"俗写。
[3] 苏州糕点厂:《苏州市优良食品申请表(虎丘牌鸡蛋糕)》,1983 年 11 月,苏州市档案馆藏,档号:C010-001-0120-056-057;《苏州市优良食品申请表(虎丘牌清水玫瑰月饼)》,苏州市档案馆藏,档号:C010-001-0120-126-129;《苏州市优良食品申请表(鲜肉饺)》,苏州市档案馆藏,档号:C010-001-0120-058-063-067。参阅潘海涛:《市经委评出一批优良和名特食品》,《苏州报》1984 年 1 月 26 日第 1 版。共评出优良食品 70 只,名特食品 28 只。

类 11 种，另单列月饼 33 种。糖果类 52 种，炒货类 19 种，蜜饯类 10 种，咸味类 3 种，计 87 种。总计 259 种提供市场，可谓大类齐全，品种丰富，超迈以往。[1]这年春节糖年糕实行敞开供应，规格有普通、重糖两种，猪油年糕供应量比上年同期增加四分之一，苏州糕点厂除完成生产任务外，还增加了薄荷等多个品种，并恢复生产了四色片糕、三色大麻饼、印板松酥等传统品种。[2]苏式糕点是全国三大糕点帮式之一，长期以来，包装仍是 20 世纪四五十年代老样式，严重影响销路，苏州糕点厂积极加以改进，云片糕、苏式月饼、麻饼等都有了精制包装。葱油桃酥过去 10 片 1 卷，销售不畅，改换包装后十分畅销，产量很快翻了四番。[3]苏州糕点厂还先后试制成功适宜老人、儿童食用的新产品，如老幼乐蜂蜜花生、增智婴儿粉[4]、老幼喜片糕（又名赖氨酸片糕）。8 月 15 日，由市食品工业公司主办的全市商业系统月饼质量评比揭晓，苏州糕点厂的清水玫瑰月饼、广式素百果月饼被评为市区商办厂条线第一名，被选送参加在常州市举办的全省月饼质量评比。[5]8 月 22 日全省月饼质量评比揭晓，共 54 个厂参加，苏州市属厂为前三名，其中，苏州糕点厂生产的清水玫瑰月饼、广式素百果月饼荣获第一名。[6]9 月，苏州糕点厂参加苏州市荣获 1979—1984 年国家、部、省质量奖名优特新产品展销。[7]1985 年 3 月 17 日，江苏省商业、供销、粮食系统同行业产品评比在无锡结束，苏州市有 5 个产品在评比中获得优胜，其中苏州糕点厂的葱油桃酥获第二名。[8]1986 年 4 月，苏州糕点厂生产的葱油桃酥，在省商业厅召开的全省同行业、同类产品质量评比中再获第二名，并于 5 月参加商业部优质产品奖的评比。[9]

当时社办企业方兴未艾。1984 年 8 月 22 日，苏州糕点厂和吴江县（今苏州市吴江区）铜罗乡联营开办的苏州糕点厂铜罗分厂在铜罗镇后兴桥新兴旅馆后面

---

[1]《苏州糕点厂糕点价目表》，1984 年 2 月，苏州稻香村食品有限公司档案室藏。详见本书附录四附表 16—附表 23。

[2] 肖驰：《糖年糕今年敞开供应》，《苏州报》1984 年 1 月 7 日第 2 版；史福明：《糖果糕点花色纷繁 传统品种竞相应市》，《苏州报》1984 年 1 月 20 日第 1 版。

[3]《中国食品报》1984 年 3 月 2 日。

[4] 佩乙：《增智婴儿粉上柜》，《苏州报》1984 年 12 月 1 日第 2 版。

[5] 庆甲：《全市商业系统月饼质量评比揭晓》，《苏州报》1984 年 8 月 18 日第 2 版。本年月饼质量评比分苏式百果、苏式椒盐、地方特色和广式四个品种，按市区商办厂、市区前店后坊和六县（市）商办工厂三条线进行了评比。参阅庆甲、文元：《食品工业公司展销评比月饼》，《苏州报》1985 年 8 月 24 日第 1 版。

[6] 江苏省地方志编纂委员会：《江苏省志·商业志》，南京：江苏人民出版社，1999 年，第 428 页。

[7]《苏州市荣获 1979—1984 年国家、部、省质量奖名优特新产品展销》，《苏州报》1984 年 9 月 19 日第 2 版。

[8] 叶庆甲：《五种食品获省同行业产品评比优胜》，《苏州报》1985 年 3 月 21 日第 1 版。

[9] 叶庆甲：《两食品在省评比中名列前茅》，《苏州报》1986 年 4 月 19 日第 1 版。

正式投产。[1]这是当时吴江最大的食品厂,由陈茂生、宦土根担任技术指导。该厂生产的苏式糕点、糖果、炒货、蜜饯和月饼等于中秋节前投放市场,产品畅销苏浙沪。那时候乡亲造房子,都去那里买糕饼。当年铜罗乡政府有位领导在上海排队买了一盒月饼,回家仔细一看,原来是铜罗分厂生产的,成为一时佳话。

为了加快食品工业发展,从根本上改变苏州糕点厂和糕点二厂厂房设备的破旧落后状况,拧成拳头有发展后劲,1984年8月18日,苏州市糖业烟酒公司上报市商业局《关于申请移建苏州糕点厂、糕点二厂要求征地的报告》:

> 我公司所属糕点厂、糕点二厂,现厂址分别座(坐——引者)落观前街玄妙观(观前碧凤坊、牛角浜——引者)及石路新风巷、鸭蛋桥浜,总占地面积6788平方,建筑面积6704平方,其中简房危房占50%以上,且现厂区均处于商业闹市及居民包围之中,原物料及产成品运输困难,食品生产的卫生条件极差,环境污染严重,无法就地改造。根据省商业厅及市政府食品工业发展规划,为加快改变现在的落后状况,扩大生产规模,提高产品质量及管理水平,需将二个厂厂区迁移,经省商业厅、省计划经济委员会苏商基联(84)223号文批复,下达了该项技术改造项目,为使项目能予进行,根据市商业局苏商工基(84)71号的选点报告,要求征用横塘乡虹桥大队土地二十亩,工程拟分两期进行(第一期可先征9.9亩),资金在该项目所列、拨、贷、自筹内解决。[2]

苏州市商业局接报告后认真研究,9月6日,向市计委上报《关于糕点厂、糕点二厂迁厂申请征用土地的报告》,拟迁移二个厂厂区建筑面积4000平方米,总投资150万元,需征用横塘乡虹桥大队菜田15.6亩(具体位置东靠采香路,北接冰箱厂,西接电子职大,南靠市电大等)。[3]市食品工业公司积极行动,抓紧资金落实,并与虹桥大队协商签订了征地协议。[4]根据生产扩大和市场需求的情况,苏州糕点厂的技术改造项目加快推进。1985年3月26日,江苏省商业厅就苏州市商业局苏商工基(85)21号《关于呈报苏州糕点厂、糕点二厂扩大苏式糕点生产技术改造项目初步设计的报告》做出批复:

> 一、基本同意苏州糕点厂技术改造项目初步设计,核定生产规模年产苏

---

[1] 锦、民:《苏州糕点厂铜罗分厂投产》,《苏州报》1984年8月28日第2版。
[2] 苏州市糖业烟酒公司:《关于申请移建苏州糕点厂、糕点二厂要求征地的报告》,苏糖烟基(84)79号,1984年8月18日,苏州市档案馆藏,档号:G036-001-0188-077。
[3] 苏州市商业局:《关于申请移建苏州糕点厂、糕点二厂要求征地的报告》,苏商工基(84)98号,1984年9月6日,苏州市档案馆藏,档号:G036-001-0188-076。
[4] 两厂基建项目筹备组组长为苏州市食品工业公司基建设备科科长张定伟,成员有苏州糕点厂基建设备科科长李定志和糕点二厂生产供销科科长沈根富。

式糕点三千一百六十吨。

二、厂区合理组织人流与货流，建议适当调整厂区总平面布置，原料成品仓库要考虑原料及成品的出入口。

三、核定建筑面积四千零十五平方米，四层建筑，局部五层。其中：底层为原料成品仓库，二层为麻饼、桃酥及蛋糕生产线，三层为烘片糕及软片糕生产线，四层为包装间及辅助用房，五层为机房间。

四、同意采用现浇钢筋混凝土框架结构，辅房部分为砖混结构，带形基础，预应力多孔板楼面，水磨石地坪，预应力多孔板层面，内纱外玻双层钢窗，内墙一点五米以上涂防霉涂料，一点五米以下贴瓷砖，厕所和消毒间铺红缸砖面层，贴白瓷砖台度。

五、核定投资一百七十二万元。其中：建筑工程八十四万一千元，工艺设备及安装运输费五十五万七千元，征土地费三十二万二千元。所需资金由企业自筹伍十万元，我厅苏商基联（84）233号文补助三十万元，其余九十二万元商请工商银行贷款解决。

六、生产原料由市统一安排，燃料及电力供应由市平衡解决。

请抓紧施工图设计，核定的土建面积和总投资必需（须——引者）严格控制，不得突破。施工图及预算由你局审批，报我厅备案。要求工程在一九八六年六月建成投产，以尽快发挥投资效益。[1]

此项技改项目的土建工程由苏州铁道师范学院建筑设计室设计。显然，如果技术改造项目顺利完成并投产，尽快发挥投资效益，苏州糕点厂的生产将更上一层楼，发展走上快车道。但由于各种原因，有关批复和政策、资金最终未能落实到位，该地块后被市里划转给苏州市电大扩建工程项目，苏州糕点厂失去一次重要的发展机遇。

苏州糕点厂为实行第二步利改税的全民所有制小型盈利企业，到1985年年底，企业职工286人，固定资产原值66.6万元，总产值363.21万元（按1980年不变价格），利润12.32万元。[2]苏州糕点厂填报的《全国工业企业普查表（甲类表）》，全面反映该厂1985年情况，并就主要技术经济指标、全部商品产品总成本、工业产品生产量、职工劳动工资、劳保福利费用构成等主要方面，与1980

---

[1] 江苏省商业厅：《关于苏州糕点厂技术改造项目初步设计的批复》，苏商基（85）71号，1985年3月16日，苏州市档案馆藏，档号：C001-001-0479-046。

[2] 苏州糕点厂：《关于留购日本油炸方便食品生产线的报告》，1986年7月，苏州市档案馆藏，档号：C010-002-0312-054-058。

年、1984年加以比较如下（表6-18至表6-26）。[1]

表6-18　1985年苏州糕点厂主要技术经济指标比较表（一）

单位：万元

类别	年份	1980年不变价格	1985年现行价格	物质消耗	备注
工业总产值	1985	363.2	415.3	336.1	
	1984	456.0	492.4	407.1	
	1980	495.2	515.5	434.9	
工业净产值	1985	79.2			
	1984	85.3			
	1980	80.6			
产品应得销售利润和产品销售基金	1985	46.6			由于产品销售价格提高而增加的收入额：1985年比1984年增收7.8万元，比1980年增收7.4万元。由于原材料、燃料、动力等购进价格提高而增加的支出额：1985年比1984年增支7万元，比1980年增支15.3万元。
	1984	51.7			
	1980	53.7			

表6-19　1985年苏州糕点厂主要技术经济指标比较表（二）

类别	年份	产品合格率（每吨）	单位耗煤量（每吨）	单位耗电量（每吨）	实物劳动生产率（每人）
糖果	1985	98.18%	153.96公斤	93.48度	5.41吨
	1984	99.17%	108.47公斤	25.98度	11.90吨
	1980	97.87%	157.23公斤	31.28度	13.80吨
糕点	1985	99.01%	173.59公斤	72.61度	15.01吨
	1984	99.02%	179.84公斤	48.47度	18.01吨
	1980	99.53%	177.18公斤	19.93度	18.40吨

---

[1] 苏州糕点厂：《全国工业企业普查表（甲类表）》，国务院全国工业普查领导小组制定（1985年5月），1986年填报，企业代码320503170007，苏州市档案馆藏，档号：C007-013-0045-097-119。表6-18至表6-26资料皆出于此。

表 6-20　1985 年苏州糕点厂商品产品总成本比较表

单位：万元

年份	合计	原材料	燃料和动力	工资	职工福利基金	废品损失	车间经费	企业管理费
1985	368.7	306.5	5.2	18.4	2.3	0	28.5	7.8
1984	440.7	384.3	5.5	16.7	2.1	0	22.2	9.9
1980	461.8	412.6	5.3	15.9	1.9	0	15	11.1

表 6-21　1985 年苏州糕点厂工业产品生产量比较表

单位：吨

年份	糖果			果脯蜜饯	糕点			
	合计	夹心	其他	合计	合计	蛋糕点心	包馅	其它
1985	54	29	25	28	2092	342	538	121
1984	119	35	84	20	2522	448	584	1490
1980	138	22	116	13	2539	100	314	2125

主要产品质量，以 1985 年第四季度产品为例，糕点糖果 179 吨，其中一等品 96 吨为蒸制品，合格品 83 吨，包括烘烤制品 53 吨、冷作制品 23 吨、糖果夹心糖 7 吨。无优等品。

表 6-22　1985 年苏州糕点厂工业设备概况

设备名称	数量	价值/千元	年代（20 世纪）	备注
工业锅炉	1	38	80	水火管锅炉，每小时蒸发量 2 吨以下。
金属切削机床	4		60:1，70:3	普通车床 2 台，铣床 1 台，牛头刨床 1 台。
电梯	1	30	80	载重量 3 万吨以下。
交流弧焊机	1		70	
电热烘箱	1		70	12 千瓦
矿用及防爆变压器	1		80	
轻型载重汽车	3		70:1，80:2	
调粉机	5	16（原值）	70:3，80:2	数量属国内一般水平。
糕点成型机	7		70:3，80:4	
烤炉	2		70:1，80:1	
远红外食品炉	1	35（原值）	80	数量属国内落后水平。国内先进水平 3 万元，一般 2000 元，落后 3000 元。
电动机	274			

工业设备原值（1985年末已安装设备合计）35.4万元。具体而言，中华人民共和国成立前和20世纪50年代为0元，60年代为0.6万元，70年代为14.5万元，80年代为20.3万元。35.4万元包括已安装使用33.8万元、未使用1.6万元（即总计待报废1.6万元）。

表6-23　1985年苏州糕点厂原材料、燃料、动力消费与库存

名称	数量	价值/万元	名称	数量	价值/万元
原煤	575吨	2.2	电力	16万度	2.7
香精	92公斤	0.2	原盐	9吨	0.3
大米	459吨	19.6	面粉	572吨	23.8
食用植物油	74533公斤	13	食糖	687公斤	89.6
油料	60吨	10.3			

1985年，原材料、燃料、动力消费总计311.7万元。年初库存55.3万元，年末库存54.3万元。标准煤：1980年年初库存47吨，收入664吨，年末库存57吨；1984年年初库存41吨，加506吨，年末库存41吨；1985年41吨，加467吨，年末库存67吨。

表6-24　1985年末苏州糕点厂职工年龄、文化程度和政治状况

单位：人

类别	合计	女性	领导成员	工人	工程技术人员	管理人员
固定职工、合同制职工合计	281	111	5	192	0	25
按年龄分组：20及20岁以下	22	7	0	18	0	0
21—35岁	156	70	2	119	0	7
36—50岁	62	33	3	30	0	10
51—55岁	22	0	0	14	0	3
56—60岁	19	1	0	11	0	5
61岁以上	0	0	0	0	0	0
按文化程度分组：大专程度	2	1	0	0	0	1
中专程度	5	2	0	2	0	2
技工程度	5	1	0	1	0	1
高中程度	81	38	1	53	0	3
初中程度	116	47	4	90	0	9
小学程度	65	19	0	43	0	9
不识字或识字不多	7	3	0	3	0	0

续表

类别	合计	女性	领导成员	工人	工程技术人员	管理人员
按政治状况分组：中共党员	17	4	3	3	0	9
共青团员	27	16	0	25	0	2
已评定技术职称人员：高级技术职称	0	0	0	—	0	0
中级技术职称	0	0	0	—	0	0
一般技术职称	3	3	0	—	0	1

1985年末，苏州糕点厂全部职工281人，包括工人192人（固定工165人），学徒4人（固定工1人），管理人员25人，服务人员50人（固定工44人，其中门市部人员33人，包括固定工28人），其他人员10人（皆固定工）。工程技术人员0人。职工中少数民族1人，女性111人（固定工99人），长期学习3人，长期病伤产假4人，派出外单位工作3人。退休人员166人，聘用和留用的退休离休人员5人。本年，有卫生技术人员2人。托儿所入托5人。参加高等教育学习1人，中等教育学习6人。

工人192人，按工龄分组：5年及5年以上65人，6—10年45人，11—20年41人，21年以上41人。按操作形式分组：手工操作工人78人，半机械化操作76人，机械化操作2人，自动控制作业工人0人。

表6-25 1985年苏州糕点厂职工劳动工资比较表

年份	年末人数	全年平均人数	全年工资总额	备注
1985	281人	293人	29.1万元	固定工245人，合同工36人。
1984	297人	318人	28.6万元	固定工261人，合同工36人。
1980	289人	300人	22.5万元	皆固定工。

职工工资总额构成：1985年全部职工全年工资总额290721元（固定工261017元）；计时工资198422元（固定工179417元）；各种奖金48033元（固定工44304元），其中按规定发的燃料、原材料节约奖407元（固定工）；各种津贴35570元（固定工30051元）；加班工资8636元（固定工7185元），其他60元。各种奖金及计件超额工资：1980年24953元，皆固定工；1984年40479元，固定工占38055元。各种津贴：1980年26678元；1984年47186元，固定工占42983元。

表 6-26 1985 年苏州糕点厂职工劳保福利费用构成

单位：元

年份	1985 年	1984 年	1980 年
全年劳保福利费用总额	182400	155179	83794
退休、退职、离休费	125735	102284	65608
职工死亡丧葬费及抚恤费	730	0	1183
医疗卫生费	30170	36382	11066
职工生活困难补助费	6939	2105	3038
文娱体育宣传费	66	124	0
集体福利事业的补贴	0	173	0
集体福利设施费	0	54	0
其他	18760	14057	2899
其中：（1）上下班交通补贴	3125	3408	1866
（2）计划生育补贴	1580	1580	840

1985 年企业占地面积 4324 平方米，建筑面积 5354 平方米。工业生产用 3892 平方米，非工业生产用 1462 平方米，其中自有职工住宅 119 平方米。厂图书室藏书 1000 册。

需要指出的是，1956—1985 年全厂利润、税金总额 779.6 万元，已上交 756.2 万元。1979—1985 年利润 166.7 万元，企业留利（或分成、企业基金）50.7 万元。1956—1985 年固定资产投资 73.10 万元，1981—1985 年固定资产投资即占 42.10 万元，其中工业生产投资 40.70 万元。1985 年当年固定资产投资 3.70 万元，其中工业生产投资 3.10 万元。

从上述《全国工业企业普查表》全面反映的苏州糕点厂情况看，作为国有企业，在改革开放后获得了比较突出的发展，生产及职工的生活和工资福利待遇也有明显的提高，为面向市场快步发展，奠定了更加坚实的基础。

第二节　苏州稻香村食品厂与附设稻香村食品商店

一、苏州稻香村食品厂与苏州稻香村食品商店的设立

1986 年是苏州建城 2500 周年纪念之年。在苏州市食品工业公司总经理张治安力推下，1986 年 3 月 22 日，市食品工业公司提出报告，经市商业局研究同意，向苏州市计划委员会呈交《关于苏州糕点厂等单位更改名称的报告》：

苏式糕点是全国三大帮式之一，在历史上素负盛名。为了满足广大消费者对苏式糕点的需求，发扬名牌特色，恢复声誉，除在生产、质量管理上采取措施外，在厂名牌号上也必须相适应。为此，经研究拟更改厂名如下：

苏州糕点厂更名为稻香村食品厂（现厂门市部同时更名为稻香村）。

苏州糕点二厂更名为一品香食品厂。

现稻香村食品商店更名为叶受和食品厂，门市部同时更名为叶受和。[1]

在苏州市商业局和市食品工业公司的集中领导和现行管理体制之下，所属国有企业的资源调配、生产营销及设置撤并等，都要服从上级统筹和指令性安排。本次调整的主要亮点，就是在原址恢复"文革"中被撤销的老字号叶受和，并让老字号稻香村完全回归苏州糕点厂门市部所居其旧址。按照张治安总经理的话来说，就是："把叶受和的那个地方恢复叶受和，稻香村回到老地方。"[2]在计划经济条件下，这一调整有利于发扬和恢复全市食品工业的名牌名店特色，优化苏式传统糕点生产布局。4月16日，苏州市计划委员会向市商业局下达《关于苏州糕点厂等单位更改厂名的批复》：

一、同意将苏州糕点厂更名为苏州稻香村食品厂，并附设稻香村食品商店作为内部核算单位。

二、同意将苏州糕点二厂更名为苏州一品香食品厂。

三、同意将原稻香村茶食糖果商店（前店后坊）更名为苏州叶受和食品厂，并附设叶受和食品商店作为内部核算单位。

---

[1] 苏州市商业局：《关于苏州糕点厂等单位更改名称的报告》，苏商业（86）第11号，1986年3月22日，苏州市档案馆藏，档号：C031-001-0188-064。张治安（1943—），黑龙江巴彦人，家庭出身城市贫民。中共党员。黑龙江商学院食品工程专业毕业。1970年参加工作，历任苏州糖果冷饮厂厂长、苏州市商业局工业科科长，1985年任苏州市食品工业公司总经理。

[2]《中华老字号苏州稻香村历史文化传承发展研讨会纪录》，2018年11月28日，地点：苏州南林饭店新楼博雅厅，主持人：苏州老字号协会秘书长刘骥。苏州老字号协会会长储敏慧等人有关讨论发言摘要如下：

储敏慧：（方言）。叶受和地方有一阶段挂稻香村名字，我知道的，这是当时特殊时代特殊环境决定的，对的，就是这样，后来为了恢复叶受和，就还给叶受和。（多人讨论）。

沈根富：实际上我是这么理解的，老稻香村的位置就在苏州糕点厂里面，由于"文化大革命"叶受和也被撤并入糕点厂，牌子就挂在叶受和地方了，后来又回到老地方，名实相符。

张治安：是这样的。稻香村回老地方，叶受和恢复名字。

储敏慧：这句话是经典。

张治安：原来稻香村挂在叶受和那里。

储敏慧：我们老经理讲了这句就是经典，一个是恢复名称，一个是回老家了，稻香村回到原来的地方。

张治安：恢复叶受和，稻香村回老家。

徐全生：（方言）。我是1966年2月到稻香村做学徒，一直在稻香村没有离开过。我去的时候"文革"还没开始，"文革"开始后就武斗。稻香村名字改红太阳，破'四旧'，属于小单位，1968年拆了墙合并到苏州糕点厂，位置在观前街57号，门市部位置就是这个，就是现在豫园商城的门。

上述三个单位更名后，其企业性质、隶属关系等均不变。[1]

4月23日苏州市商业局即照样批复给市食品工业公司[2]。5月4日，市食品工业公司向苏州糕点厂、苏州糕点二厂、苏州市稻香村茶食糖果商店下发《关于苏州糕点厂等单位更改厂名工作的意见》如下。

一、统一思想，加强领导

党中央、国务院对恢复和发展传统食品极为重视……指示："要利用我国传统食品的优势，发挥这一特点，把具有中国特色的食品工业搞上去。"苏式传统名特食品，是劳动人民智慧的结晶，在国内外具有一定的地位和影响。随着人民生活水平的提高，广大消费者对食品的要求也越来越高，恢复和发展苏式传统名特食品，是群众的需要，是市场的需要；苏州是举世闻名的文化古城，恢复和发展苏式传统名特食品也是发展旅游事业的需要；今年又是苏州建城二千五百年，恢复和发展苏式传统名特食品更有特别的意义。

苏州糕点厂等三个单位更改厂名恢复名牌厂名，是为了更好地恢复和发展传统名特食品的生产，是发展我市食品工业的一项重要措施，也是我公司八六年的一项重要工作。不是简单的改牌子、换商标，决不可等闲视之。三个单位要加强领导，指定一名厂长负责恢复厂名和经营特色的全部工作；党政工团有关部门要密切配合，认真做好广大干部、群众的思想政治工作，确保这项工作的顺利进行。

二、提高质量，争创名牌

传统食品，同样要以质量求生存，求发展。目前，有些传统食品，质量较差，群众意见纷纷。为此，苏州糕点厂等三个单位要通过这次恢复名牌厂名和经营特色的工作，牢固树立"质量第一"的思想，加强质量管理，提高传统食品的质量，一定要让人民群众吃到满意的食品。

1. 加强质量管理，争创名牌产品。

苏州糕点厂等三个单位恢复名牌厂名后，还将恢复一大批名牌传统食品。根据时代的要求，名牌传统食品也要做到规范化、标准化，要求：一要制订、修订产品的质量标准，实行按标准生产、考核的制度；二要加强基础工作，建立质量管理和计量管理体系，定人定点定时进行质量分析，成立质量攻关小组；三要建立恢复名牌专业车间或班组，配备工作负责、技术过硬、作风

---

[1] 苏州市计划委员会：《关于苏州糕点厂等单位更改厂名的批复》，苏计综（1986）52号，1986年4月16日，苏州市档案馆藏，档号：C031-001-0188-011。
[2] 苏州市商业局：《关于苏州糕点厂等单位更改厂名的批复》，苏商工（86）04号，1986年4月23日，苏州市档案馆藏，档号：C031-001-0188-012。

正派的管理人员。抽调技术力量作为骨干。工人都要通过培训才上岗生产。先抓几只品种，如麻饼、酥糖、云片糕以及时令代表性的有名的传统品种等，把产品质量一只一只突上去，要使名牌传统食品名副其实，在群众中造成影响，苏式的名牌传统糕点随着牌号的恢复，确已重返苏城。

2. 提高服务质量，争创名牌商店。

这次恢复的稻香村、叶受和与采芝斋一样，原来就是我市有名的老店。商店牌子老，固然是吸引顾客搞活经营的有力条件，但是广大消费者更加注重的是商品质量的优劣和服务态度的好坏。因此名牌商店不仅要有名牌产品，还要有第一流的服务质量。要求结合正在开展的文明经商百日竞赛活动，认真贯彻执行公司苏食工政（86）字第011号文件，切实制订创优规划，向采芝斋学习，争取早日加入文明单位行列。

三、注重科学，开发新品

发挥传统食品的优势必须挖掘传统食品，同时为了适应社会的需要，满足人们的要求，必须积极开拓新品。传统食品是在一定社会历史条件下产生的，由于当前群众的口味爱好和过去有所不同，因此，在保持传统特色的基础上对原辅料配比作一些调整，要向轻糖轻油低盐高蛋白方向发展，创出一些新品种，也是必要的。特别是随着科学技术的发展，传统食品生产要讲科学、讲卫生，并逐步适用新技术。要求：一是搞好市场调查，根据消费者的心理，今年先改革一至二只传统产品的原辅料配比，例如适当减轻月饼糖、油比重，使月饼更加符合时代要求；二是研制儿童食品、老年食品，拟在现有一些产品的基础上添加一些有利于儿童生长发育的营养素和老年清淡高蛋白食品，增加营养助于消化，满足市场需要；三是改革包装，采用新颖包装材料，解决传统食品不能远销、久藏的不足之处，以扩大传统食品的生产销售，今年至少要有三至五只新包装应市。

四、具体工作，抓紧落实

经研究决定，自一九八六年七月一日起苏州糕点厂等三个单位正式对外启用新厂名，当前各项具体工作，如向工商管理部门办理企业名称和注册商标更改手续，商店门面装修，赶制一部分新包装并对原有包装物的清点移交，技术工人的调配等工作，要抓紧落实。公司生产科、秘书科、劳工保卫科、体制改革办公室等有关部门要积极配合协助，保证这项工作圆满成功。[1]

---

[1] 苏州市食品工业公司：《关于苏州糕点厂等单位更改厂名工作的意见》，苏食工政（86）字第13号，1986年5月4日，苏州市档案馆藏，档号：C031-001-0188-015。

早在 1985 年 3 月 15 日，苏州糕点厂引进中型面包生产线项目，已由苏州市经济委员会、计划委员会、对外经济贸易委员会苏经改字（85）89 号文件批复在案，并经考察确定引进日本富阳公司押切厂班产 1.6 吨主食、点心兼用型半自动面包生产线，每天二班（一班主食面包 1.6 吨，一班点心面包 1 吨），全年可产主食面包 480 吨、点心面包 300 吨。每吨按 0.2 万元计产值 156 万元，创利每年 15.6 万元（按创利率 10% 计算）。配套设备中的麻沙米万能成型点心机可单独生产，班产量 1 吨，全年 300 吨，每吨按 0.3 万元计产值 90 万元，创利每年 9 万元（按创利率 10% 计算）。二项共计 24.6 万元。投资 162.8 万元，大约 7—8 年收回。该项目共用外汇 30.5 万美元。但是，由于设备将于 1986 年 8 月到货，苏州糕点厂迁移横塘虹桥的基建工程并未开工，衔接不上，而面包及西点为广州食品厂的特色产品，深受群众欢迎，但是该厂现有设备陈旧，产量不能满足市场需要。1986 年 6 月 19 日，苏州市商业局报告要求将苏州糕点厂引进面包生产线项目变更为广州食品厂承担，7 月 2 日，市经济委员会、计划委员会、对外经济贸易委员会批复同意，苏州糕点厂此项目得而复失。[1]

1986 年 7 月，根据商业部（1986）23 号文件，商业部和中国机械进出口总公司在北京展览馆主办日本食品开发综合技术展览会，展品可由各地申请留购，其中油炸方便食品生产线尚为国内空白，产品为消费者主食品，经部、省平衡，由苏州糕点厂留购。苏州糕点厂申请留购理由为：苏州是全国四大历史文化名城，又是重点旅游城市，地处长江三角洲，物产丰富，经济繁荣。近几年来苏旅游的港澳同胞、外宾及国内旅游人口均以 12%～40% 的幅度增长，发展方便旅游食品，开发新产品十分迫切。这次展出的日本水产株式会社的油炸方便食品生产线，生产的油炸食品（天麸罗），是日本国内一种著名的主副食相兼的方便食品，所需原料在苏州市有丰富的资源。全部机械化加工，结合该厂技术改造，吸收国外食品加工及包装技术，引进新产品，为加快改造现有企业创造条件，在发展地方名特产品的基础上开发新品，逐步跟上时代步伐，向食品营养、可口、方便、卫生开拓，为本市食品工业向方便化、社会化发展开创途径。该生产线设备主要有油炸食品成型机 HC-B-20、自动油炸锅 HC-B-21、高速切断机 HC-B-22、绞肉机 HC-B-23、自动包装机 HC-B-24 各 1 台。日方总报价为 30 万元人民币，外汇额度为 7.5 万美元，由商业部统一解决。配套人民币，则由商业部专项贷款 27 万元，企业自筹 3 万元。预计年产量 3000 吨，按每吨 4000 元计，新增产值 120 万元，

---

［1］ 苏州市经济委员会、计划委员会、对外经济贸易委员会：《关于同意将苏州糕点厂引进面包生产线项目变更为苏州广州食品厂承担的批复》，苏经改字（86）144 号，1986 年 7 月 2 日，苏州市档案馆藏，档号：C010-002-0312-029-030。该项目总投资 162.8 万元，其中需用外汇 30.5 万美元，国内配套 53 万元。109.8 万元由企业申请银行贷款，国内配套设备 50 万元申请工商银行设备租赁，其余自筹，外汇额度由商业部帮助解决。

新增利税12万元。待设备进厂安装、验收、投产后，分三年还款。项目负责人为副厂长包佳安。经市食品工业公司和市商业局呈报，7月12日，市经济委员会、计划委员会、对外经济贸易委员会批复同意。[1]但是，油炸方便食品生产线项目最终决定转交苏州饼干厂，与台湾统一企业集团合作，后由于统一企业集团退出合作，该项目最终流产。

由于苏州糕点厂出现食品卫生问题，更名工作延搁下来。从生产成本和经济效益考虑，苏州糕点厂为争取零售商店进货，提供了"进货后销不完可以退货回厂"的优惠条件，并且将一些退回来的糕点再回炉生产或进行再加工。5月28日，苏州糕点厂生产科下达生产任务，要求用新鲜蛋糕加工成裱花蛋糕，供应六一儿童节节日市场。但有关车间生产人员将5月16日生产，22日由外跨塘供销社销售剩余退回厂内的发硬蛋糕150多只，以及25日生产尚未销售的略硬的蛋糕100多只，加上香草蛋糕的次品，总共生产了梅花塑盒裱花蛋糕1106只（一作1082只），销售给本市北塔商场、第十六中学、国光糖果店，其中国光糖果店将550只（一说670只）销售给了民治路市机关幼儿园和醋库巷托儿所。5月30日上午苏州糕点厂化验室对这批蛋糕抽样检验，下午有关人员违反规定，未等检验报告结果即已发货。31日上午厂化验室检验结果为每克蛋糕中细菌总数严重超标，化验员蒋翠娥及时向上级报告，下午市食品卫生监督检验所（简称食监所）即根据《江苏省食品卫生违章行政处罚暂行办法》，对苏州糕点厂做出如下处理：1.立即全部追回销售出去的质量低劣的梅花塑盒裱花蛋糕；2.追查这次事故的责任人，并写出书面检查报告；3.裱花蛋糕车间从6月1日起予以停产整顿。[2]并做出罚款1000元的行政处罚。当晚苏州电视台插播紧急追回通知，到6月1日止共追回883只。市食品工业公司及时采取有力措施，6月5日向所属厂、店发出通报，对苏州糕点厂有关负责人和直接责任者做出了处理，对该厂化验员蒋翠娥发现问题及时报告的负责精神予以通报表扬，并明文规定：各种食品出厂后一律不予退回。通报还就加强食品卫生的组织领导、健全食品卫生制度及食品卫生检验机构、注明食品生产日期等方面做了具体规定。[3]市卫生局报请市政府批准，

---

[1] 苏州市经济委员会、计划委员会、对外经济贸易委员会：《关于同意苏州糕点厂引进油炸食品生产设备的批复》，苏经改字（86）150号，1986年7月12日，苏州市档案馆藏，档号：C010-002-0312-054-057；苏州糕点厂：《关于留购日本油炸方便食品生产线的报告》，1986年7月，苏州市档案馆藏，档号：C010-002-0312-054-058-060。

[2] 苏州市食品卫生监督检验所编：《苏州食品卫生情况》第三期《苏州糕点厂漠视食品卫生法，竟敢生产质量低劣裱花蛋糕，庆祝儿童节，造成严重政治影响》，1986年6月2日，苏州市档案馆藏，档号：F031-001-0032-014-015。参阅本报记者谷洪：《竟将劣质蛋糕投放"六一"市场》；本报评论员：《食品卫生不容忽视》，《苏州报》1986年6月4日第1版。

[3] 史福明：《食品工业公司昨向所属厂店发出通报》，《苏州报》1986年6月6日第1版。参阅洪侠：《支持把关人》；玻工：《以此为教训》，《苏州报》1986年6月24日第2版。

责成有关主管部门对该厂限期整顿一个月。市商业局和市食品工业公司迅即派工作组进驻该厂。整顿期间，该厂分别召开了干部、管理人员和全厂职工大会，组织学习《食品卫生法》，健全各项规章制度，修订食品卫生岗位责任制和奖惩细则，成立食品卫生执法检查小组，加强质量检验工作，改进次品的管理，认真搞好环境卫生，清理了死角，疏通了阴沟，清洗了机器设备及所有的生产工具。8月20日，周大炎副市长和市政府办公室、市人大常委会办公室，以及市工商局、商业局、卫生局、爱卫办、食监所对苏州糕点厂进行验收检查，认真评议，提出了许多建设性的意见，同意恢复正常生产。但是，裱花蛋糕车间仍被责令继续停产整顿[1]，9月20日经市食监所再次验收合格后恢复生产。市卫生局呈送市人大常委会和市政府《关于对苏州糕点厂严重违反食品卫生法处理情况的报告》认为："发生违反食品卫生法的事故，性质是严重的，影响是很坏的，但事情发生后能及时采取措施，使事件本身未造成后果，市食监所已按有关规定对糕点厂进行了行政处罚，在限期整顿期间，在市商业局和食品工业公司领导的直接帮助下，有明显的悔改的表现。经验收检查，卫生面貌已有显著改变。"[2]

9月25日，市食品工业公司发出通知，"苏州糕点厂等三个单位自十月一日起更改名称，并启用新印章"[3]。苏州糕点厂、苏州糕点二厂、苏州市稻香村茶食糖果商店建制自此正式撤销，更名后各单位隶属关系、企业性质、经营范围、银行账号等均不变。根据苏州市计委（86）52号文件批复精神，市工商局同意，苏州糕点厂门市部已先于6月12日缴销苏工商企字第1147号旧照，新发苏企营字第1178号营业执照，仍为非独立核算全民所有制性质，主业：销售糕点、苏式糖果、蜜饯、炒货、酸梅汁，兼业：零售冷饮、酒。10月1日，苏州稻香村食品厂、稻香村食品商店在《苏州报》上刊登大幅更名广告，祝贺单位有苏州市食品工业领导小组办公室、市财政局、市工商联、市食品工业公司及苏州食品糖果生产厂家与商店数十家。[4]

为积极搞好经济体制改革工作，提高经济效益，适应发展第三产业的需要，1985年3月1日，苏州糕点厂呈报《关于建立苏州糕点厂综合服务门市部的报告》，3月5日市食品工业公司即批复，同意该厂"在搞好生产和经营的前提下，

---

[1]《新华日报》1986年9月9日。
[2] 苏州市卫生局：《关于对苏州糕点厂严重违反食品卫生法处理情况的报告》，苏卫（86）防字第173号，1986年10月8日，苏州市档案馆藏，档号：C036-002-0563-017-019。
[3] 苏州市食品工业公司：《关于苏州糕点厂等三单位更改名称的通知》，苏食工政（86）字第029号，1986年9月25日，苏州市档案馆藏，档号：C031-001-0188-017。参阅《苏州市食品工业公司关于更改所属三个企业名称的启事》（1986年9月25日），《苏州报》1986年9月26日第2版。
[4] 苏州稻香村食品厂、稻香村食品商店广告，《苏州报》1986年10月1日第3版。广告称创始于清乾隆三十八年（1773年），虎丘牌云片糕荣获1983年江苏省优质食品奖。著名品种：松子枣泥麻饼、果子蜜糕、猪油年糕、八珍糕、透味熏鱼、美味肉松、各种酥皮糕点。

利用富余人员发展第三产业,建立苏州糕点厂综合服务门市部。该门市部为全民所有制性质,统一核算,批零兼营。主要经营糕点、糖果、南北货和农副产品,兼营烟酒和日用工业品"[1]。7月1日苏州糕点厂综合服务门市部在临顿路45-1号原厂汽车库开设,后改名苏州糕点厂综合经营部,又改名为苏州稻香村食品厂综合经营部。[2]

1986年观前街57号苏州稻香村食品商店

1986年11月4日,市食品工业公司向市商业局报告,准备搬迁稻香村食品厂综合经营部至观前街57号即将翻建完工的稻香村食品商店新营业楼二楼,并"要求兼营批发业务,经营范围不变"[3]。11月17日市商业局函复市食品工业公司:"经我们研究,稻香村食品商店系我市名牌商店,应以经营糕点、糖果、炒货、蜜饯等为主,不宜经营跨行业的五交化等商品。新建的二楼铺面应考虑经营在系统范围内的其他副食品和土特产。"[4]因临顿路45号已改设"食品工业公司经营部",稻香村食品厂综合经营部即予撤销,并向市工商行政管理局办理歇业撤销手续。

稻香村食品厂综合经营部被撤销后,原苏州糕点厂门市部于12月2日换发苏企营字第1178号营业新照,企业名称改为"苏州稻香村食品商店",所属行业及代码不变,经营方式为零售兼批发。主业:糕点、糖果、蜜饯、炒货、冷热饮料,兼业:南北货、土特产、零售烟酒。这是市工商局根据市商业局意见,同

苏州糕点厂综合服务门市部旧影

---

[1] 苏州市食品工业公司:《关于苏州糕点厂建立综合服务门市部的批复》,苏食工政(85)字第002号,1985年3月5日,苏州稻香村食品有限公司档案室藏。
[2] 参阅钱剑平:《重视细微小事的好作风》,《苏州报》1986年10月15日第2版。
[3] 苏州市食品工业公司:《关于稻香村食品厂综合经营部迁址并要求兼营批发业务的申请》,1987年11月4日,苏州市姑苏区市场监督管理局档案室藏。
[4] 苏州市商业局:《关于稻香村食品商店经营范围等事宜的复函》,1987年11月17日,苏州市姑苏区市场监督管理局档案室藏。

意扩大批发业务，对零售卷烟已由烟草公司核发烟专字第 1199 号专卖证，故予以变更。

苏州稻香村食品厂及其附设苏州稻香村食品商店的成立，标志着当代意义上"前店后坊"的回归，与以往店大于坊、以店为主统一管理的模式不同的是，这次是第一次真正意义上的"坊大于店"，即"厂远大于店、以厂为主统一管理的"改革新模式，符合历史趋势，也符合企业和社会经济、市场发展变化的实际，具有历史性的意义。《苏州日报》1987 年 7 月 4 日市场栏目专文《稻香村》曰：

> 稻香村是一家有名的百年老店，始创于清代乾隆年间，以自制的茶食、糕点、糖果、青盐、野味等闻名远近，主要的传统产品有鲜肉文饺、芝麻酥糖、松子枣泥麻饼、四色片糕、蜜糕、年糕、荤酒酿饼、透味熏鱼、甜咸花生米、白盐西瓜子等。
>
> 稻香村解放后于 1956 年实行公私合营，之后店和工场一度分开，到 1962 年又恢复前店后坊，1968 年并入苏州糕点厂后店面被撤销。粉碎"四人帮"后，稻香村的牌子挂到观东，1980 年恢复门市营业后改为糕点厂门市部，直到去年下半年才重新"正名"。
>
> 解放初，稻香村的年营业额只有 10.7 万元，前年和去年已增至 100 万元左右。恢复稻香村后营业又有上升，今年 1 至 5 月又比去年同期增加 20%。门市供应中，茶食柜的 90% 是本厂产品，既有常年品种，又有时令品种，并按季节现卖酒酿饼、肉月饼、鲜肉饺、袜底酥等热炉烘烤食品。目前，店堂正在重新翻建，以适应营业的发展。[1]

显然，这样的整顿和调整形成合力，应该更有利于发挥著名特色产品生产，为让"双百"老店重放光彩、发展食品工业贡献力量。

二、苏州稻香村食品厂承包经营的实践与困境

苏州传统糕点有其广阔市场和发展前景，重视传统糕点的质量，涉及产品生命、声誉的问题，亟须引起高度重视。[2]苏州糕点厂的裱花蛋糕投放六一节日市场造成的食品卫生事件影响很大，更名为苏州稻香村食品厂后，又发生加工生产劣质蛋糕 22000 余只的严重食品卫生事件。经市政府批准，该厂于 11 月 2 日起停产整顿，库存 17000 余只蛋糕被全部封存待处理，主要负责人被责成停职检

---

[1] 福明：《稻香村》，《苏州日报》1987 年 7 月 4 日第 2 版。
[2] 图成：《切莫败坏传统糕点的名声》，《苏州报》1986 年 4 月 22 日第 2 版。

查。[1]领导班子做了调整,嵇纪木被任命为厂长[2],12月,代表苏州稻香村食品厂与市食品工业公司签订了三年(1987—1989)承包经营责任制合同。

为扭转一系列食品卫生事件对产销工作和发展造成的不利局面,苏州稻香村食品厂注意总结过去的经验教训,对职工进行食品卫生法的专题教育,坚决改变"眼不见为净"的旧观念,表扬一贯坚持卫生第一的先进班组和个人,并组织群众自我揭"丑"。建立健全了周检月评制,从原辅料进厂到产品出厂道道把关,防止可能出纰漏的原料或半成品进厂和混入下道工序,谨防因梅雨或超存放期等变质的成品出厂上柜。该厂严格奖惩,对9名违反操作规程的职工及时进行处理,同时新设卫生特别奖,表彰遵法守规的干部职工。春节前后,为了确保产品3日内到顾客手上,放弃了往年提前加班压货的办法,日产日销,确保裱花蛋糕这一名点3日存放鲜度,受到食监部门的表扬。[3]

随着企业的卫生和管理水平提高,1987年8月起该厂扭亏为盈,产销情况好转。《苏州日报》9月30日报道,苏州稻香村食品厂生产的苏式月饼,首次采用由苏州市食品卫生监督检验所监制,由苏州雅美日用卫生用品厂生产的脱氧剂,被远销到内蒙古及河南洛阳、湖南湘潭等地,供应节日市场。重糖重油的苏式糕点采用脱氧剂保藏,这在苏州糕点行业还是第一次。[4]《中国食品报》同日也予以报道,苏州稻香村食品厂生产的30吨苏式月饼首次用脱氧剂包装,中秋节前首次运销内蒙古,引起各行业关注。同年9月,苏州稻香村食品厂的松子枣泥麻饼纸盒包装,在全国商业供销系统包装评比中荣获三等奖,由商业部颁给荣誉证书。[5]12月31日,苏州稻香村食品商店新营业楼翻建落成开张,恢复营业,底楼营业大厅扩大一倍,营业面积200平方米,隆重推出一

观前街57号苏州稻香村食品商店新门面

---

[1] 陈明尧、卫一其:《稻香村食品厂前日起停产整顿》,《苏州报》1986年11月5日第3版。

[2] 嵇纪木(1950—),浙江绍兴人,家庭出身工人。苏州五中毕业。1968年12月下乡插队。1976年在苏州糖果冷饮厂参加工作,曾任车间副主任,1984年起历任苏州饼干厂生产供销科科长、副厂长。

[3] 史福明、朱澄潜:《从严治厂稻香村再度飘香 轻视卫生声誉降企业亏损》,《苏州日报》1988年3月9日第2版。

[4] 吴湛仁、陈晓雯:《脱氧剂与食品保藏》,《苏州日报》1987年9月30日第4版。

[5] 方瑞达:《七项食品包装设计获部级奖》,《苏州日报》1987年11月7日第1版。该证书由苏州稻香村食品有限公司档案室藏。

批传统名特产品,共有苏式糕点 22 大类 130 多个品种,其中常年品种 70 个,时令品种 60 多个。[1]1987 年全年盈利 11 万元。

1988 年 1 月、2 月,全厂产销两旺,食品商店商品丰富,总销售额达 150 万元,比上年同期增长 34%,已完成全年承包指标的 40%。[2]苏州市糖业烟酒公司批发部春节前投放市场糖果近 180 吨,品种近 100 种,包括苏州稻香村食品厂自产松粽糖、玫酱糖、蛋黄花生、粽子糖等 30 多种苏式糖果 20 多吨。零售商店的糕点品种多样,苏州稻香

苏州稻香村食品商店同人合影

村食品厂节前生产了裱花蛋糕 10000 方,大方蛋糕 4000 方,云片糕 25 万条,鸡蛋酥、四喜酥、油梗、八珍糕、老爷饼、薄脆饼等 80 多个品种。自产的炒货、蜜饯品种有椒盐果肉、白糖杨梅干、奶油话梅、九制卜等品种,还有自制传统产品熏鱼。[3]2 月 25 日,苏州南门商业大楼参加全国"广信杯"商品评介活动圆满结束,苏州稻香村食品厂生产的薄脆饼、云片糕被评为消费者喜爱产品。[4]

1988 年 2 月 9 日,由苏州市对外经济技术贸易公司、苏州市商业局和香港裕华国产百货有限公司联合在香港举办的"苏州之名店名食——苏州传统食品展销会"提前圆满结束,展销 17 天,接待宾客 17 多万人次,共销售食品 19 吨,展销品供不应求,影响很大。[5]其中,苏州稻香村食品厂的松子枣泥麻饼、八珍糕、鸡蛋酥、奶油花酥等传统食品受到好评。香港《文汇报》1 月 22 日刊文《四季茶食风味清雅:稻香村糕点如稻香》,宣传介绍稻香村:

> (稻香村)是目前苏州生产、经营苏式糕点历史最为悠久,最为著名的老字号。该店主要生产苏式糕点,有一百三十多个传统产品,常年供应品种有七十多个,时令品种六十多个,时令品种随季节变化而变换,所以称为四

---

[1] 广告:《苏州稻香村食品厂 稻香村食品商店新营业楼落成开张》,《苏州日报》1987 年 12 月 31 日第 4 版。

[2] 史福明、朱澄潜:《从严治厂稻香村再度飘香 轻视卫生声誉降企业亏损》,《苏州日报》1988 年 3 月 9 日第 2 版。参阅俞解民文、孙汝贤摄:《图片新闻》,《苏州日报》1988 年 1 月 20 日第 3 版。

[3] 《糖果糕点》《炒货蜜饯》《熟食卤菜》,《苏州日报》1988 年 2 月 13 日第 3 版。

[4] 《苏州南门商业大楼"广信杯"商品评介活动圆满结束》,《苏州日报》1988 年 2 月 25 日第 4 版。

[5] 裕华国货公司:《敬向顾客道歉启事》,1988 年 2 月 9 日,苏州稻香村食品有限公司档案室藏。

季茶食。苏式糕点的特点是，选料讲究，讲究时令，精细小巧（在苏州，很多产品是以"个"为出售单位），风味清雅而称著。苏式糕点中的著名产品，有枣泥麻饼，玫瑰、芝麻酥糖、各式蛋糕、各式片糕、酒酿饼、杏仁酥以及各式苏式月饼。该店生产的"野味""咸味"也极有名，如虾子鲞鱼、虾子酱油、熏青鱼、鲜肉松等都是苏州著名特产，成为馈赠亲友的高尚礼品。

根据中共中央、国务院颁发的《全民所有制工业企业厂长工作条例》[1]等文件及实际情况，1988年3月31日，苏州市食品工业公司发出苏食工政（88）字第011号文件，经研究决定，苏州稻香村食品厂实行厂长负责制，嵇纪木任厂长，吴钰培、许祥功、韩建国任副厂长，任期皆为两年。[2]同日，经五届一次职工代表大会选举通过，苏州稻香村食品厂成立了以厂长嵇纪木为主任委员的首届管理委员会。[3]作为国有企业，改革的方向是转换企业经营机制，建立现代企业制度。现代企业制度包含完善企业法人制度、构建有限责任制度和科学组织管理制度等项具体内容，企业章程乃是完善企业法人制度的首要内容。1989年6月3日，苏州稻香村食品厂职工代表大会审核后通过了修订的《苏州稻香村食品厂企业章程》，并经苏州市食品工业公司、苏州市商业局审核同意，全文如下。

苏州稻香村食品厂企业章程

一、企业宗旨

根据实际需要和社会需求，发展社会主义商品经济和商品生产，创造财富，增加积累，搞活流通，满足社会日益增长的物质和文化生活需要。

二、企业名称及地址

苏州稻香村食品厂（并设苏州稻香村食品商店）。

苏州观前街57号，电话221963，电报挂号4743。

三、经济性质及核算形式

全民所有制，独立核算。

四、注册资金及来源

注册资金69.27万元（其中固定资金43.8万元、流动资金25.47万元）。

来源：固定流动资金20.87万元，企业自有资金48.4万元。

---

[1]《全民所有制工业企业厂长工作条例》（1886年9月15日），中共中央、国务院中发〔1986〕第21号，苏州稻香村食品有限公司档案室藏。

[2] 苏州市食品工业公司：《关于苏州稻香村食品厂实行厂长负责制和嵇纪木等同志任职的决定》，苏食工政（88）字第011号，1988年3月31日，苏州稻香村食品有限公司档案室藏。

[3] 苏州稻香村食品厂：《关于成立厂管理委员会的决定》，苏稻字（88）第2号，1988年4月3日，苏州稻香村食品有限公司档案室藏。委员为：嵇纪木、吴钰培、许祥功、龚培根、孙晓龙、龚淑华、谢水轩、徐东生、吴天伦、朱云华、殷锁根、贾沛如、韩建国。

五、经营范围及方式

制造、加工、批发及另售。主营：加工糕点，苏式糖果，蜜饯，炒货，酸梅汁，咸味，兼营：另售兼批发，冷热饮料，南北货，土特产。

六、组织机构及职权

根据企业实际需要，设置组织机构，管理、指导生产、经营。

七、法定代表人产生的程序

由企业主管部门苏州市食品工业公司任命聘用，并报上一级机关苏州市商业局。

八、财务管理制度及利润分配形式

执行国家对全民所有制企业财税政策及制度。

九、用工及劳动制度

执行国家对全民所有制企业的劳动用工制度。

十、章程修改程序

章程由厂部办公室起草，经厂长修改审核后，经厂职工代表大会讨论审核后通过。

十一、终止程序

由市主管部门审核决定。

十二、其他事项

必须坚持在建设社会主义物质文明的同时，建设社会主义精神文明，必须遵守法律、法规，坚持社会主义方向。

苏州稻香村食品厂
一九八九年六月三日修订[1]

1988年，《苏州日报》刊登读者来信，称赞苏州稻香村食品商店店风好。[2]苏州稻香村食品厂生产的婴幼儿食品奶糕是微利产品，但该厂坚持按市场需要量组织生产，同时调整工艺，提高奶糕的营养成分，合格率100%。[3]"文革"期间停止生产的老爷饼得到恢复生产，中秋节前苏式月饼唱"独角戏"的状况继续有所改观。[4]1989年，稻香村食品厂适应旅游旺季不同层次顾客的需要，生产多品种食品应市。时令品种酒酿饼现做现卖，仅门市日销量就达6000只左右，另有其

---

[1]《苏州稻香村食品厂企业章程》，1989年6月3日修订，苏州市食品工业公司、苏州市商业局审核盖章同意，苏州稻香村食品有限公司档案室藏。
[2]《苏州日报》1988年5月11日"读者来信"。
[3] 俞解民文，孙汝贤摄影：《图片新闻》，《苏州日报》1988年6月1日第5版。
[4] 史福明：《中秋前的月饼市场》，《苏州日报》1988年9月17日第5版。

他商店到该厂去进生坯。麻饼、夹糕等食品的产销量也均比平时增加。[1]四色片糕属苏式糕点烘片糕类,为苏州著名特产,以炒熟糯米粉、白砂糖粉为主料,经调制、成型、蒸煮、切片、烘烤而成,其特点是红绿白黄四色分明,色彩鲜艳,玫瑰、苔菜、椒盐、芝麻四种风味各有特色。稻香村食品厂改革了工艺,使用网带电炉烘烤,使该产品既符合食品卫生的要求,又保持了原来的独特风味,经试销后很受消费者欢迎。[2]《中国食品报》1989年8月19日刊文《苏州稻香村食品厂重新香溢四方》。《新华日报》1989年6月6日刊载嵇元所撰《苏州稻香村》一文,介绍当时产品有100多种,该文经作者修改,以《"稻香"溢姑苏》为题又刊于12月2日的《人民日报》(海外版),引起读者热烈反响。

1990年1月,苏州稻香村食品商店被核定可使用资金6万元,经市工商局批准,在苏州火车站金龙商厦内增设了"窗口"营业点。五一国际劳动节期间,在稻香村食品商店举办的蛋糕总汇展销中,一些价格适中、质量优良的花色蛋糕小品种很畅销。但是另一种形似枕头面包的优质登山蛋糕,被冷落在一边。对比之下,营业员当众将登山蛋糕一切成四块拆散销售。顾客看到内有黄油、胡桃肉、冬瓜糖、葡萄干等高档配料,又见只花一元多钱就能一饱口福,于是纷纷购买,滞销迅速变为热销。[3]裱花蛋糕系从西洋传入中国,"善于创造艺术的人善于发现。苏州'稻香村'毅然摒弃了传统蛋糕的制作方法,一改大红大绿的裱花特色,创作出了符合现代需求的色调高雅的森林蛋糕、玲珑剔透的巧克力环形蛋糕和麦司浜翻边蛋糕,以及用水果点缀的球形蛋糕等花色新品。这些以色调、造型、情趣见长的蛋糕,一上柜就成了抢手货"[4]。为庆祝国庆、中秋两大节日,稻香村食品商店9月20日至10月3日举办中秋各式月饼大汇展,展出品种达20只左右。除名牌产品清水玫瑰、百果、椒盐等外,还采取"苏皮广馅"的新工艺,推出姑苏豆沙、姑苏金腿、姑苏金丝等三只融苏式与广式一体的月饼新品种。[5]中秋节苏州月饼市场抽样评比,苏州稻香村食品厂的清水玫瑰月饼荣获苏式月饼第一名。[6]鲜肉月饼这年产销120多万只,与上年销量相接近。倘若不是供应网点、烘烤时间、价格等因素的影响,销售量势必还要增加不少。[7]

苏州稻香村食品厂糕点烘烤炉是煤烤炉,煤耗大,污染环境,对食品卫生也有一定影响。为了解决企业生产中的实际问题,进一步提高经济效益,苏州市商

---

[1] 田伟:《"稻香村"品种丰富》,《苏州日报》1989年4月19日第2版。
[2] 钰培:《四色片糕》,《苏州日报》1989年5月20日第3版。
[3] 罗宁凡:《拆散销售的启示》,《苏州日报》1990年5月5日第3版。
[4] 罗宁凡:《香甜的艺术》,《苏州日报》1990年6月19日第4版。
[5] 韩建国、罗宁凡:《稻香村苏式传统月饼汇展》,《苏州日报》1990年9月28日第4版。
[6] 《苏州日报》1990年9月21日第3版。
[7] 肖驰:《月饼的销路》,《苏州日报》1990年10月13日第3版。

业局向市经济委员会呈报苏商工业（90）43号文《关于苏州稻香村食品厂更新糕点烘烤炉的请示》，1990年12月26日，苏州市经济委员会批复："经研究同意该厂淘汰现有煤烤炉，购置复式食品电烤炉一台，计划投资12万元，资金来源由企业向工行申请贷款10万元，其余自筹。"[1]市商业局积极协助落实好资金，稻香村食品厂进一步实现了从庙炉、链条炉、风车炉到电烤炉的跨越。1991年2月5日，稻香村食品厂引进的仿制日本三辛公司的往复式自动控制电热烘烤炉，开始生产新品德式高级白脱裱花蛋糕，糕胚松软新鲜，裱花细致高雅，丰富了春节市场。根据情况需要，春节期间还为老年顾客或残疾人提供送货上门服务。[2]

苏州稻香村食品厂与市食品工业公司签订了1987—1989年三年经营承包合同，苏州市审计事务所第六分所的审计验证意见称："执行结果各项经济指标均按期完成；固定资产和流动资金都比期值有所增加。"[3]承包经营经济效益指标执行情况见表6-27，承包经营项目情况见表6-28。

表6-27 苏州稻香村食品厂1987—1989年承包经营经济效益指标执行情况

单位：元

承包经营经济效益项目	经济指标实绩		
	1987年	1988年	1989年
基础利润（计税利润）	69000	92000	92000
上缴基础利润（所得税与调节税）	15000	20000	20000
责任利润（实现利润）	90179.16	215982.11	173276.26
目标利润	110179.16	215981.11	173276.26
税前还贷最高限额	20000		

---

[1] 苏州市经济委员会：《关于同意苏州稻香村食品厂更新糕点烘烤炉的批复》，苏经改字（90）411号，1990年12月26日，苏州市档案馆藏，档号：C031-010-0496-055。
[2] 罗宁凡：《德式白脱裱花蛋糕有售》，《苏州日报》1991年2月6日第3版。
[3] 苏州市审计事务所第六分所：《苏州稻香村食品厂一九九〇年度承包经营责任审计验证意见》，苏社审六（91）字第6号，1991年1月25日，苏州市档案馆藏，档号：C031-010-0483-066。

表 6-28　苏州稻香村食品厂 1987—1989 年承包经营项目情况

单位：元

项目	栏次	指标实绩		
		1987 年	1988 年	1989 年
一、流动资金总额	1	975600	1364285	1032045
其中：（1）自有流动资金	2	254693	254693	359532
（2）国拨流动资金	3	208748	208748	225281
二、流动资金周转天数	4	83 天	78 天	71 天
三、固定资产总值	5	689389	755101	988555
其中：（1）固定资产净值	6	415850	438046	641183
（2）折旧	7	273539	317055	347172
四、资金利税率	8			
五、期末职工人数	9	258 人	275 人	267 人
六、人均利税水平	10			
七、费用总额	11			
八、费用水平	12			
九、应收货项余额	13		24325	46584
十、应付货款余额	14		145846	123154
十一、其他应收款余额	15	99081	12826	-14733
十二、其他应付款余额	16	170906	147522	-91031
十三、有问题资金	17		58900	
十四、有问题商品	18			
十五、生产发展基金	19	38837	120257	145004
十六、集体福利基金	20	8148	18926	16474
十七、奖励基金	21	77696	50252	52643
十八、风险基金	22			
十九、其他	23			

资料来源：苏州市审计事务所第六分所：《苏州稻香村食品厂一九九〇年度承包经营责任审计验证意见》，苏社审六（91）字第 6 号，1991 年 1 月 25 日，苏州市档案馆藏，档号：C031-010-0483-069-070。原表括注：1987 年奖励基金 77696 元，拨 16296 元，调 61400 元。[1]

---

[1] 截至 1989 年 6 月，苏州稻香村食品厂申报房地产权证书，从观前街 57 号，后门直至碧凤坊的厂房建筑面积，总计 3985 平方米，其中属本厂产权约 2745 平方米，属房管所公房为 1240 平方米左右。见苏州稻香村食品厂：《有关我厂厂房建筑面积的说明》，1989 年 6 月 15 日，此时产权证书尚未收到。苏州稻香村食品有限公司档案室藏。

从三年承包经营责任审计验证看，实现利润和其他主要经济指标计算结果被认可，会计手续符合制度。1987年、1988年各项经济效益指标执行情况向好，1989年度"核实上交利润、责任利润、归还银行借款利润等承包合同指标完成和超额完成，其他主要经济指标：工业总产值、产值资金率和资金利税率都比上年同期下降"[1]。审计预审发现的问题有：（1）用银行存款归还银行专用借款，未按规定在税后实现利润还贷，经指出后做了调整处理。（2）包装物借出租出收取押金，在包装物账务处理上没有分列记载，不利于加强内控和管理。（3）运输收入不开发票以及出租营业用房全年收入20000元，在预审后才补交5%的营业税。（4）流动资金和固定资金的明细账漏贴印花税，在预审后按规定补贴。（5）罚款853.59元和退赔款538.89元误入应付款，在预审后调整为营业外收入处理。这都需要进一步加强会计基础工作和各项制度建设，以提高企业管理水平，厉行增产节约，挖掘资财潜力，开拓生产经营，提高经济效益。此外，职工奖励基金和集体福利基金年末透支24.54万元，由于在第二步利改税时，核定的计税利润提奖点子（比率）同目前实际发放奖金水平有较大差距，几年来透支数越来越大，影响企业流动资金的正常使用。这需要市财政局、商业局共同研究提出妥善处理办法，帮助企业合理解决问题。[2]

由于体制、管理、市场等多方面的因素，苏州稻香村食品厂在生产经营方面依然遭遇了日益严重的困难局面。如1989年度"整个销售趋势在下降，街道、乡镇所办食品厂家多，销售手法多样化，不正之风、回扣风，严重影响国营企业的产品销售……由于本厂产品保管期短，食品卫生要求严格，销往外地的产品存在着这样那样的问题"[3]。供销部门虽然由原来的客户上门要货，改变成深入各业务单位订合同、订计划，送货上门，在这基础上努力扩大业务范围，仍然颓势难挽。因此，1990年苏州稻香村食品厂与市食品工业公司未能完全订妥继续承包经营合同，仅确定了一项企业自有资金纳库利润10000元的经济指标，经营结果是该项指标完成，苏州稻香村食品厂却亏损281575.83元（表6-29）。

---

[1] 苏州市审计事务所第六分所：《苏州稻香村食品厂一九八九年度承包经营责任审计验证结论》，苏社审六（90）字8号，1990年1月27日，苏州市档案馆藏，档号：C031-010-0482-019。详见承包经营成果评价表。

[2] 苏州市审计事务所第六分所：《苏州稻香村食品厂一九八九年度承包经营责任审计验证结论》，苏社审六（90）字8号，1990年1月27日，苏州市档案馆藏，档号：C031-010-0482-019-020。

[3] 供销科副科长谢水轩：《苏州市商业系统供销工作先进个人登记表》，1990年2月16日，苏州稻香村食品有限公司档案室藏。

表 6-29　苏州稻香村食品厂 1990 年度承包经营项目情况

单位：元

项目	栏次	指标实绩	到年末的累计金额
一、流动资金总额	1	1101769	
其中：（1）自有流动资金	2	350635	
（2）国拨流动资金	3	236851	
二、流动资金周转天数	4	68 天	
三、固定资产总值	5	1076531	
其中：（1）固定资产净值	6	712925	
（2）折旧	7	363606	
四、资金利税率	8		
五、期末职工人数	9	252 人	
六、人均利税水平	10		
七、费用总额	11		
八、费用水平	12		
九、应收货项余额	13	91535	
十、应付货款余额	14	127085	
十一、其他应收款余额	15	23315	
十二、其他应付款余额	16	59018	
十三、有问题资金	17		
十四、有问题商品	18		
十五、生产发展基金	19	28529	87001
十六、集体福利基金	20		−64260
十七、奖励基金	21	75200	−216394
十八、风险基金	22		
十九、其他	23		

资料来源：苏州市审计事务所第六分所：《对苏州稻香村食品厂一九九〇年度承包经营责任审计验证意见》，苏社审六（91）字第 6 号，1991 年 1 月 25 日，苏州市档案馆藏，档号：C031-010-0483-070。原表括注：奖励基金 75200 元，公司拨 10000 元，发展专项 65200 元。

1990 年企业经营亏损的审计验证意见和建议如下。

甲、亏损的几项因素：

1. 总产值下降，单位成本上升。1990 年产值比 1989 年下降 24.46%，减少 100 万产值相应提高了单位成本，导致生产成本率倒挂。例（如——引者）十一月份生产成本率为 109.42%，百元产值亏损即 9 元多，还不包括销售税金、企管费用。企业全年批发销售 1340.83 万元，毛利仅 0.62 万元，毛利率0.018%，是亏损的主因。

2. 提留和上交等负担增加。1990年上级豁免了管理费、市场调节基金的上交，财政、税务部分减免了市场物价调节基金和增值税，但新增费用仍多。加上工资总额的增长，特别是离退休人员支出逐年增长，1990年达31.4万元，比1989年上升11.94%，多支出5.65万元，影响到企业亏损。

乙、将体现在下年度的损益因素：

1. 期末库存商品中的价格倒挂差价1.1万元，实现销售时即体现亏损。

2. 应收货款账上连年结转宕欠较多，长期未能收回，银行存款对账单上也反映有悬账待决，对其可能造成的损失应作充分的估计。建议分户建账、认真清欠。

3. 其它应收款账上付出押金，应收货款账上收入的押金及包装物的账面余额，三者需要结合清理。由于包装物逐月按比例摊入成本，清理结果可能略有盈益。

丙、企业留利基金中年末奖励基金余额－21.64万元，集体福利基金－6.42万元，连年超支，数字庞大。

建议：

年度亏损28.16万元，企业难以自补。加以生产成本倒挂及费用负担较重，经营又难与个体等小集体企业竞争，前途坎坷。企业要加强全面质量管理意识，充实财会力量，提高核算水平，制订确实生产经营指标，严格岗位责任。明确职责，更新产品，改造企业，力求从管理上取得效益，为企业争生存找出路。[1]

根据苏州市食品工业公司苏食工政（91）015号文件精神，苏州稻香村食品厂与系统内当时效益较好的苏州广州食品厂实行"内联"。1991年3月26日，市食品工业公司免去嵇纪木苏州稻香村食品厂厂长职务，聘任原苏州广州食品厂厂长刘石林为苏州稻香村食品厂、苏州广州食品厂厂长，原苏州广州食品厂副厂长瞿江、姚静慧和原苏州稻香村食品厂副厂长韩建国、计伟先均被聘任为苏州稻香村食品厂、苏州广州食品厂副厂长。[2]刘石林兼任苏州稻香村食品厂法定代表人。12月变更企业法人登记注册时，注册资金原为217.83万元，其中固定资金107.65万元，流动资金110.18万元；现为238.42万元，其中固定资金107.77

---

[1] 苏州市审计事务所第六分所：《对苏州稻香村食品厂一九九〇年度承包经营责任审计验证意见》，苏社审六（91）字第6号，1991年1月25日，苏州市档案馆藏，档号：C031-010-0483-066—068。

[2] 苏州市食品工业公司：《关于刘石林等同志职务任免的决定》，苏食工政（91）016号，1991年3月26日，苏州稻香村食品有限公司档案室藏。刘石林（1943—2011），又名刘石麟，时为中共预备党员。1961年参加工作，历任东吴食品厂、广州食品商店（厂）会计，1984年9月任苏州广州食品厂厂长。

万元，流动资金 123.02 万元，专项基金 1.6 万元。经营场所面积仍为 5485 平方米。从业人数由原先的 240 人减为 184 人。[1] 稻香村食品厂干部 26 人（女干部 9 人），其中国家干部 8 人，从非国家干部中选聘的各级干部 18 人。学历情况为：专科 4 人，中专 10 人，高中 5 人，初中以下 7 人。政治情况为：共产党员 8 人，共青团员 1 人，无党派 17 人。年龄 46—59 岁有 3 人，26—45 岁有 23 人。既体现出新时期干部年轻化、知识化的特点，也反映了科室干部较多的情况。[2]

拌和机　　　　　　　包月饼

云片糕生产

观前街 57 号苏州稻香村食品厂糕点车间

由于厂里体制与人事变动等因素影响，第一季度的生产和销售较上年同期连续下滑。稻香村食品厂是苏州唯一生产奶糕的厂家，年产 200 吨，由于卫生设施不合格，1991 年 4 月市食品卫生监督检验所停发了该厂的生产许可证，要求将工艺设备全面改进后方可恢复生产，企业由此处于停产和半停产的状况。门市部即

---

[1] 苏州稻香村食品厂：《企业法人申请变更登记注册书》，1991 年 12 月，苏州稻香村食品有限公司档案室藏。
[2] 苏州稻香村食品厂：《事业、企业单位人员基本情况统计表》（1991 年），苏州稻香村食品有限公司档案室藏。

苏州稻香村食品商店主要销售兄弟厂家产品。百年老店，厂房有险情，设备陈旧；前店后坊的生产场所一直未得到大的改造；产品不能及时更新换代以适应市场的变化，竞争能力和竞争手段差，一些传统产品失去了原有的特色风味，销路不畅；加上过去管理不善，工业总产值、产品产量和销售额都有不同幅度的下降，产品成本不断地提高，企业仍处于严重亏损的困境中。1991年度工业总产值完成256.3万元，比上年261万元下降1.8%，产品产量完成548.3吨，比上年910.8吨下降39.8%。虽然咸味、炒货、糖果产量比上年有较大幅度上升，但是糕点大类产品产量完成496.1吨，比上年880.9吨下降43.68%，其中奶糕产量74.5吨，比上年162.1吨下降54.04%。本年销售额完成367.90万元，比上年同期483.15万元减少115.25万元，下降23.85%。本年度亏损额达35.37万元，比上年同期亏损额28.16万元，上升25.6%。[1]

国家对食品生产特别是儿童食品的卫生标准和营养结构都已列入法制管理轨道，要坚持生产儿童食品，就必须翻建厂房、购进设备，这些都需要大量投资，负担沉重的企业自身已难以支撑。[2]奶糕被迫停产后，引致广大群众不满，《苏州日报》12月17日以《"稻香村"奶糕为何停产》为题提出质问。苏州市商业局上呈苏商工业（92）01号文《关于苏州稻香村食品厂改造奶糕生产引进技术改造的报告》，1992年5月6日，苏州市经济委员会批复如下：

> 苏州稻香村食品厂生产的奶糕是受到消费者欢迎的传统产品，社会效益较好，但由于该厂生产工艺设备较为落后，厂房陈旧，已不能适应日益增长的市场需求，为此，经研究，同意该厂对奶糕生产线进（行——引者）技术改造，以改善车间生产环境，提高产品质量和产量。该项目投资为30万元，资金来源为由企业申请财政或银行贷款25万元，企业自筹5万元。主要建设内容为添置微波干燥机等奶糕生产设备一套，用款26万元，车间内部装修用款4万元。该项目投产后，计划新增奶糕100万包（100吨），新增销售额40万元，税利4万元。接文后，请督促协助企业落实资金，抓紧项目实施。[3]

作为原本具有法人资格并实行独立核算的一个国有独资企业，苏州稻香村食品厂在1990年后，1991年、1992年又累计亏损，总计多达136万元，仅1992年第一季度，该厂亏损额与上年同期相比即增加一倍，[4]完全无力向银行贷款和自

---

[1] 苏州稻香村食品厂计划财务科：《一九九一年度财务分析》，1992年1月16日，苏州稻香村食品有限公司档案室藏。

[2] 朱建伟、胡月珍：《"稻香村"奶糕为何停产》，《苏州日报》1991年12月17日第3版。

[3] 苏州市经济委员会：《关于苏州稻香村食品厂奶糕生产技改项目可行性报告的批复》，苏经改字（92）216号，1992年5月6日，苏州市档案馆藏，档号：C010-009-0069-136-137。

[4] 陈金华、史福明：《传统食品的出路在哪里?》，《苏州日报》1992年5月20日第1版。

筹资金。奶糕生产线技术改造项目已经落后，而国外并不生产奶糕，因而无从引进搞合资项目，在奶糕生产恢复后，该项目遂无疾而终。

鉴于苏州稻香村食品厂现厂区地处观前街东部，产品结构老化，厂房破旧不堪，已不符合食品卫生的生产要求，"为调整产业结构，搞活经营，开拓市场"，进一步发挥国营商业主渠道作用，扭转稻香村食品厂连年亏损局面，根据苏州市人民政府（1991）93号文件通知精神，1992年3月23日，苏州市食品工业公司代表、总经理张治安与苏州苏华实业股份有限公司代表徐智良签署《关于联合改造经营稻香村意向书》。

苏州市食品工业公司（以下简称甲方）与苏州苏华实业股份有限公司（以下简称乙方），经多次友好协商，为帮助甲方所属稻香村扭转连年亏损，房屋危旧，改造迫在眉睫，又缺乏资金的困境，搞活国营商业主渠道，进一步开拓繁荣观东商业中心，发展苏州旅游事业，于一九九二年三月二十三日，达成如下意向：

一、甲、乙双方同意建立联合企业，共同经营，共负盈亏。

二、甲、乙双方同意将现稻香村厂域进行翻扩建，所需投资共同负担，改造方案约翻扩建建筑6000平方米（其中现有危旧建筑面积约为2000平方）。

三、甲方以现有建筑、土地使用权等初定作价650万元，乙方按甲方初定作价承担土建、装修投资650万元，以各占50%为联合企业股份基数。

四、甲、乙双方在房屋翻扩建完成后，按投资股份进行产权分割。

五、甲、乙双方对经营设施、装修不足资金及流动资金由联营企业向银行申请贷款，商请有关部门允许在经营利润中予以税前还贷。

六、联营企业年限初定为十五年，期满前六个月如需延续联营，由双方协商按规定办理手续。

七、联营企业由双方组成董事会为最高权力机构，决定企业经营、管理等重大方针和决策，下设总经理室，具体执行董事会所授予的职责，人选及人员均由董事会聘用。

八、为加快联营企业的进度，前期准备工作及筹建工作由甲、乙双方各派出具体工作人员，组建专门班子，向双方领导及时汇报并按授予的职责，负责各项有关工作（甲方即需根据本意向进行申请立项等工作，翻扩建项目在设计、施工装修等工作由乙方为主进行）。[1]

---

[1] 苏州市食品工业公司、苏州苏华实业股份有限公司：《关于联合改造经营稻香村意向书》，1992年3月，苏州市档案馆藏，档号：C031-001-0376-012。

3月26日，苏州市食品工业公司经请示有关主管部门并研究决定，向市商业局呈报《关于稻香村食品厂翻扩建项目建议书》，请予审核批准立项，称："现将稻香村食品厂转型变轨，由简单传统糕点生产的前店后坊建成现代化、多功能、综合特色的大型商场，集购物、贸易、娱乐、观光、信息、咨询业务于一体，为繁荣观东、扭转该厂连年亏损的局面，拟对原厂域内危旧建筑进行翻扩建改造。计该厂域内原有危旧建筑面积1600平方米，翻扩建面积为5600平方米。"预计土建、水电等基础设施投资概算280万元，由公司筹集80万元，申请银行贷款200万元。请上级有关部门在城市建设基础设施、配套费收取上给予减免，在政策上给以优惠。[1]据市食品工业公司所作"投资效益初步估算"，观前街至碧凤坊区域和碧凤坊南区域改造项目完成后，总计年营业额及租用收入2340万元，年利润310万元。总投资额以1200万元计，回收期以4年计，每年利润310万元，折旧回收72万元（6%），共382万元，4年累计1528万元。根据协议，苏华投650万元，共同借贷550万元，合计1200万元。本金550万+（550万元按10%年息）=550万+55万=605万，按3年分摊还贷须还本息715万元。市食品工业公司称该项目为中外企业搭桥牵线的超前投资项目，由公司与苏华联合共担，取双方长处，预测"投资回收还是快的，抗风险能力也较强，特别是填补观东第三产业中的一个空白点"[2]。

4月18日，市商业局苏商基建（92）15号文《关于申报稻香村食品厂翻扩建项目建议书的报告》报请苏州市计划委员会审批，具体计划建议如下。

一、拆除原有旧车间及碧凤坊辅助用房计1600 m²。

二、翻建计划：拆除旧车间、原料间等用房，翻建四层营业用房，共4684平方米，其中第一层翻建1171平方米，结合稻香村原有门市部191平方米共1362平方米，分别经营原稻香村食品特色，以及经营食品精品的食品商场和快餐。第二层1171平方米经营特色餐饮。第三层1171平方米经营文

---

[1] 苏州市食品工业公司：《关于稻香村食品厂翻扩建项目建议书》，苏食工政（92）字第009号，1992年3月26日，苏州市档案馆藏，档号：C031-001-0376-013-014。

[2] 苏州市食品工业公司：《关于稻香村食品厂翻扩建项目投资效益初步估算》，1992年4月，苏州市档案馆藏，档号：C031-001-0376-013-010-011。具体估算如下。

观前街至碧凤坊区域。一层：传统食品精品商场，年营业额1000万元，年利40万元（按4%）；风味排档、快餐，年营业额400万元，年利40万元（按10%）。二层：特色餐饮：全息投影野炊100座、雅室20间；日营业额2万，以满座6折计，年营业额420万元，年利60万元（按13%～15%）。三层：卡拉OK滚石舞厅、健身、美容中心，年营业额300万元，年利60万元（按20%计）。四层：信息中心、写字间、配套会议、传真、直拨等设施，以出租20间，年租金5万计，年租金100万元，税后利50万元。五层：屋顶花园配小吃、酒吧；日1000元，年营业额30万元，税后利15万元。

碧凤坊南区域。二层：高档娱乐配酒吧，日2000元，年营业额60万元，税后利30万元。原生产车间改为为写字楼服务的套房，以20套，80元/日，满员6折计，年营业额30万元，税后利15万元。

体、健身、美容。第四层1171平方米安排会议室、办公室及屋顶花园。

碧凤坊辅助用房翻建为三层，共891平方米。其中第一层297平方米作为顾客自行车停车房。第二层297平方米，安排弹子房、电子游戏机等娱乐场所。第三层297平方米，安排为管理中心。

三、投资计划：土建面积约5600平方米，每平方米造价（含水电）500元计280万元。装饰工程平均每平方米200元计112万元，三材差45万元，投资调节方向税15%（按扩建4000平方米计算）53.5万元，以上总共投资490.5万元。

四、资金来源：企业自筹147万元（占总投资30%）。其余343.50万元，申请贷款解决，计划在3—4年内，以翻扩建后增加利润归还。[1]

5月4日，苏州市计划委员会苏计投［1992］207号文件批复，同意市食品工业公司将观东的稻香村食品厂破旧厂房及碧凤坊辅助用房翻建改造为综合性经营用房，要求保留和扩大稻香村门市部，总投资500万元，所需建设资金自筹和贷款解决。设计娱乐设施要求由有资质的单位经营。[2]市食品工业公司接文后，编制可行性研究报告和建筑方案设计，8月17日向市商业局上报由中外合资华鼎建筑设计所完成的方案设计，经会审并多次修改，12月15日上报市商业局新方案："原碧凤坊南楼因考虑到市街坊改造暂不进行，作为今后二期工程。现方案设计建筑面积6712.5平方（其中新建744.5平方，旧房翻、扩建968平方），占地1100平方，预计总投资额为997.09万元。"[3]但是，由于乙方因人事、资金等种种原因退出，该项目被迫中辍。

由于与苏州广州食品厂的"内联"并不成功，1993年2月18日，苏州市商业局就市食品工业公司苏食工政（93）字第4号文批复，同意恢复苏州稻香村食品厂企业法人资格，经济上实行独立核算，自负盈亏，企业性质、隶属关系、经营范围、经营方式、地址均保持不变。[4]市食品工业公司研究决定，由总经理张治安兼任苏州稻香村食品厂厂长[5]，并兼法定代表人，苏州稻香村食品厂注册资金时为119万元整。

---

[1] 苏州市商业局：《关于申报稻香村食品厂翻扩建项目建议书的报告》，苏商基建（92）15号，1992年4月18日，苏州市档案馆藏，档号：C031-001-0376-002。
[2] 苏州市计划委员会：《关于稻香村食品厂翻建项目建议书的批复》，苏计投［1992］207号，1992年5月4日，苏州市档案馆藏，档号：C031-001-0376-001。
[3] 苏州市食品工业公司：《关于稻香村食品厂改造项目方案设计的请示报告》，苏食工政（92）字第062号，1992年12月15日，苏州市档案馆藏，档号：C031-001-0376-016。
[4] 苏州市商业局：《关于恢复苏州稻香村食品厂企业法人资格的批复》，苏商业务（93）12号，1993年2月18日，苏州稻香村食品有限公司档案室藏。
[5] 苏州市食品工业公司：《关于张治安同志兼任苏州稻香村食品厂厂长的决定》，苏食工政（93）字第07号，1993年2月，苏州稻香村食品有限公司档案室藏。

1993年，苏州稻香村食品厂产品销售收入调整后账面数3448724.22元，减去产品销售税金、成本和管理、财务、销售等费用，加减营业外收入和营业外支出；利润总额原账面数1605.74元，调整后5105.74元，扭转了前三年连续亏损的局面，成为一个微利单位，年末实收资本为30.33万元，注册资金为30万元。但因前三年累计亏损136万元，虽经批准弥补和1993年利润轧抵（轧账后的盈亏抵销或收支抵销），至年末未分配利润为-1141708.65元，因而所有者权益年末仍然出现了-84.2万元的严重亏损情况。[1]

苏州稻香村食品厂因种种原因，经济十分困难，厂房因是危房被拆除后无钱再建。为利用该厂处于观前街黄金地段的优势，尽快摆脱困境，苏州市食品工业公司主动与上海著名的上市公司豫园旅游商城股份有限公司联系，该公司凭借其雄厚实力和知名度，正欲走出上海到外地发展开连锁店，双方不谋而合。1993年10月该公司全体董事会成员及上海市南市区政府领导一同来苏州考察，决定在观前街上开设该公司的第一家外地分号，建一座豫园商厦。但稻香村店面宽仅18米，苏州市平江区政府以稻香村旁该区商业局下属的两家商店，又征用了一家个体餐馆，作为参股，使面宽增至36米。著名的上海豫园商城终于决定落户苏州。建成后的苏州豫园商城为明清建筑风格，反映上海豫园商城的特色，一楼、二楼将集中豫园的百货、工艺、旅游品和金银珠宝等特色商号，三楼将引进绿波廊、上海老饭店、松云楼等小吃店和菜馆，四楼、五楼为娱乐等。[2] 1994年3月9日，苏州市食品工业公司与上海豫园旅游商城股份有限公司、苏州市平江区商业局所属远东房屋开发公司正式签订协议书，三方本着"互惠互利、共同发展、利益均沾、风险共担"的原则，联营合资建立"上海豫园旅游商城苏州公司"，并建设一座10000平方米左右的商业大厦。[3] 经市商业局同意，苏州市计划委员会苏计工〔1994〕61号文件批准，新企业正式成立，新企业营业用房项目建设用地由苏州市食品工业公司立项，也经市计委苏计投〔1994〕145号文件批复同意。5

---

〔1〕 苏州市审计师事务所：《关于对苏州稻香村食品厂一九九三年年度财务决算的审计验证报告》，苏社审陆（94）字258号，1994年4月27日，本报告附件有资产负债调整表、损益调整表，苏州稻香村食品有限公司档案室藏。该报告认为，本年度末的财务状况及本年度经营成果，基本上符合《工业企业会计制度》的规定，并提出了发现的问题及建议：（一）属于个人负担的防洪保安金3500元误入营业外支出，应予调整。（二）在查验固定资产时，发现临顿路$45\frac{1}{2}$号房屋167.38 m^2房产证而无账，建议以盘盈的固定资产估价后，先进入待处理财产损益科目，再按规定程序经批准后转账。（三）固定资产折旧仍按原来沿用的折旧年限计提，建议企业在根据《企业财务通则》和《工业企业财务制度》的规定，制订内部财务管理办法的同时加以调整。按：1993年7月1日以前会计核算采用增减记账法，7月1日开始按新会计制度接轨，执行借贷记账法。存货原材料计价采用加权平均法。

〔2〕 包兰：《上海豫园商城将落户观前街》，《姑苏晚报》1995年6月28日第1版。

〔3〕 苏州市食品工业公司：《关于与上海豫园旅游商城股份有限公司、苏州市远东房屋开发公司合资建立联营企业的报告》，苏食工政（94）第6号，1994年3月24日，苏州市档案馆藏，档号：C031-010-0675-047。

月20日，上海豫园旅游商城苏州公司在平江区工商行政管理局登记注册，性质为股份制与全民所有制联营。该联营企业苏州两方的投资总额中，苏州市平江区以514.85平方米的土地使用权作为投入，其远东房屋开发公司占17.05%，苏州市食品工业公司占80.95%，为大股。因该联营企业大部分基础是市食品工业公司主管的苏州稻香村食品厂，都隶属于市商业局领导，为更好地解决市食品工业公司和苏州稻香村食品厂存在的许多历史的、现实的困难和问题，12月20日，苏州市平江区人民政府与苏州市商业局签署《约定书》，一致同意将上海豫园旅游商城苏州公司改为归属市商业局管理，以使新企业搞好与各方面的衔接，理顺关系，顺利运行。[1]

1994年，苏州稻香村食品厂的经营困境更加严重，截至12月30日，固定资产合计192613.29元，资产总计年初数800615.81元，期末数239527.58元。未分配利润年初数-1145208.65元，期末数-1354954.13元。销售（营业）收入，本年累计数2573378.54元，产值按现行价格计算为130.81万元，上缴税金12.29万元，营业利润-269655.44元，利润总额-209745.48元（本年净利润），流动资金来源合计（增加净额）-138496.50元。[2]

1995年，销售（营业）收入2426888.24元，产值按现行价格计算为154.81万元，上缴税金11.96万元，利润总额年初数-80137.27元，本年累计数-755213.95元。流动资金来源合计-426290.36元，流动资金增加净额-826895元。本年度亏损755213.95元，年末未分配利润-2110168.08元，致使所有者权益合计数出现-1457872.77元的局面。[3]

1996年继续亏损，营业额（不含税）187.06万元，产值按现行价格计算为103.85万元，上缴税金12.28万元，利润总额年初数-24.65万元，年末未分配利润-235.58万元。

1997年，营业额（不含税）144.56万元，产值按现行价格计算为97.39万元，上缴税金8.07万元，利润-14.06万元。《关于苏州稻香村食品厂一九九七

---

[1] 苏州市平江区人民政府、苏州市商业局：《关于联合经营上海豫园旅游商城苏州公司有关问题的约定书》，1994年12月20日，苏州市档案馆藏，档号：C031-010-675-040-042。

[2] 苏州市审计师事务所：《关于苏州稻香村食品厂一九九四年度会计报表的审计验证报告》，苏社审陆（95）164号，1995年3月23日，苏州稻香村食品有限公司档案室藏。审计验证报告就会计报表做出说明：应收账款中有1993年发生的上海青浦稻香村欠款6000.70元和苏北东海欠款21095元，其他应收款中有1989年城东分厂欠款4万元，已超过三年；有房租收入6252.73元，应按内容分别清账。固定资产中，房屋账面数面积为1302.77平方米，经验证房屋所有权证及清洲观前3号房产权协议书，实有产权1635.83平方米，比账面数多333.06平方米。按：主要会计事项增加一条，固定资产按实际进价记账，折旧采用平均年限法计提，主要为职工住房，折旧率为2.772%。

[3] 苏州市审计师事务所：《关于苏州稻香村食品厂一九九五年度会计报表的审计验证报告》，苏社审陆（96）六字第167号，1996年4月24日，苏州稻香村食品有限公司档案室藏。按：本年主要会计事项增加内容，固定资产运输设备折旧率为8.08%。

年度会计报表的审计报告》反映了该厂该年度的财务状况及经营成果和资金变动情况，其中的《会计报表有关事项说明》如下。

1. 货币资金 186135.66 元，其中银行存款（开户 5 户）181833.52 元，现金 4302.14 元。

2. 应收账款 58139.45 元，系明细账 5 户贷方余额 6668.90 元和 10 户借方余额 64808.36 元轧抵数。明细借方余额中：（1）华润超市 17539.84 元；（2）盐城盐南商业 18160.92 元；（3）豫园商城 11137.04 元。

3. 其他应收款 118432.36 元，其中代垫药费 70488.50 元，液化气站 15000 元。

4. 存货 113359.50 元。其中产成品 71884.12 元，原材料 26138.29 元，低值易耗品 21643.20 元，库存商品 –6306.11 元。

5. 待摊费用 22143.14 元，为待抵扣的期初库存税金。

6. 固定资产及累计折旧。固定资产原值 438382.86 元，累计折旧 48743.35 元。土地类原值 348996 元。

7. 短期借款 880000 元。其中工商银行 480000 元，市财政局 400000 元。

8. 应付账款 243779.62 元，其中养育巷肉店 45137.37 元，中亚塑料厂 11704 元。

9. 其他应付款 1108613.05 元，明细 38 户。其中食品工业公司 440356.26 元，市贸易局 300000 元，市财政局 66300 元。

10. 应付工资 543962.44 元。

11. 未交税金 7639.09 元。其中增值税 7347.41 元，城建税 291.68 元。

12. 其他未交款 166.67 元为教育费附加。

13. 长期应付款 30758.69 元，为私股资金。

14. 其他长期负债 –72654.22 元。其中住房周转金 –83780.39 元，住房维修基金 11126.17 元。

15. 实收资本 303299.31 元，年内无变动。

16. 资本公积 348996.00 元，年内无变动。

17. 未分配利润 –2496388.18 元。其中本年增加 –140631.67 元。

18. 全年销售收入 1445573.31 元。

19. 全年利润总额 –140631.67 元。

据《资产负债表》反映，固定资产原值 438382.86 元。固定资产净值 389639.51 元，流动资产 507040.11 元，合计 896679.62 元。负债合计

2740772.49元。[1]

改革开放以来，乡镇社办企业、城市街道企业、个体企业纷纷兴起，而苏州稻香村食品厂竞争愈见乏力。1986年牛角浜23号二车间发生坍房，因无资金只能用石棉瓦等材料简易修补，已成危房，1987年由市食品工业公司以80万元卖给平江区税务局作职工宿舍，得款于观前街57号翻造了门面3层楼。稻香村食品厂以二车间主任

牛角浜23号苏州稻香村食品厂二车间

贾沛如等30多人，与东环路上娄葑乡徐家浜村的苏州城东食品厂联营，名为稻香村食品厂一分厂或城东分厂，贾沛如为副厂长，主要生产炒货、蜜饯、糖果、肉松、咸味等产品。苏州城东食品厂曾于1985年用5.3万美元引进英国包糖机4台，1987年用25万美元从联邦德国哈曼克·吃赛尔公司引进夹心糖生产线1套，[2]但是联营仍然亏损。1991年联营结束，二车间部分职工16人将碧凤坊的厂食堂改造为"小车间"，贾沛如任主任，实行包产值，产品销售后提成奖励模式。1992年，苏州市食品工业公司与苏华实业股份有限公司联合改造经营观前街稻香村食品厂的改扩建项目被批准后，开始拆除厂房。苏州稻香村食品厂筹建稻香村实业公司，蒋祖健、吴天伦等参与将原1000平方米厂房改造成小宾馆"稻香雅舍"，1993年7月底基本开始正常营业，产生了一定的效益。[3]

面临困境，苏州稻香村食品厂除将部分职工分流到其他厂、店工作外，租用洋泾塘齐门外大街288号江苏省军区苏州第一干休所房屋生产（年租金8万元），决定对生产经营部实行承包责任制，性质属企业内部承包。承包后，为厂部领导下的相对独立部门，不单独建账号；形式为产供销一条龙的风险承包。实行两挂钩：分配与上缴利润挂钩，分配与实现销售额挂钩。所设承包正副经理，承包期间被聘任为厂中层干部，行使、享受相应的责权利，承包结束，聘任解除。1992年7月，门市部经理方义梅、小车间主任贾沛如与蒋善庆、谈雪良、林恩惠（又

---

[1] 苏州市审计师事务所：《关于苏州稻香村食品厂一九九七年度会计报表的审计报告》，苏社审(98)字第275号，1998年3月27日，苏州稻香村食品有限公司档案室藏。主要会计事项：1. 执行《工业企业会计制度》。2. 存货计价采用加权平均法，零售实行售价核算。3. 固定资产折旧采用平均年限法，预留残值3%。4. 低值易耗品采用五五摊销法。5. 税种税率、增值税13%、17%。

[2] 《全国包装机械引进设备一览表》，见本调查研究课题组编：《全国包装和食品机械全行业基本情况和发展前景调查研究资料》第8册，中国农机院农业机械图书编辑部，1989年，第144、161页。

[3] 蒋祖健于1993年2月任稻香雅舍副经理。参阅吴天伦：《江苏省专业技术人员1993年度考核表》，苏州稻香村食品有限公司档案室藏。

名林恩伟）组成承包集团，方义梅任生产经营部经理（兼门市部经理），贾沛如、蒋善庆、谈雪良、林恩惠为副经理，职工30余人。承包期限2年，每年销售指标175万元（不含税），利润指标4万元。他们努力调整产品结构，积极开发新产品，使产品质量有明显好转，提高了市场竞争力。1993年度两个部门销售额420万元，比计划销售额增加了50%，实现利润25万元，职工收入比上年增加30%~40%，完成和超额完成了承包指标。[1] 1994年6月，由贾沛如、方义梅继续承包生产经营部，贾沛如任经理，方义梅为副经理。承包经营期限为1994年6月20日至1995年12月20日，定员22人，销售指标共225万元（半年75万元，均不含税），利润指标共6万元（半年2万元）。承包性质、形式与各项条件如前不变。[2]

由于观前街改造，1994年8月9—18日苏州稻香村食品商店搬迁至临顿路45-1号营业，1995年12月26日被安排回迁至观前街72号原金芝斋旧址。表6-30反映了该店1994—1998年的销售情况。

表6-30 苏州稻香村食品商店1994—1998年历年销售情况

单位：元

月份	1994年	1995年	1996年	1997年	1998年
1	256069（日均8260.3）	42174（日均1360.5）	56150（日均1811.3）	53300（日均1719.4）	70180（日均2263.9）
2	546667（日均19524）	46675（日均1667）	157325（日均5425）	79535（日均2840.6）	35220（日均1257.9）
3	196805（日均6348.6）	28945（日均933.7）	59280（日均1912.3）	50120（日均1616.8）	51080（日均1647.8）
4	202722（日均6759.1）	29085（日均969.5）	61352（日均2045.1）	58140（日均1875.5）	67310（日均2171.9）
5	101025（日均3259）	16840（日均543）	42520（日均1372）	38390（日均1238）	39650（日均1279）
6	49928（日均1664.3）	11730（日均391）	29910（日均997）	24490（日均816.3）	20050（日均668.3）
7	67171（日均2166.8）	7300（日均235.5）	23804（日均767.9）	26140（日均843.2）	22590（日均728.8）

---

[1] 谈雪良：《江苏省专业技术人员1992年度考核表》《江苏省专业技术人员1994年度考核表》；方义梅：《江苏省专业技术人员1993年度考核表》；贾沛如：1992年10月22日《工作小结》及《江苏省专业技术人员1992年度考核表》《江苏省专业技术人员1994年度考核表》。苏州稻香村食品有限公司档案室藏。

[2] 厂部代表胡文华（甲方），承包部门代表（乙方）贾沛如、方义梅：《承包协议书》，1994年7月30日，鉴证人为工会主席陈钢年，苏州稻香村食品有限公司档案室藏。全文详见本书附录三。

续表

月份	1994年	1995年	1996年	1997年	1998年
8	40060（日均1908）	27255（日均879）	39640（日均1279）	43790（日均1412.6）	35900（日均1158）
9	87508（日均2917）	37843（日均1261.4）	123551（日均4118.4）	58732（日均1957.7）	61895（日均2063.2）
10	44810（日均1445.5）	9610（日均310）	42610（日均1374.5）	23830（日均768.7）	74970（日均2418.4）
11	34723（日均1157.4）	10215（日均340.2）	39760（日均1325.3）	26930（日均897.7）	37390（日均1246.3）
12	43775（日均1412.1）	5675（日均227）	51200（日均1651.6）	32312（日均1042.3）	40730（日均1313.9）
合计	1671263	273347	727102	515709	556965

资料来源：《苏州稻香村食品商店1994—1998年历年销售情况统计表》，苏州稻香村食品有限公司档案室藏。按：1994年10月日均1445.5元，原表误为89620元，合计1671263元，原表误为1671313元；1996年合计727102元，原表误为727007元。

1995年10月，市食品工业公司供销经营部经理沈根富任苏州稻香村食品厂副厂长，协助兼任厂长的总经理张治安工作，又称经营厂长。[1]稻香村食品厂搬迁到金阊区枫桥大街，租用街道办房屋生产，厂房仅150平方米。1996年春搬迁到平江区十全街南石皮弄，租用市旅游局的一处旧食堂生产。10月24日稻香村食品厂发文，聘任谢水轩为门市部副经理（经理吴仁德），徐全生为生产经营部经理、王乾辰为副经理，陈旭斌为厂财务负责人（享受副科级待遇）。[2]

1996年10月1日，经过近一年半的建设，上海豫园旅游商城苏州公司的上海豫园商城苏州商厦正式开业，位于观前街57号—69号，苏州稻香村食品厂45岁以下部分职工按协议参加商城工作。[3]1997年2月，苏州稻香村食品厂登记住所由观前街57号变更为观前街72号，注册资金仍为30万元。3月1日苏州稻香村食品商

国内贸易部颁中华老字号铭牌

[1] 沈根富（1948— ），苏州人，原籍江苏镇江。家庭出身职员。中共党员。1967年6月高中毕业后参加工作，为苏州糖果冷饮厂工人。历任苏州一品香食品厂供销科科长、苏州市食品工业公司供销科科员，1987年5月任苏州一品香食品厂副厂长，1991年12月任苏州采芝斋糖果食品厂厂长。1995年10月任市食品工业公司供销经营部经理。

[2] 苏州稻香村食品厂：《关于谢水轩等同志任职的通知》，(96)苏稻政字第04号，1996年10月24日，苏州市档案馆藏，档号：C010-009-069-136-137。

[3] 《上海豫园旅游商城股份有限公司关于转让上海豫园旅游商城苏州公司部分股权的公告》，1998年12月11日，见《和讯网·和讯数据·股票行情·豫园商城（600655）·定期报告》。

店亦变更营业登记事项，住所亦改为观前街 72 号，负责人由吴仁德变更为谢水轩。苏州稻香村食品厂经国内贸易部认证并颁授中华老字号铭牌。

为苏州稻香村食品厂改制工作需要，1997 年 12 月 24 日，苏州市食品工业公司将所持"股权全部出让给上海豫园旅游商城股份有限公司"，退出联营体，扣除联营亏损应承担的份额，实际得款 1300 万元，上缴苏州市贸易局（1996 年 7 月市商业局更名）。苏州市贸易局随后将其管理的上海豫园商城苏州公司有关工作，移交给平江区人民政府。[1]原稻香村食品厂职工自愿回厂工作。1998 年 1 月 16 日，乙方苏州稻香村食品厂厂长、法人张治安与甲方苏州刺绣厂法人叶仁签订《房屋租赁协议》，苏州稻香村食品厂租用史家巷 35 号苏州刺绣厂内一楼旧有食堂生产，租期自 1998 年 3 月 1 日起至 2006 年 2 月 28 日止计八年，第一年租金为人民币 80000 元整，以后每年递增绝对额 2500 元整。[2]

苏州稻香村食品厂这一时期属于最为困难时期。俞愉撰文《"稻香村"：绕树三匝何枝可依》称，老字号是名牌，是骄傲，也是一种很有韵味的商业文化，但同时，市场竞争是无情的。稻香村作为一爿老企业，几经合并，目前退休人员已远远超过在职职工，计划经济下原有的各项政策优惠也逐渐取消，在市场经济大潮冲击下的稻香村束手无策。在它的身边，冒出了许许多多集体、个人的小作坊，吸引了不少稻香村的退休师傅前往发挥余热，苏式糕点不再独此几家。放眼食品市场，各种进口食品纷纷登场，新兴食品层出不穷，论口味各有千秋，论包装、论宣传，那就更是望尘莫及。[3]例如，在闻名遐迩的苏式传统食品中，苏式月饼作为苏式糕点中的精华，与广式、潮式、京式等流派月饼分庭抗礼，盛极一时。苏州稻香村食品厂的清水玫瑰、精制百果、白麻椒盐等精品更是备受推崇。至 20 世纪 80 年代初期，本地市场一直是苏式月饼的天下，"龙头"稻香村销售旺季最

---

[1] 苏州市贸易局致平江区人民政府：《关于移交原归属我局管理的上海豫园商城苏州公司有关工作的函》，1998 年 1 月 22 日，苏州市档案馆藏，档号：C031-010-0737-018。有关联营协议书和食品工业公司退出联营体的文件、协议，苏州市档案馆藏档案未见。参阅《上海豫园旅游商城股份有限公司关于转让上海豫园旅游商城苏州公司部分股权的公告》，1998 年 12 月 11 日，见《和讯网·和讯数据·股票行情·豫园商城（600655）·定期报告》。公告曰："上海豫园旅游商城苏州公司（以下简称苏州公司）是一家在江苏省苏州市平江区工商行政管理局登记注册的企业，豫园商城与苏州市食品工业公司及苏州远东房产开发公司（以下简称远东房产）于一九九六年十月共同投资组建（其后苏州市食品工业公司退出，全部转股给豫园商城）的联营公司，该公司注册资本 1000 万元，总投资 3700 万元，豫园商城投资 3422.5 万元，持股 92.5%，苏州远东房地产开发公司投资 277.5 万元，持股 7.5%。苏州公司位于苏州市观前街，总建筑面积 10317.3 平方米，经营范围为百货、食品、餐饮等。"

[2] 苏州稻香村食品厂、苏州刺绣厂《房屋租赁协议》，1998 年 1 月 16 日，见《原苏州稻香村食品厂改制交接明细册》，苏州稻香村食品有限公司档案室藏。亦见《苏州稻香村食品厂改制交接明细册》（1999 年），苏州档案馆藏，档号：C031-001-0551。

[3] 俞愉：《"稻香村"：绕树三匝何枝可依》，《苏州日报》1996 年 4 月 18 日第 2 版。参阅杨秉灏、简雄：《商战启示录》，《姑苏晚报》1996 年 10 月 2 日第 8 版；吕征宇：《百年老店要注重创新》，干强：《品牌优势与吸引力》，《姑苏晚报》1997 年 7 月 22 日第 3 版。

高月销量达10万多只,自80年代中期始,苏式月饼日渐衰落,只有现烘现卖鲜肉月饼还在顽强坚守阵地,其他月饼则"落花流水"。1996年苏州地产月饼曾摆出梅花阵,抵御外来军团,所占市场份额超过85%,1997年这一趋势有增无减。然而,在地产月饼群雄纷起的角逐中,仍以广式月饼占绝对优势,但是,多年未做苏式月饼的采芝斋这年恢复百果、玫瑰、椒盐3只苏式品种,降低糖度,并增加豆沙、莲蓉等"苏式皮广式馅"改良品种,柜台上苏式月饼销售超过广式月饼。一直生产广式月饼的广州食品厂这年首次开发苏式月饼,日销量超过3000只。退守一隅的稻香村每年生产苏式月饼只有二三万只,令人唏嘘。[1]后来润泉在《苏式糖果糕点前景如何》一文中写道:

> 当观东百年老店稻香村在雨中成为一片瓦砾,上海豫园商城于此举行奠基仪式时,满怀老字号情结的老苏州们却别有一番滋味在心头。
>
> 竞争有情也无情。当年《苏州日报》一篇新闻稿的标题是《城隍庙进军观前街 稻香村退守临顿路》。对这件事,各色人等,看法是截然不同的。其一:"优胜劣汰,规律使然,老掉了牙,又救不活,就可以安乐死"。其二:"祖传的家传珍宝都保管不好,这叫败家子变卖家产,没出息"。其三:"老字号的衰落不是一家两家,是计划经济,是所有制害了他们"。其四:"传统产品,再有名气,不创新,谁还喜欢这类重糖重油,作坊式生产的'陈年老缩笃'……"
>
> 争论归争论,稻香村在严酷的市场竞争中是输了,然而作为赢家的上海豫园商场,在黄金地段的业绩也不佳,徒有空门面,顾客不卖账。这步棋的结论是"两败俱伤"。[2]

苏州稻香村在严酷的市场经济竞争中败下阵来,濒临破产,也是国有企业特别是国有商办小型企业的一个缩影。中国自1978年年末改革开放以来,取得了举世瞩目的成就,全国6万多家国有小型企业做出了突出的贡献,它们在全部国有企业中其数量占90%,其职工人数占60%,在整个国民经济和社会生活中的地位不容忽视。城市经济体制改革之路历经十数载艰难探索,国家和政府曾实行过多种形式的利润留成和盈亏包干,其后发展为扩大企业经营自主权,走过两步利改税的道路,提出两权分离,推行过企业承包经营责任制,制订了一系列扩大企业自主权的政策。企业改革基本上沿着放权让利的轨迹向前推进,通过放宽政策,运用利益机制提高企业和职工的积极性,以增强企业活力。特别是《全民所有制工业企业法》的颁布,确立了企业作为商品生产者和经营者的法律地位,用法律

---

[1] 尤薇:《今秋"突围"前景如何》,《苏州日报》1997年8月29日第4版。
[2] 润泉:《苏式糖果糕点前景如何》,《苏州日报》1999年1月29日第5版。

的形式赋予企业相应的经营权力;《全民所有制工业企业转换经营机制条例》的实施,进一步促使企业经营自主权的落实,推动了其他方面的配套改革,为建立社会主义市场经济体制奠定了一块基石。国有企业的整体面貌较之改革前发生了巨大而深刻的变化。但是,由于新的社会生产力的发展,旧有体制的弊端及历史沉积负面因素的影响,较之同处于经济体制改革过程中的非国有企业,国有企业发展步履维艰。中共十一届三中全会以来,集体、私营、个体及合作经济等多种经济成分获得了长足的进展,国有工业比重从1989年起连续三年每年下降2个百分点,且有加剧的趋势。包括全部国有大中型企业在内的预算内工业,三年的亏损面已高达30%,占全部国有企业压倒多数的国有小型企业更是难以为继:"它既不如大中型企业力量雄厚,又不像非国有小企业那样自由度高;既享受不到搞活国有大中型企业的政策优惠,又不及非国有小企业的身手灵便。在经济转轨之际,如一叶小舟面对市场经济波涛的拍击,濒危告急者比比皆是。有的甚至陷入极端困顿之中。据统计,1994年2.4万户亏损的国有企业中,小型企业多达1.97万户,占82.1%。况且,其趋势有增无减。"[1]抓大放小,深化改革已是刻不容缓。

从1992年邓小平南方谈话发表以后,新时期改革开放的步伐加快,社会主义市场经济的竞争形势益加逼人。1993年11月14日中共十四届三中全会通过的《中共中央关于建立社会主义市场经济体制若干问题的决定》强调指出:

> 以公有制为主体的现代企业制度是社会主义市场经济体制的基础。十几年来,采取扩大国有企业经营自主权、改革经营方式等措施,增强了企业活力,为企业进入市场奠定了初步基础。继续深化企业改革,必须解决深层次矛盾,着力进行企业制度的创新,进一步解放和发展生产力,充分发挥社会主义制度的优越性。
>
> 建立现代企业制度,是发展社会化大生产和市场经济的必然要求,是我国国有企业改革的方向。
>
> ……一般小型国有企业,有的可以实行承包经营、租赁经营,有的可以改组为股份合作制,也可以出售给集体或个人。出售企业和股权的收入,由国家转投于急需发展的产业。[2]

苏州市对国有企业、集体企业的改制工作一贯重视,积极探索。1997年6

---

[1] 姚铭尧主编:《中国股份合作制企业的崛起——国有小企业改制的实践与理论》,上海:上海远东出版社,1996年,引言第2页。

[2] 转引自国家体改委生产体制司、经济体制改革研究院编著,王东江、曹远征主编:《国有企业改革攻坚——现代企业制度与资产重组实务》之"政策法规篇",北京:改革出版社,1998年,第234页。

月，国家体改委体改生〔1997〕96号文件《关于发展城市股份合作制企业的指导意见》下发后，12月10日，中共苏州市委、市人民政府印发《关于放开搞活全市中小工业企业的意见》，指出放开搞活中小工业企业，是贯彻落实党的十五大精神、深化企业改革的重要组成部分，是从整体上搞好公有制经济的重要战略措施；提出要以产权制度改革为核心，对中小企业放开放活放彻底，探索多种公有制实现形式。[1]宗陆先前撰文《我市商办工业面临严峻挑战》，指出国有商办工业是我市商业经济的重要组成部分，稻香村等相当一部分商办工业企业是享誉海内外的百年老店，但是，我市商办工业由于受产品结构老化、技术设备陈旧、生产工艺落后、企业负担沉重等因素的影响，没有从根本上摆脱生产规模偏小、产品档次偏低、经济效益不佳的状况。部分企业在激烈的市场竞争中显得力不从心，观念转变不快。随着社会主义市场经济体制的初步形成，我市商办工业在长期计划经济体制条件下所形成的投入机制、运行机制和发展机制显得越来越不适应，"坐商"作风还未根本改变，企业仍停留在前店后坊、小打小闹的经营方式上，倚老卖老、老调重弹。设备利用率不高。名牌意识不强，企业自我保护意识和市场占有意识较差，能进行商标注册的企业寥寥无几。市属商办工业的发展已远远滞后于市属商业的发展，要按照两个根本性转变的要求，切实改变计划经济条件下遗留下来的各种旧的经营管理方式，牢固确立市场竞争和开拓创新的观念。努力实施名牌战略。以名品、名牌为龙头，通过资产重组走规模经营的道路，提高资产利用效率和企业抗风险能力；利用商业自身的网络优势，通过工商联手，不断开拓国内、国际市场；找准市场定位，增强竞争能力，加强对企业及其产品的宣传力度，努力巩固提高苏州商办工业的知名度，创出更多的名牌名品。[2]当时苏州稻香村食品厂在职职工103人，退休职工194人，历年的内外债务，也即历年挂账亏损额约260万元。[3]广大干部职工失去了固定生产场所，四处漂泊租房生产，其生产经营实属自救性质，处境艰难。如1997年7月26日至8月2日苏州市食品卫生监督大检查，根据市创建工作要求，加大了执法力度，苏州稻香村食品厂与叶受和食品商店等8家被列为食品卫生不达标的单位。[4]以改革求生存，这是中华老字号稻香村涅槃新生的唯一选择。苏州商业有识之士认为，清理、保护百

---

[1] 苏州市经济贸易委员会、苏州市乡镇企业管理局、中共苏州市委党史工作办公室编：《苏州乡镇工业》之"大事记"，北京：中共党史出版社，2008年，第57页。1997年12月9日市政府办公室转发市经委等部门《关于苏州市工业企业改制资产出售的试行办法》，旨在进一步认真贯彻中共十五大精神，加快本市国有、集体工业企业改制工作，规范企业改制中出售资产行为。

[2] 宗陆：《我市商办工业面临严峻挑战》，《姑苏晚报》1997年4月15日第7版。

[3] 苏州市食品工业公司：《关于对苏州稻香村食品厂实施改制的申请》，苏食工政（98）03号，1998年4月3日，苏州市档案馆藏，档号：C031-001-0528-001。参阅俞愉：《"稻香村"：绕树三匝何枝可依》，《苏州日报》1996年4月18日第2版。

[4] 丁文：《市食监所公布一批食品卫生不合格单位》，《苏州日报》1997年8月10日第2版。

年老店,必须列入财政预算,减轻老店的债务负担、离退休职工负担,让老字号轻装上阵,进入新世纪。从产权入手,从根本上进行改组改制,努力建立现代企业制度,冲出苏南模式的束缚,彻底改变被扭曲了的经营体制,激活百年老店内部的凝聚力、想象力、创造力,坚持传统经营特色,适应现代消费的市场需求,从而跟上现代商业竞争的时代步伐,"只要是民族特色的,才是人类世界的。因为百年老店是姑苏商业的骨气,这就是别让历史遗憾的民族气节"[1]。

---

[1] 朱澄潜:《别让历史遗憾》,《苏州日报》1998年7月20日第3版。

第七章 稻香村的改制、联营与集团化发展

第一节 股份合作制苏州稻香村食品厂的创立与运行

一、国有苏州稻香村食品厂的改制

《中共中央关于建立社会主义市场经济体制若干问题的决定》明确提出,国有小型企业和集体企业可以实行股份合作制。各地借鉴农村改革的经验,着眼于从整体上搞好国有和集体经济,从明确投资主体、落实产权责任入手,大胆探索,逐步加快了小企业改革的步伐,股份合作制成为城市小企业改制的重要形式,使一批小企业焕发了生机。为了总结实践经验,明确若干重要问题,推动股份合作制健康发展,1997年6月,国家经济体制改革委员会(简称体改委)提出了《关于发展城市股份合作制企业的指导意见》,明确指出股份合作制是采取了股份制一些做法的合作经济,是社会主义市场经济中集体经济的一种新的组织形式,是在改革中群众大胆探索、勇于实践的重大成果,适应社会主义市场经济的要求,促进了生产力的发展。股份合作制企业是独立法人,以企业全部资产承担民事责任,主要由本企业职工个人出资,出资人以出资额为限对企业的债务承担责任。在自愿的基础上,鼓励企业职工人人投资入股,也允许少数职工暂时不入股。职工个人股和职工集体股应在总股本中占大多数。在财产共同所有和按股共有的基础上,坚持职工民主管理,职工享有平等权利,实行职工股东大会制度。职工股东大会是企业的权力机构,实行一人一票的表决方式。董事会是职工股东大会的常设机构,向职工股东大会负责。董事长是企业法定代表人,由董事会选举产生。企业实行按劳分配与按股分红相结合的分配方式,自主经营、自负盈亏、自我发

展。[1]根据国家体改委上述指导意见，以及江苏省《城市股份合作制企业暂行办法》《关于苏州市城市股份合作制企业实施意见》和有关法律、法规与政策规定，1998年4月3日，苏州市食品工业公司向市贸易局呈报《关于对苏州稻香村食品厂实施改制的申请》：

> 我公司所属苏州稻香村食品厂系国有商办小型企业，该厂牌子老、底子薄、基础差、包袱重、规模小，长期处于亏损状态，濒临破产。为从根本上摆脱企业困境，增加企业生存发展的原动力，根据十五大"抓大放小"改革精神，深化产权制度改革，转换经营机制，结合该企业的具体情况，经研究，拟采取安置分流、设立股份合作制企业。为鼓励积极性使改制工作顺利展开，为使改制后的企业能轻装上阵，现报请上级批准，采取"两剥离一了结"的优惠办法，即：剥离原企业退休职工负担（194人）；剥离历年来的内外债务（约260万元）；历年挂帐亏损额（约260万元）不转入新企业。具体改制形式采用先股后售的办法，考虑新企业的经营实际需要以及股本结构与承受力，拟将老企业的部份资产置换，按国家规定聘请有资质的评估机构评估作价，实行有偿转让，剩余的资产及负债由公司负责代管。改制后，老企业按法注销，新企业与公司脱钩，成为市场经济的竞争主体和法人实体。
>
> 稻香村厂的改制工作由公司主持进行，具体操作按规范要求，我们将在上级的正确领导下，做到加强学习、精心组织、细致踏实、积极稳妥做好工作。[2]

4月9日，苏州市贸易局批复同意将苏州稻香村食品厂列入改制股份合作制的试点企业，要求根据有关文件精神，"结合本单位实际制定改制方案，并经民主程序通过""在妥善安置职工的工作中，应按《劳动法》有关规定执行，把安置分流职工同设立股份合作制企业结合起来""做好职工思想工作，精心组织，规范操作，准确掌握政策"。[3]

苏州稻香村食品厂的改制工作，由主管机关苏州市食品工业公司主持进行，具体操作按规定规范要求。为做好改制准备工作，1998年5月4—15日，苏州会计师事务所受苏州市贸易局下属苏州市食品工业公司（法定代表人为总经理张治

---

[1] 国家经济体制改革委员会体改生[1997]96号文件《关于发展城市股份合作制企业的指导意见》（1997年6月16日），见国家经济体制改革委员会生产体制司：《企业股份制改革与资产重组方案》，北京：中国商业出版社，1997年，第779—781页。
[2] 苏州市食品工业公司：《关于对苏州稻香村食品厂实施改制的申请》，苏食工政（98）03号，1998年4月3日，苏州市档案馆藏，档号：C031-001-0528-001。
[3] 苏州市贸易局：《关于苏州稻香村食品厂改制设立股份合作制企业的批复》，苏贸体改（98）04号，1998年4月9日，苏州市档案馆藏，档号：C031-001-0528-001。

安）委托，经苏州市国有资产管理局（1998）第28号资产评估立项审批批准，依据国务院令第91号《国有资产评估管理办法》、国家国有资产管理局《国有资产评估管理办法施行细则》、中国资产评估协会《资产评估操作规范意见（试行）》，本着客观、公正、真实、合理的原则，经过申报清查、市场调研，就苏州稻香村食品厂拟作企业改制为特定目的的部分资产完成了评估，编制了（98）苏会评字第11号《资产评估报告书》。本次资产评估基准日为1997年12月31日，包括应收账款（72404.55元）、应付账款（243779.62元）、存货（120717.87元）、观前街72号房屋建筑物（63460.00元）、观前街72号地块土地使用权费（103584.00元），各项资产评估值合计116386.80元。[1]

根据上级改革的要求和有关政策精神，结合本企业转换经营机制的实际，经厂六届一次职代会通过并做出决议，5月16日，苏州稻香村食品厂颁布了《实施改制人员分流安置办法》。人员分为6类：（1）在本厂工作未满八年、同时又是短期劳动合同签订者。（2）原外借、停薪留职人员曾个人与企业订立协议者（含短期劳动合同签订者）。（3）二人以上（含二人）自愿组合成立经营机构者。（4）愿自谋出路者，包括自行落实工作单位调出或辞职者。上述人员与企业办理解除劳动合同手续后，企业均按国家有关规定给予一次性补偿金。（5）原企业改制设立股份合作制企业，人员可由新企业接纳，与原企业订立的劳动合同集体转移到改制后的新企业继续履行。若需要修正或完善的，由新企业与职工协商后予以更正。（6）凡前已签订无固定劳动合同的职工（含集体劳务输出人员）在改制时，不愿进入股份合作制企业、不愿自谋出路、也不愿停薪留职，因企业无法安排，实行下岗，下岗待遇按市有关规定执行。[2]

6月17日，苏州市贸易局苏贸体改（98）12号文转呈市食品工业公司苏食工

---

[1] 苏州会计师事务所：《资产评估报告书》，（98）苏会评字第11号，1998年5月15日，苏州稻香村食品有限公司档案室藏。报告书附件为：1. 关于《资产评估报告书附件》使用范围的声明；2. 资产评估结果汇总表；3. 分项资产评估说明；4. 房屋建筑物评估明细表；5. 存货汇总表；6. 应收账款明细表；7. 应付账款明细表；8. 在用低值易耗品评估明细表；9. 其他附件：（1）苏州市国有资产管理局资产评估立项审批表；（2）苏州稻香村食品厂房屋所有权证复印件，苏房字NO0066273；（3）苏州会计师事务所资产评估资格证书；（4）参加本资产评估项目的评估人员情况表。本次评估工作项目负责人为谢顺龙。评估结果有效期为评估基准日后一年，即本评估报告书所评项目评估有效期为1998年1月1日至1998年12月31日。评估报告称：1. 本评估报告书房屋建筑物评估值不包括土地使用权价值，委托方土地使用权尚未办理土地出让手续并获得土地出让使用权证。2. 评估人员已注意到委托方所提供的房屋产权证于1994年5月15日在工商银行苏州分行办理了资产抵押，至评估基准日尚在抵押期内，本评估报告书未考虑资产担保、抵押、保险等行为可能造成的对房屋建筑物评估结果的影响。3. 本次土地使用权价格是按土地用途、最高出让年限、土地现状即现时五通一平条件下的现值价格，仅作企业改制、补办土地出让时的依据。

[2] 苏州稻香村食品厂：《实施改制人员分流安置办法》，苏稻政（98）04号，1998年5月16日，苏州稻香村食品有限公司档案室藏。全文详见本书附录三。

政（98）07 号文《关于苏州稻香村食品厂改制设立股份合作制企业的请示》[1]，22 日，苏州市经济体制改革委员会发出《关于同意苏州稻香村食品厂改制为股份合作制企业的批复》，经与有关部门会商研究，批复同意市贸易局食品工业公司下属国有苏州稻香村食品厂采用部分资产有偿转让给股份合作制企业的形式，改制为独立核算、自负盈亏的股份合作制企业。苏州稻香村食品厂注册资本（即股本总额）为人民币 63.075 万元，全部由本企业职工以现金投入。改制前企业的离退休职工、安置分流中的内退及退养人员，改制中剥离的债务及剩余资产全部由苏州市食品工业公司接收。企业改制后，按程序办理工商、税务等部门的注册登记手续，成立职工股东大会、董事会和监事会，实行董事会领导下的厂长负责制，并按《关于苏州市城市股份合作制企业实施意见》和《苏州稻香村食品厂（股份合作制）章程》的要求，依照新的机制规范运行。[2]

6 月 24 日，苏州市国有资产管理局下达国评字（1998）年第 036 号《资产评估认定书》，对苏州市食品工业公司《关于对资产评估结果予以确认的申请》表示确认。同日，苏州市贸易局向市食品工业公司发出《关于批转市体改委〈关于同意苏州稻香村食品厂改制为股份合作制企业的批复〉的通知》，并抄送苏州稻香村食品厂，要求抓紧做好股份合作制企业创立准备工作，建立健全各项规章制度，加强管理，使企业在新的运行机制下按市场经济的要求健康发展。[3]

苏州稻香村食品厂由全民所有制而来的国有独资企业改制为股份合作制企业，是在改革开放深化的历史条件下，苏州市国有企业前所未有的革故鼎新、民主开放的重大举措和新生事物之一。为选好新企业的决策、监督机构，搞好新企业的起步工作，根据苏州稻香村食品厂六届一次职代会通过的《股份合作制实施方案》精神，6 月 16 日，经苏州市食品工业公司党政领导及厂党政领导、工会领导、中层干部和各小组召集人讨论同意，拟定了股份合作制苏州稻香村食品厂首届股东大会《关于董事会、监事会组成人员产生选举办法》。[4]6 月 27 日下午，苏州稻香村食品厂（股份合作制）首届职工股东大会于观前街苏州采芝斋糖果商店二楼会议室召开，出席股东或委托人 67 名，占全厂 71 名股东的 94.4%。会议一致通过了《苏州稻香村食品厂首届职工股东会决议》，同意改制后：（1）企业的名称仍为苏州稻香村食品厂，法定地址仍为苏州观前街 72 号，性质为股份合作

---

[1] 苏州市贸易局：《关于苏州稻香村食品厂改制设立股份合作制企业的请示》，苏贸体改（98）12号，1998 年 6 月 17 日，苏州稻香村食品有限公司档案室藏。全文详见本书附录三。
[2] 苏州市经济体制改革委员会：《关于同意苏州稻香村食品厂改制为股份合作制企业的批复》，苏体改［1998］第 41 号，1998 年 6 月 22 日，苏州稻香村食品有限公司档案室藏。全文详见本书附录三。
[3] 苏州市贸易局：《关于批转市体改委〈关于同意苏州稻香村食品厂改制为股份合作制企业的批复〉的通知》，苏贸体改（98）15 号，1998 年 6 月 24 日，苏州稻香村食品有限公司档案室藏。
[4] 股份合作制苏州稻香村食品厂首届股东大会《关于董事会、监事会组成人员产生选举办法》，1998 年 6 月 16 日，苏州稻香村食品有限公司档案室藏。全文详见本书附录三。

制,注册资本(即股本总额)为人民币585750元,全部由本企业71名股东以现金投入。(2)企业的经营范围,主营糕点、糖果、蜜饯、炒货加工、肉松、鱼制品加工,兼营饮料、调味品、干鲜果品、南北土特产、罐头食品。(3)企业的经营方式为制造、代加工、批发、零售。(4)关于企业的组织机构,企业成立职工股东会、董事会和监事会,实行董事会领导下的厂长负责制。会议审议并以举手表决方法一致通过了《苏州稻香村食品厂(股份合作制)章程》,以无记名投票形式选举出了厂首届董事会、监事会成员。首届董事会由原副厂长沈根富与陈旭斌、徐全生、贾沛如、谢水轩5位董事组成。首届监事会由原工会主席陈钢年与吴天伦、林恩惠3位监事组成。首届一次董事会选举沈根富为董事长,并为企业法定代表人,兼任厂长。首届一次监事会选举陈钢年为监事会主席。会议同意改制前企业的离退休职工,安置分流中的内退及退养人员,改制中剥离的债务及剩余资产,全部由苏州市食品工业公司接收(表7-1)。会议授权董事会尽快产生行政和管理班子,建立企业内部新的机制和管理办法,研究和规划生产经营及落实可行的措施,并按规定尽快办理人财物的变更转移等相关手续,以使企业的各项工作有条不紊地开展和推进。[1]

表7-1 1998年国有苏州稻香村食品厂改制时人员分流情况

序号	分流去向	人数	备注
1	股份合作制苏州稻香村食品厂吸收	78	另外吸收市食品工业公司人员1人,共79人。
2	自谋出路	19	
3	市食品工业公司接收	5	内部退休人员。
4	市食品工业公司接收	164	退休职工。
5	市食品工业公司接收	27	遗属。
6	市食品工业公司接收	5	20世纪60年代下放者。

资料来源:《苏州稻香村食品厂改制时人员分流去向情况汇总表》,苏州市食品工业公司、苏州稻香村食品厂(股份合作制):《稻香村食品厂改制交接明细册》,1999年,苏州市档案馆藏,档号:C031-001-0551-043。人员花名册(共18页)略。

按照1992年10月20日国家统计局、国家工商行政管理局国统字(1992)344号文件《关于经济类型划分的暂行规定》,我国经济类型划分为:国有经济、

---

[1]《苏州稻香村食品厂首届职工股东会决议》《苏州稻香村食品厂首届董事会第一次会议决议》(五位董事签名)、《苏州稻香村食品厂首届监事会第一次会议决议》(三位监事签名),1998年6月27日,苏州稻香村食品有限公司藏。大会选票67张,董事选举无废票,沈根富63票、谢水轩62票、陈旭斌61票、徐全生50票、贾沛如47票,别有王乾辰1票。监事选举废票1张,陈钢年61票、吴天伦55票、林恩惠46票,别有沈国敏20票,汪启云、冯金海各1票。股东71人,除苏州市食品工业公司沈根富1人外,其余皆为原稻香村食品厂职工。

集体经济、私营经济、个体经济、联营经济、股份制经济、外商投资经济、港澳台投资经济、其他经济。其中"国有经济"原称"全民所有制经济","股份制经济"包括"股份合作制经济"则为在经济体制改革中出现的新的经济类型。各类经济类型企业依其生产经营方式而产生相应的企业章程。根据国家体改委《关于发展城市股份合作制企业的指导意见》《关于苏州市城市股份合作制企业实施意见》及有关法律、法规和政策规定,股份合作制苏州稻香村食品厂首届职工股东大会通过的《苏州稻香村食品厂(股份合作制)章程》,计11章67条,包括了总则、股权设置及股份构成、股份管理、收益分配与亏损分担、股东的权利与义务、职工股东会、董事会、厂长、监事会、企业的成立、变更、终止和清算等内容。依照章程规定,本企业是投资者和劳动者自愿组合,以实物、资金等生产要素作为股份投入,在财产共同所有和按股共有的基础上实行民主管理、按劳分配和按股分红相结合的股份合作制企业。本企业是自主经营、自负盈亏、自我发展、自我约束、依法经营、照章纳税的独立法人。企业享有由股东投资形成的法人财产权,依法享有民事权利,承担民事责任,以出资额为限对企业承担责任。本企业设置股份总额为58.575万元,每股面值为人民币1元,合计58.575万股。本企业设职工个人股,是职工以现金向本企业投资所形成的股份,占股本总额的100%,股权归持股职工个人所有。职工个人股认购起始为7500股。企业法定代表人及厂长的持股额不低于职工起购数的3.6倍,副厂长、监事会主席不低于2.3倍,财务主管不低于1.6倍。在企业存续期间,股东一般不得退股,但遇退休、调离、辞职、死亡等情况,可根据当事人或继承人的意愿转让、馈赠和继承。如企业裁员辞退职工的,其持有的股份应由企业收购。企业收购的股份,可转让给本企业其他职工和新进企业的职工。企业法定代表人、厂长、副厂长、监事会主席、财务主管所持有的股份,在其任职期间,不得转让。卸职后,必须做出相应的调整,其超过职工起购认股数的部分,由接任者认购。企业内部分配,按照"效率优先,兼顾公平"原则,职工收入与企业的经济效益挂钩,与个人贡献大小挂钩。企业实行职工股东大会制度。职工股东会是本企业的权力机构,每年至少召开1次,实行一人一票与一股一票相结合的表决方式。坚持职工民主管理,职工享有平等权利。章程对于确定本企业的法律地位,保证企业、股东、职工的合法权益,规范、约束本企业的组织和行为,促进企业的发展具有历史性的意义。[1]

根据苏州市经济体制改革委员会苏体改〔1998〕第41号文件批复,苏州市贸易局苏贸体改(98)15号文件通知,原国有苏州稻香村食品厂于1998年7月1日改为股份合作制企业。为进一步推进企业改革步伐,明晰改制后企业的产权,

---

[1]《苏州稻香村食品厂(股份合作制)章程》,1998年6月27日,苏州稻香村食品有限公司藏。全文详见本书附录三。

苏州市贸易局发出苏贸政（98）64号文《关于苏州市稻香村食品厂改制中有关资产处置的请示》，7月21日，苏州市国有资产管理局做出苏国资产字（1998）68号文《关于苏州（市）贸易局改制企业处置部分国有资产的批复》，根据苏州市人民政府苏府（1996）74号文件关于《苏州市国有产权转让实施办法》精神，确认改制前全民企业苏州稻香村食品厂总资产43.49万元，负债31.85万元，净资产11.64万元，对拟转让的国有产权部分11.64万元（净资产），纳入市产权交易所进行交易。7月24日，苏州产权交易所签发了苏产交鉴字（1998）第8号《鉴证书》，根据苏州市国有资产管理局苏国字（1998）68号文，原苏州稻香村食品厂部分国有资产以11.64万元转让给职工个人，以职工个人股形式投入总股本。以上款项通过苏州产权交易所上交苏州市国有资产管理局。经审核，该项国有资产置换符合国家及省、市股份合作制改制的有关规定，符合苏州产权交易所的交易程序。[1] 苏州市国有资产管理局随后全额下拨给市贸易局，用作再投入。

8月30日，甲方苏州市食品工业公司总经理、法人代表张治安与乙方苏州稻香村食品厂（股份合作制）董事长兼厂长、法人代表沈根富签订协议书，办理人财物交接手续。甲方接收改制前的原苏州稻香村食品厂（国有）

苏州稻香村禾字牌、虎丘牌、双塔牌商标

的债务及剩余资产，接收除改制时分流自谋出路人员外的剩余人员，收执碧凤坊27号和清洲观前3号、3-2号、4号、6号，临顿路45$\frac{1}{2}$号、538号房屋所有权证及土地使用权证。乙方负责归还原国有苏州稻香村食品厂的经营性及非经营性欠款（扣除本协议第一条第3款甲方应履行的部分）；吸收原国有苏州稻香村食品厂在职职工78人、苏州市食品工业公司1人；收执观前街72号房屋所有权证、土地使用权证；受让原苏州稻香村食品厂（国有）部分国有资产合计116386.80元；无偿受让原国有苏州稻香村食品厂无形资产百年老店牌号及产品注册商标，拥有该无形资产的所有权及使用权。[2]

在苏州市贸易局的关心和指导下，由市食品工业公司对下属国有企业苏州稻香村食品厂进行股份合作制改革，依据市体改委[1998]第41号文件精神进行

---

[1]《关于苏州（市）贸易局改制企业处置部分国有资产的批复》《原苏州稻香村食品厂部分国有资产置换鉴定书》，见苏州市食品工业公司、苏州稻香村食品厂（股份合作制）：《稻香村食品厂改制交接明细册》，1999年，苏州市档案馆藏，档号：C031-001-0551。

[2] 苏州市食品工业公司、苏州稻香村食品厂（股份合作制）：《（关于原国有苏州稻香村食品厂人财物交接）协议书》，1998年8月30日，苏州稻香村食品有限公司档案室藏。全文详见本书附录三。

了具体操作。1999年1月5日,甲方苏州市食品工业公司法人代表张治安与乙方苏州稻香村食品厂(股份合作制)法人代表沈根富,就原国有苏州稻香村食品厂的债务问题达成协议,并上报市贸易局备案,协议规定:"1. 原国有苏州稻香村食品厂的银行贷款、市贸易局借款、市财政局借款、食品工业公司欠款全部由甲方负责承担。2. 原国有苏州稻香村食品厂的经营性及非经营性欠款均由乙方负责归还。"[1]市食品工业公司还向苏州稻香村食品厂(股份合作制)出具《承诺书》,改制时涉及的补贴法人代表、副厂长、监事会主席、财务主管职务股合计2.75万元,仍根据上级精神执行,即以上人员个人应多出资部分到位,并由厂监事会书面出具证明,公司予以付款到位。[2]

此次企业改制,原国有苏州稻香村食品厂及附设苏州稻香村食品商店职工,除离退休人员外,在职者皆采取一次性"买断工龄"的企业补偿金方式安置,自愿进入股份合作制苏州稻香村食品厂的职工林恩惠等70人,加上市食品工业公司1人即副厂长沈根富,71人成为创始股东。每人分流安置费15000元,以每股1元作为股本筹资参股,其中7500元作为企业注册资金,另外7500元充作企业资本公积金。另增市食品工业公司补贴的职务股53250元,总计股金1118250元。其中,实收注册资本585750元(71人×7500元+职务股53250元),资本公积532500元。后有原国有苏州稻香村食品厂职工李建潮、刘洪、廖虹、蒋祖健、肖琴、余鸿生按企业转制有关精神,加入股份合作制苏州稻香村食品厂,再后又有王增、王伟强加入,共79人(表7-2)。

表7-2 进入股份合作制苏州稻香村食品厂职工名册

序号	姓名	性别	出生年月	参加工作时间	文化程度	出资额/元	备注
1	林恩惠	男	1952.6	1969.3	初中	7500	一作林恩伟
2	徐峰	女	1955.2	1971.4	初中	7500	
3	穆其平	男	1965.3	1982.12	初中	7500	
4	蔡锡明	男	1947.3	1968.12	高中	7500	一作蔡雪明
5	徐双通	男	1953.2	1979.4	小学	7500	
6	孙鸿夫	男	1950.8	1969.12	小学	7500	
7	冯金海	男	1955.9	1972.8	初中	7500	
8	李文文	女	1957.12	1977.5	高中	7500	
9	过永珍	女	1951.12	1969.3	小学	7500	

---

[1] 苏州市食品工业公司、苏州稻香村食品厂(股份合作制):《(关于原国有苏州稻香村食品厂的债务问题)协议书》,1999年1月5日,苏州稻香村食品有限公司档案室藏。

[2] 苏州市食品工业公司:《(改制补贴法人代表、副厂长、监事会主席、财务主管职务股)承诺书》,1999年10月20日,苏州稻香村食品有限公司档案室藏。

续表

序号	姓名	性别	出生年月	参加工作时间	文化程度	出资额/元	备注
10	裘正福	男	1945.5	1960.2	初中	7500	
11	贾沛如	男	1962.10	1979.4	中专	17250	中共党员 助理工程师
12	胡培德	男	1953.5	1969.12	初中	7500	
13	洪国珍	女	1953.8	1969.12	初中	7500	
14	聂悦俊	男	1960.1	1980.2	高中	7500	
15	汪启云	男	1949.5	1969.10	小学	7500	中共党员
16	徐全生	男	1949.2	1966.2	小学	7500	
17	陈毓芬	女	1954.5	1970.10	初中	7500	
18	谢水轩	男	1947.1	1966.5	高中	17250	
19	谈雪良	男	1953.8	1970.10	初中	7500	经济员
20	李克云	女	1952.9	1969.12	初中	7500	
21	王乾辰	男	1952.12	1969.12	初中	7500	一作王乾成
22	吴仁德	男	1949.1	1968.10	大专	7500	助理经济师
23	孟丽英	女	1955.11	1972.8	初中	7500	
24	张慧芬	女	1952.5	1969.12	初中	7500	
25	吴钰英	女	1963.3	1981.10	高中	7500	
26	薛亚萍	女	1951.8	1968.12	初中	7500	
27	宋钰文	女	1963.12	1979.12	初中	7500	
28	苏静芬	女	1952.1	1969.12	初中	7500	
29	李丽敏	女	1963.10	1981.10	高中	7500	会计员
30	强勇	男	1955.8	1980.2	高中	7500	
31	陈恒义	男	1953.11	1970.10	初中	7500	
32	何建新	男	1956.10	1972.3	初中	7500	
33	孙祖耀	男	1957.2	1979.2	高中	7500	
34	丁家忠	男	1949.10	1969.12	初中	7500	一作丁家中
35	江健珊	女	1955.2	1973.5	高中	7500	中共党员 会计员
36	吴天伦	男	1947.11	1969.3	中专	7500	助理工程师
37	叶志升	男	1943.6	1966	高中	7500	
38	王金元	男	1949.10	1968.5	初中	7500	
39	刘金红	男	1961.1	1980.2	高中	7500	
40	高健元	男	1950.6	1969	初中	7500	
41	杨根红	男	1964.6	1983.2	小学	7500	

续表

序号	姓名	性别	出生年月	参加工作时间	文化程度	出资额/元	备注
42	王明	男	1965.4	1983.2	小学	7500	
43	张晓梅	女	1964.1	1982.1	高中	7500	
44	夏银娣	女	1952.4	1969.4	初识	7500	
45	沈素英	女	1957.2	1973.2	高小	7500	
46	郁良	男	1956.10	1972.10	初中	7500	
47	付龙	男	1964.2	1981.10	高中	7500	
48	钱寿明	男	1944.5	1958.5	初中	7500	
49	徐红生	男	1966.9	1983.7	初中	7500	
50	蔡小英	女	1962.9	1980.2	高中	7500	
51	沈启明	女	1953.3	1969.12	初中	7500	
52	吴萍珍	女	1963.12	1981.10	高中	7500	
53	胡爱珍	女	1963.8	1981.10	高中	7500	
54	查伟英	女	1961.11	1979.12	高中	7500	
55	孙晓龙	男	1952.8	1970.12	高中	7500	中共党员 政工员
56	陈钢年	男	1952.5	1969.3	中专	17250	助理经济师
57	陈旭斌	男	1949.6	1969.3	中专	12000	会计员
58	王永康	男	1952.9	1969.12	初中	7500	
59	何根林	男	1964.1	1981.10	高中	7500	
60	施大恩	女	1951.4	1968.10	初中	7500	
61	丁家坤	男	1960.6	1976.5	小学	7500	
62	屈明忠	男	1967.5	1982.12	初中	7500	
63	戴素兰	女	1956.1	1972.1	小学	7500	
64	冯百庆	男	1963.3	1986.11	初中	7500	
65	夏其中	男	1963.2	1979.11	初中	7500	一作夏其忠
66	徐建良	男	1960.12	1979.2	高中	7500	
67	沈国敏	男	1964.7	1981.10	高中	7500	
68	宣伟	女	1963.5	1981.10	高中	7500	会计员
69	王永云	女	1967.9	1986.6	初中	7500	
70	吉培玲	女	1958.9	1974.1	初中	7500	一作吉培林
71	沈根富	男	1948.3	1967.6	高中	27000	中共党员 助理经济师
72	王增	女	1970.9	1990.7	初中		
73	肖琴	女	1965.3	1982.9	初中		

续表

序号	姓名	性别	出生年月	参加工作时间	文化程度	出资额/元	备注
74	刘洪	男	1964.9	1982.12	高中		
75	余鸿生	男	1959.1	1979.4	高中		
76	蒋祖健	男	1953.8	1970.11	初中		
77	廖虹	女	1966.11	1982.12	初中		一作廖红
78	李建潮	男	1955.12	1972.8	大专		助理工程师
79	王伟强	男	1959.9	1979.11	高中		

资料来源：《进入股份合作制苏州稻香村食品厂职工名册》，见苏州市食品工业公司、苏州稻香村食品厂（股份合作制）：《原苏州稻香村食品厂改制交接明细册》，第38—41页，苏州稻香村食品有限公司档案室藏。[1]

股份合作制苏州稻香村食品厂受让原国有苏州稻香村食品厂部分国有资产共116386.80元，其中在用生产设备可见表7-3。

表7-3 在用低值易耗品及待摊资产评估明细表

资产名称	规格型号	数量	单价/元	重置价/元	成新率（百分比/%）	重估价/元	备注
电话及安装	510259 7281792	2门	5008	10016	80	8010	生产经营部 门市部
黄鱼车	有牌照	2辆	1400	2800	50	1400	生产经营部 门市部
电子秤	6 KG	1台	1300	1300	50	650	门市部
电子秤	15 KG	1台	1400	1400	50	700	门市部
柜台		3只	850	2550	60	1530	门市部
玻璃宝龙		3套	1200	3600	50	1800	门市部
货架		3套	1040	3120	50	1560	门市部
窗式空调	格力单冷	1台	2400	2400	50	1200	门市部
点心炉	DX-650, 1995年购置	6台	1800	10800	75	8100	生产经营部
排风扇	D-300 1994年购置	1台	350	350	60	210	生产经营部

---

[1] 此花名册为苏州市食品工业公司和苏州稻香村食品厂盖章认可，原有备注："股份合作制苏州稻香村食品厂共吸收79名职工，其中：吸收原国有苏州稻香村食品厂职工78人；吸收苏州市食品工业公司职工1人（沈根富）。"表中1—71为股份合作制苏州稻香村食品厂创始股东，见1998年7月6日苏州审计事务所苏社审（98）字067号《苏州稻香村食品厂（股份合作制）验资报告》附件（一）投入股本明细表（附创始股东出资名册），该表中股东皆有身份证号，进入股份合作制苏州稻香村食品厂职工名册个别人出生年月与身份证有异者，不再注明。

续表

资产名称	规格型号	数量	单价/元	重置价/元	成新率（百分比/%）	重估价/元	备注
轧粉机		1台	2500	2500	30	750	生产经营部
三层不锈钢烘箱	YXD-60 1996年购置	1台	4600	4600	90	4140	生产经营部
合计				45436		30500	

资料来源：苏州会计师事务所编制：《资产评估报告书》，(98)苏会评字第11号附件，评估人谢顺龙、范坤生，委托单位调表人陈旭斌，资产评估基准日1997年12月30日，评估时间1998年5月5日。苏州稻香村食品有限公司档案室藏。

股份合作制苏州稻香村食品厂及其门市部即苏州稻香村食品商店，注册仍在观前街72号，1998年8月9日，苏州市国土管理局颁给观前街72号《中华人民共和国国有土地使用证》。12月15日，由甲方苏州市国土管理局全权代表张文根局长与乙方苏州稻香村食品厂全权代表沈根富厂长签订苏地让合（98）第85号《国有土地使用权出让合同》。1999年8月23日，苏州市房产管理局颁给观前街72号《中华人民共和国房屋所有权证》，明确产别为股份制企业房产。

1998年7月1日股份合作制苏州稻香村食品厂正式成立，这是稻香村历史上最为重大的一次改组，是在社会主义初级阶段建立社会主义市场经济体制的历史条件下完成的不乏悲壮却具有崭新的时代意义的壮举，也是势在必行。[1]以往承包经营，暴露出短期行为和包盈不包亏的弊端，国家对稻香村又处于"养不起、丢不下"的境地。稻香村改制，不再吃国家大锅饭，减轻国家特别是地方政府的负担，由政府附属物转变为市场经济的独立主体，政企彻底分开，必须在左右为难百般无奈中寻觅一条突围求生之途。股份合作制被认为实现了产权制度创新，比之承包制、租赁制，从所有权、分配权和人与人关系三方面看，更能被广大干部职工所接受，因而成为产权变革的优选模式。国有企业苏州稻香村食品厂改组为股份合作制，是在企业主管机关和企业原有党、政、工会领导班子带领下实现的，从批准改制到职工出资入股，然后在职工股东中推选董事会、监事会成员，各阶段都经历了一个充分的酝酿、筹备过程，全程公开、透明，根据章程规定选举产生"新三会"，并依法依规受让部分国有资产设备、土地、房产，无偿受让禾字牌、虎丘牌、双塔牌商标及老字号"稻香村"这样重要的无形资产，为企业的平稳过渡及按照新体制和新的法人治理结构在短时间内运转到位，并为其后的进一步改革改制、联营联合和集团化发展，奠定了一个重要且难以替代的基础。

---

[1] 参阅韩若玮、秉灏：《市属商业搞活小企业逾六十家》，《姑苏晚报》1998年8月26日第1版。截至1998年8月，经苏州市体改委批准，苏州市贸易局系统放开搞活的小企业已达到62家，包括稻香村、得月楼、黄天源、华新等一批特色店，让其自主经营，参与市场竞争。

二、改制后苏州稻香村食品厂的生产经营管理

1998年11月12日下午,苏州稻香村食品厂首届二次股东大会在史家巷35号厂生产经营部内召开。出席会议的股东59人(实到55人,代签4人),占全部股东87%,董事长兼厂长沈根富代表董事会做了工作报告。会议审议和表决通过关于副厂长、中层干部聘用决定[苏稻股政(98)01、03、05号文件],聘任董事谢水轩、贾沛如为副厂长,董事陈旭斌为办公室主任兼财务主管,董事徐全生任生产经营部经理。谢水轩仍兼任门市部经理。审议通过10月31日董事会讨论通过的《关于修改股份合作制章程有关条款的报告》,以及在原厂规章制度基础上结合本厂实际制订的《厂规厂纪》《关于职工医疗劳保的实施办法》《关于企业工资分配形式的试行办法》《关于实行厂内部待业、退养的试行办法》等厂内文件[1]和《首届二次股东大会决议》。"会议希望全体股东(职工)要以会议精神为动力,正视现实,在后一阶段工作中要以增产节约为重点,不断提高企业的经济效益。会议要求全厂职工同心同德,群策群力,上下一心,为振兴稻香村食品厂而努力"[2]。

股份合作制苏州稻香村食品厂自7月改制以后,经过几个月的运转,在实践过程中,发现《苏州稻香村食品厂(股份合作制)章程》中的有关条款,对企业发展起到了束缚作用,因此经董事会讨论,提请股东大会审议通过,对章程第三章第十七条做如下修正:"在企业存续期间,股东一般不得退股,但如本人要求与企业解除劳动关系的,企业裁员辞退职工的,企业收购其本人股份;但遇退休、死亡等情况,可根据当事人或继承人的意愿转让、馈赠和继承。"其退股或转移的价格一律按章程第十九条规定计算。[3]

为适应股份合作制企业发展的需要,保持良好的风气和文明正常的生产秩序,改善生产经营管理,《厂规厂纪》要求全厂职工严格遵守企业章程、职工守则、考勤制度及食品卫生法和本厂有关环境卫生、食品卫生等项制度。自觉遵守劳动纪律,服从工作调动,高度重视和注意安全生产,自觉遵纪守法,遵守公共秩序。根据情节轻重与性质对违章违纪人员处理,包括离岗、下岗、限期辞职、辞退、除名并解除劳动合同,乃至报告有关执法部门追究其刑事责任。

作为新转制的股份合作制企业,本着既要为职工提供基本医疗保障,又要兼

---

[1]《苏州稻香村食品厂第一届第二次股东会资料》,1998年11月12日,苏州稻香村食品有限公司档案室藏。《厂规厂纪》等厂内文件详见本书附录三。

[2]《苏州稻香村食品厂第一届第二次股东会资料·首届二次股东大会决议》,1998年11月12日,苏州稻香村食品有限公司档案室藏。

[3]《苏州稻香村食品厂第一届第二次股东会资料·关于修改股份合作制章程有关条款的报告》,1998年11月12日,苏州稻香村食品有限公司档案室藏。

顾企业承受能力的原则而制定的《关于职工医疗劳保的实施办法》，对于本厂在册职工及在厂享受医疗劳保的家属（含独生子女），规定了企业、个人负担比例。因公负伤的医疗费、计划生育医疗费按照有关文件规定由企业全部承担。

根据股份合作制苏州稻香村食品厂成立以来的人员和工资结构状况，并听取各层次人员意见，《关于企业工资分配形式的试行办法》拟定工资形式继续执行现行技能工资标准，并对部分低工资职工最低工资标准，对柜组长以上骨干实行职务津贴，对病假人员按日工资扣除比例，提出了具体办法。

为规范企业职工下岗行为，根据苏就办（1998）3号文件《企业下岗职工管理办法》，结合本厂实际情况，制定《关于实行厂内部待业、退养的试行办法》。对于待业范围内由于岗位限制暂时无法安排的人员，被组合到企业各部门的在岗职工，或由组织联系外借职工，由于本人主观原因被退回厂劳动部门的人员，以及本人书面要求的离岗挂职人员，规定了部分发放、停发工资、津贴及福利等不同待遇。凡离法定正式退休时间三年以内（以自然年为标准）的男（57周岁）女（47周岁）职工，实行退养期间享受60%工资加各种津贴及医疗待遇。[1]

企业改制后，首先面对的是竞争更加激烈的市场，思虑的是目前和将来的发展前景。《苏州日报》1999年1月29日第5版刊登润泉《苏式糖果糕点前景如何》之文，分析稻香村等百年老字号难以为继，严肃地提出"苏式糖果糕点前景如何""老字号的路该怎么走"等一系列问题，回顾苏州茶食糖果业在观东最著名的稻香村、采芝斋、叶受和的辉煌历史，解析面临市场竞争的新形势，结合采芝斋、叶受和开始走出低谷的事实，指出："观东老字号宝刀不老。谁说老字号没出息了，苏式糖果茶食要淘汰了，事实正相反，市场很广阔，关键是如何去开拓。最大的隐患是自己束缚自己，自己打倒自己。我们再不能重犯'内战内行，外战外行'的历史性错误了。毁掉一家老字号很容易，扶持他们战胜病痛，再创辉煌却不那么省力。"根据苏州市人民政府的统一规划，观前街全面整治改造，稻香村失去了观前街上豫园商场、广州商店及人民商场等好的销售网点。苏州稻香村食品商店于3月9日停业，9月20日开街后恢复营业，营业额平均每天比以前翻了一倍，收到了一定的经济效益。但商店极为狭小，无发展余地，苏州稻香村食品厂只能继续高价租用苏州刺绣厂场地进行生产。为减轻负担，中秋节后，在已停产的伊斯兰工场支持帮助下，迁至清洲观前，陆续租赁清洲观前3-2号（157平

---

[1]《苏州稻香村食品厂第一届第二次股东会资料》，1998年11月12日，苏州稻香村食品有限公司藏。

方米）、清洲观前 5 号（302.77 平方米），进行生产。[1]

进入 2000 年，资金不充裕，市场不景气，职工股东们的工资与生活问题，以及生产经营管理等产生的新问题，要求稻香村必须进一步深化改革。2000 年 3 月 15 日上午，苏州稻香村食品厂首届三次股东大会在厂生产经营部内召开，参加会议股东 65 名，占全部股东的 91.55%，缺席 6 名（其中因工作需要留守 4 名），讨论并以举手表决的形式通过了董事会、监事会工作报告、厂财务工作报告及《在企业内部实行退养公告》，决定对离法定正式退休时间三年内和超过三年不满五年（均以自然年为标准）的男女职工执行厂内退养待遇，以合理使用劳动力，提高生产的经济效率。会议认为改制后的稻香村机遇和困难并存，要求："全厂职工，从我做起，深入开展以增收节支为主要内容的活动，健全各项规章制度，加强管理，同心同德，使稻香村工作更上一层楼。"[2]

企业实行改制以后，第一届董事会在监事会的监督、协助、支持下，建立健全规章制度，重新调整企业内部管理结构，实行全厂性的一级财务管理办法，厂务公开，企业的民主管理体系逐步完善和发展。完成了观前街门市部装修，将租用的苏州刺绣厂食堂等生产场地改造为卫生合格的生产车间，购置了真空机等设备，在传统产品的包装上进行改进，设计出了一些真空包装新产品。在地方报纸、电视台、电台等媒体上加强宣传，以提高企业的知名度。根据上级部门的有关文件，结合本厂的实际情况，给每位职工股东平均增加了 110 元工资，还掉了一些以前遗留的欠职工工资上的一些老账。为调动职工积极性，制订了生产经营部、门市部完成生产销售计划，职工按超毛利的规定比率提奖办法。但是，由于主客观多方面的原因，企业还没能实现逐步保本经营、略有盈余的目标。苏州稻香村食品厂（股份合作制）1998 年 7 月—2001 年 5 月的财务工作报告，全面、客观、具体地反映了生产经营情况。

（一）产销分析

三年共实现销售 543.31 万元（具体分布见附表一），其中门市部 241.01 万元，批发 75.46 万元，生产经营部外销产品 223.84 万元（不包括移库产品 140.86 万元）。本厂产品占门市批发总销售的 60%。

---

[1] 参阅苏州市食品工业公司、苏州稻香村食品厂：《（清洲观前 3-2 号）房屋租赁协议书》，2007 年 3 月 15 日；《（清洲观前 3-2 号）房屋租赁协议书》，2015 年 11 月 20 日；苏州市食品工业公司、苏州稻香村食品有限公司稻香村食品商店：《（清洲观前 3-2 号）房屋租赁合同》，2018 年 11 月 26 日。平江区国有资产监督管理局、苏州稻香村食品厂有限公司：《（清洲观前 5 号）房屋租赁合同》，2012 年 12 月 5 日。皆苏州稻香村食品有限公司档案室藏。

[2] 《苏州稻香村食品厂第一届三次董事会股东会资料·首届三次股东会决议》，2000 年 3 月 15 日，苏州稻香村食品有限公司档案室藏。董事会、监事会工作报告、厂财务工作报告及《在企业内部实行退养公告》详见本书附录三。

附表一　　　　　　　　　　　　　　　　　　　　　　　　单位：万元

	1998年(7—12月)	1999年	2000年	2001年(1—5月)	合计
产值	76.05	118.64	130.97	50.77	376.43
生产：外销	36.07	79.19	78.35	33.23	223.84
移库	26.31	36.12	57.00	21.43	140.86
零售	29.96	59.58	103.44	48.03	241.01
批发(不包括移库)	21.80	29.23	17.98	6.45	75.46
合计	87.83	168.00	199.97	87.71	543.51

（二）利润分析

至2001年5月共计亏损66.23万元，历年分别为26.86万元、22.34万元、10.67万元、6.36万元。

门市部零售总额241.01万元，毛利59.26万元，毛利率24.50%；门市部批发销售75.46万元，毛利7.63万元，毛利率10.10%；生产投入原材229.53万元，产出成品376.36万元，毛利146.83万元，毛利率39%。具体详见附表二。

附表二　　　　　　　　　　　　　　　　　　　　　　　　单位：万元

	1998年(7—12月)		1999年		2000年		2001年(1—5月)		合计	
	毛利	毛利率	毛利	毛利率	毛利	毛利率	毛利	毛利率	毛利	合计
门市零售	7.07	23.50%	14.74	24.70%	25.85	24.90%	11.60	24.10%	59.26	24.50%
批发	2.13	9.70%	3.39	11.60%	1.69	9.20%	0.42	6.50%	7.63	10.10%
生产投入	54.84		72.74		71.69		30.26			
产出	76.05		118.64		130.97		50.70			
毛利	21.21	27.90%	45.9	38.70%	59.28	45.26%	20.44	40.30%	146.83	39.00%
合计	30.41		64.03		86.82	45.26%	32.46		213.72	

（三）费用情况

三年共发生费用264.06万元，其中管理费用80.23万元，制造费用134.60万元，经营费用49.23万元，详见附表三。

附表三 单位：万元

	1998年(7—12月)	1999年	2000年	2001年(1—5月)	合计
管理费用	10.38	17.97	35.24	16.64	80.23
制造费用	25.27	48.64	44.83	15.86	134.60
经营费用	13.82	16.13	13.95	5.33	49.23
合计	49.47	82.74	94.02	37.83	264.06

三年共支取职工工资147.63万元，如按工资性附加费用44%计算（养老金22%，福利费14%，待业金2%，住房公积金6%），则是64.96万元，连工资147.63万元，共计工资性费用215.59万元，消耗了三年取得的毛利。

门市部包装袋全年份4千元，每万元销售中占75元；生产经营部房租，每万元产值中占638元；水电费每年估3.4万元，每万元产值中占271元。

三年里固定资产从开始16.70万元到目前21.56万元，净增4.86万元，低值易耗品从开始3.33万元到目前4.52万元，添置机器设备7.24万元，为持续生产提供了基础。

三年中处理坏账损失2.39万元（豫1.20万元，太仓0.28万元，三河0.91万元）。

附：到2001年5月30日，银行存款金额28.56万元，以每人7500股计算，每股股值0.78元（45.60÷58.58）。[1]

关于改制以来企业尚未摆脱亏损局面所存在的问题，厂董事会进行了多次的研讨，一致认为这有主观与客观两个方面的原因。

在客观方面，有改制过程中碰到的特殊原因。如企业改制前后职工的思想极不稳定，一段时间劳动生产率低下。企业改制后没有自己的生产场地，观前街门市部装修，租用生产场所及改造，添置设备等投入近40万元，加之观前街改造使门市部零售停业7个月但职工工资照发，豫园商场、广州商店及人民商场撤柜等影响，用去的大量财力物力在短短的三年内无法一下子全部消化掉。在主观方面：

从原国有制改制成股份合作制以后，对改制后的企业如何操作没有经验。改制以后虽然制订了一整套管理制度，但是从上到下没有严格的检查督促制度，还是以老的方法、老的作坊型生产方法在操作。由于抓得不严，因此在广大职工中产生了越来越严重的吃大锅饭思想，干好干坏一个样。

由于管理不严，产品质量时好时坏。由于各种原因，产品的成本偏高，

---

[1]《苏州稻香村食品厂第二届一次股东会资料·财务工作报告》，2001年6月27日，报告人陈旭斌，苏州稻香村食品有限公司档案室藏。

在与私营经济的竞争中，在市场占有率上还存在很大问题。

在改制后的前一段时期内，在增收节支方面还存在铺张浪费大手大脚的现象。在业务招待方面，在福利品的发放上超支，也极大地影响了企业的健康发展。[1]

根据苏州稻香村食品厂（股份合作制）章程，首届董事会任期至2001年5月。2001年6月9日，厂董事会、监事会及选举工作小组联席会议拟订第二届一次股东大会《关于董事会、监事会组成人员产生选举办法》。6月27日上午第二届一次股东大会在清洲观前生产经营部举行，审议通过了首届董事会、监事会工作报告和财务工作报告，选举出董事会3人，即沈根富、贾沛如、陈旭斌，监事会1人，即工会主席陈钢年。沈根富仍任董事长兼厂长、法定代表人。[2]聘任贾沛如为副厂长，陈旭斌为财务主管。沈根富代表首届董事会在第二届一次股东大会上所作工作报告，实事求是地分析了改制三年来的成绩与问题，指出企业目前还存在很大的困难，还没有摆脱亏损的局面，希望全体职工股东"同心协力，为振兴稻香村，为我们赖以生存的'家'而努力奋斗"[3]。

在此次股东大会及会前的座谈会上，职工股东们讨论的重点之一，"是企业究竟是延续发展还是散伙，经过大家热烈的讨论，极大多数人认为：我们已经没有退路，只有将企业搞好，才是唯一的目标。通过相互间的交流，全厂上下在思想认识上达成一个共识：要想方设法能使企业健康地发展和延续下去"[4]。在这一思想基础上，广大职工股东同心同德，努力开拓。2001年9月，该厂生产的禾字牌月饼，被苏州市贸易局、市食品工业协会、市消费者协会、市焙烤专业分会、市卫生监督所、市产品质量监督所等6单位评为"最受消费者欢迎的地产月饼品牌"。2002年8月该厂被市卫生监督部门评为全市9家放心月饼生产企业之一[5]，9月该厂生产的熟鸭肫肝、苏式肉松被江苏省质量协会评为江苏省产品监督检查质量合格产品。2003年2月17日的苏州《城市商报》刊文《老苏州思念家乡小吃》，苏州稻香村食品厂生产的云片糕、瓜子、糖果成为首选，占到当时苏州市场份额40%以上，同年6月，该厂生产的松子枣泥麻饼、松仁粽子糖再被江苏省苏

---

[1]《苏州稻香村食品厂第二届一次股东会资料·第一届董事会工作报告》，2001年6月27日，苏州稻香村食品有限公司档案室藏。

[2]《苏州稻香村食品厂第二届一次股东会资料·第二届一次股东大会决议》，2001年6月27日，苏州稻香村食品有限公司档案室藏。

[3]《苏州稻香村食品厂第二届一次股东会资料·第一届董事会工作报告》，2001年6月27日，苏州稻香村食品有限公司档案室藏。第一届董事会工作报告和监事会工作报告详见本书附录三。

[4]《苏州稻香村食品厂第二届一次股东会资料·"改选"前期准备工作和候选人产生情况汇报》，2001年6月27日，苏州稻香村食品有限公司档案室藏。

[5] 王英：《黄天源稻香村落榜》，《苏州日报》2003年8月27日第2版。

州质量技术监督局评为产品监督检查质量合格产品。

2003年3月12日,苏州稻香村食品厂换发新的企业法人营业执照,经济性质由股份合作制改作"集体所有制(股份合作制)"。从该厂各部门2001年以来经济指标完成情况(表7-4)及年度年检报告简况(表7-5)看,苏州稻香村食品厂虽在银行从未贷款,在开拓市场、产品开发、技术改造、降低成本、提高质量、多种经营等方面提出过一些思路和相应措施,产值、销售额总体上保持增长,亏损额大幅度下降,但企业改制以来的发展举步维艰,现状仍然不容乐观。该厂董事会工作报告及历年《企业法人年检报告书》曾分析连年亏损原因:全体职工集体转制,观念尚未彻底更新,企业小,人员多,负担重;市场疲软,销售下降,产品结构老化,不合理,缺乏市场竞争力;本厂无自有生产经营场所,生产成本增加。而且设备极其简陋,严重缺乏人才、资金。[1]职工股东们也认识到"稻香村已到破釜沉舟地步""模式要变,否则要等死"[2],需要更加明确上下责任,强化竞争机制,在充分发扬民主、尊重股东权利的前提下,加强董事会和当选负责人的权力,建设精悍班子,以有利于及时果断地决策。

表7-4 苏州稻香村食品厂各部门2001—2003年经济指标完成情况

单位:万元

部门	项目	2001年	2002年	2003年
生产经营部	1. 产值(现行价)	118.70	92.02	99.82
	2. 内部销售	22.21	35.88	32.02
	小计	140.91	127.90	131.84
	3. 毛利额	52.81	33.38	42.53
	4. 内部销售	13.49	23.44	15.68
	小计	66.30	56.82	58.21
业务部	1. 销售额	111.60	96.16	99.82
	2. 内部销售(扣税)	22.16	35.88	32.02
	3. 扣:内部调拨	-49.50	-48.20	-48.50
	实际销售额	84.26	83.84	83.34
门市部	1. 销售额	103.00	100.60	130.10
	2. 毛利额	24.69	25.47	32.99
	3. 本厂产品所占比例	65.18%	64.33%	60.32%

[1] 参阅苏州市总工会财务部林宁:《苏州市首批股份合作制试点企业工会经费收缴情况浅析》,《中国工会财会》1999年第6期。

[2] 《苏州稻香村食品厂第二届一次股东会资料·股东会会前记录》,2001年5月23日;参阅2001年度—2005年度苏州稻香村食品厂填报《企业法人年检报告书》,苏州稻香村食品有限公司档案室藏。

续表

部门	项目	2001年	2002年	2003年
批发部	1. 销售额	12.78	12.78	0
	2. 毛利额	1.27	1.27	0
	其中：现金回扣（元）	5554	5544	0
	全厂销售额	183.50	159.10	171.40
	全厂利润	-19.40	-16.30	-7.12
	期末银行存款	20.63	17.93	39.00

资料来源：《苏州稻香村食品厂各部门1998—2003年历年经济指标完成情况统计表》，参阅《苏州稻香村食品商店1994—2003年历年销售额统计表》，苏州稻香村食品有限公司档案室藏。笔者订正了几处小计讹误。

表7-5　2001—2005年度苏州稻香村食品厂年检报告简况

单位：万元

年度	资产总额	负债总额	净资产总额	实收资本	产值	营业额	税后利润
2001	71.00	38.00	33.00	59.00	118.00	199.27	-59.87
2002	66.30	50.03	16.27	58.57	92.02	159.04	-16.29
2003	82.80	73.70	9.10	58.60		171.40	-7.10
2004	84.70	74.82	9.87	58.60		247.90	2.70
2005	95.70	85.63	10.07	58.58	235.13	235.13	0.19

资料来源：2001年度—2005年度苏州稻香村食品厂填报《企业法人年检报告书》。苏州稻香村食品有限公司档案室藏。按：实收资本即注册资金，实数58.575万元。

根据"几年来企业发展情况欠佳，现有体制存在一定的缺陷，弊端较多"的具体情况，为深化改革和发展及生产经营需要，2003年7月23日，经厂董事会、监事会讨论决定，并经全体股东大会通过，"决定由职工平均持股变更为经营者持大股，同时取消并退还原有职务股"。企业内部增资30万元为经营股，调整后总股金为1365000元：71（人）×15000元+20（经营者）×15000元。在不修订现有实收资本的情况下，股本分为：实收资本585750元、资本公积585750元，长期应付款246750元，[1]经公示后，只有沈根富个人自愿认购。股东会议通过决议，由于该厂"系集体所有制（股份合作制）企业，在办理企业注册变更有诸多限制，故不变更现有工商登记"[2]。沈根富由此成为最大股东，获得了具有决定性意义的重大决策权利，遵循"保本经营、略有盈余"的原则，要求生产经营

---

[1] 苏州稻香村食品厂财务科：《关于增资后股本的具体情况说明》《稻香村食品厂股金明细一览表》，2003年7月，苏州稻香村食品有限公司档案室藏。
[2] 《苏州稻香村食品厂股东会议决议》，2009年4月25日，苏州稻香村食品有限公司档案室藏。

部、门市部、业务部努力增收节支,确保毛利达标。从表7-4、表7-5反映的2003—2005年各项经济指标看出,由于全厂职工同舟共济,加之2003年上半年"非典"疫情过后市场形势趋好,当年亏损大幅度减少,翌年即开始扭亏为盈,2005年还调整了工龄补贴,提高了部分职工技能工资级别,企业逐步走出困境,迈向良性循环。[1]

第二节 转制民营与企业集团化战略的实施

一、联营联合发展之路

苏州稻香村要继承并光大自己中华老字号的历史基业,必须在改革中前进,坚定地走合作发展之路。从1998年转制以来,苏州稻香村食品厂的发展一直受到无自有生产场所、资金少、人才缺、技术设备老旧及传统观念保守等因素的制约和影响。部分职工甚至部分董事会成员对前途悲观,"认为不如借助门店地处商业繁华地,将店面出租既省心又省事,职工受益还能得到保障"。作为董事长、厂长和法定代表人的沈根富坚持认为:"祖辈传承下来的不能断送在我们手中,我们就是勒紧裤腰带也要把稻香村维持下去,困难是暂时的。"他正视现实,总结经验,大胆地提出"走出去、请进来"的目标设想,认为传统的、民族的稻香村"品牌效应深入人心,已为走出苏州市场创造了优良的外部环境。鉴于现有的资金实力,我们不可能再有个大的发展,怎么办?寻找合作伙伴,邀请致力于振兴民族产业有识之士,整合优质资源,共同发展,这是请进来的唯一办法"。[2]

经过认真考察及多次友好协商,苏州稻香村食品厂(甲方)与保定稻香村新

---

[1] 参阅苏州稻香村食品厂:《2005年度生产、销售计划》,苏稻股政(2005)01号,2005年1月6日;《调整工龄补贴及提高部分职工技能工资级别的通知》,苏稻股政(2005)02号,2005年1月6日,苏州稻香村食品有限公司档案室藏。该年度生产、销售计划要求确保毛利达标,即生产经营部(定员22人)40%,门市部(定员9人)25%,业务部(定员3人)要杜绝坏账,货款准时回笼。具体指标为:1. 生产经营部完成产值(不含税)163万元以内按5.4%提奖;产值超过基数10万元以内(含10万元)按8.1%提奖,超过基数10万元以上(不含10万元)按10.8%提奖。2. 门市部完成营业额200万元以内按1.8%提奖;营业额超过基数10万元以内(含10万元)按2.7%提奖,超过基数10万元以上(不含10万元)按3.6%提奖。3. 业务部完成到账销售额(扣除优惠折扣部分)100万元以内按1.5%提奖;超过基数10万元以内(含10万元)按2.25%提奖,超过基数10万元以上(不含10万元)按3.3%提奖。4. 科室人员按全厂各部门平均奖提奖;副厂长、厂长按各自管辖范围提高50%和100%平均奖。各部门自行决定内部奖金分配办法。

[2]《传承与创新——记苏州稻香村食品工业有限公司董事长沈根富》,2009年8月23日,苏州稻香村食品有限公司档案室藏。

亚食品有限公司（乙方）、北京新亚趣香食品有限公司（丙方）[1]"为充分发挥'稻香村'品牌优势，将'稻香村'做大做强"，决定三方投资兴建合资企业，2004年3月9日签订了《关于联合组建苏州稻香村食品工业有限公司的协议书》，具体内容如下。

　　一、注册企业名称：苏州稻香村食品工业有限公司。
　　二、注册资金：50万元。
　　三、经营范围：食品开发、食品制造、加工；经营方式：制造、加工、批发、零售。
　　四、出资比例及金额：甲方出资20万元占总投资额的40%，乙方出资15万元占总投资额的30%，丙方出资15万元占总投资额的30%。出资三方在签订协议后10日内将资金打入筹备处专用账号。
　　五、三方的权力（利——引者）和义务：
　　1. 甲方无偿给企业提供经营场地，负责办理企业的各项注册手续、员工的招聘，甲方法人代表出任新企业法人代表。
　　2. 乙方无偿将"稻香村"注册商标给予新注册合资企业的使用权。
　　3. 丙方无偿向新注册合资企业提供新技术、新工艺，并负责培训员工，提供现代化管理的制定和宣贯。[2]

同日，苏州稻香村食品工业有限公司（筹备处）向苏州市平江区工商行政管理局提交《关于兴建苏州稻香村食品工业有限公司的申请书》。3月14日，苏州稻香村食品工业有限公司股东会议在观前街72号召开，研究建立现代化企业和完善法人治理结构问题，一致通过《苏州稻香村食品工业有限公司章程》共14章72条。根据各股东提议，并在对拟任公司董事、监事任职资格审查的基础上，选举沈根富、赵玉柱、王芳、田新刚、陈旭斌为公司董事，选举陈钢年为公司监事。沈根富当选为董事长，王芳当选为副董事长。沈根富被聘为公司经理，陈旭斌被

---

[1] 保定稻香村新亚食品有限公司住所在河北省保定市前卫路，2002年11月27日成立，注册资金50万元。该公司由北京新亚食品技术开发公司与保定稻香村经营开发有限公司合资创办，董事长、法定代表人赵玉柱，田新刚、周广军为董事。2004年该公司变更为保定稻香村糕点食品有限公司。据周广军回忆，赵玉柱、田新刚认为苏州稻香村最有名气，主动提出合作建议，并来苏州，与沈根富等厂领导及中层干部会谈。沈根富还请周广军来厂与干部职工开诚布公地沟通交流，最终上下统一了思想认识。北京新亚趣香食品有限公司住所在北京市海淀区北蜂窝路，2002年6月11日成立，注册资金50万元，总经理王芳。
[2] 苏州稻香村食品厂、保定稻香村新亚食品有限公司、北京新亚趣香食品有限公司：《关于联合组建苏州稻香村食品工业有限公司的协议书》，2004年3月9日，苏州稻香村食品有限公司档案室藏。

聘为财务负责人。[1] 3月24日，苏州稻香村食品工业有限公司获苏州市工商行政管理局颁发企业法人营业执照，住所为苏州市观前街72号，法定代表人沈根富，注册资本50万元，企业类型为有限责任公司，经营范围为各类定型包装食品零售。

4月23日，苏州稻香村食品工业有限公司股东会议表决一致做出决议，通过了修改的《苏州稻香村食品工业有限公司章程》，共14章67条。[2] 公司住所与经营场所改为苏州工业园区跨塘镇，公司经营范围为食品开发、制造、加工、销售、贸易、咨询服务、项目开发。"为充分发挥'稻香村'品牌优势，将'稻香村'做强做大，振兴民族企业，全体股东根据《公司法》和《苏州稻香村食品工业有限公司章程》，决定增加公司注册资本"[3]，由50万元增至1100万元。经公司股东大会全体股东表决一致同意，增选赵玉柱为副董事长。董事会也通过决议，决定聘任田新刚为经理，董事长沈根富不再兼任经理职务。[4]

11月14日，由国家工商行政管理局商标局核准，保定稻香村新亚食品有限公司将从保定市稻香村食品工业总公司依法受让的第184905号、第352997号两个续展的"稻香村DXC及图"有效注册商标，以转让费55万元依法转让给苏州稻香村食品工业有限公司，用于其增持后者的股份。[5] "稻香村DXC及图"有效注册商标的受让，使中华老字号苏州稻香村的品牌、商标与产品实现一体结合，有益于最大限度地发挥其应有的品牌价值和优势，对"稻香村"品牌的保护、传

---

[1] 苏州稻香村食品工业有限公司：《股东会决议》《董事会决议》《对拟任公司董事、监事任职资格的审查意见》《对拟任公司董事长、经理任职资格的审查意见》《委任书》《苏州稻香村食品工业有限公司章程》，2004年3月14日，苏州稻香村食品有限公司档案室藏。苏州稻香村食品厂沈根富、陈旭斌、陈钢年，保定稻香村新亚食品有限公司赵玉柱、田新刚，北京新亚趣香食品有限公司王芳任职，皆经所在单位股东大会决定提名，并有《委派书》，苏州稻香村食品有限公司档案室藏。

[2] 《苏州稻香村食品工业有限公司章程》，2004年4月23日修订，苏州稻香村食品有限公司档案室藏。

[3] 《苏州稻香村食品工业有限公司关于增加注册资本、修改公司章程的股东会决议》，2004年4月23日，苏州稻香村食品有限公司档案室藏。

[4] 《苏州稻香村食品工业有限公司关于增加公司董事、监事和副董事长的股东大会决议》《苏州稻香村食品工业有限公司关于聘任公司经理的董事会决议》，2004年4月23日，苏州稻香村食品有限公司档案室藏。

[5] 保定市稻香村食品厂1982年4月2日申请，1983年7月5日获准注册、核定使用第184905号"稻香村DXC及图"商标在第30类"饼干"商品上；1988年5月24日申请，1989年6月30日获准注册、核定使用第352997号"稻香村DXC及图"商标在第30类"果子面包、糕点"商品上。1994年6月20日保定市食品总厂与保定市稻香村食品厂合并为保定市稻香村食品工业总公司，上述商标曾被评为1995年河北省著名商标。1999年10月及2000年3月7日经原注册人保定市稻香村食品厂申请，将第352997号和第184905号"稻香村"注册商标，转让给受让人保定市稻香村食品工业总公司。2002年10月21日，保定市稻香村食品工业总公司与北京新亚食品技术开发公司签订《设立公司协议书》，并约定将"稻香村"两注册商标无偿转让给合营公司——保定稻香村新亚食品有限公司。2003年3月24日，由国家工商行政管理局商标局核准，保定稻香村新亚食品有限公司通过受让方式，从保定市稻香村食品工业总公司获得了该两注册商标。保定市稻香村食品工业总公司则在2005年1月被法院依法宣告破产。

承和发展实属重大利好。[1]

12月29日,苏州稻香村食品工业有限公司股东会议做出决议,再次通过修改的《苏州稻香村食品工业有限公司章程》,共12章52条。[2]注册资本增资至1800万元,股东新增北京远东吉美能源科技发展有限公司。修改的章程规定,公司经登记机关注册后,股东不得抽回投资。公司董事会议决议及经营决定,必须符合股东利益和愿望。代表三分之二表决权的股东,对公司的有关会议决定和经营活动有最终决定权。

在苏州稻香村食品厂的基础上,整合人才、资本、商标和新技术、新工艺等资源,苏州稻香村食品工业有限公司增添了强劲动力,被苏州市人民政府评为2004年度重合同守信用AA企业。2005年5月,公司参加中国食品工业协会等举办的首届中国粽子文化节,生产的蛋黄肉粽荣获全国粽子大奖赛银奖,[3]7月,公司生产的月饼被中国食品工业协会评为2005年度中国名饼。公司还被苏州市劳动和社会保障局评为2005年度劳动和社会保障A级信誉企业。[4]

《中华人民共和国公司法》(以下简称《公司法》)自1993年实施以来,先后经历了1999年、2004年、2005年3次修改,其中以2005年的修法幅度较大。由于《公司法》对于公司章程中公司控制权条款的规定留白较多且过于原则化,随着市场经济的多元化发展和营商环境的不断改善,探讨在股东表决权及董事选任制度上灵活设计的优势和在制度移植方面的合理性,激发各类市场主体活力,公开、公平、公正地参与竞争,公司依然成为经济模式转型的最佳载体。"为发扬光大'稻香村',便于统一市场,统一管理,统一对外经营,形成有机的合力",经厂股东大会同意,2006年7月7日,苏州稻香村食品厂(以下简称工厂)与苏州稻香村食品工业有限公司(以下简称公司)签订了《关于双方合作经营协议》,规定:"工厂对外一切经营活动统一由公司负责。工厂保留现在一切手续,停止一切单独经营活动和对外合作事项。工厂的全部在册员工由公司负责安置,到退休年龄,按规定办理退休。"工厂原员工根据公司实际情况原则上按在工厂的岗位进行安排或适当调整,其养老、医疗、生育、工伤、待业、住房公积金、工会费等国家规定的各种基金和福利待遇及薪金由公司负责,并规定了总收入下限且每年递增收入10%。公司投资用于现工厂的门店装修和生产车间的改造。工厂现有固

---

[1] 周宏斌:《"稻香村"商标回家了》,《姑苏晚报》2006年8月20日A7版。
[2] 《苏州稻香村食品工业有限公司章程》,2004年12月29日修订,苏州稻香村食品有限公司档案室藏。
[3] 小圆:《3只苏州粽子》,《苏州日报》2005年5月17日A4版。首届中国粽子文化节5月13—15日在浙江嘉兴举行,苏州市鸡鸣八宝粥店的招财元宝粽、黄天源食品有限公司的鲜肉蛋粽也同获银奖。
[4] 苏州市劳动和社会保障局:《苏州市2005年度A级劳动保障信誉等级单位》,《苏州日报》2006年4月26日B7版。

定资产、低值易耗品纳入公司无偿使用。协议期限为三年，自2006年7月1日至2009年6月30日，到期可续签或终止。[1]本协议的签署，在保证苏州稻香村食品厂职工合法合理权益的前提之下，使苏州稻香村食品厂与关联企业——苏州稻香村食品工业有限公司的关系建立在一个更加紧密和坚实的基础之上。

2006年8月20日，苏州稻香村食品工业有限公司斥资数千万元，在苏州工业园区唯文路19号新建的现代化、开放式的模范食品工厂举行落成投产典礼，占地面积近2万平方米，建有1万多平方米的国际高标准厂房，采用10万级空气净化处理，实施全过程自动化无菌生产。由中国食品发酵工业研究院、国家食品质量监督检验中心、苏州稻香村食品工业有限公司

唯文路19号稻香村集团苏州工厂新貌

联合设立的全国首个国家级中国糕点食品技术中心同时落户。[2]苏州"稻香村"第一次有了一个现代化食品生产基地和研发中心，实现了从传统作坊到现代化大规模生产的跨越。

苏州稻香村食品工业有限公司与中国食品工业协会、中国焙烤食品糖制品工业协会和苏州市经贸委、市贸易局、市老字号协会等共同主办了中国苏式糕点食品文化研讨会，来自北京、上海、杭州、山东等地食品行业的专家、企业家们聚首苏州，共商苏式糕点食品的振兴大计，着重就苏式糕点食品如何挖掘文化底蕴，在继承、发展、创新过程中做大做强，并打造知名品牌，提出了很多建议。[3]苏州稻香村食品工业有限公司荣获第七届全国焙烤技术比赛全国月饼技术比赛（国家级竞赛）金奖。"稻香村月饼"被中国食品工业协会评为2006年度中国名饼、中国十佳月饼·国饼十佳，鲜肉月饼被评为2006年度中国最佳特色月饼，并获得中国食品工业协会指定中国"国饼十佳"的唯一组装、总经销权。在苏式月饼处于低谷，市场份额降低到不足30%的形势下，苏州稻香村食品工业有限公司在苏州举行的中秋月饼订货会上，订货额一举冲过亿元，并出现了北京、上海等地经

---

[1] 苏州稻香村食品厂、苏州稻香村食品工业有限公司：《关于双方合作经营协议》，2006年7月7日，苏州稻香村食品有限公司档案室藏。详见本书附录三。

[2] 慕夏：《稻香村：做苏式月饼的研发中心》，《城市商报》2007年8月24日第6版。

[3] 金根、小圆：《苏式食品如何振兴》，《苏州日报》2006年8月21日A4版。

销商争抢代理权的喜人现象，在国内市场上呈现出上升势头。[1]

2006年11月7日，商务部下发商改发［2006］607号文件《商务部关于认定第一批"中华老字号"的通知》，苏州稻香村食品厂被首批认定为"中华老字号"（证书编号10021，注册商标"禾"），这为业内奉为鼻祖的苏州稻香村的改革、合作与发展昭示了更加良好的前景。

商务部颁中华老字号铭牌

苏州稻香村食品工业有限公司迅速发展壮大，被苏州市食品行业协会评为2006年度苏州市食品行业消费放心单位。经过严格的审核和检测，在全国糕点行业首批通过国家QS认证，也是苏州市糕点行业首家，2007年5月11日获得国家质检总局颁发的全国工业产品生产许可证书。此外，还先后通过了GMP、HACCP、ISO9001等多项认证。[2]

2007年5月17日至19日，由中国轻工业联合会、中国焙烤食品糖制品工业协会等联合主办的第十届中国国际焙烤博览会暨第八届全国焙烤技术比赛在上海举行，苏州稻香村食品工业有限公司荣获月饼、面包、装饰蛋糕三项技术比赛团体金奖。徐红生制作的苏式清水玫瑰月饼摘下月饼行业唯一的国际焙烤业最高奖项"国际主席奖"，在月饼个人赛中获得金奖中的第一名。来自欧洲以及印度、日本等国的专家还与中国焙烤食品糖制品工业协会行家探讨和协商，提出将稻香村的苏式月饼引入国际市场，并派员到苏州稻香村学习交流苏式月饼制作技艺的建议，还考虑共同努力，将此产品在2008年北京奥运会上向全世界推广。[3]

鉴于企业发展需要，8月3日，苏州稻香村食品工业有限公司股东会议做出决议，通过修改的《苏州稻香村食品工业有限公司章程》，共13章41条，公司住所改为苏州工业园区唯亭镇唯文路19号，注册资本增至3000万元。[4]同年8月，苏州稻香村食品工业有限公司被中国食品工业协会授予2007年度苏式月饼传承代表称号、月饼龙头企业称号，被中国焙烤食品糖制品工业协会授予全国糕点月饼质量安全市场准入优秀示范企业，是江苏省唯一一家获此称号的企业，也是被列为国家质检总局通报表彰的十个全国优秀示范企业之一。[5]"稻香村月饼"被中

---

［1］ 九微：《稻香村月饼订了一亿元》，《苏州日报》2006年8月21日A4版。参阅褚馨：《苏式月饼想"申遗"》，《姑苏晚报》2006年8月21日A8版。
［2］ 小圆：《苏式月饼制作技艺将要申遗》，《苏州日报》2007年5月15日B15版。QS准入制度是国家推出的旨在控制食品生产加工企业生产条件的强制性监控制度。稻香村董事长沈根富介绍，此次企业首批通过QS认证后，广东、上海、北京等地经销商已闻讯而至，增订了近百万元的苏式糕点、糖果等。
［3］ 九微：《"清水玫瑰"迷倒顶级专家》，《苏州日报》2007年5月27日A2版。
［4］《苏州稻香村食品工业有限公司章程》，2007年8月3日修订，苏州稻香村食品有限公司档案室藏。
［5］ 言墨：《苏州稻香村月饼获质量优秀示范称号》，《姑苏晚报》2007年9月11日C6版。

国食品工业协会评为 2007 年度中国十佳月饼·国饼十佳,被中国焙烤食品糖制品工业协会、商业技能鉴定与饮食服务发展中心评为第十三届中国月饼节名牌月饼,作为特选礼品赠送给北京天安门国旗护卫队。[1]

2007 年 6 月 12 日,苏州稻香村食品工业有限公司申报的稻香村苏式月饼制作技艺,被苏州市人民政府苏府〔2007〕94 号文件列入《苏州市第三批非物质文化遗产代表作名录》。[2] 12 月 19 日,徐红生被劳动和社会保障部授予 2007 年度"全国技术能手"荣誉称号。[3] 2008 年 6 月,第一批苏州市级非物质文化遗产项目代表性传承人公布,稻香村苏式月饼制作技艺传承人为徐红生。[4] 其后,徐红生被中国焙烤食品糖制品工业协会授予"中国焙烤名师"荣誉称号。苏式玫瑰月饼被中国食品工业协会评为 2008 年度国饼十佳(帮式代表企业)。2009 年 6 月 20 日,江苏省人民政府公布、江苏省文化厅颁布,"稻香村苏式月饼制作技艺"被列入江苏省第二批非物质文化遗产代表作名录。苏州稻香村食品工业有限公司被江苏省文化厅公布为第二批省级非物质文化遗产名录项目保护单位之一。2020 年 9 月,徐红生被认定为第五批江苏省非物质文化遗产"稻香村苏式月饼制作技艺"代表性传承人。

江苏省级非物质文化遗产铭牌

徐全生师傅(中)与苏式月饼制作技艺"非遗"传承人徐红生(左)、艾满(右)

在苏州市贸易局指导下,2009 年 9 月,苏州稻香村食品工业有限公司承办了首届中国苏式月饼节,为推进和发展苏式月饼生产起到了积极的引导作用,被中国焙烤食品糖制品工业协会评为中国焙烤食品糖制品行业百强企业,公司董事长沈根富被授予中国月饼行业突出贡献奖。稻香村 DXC 注册商标被江苏省工商行政

---

〔1〕 小圆:《稻香村入选全国十大优秀示范企业》,《苏州日报》2007 年 9 月 19 日 B19 版。

〔2〕 杨敏:《苏州第三批非物质文化遗产名录出炉》,《城市商报》2007 年 6 月 19 日第 4 版。参阅慕夏:《稻香村:苏州人的情感家园》,《城市商报》2007 年 8 月 16 日第 10 版。

〔3〕 劳动和社会保障部:《关于表彰 2007 年度全国技术能手的决定》,劳社部发〔2007〕45 号,2007 年 12 月 19 日。

〔4〕 杨帆:《首批市"非遗"传承人今起公示》,《苏州日报》2008 年 6 月 14 日 A2 版。原苏州稻香村食品厂职工谈雪良为叶受和申报的苏式糕点制作技艺"非遗"传承人。

管理局认定为江苏省著名商标。2010 年 5 月苏州稻香村食品工业有限公司被苏州市人民政府认定为苏州市第二批企业知名字号，8 月被中国焙烤食品糖制品工业协会授予中国月饼行业龙头企业称号。2011 年 9 月，被中国食品工业协会授予企业信用等级 AA 级证书，被江苏省消费者协会授予江苏省诚信承诺企业联盟百佳示范企业称号。2013 年，被中国焙烤糖制品工业协会授予中国焙烤食品糖制品产业突出贡献企业称号，稻香村 DXC 注册商标被国家工商总局评为中国驰名商标。

苏州稻香村食品工业有限公司生产的烘焙系列产品，自 2004 年以来也获得了众多荣誉。蛋糕、曲奇、麻花被中国焙烤食品糖制品工业协会、全国糕点委员会、全国饼店委员会评为全国特色糕点，桃酥、老婆饼、萨其马、麻饼等被评为中国名点，蛋年糕、萨其马被评为中国特色糕点。"稻香村月饼"又被中国焙烤食品糖

中国驰名商标铭牌

制品工业协会相继授予 2008 年、2009 年、2010 年中国月饼文化节"金牌月饼"品牌和"中国名饼"证书。在 2006—2011 年历届全国焙烤职业技能竞赛（国家级职业技能竞赛）面包、月饼、装饰蛋糕三项技术比赛中，苏州稻香村食品工业有限公司连获团体赛金奖，其中徐红生的徒弟艾满与李述昆同获 2010 年第十一届全国月饼技术比赛个人金奖，后同被人力资源和社会保障部颁授 2010 年度"全国技术能手"荣誉称号。

苏州稻香村食品工业有限公司对外投资和扩张力度也很大。2007 年收购了中国粮油集团旗下江苏张家港市福临门大家庭食品有限公司及其所属 60 家西饼店。2008 年在北京市通州区投资建设北京苏稻食品有限公司工厂。2009 年在山东投资建设菏泽稻香村食品有限公司工厂、金乡稻香村食品有限公司工厂，展现出勃勃生机。

适应《公司法》的要求和企业发展的迫切需要，为内部增资和转让股份给关联企业事宜，根据董事会提议，2009 年 4 月 25 日下午苏州稻香村食品厂召开股东大会，出席股东 50 名，占全部 61 名股东的 81.9%，审议并一致通过了经过修改的《苏州稻香村食品厂（股份合作制）章程》。第一章总则第七条企业注册资金为 129 万元。第二章股权设置及股份构成第十条：本企业设置股份总

苏州稻香村食品厂荣誉奖牌

额为 129 万元，每股面值为人民币 1 元，合计 129 万股；第十一条股本构成：列明 62 名股东股份额度和占比（表 7-6）；第十二条：个人股是以现金向本企业投资所形成的股份，股权归持股者个人所有；第十三条：股东认购起始为 15000 股。[1]股东大会"进一步确认"为企业发展需要而由董事长沈根富于 2003 年 7 月 23 日认购的企业内部增资 30 万元；一致同意本厂关联企业——苏州稻香村食品工业有限公司为本厂股东，将本厂 5 位已调出、退休职工的股份 75000 股转让给苏州稻香村食品工业有限公司。[2]这些决定，特别是章程中第二章股权设置规定的调整，为更大规模的合作发展进一步拓宽道路。经厂股东大会通过，6 月 30 日，苏州稻香村食品厂（以下简称工厂）与苏州稻香村食品工业有限公司（以下简称公司）签订了《双方合并经营协议》，工厂合并到公司进行统一经营，并由公司承担工厂的经营盈亏，"使'中华老字号'金字招牌更放光彩"[3]。苏州稻香村食品厂被苏州市人民政府授予 2009 年度"苏州市老字号先进企业"称号。

表 7-6　苏州稻香村食品厂（股份合作制）股本构成表

序号	姓名/单位	出资额/元	占总股本（百分比/%）	序号	姓名/单位	出资额/元	占总股本（百分比/%）
1	林恩惠	15000	1.16	32	王金元	15000	1.16
2	徐峰	15000	1.16	33	刘金红	15000	1.16
3	余鸿生	15000	1.16	34	高健元	15000	1.16
4	蔡锡明	15000	1.16	35	杨根红	15000	1.16
5	徐双通	15000	1.16	36	王明	15000	1.16
6	孙鸿夫	15000	1.16	37	张晓梅	15000	1.16
7	冯金海	15000	1.16	38	沈素英	15000	1.16
8	李文文	15000	1.16	39	肖琴	15000	1.16
9	过永珍	15000	1.16	40	蒋祖健	15000	1.16
10	贾沛如	15000	1.16	41	徐红生	15000	1.16
11	胡培德	15000	1.16	42	蔡小英	15000	1.16
12	洪国珍	15000	1.16	43	沈启明	15000	1.16
13	聂悦俊	15000	1.16	44	吴萍珍	15000	1.16
14	汪启云	15000	1.16	45	胡爱珍	15000	1.16

---

[1]《苏州稻香村食品厂（股份合作制）章程》，2009 年 4 月 25 日股东大会修订通过，苏州稻香村食品有限公司档案室藏。

[2]《苏州稻香村食品厂股东会议决议》（附出席会议股东签名名单），2009 年 4 月 25 日，苏州稻香村食品有限公司档案室藏。

[3] 苏州稻香村食品工业有限公司、苏州稻香村食品厂：《双方合并经营协议》，2009 年 6 月 30 日，苏州稻香村食品有限公司档案室藏。详见本书附录三。

续表

序号	姓名/单位	出资额/元	占总股本（百分比/%）	序号	姓名/单位	出资额/元	占总股本（百分比/%）
15	徐全生	15000	1.16	46	查伟英	15000	1.16
16	陈毓芬	15000	1.16	47	孙晓龙	15000	1.16
17	谢水轩	15000	1.16	48	陈钢年	15000	1.16
18	李建潮	15000	1.16	49	陈旭斌	15000	1.16
19	王乾辰	15000	1.16	50	王永康	15000	1.16
20	吴仁德	15000	1.16	51	何根林	15000	1.16
21	孟丽英	15000	1.16	52	施大恩	15000	1.16
22	吴钰英	15000	1.16	53	丁家坤	15000	1.16
23	薛亚萍	15000	1.16	54	屈明忠	15000	1.16
24	宋钰文	15000	1.16	55	戴素兰	15000	1.16
25	李丽敏	15000	1.16	56	冯百庆	15000	1.16
26	强勇	15000	1.16	57	沈国敏	15000	1.16
27	何建新	15000	1.16	58	宣伟	15000	1.16
28	孙祖耀	15000	1.16	59	王永云	15000	1.16
29	江健珊	15000	1.16	60	吉培玲	15000	1.16
30	吴天伦	15000	1.16	61	沈根富	315000	24.42
31	叶志升	15000	1.16	62	苏州稻香村食品工业有限公司	75000	5.81
	合计					1290000	100

资料来源：《苏州稻香村食品厂（股份合作制）章程》第二章第十一条，2009年4月25日，苏州稻香村食品有限公司档案室藏。

根据2010年4月25日股东大会决议，5月25日，苏州稻香村食品厂（甲方）与苏州稻香村食品工业有限公司（乙方）签订《苏州稻香村食品厂股份转让协议》，苏州稻香村食品厂将其按企业章程回购的本厂退休、离职人员袭正福等11人82500元股份，全部转让给关联企业苏州稻香村食品工业有限公司，该公司从而成为苏州稻香村食品厂的法人股东。[1]

2011年3月2日，苏州稻香村食品厂第三届股东大会在桐泾北路366号鸿运园中楼会议室召开，议题为关于企业职工股份转让事宜，经股东充分讨论并签字，通过了《苏州稻香村食品厂股东大会决议》。根据本厂章程规定，同意徐峰等70

---

[1] 苏州稻香村食品厂（甲方）、苏州稻香村食品工业有限公司（乙方）：《苏州稻香村食品厂股份转让协议》，2010年5月25日，苏州稻香村食品有限公司档案室藏。

位职工股东将持有的本厂合计558750元（占注册资金95.39%）股份，全部转让给新进职工周广明（其他股东放弃优先购买权，具体转让人员及股份详见股权转让协议）。转让后，与所转让股份相关的权利、义务由受让方承继。同时本厂股东变更为周广明、沈根富二位自然人，并相应修改章程第十四条。3月10日，徐峰等59位职工股东签订《苏州稻香村食品厂股份转让协议》，将所持有的476250元股份，与法人股东苏州稻香村食品工业有限公司将所持有的82500元股份，全部转让给周广明。4月3日，股东沈根富与周广明开会决定将苏州稻香村食品厂按《公司法》改制为有限公司，4月5日公司召开第一次股东会议，选举沈根富为执行董事（兼经理）、法定代表人，周广明为监事，通过了《苏州稻香村食品厂有限公司章程》计11章35条。10月14日，苏州稻香村食品厂有限公司获颁企业法人营业执照，注册资本58.5750万元，住所仍为观前街72号，企业类型由集体所有制（股份合作制）改为有限公司（自然人控股）。2012年7月27日换发企业法人营业执照，注册资本改为100万元。2013年11月9日通过《苏州稻香村食品厂有限公司股东会议决议》，同意周广明所持有的该公司中的75%股权（计75万元出资额）以75万元转让给新股东苏州稻香村食品工业有限公司。12月3日完成变更，公司法人为沈根富，注册资金增至3000万元，住所由观前街72号迁至苏州工业园区唯亭镇唯文路19号，2014年3月22日获颁营业执照。

从苏州稻香村食品工业有限公司2006—2014年度概况（表7-7）反映的产值、销售额、利润、设备投入来看，苏州稻香村食品厂的改制、联营为深化改革和持续发展奠定了基础。城市股份合作制企业发轫于改革实践，实行联合劳动而非雇佣劳动，全体职工股东共担投资风险、同享盈利，充分实行民主管理，有异于私有制企业，具备"在协作和对土地及靠劳动本身生产的生产资料的共同占有的基础上，重新建立个人所有制"[1]的特征，但是最终所有权在法律意义上属于私有。它融通股份制和合作制的某些特点，是一种与小规模生产相对适应的企业所有制形式，是一种可与合伙制、公司制相区别的企业制度。理论界曾经争论股份合作制究竟能否成立，有些学者认为股份合作制企业不能成为一种规范的企业制度。理论上，"从微观经济角度分析，改组成股份合作制，企业实现了产权制度变革，势必激发出空前的内在活力，形成一整套环环相扣的企业运作新机制：自我发展的动力机制、自负盈亏的风险机制、自主经营的决策机制、自律自控的约束机制等等。其中，起主导作用的是一种崭新的动力机制，那就是——人人都为自己做！职工成了名副其实的企业主人：经营决策特别是投资决策，从'局外人'到'局内人'；选择经营者，从'听上面的'到'选自己的'；内部管理，

---

[1] 马克思：《资本论》第1卷，中共中央马克思恩格斯列宁斯大林著作编译局译，北京：人民出版社，1975年，第832页。

从'一人管'到'人人管';劳动态度,则由'要我干'变为'我要干',涌现出一系列自发、自愿、自动、自律的行为"[1]。但是,由于主客观条件的局限,苏州稻香村食品厂改制后的实践表明"现实很骨感",名为集体所有制(股份所有制),如同"二国营",管理者责权利有限,职工打工心态依旧,弊端难以根除。改制为有限责任公司、股份有限公司,合乎《公司法》和社会主义市场经济深入发展的要求,顺应潮流,企业主要经营决策者作为企业的最大投资者,潜在利益和潜在威胁并存,短期行为已被长期发展战略意识所彻底取代。稻香村从清光绪三十一年(1905年)在商部正式注册稻香村茶食糖果公司,改制为有限公司,其理想和愿景百年后才在真正意义上得以实现。

表7-7 苏州稻香村食品工业有限公司2006—2014年度概况

单位:万元

年度	产值	销售额	利润	设备投入
2006	910	910	20	129
2007	2980	2980	55	273
2008	4530	4530	102	160
2009	3000	3000	27	85
2010	4150	4150	98	34
2011	5900	5900	150	15
2012	6900	6900	176	231
2013	7400	7400	205	147
2014	5900	5900	185	33
合计	41670	41670	1018	1107

资料来源:苏州稻香村食品有限公司办公室提供。

二、稻香村集团化战略的实施

稻香村食品有限公司的成立,是稻香村集团化战略实施的关键一步。2009年8月10日,苏州稻香村食品厂、苏州稻香村食品工业有限公司股东通过决议,合资成立稻香村食品有限公司,并通过《稻香村食品有限公司章程》,住所为苏州工业园区唯亭镇唯文路19号,注册资本5500万元:苏州稻香村食品厂990万元,占比18%,苏州稻香村食品工业有限公司4510万元,占比82%。经营范围为预包装食品的批发兼零售(商品类别限《食品流通证》所规定范围)。[2]9月4日,

---

[1] 姚铭尧主编:《中国股份合作制企业的崛起——国有小企业改制的实践与理论》,上海:上海远东出版社,1996年,引言第9页。

[2]《稻香村食品有限公司章程》,2009年8月10日,苏州稻香村食品有限公司档案室藏。

稻香村食品有限公司在苏州工业园区市场监督管理局正式登记成立,核发营业执照。法定代表人、董事长为沈根富,周广明任总经理。2010年1月11日,稻香村食品有限公司股东会议决议,注册资本由5500万元增加到10000万元,即增资4500万元,由苏州稻香村食品厂出资708万元,北京新亚趣香食品有限公司出资3792万元。稻香村食品有限公司积极准备筹备集团公司,为此向苏州工业园区工商行政管理局做了书面说明:"集团公司正在申请设立过程中,此公司准备变更为集团母公司,为稻香村品牌旗下公司统筹所用,为将来公司上市需要,故2010年未开展经营活动。"[1]

稻香村食品有限公司的对外投资力度极大。2010年度对外投资:北京苏稻食品有限公司400万元,持股比例为80%;山东济宁新亚福乐园食品有限公司251万元,持股比例为51%;山东菏泽稻香村食品有限公司800万元,持股比例为100%。[2]

2011年度对外投资:江苏张家港福临门大家庭食品有限公司180万元,持股比例为60%;山东金乡稻香村食品有限公司400万元,持股比例为80%;山东菏泽稻香村食品有限公司100万元,持股比例为100%;山东济宁糖果食品厂600万元,持股比例为100%。[3]

2012年度对外投资:北京苏稻食品有限公司400万元,持股比例80%;北京苏稻食品工业有限公司400万元,持股比例80%;江苏张家港福临门大家庭食品有限公司2767万元,持股比例81.75%;山东济宁新亚福乐园食品有限公司251万元,持股比例50.2%;山东菏泽稻香村食品有限公司100万元,持股比例100%;山东金乡稻香村食品有限公司400万元,持股比例80%;山东济宁糖果食品厂987万元,持股比例100%。总计认缴出资额5305万元。[4]

随着苏州稻香村食品厂转制为苏州稻香村食品厂有限公司,因经营发展需要,2015年8月25日《苏州稻香村食品厂有限公司章程修正案》经股东会议通过,同意变更为苏州稻香村食品有限公司,法定代表人沈根富,注册资本10000万元。9月22日,苏州稻香村食品厂有限公司与苏州稻香村食品工业有限公司签订吸收合并协议。23日,苏州稻香村食品工业有限公司股东会通过决议,同意与苏州稻香村食品厂有限公司签订的吸收合并协议,注销苏州稻香村食品工业有限公司,股东及管理人员被吸收合并至苏州稻香村食品厂有限公司。同日苏州稻香村食品

---

[1] 稻香村食品有限公司:《情况说明》,2011年3月16日,苏州稻香村食品有限公司档案室藏。
[2] 《稻香村食品有限公司年检报告书(2010年度)》,2011年3月14日,苏州稻香村食品有限公司档案室藏。
[3] 《稻香村食品有限公司年检报告书(2011年度)》,2012年3月22日,苏州稻香村食品有限公司档案室藏。
[4] 《稻香村食品有限公司年检报告书(2012年度)》,2013年3月28日,苏州稻香村食品有限公司档案室藏。

厂有限公司股东会也通过决议，同意与苏州稻香村食品工业有限公司签订的吸收合并协议，注册资本由 100 万元变更为 3100 万元。25 日，苏州稻香村食品厂有限公司股东会通过决议，因股东保定稻香村糕点食品有限公司已于 2012 年 5 月 3 日被保定市工商行政管理局吊销、未注销，故该股东只能进行清算注销流程，无法作为吸收合并后的新一届股东，一致同意将该公司所持有的股权转让给稻香村食品有限公司。11 月 10 日，苏州稻香村食品厂有限公司被核准变更为苏州稻香村食品有限公司。12 月 22 日，观前街 72 号苏州稻香村食品商店更名为苏州稻香村食品有限公司稻香村食品商店。[1] 苏州稻香村食品有限公司进一步发展壮大（表 7-8），

苏州稻香村食品有限公司荣誉证书

2019 年被授予"中国改革开放 40 周年焙烤食品糖制品产业领军企业"[2]、"中国焙烤食品糖制品行业（糕点）十强企业"[3] 称号，2020 年成为全国首批"品牌评价国际/国家标准应用示范单位"[4]。

表 7-8 苏州稻香村食品有限公司 2015—2020 年度概况

单位：万元

年度	产值	销售额	利润	设备投入
2015	5400	5400	95	0
2016	5300	5300	158	505
2017	7100	7100	320	360
2018	8500	8500	280	535
2019	12080	12080	595	89
2020	11709	12709	1460	166
合计	50089	50089	2908	1655

资料来源：苏州稻香村食品有限公司办公室提供。

---

[1] 苏州稻香村食品有限公司稻香村食品商店：《告客户书》，2012 年 3 月 28 日，苏州稻香村食品有限公司档案室藏。

[2]《中国焙烤食品糖制品工业协会第六届会员代表大会上海召开》，2019-05-07，来源：中国食品报网。中国焙烤食品糖制品工业协会颁发证书，苏州稻香村食品有限公司档案室藏。

[3] 中国轻工业联合会、中国焙烤食品糖制品工业协会联合颁发证书，2019 年 6 月。苏州稻香村食品有限公司档案室藏。

[4] 中国品牌建设促进会颁发证书，2020 年 12 月 1 日。苏州稻香村食品有限公司档案室藏。

观前街72号稻香村店貌变迁

经国家工商总局核准，2015年12月13日，稻香村食品集团（简称稻香村集团）被江苏省苏州工业园区工商行政管理局核准依法成立，母公司名称由稻香村食品有限公司变更为稻香村食品集团有限公司，注册资金10000万元，母公司及子公司注册资金总和14203.1064万元。12月21日领照。法定代表人、董事长为沈根富，王芳任总经理。集团申请设立登记时成员如表7-9。

表7-9　2015年稻香村食品集团成员

单位：万元

	企业名称	注册资本（金）	母公司出资比例
集团成员（子公司）	苏州稻香村食品厂有限公司	100	75%
	北京苏稻食品工业有限公司	500	80%
	北京苏稻食品有限公司	500	80%
	菏泽稻香村食品有限公司	100	100%
	金乡稻香村食品有限公司	500	80%
	河南稻香村食品有限公司	128	53.13%
	张家港福临门大家庭食品有限公司	3500	78.86%
集团成员（参股公司以及其他成员）	稻香村科技有限公司		
	沈阳稻香村食品有限公司		
	苏州苏稻食品有限公司		

资料来源：母公司稻香村食品有限公司《企业集团设立登记申请书》，2015年10月26日，苏州稻香村食品有限公司档案室藏。按：苏州稻香村食品厂有限公司11月10日被核准变更为苏州稻香村食品有限公司。

2016年，稻香村食品有限公司执行董事周广军出任稻香村食品集团总裁。[1] 2017年3月6日，稻香村食品集团有限公司被核准变更为稻香村食品集团股份有限公司。[2] 周广军以"厚道做人，地道做事，成人达己，追求卓越"为企业理念，秉信"小胜靠智，大胜靠德""实业兴邦，需要一个强大的品牌"。他认为在稻香村二百多年的发展过程中，有一个重要的关键词就是"尊重"。第一尊重食材，这是对自然的敬畏，对食物应时应季、原产原味的尊重。第二尊重传承，源自对制作技艺的传承及对工匠精神的敬畏之心。第三尊重消费者，不拘泥于过往，适应消费者消费渠道及消费行为的变化。第四要做受人尊重的品牌，靠优质产品和服务赢得消费者的尊重，并把这份尊重传承下去。稻香村坚持做到前三个尊重，其目的就是换来第四个尊重，真正成为"受人尊重的中华老字号企业"。[3] 他说："中华老字号是中国民族企业的代表，传承着中华民族的文化与历史，也承载着行业的责任与担当，如何在新时代下发展老字号企业？就要用新的技术、新的经营模式来适应企业的发展、时代的发展，用现在的话来讲就是创新驱动……我们要传承创新，符合时代的需求，适应当代人消费模式与消费行为的变化。这份老字号企业的变与不变，正是对稻香村创新发展的核心竞争力最好的诠释。"[4] 他以与时俱进的现代企业创新经营理念与弘扬老字号的责任担当，加速推动稻香村集团化发展战略，成绩突出，成效显著（表7-10、表7-11、表7-12、表7-13）。

表7-10 2019年稻香村食品集团主要成员

序号	公司名称	地址	占地面积/亩	建筑面积/万平方米	固定资产投入/亿元	注册资本/万元	备注
1	稻香村食品集团有限公司	江苏省苏州市苏州工业园区唯亭唯文路19号				10000	2009年成立。
2	苏州稻香村食品有限公司	江苏省苏州市苏州工业园区唯亭唯文路19号	21	2.6	1.5	3100	清乾隆间始创中华老字号。

---

[1] 周广军（1962— ），山东菏泽人。中共党员。1983年毕业于无锡轻工业学院食品工程系（今江南大学食品学院），工学学士学位。曾任山东济宁糖果食品厂副厂长、中国焙烤食品糖制品工业协会常务副理事长兼秘书长等职。2010年获得清华大学工商管理硕士学位。2014年任稻香村食品有限公司执行董事。
[2] 江苏省工商行政管理局：《公司准予变更登记通知书》，公司变更［2017］第03010011号，2017年3月6日，苏州稻香村食品有限公司档案室藏。
[3] 新华财经上海5月9日电（记者赵鼎）：《周广军：200多年来稻香村的关键词就是"尊重"》，2019-05-10，来源：新华网。5月9日，2019中国品牌建设高峰论坛平行论坛在沪举行，稻香村集团总裁周广军在"平行论坛二：助力中国品牌成长"论坛上发言。
[4] 《齐鲁晚报》2017年10月16日讯。10月13日，周广军在杭州举行的2017第十四届中国中华老字号百年品牌高峰论坛暨中华老字号掌门人大会上发言。

续表

序号	公司名称	地址	占地面积/亩	建筑面积/万平方米	固定资产投入/亿元	注册资本/万元	备注
3	苏州苏稻食品有限公司	江苏省苏州市苏州工业园区唯亭唯文路19号				10	2008年成立。
4	稻香村科技有限公司	江苏省苏州市苏州工业园区唯亭唯文路19号				5000	2015年成立。
5	张家港福吉佳食品股份有限公司	江苏省张家港市金港镇长山村1幢	38.25	1.1	2	3800	2002年成立。2016年由原福临门公司改设。
6	北京苏稻食品工业有限公司	北京市通州区潞城镇武兴北路4号	90.6	6.5	4	5000	2012年成立。
7	北京苏稻食品有限公司	北京市通州区潞城镇武兴北路4号				500	2008年成立。
8	北京稻香私房食品有限公司	北京市通州区潞城镇武兴北路4号				10	2015年成立。
9	北京新亚趣香食品有限公司	北京市海淀区北蜂窝路2号中盛大厦1305A				50	2002年成立。
10	沈阳稻香村食品工业有限公司	辽宁省沈阳市经济技术开发区洪湖一街26号	22.5	2.2	1	2660	2016年成立。
11	沈阳稻香村食品有限公司	辽宁省沈阳市经济技术开发区洪湖一街26号				20	2013年成立。
12	山东稻香村食品工业有限公司	山东省菏泽市定陶区开发区广州路南端西侧	296	14.7	8	5000	2014年成立,占地面积包括55.4亩住宅用地。
13	菏泽稻香村食品有限公司	山东省菏泽市定陶区冉堌镇工业园	99	4.6	3	100	2010年成立。
14	稻香村食品集团(金乡)有限公司	山东省济宁市金乡县食品工业园区崇文大道西段12号				5000	2017年成立。
15	金乡稻香村食品有限公司	山东省济宁市金乡县食品工业园区崇文大道西段12号	396	20	3	500	2011年成立。

续表

序号	公司名称	地址	占地面积/亩	建筑面积/万平方米	固定资产投入/亿元	注册资本/万元	备注
16	稻香五号码头（金乡）食品有限公司	山东省济宁市金乡县食品工业园区崇文大道西段12号				500	2019年成立。
17	成都稻香村风味食品有限公司	四川省成都市中国（四川）自由贸易试验区成都高新区天府大道北段1700号	13	3.4	1	1385	2018年成立。
18	稻香村食品集团（香河）有限公司	河北省廊坊市香河县香河环保产业园区内永泰路西侧	200	28	12	1000	2017年成立。
19	稻香村食品（天津）有限公司	天津市武清区河西务镇二经路西侧10号	75	6	4	3130	2017年成立。
20	河南稻香村食品有限公司	河南自贸试验区郑州片区（郑东）金水东路49号绿地原盛国际1号楼C座15层01号				128	2009年成立。
	合计		1251.35	89.1	39.5	46893	

资料来源：《稻香村集团生产加工型公司基本信息》《稻香村集团各分公司概况汇总表》，稻香村食品集团有限公司总裁办公室提供。此外，投资菏泽市定陶区汽车小镇项目，占地面积103亩。

表7-11 稻香村食品集团股份有限公司控股情况

序号	公司名称	持股比例	类型	序号	公司名称	持股比例	类型
1	苏州稻香村食品有限公司	4.68%	生产型	9	稻香村食品集团（金乡）有限公司	70%	生产型
2	苏州苏稻食品有限公司	55%		10	金乡稻香村食品有限公司	80%	生产型
3	稻香村科技有限公司	50%	销售型	11	稻香五号码头（金乡）食品有限公司	35%	生产型
4	北京苏稻食品工业有限公司	98%	生产型	12	成都稻香村风味食品有限公司	64.98%	生产型
5	沈阳稻香村食品工业有限公司	46.99%	生产型	13	稻香村食品集团（香河）有限公司	100%	生产型

续表

序号	公司名称	持股比例	类型	序号	公司名称	持股比例	类型
6	沈阳稻香村食品有限公司	50%		14	稻香村食品（天津）有限公司	100%	生产型
7	山东稻香村食品工业有限公司	94%	生产型	15	河南稻香村食品有限公司	53.12%	销售型
8	菏泽稻香村食品有限公司	100%	生产型				

资料来源：《稻香村集团控股公司注册信息》《稻香村集团控股情况》，稻香村食品集团股份有限公司总裁办公室提供。

表7-12　2009—2020年度稻香村食品集团人力资源年报汇总表

类别		年末总人数											
		2009年	2010年	2011年	2012年	2013年	2014年	2015年	2016年	2017年	2018年	2019年	2020年
学历结构	高中（中专）及以下	305	298	319	397	430	455	379	414	876	1316	1863	2528
	大专	39	54	37	35	51	73	52	65	185	280	311	373
	本科	8	22	27	27	18	25	27	30	96	130	136	182
	硕士及以上	0	0	0	0	0	0	0	0	9	13	18	20
	小计	352	374	383	459	499	553	458	509	1166	1739	2328	3103
年龄结构	30岁及以下	150	141	136	214	215	254	226	231	452	596	650	763
	31—45岁	155	178	172	186	211	228	138	147	447	834	1200	1559
	46—60岁	52	55	75	59	73	71	94	111	267	309	478	781
	小计	357	374	383	459	499	553	458	509	1166	1739	2328	3103
劳动关系结构	全日制	243	220	275	300	295	331	201	299	862	1362	1922	2385
	非全日制	114	154	108	159	204	222	257	210	304	377	406	718
	小计	357	374	383	459	499	553	458	509	1166	1739	2328	3103
工人（含物流、车间、仓储、电商车间工人）		247	240	252	308	327	368	306	339	878	1138	1649	2269
研发（技艺传承、设计、产品部）		8	10	11	11	13	15	9	8	16	33	35	38
质量（含采购、品控、设备部）		10	16	16	17	20	22	9	10	33	67	92	108
销售（不含电商）		0	0	0	0	0	0	0	0	69	142	172	208
电商（不含工人）		5	7	8	11	14	16	14	17	20	66	73	101
职能（含总裁办、财务、人力、行政、工程部）		87	101	96	112	125	132	120	135	150	291	324	379
	小计	357	374	383	459	499	553	458	509	1166	1739	2345	3103

资料来源：稻香村食品集团股份有限公司总裁办公室提供。

表 7-13 2009—2020 年度苏州稻香村食品有限公司人力资源年报汇总表

类别		年末总人数										
		2009年	2010年	2011年	2012年	2013年	2014年	2015年	2016年	2017年	2018年	2019年	2020年
学历结构	高中(中专)及以下	140	140	140	141	166	168	58	58	56	116	113	104
	大专	19	19	19	20	26	32	20	20	15	21	24	14
	本科	6	16	16	16	8	12	9	9	5	10	12	12
	硕士及以上	0	0	0	0	0	0	0	0	0	0	0	0
	小计	170	175	175	177	200	212	87	87	76	147	149	128
年龄结构	30岁及以下	40	40	41	39	40	46	25	25	22	40	38	28
	31—45岁	90	100	100	101	114	130	46	46	40	80	81	73
	46—60岁	40	35	34	37	46	36	16	16	14	27	30	27
	小计	170	175	175	177	200	212	87	87	76	147	149	128
劳动关系结构	全日制	170	175	175	177	200	212	87	87	76	147	149	128
	非全日制	0	0	0	0	0	0	0	0	0	0	0	0
	小计	170	175	175	177	200	212	87	87	76	147	149	128
工人(含物流、车间、仓储、电商车间工人)		119	119	119	121	138	144	63	63	54	107	108	87
研发(技艺传承、设计、产品部)		8	8	8	8	9	10	3	3	4	8	8	6
质量(含采购、品控、设备部)		10	15	15	15	16	18	6	6	6	11	11	11
销售(不含电商)		0	0	0	0	0	0	0	0	0	0	0	0
电商(不含工人)		0	0	0	0	0	0	0	0	0	0	0	0
职能(含总裁办、财务、人力、行政、工程部)		33	33	33	33	37	40	15	15	12	21	11	24
小计		170	175	175	177	200	212	87	87	76	147	149	128

资料来源：稻香村食品集团股份有限公司总裁办公室提供。

稻香村集团化发展战略，由周广军着力推动，发端于 2009 年 9 月稻香村食品有限公司成立。2014 年周广军任稻香村食品有限公司执行董事后，加快全国布局。截至 2020 年，稻香村集团旗下在江苏、北京、山东、辽宁、河北、天津、四川已有 20 家公司，员工达 3103 人，固定资产投资 39.5 亿元，注册资本 4.6893 亿元（包含计划内投资），占地面积 1354.35 亩（含汽车小镇项目 103 亩），建筑面积约 90 万平方米。建有 10 个现代化生产加工中心，共有 120 余条国际领先的自动化生产线，并先后通过 GMP、HACCP、ISO 9001 等多项认证，以完善的质量标准与保障体系、科学管理体系，确保生产的专业化、标准化。稻香村集团的规模、产能、技术、产品、营销等方面创新能力位居行业前列，已发展成为闻名中外的大型现代化食品企业集团，积极发挥行业龙头企业表率作用，成为中华老字号创新发展的典范之一。[1]先后荣获金箸奖2017年度[2]、2018年度[3]、2019年度"中国食品标杆企业"称号[4],"2018—2019食品安全诚信示范单位"称号和管理创新优秀案例奖[5],"国际艾奇奖·中华老字号十大创新企业"[6],"2019—2020食品安全诚信单位、社会责任企业"等称号。稻香村食品集团股份有限公司还被中国轻工业联合会授予2020年度"中国轻工业二百强企业"(第104位)、"中国轻工业科技百强企业"(第99位)及"中国轻工业食品行业五十强企业"(第31位)称号,企业综合实力及其创新发展进一步获得行业认定。[7]

稻香村食品集团荣誉证书

---

[1]《苏州稻香村荣获2019年度最受喜爱食品品牌》,2020-01-02,来源:消费日报网。

[2]《稻香村集团荣获金箸奖"2017年度中国食品标杆企业"》,2017-12-01,来源:稻香村官网。在相关部委指导下,由新华网主办的2017中国食品发展大会11月30日在北京举行,以"新时代、新消费、新零售"为主题。从2014年开始每年评授的金箸奖有中国食品行业"奥斯卡"荣誉之称。

[3]《稻香村获"金箸奖"2018年度食品标杆企业》,2018-11-22,来源:中国新闻网。2018中国食品发展大会暨"寻找中国味道"行动计划启动仪式在北京举行,以"品牌引领变革、创新重塑价值"为主题,旨在推动食品企业变革与创新,探索食品业发展新趋势,共同推进行业的创新与转型升级。稻香村集团总裁周广军荣获金箸奖2018年度食品领军人物奖。

[4]《稻香村集团荣获"金箸奖"2019年度食品标杆企业》,2019-12-01,来源:新华网。以"新消费、新势力、新动能"为主题的2019中国企业家博鳌论坛平行论坛——中国食品发展大会12月1—2日在海南博鳌举行。

[5]《第十七届中国食品安全年会举办:稻香村集团获两项大奖》,2019-11-22,来源:消费日报网。11月12日—17日,由国家市场监督管理总局、海关总署、国家林业和草原局、四川省人民政府和中国食品工业协会主办,教育部、工业和信息化部、公安部、生态环境部、农业农村部和国家卫生健康委员会支持的第十七届中国食品安全年会在四川眉山举行。

[6]《稻香村集团荣获"国际艾奇奖·老字号十大创新企业"》,2019-12-24,来源:新华网。国际艾奇奖为国际数字商业创新奖(ECI Awards)的简称,2014年始创于美国,是全球数字商业领域第一个以"创新应用"为评估标准的奖项。

[7]中国轻工业联合会:《中国轻工业二百强企业评价结果公告(2020年度)》《中国轻工业科技百强企业评价结果公告(2020年度)》《中国轻工业食品行业五十强企业评价结果公告(2020年度)》,中轻联信统[2021]199、200、201号文件,2021-07-20,来源:中国轻工业信息网。参阅《稻香村集团荣获"中国轻工业科技百强企业"等三项大奖》,2021-07-20,来源:消费日报网。此次评价工作由中国轻工业联合会按统一标准体系进行,涉及2020年度企业营业收入、研发投入、税收、科技奖项、专利数量等多项指标,确保结果严谨、公正、科学。

稻香村集团致力于建设成为科技型企业，以传统与现代相结合的新技术、新产品的研发与创新作为打造核心竞争力的基础。2015年集团在研发上即投入2000多万元，并保持每年近20%的速度增长。研发团队中75%为食品专业本科以上学历，在苏州、北京、山东设有3个技术研发中心。继苏州稻香村2006年与中国发酵科学研究院、国家食品质量监督检验中心共同成立中国首家糕点食品技术研发中心后，与江南大学等高校合作共建，成立福临门联合烘焙研究所、苏州工业园区稻香村博士后孵化站等产学研合作平台，紧跟国际最新食品科技，重点致力于焙烤冷冻面团发酵过程优化关键技术和系列新产品、新技术研究与开发，以"中国传统食品工业化加工及关键技术"为主题突破口进行集成创新，例如旗下江苏张家港福临门大家庭食品有限公司与江南大学合作进行的"冷冻面团发酵过程优化及抗冻配料应用关键技术研究"，2008年获中国食品科学技术学会科技创新奖——科学技术进步一等奖，

蛋挞生产线

"抗冻生物发酵剂与起酥剂研究与应用关键技术"2010年获中国粮油学会科学技术奖一等奖。稻香村集团子公司山东稻香村食品工业有限公司被列为2020年度农业产业化国家重点龙头企业，与中国食品工业研究院有限公司等单位合作的"焙烤食品加工过程中典型生物危害消减控制技术应用与示范"项目，荣获中国轻工业联合会科学技术进步奖二等奖。[1]

糕点生产线   **月饼生产线**

根据产品的多样化及市场的需求，稻香村集团一贯注重技术的改进和设备的更新换代，根据机械化、自动化、智能化总体目标，不断引进国内外先进生产设备，体现了安全性、合理性及可实现性。如北京苏稻食品工业有限公司引进的国

---

[1] 中国轻工业联合会2021年1月29日颁发证书，证书号2020-J-2-20。

内先进生产设备 KL1000 型燃气钢带混合炉，全套设备及辅助设施共投入资金 172.4 万元，主要生产品种为月饼、桃酥、曲奇饼干，日产能达 20 吨，实现了产品从定模成型到烘烤钢带自动排列对接，对产品定型及产品均匀烘烤起到关键的作用。引进国外先进的全自动化生产线设备（Trefa 打发机、DEN BOER 烤炉等），蛋糕面浆均质均匀细腻，产品烘烤色泽稳定均一，产品质量与安全得到完全保障。还引进了自动化理料线撕托机，包含了产品差速排队整理带、产品托自动分发、产品自动落托装置及落托后产品自动排队等，由人工撕托、手工装产品改为全自动理料、撕托、装托、排队入包装机等一系列过程，体现了速度匹配、操作简便、运转平稳等优势。[1]

稻香村集团大力推进专利研发相关业务。截至 2019 年年底，集团获得国内专利授权 85 项，发明专利授权 2 项，实用新型专利授权 72 项，外观设计专利 11 项。其中有关设备的国家专利 50 多项。以上专利投入使用后，在提高效率、优化流程、推动生产等方面发挥了重要作用，取得了良好的经济收益和社会收益。其中，月饼翻转机构、桃酥饼压制滚筒、防尘搅拌机、撒粉装置 4 项技术，极大地改进了企业的生产工序，提高了生产效率。桃酥、蛋卷产品的研制，是在传统制作的基础上，对产品进行改良，更适合工业化生产，并符合消费者的需求。桶装食用油取用辅助装置的研制，减少了生产过程中原材料的浪费，提高了产能，并节约了大量劳动力。其他重点实用新型专利，如有包馅机的出料装置，一拖八自动理料刷蛋排饼机构，糕点制作用刷蛋液装置，自动脱模结构，自动粘墨旋转盖章机构等。[2] 仅一种桃酥（专利证号 ZL20132000538.3）和一种蛋卷（专利证号 ZL20132000583.9）专利授权收入就达 8000 万元。科技赋能有效地促进了企业的技术进步和新产品的开发，北京苏稻食品有限公司被北京市科学技术委员会评定为市高新技术企业，集团实现了跨越式发展。

稻香村集团是全国焙烤制品标准化委员会（SAC/TC488）及全国焙烤制品标准化委员会糕点分技术委员会（SAC/TC488/SC1）委员，参与多项国家标准制定与修订，为促进和提升行业技术水平多所贡献。稻香村集团旗下苏州稻香村食品有限公司被中国品牌建设促进会评为首批"品牌评价国际/国家标准应用示范单位"。

稻香村集团认识到："只有不断革新自我，不断满足市场需求，开发牢牢抓住消费者内心真正需要的产品的商家才是真正意义上的'中华老字号'。"为深度展现老字号对消费时代变革的把控，在产品制作技艺上坚持"工匠精神"，传承传统工艺精粹。2017 年，苏州稻香村成立了非物质文化遗产传承中心，老中青结

---

[1]《苏稻北京公司设备先进性简介》，稻香村食品集团股份有限公司总裁办公室提供。
[2]《稻香村重点专利应用情况说明》，稻香村食品集团股份有限公司总裁办公室提供。

合，在尊重传统工艺的基础上进行技术革新，对产品进行改良升级和机械化生产研发，还恢复了失传的苏式糕点产品数十种。同时，关注到消费者健康、绿色的消费需求，逐年降低糕点成分中的糖度、油度。苏式糕点的精粹之一苏式月饼制作技艺是非物质文化遗产，苏州稻香村早先就研发出了含膳食纤维月饼、含低糖月饼、无蔗糖月饼、含橄榄油月饼、含纯天然水果月饼，当时受到市场追捧。[1]后来相继推出的糖醇类糕点和黑金酥、黑金月饼等低糖低脂产品也受到消费者喜爱。2020年黑松露流心奶黄月饼被中国焙烤食品糖制品工业协会评为"中国特色月饼"。

随着集团化进程的加快，稻香村集团不断融汇各地糕点帮式的特色，加大创新开发力度。一方面，在口感改良、工艺改进、包装设计等方面创新产品，不断适应消费趋势的变化。例如：引进了辅酶的改良使桃酥口感更酥松，入口即化无残渣感；将鲜肉月饼保质期提升至4天；成功突破云片糕等大量传统糕点产品的机械化生产难题；采用新原料、新工艺，创新产品口味，如黑松露、炭烧咖啡、金骏眉红茶、冰片月饼等。另一方面，不断丰富产品线，扩充品类，布局休闲食品、干果炒货等，满足消费者的多元需求。稻香村集团产品包括中西糕点、休闲食品、节日食品、面包主食、坚果炒货、熟食与速冻食品六大系列1000多个品种，每年新品迭出。为了满足不同区域消费者的需求，苏州、张家港、沈阳、山东、成都、北京各公司都有结合当地特色口味的产品。如苏州园林饼、六代把作系列、蟹黄叶子酥等苏帮特色产品；依托菏泽牡丹、定陶玫瑰、陈集山药等特色农产品开发出牡丹酥、玫瑰饼、山药饼等山东特色产品；将苏式技艺与北京糕点相结合的京八件、萨其马等北京特色产品；以东北风味水饺主打的东北特色产品；辣食、青稞饼、芝麻瓦片等西南特色产品。此外，发挥现做现销传统，如苏州观前街稻香村店即有原味桃酥、碧螺春茶酥、黑金酥、蛋黄酥、蟹黄叶子酥、红枣糕、状元饼、百果饼、松子细饼、枣泥麻饼等现烤裸卖产品40余种。[2]近年来稻香村集团还接连与Hello Kitty、功夫熊猫、国家博物馆、王者荣耀、元气森林等国内外知名品牌IP推出跨界产品。

在包装上富于传统与现代相结合的创意。早在2007年春节前，苏州稻香村首次涉足年礼市场，推出苏式年味传情礼盒产品。这是在全国推出的第一款稻香村品牌"新传统、新文化"系列产品，使用了苏式传统提盒的包装造型，八角玲珑的外观，喜庆的中国红，配以苏州桃花坞年画主题画面，既有深厚的江南吴地历

---

[1] 慕夏：《稻香村：做苏式月饼的研发中心》，《城市商报》2007年8月24日第6版。
[2] 参阅《稻香村产品介绍》《稻香村月饼宣讲手册》《2019稻香村各公司产品分类及安全培训手册》《稻香村集团2020休闲产品展示》《（成都）稻香村2020中秋产品折页》《稻香村集团（张家港）福吉佳2020中秋糕饼伴手礼手册》《稻香村2021贺年产品价格单（坚果系列）》《稻香村礼盒装产品明细》《苏州观前街店现烤产品明细表》等资料，稻香村食品集团股份有限公司总裁办公室品牌部提供。

史文化的传承元素，又具有浓郁的中国年喜庆祥和团圆的味道。在产品的三层提盒内装有苏州稻香村精选的年糕鲤鱼、沙核桃、白瓜子、西瓜子、奶油话梅、丁果糖、芝麻片、酥糖、麻饼、松仁粽子糖等传统苏式年味小吃，为了更符合现代消费趋向，还对这些产品从口味到外观都进行了现代改良优化，受到了市民的普遍欢迎。[1] 如今更是纷繁多样，稻香村集团旗下八大工厂月饼生产，已有100余款月饼礼盒。还与王者荣耀、剑网3、康师傅、乐乐茶等品牌推出联名月饼礼盒，以及稻香村和王者荣耀联名款"荣耀稻香"糕点礼盒，与国家博物馆合作推出书画珍品系列糕点礼盒。稻香村和剑网3推出的"梦回稻香"月饼礼盒，借鉴了敦煌壁画的赋彩规律，用现代插画的形式绘制，同时用交互设计传达物理美学，打造复古的西洋镜盒体。礼盒内壁所绘欢快灵动的阿甘抛兔，在阴晴圆缺的秋月下，在色彩的交光互影中，变得栩栩如生，更添生动趣味。

对"三个尊重"品牌内核的坚持，对自身品牌价值的尊重与考量，不拘泥于"老品牌"历史，对市场进行研究与准确评估，成为苏州稻香村能够突出重围快速发展的关键。稻香村集团2016年积极参与发起中华老字号振兴计划系列活动，2017年又参与民族品牌传播工程，致力于弘扬民族文化、振兴民族品牌，集团总裁周广军荣获中华老字号杰出贡献奖。[2] 他认为："稻香村作为一个民族品牌，至今已有两百多年的历史。在未来的发展和传承方面，主要体现在品牌创新上。老品牌要'洋为中用'、'古为今用'，创新发展，从而适应人的对现代生活的需求。""稻香村要提升品牌的现代化程度、现代化感知。让消费者不仅看到一个有悠久历史的品牌，而且让消费者觉得稻香村是一个跟上潮流、值得信赖、适应时代发展的时尚品牌。"[3] 稻香村集团拥有的主要注册商标除稻香村及苏州稻香村老牌的禾字、虎丘、双塔商标外，还有稻香村集团、稻香村工坊、稻香、稻香私房、稻香金典、东方、福乐、维堡等数十个。集团糕点食品类商标统一使用中国驰名商标——"稻香村"商标。据中国品牌建设促进会发布的中国品牌价值评价信息，"稻香村食品集团股份有限公司"2016品牌价值112.34亿元，在中华老字

---

[1] 叶子：《"稻香村"年礼年味浓》，《苏州日报》2007年1月19日C4版。
[2] 《齐鲁晚报》2017年10月16日讯。10月13日，2017第十四届中国中华老字号百年品牌高峰论坛暨中华老字号掌门人大会在杭州举行。本届组委会评出第六届中华老字号杰出贡献奖6名。
[3] 《稻香村集团参与新华社"民族品牌传播工程"》，2017-06-24，来源：新华网。周广军与五粮液集团董事长李曙光、格力电器集团董事长董明珠、中国光大银行行长张金良、恒大集团副总裁史俊平等中国领先企业的代表一起出席了启动仪式。

号组名列第 7 位[1]，2018 品牌价值 112.80 亿元，名列第 6 位[2]，2019 品牌价值 133.09 亿元，名列第 5 位[3]，成为新华社"民族品牌工程·中华老字号振兴行动"入选企业[4]。2020 品牌价值 136.55 亿元，名次不变。[5]这代表了更高的品牌喜好度、市场占有率指数，体现了源自苏州的稻香村愈益增强的品牌优势和影响力。稻香村集团砥砺前行，还连续荣获"2019 年度中国品牌案例奖"[6]，2019 全球新消费势力榜"2019 年度最受喜爱食品品牌"[7]，"2019 品牌强国·年度影响力企业"等荣誉，集团总裁周广军荣获"2019 建国七十周年品牌影响力人物"称号。[8]

稻香村集团产品卓越的品质与信誉，形成了强大的市场竞争力，市场占有率、销售额、美誉度在行业名列前茅，得益于品牌效应和成熟的连锁加盟+直营模式。稻香村集团专卖店采用统一设计风格，店面的选址、筹备、营销、运营等各环节均有成熟规范的标准及流程。2016 年有 500 余家专卖店，2020 年拥有近 800 家专卖专营店、10 万个网点。营销网络已经基本覆盖全国，包括偏远的新疆、西藏等地。2016 年市场销售额 25 亿元，连续三年销售增长持续保持在 30% 以上。

作为中华老字号中较早"触网"的企业之一，稻香村集团为全面实现企业的"数智"化转型，借助"钉钉"构建新型的企业组织架构，数字化办公管理更加高效，智能供应链管理更加精细，智慧化

稻香村电商车间

---

[1]《2016 年中国品牌价值评价信息发布——老字号品牌》，2018-01-12，来源：中国国家品牌网。中国品牌建设促进会联合中国资产评估协会等相关单位主办的 2016 中国品牌价值评价工作，首次对众多中华老字号的品牌价值进行专项评估并发布。

[2]《2018 中国品牌价值评价信息发布名单——中华老字号（共 24 家）》，2018-05-15，来源：中国品牌建设促进会官网。

[3]《2019 中国品牌价值评价信息发布名单——中华老字号（共 26 家）》，2019-05-09，来源：中国国家品牌网。

[4]《12 家老字号企业入选"新华社民族品牌工程·中华老字号振兴行动"》，2019-05-09，来源：中证网、新华社客户端。稻香村集团总裁周广军与其他老字号企业"掌门"共同宣读了《中华老字号振兴宣言》。

[5]《稻香村品牌价值 136.55 亿 老字号品牌焕发新活力》，2020-05-11，来源：中国新闻网。中新网 5 月 11 日电：5 月 10 日是第四个"中国品牌日"。

[6]《稻香村集团荣获"2019 年度中国品牌案例奖"》，2019-12-27，来源：新华网。人民日报社主办，中国品牌论坛颁发。

[7]《苏州稻香村荣获 2019 年度最受喜爱食品品牌》，2020-01-02，来源：消费日报网。

[8]《周广军荣获"2019 建国七十周年品牌影响力人物"》，2020-01-08，来源：鲁网。《稻香村集团荣膺"2019 品牌强国·年度影响力企业"》，2020-01-08，来源：河北新闻网。

门店管理更加快捷，加快实现移动互联与新零售转型。[1]2009年集团即成立了电子商务部，逐步开启"稻香村+互联网"的新型模式。近年来，积极布局新零售，通过大数据、升级改造门店、线上线下协同发展，成绩骄人，如稻香村集团2016年中秋季月饼全国销售总量突破1亿块，而自营平台销售额即达到2亿多元。2016年度电商渠道销售额突破6亿元大关，在阿里研究院依托阿里巴巴集团海量数据发布的"中华老字号电商百强排行榜"上排名第11位，在食品类中勇夺电商销量第1名。稻香村集团赋能企业数字化运营，通过电商直播、品牌联动、跨界合作等方式开展了一系列丰富多彩的营销活动，在文化创意营销方面不断进行新的尝试。如老字号品牌联合出品相互赋能传播、品牌IP产品赋能推广等，都收到了很好的效果。[2]通过跨界IP合作个性化定制，借用公众号、热门影视剧、支付宝等大流量平台，借助"两微一端"即微博、微信及新闻客户端的自媒体运营，抖音等短视频平台内容创新，以及AR技术创新营销等多场景，与年轻消费者大力互动沟通，获得了"超级国潮品牌"等荣誉。稻香村作为较早开展直播带货的品牌，从2019年开始尝试与著名"网红"合作，并筹建直播团队，开发微信小程序商城，尝试社群营销。电商渠道的销售占比逐年提高，2019年集团网上销售12亿元，占比近30%，电商渠道增速30%以上，为行业所鲜见，在天猫、京东等主流电商平台月饼类目、糕点类目销量第一，也是食品餐饮类中华老字号电商销量第一名。[3]据艾媒咨询发布《2020年中国月饼市场与消费者行为研究报告》，"稻香村月饼"的线上线下份额及网络口碑和热度均占据市场首位。线上销量数据、客户画像和产品服务反馈的大数据，及时有力地促进了产品开发、服务及供应链水平的提升。

"稻香村"既是民族的，也是世界的，稻香村集团为民族品牌走向世界发挥着积极的作用。首先对海外市场的消费、渠道等方面认真调研，弄清楚当地的技术法规，企业自身的技术法规和产品结构如何适应和匹配当地实情，做好海外渠道的建设，并及早做知识产权保护。2006年苏州稻香村开始在海外进行市场调研，先后在60多个国家和地区进行了商标注册，为向海外发展奠定了坚实的知识产权基础。2013年正式成立海外事业部，响应国家"一带一路"和"中国企业走出去"的倡议，将进军海外定位为重要的集团战略之一，着力实施"稻香村出海"战略，积极拓展海外市场。2015年，稻香村集团将传统口味的中式糕点推向了加

---

[1]《苏州稻香村数字化转型案例被钉钉官方图书收录》，2021-01-22，来源：中国网。钉钉官方首本图书为《在线组织》。

[2]《稻香村集团周广军：扩大华南市场布局 拓展东南亚市场》，2019-12-04，来源：搜狐网。12月3日，中华老字号企业广西合作发展大会在广西桂林市开幕，稻香村集团总裁周广军在大会作为中华老字号企业代表发表演讲。

[3]《苏州稻香村荣获2019年度最受喜爱食品品牌》，2020-01-02，来源：消费日报网。

拿大。2016年，与德国马克布朗股份两合公司签订了中德企业互惠战略合作协议，进军德国市场。[1] 2017年参加哈萨克斯坦阿斯塔纳世博会大获好评。集团因在海外的蓬勃发展荣获人民日报社颁布的"2018一带一路建设案例"奖[2]。得益于多年国内电商的发展经验，稻香村集团在境外通过开拓跨境电商、跨境门店、跨境商超等线上线下的渠道，延展消费市场，加快建构全面

总裁周广军向联合国前秘书长
潘基文先生介绍稻香村集团

贯通的销售格局，不断在海外市场取得新的突破，产品已经出口到德国、法国、荷兰、奥地利、比利时、美国、加拿大、新西兰、澳大利亚等40多个国家和地区，并在加拿大温哥华开设了首家稻香村专卖店。

苏州稻香村于早期海外调研时就根据当地的地方性法规调整产品配方，比如日本JAS（有机农业标准）、欧盟IFS（国际食品标准）等，在不失中国味道的前提下免除了潜在的法务问题。稻香村用"尊重"链接"一带一路"市场，以当地消费者为导向做精细化的创新与运营，在尊重当地居民文化和生活习俗的基础上，进行产品的改良创新，努力实现产品的本土化，走进当地消费者心中。例如出口澳大利亚的玫瑰鲜花饼，因为当地居民尤其青睐果酱甜蜜丝滑的口感，所以苏州稻香村别出心裁地以松软多层的黄油饼皮搭配甜糯的玫瑰鲜花馅料，产品一经推出就成为了当地爆款。2019年4月，苏州稻香村开始接受来自海外的月饼订单，将月饼这一饱含中国历史文化内涵与特征的产品打入国外市场。同年集团实现粽子品类的出口，成为中国仅有的几家正规出口粽子的食品企业之一，并实现了对澳大利亚冻品汤圆的出口，下一步的目标则是丰富冻品品类，并将冻品进行全球化的出口。

"稻香村出海"，不仅唤起了海外华侨华人对于中国味道的惦念，更给世界人民带来了中国传统美食的本真体验，使他们通过中国的品牌和产品，逐渐了解中国及中国文化，带动了中外文化的交流。在中央"深化供给侧结构性改革，充分

---

[1]《稻香村集团响应国家"一带一路"战略进军德国市场》，2016-11-25，来源：中国网。
[2]《从江南走向世界，苏州稻香村飘香"一带一路"》，2019-04-30，来源：中国周刊网。第二届"一带一路"国际合作高峰论坛4月27日在北京闭幕。参阅《对话稻香村总裁周广军：借"一带一路"把中国传统美食带往海外》，2018-10-31，来源：经济网。2018"一带一路"媒体合作论坛分论坛——2018"一带一路"区域合作论坛10月30日下午在海南博鳌举行，周广军做了题为《走向世界的稻香村》的主旨演讲。

发挥我国超大规模市场优势和内需潜力，构建国内国际双循环相互促进的新发展格局"的方针指引下，稻香村集团仍"将用创新的理念与网络大数据及食品工业科技前沿成果对海外市场进行细分，充分合理分析海外市场需求，将中式糕点更多地推出国门，成为世界流行的糕点美食；让源于苏州的稻香村糕点飘香世界；让中华糕点美食文化成为传播中国传统文化的使者，把幸福与甜蜜撒播到世界每个角落"[1]！

稻香村集团博施济众，不忘初心，积极投身于公益慈善事业，坚守社会责任与担当。如参与山东地区扶贫活动并对当地教师进行爱心捐赠，参与中国儿童少年基金会主办的春蕾午餐计划为贫困学生捐赠爱心午餐，参与支持新四军和开国将军后代合唱团的红色文化宣传演出，慰问邢台灾区，援助抗击新冠肺炎疫情，等等。2016年稻香村集团全年总捐赠即达1000多万元，迄今捐赠善款及物资累计3000多万元，先后荣获"2017中国优秀责任品牌企业"[2]、"2018中国优秀企业公民"[3]、"2020中国企业公民520责任品牌60强"[4]等称号。

在奋力开拓和快速发展的过程中，稻香村集团也遇到了不少困扰和瓶颈，大量的"傍名牌"现象，高额的人工成本，注册商标的纠纷，商业环境的不太成熟，市场还存在各种各样的困难和障碍，等等，集团总裁周广军对此全不避讳，坦然面对："因为社会在不断前进，各种传统会被不断颠覆，我们就好像在大海里航行的船，要学会顺势而为，而不是奢望什么岁月静好。"苏州观前街许多曾经辉煌的老字号，如茶食糖果业观前四大户之一的"广州"，与布店王源兴、化妆品店月中桂、面馆观振兴、火腿店生春阳、皮件店戎镒昌一样，由于难以走出传统的发展模式，切实转变经营机制，在激烈的市场竞争中落败、沉沦，早已不见了踪影。[5]同样作为茶食糖果业观前四大户之一的中华老字号，"稻香村不仅仅是继承，更有不断地自我蜕变，也正因为勇于舍弃旧的不合时宜，才能保持百年不坠的品牌价值"[6]。稻香村传承至今形成的企业文化独具一格，融汇于以苏州为中心的吴文化、江南文化之中，历经漫长的历史变迁和风风雨雨，依旧能够立足、传代、转型，焕发出活力，堪称观前工商企业发展史上的一部传奇。稻香村改制、重组、联营及其集团化的发展历程说明，这种老字号与市场经济和大规模生产相适应的企业所有制形式，是具有中国老字号特色又能同国际接轨的现代企业制度

---

[1]《齐鲁晚报》2017年10月16日讯。周广军在2017第十四届中国中华老字号百年品牌高峰论坛暨中华老字号掌门人大会上的发言。
[2]《"2017第二届中国企业责任品牌峰会"在京举行》，2017-06-25，来源：中国新闻网。
[3]《稻香村集团荣获"2018中国优秀企业公民"称号》，2018-11-13，来源：中国新闻网。
[4]《苏州稻香村入围"2020中国企业公民520责任品牌60强"》，2020-6-30，来源：凤凰网。
[5] 记者朱建伟、通讯员周立平：《透视观前老字号》，《姑苏晚报》2004年9月30日第3版。
[6]《稻香村品牌价值136.55亿 老字号品牌焕发新活力》，2020-05-11，来源：中国新闻网。稻香村集团总裁周广军5月10日的远程视频演讲。

之一，是根据现实情况做出的正确选择。

苏州积淀了世界级的自然人文景观，凝聚着深厚的中国文化底蕴。改革开放40多年来的高速发展，又使苏州积累了独特的发展潜力和实力，成功地实施了"东园西区、古城居中、一体两翼"城市新格局的重大战略工程，这些都为稻香村的创新发展提供了有利的条件。加拿大多伦多大学张嘉熙指出："苏州稻香村，已然走在众多老字号的前列，可谓是要故事有故事，要实力有实力。一方面，苏州稻香村积累浓厚的文化底蕴、营销素材和与消费者之间的情感羁绊；另一方面，拥有百年传承工艺的苏州稻香村是很早一批实现工业化、互联网化的老字号企业。再加上，食品行业相较于其他行业没有明显的代沟，苏州稻香村可以说是老字号崛起的天选之子。尽管苏州稻香村已经是老字号企业和糕点行业中的行业标杆，然而，笔者认为，苏州稻香村的发展现状仍与其品牌价值所蕴含的巨大潜力有一定的差距。毫不夸张地说，其完全有潜力成为国际品牌。"[1]他认为，苏州稻香村进一步发展，要在高端化、工业化、服务化三个主要方向组合运用，依靠核心能力扩大到多元经营，创造出自己的标志性产品。老字号的本质是企业，必须以提升商业竞争力为核心，从"代际传承""工艺传承""文化传承"三个角度转变思维，化被动为主动，放眼未来是关键。

中华老字号苏州稻香村招贴画

面向未来，在国家保护传承中华优秀传统文化，促进老字号创新发展的方针、政策指导下，随着国家老字号保护传承和创新发展体系及持续健康发展的政策环境更加完善，稻香村集团要坚持文化价值和经济价值相结合，弘扬社会主义核心价值观，以创新发展更具活力，产品服务更趋多元，传承载体更加丰富，文化特色更显浓郁，品牌强度、价值、信誉和市场竞争力不断增强，人民群众认同感和满意度显著提高为努力方向，结合实际、因企制宜，着力提升总体高质量发展水平。持续深耕国内市场，大力开拓海外市场，加快融入国际国内"双循环"的新发展格局，在技术、产品、经营模式、供应链、营销模式等方面继续不断地加大创新力度，在创新中寻求转型升级，形成并持续完善业界领先的"稻香村标准"，打造"稻香村超级IP"，发挥品牌影响力，走进"1亿家庭"，更好地满足人民美好生活需要，将美好的品牌记忆转化为企业发展的活力和强大的商业竞争力，引

---

[1] 张嘉熙：《对老字号发展的思考——以苏州稻香村为例》，《商情》2020年第23期，第82页。

领行业发展方向。致力打造以优秀的吴文化、江南文化和中华传统文化为基础的苏州"稻香村"名片,为推动中国优秀自主品牌及中式糕点走向全球,自觉肩负起自己的责任和使命!在21世纪中国发展的新时代,唯其创新性,唯其生命力,中华老字号苏州稻香村立足苏州,已然崛起于中国,且必将走向世界。可以预言,它的最终成功,将富于历史性的意义。

第八章 其他地区"稻香村"老字号考录

第一节 华东地区——以上海为重心

华东地区包括今山东省、江苏省、安徽省、上海市、浙江省、江西省、福建省和台湾省,历史上稻香村字号多有。例如,山东济南院西街、经二路(二大马路)稻香村[1],青岛山东路、费县路稻香村[2],烟台儒林街稻香村、新稻香村[3],黄县龙口海阳街稻香村。江西南昌洗马池稻香村,九江西门正街花牌楼稻香村,玉山稻香村,鹰潭西湖稻香村东、西号。福建福州南大街稻香村,等等。这些仿冒的稻香村字号众多且影响较大者,主要在上海以及江苏、浙江和安徽。

一、上海

1927年7月7日,上海特别市成立,从此直辖于中央政府,前此及清代皆属江苏省,为苏州近邻。鸦片战争后上海正式开埠,太平天国战争之后,很快取代了苏州的区域经济中心地位。苏州茶食糖果一向在上海有其市场。清光绪三十二年(1906年),余姚颐安主人曾作竹枝词《姑苏糖果店》:"姑苏糖食各般陈,糕饼多嵌百果仁。蜜饯驰名成十景,天府贡品竞尝新。"[4]苏州本埠以外,上海近水楼台先得月,稻香村字号最先在上海被仿冒,以致有"沪上稻香村如千家"[5]的夸张说法。

---

[1] 济南市政府秘书处编印:《济南市饮食品制造业调查统计报告》(统计资料第19种,1936年10月调查),1937年,第37页。第五区经二路稻香村,经理霍鼎三,1935年开业,独资,资本2000千元,工人2人,月工资50元,成本800元,生产点心6500斤,销售1400元,持平。
[2] 交通部青岛电信局编印:《青岛市电话号簿》,1948年,第124页。
[3] 交通部烟台电信局编印:《交通部烟台电话局电话号簿》,1936年,第56、59页。
[4] 颐安主人:《沪江商业市景词》(清光绪三十二年),转引自顾炳权编著:《上海洋场竹枝词》,上海:上海书店出版社,1996年,第139页。
[5]《稻香村辨》,《采风报》光绪二十四年八月初六日第1版。

鉴于清光绪五年（1879年）六月十八日至七月十七日止，苏州观前稻香村即在上海《申报》连续刊载防止伪冒的《声明》[1]，可知当时稻香村字号被仿冒情况已经突显。《申报》光绪九年（1883年）四月初五日报道上海英租界石路（今福建路）同庆里对过"稻香村茶食店"的活动，或为该报首次报道上海本埠稻香村字号消息。今据《申报》《新闻报》《游戏报》《寓言报》《世界繁华报》等所刊广告和有关报道，将光绪、宣统年间部分上海稻香村字号列表如下（表8-1）。

表8-1　《申报》等刊载光绪、宣统年间部分上海稻香村字号

店名	地址	创办时间	创办人	资料来源
稻香村茶食店	公共租界石路同庆里对过	光绪七年		《游戏报》光绪二十八年正月二十九日"稻香村声明起首"。
稻香村糕饼店	美租界北山西路新桥北堍1号	光绪初年		《申报》光绪二十年十一月十二日。
真稻香村	法租界大马路	光绪初年		《申报》光绪三十三年七月十一日广告。
稻香村协记	英租界四马路第一楼斜对面	光绪十八年	赵兰生与相姓合股，后相姓独资	《申报》光绪十八年十月二十三日。
老稻香村	英租界四马路中市万华楼对门	光绪十八年		《游戏报》光绪二十七年十月十六日广告。
稻香村泰记	老北门外法租界大马路新街口	光绪十九年		《新闻报》光绪十九年七月二十一日广告。
稻香村久记	英租界四马路	光绪二十一年	陈、宓、茅、凌、荣五姓合股	《申报》光绪二十一年六月廿六日报道闭歇。
稻香村	四马路中聚丰园斜对门	光绪二十一年		《新闻报》光绪二十一年五月十七日广告。
稻香村复记	四马路中市海天春番菜馆对门	光绪二十一年		《新闻报》光绪二十一年七月十三日广告。
稻香村泰记	英租界四马路望平街西	光绪二十二年	凌振扬、吴彝卿与苏州人张茂林合资	《申报》1913年12月16日稻香村泰记声明，《政府公报》第591号《附商号注册表》。
老稻香村茶食店	法租界永安街	光绪年间	沈旭初	《申报》光绪二十三年十二月初九日日报道"亏欠潜逃"。
稻香村成记	英租界五马路宝善街	光绪二十四年		《申报》光绪二十四年二月十七日声明接盘味益佳茶食店。

---

[1]《申报》光绪五年六月十八日第6版首次刊载《声明》："启者：苏城观前稻香村开张有年，四远驰名，从无分店。今各处新开字号相同，并非本号分出。望绅商主顾往来各宝号，须辨明真伪，以免有误是幸。此布。稻香村主人告白。"

续表

店名	地址	创办时间	创办人	资料来源
稻香村	法租界永安街	光绪二十四年	郭静渊、陈翰章	《申报》光绪二十四年八月二十日接店声明。
稻香村	英租界五马路宝善街	光绪二十四年	郭静渊、张琢成	《申报》光绪二十四年八月二十日接店声明。
稻香村久记	英租界四马路中市聚丰园东首	光绪二十五年		《申报》光绪二十五年十一月二十四日广告。
稻香村	法租界大马路兴圣街口	光绪二十五年		《新闻报》光绪二十五年七月初六日广告。
稻香村发记	英租界四马路棋盘街（邻近今延安东路）	光绪二十七年		《世界繁华报》《游戏报》光绪二十七年十一月十四日广告。
稻香村茶食店	小东门外法租界洋行街口	光绪年间	赵文卿	《申报》光绪二十八年六月二十六日报道因火灾店主被传讯。《申报》1928年7月8日报道该店仍在。
稻香村仁记	南市大关桥北首	光绪二十九年		《世界繁华》光绪二十九年正月十四日广告。《申报》光绪二十九年十月十二日报道该店失火，生财售与稻香村协记。
稻香村春记	英租界四马路第一楼斜对面	光绪三十一年		《申报》光绪三十一年七月二十九日接盘稻香村协记启事。
浙湖稻香村新记茶食蜜饯号	英租界四马路大新街丹桂茶园斜对过	光绪三十二年		《新闻报》光绪三十二年十一月二十一日广告。
稻香村源记	英租界大马路石路公兴里口	光绪三十三年		《申报》光绪三十三年七月初四日广告。
稻香村乾记	美租界虹口中虹桥下	光绪三十三年		《申报》光绪三十三年七月初十日接盘禄翔云鞋庄声明。
稻香村号	英租界五马路宝善街	光绪三十三年		《申报》光绪三十三年七月二十六日广告。
稻香村新记	新北门内旧教场中市	光绪三十三年		《新闻报》光绪三十三年九月二十一日盘店声明。
稻香村炳记茶食号	南市南码头马路桥北首	光绪年间		《申报》1927年6月21日新楼落成开幕启事。
稻香村声记	虹口旧江桥西首	宣统二年		《新闻报》宣统二年正月二十日广告。

除上述外，据宣统元年（1909 年）商务印书馆出版的《上海指南》[1]及民国出版的《上海商业名录》（1928 年）、《增订上海指南》（1930 年）[2]，将所载稻香村字号列表如下（表 8-2）。

表 8-2 《上海指南》《增订上海指南》《上海商业名录》刊载稻香村字号

店名	地址	创办时间	创办人或经理	资料来源
稻香村	英租界南京路 412 号			宣统《上海指南》
稻香村公记	英租界福州路 196 号			宣统《上海指南》
稻香村锦记	英租界福州路 465 号			宣统《上海指南》
稻香村春记	英租界福州路 495 号	光绪三十一年		宣统《上海指南》
稻香村泰记	英租界福州路 105 号	光绪二十二年	凌振扬等	宣统《上海指南》
稻香村	英租界广东路 548 号			宣统《上海指南》
稻香村	英租界山东路 373 号			宣统《上海指南》
稻香村仁记	英租界福建路 115 号			宣统《上海指南》
稻香村	法租界大马路（金陵东路）116 号	光绪初年		宣统《上海指南》
稻香村	法租界大马路 70 号			宣统《上海指南》
真稻香村	老北门内 116 号			宣统《上海指南》
稻香村	美租界虹口东西华德路 2654 号（元芳路西）	1918 年		《增订上海指南》
稻香村	法租界公馆马路 367—369 号（郑家木桥大街东）		徐佩林	《增订上海指南》
稻香村	大东门内望云路 25—26 号		余兆元	《上海商业名录》
稻香村	重庆路 410—412 号		刘顺昌	《上海商业名录》
稻香村	八仙桥 50—52 号		朱庆庚	《上海商业名录》
稻香村	老北门内实务街 27—28 号		周志高	《上海商业名录》
稻香村生记	法租界公馆马路 355—357 号		何溶秋	《上海商业名录》

[1] 陈明远编著：《百年生活巨变（1840—1949）》，上海：文汇出版社，2010 年，第 71—72 页。宣统《上海指南》所列茶食店价目（铜元和银毫）：蜜糕每斤 120 文，云片糕每斤 136 文，砂仁糕每斤 144 文，状元糕每斤 136 文，炒米糕每斤 160 文，橘红糕每斤 144 文，小麻饼每斤 144 文，饼干每斤 144 文，麻糕每个 7—8 文，月饼每个 7—8 文，大麻饼每个 12 文，杏仁酥每个 10 文，鸡蛋饼每个 10 文或 5 文，酒酿饼每个 5 文，肉饺每只 5 文。糖食店价目：莲心糖每 4 斤洋 1 圆，制橄榄每篓 2 角，橘饼每两 20 文，芝麻糖每两 20 文，糖佛手每两 20 文，酥糖每包 20 文，冬瓜糖每两 15 文，生姜糖每两 15 文，萝葡糖每两 14 文，花生糖每两 14 文，桂圆糖每两 10 文，青梅每个 9 文，制酸每个大者 3 文、小者 2 文，话梅糖每只 2 文。

[2] 林震编纂：《上海商业名录》（第五次增订）之饮食品类"茶食蜜饯"，上海：商务印书馆，1928 年，第 413—414 页。参阅林震：《增订上海指南》之二四"茶食蜜饯"，上海：商务印书馆，1930 年，第 129—130 页，见熊月之主编：《稀见上海史志资料丛书》第 6 册，上海：上海书店出版社，2012 年，第 609—610 页。

续表

店名	地址	创办时间	创办人或经理	资料来源
稻香村永记	法租界恺自迩路 131 号		沈家福	《上海商业名录》
稻香村胜记	东有恒路兆丰路口		赵寿山	《上海商业名录》
稻香村新明记	北山西路 144—145 号		赵明斋	《上海商业名录》
稻香村	闸北库伦路 25、26 号		周益丰	《上海商业名录》
稻香村和记	美租界东有恒路（兆丰路西）		王士瀛	《上海商业名录》《增订上海指南》
老稻香村锦记	英租界福州路 465、466 号（福州路东）			《上海商业名录》《增订上海指南》
真稻香村	法租界公馆马路 167—169 号（吉祥街口）	光绪初年	张湘洲	《上海商业名录》《增订上海指南》
稻香村明记	美租界海宁路 3016、3017 号		娄明德	《上海商业名录》《增订上海指南》
稻香村炳计	南市南码头马路桥北首	光绪年间	万炳文	《上海商业名录》《增订上海指南》
稻香村敬记	英租界福州路 368 号		高敬贤	《上海商业名录》《增订上海指南》
稻香村森记	法租界恺自迩路 50—52 号（八仙桥相近）		朱庆根	《上海商业名录》《增订上海指南》
稻香村翔记	法租界小东门外大街 27—29 号		沈宗明	《上海商业名录》《增订上海指南》
稻香村顺记	新租界重庆路 410—412 号（爱多亚路北）		刘顺昌	《上海商业名录》《增订上海指南》
稻香村庆记	西门内虹桥大街 114、115 号（西唐家弄南）		余兆元	《上海商业名录》《增订上海指南》

此外，入民国后，据《申报》上所载茶食业同业公会经募上海筹募各省水灾急赈会经收赈款报告和广告等资料，尚有稻香村义记（金神父路）、稻香村福记、稻香村馨记（河南路、天津路）、稻香村馨记支店（金神父路、辣斐德路）、稻香村生记、稻香村芝记（海宁路）、稻香村昂记、稻香村金记（东新桥）等。[1] 据《新闻报》广告统计，还有稻香村荣记（高昌庙）、稻香村合记、稻香村垄记（董家渡 2 号）、稻香村仁记（白尔路）、稻香村夏记、稻香村均记（东嘉兴路）、稻香村云记、稻香村（重庆路）、稻香村胜记、稻香村泉记、稻香村公记（带钩桥

---

[1]《申报》1931 年 9 月 5 日第 6 版《上海筹募各省水灾急赈会经收赈款第四次报告》；《申报》1934 年 4 月 15 日第 26 版《冠生园本埠经售各店牌号》；《申报》1939 年 4 月 19 日第 9 版《冠生园本埠经售中区各客户牌号》。

北首）。1948年全国工商业调查所编印的《华商行名录》还有稻香村（中正南二路13—15号）、老稻香村（中正南二路78号）等。

老上海仿冒的稻香村字号前店后坊有一定实力的，大多集中在英、美、法三国租界，特别是以公共租界工部局所在的英租界四马路即今福州路为中心的繁华地带，多为独资经营，也有合资营业者。例如，英租界四马路的稻香村泰记，系三姓合资营业：凌振扬6股，吴彝卿4股，苏州人张茂林2股，开设于光绪二十二年（1896年）七月。[1]后注册于民国二年（1913年），资本5000元。[2]

由于竞争激烈，仿冒商号新开与闭歇此起彼伏。为使竞争有序，维护同业利益，光绪三十二年（1906年）上海茶食店同业"公议凡开新店须距老店三十间门面"。宣统元年（1909年）九月，王家码头生森阳茶食店伙汪鉴泉于中秋节被辞歇后，另在南仓街钩玉弄与钟姓合股开生阳泰茶食店。生森阳店主徐少亭系该业司年，向上海知县指控汪鉴泉违章开店，因其开新店与稻香村老店仅相距17间，请求勒令关闭。汪鉴泉则称"租界贴邻可开，此项行规已经作废"[3]，坚持营业，生意兴隆。[4]

为争取竞争中的优势地位，各号竞相以"姑苏"正宗相标榜，争为苏州观前稻香村沪上起首老店，甚至有假借苏州观前稻香村宣称其号为沪上唯一分出者。英租界四马路的稻香村协记，乃赵、相二姓合股创办，苏州人张南生告退。[5]光绪十八年（1892年）十月二十三日该号正式开张，《申报》同日首刊广告，请顾客"认明聚宝柜台为记"。[6]由于该号被同业指为伪冒，乃于《申报》光绪二十一年（1895年）四月二十九日刊登启事辩白：

> 今见沪报"赐顾须知"四字，所有四马路中稻香村茶食青盐店，向无姑苏协记字样。今阅报上反云本店伪冒他号牌号，低货混充。然本号各货比别项真，以图久远驰名。若存私心，有意混冒姑苏协记，雷殛火焚，男盗女娼。眼下余无别证，横披书柬图记，究属有无姑苏协记字样。如蒙贵客赐顾，务须认明大理石柜台为记，庶不致误。海天春对门姑苏稻香村协记谨启。[7]

---

[1] 稻香村泰记股东凌增福、吴均安：《稻香村泰记茶食糖果号声明》，《申报》1913年12月16日第4版。
[2] 《政府公报》第591号《附商号注册表》，1917年9月7日出版，第32页。
[3] 《同行嫉妒》，《申报》宣统元年九月二十日第20版。
[4] 《声明辞退经理》，《申报》1918年10月20日第4版。
[5] 《张南生告白》，《申报》光绪十八年闰六月十三日第6版。
[6] 《申报》光绪十八年十月二十三日第6版。
[7] 《共见共闻》，《申报》光绪二十一年四月二十九日第6版。该店后由相姓独开，因无力支持，光绪三十一年七月十一日将生财租与稻香村春记营业。参阅《稻香村协记相徐氏同侄忆椿告白》《（稻香村春记主人）盘店声明》，《申报》光绪三十一年七月二十七日第7版。

四马路中聚丰园斜对门的稻香村，光绪二十一年五月二十八日开张，先期在《新闻报》五月十七日附张刊载"新开姑苏稻香村"广告："倘蒙各宝号绅商赐顾，价目比众格外克己，内庄趸批，老少无欺，以图久远驰名。申号只此一家，余无分出，须认明大理石玻璃柜台为记，庶不致误。"

四马路中市稻香村复记，光绪二十一年七月十八日试营业，择吉开张，先期于《新闻报》七月十三日第7版刊载《姑苏稻香村复记》广告："以前申地并无分店，因近有无耻之徒冒名小店牌号甚多，实属可恶。故而到申设店，在海天春番菜馆对门，大理石柜台为记。绅商尚未周知，特此登报，庶不致误。"

稻香村久记，在四马路中市聚丰园东首开张，《申报》光绪二十五年（1899年）十一月二十四日起，每月刊载广告，截至光绪二十七年（1901年）六月初二日，广告自称"姑苏观东分申只此一家"。

四马路中市昇平楼对门老稻香村茶食蜜饯号，于《游戏报》光绪二十七年二月初七日、二十七日第6版刊载《上海新开姑苏稻香村》广告曰："本主延请名师，精制上品满汉官礼，各种茶食，自仿西法……近有无耻之徒，将未佳之货物混售，以误主顾，特为登报，承蒙贵绅富翁赐顾，须认明稻香村牌号，庶不致误。"后又在《寓言报》光绪二十七年五月二十五日第4版刊载"上海新开姑苏稻香村"广告曰："凡绅商赐顾者，须明认本号大璃（理——引者）石红木柜台为记，庶不致误。申号只此一家，并无分出。"

稻香村发记，在英租界四马路棋盘街，在《世界繁华报》《游戏报》光绪二十七年十一月十四日等日第4版刊载广告曰：

> 苏省玄妙观分设上洋棋盘街稻香村发记商号告白：本号自同治二年开张，至今已四十余年。货真价实，童叟无欺，四远驰名，妇孺咸知。惟沪上所有观东真老稻香村等名目者，此皆喧宾夺主，鱼目混珠，不仅识者一笑……仕商赐顾，请认明柜内八仙为记，庶不致误。即于本月十五日开张。

稻香村发记还假借苏州观前稻香村之名，于《游戏报》光绪二十八年（1902年）正月二十九日、三十日第3版刊载《稻香村声明起首》为其扬誉：

> 本号开设苏城玄妙观前数十余年，并无分店在外。近年上海冒用本招牌有十二家之多，未必货精物美，惟棋盘街发记确是本号分出之一家，余皆非是。但上海本号起首，只光绪七年间石路同庆里对过一家。二为美界新桥北堍一家。自二家闭歇后，随开随闭，不知凡几。绅商谅皆洞悉。昨阅游戏、寓言报登万花（华——引者）楼对门稻香村自称起首二字，无不匿笑，目为厚颜。而本埠货色之最好者，惟发记驾各家之上。与本（号——引者）一样考究。请认明稻香村发记招牌，柜内八仙为凭。因于大局攸关，特此声明。

英租界四马路万华楼对门老稻香村亦假借"姑苏观东稻香村"之名,在《游戏报》光绪二十八年正月二十九日、三十日同版并排刊载《稻香村声明假冒》,其后在《游戏报》三月初十日等日、《寓言报》四月十三日等日又连续刊载该声明。该号后来还在《世界繁华报》光绪三十年(1904年)四月初五日、初七日、初十日、十一日等日第5版,直至十一月十一日,长期刊载《假冒声明》:

> 本号开设苏城观前四十余年,所有本号招牌并无分出在外。近年上海冒用本号招牌有十七家之多,未必货精物美。惟万华楼对门稻香村,系上海起首第一家老店,其货色亦在诸家之上,与本号仿佛,故当时并未声明。今者上海稻香村日见其多,类皆有名无实,有关本号招牌。姑苏观东稻香村。特此声明。

上海诸仿冒稻香村字号的产品品种,在竞争中也愈益丰富起来,质量也日见提高。如光绪十八年壬辰(1892年)创设的四马路万华楼对门老稻香村,光绪二十七年(1901年)及至次年,在《游戏报》《寓言报》长期刊登《申江始创老稻香村》广告,不惜工本。如《游戏报》光绪二十七年二月二十八日第4版刊载该广告曰:

> 本号开设四马路中万华楼对门,专办按时细点,官礼蜜饯,精制玫瑰、桂花、枣泥、猪油荤素年糕,泗安酥糖,鱼肉火腿,鸡松熏鱼,瓜子等物。自壬辰年创设以来,深蒙远近知名。惟近年以来稻香村牌号逐日见其多,小号惟有格外加料,但期精益求精,另增石印货单,俾得有所区别,庶不负赐顾之雅意,亦见小号不徒以牌为招徕计也。特此谨启。

沪上有酷嗜苏州稻香村茶食者,早先曾特撰《稻香村辨》一文,对该号颇加赞誉:

> 迨病瘥,小憩万华茶楼,游目骋怀,得少佳趣。其望衡对宇处,亦一稻香村也。命茶博士购食其茶点,津津有味,与他家两歧,屡试之皆适口。爰饬纪纲,凡购苏式茶点,比至是家,盖嗜之者深,而取携较便,更可无烦尺一书,再向阊阖城问津。昨友人走访,饷以应时之月饼,即万华楼对门稻香村所制者。友问曰:"沪上稻香村如千家,吾子亦能剖其真赝乎?"余曰:"否。剖其真赝,则必须穷其根柢,我辈只须味之佳者,足以餍我,则虽价值稍昂,都所自甘,何必辨其为真虎邱假虎邱耶?"客大笑,乃剖食之,赞谢而去。因书此作《稻香村辨》,以证有同嗜者。[1]

---

[1]《稻香村辨》,《采风报》光绪二十四年八月初六日第1版。

上海为国际都市，以新潮海派著名，故稻香村字号，生产产品和经营多借鉴西法，号称"改良茶食"。如英租界大马路石路公兴里口的稻香村源记，在《申报》光绪三十三年（1907年）七月初四日第6版刊载《新开稻香村源记特别改良广告》曰："今择于七月初五日开张。本号不惜重资，聘请京广嘉湖名司，特别改良专心，格外考究，以冀精益求精。"南市南码头的稻香村炳记茶食号，始创于光绪年间，亦号称姑苏起首老店。店主万炳文在1927年6月21日的《申报》刊载启事，谓新屋落成，择于本月28日正式开幕，启事曰：

> 本号始创数十余年起首老店，现因推广营业优待主顾起见，特自改建三层楼水汀洋房，装潢华丽，陈设精良，聘请高等名师，讲究卫生，精益求精。自制中西茶食、礼品贡点、回聘喜糕、蜜饯糖果、鸡鱼肉松、应时细点，各色一应俱全。凡仕商赐顾者无任欢迎，格外克己。务祈各界士女联袂惠临一试，认明三星商标为记，庶不致误。

上海仿冒的稻香村字号虽然出现最早，数量不少，热衷于附姑苏骥尾，但大多没有自己的特色产品，难以闯出自己的牌子。著名诗人、作家吴秋山曾撰《稻香村》一文，引述汪日桢《湖雅》卷八"茶食"一则，谓：

> 这是一段很有趣味的记载。但是茶食的种类虽多，而够得上称为美点的却很少。就我所尝到的来说，所谓嘉湖细点，却大抵是质料粗粝，形色笨拙的东西，吃起来并没有什么佳妙的味道；倒还不如日本的点心来得好些罢。日本的点心，大都是用豆米和糖制成的，形色很是淡雅，味道也还清新，堪称佐茶的妙品。但毕竟是外货，除了有时朋友馈赠一些外，我们当然不去买来吃。因此，我在上海客居的十年间，每值工作余暇，便常到稻香村去光顾，希望能够吃到国产的好点心，可以藉此使枯燥的生活稍微快适些。
> 上海的稻香村，随处都有，正像陆稿荐一样，每家店前都悬有"始创老店"的招牌，简直使人分不清何者是"分出"。不过我们无须去根究这些，只要随便撞进一家去选购就得了。好在它们所售的茶食，都差仿不多。但使我奇异的，是在这富有风流余韵的江南的茶食店里，也竟买不到含有历史意味的精巧的点心；什么山楂糕，芝麻糖，绿豆糕，蛋黄饼……这些都不见得高明。稍好一点，就算雪片糕和杏仁酥罢，但也不是佐茶的妙品，只是"聊胜于无"罢了。后来我也曾到野荸荠和老大房去买点来吃，但是和稻香村的

大同小异，都没有什么可以当作"茶食"的东西，这也是一件小小的憾事哩。[1]

但是，苏州人高敬贤创办的稻香村敬记，堪称一朵奇葩。店在四马路平望街（时为福州路368号，后改637号），专营苏式糖果糕点、蜜饯茶食、南北货等，并自制卤味食品。高敬贤自任经理。1922年4月6日，高敬贤即当选为四马路商界联合会职员。[2]《民国日报》1930年2月7日报道，"福州路三百六十八号苏州人高锦贤所开之老稻香村糖食店"，上月间，因出售的颜料糕饼含铅超标，被工部局卫生处查办起诉，2月6日被临时法院第一刑庭判处罚金200元，含铅超标的颜料糕饼被没收禁售。《新闻报》和《申报》2月7日也做了同题报道。[3]此后主打创新精制的鸭肫肝，1935年获准注册稻香村"高字肫肝大王"商标[4]。中华人民共和国成立后，该号于1952年迁移至693号广西北路口，名为华记稻香村肫肝商店，历经变迁，后名为稻香村肫肝商店，在福州路651号，1990年被命名为上海名特商店[5]，后被国内贸易部命名为中华老字号，发展为上海市泰康食品有限公司稻香村肫肝食品分公司，2011年被商务部认定为中华老字号。有延安东路429号一家门店，但其营业早已脱离了南货茶食糕点糖果的传统行当。

二、江苏

南京为六朝古都，习称金陵。明初为京师，迁都北京后为陪都。入清为两江总督驻地，政治地位仍然重要。稻香村字号开设也较早。《申报》光绪二十六年（1900年）四月十九日首刊《金陵新开稻香村茶食店》广告，连续刊至五月初九日，广告曰：

> 崇办苏广细点、官礼贡饼、鸡松、猪油年糕、各种蜜饯、透味熏鱼，一切细糕美点，皆系聘请姑苏精工名手如法制造，不惜工本，精益求精，亲尝

---

[1] 吴秋山：《茶墅小品》，上海：北新书局，1937年，第13—15页。参阅吴西农：《稻香村》，《立报》1935年11月21日。吴秋山（1907—1984），原名晋澜，字秋山，福建诏安人。毕业于复旦大学，留校任教。后任教于私立福建协和大学、国立海疆学校、福建第二师范学院。与郁达夫交契。另著有《白云轩诗词集》等。

[2] 《四马路商联会选举揭晓》，《申报》1922年4月7日第15版。高敬贤（1892—1946），或作锦贤，江苏吴县人，出身寒贫。少年时只身来上海谋生，初在四马路云南路口设摊。《申报》1917年8月31日第11版《持枪寻仇之否认》报道，称该店为"福州路三百六十八号门牌稻香村茶食店"。该店创办时间，或标光绪十八年（1892年），或作1930年（如马学新等主编《上海文化源流辞典》、薛理勇主编《上海掌故大辞典》及《上海传统食品》《中国谚语集成：上海卷》等），皆有误，待详考。再，1943年其子高麟因命案被判刑，高敬贤因包庇罪受牵累，后病逝于苏州。

[3] 参阅《老稻香村被控出售毒质糕饼》，《申报》1930年2月7日第15版。

[4] 高敬贤呈请注册"高字肫肝大王"（惟肫肝二字不在准予专用之列）商标，审定商标第21359号，专用商品第44项腌腊类，肫肝（附图），见《商标公报》第102期，1935年，第107页。

[5] 马洪主编：《中国经济名都名乡名号》，北京：中国发展出版社，1992年，第977—978页。

异味,不敢自秘。用公同好,爰志报章。绅商赐顾,请认明夫子庙东牌楼口坐北朝南洋式楼房门面,双狮招牌为记,庶不致误。金陵稻香村主人白。[1]

1931年2月10日,姑苏稻香村开设于南京北门桥估衣廊,《中央日报》同日第8版以"稻香村食物精美,特聘姑苏名师制造"为题报道:"今日估衣廊新开姑苏稻香村,出售各种苏州茶食、瓜子、蜜饯、糖果、熏鱼、肉松等物,闻该店特聘姑苏名师,精制各物,价廉物美,与其他茶食店向苏州批发而来者,迥不相同云。"《中央日报》2月17日第8版又以"估衣廊新开稻香村,姑苏食品物美价廉"为题报道:"北门桥估衣廊新开稻香村自开张以来,虽连日雨雪连绵而营业仍十分发达,因所制各项苏州食品,各种鱼肉松年糕瓜子等,味美价廉,故往购者至为踊跃云。"

南京还开过南门内奇望街稻香村、三牌楼稻香村。夫子庙西南东牌楼北口稻香村有名品蝙蝠鱼与麻酥糖,《白门食谱》称:"是处所售之鱼,新鲜酥透,其味最佳。每片形如蝙蝠,故有此名。佐酒侑饭,皆为美品。其麻酥之香脆,尤胜于他铺之所售者。此外,午节之火腿粽子,与年节之猪油年糕,亦名盛一时也。"[2]

此外,吴江震泽镇[3],昆山陈墓镇(今锦溪镇)[4],泰县姜堰镇(今泰州市姜堰区)[5],扬州多子街,镇江柴炭巷口大街,丹徒城内[6],常州西瀛里,武进青果巷,无锡书院弄、公园池上草堂旁、北门内打铁桥南首及第3区周新镇、第12区后桥镇[7],以及崇明城东河沿,皆有稻香村。知名的是江阴的稻香村。清光绪六年(1880年)前后,常州府武进县焦溪人承伯堂在江阴县城祝家弄口开设"姑苏稻香村",前店后坊,生产、批零兼售茶食,马蹄酥为其名特产品,销路颇佳。抗日战争全面爆发后,日军占领江阴,店遭焚毁。1939年老店重新开张,但店牌上去掉了"姑苏"二字。中华人民共和国成立后,历经变迁,发展成为国营江阴稻香村食品厂。生产的马蹄酥,以上等面粉、糖油、松子肉而制,香

---

[1] 《申报》光绪二十六年四月十九日第6版。
[2] 张通之:《白门食谱》,《南京文献》第2期,1947年2月,第10页。
[3] 《声明》,《新闻报》光绪三十年五月十六日第15版。盛泽镇茶食糖果两店由沈振赳、公记、王氏、杜星计共8股合资经营,"连年亏本,正月廿九日闭歇"。
[4] 《苏州陈墓镇稻香村协记糖果号紧要启事》,《新闻报》1942年5月1日第9版。是年正月初一日潘志洪转让稻香村糖果号并加协记,初九日正式开业。
[5] 朱书忠:《稻香村薄脆》,周谅、曹学林、俞华生主编:《物华三水》,北京:中国文史出版社,2008年,第43—45页。姜堰稻香村由翟金泉与师兄季则too创办于1914年,1956年公私合营,成立茶食商店,20世纪60年代初扩建为泰县副食品厂,2003年改制,名为姜堰市中心食品有限公司。
[6] 《镇江丹徒马氏修谱广告仝启》,《新闻报》1924年2月20日第2版。稻香村号店主时为马冠如。
[7] 章兰如编:《无锡工商业名录》,1934年,第119页。

甜松酥适口，早年即在无锡举办的苏南土特产展览会上获得好评。[1]

淮阴清江浦（今淮安市清江浦区）敏记稻香村茶食店，曾经名震苏北，由茶食业后作大师傅之子陈敏年与妻李永年创办于1914年，以200银元做押租，租赁东门大街观音寺巷西坐北朝南原瑞奎茶馆两间门面。李永年后成为当时茶食业首位女师傅，主持后作，曾改造刨刀、烘炉，创新技术产品，于营业大有贡献，被称作清江城里的女强人。[2]淮阴乡亲称："稻香村是很负盛名的一家食品店，而且比较其他食品同业来说，可说是更具创新，更具规模。比较其他较传统、较守旧的同业，稻香村已能把上海、苏州，甚至西点的风味引进，而不断改进产品……除了年节应时的月饼、年糕、云片糕、绿豆糕等不在话下。说到月饼我们最爱吃枣泥的翻毛月饼（翻毛是此间称谓），又香又松口。另外稻香村的熏鱼、甜豆子，更是在淮阴无出其右。"[3]抗日战争时期该店曾遭日军洗劫。中华人民共和国成立后，走上合作化道路。

新浦原为古海州沿海地区，清宣统二年（1910年）属三大盐场之一的海州临洪市，为临洪镇治。1925年陇海铁路展筑至新浦，新浦逐渐成为水陆交汇的码头商埠和海州地区经贸中心。1929年，山东黄县（今龙口市）人金范五在新浦中大街（今连云港市海州区民主路）创办稻香村，租赁万康祥东隔壁刘姓房屋，坐南朝北，最初有门面、仓库、点心作坊各3间。经理金范五为大股东，加上二股东郑铭心，三股东金洁甫，四股东金名馨，五股东金忠一、林敬亭、梁景星，人称"五老板"，分工明确，各司其职。后来入股的有油坊老板杨寿山、齐铭仁和杜某某等。店员有唐为富等6人，学徒有陈兆邦等5人，作坊加工师傅为马金山等5人。稻香村在上海、青岛、天津设有"座庄"，信誉可靠，货源充裕，有一套行之有效的生产经营与管理办法。"货架上的土特产品、山珍海味南北杂货、各种食品，样样俱全，真是琳琅满目……本店食品加工制作的点心既讲究花色品种，又注重质量，像鸡蛋糕上都漫出香油，吃起来馨香柔软适口，所做的月饼，苏式、广式都有，配料齐全，吃起来香酥爽口，逢到中秋佳节，更是供不应求。"[4]

稻香村初期投资，以银元计约15000元，因经营得法，营业不断扩大，数年后资本即扩大几倍。稻香村还兼营粮、布等生意。1939年2月日军侵占新浦后，稻香村停业，后易名为仙露芳，继续营业，1945年初在门面上曾加盖楼房3间。

---

[1] 江阴市政协学习文史委员会编，沈俊鸿编著：《江阴地方掌故》下册，合肥：黄山书社，2005年，第390页。

[2] 陈惠龄：《清江城里的女强人——忆母亲李永年》，台北市淮阴县同乡会编：《淮阴文献》第6辑，2004年，第176页。

[3] 邢祖援：《清江城里的女强人——忆母亲李永年一文读后》，台北市淮阴县同乡会编：《淮阴文献》第6辑，2004年，第178页。

[4] 林里：《五家食品杂货店——稻香村、德康、万康祥、永盛祥及复兴祥》，政协江苏省连云港市委员会文史资料委员会编：《连云港市文史资料》第7辑《新浦街的变迁》专辑，1989年，第75—78页。

1948 年 11 月 7 日中国人民解放军解放新浦，经理金范五回山东黄县，年底来新浦将股份分掉，仙露芳遂告歇业。

三、浙江

古都名城杭州与苏州并称，同享"天堂"美誉，历史上稻香村字号颇多。《小说月报》曾刊载佚名之作《稻香村考》：

> 第一家稻香村，有的说是杭州的；有的人说：是在苏州的。虽然究竟苏州冒杭州的牌，还是杭州冒上海的牌，尚难预定。但是上海的稻香村，比杭州苏州为迟，这是可以预定的。据杭州人说稻香村的命名，并不是从《红楼梦》而来，不过起初范围甚小。原来乾隆皇帝南巡到杭州，曾微服出游。在稻香村里买了许多糖果，觉得其味甚美，价钱又廉，因此就暗暗记在心里。后来杭大吏，进呈的贡点，都不合乾隆之意。一天，乾隆对官吏说："这些点心都不好，为什么不到稻香村去买些来？"由此稻香村便名重一时，生意兴隆。因而你也稻香村，我也稻香村，冒牌的一天一天的多起来。杭州的稻香村，比别处特别多，就是这个道理。[1]

稻香村自然应以苏州创始为正宗，乾隆南巡杭州微服出游稻香村的传说，或系由苏州稻香村的有关故事传说讹传而来。杭州市茶食糖果业素称发达，1930 年成立同业公会（会址设于马弄）。1932 年《杭州市经济调查·商业篇·茶食糖果业》记载，全业共计 132 家，其中独资经营者 124 家，合资者 8 家。全业资本共计 134870 元，总营业额为 1348700 元。共有职工等 955 人。店员薪给最高者月计 20 元，低者仅六七元，学徒仅年给津贴 8～12 元。"茶食与糖果大半分别营业，惟最大铺店，则分设茶食、糖果两部，如颐香斋、稻香村、冠生园、采芝斋等是。自制茶食糕饼者，除商店外，尚有作场另设店内或附近处所。"该书将从业二十年、年营业额在二万元以上者列表，最为著名的荐桥街稻香村，其分号在延龄路，独资，资本额 8000 元，计 39 人（店员职员 33 人，学徒 6 人），1931 年营业额 98000 元。[2]此外还有清和坊、新市场、城站等家稻香村。抗日战争时期，有家"杭州稻香村"老字号，转移到江西上饶西大街继续营业，中秋节还特聘专门技师精制各式口味月饼等。1941 年 3 月 3 日该号惨遭日本飞机轰炸，损失甚重，4 月初"整修完竣，仍于原址照常营业。出品讲究，注意卫生，本大无畏精神，

---

[1]《小说月报》1941 年 7 月 18 日第 2 版。按：从，原作"后"；原，原作"室"。
[2] 建设委员会调查浙江经济所编：《杭州市经济调查》（上下编合订本），1932 年，第 301 页。参阅周润寰编：《游西湖的向导》，上海：世界书局，1929 年，第 14、16 页。

抱薄利主义,藉答惠顾诸君雅意"[1],精神令人感动。

嘉兴城内西埏里西县桥(旧称西埏桥)北首大落北有稻香村茶食号,以姑苏官礼、馎饳饼饺驰名。嘉善西塘镇茶食店有稻香村,设有作场。[2]海宁硖石镇中宁巷稻香村庆记,原由叶姓创办,"光绪三十一年腊月终盘结之后,由叶姓推并于盛氏自设,加添庆记,补足原本,重立开张"[3]。

湖州吴兴南浔镇、台州临海紫阳街、宁波日新街皆有稻香村。镇海有稻香村元记。绍兴大善寺前稻香村,在今市中心城市广场东南隅,旧有西营大善寺。《申报》曾以"闲情逸致之蒋主席"为题报道,1929年2月20日,国民政府主席蒋介石、宋美龄夫妇及随从"上午九时由兰亭返城,至五云门车站,折宁波故乡……主席食稻香村之松子酥、花生酥、椒桃片而甘之,嘱人购买各五元,带回至甬"[4]。

民国嘉兴西县桥稻香村仿单

温州有家稻香村茶食店,"开设年久,历年亏耗甚巨,各东乏力开张",1915年7月盘与稻香村协记为业。[5]府前街的稻香村南货店,系1912年前后宁波商人合股开设,加入永嘉南北货业同业公会。[6]店在四顾桥王木亭(已毁)西首,股本400银元,前店后坊,糕点制作颇为考究。1918年该店曾毁于火灾,经理时为陈肖山。1927年改聘夏超俊、黄洪元为正副经理,积极应对同业竞争。后该店资金增至3000元,职工增至50人左右,在30余家南北货业门口店(又称果子店或茶食店)中,可称大户。[7]从1931年看,年营业额在40000元左右。抗日战争时期,"本城店家经受三度沦陷后,资金消蚀殆尽,除大户如益泰生、稻香村等家尚有经营能力外,其余店家都是进一点、卖一点"[8]。黄洪元后来曾任稻香村经

---

[1]《前线日报》1939年9月29日第1版中缝杭州稻香村广告;《上饶杭州稻香村炸后复业启事》,《前线日报》1941年4月6日第5版。

[2] 嘉善县志编纂委员会编,陆勤方主编:《嘉善县乡镇志》,北京:生活·读书·新知三联书店,1992年,第30页。

[3]《硖石稻香村庆记告白》,《申报》光绪三十二年正月十八日第8版。

[4]《申报》1929年2月25日第21版。

[5]《盘点声明》,《新闻报》1915年7月21日第3版。

[6] 林醒民:《永嘉南北货业同业公会纪念》(中华民国八年夏正十一月),金柏东主编:《温州历代碑刻集》,上海:上海社会科学院出版社,2002年,第419页。

[7] 金普森、孙善根主编:《宁波帮大辞典》,宁波:宁波出版社,2001年,第243页。

[8] 蔡仲瑜:《南北货业忆旧》,中国人民政治协商会议浙江省温州市委员会文史资料委员会编:《温州文史资料》第6辑,1990年,第202—203页。

理，创办工商通讯社，负责南北货业同业公会。[1]稻香村勉力维持至中华人民共和国成立。

四、安徽

安徽为江苏近邻，历史上联系密切。蚌埠二马路的稻香村为著名的南货茶食店，而"稻香村在省城、芜湖生意尤盛"[2]。

安徽省会安庆稻香村，清宣统二年（1910年）由浙江商人创办于四牌楼胡玉美酱园附近，店面雅致，糕点风味独特，生意很是红火。胡玉美酱园庄主胡乘之遂开一爿"麦陇香"糕点店，先后投资白银6000两，重金礼聘苏州、常州、上海、广州等地名师，生产的糕点品种多达297个，成为稻香村的强劲对手。[3]

芜湖的姑苏稻香村，创设于芜湖大马路南首，至1924年已"十有余年，向以仁义为怀"[4]。芜湖稻香村食品店，坐落在中山桥北塊下长街，始建于清光绪年间，经营本地风味和苏、广、扬等各式风味糕点，也有炒货、油货。后坊生产名点、细点、特色糕点，有怪味酥、穿心酥、绿豆糕、麻烘糕、方片糕、月饼、小凤饼、羊酥糕、挤花蛋糕等。制作糕点精益求精，端午节供应时令名点蜜层糕，甜美细腻且柔韧，消费者赞不绝口。[5]

宿州稻香村糕点店，创办于1933年。自1912年津浦铁路建成通车后，城隍庙近厢渐成商业繁华地带，建有彰善商场。赵凤山当过列车乘务员，知悉南北各大中城市糕点生意利好，与胡殿甲和蚌埠人刘兰亭合股集资，店在彰善商场内，城隍庙马厩房前，糕点作坊在城隍庙的灶君殿。赵凤山任经理兼采购，刘兰亭为管事，从南京聘请名师指导，专做南味精细糕点及饼干面包等，夏秋季节还兼营冷饮及水果。稻香村在经营方面注意抓好制作、销售、管理环节。制作糕点时精选配料，严格掌握技术操作规程，不断改进工艺。如该店生产的麻片（又称白交）名气颇大，片薄透明，芝麻仁洒布均匀，色泽光亮，切片讲究，香酥可口。由于质量居于上乘，很快打开销路，深受顾客的欢迎。在销售方面，赵凤山常说"一分利吃饱饭，三分利饿死人"，主张薄利多销，强调做活生意，必须做到"货

---

[1]《温州旅沪同乡会办事处建置经费征信录（一九四九年五月）》，温州市档案馆藏，卷宗号205-1-884，见温州市政协文史资料委员会编：《温州文史资料》第22辑《温州旅沪同乡会史料》，2007年，第250页。

[2] 林传甲：《大中华安徽省地理志》，安庆：安徽省教育厅，1919年，第134页。参阅商务印书馆编译所编：《中国旅行指南》，上海：商务印书馆，1921年，第2页。

[3] 章尚正主编：《江淮之滨安徽（二）》，北京：中国旅游出版社，2015年，第66页。

[4]《芜湖姑苏稻香村江绍山退保声明》，《新闻报》1924年1月18日第1版。1925年孙中山先生逝世后，芜湖将大马路改名为中山路。

[5] 费修竹、沙开铸、倪茂福等编著：《安徽特产风味指南》，合肥：安徽教育出版社，1985年，第209—210页。

比别人好，价比别人巧"。因此经营灵活多变，顺应行情，采取降价于人前、涨价于人后，以及明涨暗不涨、暗里放秤等办法招徕生意。营业坚持早开门、晚关门，规定晚间11点才打烊。对待顾客和蔼热情；百问不厌，百拿不烦；讲究包扎艺术，秤头给足，童叟无欺。顾客都称赞该店"人和气，做生意规矩"。该店还专设账房，管账人有权处理经营中各项有关业务，对经理负责，并定期向股东汇报。由于做到以上三大方面，稻香村生意兴隆，业务逐渐扩大，人员增至12人，1934年在木牌坊东边王恒益旧址开设第一家分店。后因军事和连年战乱影响，1935年至1946年先后6次迁址，最终租赁对面施固安房屋，门面3间，后面作坊5间。中华人民共和国成立后，稻香村生意较前兴旺。1954年房东收房，赵凤山经理因事离店，稻香村自此歇业。[1]

第二节　华北地区——以北京、天津为重心

华北地区，属于自然地理分区，一般指秦岭-淮河以北、长城以南中国的广大区域，包括今北京市、天津市、河北省、山西省和内蒙古自治区。稻香村字号，以北京、天津仿冒最多，影响较大。

一、北京

"苏货在京最发达。"[2]老北京第一家以南货南味驰名的"稻香村"字号，相传清光绪二十一年（1895年）由郭玉生创办于前门外观音寺街（今大栅栏西街，一说门牌为5号）东口。《中国最美的101家中华老字号》一书介绍说：稻香村起源于苏州，发展于苏州，苏州稻香村才是最正宗的。"北京稻香村始建于清光绪二十一年（公元1895年），是最早在苏州稻香村工作，拥有稻香村食品制作绝技和经营谋略的金陵（南京）人郭玉生，带着几个伙计来到北京建立的，时称'稻香村南货店'，位于前门外观音寺，南店北开、前店后厂的格局，别具一格。"[3]何玉新著《天津往事：藏在旧时光里的秘密地图》则称：稻香村源自江南苏州，是苏式糕点的专业店，并以兼营苏式野味闻名。1895年（清光绪二十一年），祖籍

---

[1] 朱立德：《稻香村糕点店六次迁址》，中国人民政治协商会议安徽省宿州市委员会文史资料研究委员会编：《宿州市文史资料》第2辑，1992年，第56—58页。
[2] 林传甲总纂：《大中华京师地理志》，北京：中国地学会，1919年，第283页。
[3] 《藏羚羊旅行指南》编辑部编著：《中国最美的101家中华老字号》，北京：中国铁道出版社，2014年，第118页。梁实秋《东安市场》一文谓："当年北平卖南货的最初是前门外观音街的'稻香村'，道地的南货，店伙都是杭州人。"但他将张森隆的稻香春亦误作"稻香村"。见梁实秋：《雅舍小品》，哈尔滨：北方文艺出版社，2018年，第218页。

第八章 其他地区"稻香村"老字号考录

南京的苏州人郭玉生靠做板鸭起家后,带着几个伙计来至北京,在前门外大栅栏西街开了家稻香村南货店,这是北京城经营南味食品的第一家店。南店北开,南味北来,稻香村很快在北方开花结果,风靡一时。在北京站稳了脚,郭玉生又把生意做到天津,在法租界福煦将军路(今滨江道)极星里路口开了一家森记稻香村。[1]值得注意的是,《中华老字号》编委会编著《中华老字号》、卞瑞明主编《天津老字号》和孔令仁、李德征主编《中国老字号》等书,皆称创始人为郭雨生。[2]

实际上,老北京"稻香村"字号的创始人郭玉生本名应为郭雨生。1914年,吴锡龄自愿将其在前门廊房头条所开稻香村茶食铺让归郭雨生,作为稻香村支店,12月18日农商部准予备案。1915年1月15日出版的农商部《农商公报》第一卷第六期《政事门·文牍》载:

> 批北京稻香村郭雨生　第一八九四号　十二月十八日
> 据禀吴锡龄承认分设支店准予备案由:
> 据北京稻香村经理郭雨生禀称,吴锡龄在廊房头条开设稻香村茶食铺,经人理处,自愿将铺归商,分设支店,请鉴核等情。查吴锡龄所开稻香村,既据称自愿让归该商作为支店,应即照准备案。合行批示遵照。此批。

由上可知,时至1915年年初,以郭雨生为经理的北京稻香村南货茶食店经营尚佳。陈莲痕曾曰:"姑苏稻香村,以售卖糕饼蜜饯著名,招额辉煌,谓他埠并无分出。然都门操糕饼蜜饯业者,以'稻香村'三字标其肆名,几似山阴道上之应接不暇。南姬初来,以北土人情,多有未谙,即食品起居,亦时苦不便,以是饮食所需,多趋稻香村,名酒佳茶,饧糖小菜,不失南味,并皆上品,以观音寺街及廊坊头条两肆为巨擘。"[3]

郭雨生的稻香村字号何时关张说法不一,有说1925年,或谓1926年。张建

---

[1] 何玉新:《天津往事:藏在旧时光里的秘密地图》,哈尔滨:北方文艺出版社,2015年,第371页。

[2]《中华老字号》编委会编著:《中华老字号》第2册,北京:中国轻工业出版社,1996年,第190页。卞瑞明主编:《天津老字号》中册,北京:中国商业出版社,2007年,第19页。李正中、索玉华主编,天津理工学院、天津市和平区政协经济与文化研究所编:《近代天津知名工商业》,天津:天津人民出版社,2004年,第26页。孔令仁、李德征主编:《中国老字号·工业卷》中册,北京:高等教育出版社,1998年,第712页。

[3] 陈莲痕:《京华春梦录》第四章"香奁",上海:竞智图书馆,1925年,第71—72页。亦见李家瑞编:《北平风俗类徵·饮食》,"国立中央研究院"历史语言研究所专刊之十四,商务印书馆,1937年,第228页。陈莲痕(1899—1976),名定扬,讹作廷扬,又名侃,字燕方,别署燕舫,笔名莲痕等,江苏昆山陈墓(今锦溪)镇人。毕业于北京大学中国文学门。南社、星社成员。曾主持《新鲁日报》《新鲁月刊》笔政,后去天津组织通讯社。1922年因病退居苏州,继赴上海。著有长篇小说《顺治演义》《康熙演义》《董小宛演义》等及《经学浅说》《根香庐词稿》等。《京华春梦录》写作始于1919年冬,1921年扩充成辑,初名《京华尘梦录》,1922年更今名,1923—1924年先在上海姚民哀办的《世界小报》连载。

明、齐大之著《话说京商》则称："1911年安徽人汪荣清从郭家手里收购了稻香村，经营得比较顺利。1916年汪荣清又和其他一些股东共同投资，在稻香村附近开设了一家新店，因是在桂花盛开的中秋节开业，因此取名为桂香村，此后桂香村又在西单开设了一家分号。"[1]王永斌文《北京的商业街和老字号》也如此说。据北京市档案馆所藏档案核实，汪荣清本名为汪荣卿，生于清光绪八年（1882年），安徽歙县人，光绪末年来京。[2]他创办的"老稻香村"在观音寺街东口路北6号，《顺天时报》1914年5月17日等日曾连续刊登老稻香村广告，谓其位于前门外观音寺东头路北，电话为南局156号，支店位于东安市场南头路西，电话为东局937号，自称"商部注册""本号开设北京已历多年，创办第一，中外驰名，所制食物久为各界欢迎"[3]。汪荣卿的老稻香村创办的具体时间尚待详考，但郭雨生在1915年仍为稻香村经理，则汪荣卿不可能于1911年即收购经营。汪荣卿家住灯厂胡同13号，善于经营，1915年9月租得前门外观音寺街东口南边110号张松寿堂，又开办了桂香村南货茶食店（电话南局2493）。[4]次年在西单北大街293号开设分号（电话西局374），由其铺伙江苏常州人朱有卿（讹作朱有清）当掌柜。[5]

至于"老稻香村"，1921年2月编印的《北京电话局用户号簿》作稻香村南货店，1923年商务印书馆出版的徐珂编《增订实用北京指南》、文明书局出版的姚祝萱编《北京便览》，皆作"稻香村"，其总店、支店地址及电话号码，与前述《顺天时报》"老稻香村"广告完全一样。除北京崇文门稻香村外，据姚祝萱等记载，1923年北京其他的稻香村字号还有：稻香村锦记（廊房头条，电话南局2955）、稻香村太记（前门外八大胡同之一陕西巷，电话南局3811）、稻香村（菜市口，电话南局4877）、稻香村魁记（西四牌楼南，电话西局917）、稻香村西分号（西单牌楼北，西单北大街300号，电话西局733）、地安门外稻香村（马

---

[1] 张建明、齐大之：《话说京商：图文商谚本》，北京：中华工商联合出版社，2006年，第266页。
[2] 《北平市公安局外二区区署关于汪荣卿等因桂香村茶食铺不戒于火延及邻铺请讯办的函》，1929年5月汪荣卿供，北京市档案馆藏，档号：J181-021-06181，第7页。
[3] 《顺天时报》1914年5月17日第1版老稻香村广告。
[4] 《北平市公安局外二区区署关于汪荣卿与房主张松寿堂房产纠葛的呈》，1935年7月张松寿呈，北京市档案馆藏，档号：J181-021-37533，第4—9、33—34页。
[5] 《京兆印花税分处关于桂香村南货店所开单据漏贴印花请处理的函》，1920年7月10日朱有卿供，北京市档案馆藏，档号：J181-019-28542，第9—10页。朱有卿（1880—1936），时年41岁。

家楼 1 号，电话东局 1355 号）。[1] 可证至少在 1923 年之前，郭雨生创办的"稻香村"已经停歇。

北京东安市场早年除有"老稻香村"的支店外，据宗泉超的调查："当时市场内还有一个'稻香村'，掌柜的孙立堂爱玩，不大善于经营企业，靠一个'跑外的'史信祺主事。张森隆采用了以高薪的手段把史信祺拉了过来，孙立堂的买卖做不下去了，就在 1914 年下半年将稻香村让给了张森隆。"[2] 张森隆是江苏丹徒人，别号春山，生于清光绪十六年（1890 年），[3] 读私塾 9 年。原在源于苏州的上海王仁和茶食店做学徒，有制作苏式糕点的好手艺。1913 年到北京，在东安市场东庆楼内开了森春阳南货茶食店。盘入孙立堂的稻香村后，1916 年在东安市场北门口 34 号又开设了稻香春南货茶食店。初期主要代销汪荣卿和朱有卿的桂香村产品，后请来苏州师傅笪福秋等，自产自销苏式糕点，又添上苏州陆稿荐做法的南味肉食，各门市店员、学徒上百人，在居京的苏州名中医曹元森（人称曹七爷）父子等的人脉、资金支持下，成为市场里垄断南味食品经营的大店。1925 年成功注册了食品类"稻香春"鹰球商标。而汪荣卿则于前门大街 22 号又创办了一家老香村，1925 年也成功注册了食品类"老香村"号商标。但是，1927 年国民政府定都南京后，北京改为北平，商业不如以往繁荣，加之桂香村、老香村铺房失火损失严重和债务难偿等因，汪荣卿经营日益困难，1936 年 6 月被迫停业清理。[4] 此外，江苏镇江人徐学仁 1923 年起曾在地安门外大街马家楼稻香村当学徒三年，1934 年于前门菜市口 38 号住所开办仁记稻香村（电话南局 1847），主营自制糕点，艰难维持。菜市口还有朱世杰的稻香村。1935 年 3 月，朱庆生于西单北大街 304 号开办了一家稻香村南货茶食店，6 月病故后由其子朱世俊经营，因

---

[1] 姚祝萱编：《北京便览》中编卷一，上海：文明书局，1923 年，第 45 页。稻香村太记创办于 1913 年，为上海四马路稻香村泰记股东苏州人张茂林与管事张生阳所开北京分号。《申报》1913 年 12 月 16 日所刊《稻香村泰记茶食糖果号声明》曰："启者。我上海四马路望平街西稻香村泰记，系三姓合资营业，凌振扬六股，吴彝卿四股，张茂林二股，共十二股，开设至今已十余年。现在凌、吴物故，子嗣均不在店，重托张生阳为管事，独掌大权。讵张茂林以二股之少数股东，勾串张生阳朋比为奸，私设京都分号，擅加太记，捏称独资营业。朦禀商部立案，批饬上海总商会调查，又欺谎独资营业，调查员受其愚弄，复呈商部得以邀准立案，殊不知尽属欺罔。盖张生阳终日在店，所有对答皆其一人播弄。刻张生阳之子侄皆在北京为业，以二张之私谋，侵我凌、吴二姓多数股份之权，阴谋攘夺，暗肆侵吞，除告明总商会外，敬告往来各庄号，如北京太记与各宝号有银钱货物往来等情，我上海四马路稻香村泰记一概无涉。请自向张茂林、张生阳二人清理。恐未周知，特此奉告。稻香村泰记股东凌增福、吴均安同启。"
[2] 宗泉超：《从油酥饺到南味店——稻香春食品店解放前生产和经营管理的调查》，《前线》1962 年第 13 期。
[3] 《英使馆函为森春阳南货铺售卖伪牌维斯克酒请传案讯究卷》，1923 年 4 月 18 日张森隆供，北京市档案馆藏，档号：J181-019-36968，第 10—12 页。
[4] 王兰顺：《观音寺街的人烟往事》，《北京档案》2013 年第 2 期。王兰顺称："在北京观音寺街东口路北 6 号，1936 年档案里原址出现了老稻香村店名。北京市档案馆藏 1932 年北平市工务局绘制的北京观音寺街蓝图中，街东口南边 110 号的位置，有桂香村店，1936 年时已停业。1948 年户口调查表，街东口南边 110 号已变为新记稻香村南货店。"

债务破产，1937 年 1 月被查封清偿。[1]

抗日战争全面爆发后，百业凋敝。前门外一区三里河 62 号曾有家稻香村。[2]江苏武进人朱隽臣在前门外观音寺街开设老稻香村（电话南局 3323）。苏书勋于汪荣卿位于前门区观音寺街东口南边 110 号的桂香村原址，开办了稻香村新记南货茶食店，主营自制南式糕点，1944 年全年销售额 40000 余元。[3]地安门外大街马家楼稻香村，1944 年 7 月则因债务被朱徐氏起诉，动产被查封清偿。[4]

抗日战争时期，东安市场 30 号出现了刘松泉开设的泉记稻香村，成为

民国北京前门新记稻香村

张森隆稻香春强劲的竞争对手。1919 年入稻香春当学徒后任经理的许晋卿回忆道：

> 一九三七年日本帝国主义入侵中国，北平沦陷。在敌伪统治期间，由于对油、糖、面的控制，稻香春的货源受到影响，营业额有所下降。张森隆为了应付敌伪，找来亲属孙殿元，在稻香春当日文翻译，并负责对外联系，说明稻香春产销南方糕点等特点，要求敌伪对油、糖、面等酌予放宽尺度，营业稍见好转。就在这时期，一个在稻香春工作十多年的职工刘松泉，自动辞柜。他出号后，领岳姓股东两万元，在稻香春斜对门租了三间带楼的门脸，开设一个叫"稻香村"字号，经营的品种与稻香春大致相同，也做南方糕点，在金鱼胡同贤良寺设生产车间，处处与稻香春相竞争。刘松泉与日本三井洋行经理友好，又常送礼，因此日方对他的字号格外照顾，多发糖，算价廉，和对一般商号大不相同。"稻香村"开业后，营业很好，使稻香春大受影响，

---

[1]《北平市警察局内二区区署关于稻香村铺伙戴绍先报告铺掌陈世宣欠韩人借款避匿韩人将伊扣留数日始放请求保护的呈》，1936 年 12 月 7 日朱世俊供，北京市档案馆藏，档号：J181-021-46235，第 16—17 页。

[2]《北京特别市工务局关于查稻香村商号违章罚金的函》，1940 年 11 月，北京市档案馆藏，档号：J181-022-10496，第 4—15 页。

[3]《私营国内商业普查表》，1955 年 8 月 31 日苏书勋填报，北京市档案馆藏，档号：034-002-00261，第 13 页。

[4]《北平市人民政府工商局工商业声请书》《北京市人民政府工商局私营企业设立登记申请书》《私营企业设立登记事项表》，徐有仁填报，北京市档案馆藏，档号：022-008-00233，第 13—14、20 页。

为了商业竞争，只得降低价格，对于大路货即不赚钱也卖……但稻香春在南味食品方面，仍略有亏损。至于对门的"稻香村"，在日本投降后，也就关闭了。[1]

老北京的诸家仿冒稻香村字号此兴彼衰，虽曾有过辉煌一刻，但大多资本少，规模小，抗风险能力弱，经营手段和方式单一老套，产销和经营品种缺乏特色。著名报人、作家包天笑在1917年张勋复辟事件后曾到北京，住在前门东方饭店，后来在《钏影楼回忆录》中说："北京的名点，我也吃过不少，什么萝卜丝饼、千层糕等等，都已忘却，但我觉得总不及我们苏州故乡之佳。北京也有稻香村茶食店，当然是冒牌，但他们什么檀香扇、麻将牌等也卖，竟成了苏州土产公司。"[2]

在中国近代半殖民地半封建社会背景下，列强侵略，战乱频仍，时局动荡，经济萧条，物价飞涨，民不聊生，诸家稻香村日益面临绝境。需要指出的是，刘松泉的泉记稻香村在1945年日本投降后依旧在原址经营，中华人民共和国成立后，到1951年尚有工人6名，经理刘松泉还兼任北京市糕点糖果业同业公会一区一组副组长。[3]徐学仁的买卖有雇工1人，1952年年末申请更名为仁记稻香村干果店，改为主营干鲜果品，兼营糕点，资本人民币旧币900万元（折合新币900元）。[4]苏书勋的稻香村新记南货茶食店，1955年更名为稻香村新记南货果食店，雇用职工7人，资本人民币旧币3500万元（折合新币3500元），在社会主义改造运动中成为老北京稻香村字号的绝响。[5]

物换星移几度秋。在国家改革开放的新形势下，为恢复和扩大传统南味食品的生产，解决待业知识青年的就业问题，在曾任稻香春副经理的东城区副区长张立宏（张森隆子）鼓励下，已退休的原稻香春学徒、东城区工商联副主委刘振英出山，鉴于当时老字号稻香春不景气，决定袭用郭玉生（郭雨生）所创的老北京"稻香村"字号，以北京市东城区北新桥街道生产服务联社和北京市工商业联合会东城区办事处名义，共同开办了北京东城区稻香村南味食品店。1983年4月15日由北京市工商行政管理局核发营业执照，1984年在东四北大街营业店变更名称

---

[1] 中国民主建国会北京市委员会、北京市工商业联合会文史工作委员会编：《北京工商史话》第一辑，北京：中国商业出版社，1987年，第58—59页。

[2] 包天笑：《钏影楼回忆录》，上海：上海三联书店，2014年，第565页。

[3] 《北京市糕点糖果业公会分区会员清册》，北京市档案馆藏，档号：087-032-00042，第2页。

[4] 《北平市人民政府工商局工商业声请书》《北京市人民政府工商局私营企业设立登记申请书》《私营企业设立登记事项表》，徐有仁填报，北京市档案馆藏，档号：022-008-00233，第13—14、20页。《私营国内商业普查表（稻香村仁记）》，1955年8月31日徐有仁填报，北京市档案馆藏，档号：034-002-00261，第8页。

[5] 《私营国内商业普查表（稻香村新记）》，1955年8月31日苏书勋填报，北京市档案馆藏，档号：034-002-00261，第13页。

为北京市稻香村南味食品店。开业初期曾销售苏州稻香村等家产品[1]，在1927年入稻香春学徒后任副经理的宋士武等技术顾问的帮助下，企业迅速发展壮大。1994年组建为北京稻香村食品集团公司，2005年改制后成立北京稻香村食品有限责任公司。[2]刘振英历任经理、总经理、董事长兼总裁等职，则被誉称为稻香村继郭玉生、汪荣清和朱有清等人之后的第五代传人。刘振英（1921—2007），北京昌平人。据档案，刘振英自报"九岁入学，十六岁在北京东安市场稻香春学徒"。1944年于所居东四三区五条内月牙胡同9号开设英林饼干铺，1949年9月改为刘记家庭工业社，主营饼干批发，职工共2人。1952年12月申请改名为振华食品制造厂，位于东四区九条51号，雇用职工10人，自制中式糕点、糖果、饼干，兼制瓜子、腊味。1955年2月获发企业登记证，11月申请公私合营。[3]后任东四区糖业糕点管理处副科长、副主任、基层店经理等职。1982年从东城副食品公司退休后再度创业卓有劳绩。但是，从上述对老北京诸家稻香村字号的寻根溯源，以及对稻香春创办人张森隆和学徒刘振英的事迹探究，可知今日的"北京稻香村"作为一家全新的现代食品企业，与历史上北京的"稻香村"老字号没有任何渊源和延续的、明确的承继关系，所谓从郭玉生、汪荣清和朱有清等再到刘

---

[1] 沈根富回忆："北京稻香村实际上是1983年成立的，初建的时候，到苏州来……因为那个时候它只能够搞经营，产品的销售跟原辅材料的销售，它不可以制造……大概1984年还是1985年，北京搞了一个全国性的展览，国际食品包装展览，很隆重。商业局组织了我们苏州市不少企业到北京参加这个展会，我也去了，那个时候我代表食品工业公司。我们有几个厂，也一起到北京稻香村看了一下。那个地方规模很小，在东城区一个街道里边。那个时候我们看它的产品还只有一些茯苓饼，展销的就是茯苓饼。"曾任苏州稻香村食品厂供销科副科长谢水轩回忆："以前我们稻香村产品真的是不愁销的……1986还是1987年，我当时在供销科负责供销方面的事情，当时北京稻香村柜台经理到我们厂里来，进了一批枣泥麻饼、芝麻酥糖，他给我签了合同，我给他发了几个集装箱过去。其他的没有什么事情了，主要是进货。我想当时他可能也是门店经理吧。"该厂供销科副科长陈旭斌回忆："我和北京的业务往来，在成都全交会上，他们的经理叫毕国才，我开始和他第一次有过交往。北京稻香村从我们厂里进过松子枣泥麻饼、松子细饼，还有杏仁酥等，总共有一个集装箱这么多，是1988年三四月份成都全交会上。"按：根据商业部决定，1988年春季全国糖酒三类商品交流会于3月下旬在成都举办。以上见2016年苏州稻香村《手艺·守艺》纪录片摄制组的采访记录，苏州稻香村食品有限公司档案室藏。

[2] 2008年1月22日，苏州稻香村食品工业有限公司（甲方）法定代表人沈根富、北京稻香村食品有限责任公司（乙方）法定代表人毕国才签订《商标使用许可合同》，甲方授权乙方本年将注册号为352997的稻香村商标用于其生产的糕点类产品。该合同详见附录三。

[3]《北平市人民政府工商局营业证》《北京市人民政府工商局私营企业设立登记申请书》《私营企业设立登记事项表》《北京市人民政府工商局企业登记证》，刘振英填表领证，北京市档案馆藏，档号：034-002-00261，第12—13、26—27、29页。

振英的五代乃至六代传承谱序也是编造的，完全不能成立。[1]

二、天津

直辖市天津是北京门户和北方大港。清代天津设府，为直隶总督夏季办公地，清季开埠。1913年天津为直隶省省会，1928年7月国民政府将直隶省改名为河北省，省会天津设市，10月将省会迁往北平（北京）。后天津又曾两度作为河北省省会。在天津，食品业成为各大商帮努力经营的行业之一，稻香村则是茶食业商家争相袭用的南味食品字号。胡国琇、徐新之回忆道：

> 稻香村是南味食品店，这一行业起源于苏州，迄今已有200多年的历史了。
>
> 20世纪初，随着社会的不断发展变化，天津居民中南方人渐渐多起来了。一些商人便不失时机地创办了"稻香村"食品店，把南方的土特产品运来天津，同时也制作家乡风味的食品，一直到解放。"稻香村"中较为出名的有：坐落在滨江道上的林记和森记、和平路上的福记、明记和冠生园、黄家花园有桐记和裕记、北站的钟记、南市的生春阳、北大关的紫阳观、新华路与锦州道交口处的奇香居……最初经营稻香村业务的都是南方人，分为"宁波帮"和"扬州帮"，其中"宁波帮"占主要地位。[2]

辛亥革命后，"善于经销官礼果品洋酒罐头多以稻香村为标帜的南味食品店，遍布繁华商业区及租界地。南味食品店大体经销三大项目：一、鸡鸭鱼肉类，二、糖果杂货类，三、糕点茶食类（经营的品种与糕点店单项经营有所不同，故在成立同业公会时单独另立）"[3]。1929年6月天津茶食业同业公会成立，由于奢侈意味的茶食类税率为5‰，而被视为普通民需食品的自产糕点税率为3‰，1933

---

[1] 北京稻香村食品集团简介称："北京稻香村初创于1895年，其后因故歇业。1984年恢复营业……稻香村第五代传人刘振英、第六代传人毕国才继承和发扬经营民族传统食品的优良传统，使稻香村获得了空前的发展。"见黄圣明主编：《中国食品工业年鉴（1999）》，北京：中国统计出版社，2000年，第477页。严元俊撰《自信人生二百年 会当击水三千里——记稻香村第六代传人毕国才》，称："始创于1895年（清光绪21年）的北京稻香村于1984年由第五代传人刘振英恢复营业以来，又走过了15年光辉历程。今天，这根接力棒传到了毕国才手里。毕国才成了稻香村的第六代传人。"文末严元俊说："1999年7月22日上午，《中华工商时报》记者站站长李锡铭先生采访刘振英先生，毕总和笔者亦在座。刘振英先生介绍了他在稻香村的十五年，然后向毕总说：'你给讲讲今后的打算吧！'毕国才在介绍的过程中，刘振英写了两个字'六代'示意笔者。笔者当然领会这是表达了毕国才是他的接班人，是第六代传人这个意思。笔者在最后作补充的时候，把刘老的这个意思向李锡铭作了表达。"见《中国商论》1999年第11期。

[2] 胡国琇、徐新之：《天津森记稻香村》，中国人民政治协商会议天津市委员会文史资料委员会编：《天津文史资料选辑》总第93辑，天津：天津人民出版社，2002年，第132页。

[3] 孟亚力：《天津糕点业及其同业公会》，中国民主建国会天津市委员会、天津市工商业联合会文史资料委员会编：《天津工商史料丛刊》第8辑，1988年，第31页。该文称南味食品除地方风味显著外，另一个突出特点是制作食物大多采用猪油。

年天津茶食业同业公会改称天津糕点业同业公会，会员户只许经营糕点专项。鉴于行业经营种类与糕点业经营各异，原料来源和品种价格不尽相同，1940年5月，稻香村等字号经营南味糕点、罐头糖果的综合食品店在南市成立了天津南味食品同业公会。出席会员代表51人，代表会员97户，其中大户9户，中户12户。同业公会设于北门外紫阳观，紫阳观、钟记稻香村经理张步洲当选为会长，常委董事：黄竹君（全记稻香村）、郭石泉（合记稻香村）。董事：苟禹臣（源记稻香村）、杨金荣（信记稻香村）、乐仁翔（祥记稻香村）、忻再清（生春阳）。候补董事：王秀文（钟记稻香村）、钱立成（明记稻香村）。1945年抗日战争胜利后，同业公会进行改组，戴心庚（福记稻香村）当选为理事长，常务理事为徐新之（森记稻香村）、张步洲（钟记稻香村）与崔月生（裕生长）。[1]

1942年天津日本商工会议所编印的《天津华商公会名鉴·南味食品业》，反映了稻香村代表性业户的基本情况（表8-3）。

表8-3　1942年天津南味食品业稻香村字号一览表

商号	财东、资本主（籍贯、出生地）	经理人、支配人（籍贯、出生地）	营业地址	使用人数	开业年月	资本额/元
明记稻香村	勾熙普等2人（南京）	胡少云（江苏镇江）	法租界21号路27号	87	1915.5	50000
森记稻香村	袁云生（浙江）	夏兴源（江苏丹徒）	法租界26号路44号	40	1919	12000
福记稻香村	赵廷忠（江苏）	戴心庚（江苏丹徒）	日租界旭街大马路下天仙对过	24	1928	6000
春记稻香村	祝如山（浙江）	祝如山	特别行政区大沽路289号	13	1929.2	2000
信记老稻香村	刘连仲（天津）	刘连仲	特别一区管理局街107号	6	1930.9	600
桐记稻香村（总店）	贾恩桐（天津）	贾恩桐	原英租界56号路鸿志里56号	14	1932.2	6000
诚记稻香村	段宗儒（河北冀县）	段自正（河北冀县）	法租界56号路贵德里49号	2	1933.7	1000
祥记稻香村	庄镇霖（天津）	乐仁翔（浙江）	特别二区金汤大马路76号	10	1934.1	3000

---

[1] 孟亚力：《天津糕点业及其同业公会》，中国民主建国会天津市委员会、天津市工商业联合会文史资料委员会编：《天津工商史料丛刊》第8辑，1988年，第39页。苟禹臣1939年于永安街还开设沽记南味坊。按：原文钱立成明记稻香村误作朋记稻香村，戴心庚误作戴心赓，森记稻香村徐新之误作徐新立，崔月生的裕生长误作玉生常。

续表

商号	财东、资本主（籍贯、出生地）	经理人、支配人（籍贯、出生地）	营业地址	使用人数	开业年月	资本额/元
桐记稻香村（支店）	贾恩桐（天津）	贾恩桐	法租界33号路老华利里100号	8	1934.5	5000
钟记稻香村	鲍宝庆（浙江宁波）	张步洲（河北衡水）	河北大经路43号	8	1934.8	2000
全记稻香村	何子君（浙江）	黄竹君（江苏）	一分局大胡同67号	7	1938.2	1200
利记稻香村	萧书正（安徽怀宁）	萧书正	特一区原英租界海大道15号	4	1939.1	500
裕记稻香村	王子和等2人（江苏苏州）	陆翔森（不详）	特别行政区56号路13号	27	1940.1	15000
林记稻香村	曹大智（江苏镇江）	曹大智	法租界26号路泰隆里74号	19	1940.7	18000

资料来源：天津日本商工会议所编印：《天津华商公会名鉴·南味食品业》，1942年9月25日发行，第150—157页。参阅《1942年天津南味罐头食品业调查表》，见季宝华主编，天津市地方志编修委员会办公室、天津二商集团有限公司编著：《天津通志·二商志》，天津：天津社会科学院出版社，2005年，第285—288页。[1]

除表8-3之外，历史上天津还有稻香村津庄（特别二区大马路）、稻香村津号（大胡同）、老稻香村合记（大胡同中间）、老稻香村（新立街南头）、稻香村裕计（新车站）、稻香村（法租界天祥内）、稻香村协记（日租界）、真稻香村（日租界旭街）、泰记稻香村（南市永安大街17号）、仁记稻香村（东天仙旁），以及稻香村会计、何记、源记、沅记等字号。[2]

天津人喜欢南味食品，非常熟悉稻香村字号，其中不少职员和技工来自江苏。如江苏会馆董事会1935年编印的《旅津江苏同乡录》载，森记稻香村：经理夏兴源，字文富，丹徒人。明记稻香村：财东勾熙普南京人，经理胡少云与胡少卿、王志广、朱子章丹徒人，薛洪生金坛人，陆子良扬州人，勾康江宁人。福记稻香

---

[1] 按：《1942年天津南味罐头食品业调查表》讹误颇多，如森记稻香村经理夏兴源误作爱光源，桐记稻香村支店贾恩桐误作贾恩相，桐记稻香村总店误作相记稻香村，裕记稻香村误作雅记稻香村，陆翔森误作张翔森。再，《天津通志·二商志》第806页，谓森记稻香村创于1919年，创业者是江苏人夏兴源。孟亚力《天津糕点业及其同业公会》称明记稻香村开设于1919年，见中国民主建国会天津市委员会、天津市工商业联合会文史资料委员会编：《天津工商史料丛刊》第8辑，1988年，第31页。相传华世奎同一年为天津劝业场和福记稻香村开业题写匾额，则福记稻香村或创于1928年，见李鸿臣《华世奎醉写"劝业场"》，韩文彬主编：《话说劝业场》，天津：百花文艺出版社，1994年，第45—46页。皆待详考。

[2] 甘眠羊编：《新天津指南》，天津：绛雪斋书局，1927年，第86页。参阅1931、1933、1935、1948年《天津电话局号簿》。

村:经理戴心庚与赵玉元、戴瑞发丹徒人,戴煌彬江宁人。[1]福记稻香村的财东赵廷忠也是江苏人。林记稻香村财东兼经理曹大智是镇江人。他们或长于管理,或精于技艺,因此各家稻香村之间的竞争也很激烈。

明记稻香村,"可谓当时是前店后厂,集南方各派、各类食品之大全的店铺,品种之多是许多店不可比拟的。该店拥有九十多人,生产品种八九十种"[2],营业额为诸家之首。1930年8月7日出版的第508期《北洋画报》称:"前此梨栈之明记稻香村,生意亦殊不恶,今亦不如前,法租界营业之差强人意者,尽于此矣。"当时天津南味以经营集中、品种齐全、制作考究、风味独特而蜚声北方各地,如明记稻香村的油鸡、香糟肉不仅在天津负有盛名,而且在北京等地也深受欢迎,部分产品还远销海外。

福记稻香村,经营熏鱼、腊牛肉、肉松、肉干、腊肠等南方美食。熏鱼为其招牌产品,与别家不同,一般家庭晚上专门来买福记的熏鱼头,再要点汤汁,实际上等于多了一道菜。

林记稻香村,自制多味糖块,如薄荷糖、玫瑰糖、松子糖等;芝麻南糖,如麻片、麻卷、麻条等;南方素菜,如素鸡、素火腿、素什锦等。特别是素什锦,选料考究,不惜成本,制作精细,烹调得法,口感极佳。

森记稻香村,根据2009年天津市《首批津门老字号公示表》,今和平区滨江道178号的中华老字号——天津市稻香村食品有限公司(森记稻香村)被认定创始于1908年,即清光绪三十四年。[3]创始人有说是北京稻香村的郭雨生,别作郭玉生。这是天津发展得最好的老字号之一。1936年胡

民国天津法租界林记稻香村

国琇到森记稻香村学生意,1944年徐新之任森记稻香村经理,胡国琇任副经理,1950年初继任经理。据胡国琇、徐新之所撰《天津森记稻香村》,森记稻香村老号在法租界梨栈大街(1946年改称罗斯福路,即今和平路)极星里口,还有一处新号在法租界西开26号路中(现滨江道与辽宁路交口)。森记稻香村地处最繁华

---

[1] 江苏会馆董事会编印:《旅津江苏同乡录》,1935年。
[2] 孟亚力:《天津糕点业及其同业公会》,中国民主建国会天津市委员会、天津市工商业联合会文史资料委员会编:《天津工商史料丛刊》第8辑,1988年,第32页。
[3] 参阅由国庆:《老广告里的美食滋味》,上海:上海远东出版社,2014年,第18页。

的商业中心,号称"小上海"。周围有劝业场、天祥市场、泰康商场、中国大戏院、北洋大戏院、明星大戏院、新丰舞台、国民饭店、交通饭店、中华百货售品所、李同益西装店,还有几处舞厅。附近吉祥里、恒和里为南方人聚居地,这是森记发展的地理优势。森记稻香村坚持"顾客至上,信誉第一"的方针,选料精,操作专,分工做工细,灵活经营,品种分得很细。应节食品有年糕、粽子、月饼。年糕是春节期间最主要的商品,分为桂花年糕和猪油年糕,有一个时期还做过松糕。五月端午节粽子上市,品种有咸肉、火腿、鸭蛋黄、莲子、红枣、豆沙,有的只放点儿盐。月饼大致分为苏式月饼、广式月饼和改良月饼三种,馅有火腿、椰蓉、莲蓉、葡萄干、三鲜和冬瓜等。糕点有梅花糕、泊糕、绿豆糕、云片糕等。糖果蜜饯有寸金糖、花生酥、琥珀桃仁、琥珀杏仁、甜咸口的椒盐桃仁、咸话梅、嘉应子等,这些商品多从苏州、广州和福建运来。洋酒罐头这类商品不占主要地位,品种也有限。熏腊味占主要地位,有叉烧肉、白蘸鸡、火腿、熏鱼、熏鸡、熏对虾、腊肉、酱牛肉、糟肉等,以白蘸鸡最负盛名。除了上述几类外,还有平湖糟蛋、奶油瓜子、酱果仁、素什锦、烤麸等,不一而足。生意不是很大,但一直挺红火。顾客大多为南方人,柜头、作坊师傅也多为南方人,跟家乡长期有联系,再加上运输方便,故所需南方土特产货源充足。同时本市亦有专点供应原料,如李七庄养鱼池等两个鱼店长年供应活鲤鱼。因而森记稻香村的生意虽然比不上明记火爆,却在其他稻香村字号之上。1937年七七事变后日军封锁了锦州道,来梨栈这边的人越来越少,1939年天津又遇大水灾,森记稻香村老号从此萧条,一度停业。

中华人民共和国成立后,1949年10月17日天津糕点、南味食品两业商业同业公会合并,其中糕点业代表147人,南味业50人,成立天津市糕点罐头南味商业同业公会,主任委员为祥德斋经理高季和,副主任委员即为福记稻香村经理戴心庚。天津南味食品继续保持传统经营特色,产销量有所发展。1956年全行业公私合营时,南味店坊共21户,由原森记、林记、桐记、诚记稻香村及冠生园等8家后坊成立森记稻香村加工厂。1957年因商业网点调整,森记稻香村商店合并了文利东号干鲜果品店,"文化大革命"期间被改名为"前进食品店",1976年大地震建筑受损后停业。[1] 森记稻香村加工厂则在1958年被并入和平食品厂,有南点、肉松两个车间,后与跃进糕点厂、友谊食品厂一道被并入1977年7月在南开区建成投产的天津糕点食品厂。1981年森记稻香村重建,翌年8月建成,更名为天津稻香村食品店,1993年被国内贸易部认定为中华老字号,1996年发展为天津

---

[1] 胡国琇、徐新之:《天津森记稻香村》,中国人民政治协商会议天津市委员会文史资料委员会编:《天津文史资料选辑》2002年第1期,总第93辑,天津:天津人民出版社,2002年,第132—136页。参阅宁波市政协文史委编,陈守义主编:《宁波帮在天津》,北京:中国文史出版社,2006年,第107—108页。

市稻香村食品公司,成为中外合作经营企业,2011年又被商务部认定为中华老字号。由于技术人员老化,后继无人,绝技逐渐失传,20世纪80年代末以来,南味食品也面临着品种断档、风味殆尽的境况。[1]

三、河北

河北省前身为直隶省,清代设直隶总督,以保定为省会。1913年直隶省省会设于天津。1928年北伐成功之后,国民政府将直隶省改名为河北省。天津、北平(北京)、保定、石家庄诸市历为省会。1912年北京前门观音寺稻香村即在张家口开设分号,师利普任经理,而临安街之稻香村为点心铺"此类中之佼佼者"[2]。后来唐山北道门北边粮市街有过稻香村,清苑也有稻香村。还是保定和石家庄的稻香村做得最好。

(一) 保定

保定稻香村创设于1919年,由北洋军界名宿石仰溪[3]投资3000银元,聘曹洪波为经理,雇员六七人。稻香村旧址原为布店,1920年建起一座中西合璧二层楼房,"代表着西风东渐的时尚"[4]。该店在西大街中段北侧路北,以商为主,以工为辅,商业投资为75%,工业投资为25%。作坊、店铺隔街分立,生产是手工操作,主要制作糕点、南糖等。店铺除出售自产的食品外,兼营火腿、板鸭、调味材料、海味及适应时节的菜蔬瓜果。保定稻香村规模不大,但由于柜台上多是各地名贵产品,种类较多,自产的糕点、南糖经济实惠,质优价廉,糕点如广东月饼、南椒盐饼、太师宫饼、宁波水磨年糕等,肉食如广东香肠、福建肉松、南味酱汁肉、咸鱼醉蟹等,风味独具。且店处繁街闹市,西有槐茂酱菜园,东为大慈阁,南是天华市场和古莲池,北有城隍庙,牌匾由保定著名书法家张诗言书

---

[1] 季宝华主编,天津市地方志编修委员会办公室、天津二商集团有限公司编著:《天津通志·二商志》,天津:天津社会科学院出版社,2005年,第537页。
[2] 阎宝森编:《现在之张家口》,归绥:西北实业印刷局,1925年,第41页。
[3] 石仰溪,名启源,以字行,苗族,湖南乾城县(今吉首市)人。留日士官生出身。1912年2月被推为南北军界统一联合会临时干事之一,两获文虎勋章。曾任保定陆军军官学校教官。1917年曾被湖南督军傅良佐任命为湖南银行副行长兼湖南造币厂厂长,兼任北洋军湖南兵站总监,后寓居保定西大街南侧唐家胡同。
[4] 邵琳、姚征峰:《最美的街巷》,合肥:合肥工业大学出版社,2012年,第133页。

写,不久便在保定扬名。[1]

曹洪波为河北景县人,清末曾在北京观音寺稻香村当学徒,后在天津稻香村领东。他亲自领东主持保定稻香村业务,先后邀来北京、张家口、天津等处稻香村字号学徒出身的技工孙心田及其子孙恒山,以及刘和甫、王金藻、焦烈臣等人,后不断增加新徒,其产品始终保持稻香村的正统风味和特点。以生产工艺精美和货真价实为宗旨,信誉倍增,有"南味坊"之称。1929年起曹洪波改变了管理方式,退居"二线",聘头柜主持业务。继南京人孙心田、河北安新人刘和甫、北京人李乐山之后,1933年河北涿县(今涿州市)大沙坎村人焦烈臣被聘为第四任头柜。该店最兴旺时期有24人,抗日战争爆发前为16人。1937年七七事变后,保定沦陷,稻香村被日军抢劫一空。经理曹洪波避难于西安,委焦烈臣代经理,小量生产。1939年曹洪波病逝于原籍,有遗书向石仰溪保荐焦烈臣任经理,雷奎广和其子曹凤书任副经理。1940年石仰溪正式委任焦烈臣为经理,不久石仰溪也去世,其子石邦勋为东家。保定沦陷期间,生产经营均无发展。1947年,因经济萧条,通货膨胀,物价飞涨,赚钱亏货,债务重重,险些关张停业,职工减至8人。曹凤书拉保定警备司令部处长徐立生、督察长马士捷、副官王庆云和职员高世其投资入股,稻香村股东一变为五:石邦勋16股,高世其3股,徐立生、马士捷、王庆云共29股,合计48股。每股法币500万元,共计24000万元。职工10人,因战局而处于半歇业状态。[2]

中华人民共和国成立后,徐立生、马士捷、王庆云等官僚资本股金被没收,作为国有资金留店使用。1952年"五反"运动结束后,保定稻香村全部资金共计3715元,其中公股2245元,私股中石邦勋1238元、高世其之子高书田232元。1953年职工24人。1954年1月15日,经中共保定市委、保定市人民政府正式批准,保定稻香村成为首批公私合营企业之一——公私合营保定稻香村食品厂。[3]公方郝子安任党支部书记兼厂长,资方代理人焦烈臣任第一副厂长(1965年退休),雷奎广任第二副厂长。董事会共有私股董事2人、公股董事3人,由公股董

---

[1] 李永志、吴炳祥:《在社会主义改造中前进的稻香村食品厂》,中共保定市委党史办公室、中共保定市委统战部编:《伟大的历史性胜利——保定市资本主义工商业社会主义改造资料汇编》,石家庄:河北人民出版社,1989年,第112页。保定稻香村开办时间,翟树樟文《保定稻香村食品厂》作1917年,见中国人民政治协商会议河北省保定市委员会文史资料研究委员会编:《保定文史资料选辑》第10—11辑,1993年,第213页。另有1920年说。李永志、吴炳祥文注1,根据中华民国二十六年正月初五日"河北保定稻香村十八周年纪念全体同人摄影"照片,推定为1919年,此件原存于保定市稻香村食品厂。参阅保定市工商联:《保定市私营企业稻香村调查材料》,1953年12月29日,保定市档案馆藏。
[2] 翟树樟:《保定稻香村食品厂》,中国人民政治协商会议河北省保定市委员会文史资料研究委员会编:《保定文史资料选辑》第10—11辑,1993年,第214页。
[3] 李永志、吴炳祥:《在社会主义改造中前进的稻香村食品厂》,中共保定市委党史办公室、中共保定市委统战部编:《伟大的历史性胜利——保定市资本主义工商业社会主义改造资料汇编》,石家庄:河北人民出版社,1989年,第116页。

事、厂长郝子安任董事长，私股董事石邦勋任副董事长。[1]随后，真素斋、四美斋、福兰斋、生春阳等有名的同业店铺也被并入，根据上级指示精神，稻香村取消商业投资，由工商兼营的企业改为纯生产性质的企业。"文化大革命"开始后，稻香村匾额被作为"四旧"砸烂，1967年被改名为国营东方红食品厂，1971年被分为保定第二食品厂和化工五厂两个厂。1981

1937年保定稻香村全体同人留影

年保定第二食品厂复称保定稻香村食品厂，隶属于保定市食品总厂，其主厂位于秀水胡同南段东侧11号，是保定市食品工业中的骨干企业。[2]保定稻香村食品厂于1983年7月5日获准注册、核定使用第184905号"稻香村DXC及图"商标在第30类"饼干"商品上，1989年6月30日获准注册、核定使用第352997号"稻香村DXC及图"商标在第30类"果子面包、糕点"商品上。1994年与保定市食品总厂合并成立保定市稻香村食品工业总公司（前卫路239号），"稻香村"两注册商标随后转让给该总公司，2003年该总公司将"稻香村"两注册商标依法转让给了北京新亚食品技术开发公司所办合营公司——保定稻香村新亚食品有限公司。2005年1月25日，保定市稻香村食品工业总公司被保定市中级人民法院依法宣告破产，重组后成立股份制企业保定市稻香村食品工业有限公司。

保定稻香村经营品种中，糕点有南式糕点、京式糕点、西式糕点和北方茶食。在南式糕点中有广东各种月饼，上海各种年糕，点心中椒盐品种均别具一格。肉类30余种：上海酱汁肉、广东香肠、福建肉松、扒鸡、南味熏鸡、酱鸡、童子油鸡、烤鸭、板鸭、熏鱼、咸鱼、虾子鱼、鸡松、熏牛肉干、牛肉脯、五香牛肚、糟鱼醉蟹、火腿、腊肉、酱笋豆、螺丝豆腐、高级素菜等。童子油鸡以色白肉嫩为特点，五香熏鱼以鲤鱼、姜汁、绍兴料酒为主要原料。上述品种都有独特之处，均为保定稻香村之名特产品，虽失传者已多，但是配方仍在，有待逐步恢复。[3]

---

[1]《中共保定市委对5户私营工业进行公私合营的情况和今后整顿意见的报告（1954年5月15日）》，中共保定市委党史办公室、中共保定市委统战部编：《伟大的历史性胜利——保定资本主义工商业社会主义改造资料汇编》，石家庄：河北人民出版社，1989年，第367页。

[2]陈宪庚、吴贵业：《保定市北区地名志》"保定市稻香村食品厂"条，石家庄：河北科学技术出版社，1990年，第158页。参阅保定市人民政府地史办公室：《地名资料汇编》，1984年，第122—124页。

[3]翟树樟：《保定稻香村食品厂》，中国人民政治协商会议河北省保定市委员会文史资料研究委员会编：《保定文史资料选辑》第10—11辑，1993年，第215页。

（二）石家庄

石家庄旧称石门，稻香村字号最早的是位于大桥街的稻香村，创始于清末民初。1942年出版的《石门新指南》谓："宣统二年又有正太厂围墙之落成，包工者，则为井陉白王庄人之王鸿本也，彼包工人以包工所得之盈余，曾开设一老稻香村于大桥街，即今之东兴号地址，现在之稻香村，乃后所开。"[1]

宏记稻香村始创于1925年，初期店址在昇平街（今五一街），由宏义和百货店经理保定人高宏文投资3000元，聘请刘和甫为首任经理，领东经营。刘和甫，河北安新县三台村人，北京稻香村学徒出身，曾为保定稻香村第二任头柜，辞去头柜来石家庄。[2]聘请北京稻香村字号的技工赵思焕负责后坊生产，主要产品和生产经营特点如下。

> 宏记稻香村所生产的糕点、南糖，贵在精选原料，所有配方不轻易更动修改，工艺精湛，工序再多也不厌其烦……
>
> 对产品的规格严格执行工艺规程，从外形到内质，都按照每个品种的工艺要求进行生产。稻香村的南点特点是，油重不腻、利口，从味道上咸、甜、软、酥、香、脆，别有风味，一年四季，品种经常更新。生产的另一个特点是抓季节，抓时令，贵在适中，强调一个"早"字，早准备，早安排，早上市。
>
> 在经营上，以南味食品为主……自己生产的南点品种保持高、中、低结构，消费者需要什么生产什么，还可预约定品种，定供应时间。刘和甫每天在柜台观测市场变化，根据市场需要来确定生产。
>
> 抓品种花样，经常上市的南点有：腰子酥、杏仁酥、蛋黄酥、棋子酥、金钱饼、双麻饼、单麻饼。糕点馅有多种多样，如山楂馅、枣泥、豆沙、豆蓉、莲蓉、梅（椒——引者）盐、什锦等馅。桂花味蛋糕、虎皮蛋糕、喇嘛糕（山楂馅、果酱馅）、芝麻反饼、花生反饼、什锦反饼（用鸡蛋和面）。节日产品如春节时供应什锦年糕、条年糕、大油年糕，元宵节供应各种馅元宵。夏季供应粽子、绿豆糕，有带馅不带馅之分。冬春季生产桃片糕、三片糕。南糖风味食品生产麻片糖、花生片、桂花皮糖、粽子三角糟（糖——引者）、鸡骨糖、寸金糖、椒盐桃仁。营养食品生产猪肉松、鸡骨松、牛肉松、牛骨

---

[1] 张鹤魂编：《石门新指南》，石门：石门新报社，1942年，第328页。大桥街，以光绪三十三年（1907年）建成的正太铁路上大石桥得名。参阅李惠民：《石家庄大石桥考释》，见李惠民：《火车拉来的城市：近代石家庄城市史论丛》，北京：商务印书馆，2018年，第387—397页。

[2] 孔润常：《石家庄稻香村食品店》，孔润常编著：《味道石家庄》，石家庄：河北人民出版社，2017年，第40页。稻香村宏记，一说始建于1927年，见石家庄市地名办公室编：《河北省地名志：石家庄市分册》，石家庄：河北省地名办公室，1984年，第141页。石家庄市地名办公室编《石家庄市地名志》相同。

髓茶。日常生产奶油瓜子、甘咸瓜子。冬季生产糖葫芦、京糕、果丹皮、油炸花生米。虽然生产人员少，但他们巧安排，品种仍能做到常销常有常新鲜，时至今日，这种经营经验仍可借鉴。[1]

因主持经营却分利不多，刘和甫另起炉灶，1927年以1000元盘下大桥街昌盛永号铺底家具，开办和记稻香村，主要技工为来自宏记稻香村的赵思焕、马步高、张恒贵等人。[2]因地处闹市繁华中心，店容店貌与营业条件较昇平街优越，资金、人员、信用、质量皆有保证，品种齐全，胜过同行业，经营日趋兴旺。抗日战争时期行业萧条，从1942年起，刘和甫发售和记稻香村礼券三年。礼券分为5元、10元、20元几种，凭券购物，选择任意，颇受社会欢迎，和记稻香村因售出礼券也回笼了部分资金。由于市场繁华中心逐渐向中山路转移，刘和甫于1946年购置了今中山东路东段路南42号两间门面，开设和记稻香村南点庄。宏记稻香村则关闭停业。赵思焕以300元接盘大桥街和记稻香村全部家具营业，称为福记稻香村，1950年停业。

1956年和记稻香村积极参加全行业公私合营，改名稻香村食品店，刘和甫历任经理、门市部主任，主动以企业以外的自有房产增资，"努力搞好生产经营"[3]。后其作坊被并入石家庄食品一厂，赵思焕也到该厂工作，后又返回稻香村。"文化大革命"期间稻香村食品店曾被改称"兴无门市部"，1975年恢复原名。1978年改革开放以后，曾隶属于石家庄市糖业烟酒公司新桥商店[4]，后发展为稻香村食品综合商场，为国营中型零售兼批发企业，下设两个零售部，一个批发部和一个糕点厂。《河北经济报》曾以"十里长街数稻香"的佳句赞誉该商场。

四、山西

山西省省会太原稻香村，创办于1915年，位于钟楼街东口和柳巷交接处，"北京新华街的张连芳、冯树芳、费照德、李连生几位握有稻香村食品制作技术又善于经营的南方商客"，合股投资3000银元，店员有7人。经营方式是前店后坊，自产自销南味糕点，兼营干鲜果品、罐头、火腿、炒肉松、南糖瓜子等，每日销

---

[1] 孔润常：《石家庄稻香村食品店》，载孔润常编著：《味道石家庄》，石家庄：河北人民出版社，2017年，第40—41页。

[2] 一说作1929年，见石家庄市地名办公室编：《河北省地名志：石家庄市分册》"稻香村食品店"条，石家庄：河北省地名办公室，1984年，第141页。李永志、吴炳祥撰《在社会主义改造中前进的稻香村食品厂》，则谓刘和甫1931年左右辞去保定稻香村头柜后来石家庄，与高姓合资开设稻香村。待考。

[3] 《本市退还合营高潮中私方增加的资金》，《石家庄日报》1956年7月26日，见中共石家庄市委党史研究室、中共石家庄市委统战部编：《石家庄市资本主义商业的社会主义改造（1947年—1957年）》，石家庄：花山文艺出版社，1989年，第125页。

[4] 石家庄市地名办公室编：《河北省地名志：石家庄市分册》，石家庄：河北省地名办公室，1984年，第141页。

售百元左右。1919年该店迁至柳巷52号,门面扩大,经营品种和营业额也有所增加,风味独特,富于声誉。曾任山西候补道和督军阎锡山秘书的江苏东台拔贡鲍振镛(字谱笙,号东甫)书擅欧体馆阁,曾题写"稻香村"匾额。

姑苏风韵的稻香村食品讲究四时三节,"用料讲究正宗,核桃仁要山西汾阳的,因为那里的桃仁色白肉厚,香味浓郁,嚼在嘴里甜;玫瑰花要用京西妙峰山的,因为那里的玫瑰花花大瓣厚,气味芬芳,而且必须是在太阳没出来时带着露水采摘下来的;龙眼要用福建莆田的;火腿要用浙江金华的;等等。做工讲究'凭眼''凭手',例如熬糖何时可以端走全凭师傅的经验,早一分钟没到火候,晚一分钟火候又过了,这就是所谓的'凭眼';'凭手'则是指将熬好的糖剪成各种形状,这全是手工活儿"[1]。

1937年,乌尧章出资2000元扩充店面,店员增至19人,聘请太原万隆酱园经理韩石川经营。抗日战争时期,日军占领太原,苛捐杂税日益增多,该店曾几经衰落,1949年又毁于战火。中华人民共和国成立后,1950年稻香村重新登记开张,员工11人,生产的冬瓜饼、姑苏椒盐饼、猪油夹沙蒸蛋糕等南味食品颇受欢迎,产品花样增多,营业额逐年上升。1956年1月,在社会主义改造运动高潮中,稻香村随行业实行公私合营。次年前店搬到并西商场,后坊移到双合成食品店。1963年,其食品加工厂迁到河西区山西重型机械厂厂区南,后又迁至下元西矿街北侧,占地面积1000平方米。经营方式恢复为前店后坊,生产得到发展,日产量300多斤,年销售量在35万斤左右,年创利润4万元。"文化大革命"期间,"稻香村"匾额被砸烂,店名被改为"工农兵食品店",生产、销售逐年下降,糕点实行凭证供应,品种单调,老师傅的技术难以发挥,濒临失传境地。

1978年中共十一届三中全会以后,实行改革开放,恢复了"稻香村"名号。国家筹资金、派干部、批基地,从多方面积极扶植。1982年营业场所大修,1986年又进行扩建,名为稻香村综合商场,建筑面积1160平方米,营业面积1000平方米,职工增至127人。稻香村批零兼营,经营品种由初期的50种扩大到960种。经营方式以自产自销为主,南方风味糕点有袜底酥、小桃酥、芙蓉糕、烧蛋糕、蛋黄方饼,西式点心有奶油卷、千层酥、蛋糕、什锦南糖、花生沾、核桃沾、寸金糖、麻片,还有多种风味月饼,其产品曾在全市食品行业制作竞赛评比中夺得第一名。随着经营管理的改革,稻香村的面貌大有变化,1991年的营业额增加到720.42万元,比1982年提高了16倍,上缴利税19.54万元,被评为太原市

---

[1]《姑苏风韵:稻香老香一城香》,吴国荣主编:《太原经济笔谭》,太原:山西人民出版社,2014年,第478页。

"双信"单位和河西区文明单位。[1]

第三节 东北地区——以沈阳为重心

东北地区作为清王朝的所谓龙兴之地,曾被长期封禁。直到日俄战争后,因边疆危机日益严峻,清政府在东北着力推行新政,建立奉天、吉林、黑龙江三省,商业逐渐繁盛,各种字记的稻香村所在多有。如黑龙江省哈尔滨道外六道街有稻香村,吉林长春二道沟有稻香村。[2]1937年长春有稻香村裕记,在大马路3号,店主葛乾亭,独资,资本额1200元,职工10人。[3]该店在20世纪40年代倒闭。

稻香村在东北发展的重镇是奉天省,后改称辽宁省,以省会沈阳为重心。1929年,苏州人徐卓呆以呆呆笔名所撰《谈谈稻香村》曰:

> 旁人眼热,争步后尘。天下的"稻香村"竟多得牛毛一般。连沈阳城点点地方,"稻香村"足有一二十家,什么老啦,小啦,真正,正真,中央,东记,明记的,闹个不以乐乎。弄得人们也认不清楚,谁是真的谁是假的弗晓得。从此小节看去,就可见咱这中华大国人民,是富于模仿性而缺乏创作力了。真正可叹可笑。喜欢读《红楼梦》的朋友说,想不到孀居李纨,身后会支出这些号点心铺子。荣宁府虽被查抄,贾氏后代也不忧贫穷了。一笑。[4]

1930年,上海益丰搪瓷总公司协理沈廷凯撰《沈阳记琐》,观察细致入微:

> 春初赴大连,慕沈阳名,作小游二日之计,得一碎琐事而记之。省垣有糖果茶食肆极多,就目力所及,计得稻香村凡三十一家。忆上海及江浙内地之稻香村,亦可不谓不多者,大致均为苏帮商人所经营,而冠以姑苏稻香村字样。独沈阳反是,冠姑苏字样者,只二三家。虽其经营亦南中人士,但非苏州,而以绍兴籍占多。故他日关外之好味人士,将渐知古越而不知金阊。而我人常触眼帘之姑苏稻香村字样,岂渐将易为古越稻香村欤?[5]

---

[1] 山西省政协《晋商史料全览》编辑委员会编:《晋商史料全览·字号卷》,太原:山西人民出版社,2007年,第151—152页。

[2] 参阅伪满洲国新京特别市公署指令第660号,行财第307号,1934年11月24日。该指令称:"稻香村呈一件为恳请减轻营业捐由,呈悉。业经派员调查,核与所呈尚属相符,准由十月起营业捐改为七元,以轻负担。"

[3] 周地山编:《新京特别市商会会员汇编》,1937年。

[4] 呆呆:《谈谈稻香村》,《大亚画报》第167期,1929年7月10日出版,第3页。

[5] 沈廷凯:《沈阳记琐》,《申报》1930年4月16日第17版。沈廷凯,浙江湖州人,曾兼任中华国货消费合作社秘书。后历任上海《大公报》记者、《越剧日报》主笔、《大众夜报》秘书等,为知名报人。

第八章 其他地区"稻香村"老字号考录

兹据奉天市商会1933年编印的《奉天市商业汇编》，将所载35家稻香村字号列表如下（表8-4）。

表8-4　1933年沈阳部分稻香村字号一览表

商号名称	资本主	正副经理	店员人数	资本金/元	开始年月	设立地址
老稻香村	方兰亭	方兰亭	7	200	1909	大南门里分所26号
真稻香村	章道生、王又新、黄藕芳	章道生	13	4000	1921.7	小西门里潜德分所5号（原在小南门里路东）
稻香村真记	吴鸿槐	吴鸿槐	3	1200	1922.7	小南门内小南门分所118号
真正稻香村	叶复全	叶复全	6	1500	1924.5	小西关小西边门分所9号
稻香村	韩文成	韩文成	4	800	1924.7	大南关老堆子分所100号
上海稻香村	阮益斋	陈壬沅	8	2200	1925.4	大东关大东边门分所45号
一品稻香村	徐源溥	徐源溥	2	800	1926.5	小北关望北楼分所4号
稻香村惠记	钟树丰	钟鹿鸣	11	600	1927.2	大东门里大东门分所105号
森记稻香村	胡树勋	胡树勋	4	400	1927.7	小西关子孙堂外分所34号
真正稻香村	章本六	谢自林	7	800	1927.7	大西门内西华门分所81号
义记稻香村	陈春	邢义然	7	1350	1927.7	商埠十八经路分所56号
正稻香村	娄瑞生	娄瑞生	11	2800	1929.5	小门南里西华门分所153号
顺记稻香村	张寿生	张寿生	2	300	1929.8	皇姑屯分所83号
德记稻香村	陈宝章	陈宝章	5	500	1929.11	皇姑屯分所103号
稻香村牲记	何玉成	朱子衡	4	800	1930.10	小东门五兴观门分所5号
江苏稻香村	方仲三	方仲三	4	3000	1930.10	大西关大西边门分所36号
稻香村	王子海	王子海	7	2000	1930.11	商埠皇寺德沛里分所93号
稻香村	邢怡然	邢怡然	6	1000	1930.12	商埠十九经路二十经路分所1号
稻香村	张寿山	张寿山	3	200	1930.12	商埠十九经路十间房分所159号
浙绍稻香村	吴子裕	吴子裕	1	100	1931.3	商埠明钦里胡同大西边门外分所205号
沪杭稻香村	王忠融	王忠融	3	400	1931.5	大东关大东边门分所16号
南洋稻香村	金振康	金振康	6	400	1931.6	小南关功夫寺分所324号
第一稻香村	徐汲庵	徐汲庵	5	1000	1931.8	商埠十一纬路南三经路分所134号
稻香村	李芳园	李芳园	3	350	1931.9	大北关老龙口分所94号
稻香村	章云璿	章云璿	3	300	1932.4	商埠一纬路什字街分所34号

续表

商号名称	资本主	正副经理	店员人数	资本金/元	开始年月	设立地址
南方稻香村	洪天长	洪天长	2	400	1932.4	商埠二十六纬路北市场分所116号
苏州稻香村	方殿元	方殿元	4	400	1932.5	大西关五斗居分所5号
玉声稻香村	虞锦堂	虞锦堂	2	300	1932.5	大西关启字里分所55号
稻香村	王来法	王来法	3	200	1932.5	商埠一纬路小西边门外分所133号
霖记稻香村	张寿生	张寿生	3	400	1932.6	小西关子孙堂分所15号
老稻香村南号	方兰亭	方兰亭	4	450	1932.6	大南关官烧锅分所1号
大北稻香村	白雨亭	白雨亭	3	300	1932.6	大北关横街分所73号
稻香村	叶复全	叶复全	3	700	1932.7	商埠一纬路小西边门外分所138号
真老稻香村	戴文寿	戴文寿	2	400	1932.8	小西关大什字街分所23号
稻香村文记	丁文楣	丁文楣	2	350	1932	大南门里分所40号

资料来源：奉天市商会编：《奉天市商业汇编·糕点南货》，1933年，第232—241页。[1]

根据辽宁省档案馆藏档案，表8-4中的章本六为资本主、谢自林为经理的真正稻香村实为清末创办的知名字号。沈阳的稻香村字号，以方兰亭宣统元年（1909年）创办的"老稻香村"为最早。宣统三年（1911年），苏州商人章本六、谢赓璇合资于城内西华门路北创办"真正稻香村"茶食南货铺，被方兰亭先后控告于警务局、劝业道和奉天商务总会。章本六、谢赓璇禀呈奉天商务总会总理如下：

> 具禀商人章本六、谢赓璇为刁狡欺人捏词妄控恳恩传会质讯事。窃商等闻奉省开埠通商，拟措资在沈分设真正稻香村茶食南货铺。讵有前在奉开设之稻香村之方兰亭出为阻挠，以商等冒充伊稻香村字号，赴警务局、劝业道妄控。蒙劝业道宪批示：查稻香村茶食牌号，南省各处均有开设，并非创自该商，何得以私冒渎控特斥等因。复蒙警务局传讯未结，饬区查理，乃方兰亭逞刁不服。伏思稻香村字号，诚如劝业道宪批示，南省各处均有开设，并非创自该商，方兰亭何得把持垄断！理合呈请总理大人立案，准商等开设稻香村字号茶食南货铺，一面饬传方兰亭到会，谕令不得从中阻挠，以安商业，

---

[1] 根据辽宁省档案馆藏档案等资料，1911年到1931年，沈阳尚有小南门里路西真稻香村、小西关下头路北新稻香村、大西关大十字街路北稻香村、十九经路54号稻香村鸿记、铁道西新村市路南德记稻香村、商埠北市场鑫记稻香村（1925年），以及改良稻香村（1926年）、稻香村兴记（1930年被查封）、东北稻香村（1930年）、中央稻香村（1930年）、稻香村陈记（1931年）和稻香村东记、正记等字号。

第八章 其他地区"稻香村"老字号考录

实为德便。须至呈者。

> 具禀商人章本六、谢赓璇
>
> 宣统三年闰六月 日[1]

章本六、谢赓璇的诉求合理合法，得到了奉天商务总会的支持，真正稻香村得以顺利创办。入民国后，该店执事人为章道生，1917年曾为江苏同乡朱廷良的联芳班承租官房9间作保。后章道生自开真稻香村，真正稻香村由谢自林任经理。当时有诗云："满城稻香村，真假实难分。欲知谁家好，还得尝点心。"[2]在商场角逐战中，真正稻香村南货茶食店以质优价廉而胜出。

谢自林，别作谢自霖，江苏吴县人，家居甫桥西街10号。[3]为应对同业不当竞争，创立"双喜"商标并呈请准予注册备案。1923年11月10日，奉天省实业厅厅长谈国桢为此呈报东三省巡阅使、奉天督军兼省长张作霖，21日张作霖即批示照准。呈曰：

> 呈为具报真正稻香村茶食店商标注册请备案事。据奉天沈阳县真正稻香村南货茶食店执事人谢自林呈称：窃商在城内大西门里开设南货茶食店，迄今十余年。对于主顾必诚必和，故营业尚称不恶。但同业中人未免因羡成妒，二三年来稻香村牌号愈出愈多，幸多散设各街，另加字记，损害尚浅。乃近有在商之同地开设同样店业，题称同样牌号，毫不另加字记，于商之营业妨害有限，于商之名誉关系实大。但商不愿因此启争，示人不广，然识别不可不立，用敢备具双喜商标等件，呈请准予立业注册，以免鱼目混珠等情。据此，职厅查该商号呈请商标注册手续，尚无不合。除检同商标注册费等件，函请北京商标局查核办理外，理合呈请钧署鉴核备案。谨呈奉天省长。[4]

1924年，商标局审定给予真正稻香村南货茶食店"双喜"注册商标。1925年，真正稻香村南货茶食店申报"稻"字审定商标第3713号、专用商品第43

---

[1]《奉天商人章本六商人谢赓璇为控商人方兰亭把持垄断商铺稻香村请准开设稻香村字号茶食南货铺及饬传商人方兰亭不得阻挠事给奉天商务总会的函》，宣统三年闰六月，辽宁省档案馆藏，档号：JC014-01-006994-000040-000001。

[2]《美食可口的稻香村食品店》，徐光荣编著：《中华老字号·沈阳卷》，沈阳：辽宁美术出版社，1999年，第100—101页。

[3]《红旗区冲房对象情况调查表（谢学勤）》，1971年12月，苏州市房地产档案馆藏。据苏州市红旗区（即沧浪区）双塔里弄革命委员会所作政历问题结论："谢学俭的父亲叫谢自林，开糖果店的。糖果店开在沈阳等地，是资本家。甫桥西街10号的房子是有（由——引者）父亲送给女儿谢学勤的。谢学勤在甫桥西街10号住了10年，到上海青龙桥街20号住，本人无政历问题。"房屋一间一厢房出租。1968年11月上交公家。另外，"平江路192号自留屋由谢自林历年经商合伙开店（西安天生园食品店）所得改建，继任给儿子林学熙（契名林志候），现在四川成都化工厂工人"。

[4]《奉天实业厅为报真正稻香村茶食店商标注册请备案事给奉天省长公署的呈》，1923年11月10日，辽宁省档案馆藏，档号：JC010-01-011748-000003-000001-3。

类：沙仁麻片、八宝蛋糕、五仁玉带、果汁夹饼、麻沙椒桃、爱司酥饼、共和茶食、文明礼饼、荷花雪饼、桂花烘片、薄荷年糕饼、百字喜糕、果酱蛋糕、葡萄蛋糕、山楂蛋糕、肥儿奶糕、八珍药糕、玫瑰橘糕、葡萄西饼、南瓜年糕、嵌桃麻糕、百果月饼、玫瑰月饼、洗沙月饼、麻沙月饼、果汁月饼、椒盐麻饼、枣泥年糕、枣泥月饼、甜腿月饼、咸腿月饼、冰糖月饼、葡萄月饼、玫瑰年糕。[1]同时申报"稻"字审定商标第3714号、专用商品第44类：什景蜜饯、结汁肉松、肥嫩鸡松、清水虾松、冰糖方酥、桂花油枣。[2]商标风格、形式仿苏州稻香村"禾"字稻图商标，上有"注册商标谨防假冒"八字。1926年3月1日获商标局颁证，给予"稻"字注册商标第6482号（乙）、专用商品第43类和第6483号（乙）、专用商品第44类，"专用期限"同为20年，自1926年3月1日起至1946年2月28日止。[3]

民国沈阳真正稻香村

1927年，谢自林以盈利渐多，资金雄厚，在商号云集的沈阳四平街（今中街）东南开设二层

"稻"字注册商标

小楼新店。南京国民政府宣布统一后，谢自林呈请工商部商标局认定真正稻香村的注册商标。1929年11月23日，辽宁省农矿厅转呈工商部，27日工商部咨复，已令商标局核办换发商标注册证。[4]

真正稻香村历来重视信誉，诚实经营。1931年，合作伙伴英瑞炼乳公司曾向沈阳市商会函询其信用等事，商会商务科干事谭文奇复函称："查英瑞炼乳公司函请将真正稻香村信用及资本经济状况各项示覆等情。当查其注册资本现洋壹仟贰佰元，并素稔该号创设多年，信用卓著，营业状况现属殷实。理合枚举，一凭函

---

[1]《商标公报》第42期，北京：农商部商标局，1925年8月31日出版，第256页。
[2]《商标公报》第42期，北京：农商部商标局，1925年8月31日出版，第259页。
[3]《商标公报》第61期，北京：农商部商标局，1926年3月10日出版，第87、90页。
[4]《辽宁省农矿厅转据真正稻香村谢自林报请查验商标注册证一案请转咨核办事给辽宁省政府的咨》，1929年11月23日，辽宁省档案馆藏，档号：JC014-01-003244-000026-000001。

复。"[1]

此外，1925年谢自林还投资2500元开办了汇利盛茶食号[2]，1932年又投资300元开办了真正福香村[3]。抗日战争时期，谢自林携长子谢学俭（在沪大学生）到西安开设茶食店，作南北货糖果生意，还合股开天生园，自任经理，1940年获准注册酱油"天字"商标。[4]中华人民共和国成立后，谢自林患风湿病五年，1956年4月在苏州寓所去世。

1956年1月社会主义改造运动高潮中，以生产萨其马著名的中和稻香村食品店被并入公私合营长江食品厂。谢自林的"真正稻香村"也参加了公私合营，被改名为沈阳市糖业糕点第三食品店。1978年改革开放以来，恢复稻香村老字号，仍然是前店后坊，发展为沈阳稻香村食品厂，以专业经营自产名点为特色，有葱花缸炉、奶油蛋卷、奶油叠酥、大卷酥、方糕、卷糕、炉果、油茶、绿豆糕等品种，以及传统的多品蛋糕、月饼等，名闻辽沈。沈阳稻香村食品厂于1995年被国内贸易部授予中华老字号称号，为辽沈食品行业龙头企业之一，生产的"稻福"牌系列产品多次荣获国家轻工业局、国内贸易局、中国焙烤食品糖制品工业协会授予的质量信誉产品、优质产品等荣誉称号。[5]2011年又被商务部认定为中华老字号。作为沈阳副食集团和沈阳食品行业中唯一仅存的"中华老字号"，2015年沈阳稻香村传统糕点制作工艺被列入沈阳市非物质文化遗产名录。沈阳副食集团与苏州稻香村食品集团有限公司合作，对沈阳稻香村商业有限公司所属中华老字号沈阳稻香村食品厂合资经营，2016年成立沈阳稻香村食品工业有限公司，发展走上了快车道。

沈阳以外，辽宁西丰、海城、开原诸县及安东（今丹东）兴隆街都有稻香村。锦县稻香村，创办于光绪三十年（1904年）五月初二日，为股份制，资本800元。[6]锦县东关（东门外）稻香村为1930年创办。

铁岭县西门里街8号稻香村，1921年11月朱福生（1888—?）独资创办，投资3000元，从业人员10人。真正稻香村在铁岭县中央西街62号，沈阳"江苏稻香村"店主、经理方仲三（1897—?）独资创办于1934年9月，资本1000元，

---

[1] 《沈阳市商会商务科干事谭文奇为报西华门真正稻香村注册资本现洋1200元信用卓著营业状况殷实事给沈阳市商会的呈》，1931年8月8日，辽宁省档案馆藏，档号：JC014-01-003244-000026-000001。
[2] 奉天市商会编：《奉天市商业汇编·糕点南货》，1933年，第233页。汇利盛聘鞠启盛为经理，职工5人，资本2500元，1925年12月开办，地址在沈阳小西关梨花胡同小西边门分所106号。
[3] 奉天市商会编：《奉天市商业汇编·糕点南货》，1933年，第238页。真正福香村聘叶兆麟为经理，有职工2人，1932年4月开办，地址在沈阳小西关小西边门分所32号。
[4] 参阅《商标公报》第171期，重庆：经济部商标局，1940年10月31日出版，第73页。
[5] 刘伟军：《传统风味糕点著称的沈阳稻香村》，张庶平、张之君主编：《中华老字号》第5册，北京：中国商业出版社，2007年，第100—101页。
[6] 锦县公署：《康德二年县政概况（下篇）》，1935年，第162页。

从业人员10人。[1]

辽阳县二道街有稻香村。北街路西老稻香村，章世英开办于1922年4月，自任经理，资本2100元，职工15人。北街路东的真正稻香村创设于1929年8月，由沈阳稻香村真记店主吴鸿槐与黄耦记、程世记、黄动记、许指记合股投资6000元，以程志洲为经理，雇用店员9名。[2]

抚顺县治所千金寨还出现过真假"稻香村"之争。千金寨稻香村（抚顺东大街1296号）"始创于1923年农历八月初七，店名叫'正宗稻香村南货铺'，店主是浙江绍兴人许明标和安徽歙县人吴鸿槐。他们聘请苏州著名技师，购买上等的食品配料，加工制作各种茶食糕点以及香肠、板鸭、酱糟等熟食，在千金寨售卖。因为货色清洁，口味香美，不长时间就远近闻名，生意十分兴隆。这两位年过四十的南方人，还确定了'双龙'商标，以志识别"[3]。1925年9月，该店店主向抚顺县商会呈文，称："近来人心不古，诈伪百出，诚恐不肖之徒有假冒稻香村字号与双龙商标，添设南货茶食，制造劣货销售市面，以为鱼目混珠，藉此渔利之计，于商铺营业不无影响。"呈请抚顺县商会和县警察所给予注册立案，禁止冒牌，以维护正常营业。1926年5月18日又向县商会和警察所呈文，称近来有人竟在千金寨五街租妥房屋，设立正宗稻香村南货茶食铺，收拾了门面，拟不日开业，开设同业禁止不了，但不应该起同一店号。县商会会长批示调查真伪，如果属实，"将饬令改字号，以免雷同，而维商权"。警察所终令伪冒的"正宗稻香村"改换字号。

本溪曾有东记稻香村，1926年由奉天人李焕章创办于县东街，资本2000银元。[4]谦记稻香村创办于1931年，店址在本溪最繁华的站前洋街（今本溪市溪湖区顺山街），首任经理为河北人，前店后坊，生产苏、京、广等各式传统风味点心80余种，闻名遐迩。中华人民共和国成立后，1956年实行公私合营，被并入本溪市食品厂。[5]"文化大革命"期间，厂房店铺被关闭，职工被分配到本市其他食品厂。1982年9月恢复稻香村食品厂，后为本溪市稻香村糕点食品厂、本溪

---

[1] 铁岭县公署总务科文书股编：《铁岭县公署统计汇刊·糕点业》，1937年，第159页。

[2] 邹宝库编著：《辽阳商海钩沉》，长春：吉林文史出版社，2016年，第17页。辽阳市志编纂委员会办公室编：《辽阳市志》第2卷，沈阳：辽宁人民出版社，2000年，第406页；《辽阳市志》第3卷"民国期间辽阳食品（糕点）企业名录"，北京：中国社会出版社，2002年，第202页，其中吴鸿槐误作吴洪槐。

[3] 《千金寨真假"稻香村"》，见抚顺市政协文化和文史资料委员会编：《抚顺民国往事》，沈阳：辽宁人民出版社，2014年，第375—376页。抚顺县公署1933年编印的《抚顺县势一览（一）》第141页，记载稻香村在东大街，1931年开办，合资，资本额1200元，经理许明标，籍贯浙江绍兴。

[4] 《1929年（民国18年）本溪县第一区县街商号一览表》，本溪满族自治县党史地方志办公室编：《本溪满族自治县志》上卷，沈阳：辽宁民族出版社，2009年，第571页。

[5] 姚子奇：《举国庆升平，功业载史册——对本溪市私营工商行业公私合营前后的回忆》，中共本溪市委统一战线工作部编：《本溪市资本主义工商业的社会主义改造》，1990年，第88页。

稻香村食品有限责任公司。虽然原为几十名职工的集体所有制小厂，恢复生产后，坚持传统的生产工艺标准，精心制作，产品依然体现传统风味特色，人均年创利率居全市同行业之首。1987年11月本溪市工商业联合会与市轻工业管理局协商决定，由稻香村食品厂承包经营全民所有制企业本溪市食品二厂五年零二个月，次年即由亏损转为盈利，被传为"小鱼吃大鱼"佳话。[1]

第四节　西北、西南地区与华南、华中地区

一、甘肃、四川与重庆

西北地区，在地理区划上包括陕西省、甘肃省、青海省、宁夏回族自治区、新疆维吾尔自治区，深居内陆，面积广大，人口稀少。孙伏园1924年撰文《长安道上》，说陕西省会西安有浙江绍兴同乡开稻香村。西安三桥正街有家苏州全记老稻香村。1936年时西安中山大街有家老稻香村[2]。抗日战争时期经营茶食南货著名者为西安院门巷稻香村[3]。民国时期青海省会西宁有家稻香村，经理牟光汉，资本2000银元，主要生产糕点和经销各种副食品。[4]甘肃省会兰州，抗日战争时期，随着沿海工商业主的到来，先进的经营思想传入，在兰州市场上出现了很多新型行店，"如食品业中就有上海帮的天生园、中国酱园、大升酱园、上海酱园、乾康酱园，天津帮的鲜味斋、稻香村，河北高阳帮的洋货行、布行等。

民国西安苏州全记老稻香村仿单

有名的新式食品有南味糕点、西点、面包、水果糖、各种瓶装露酒、啤酒、汽水以及各种各样的洋杂小百货。品种繁多，应有尽有，实为兰州历史上所罕见"[5]。由于内战和日益严重的通货膨胀，20世纪40年代后期，兰州私营商业十有八九处于

---

[1] 本溪日报社编：《大潮人物》，1988年，第327页。参阅《稻香村——辽宁本溪食品厂》，孔令仁、李德征等：《中国老字号·工业卷》中册，北京：高等教育出版社，1998年，第752—754页。
[2] 王荫樵编：《西京游览指南》，西安：天津大公报西安分馆，1936年，第266页。
[3] 王望：《新西安》，重庆：中华书局，1940年，第120页。
[4] 严正德、王毅武主编：《青海百科大辞典》，北京：中国财政经济出版社，1994年，第431页。
[5] 丁孝智：《近代兰州的私营商业》，见李建国、尚季芳主编：《近现代西北社会研究：发展与变革》，兰州：甘肃文化出版社，2015年，第52页。按：乾康，原文误作"干康"。

"内空外虚，奄奄维生的境地"，稻香村也不免于停业倒闭。

西南地区，包括今直辖市重庆市和四川省、贵州省、云南省、西藏自治区。历史上所言西南三省，则指四川（含重庆）、云南、贵州，而以四川最为发达。云南省会昆明威远街旧藩署旁有稻香村。贵州省会贵阳有绍记稻香村，1930年开业，在今中华南路226号，店主王绍珊。[1] 毕节县城有稻香村号，1928年为筹聚资金，率先自行印制"市票"在城区范围内流通，持票人可用票购货，可兑现钞，为其他商号效仿一时。[2]

四川省会成都有稻香村，抗日战争期间"本市糖食点心，闻以春熙路之稻香村，总府街之上海食品公司之出品为最可口"[3]。双流县（今成都市双流区）中和场的稻香村，创办人为杜文仲。据《工商杂谈》所载钟信隆撰《香飘四季的"稻香村"》一文，杜文仲技术学到手之后，便在成都自立商铺，经营糕点，为避战乱，选定水陆交通方便的双流县中和场为落脚点，树立稻香村招牌，以诚信优质为立业之本，成为"糖果糕点品种最多、质量信得过、最受消费者欢迎的糕点铺之一"。在稻香村当过学徒、做过工的吕汉臣，中华人民共和国成立后到成都糖果厂，担任过重要工作。[4]

西南名城重庆有过多家稻香村。1937年出版的《重庆通信箱汇刊第壹集》答读者问曰："重庆第壹家开设的稻香村，是远在二十余年前下陕西街现四川省银行隔壁，现在中西一糖果店即其原址，系浙江商人合资来渝伙贸，开幕之初，真个门庭若市，拥挤不堪。"[5] 推算这第一家稻香村应该创办于清末。字水街马路有同记稻香村糖食店，创办时间不详，1936年营业亏折，次年"于三月十七宣告结束"[6]。抗日战争全面爆发后，重庆成为战时首都，繁盛程度在西南首屈一指，劝工局街有钧记稻香村、天记稻香村。裕记稻香村在上督邮街，泰记老稻香村在民权路29号，又称苏州观东老稻香村。[7] 因遭日本飞机野蛮轰炸，1940年裕记稻香村报告历年被炸损失，总计国币42500元[8]，难以为继。苏州人王子照

---

[1] 贵阳市南明区地方志编纂委员会编：《贵阳市南明区志》上册，贵阳：贵州人民出版社，2008年，第271页。
[2] 金国藩主编，贵州省毕节地区地方志编纂委员会编：《毕节地区志·大事记》，贵阳：贵州人民出版社，2004年，第47页。参阅贵州省毕节地区地方志编纂委员会编：《毕节地区志·金融志》，贵阳：贵州人民出版社，1992年，第9页。
[3] 莫钟骥编著：《成都市指南》，成都：西部印务局，1943年，第142页。
[4] 钟合阶编著：《在历史的边缘行走中和场》，北京：中国文史出版社，2012年，第105—110页。
[5] 刘残音编：《重庆通信箱汇刊第壹集》，重庆：重庆商务日报社，1937年，第4—5页。
[6] 《一月来各地商号扩充与倒闭4：渝永成祥稻香村歇业》，《四川经济月刊》1937年第7卷第4期。
[7] 杨世才编：《重庆指南》，重庆：北新书局，1940年，第135页。
[8] 《裕记稻香村糖食糕饼生理为报陈历年被炸损失请鉴核备查事呈重庆市社会局文（1940年10月23日）》，唐润明主编：《重庆大轰炸档案文献：财产损失（同业公会部分）》下册，重庆：重庆出版社，2013年，第666页。

（1892—？）任经理的泰记老稻香村，素有声誉。1940 年 8 月 19 日遭受日本飞机轰炸，损失也很惨重。[1]

泰记老稻香村始创于清光绪三十二年（1906 年），规模小，原本业务平平。"1914 年，自幼学艺，勤学肯钻，制作苏式糖果糕点行家里手的苏州人王子照进店任'头柜先生'，生产经营发展很快，遂集资白银 1000 两，顶过原稻香村，改店名为苏州观东泰记老稻香村，自产自销苏式糖果点心和炒货。因其选料严格，工艺精细，产品备受消费者欢迎。该店制作的蛋糕不仅色香味形俱佳，且从不卖隔夜货，苏式瓜子、松子等炒货更独具特色。"[2]糖果业有行业组织"雷祖会"。抗日战争时期，上海、南京、武汉等众多糖果、食品、罐头企业迁来重庆。由于重庆市干菜商业同业公会系商业性质，对糖果副业不熟悉，因此在办理生产原材料分配上多有不便，影响糖果副食业会员的生产。泰记老稻香村经理王子照与冠生园重庆分公司经理徐佩荣、武汉华达食品厂总经理龚灵甫、振兴饼干厂经理彭文安、康元罐头厂经理王汝康、小苏州厂经理沈发元、上海食品商店经理谢维珠、上海美中美斐记食品商店经理汪斐然等人，筹备组织糖果食品同业公会，以主持原材料分配任务，便利生产。王子照被推选为筹备主任，组织筹备会拟制本会规章制度，上报重庆市商会及重庆市社会局，呈请准予成立重庆市糖果饼干罐头食品商业同业公会，经重庆市社会局社二商字第 2644 号令批准，1941 年 1 月 7 日正式成立。王子照先后当选为第一届、第四届同业公会主席[3]，任内积极组织会员慰问抗日将士，在艰苦条件下坚持生产，协助政府稳定物价，树立了威信。中华人民共和国成立后，泰记老稻香村店名不复存在。1987 年 9 月，经重庆市第二商业局批准，重建稻香村，名为稻香村副食品商场，店址位于重庆市渝中区中山一路 42 号，仍以自产自销为特色。后改制为重庆万得福食品有限责任公司稻香村零售商业分公司。

二、河南、湖北与湖南

华南地区包括广东省、广西壮族自治区、海南省、香港特别行政区及澳门特别行政区。民国时期，广东省会广州有昌兴街 31 号稻香村祥记[4]、大东路稻香村，汕头有昇平路稻香村。广西原省会桂林也有稻香村。华中地区包括河南、湖

---

[1]《泰记老稻香村为 8 月 19 日被炸损失请存转事给重庆市干菜商业同业公会的报告（1940 年 9 月 17 日）》，唐润明主编：《重庆大轰炸档案文献：财产损失（同业公会部分）》下册，重庆：重庆出版社，2013 年，第 434 页。

[2] 傅立民、贺名仑主编：《中国商业文化大辞典》下册，北京：中国发展出版社，1994 年，第 1780 页。按：文中"泰记"，原文误作"恭记"。

[3] 黄自强：《重庆市糖果、饼干、罐头食品商业同业公会简史》，政协重庆市市中区委员会文史资料委员会编：《重庆市中区文史资料》第 3 辑，1991 年，第 18 页。

[4] 广州商业名录社编印：《广州商业名录》，1933 年，第 367 页。

北、湖南三省，具有东西南北四境的战略要冲和水陆交通枢纽的优势，起着承东启西、连南望北的作用，开设的稻香村比华南多。

河南原省会开封新华南街（马道街）本有稻香村。清朝同治年间，南京人包耀庭在开封创办包耀记店，后改办绸缎庄、南货庄，位于南书店街55号，门面3间，两层楼房。其孙包俊生接手后，在账房席石安佐助下锐意经营。1933年开封稻香村停业，糕点作坊被包耀记接收。[1]1934年包俊生采纳席石安的建议，接收了已经倒闭的郑州稻香村糕点作坊的全部设备、人员，在包耀记增设细作车间，开始生产各式南味糕点。糕点掌案张六魁、崔子和等人技艺精湛，用料考究，火候适中，制作的糕点"入口甜而不腻，收口甜中透咸，酥松软绵爽口，色香味形俱佳"[2]，使包耀记声名大振，盈利陡增。

湖北省会武汉为九省通衢、华中重镇，食品糕点行业大体分广帮、苏帮、宁帮、徽帮、汉（本）帮和西帮。如广东帮的"广兴昌""冠生园"等在汉口黄陂街、四官殿和江汉路，而"苏州帮的'稻香村'遍及武汉"[3]，如汉口杨千总巷口、小关帝庙、前花楼、集字嘴上、大智门、后花楼笃安里下、后城马路、四官殿上、大董家巷正街皆有稻香村[4]，还有袜子街稻香村、沈家庙上首稻香村兴记、龙家巷正街稻香村仲记[5]，其他如汉口一码头稻香村、汉口稻香村南货茶庄等。1917年陇海铁路通车至河南陕县（今三门峡市陕州区）观音堂后，汉口稻香村南货茶庄还在观音堂正街开设分号，1924年通车至原店镇陕县站（今三门峡西车站）后，店也随即迁往县城。

湖北襄阳樊城稻香村，店址在前街官码头，"老板左大经，江苏省人，精于制作'苏式'糕点，花色品种独具一格，压倒群芳"[6]。如玉带糕是银片糕、雪片糕一类的中档食品，各大酱园均可生产，而该店的玉带糕与众不同，除有白糖、精面粉、核桃、花生等果仁外，还掺有名贵中药茯苓，香甜可口，营养丰富，糕片中的图案花纹非常漂亮。夏季应时糕点芝麻糕、绿豆糕，以精制模具压制成形，现出图案花纹，犹如一副麻将牌，襄阳樊城人好用"吃芝麻绿豆糕"作玩麻将牌的代用语。该店特产牛皮糖是一种口香软糖，形如一块深棕色的牛皮胶，糖内掺

---

[1] 翁国旗编著：《豫商地理》，北京：光明日报出版社，2006年，第54页。
[2] 开封市糖业烟酒公司史志编辑室编：《开封糖业烟酒志》，郑州：河南人民出版社，1988年，第436页。
[3] 武汉市地方志编纂委员会主编：《武汉市志·商业志》，武汉：武汉大学出版社，1989年，第449页。参阅王琼辉编著：《武汉老字号故事》，武汉：长江出版社，2015年，第16页。
[4] 武汉书业公会编：《汉口商号名录·糖果茶食》，上海：商务书馆，1920年，第94页。
[5] 汉口商业一览编辑处编：《汉口商业一览·糖果食品》，武汉：大新印刷公司，1926年，第117页。
[6] 龚焕章：《樊城食品业老字号》，中国人民政治协商会议湖北省襄樊市委员会文史资料委员会编：《襄樊文史资料》第12辑，1993年，第94页。

有黑芝麻及香料，越嚼越香，回味无穷。中秋月饼是地道的苏式月饼，武汉冠生园的广式月饼也难以与之媲美。它还生产素食月饼，以满足吃素的斋公及回族群众的需求。稻香村的糕点花色品种繁多，不论粗细糕点均能一丝不苟，选料认真，制作精益求精。如芝麻去皮，瓜子取仁，花生米大小一致，全为手工操作。抗日战争全面爆发前夕，左大经停业回江苏老家，将一部分家具什物给了徒弟，让徒弟在樊城后街永丰巷口开了家福香生糕点店，"与原'稻香村'相比，却相差甚远，与其他糕点店铺相比，还算上乘"[1]。

湖南省会长沙稻香村，由浙江镇海人朱友良创办于1915年，人称朱稻香村，为著名南货号。[2]朱友良初在长沙黄道街红牌楼（今黄兴南路）摆摊零售，有一定储蓄后乃正式开店，附设的小作坊，制作酒酿饼、绿豆糕、月饼、酥糖、蒸年糕、元宵等，苏式点心独具风味，"'鲜肉饺'、'鲜肉饼'等，堪称上品"[3]。尤其是金钩鲜肉饼久负盛誉，生意日隆。1956年公私合营后，称稻香村食品店，后被改名为九如新食品店，1962年被改为回民食品店后，为尊重少数民族的风俗习惯，停止制作金钩鲜肉饼。"文化大革命"时期被改名为"大立新食品店"。1978年改革开放后，该店恢复了金钩鲜肉饼的生产供应，但因老工人流散，技术不专，质量不过关，故未能打开市场。1983年稻香村食品店恢复原名后，翻修店堂，扩大营业面积，找回部分原稻香村作坊老师傅，并收集整理金钩鲜肉饼的正宗配方和制作工艺，1984年元月恢复生产，日销量最高时超过千个。1993年稻香村食品店被国内贸易部评定为中华老字号，1995年因黄兴南路步行街拆迁，搬迁至城南路91号。[4]为贯彻落实中共湖南省委、长沙市委振兴湖南食品工业的指示精神，发挥专业优势，长沙市副食品经营公司组织下属稻香村以及振兴斋、三吉斋等食品店厂，1996年12月28日正式挂牌成立稻香村饼业有限公司。

稻香村食品店制作食品以"鲜洁"取胜，富有江浙风味特色的金钩鲜肉饼、泗安酥糖、豆粉酥糖、五香大红袍、山楂糕、苔菜饼等拳头食品，都是小批生产，精心制作，即产即卖。所制山楂糕，选用优质时鲜山楂果，精工制作，划成四方小块，色泽光鲜，酸甜可口，开胃消食，老少咸宜。所制苔菜饼，饼馅即以海藻制作，色泽翠绿，状细如丝，含碘丰富，甜中带咸，清香味美。豆粉酥糖，以黄豆取代芝麻，别具风味。所产五香花生米，必选用上乘去壳花生仁，盐味内蕴，香气外溢，对长沙炒货业产生深远影响。

---

[1] 襄阳拾穗者民间文化工作群编著：《拾穗二集》，武汉：湖北人民出版社，2015年，第38页。
[2] 邹欠白编：《长沙市指南》，1934年，第398页。
[3] 邹欠白编：《长沙市指南》，1936年，第265页。
[4] 欧阳晓东、陈先枢编著：《湖南老商号》，长沙：湖南文艺出版社，2010年，第513—515页。参阅《朱稻香村——长沙著名食品店》，孔令仁、李德征等：《中国老字号·商业卷》上册，北京：高等教育出版社，1998年，第275—278页。

第五节　苏州稻香村与其他稻香村关系的历史观照

以上考录苏州以外地区诸家稻香村老字号，乃择其大略，其中佼佼者有以下显著特点。

首先是奉苏州稻香村为正源本尊。苏州稻香村以苏式茶食糕点为主打，具有独特的南味特色和历史文化魅力。江苏宜兴人徐凌霄《旧都百话》曰：

> 南人喜甜，肴馔果点，以糖为庖制之要素，甜味太浓。吃惯了南点者，不无单调之感，但旧都的点心铺，饽饽铺，却又喜欢标南糖、南果、南式、南味。明明是老北京的登州馆，也要挂姑苏二字。近年在鲁豫等省，设分号，则写京都。又自稻香村式的真正南味，向华北发展以来，当地的点心铺，受其压迫，消失了大半壁的江山。现在除了老北京逢年逢节还忘不了几家老店的大八件，小八件，自来红，自来白外，凡是场面上往来的礼物，谁不奔向稻香村，稻香春，桂香村，真稻香村，老稻香村乎？糖多固是一病，但制法松软，不似北方饽饽式的点心之干硬，此乃南胜于北之大优点。[1]

而苏帮糕点巨擘"稻香村牌号始于百年之前，由创业人不惜工本，研究物质，改良制法，乃蒙各界之欢迎，得以名震于寰球"[2]。自清季同治以来，袭用"稻香村"字号的南货茶食店，大到京津沪，小到县乡镇，所在多有，层出不穷，正是反映了苏州稻香村作为历史悠久，传承独特产品、技艺及服务、理念，获得社会广泛认同的品牌，具有鲜明的优秀传统文化特色和深厚的历史底蕴，具有广泛的群众基础和丰富的经济文化价值，故而于行业领先的影响力经久不衰。[3]

其次，坚守本业，要有创新、特色和标志性产品。凡能在竞争中生存下来，甚至出类拔萃，执地方南货南味之牛首，必须是坚持南味特色，精心制作，一丝不苟，在继承传统的基础上创新，有名特产品，适应地方消费者的饮食习惯和需求。如保定稻香村之所以享有盛名，有以下原因："一是南味特色，咸甜两俱，糕点、肉菜均非单一，入口清爽，增加食欲。二是不步他人老路，不仿人之俗套。

---

[1] 李家瑞编：《北平风俗类徵》上册"饮食"，"国立中央研究院"历史语言研究所专刊之十四，上海：商务印书馆，1937年，第212页。
[2] 《稻香村声明联号》，《新闻报》1917年9月6日第4版。
[3] 顾颉刚1947年在苏州国立社会教育学院新闻系的讲演曰："手工业，两千年来一向处于领导的地位，塑像、碑刻，刺绣，缂丝，丝织，琢玉，裱画，烹饪，都是全国景从的。所以无论那里的裱画铺都写作'苏裱'，而全国的糖食铺都称作'稻香村'，酱肉铺都叫作'陆稿荐'，点心铺也很多叫作'松鹤楼'。"见顾颉刚：《苏州的文化》，陈文德笔记，《教育与社会》第6卷第1期，苏州社会教育学院，1947年，第58页。

贵在讲究质量，严格选用上等原料，味道有自己的特点。三是品种繁多，花样齐全。"[1]再如长沙稻香村的金钩鲜肉饼，配料酥皮选用上等面粉、新鲜猪油和面酥，芯料选用上等金钩、新鲜瘦猪肉，以及香菇、胡椒、味精、香葱等，搅碎混合，再经摘脐包芯。其形正圆，摆进烤盆，入炉烘烤，体形凸起，两面金黄。烤制后，另置小炉，微火保温，以保鲜度。入口时，味道鲜美，松酥可口，多尝不腻，老幼皆宜。

再次，灵活经营，严格管理。如连云港新浦稻香村，五家股东，即所谓"五老板"各有分工。大股东金范五任经理，总揽人财物大权，郑铭心、金洁甫分管购销和外联，金名馨分管业务、生产，林敬亭分管财务，金忠一、梁景星常驻上海、青岛、天津等地所设"座庄"，了解行情，组织货源。新浦稻香村形成了一套经营管理办法：

> 第一，在大城市上海、青岛、天津等地的"座庄"，负责了解行情及时向本店通报，采办应时货物，保持充足的货源。第二，经理金范五每天看账查货，发现缺货及时补上。第三，保证买卖公平，童叟无欺，老板常常到柜台复秤，看是否有短斤缺两的。第四，专人负责制定商品价格，明码标价，薄利多销。第五，要求店员衣着整齐清洁，衣服要扣好，不许趿着鞋子，夏天在柜台前面不许穿裤头汗衫。第六，对顾客要和蔼客气，面带笑容。如有得罪顾客的，轻则责备，重则辞退。对买卖大的顾客由经理亲自接待，请坐敬烟沏茶。第七，规定售货收钱随即交柜，不许装进私人口袋。一位大股东的侄儿在店里当学徒，一天他把卖货的两三元钱随手放到自己的口袋里，被账房先生发现掏了出来，经理就把这个学徒辞退了。第八，教育店员诚实经营，决不搞以次充好，凡出售的货物都经检查，列为头等货的都把差次品拣出去，只卖好的。1946年有一天管庆璋购进煤油，复秤时发现有几筒不足30斤（当时一筒煤油是30斤），就掺点水进去，被经理金范五发觉，认为这是弄虚作假，有损"稻香村"的声誉，当时给训斥一顿，并扣发年终奖金。[2]

为方便顾客，新浦稻香村还送货上门。无论企业单位或行商老板，只要打个电话，告知所要货名品种与数量，店伙立即送去。店伙还受托代顾客送礼，携顾客名片直接送到。这些管理制度和做法经验，至今仍有值得借鉴之处。

从历史上看，以江南为中心的苏浙沪地区社会经济与文化联系向来密切。随

---

[1] 翟树樟：《保定稻香村食品厂》，中国人民政治协商会议河北省保定市委员会文史资料研究委员会编：《保定文史资料选辑》第10—11辑，1993年，第214页。
[2] 林里：《五家食品杂货店——稻香村、德康、万康祥、永盛祥及复兴祥》，政协江苏省连云港市委员会文史资料委员会编：《连云港市文史资料》第7辑《新浦街的变迁》专辑，1989年，第77—78页。按：看账、账房，原文作"看帐""帐房"。

着清季苏州的经济文化中心地位被上海取代，茶食糖果业慕仿苏州稻香村字号，自江浙蔓延四方，以上海、北京、天津、沈阳、汉口等为重镇，竞相以"姑苏"相标榜，蔚为大观。创办经营者，首先以江苏人为先导，主要是苏州、镇江、扬州帮。如北京稻香村创始人兼经理郭雨生为南京人，天津森记稻香村经理夏兴源、福记稻香村经理戴心庚为丹徒人，林记稻香村财东兼经理曹大智、明记稻香村经理胡少云为镇江人，沈阳真正稻香村经理谢自林、重庆泰记稻香村经理王子照、上海稻香村敬记经理高敬贤等是苏州人，皆为其中佼佼者。其次是浙江人，以宁波帮、绍兴帮为主。浙人经商，长袖善舞。如沈阳众多稻香村，初多冠以"姑苏"字样，浙江绍兴人则后来居上。再次是其他地方人士，南方人如安徽的徽帮、湖北的汉帮等，本省本地土著投资、管理和技工队伍渐次成长，北方突出者如天津桐记、信记、祥记、诚记稻香村，石家庄宏记稻香村、和记稻香村，保定稻香村等。从实践上看，各地各类名目的茶食糖果业稻香村字号中，特别是留存于今成为真正的"中华老字号"的那些企业，在长期的发展、成长中，其产品、技艺及服务、理念都各有特色和经验，虽然初始为慕名仿冒，但客观上也为苏州稻香村的知名度、美誉度的扩散传播以及"稻香村"品牌影响力的提升，发挥了不同程度的作用。

需要指出的是，各地众多的稻香村字号，早有论者指出"皆非江南产，而标名则曰'姑苏分出'。商侩薄德，惟利是图，作伪袭名，正彼惯技耳"[1]。位于观前街的苏州稻香村一直声明"只此一家，别无分出"，针对各处假冒者努力维护自己权益。早在光绪五年（1879年）六月十八日，稻香村即首次在著名的上海《申报》郑重刊登《声明》：

> 启者。苏城观前稻香村开张有年，四远驰名，从无分店。今各处新开字号相同，并非本号分出，望绅商主顾往来各宝号，须辨明真伪，以免有误是幸。此布。稻香村主人告白。[2]

此《声明》在《申报》连续刊出至光绪五年七月十七日，足见其当时实力与声誉之影响已在苏州之外，但假冒者亦层出不穷。光绪二十八年（1902年）正月和二月里，上海《新闻报》屡刊苏州稻香村《声明假冒》：

> 苏城稻香村茶食糖果号自同治初年开张，已历四十余年，货真价实，四远驰名。迄今远近各埠往往假借招牌字样，以图朦混。但本店并无分出，声明在案。凡士商赐顾者，须至苏州省城玄妙观东首坐北朝南门面，庶不致误。

---

[1] 陈莲痕：《京华春梦录》第四章"香奁"，上海：竞智图书馆，1925年，第72页。
[2] 《申报》光绪五年六月十八日第6版。

苏城稻香村主人谨白。[1]

针对愈演愈烈的假冒字号和坑害消费者的行为，苏州稻香村也予以严正警告，积极采取防伪措施，认真应对。光绪三十年（1904年）八月和九月间，《新闻报》又屡屡刊登《苏城稻香村告白》：

> 本号向在苏城观前街东首开设数十余年，货真价实，远近驰名。只此一家，并无分出。前因有假冒招牌者，曾经禀宪立案出示禁示。不料近有无耻之徒，私刻本店牌票，向各埠航船兜揽生意，回舱酒钱格外加增，甚至以低潮之货欺骗主顾，实堪痛恨。一经本号察出，定当禀宪惩办。今本号自八月朔日起，凡装扎货件，如茶食加茶食仿单一纸，如蜜饯加蜜饯仿单一纸，如无此单，即系假冒，俾仕商认明，不致受骗。再，近来各埠假冒本店牌号甚多，实则并非本号分出。如蒙远处赐顾，请函寄本号，原班回件，决不有误。特此登报告白。[2]

对于此类不良商人及其冒牌欺人行径，瑞卿在《申报》1914年4月23日第14版《自由谈话会》专栏做过严厉的抨击：

> 有一种商人，不精于货而独精于冒牌欺人，可恨。
>
> 上海一隅，其假冒之字号指不胜屈，而以陆稿荐、稻香村为最夥，余则如张小泉、戴春林、文魁斋等亦复不少，观其匾字，有数十年有百余年不等。宝善街之宏茂昌尤为好看，一龙一龟各有告示及破招牌悬于店门，以证其实，然孰真孰假，在沪之人亦难于辨识也。
>
> 予昔日在英租界见一某某字号土栈，既又于某处见一某某字号土栈，予思土栈岂亦有人冒牌耶？趋近观之，非某某字号，乃某某字号耳。然使一般粗识文字者见之，必以为某某字号无疑。噫！彼为此名其用心亦可谓狡矣。
>
> 综而言之，彼商店之享盛名者，乃在始创时不惜工本所致耳。吾劝各商人须自创特别名号，物货宜较他家优胜，方不愧于商业道德，何苦冒大不韪，甘受旁人讥笑，吾甚不取也。

对于此种情况和此类商家心理，1920年张舍我在《沪滨随感录》中更有详细分析：

> 吾国一般人有一种牢不可解之心理，即以为"老"者"旧"者皆善，而对于"新"者"近"者皆存怀疑之心也。故沪谚有"老牌子""依老卖老"

---

[1]《新闻报》光绪二十八年正月十三日第6版，正月十四日至二月初七日隔日第7、8版连续刊登。
[2]《新闻报》光绪三十年八月初四日第7版，八月二十日、九月初一日第8版，九月初四日第13版。

之语。苏州陆稿荐为著名之熟肉店，于是凡开设熟肉店者咸名其店曰老陆稿荐，购熟肉者亦非老陆稿荐之肉不食。设茶食店则必名之曰稻香村，以稻香村为从前著名之茶食店也。试观沪上之熟肉店与茶食店，孰非真陆稿荐、老稻香村者，其余店名之用真某老某者为数正多，不过此二种为最耳。其所以用"老"字"真"字者，欲自明其为真正之"老"与"真"，而以斥他人所标之"真"与"老"为伪，为"冒牌"耳，抑何可笑。然持此"老牌子"而"依老卖老"者，犹只利用其名字而已。最可怪者为宏茂昌袜店之一块旧朽招牌，前此涉讼纷纭，历年不决，至于电灯上绘乌龟之形，互骂冒牌，虽各有朽木一块高悬门首，过者终不知其孰为真与老也。陆稿荐、稻香村、宏茂昌之著名，由于其出品之精良，故人乐为购用，岂陆稿荐等三字所能致，则设店而欲求营业发达，专在使货物精美，真价不欺可矣，何必冒他人已成之名乎？冒名矣，货物之良窳岂能欺人，是既犯冒名之罪，而营业未能操胜算也，何苦哉！而一般社会对于新创新见之事业亦都不肯予以试验，以为新者之内容，吾不知其究竟，何如适我所常为者，盖缺乏创造性而富于沿袭守旧，不特上海之人为然，中国人大都如斯也。吾愿国人勿再冒用"老牌子"而"依老卖老"，谈政治必称尧舜三代，说道德必据三刚（纲——引者）五常也。亦愿于"新"者"近"者，加以试验考究，审其效用，而后定其去取也。[1]

"姑苏稻香村，足迹遍天下"[2]，孰真孰假，明眼人还是心如明镜一般。如重庆的多家稻香村弄得读者云山雾里，1937年重庆《商务日报》新辟"重庆通"栏目载读者问："本市有所谓老稻香村、真老稻香村、老老稻香村等，究竟何家是真正稻香村。"答曰："真老稻香村，在苏州观前街，与名传遐迩的'采芝斋'很近，至于这些打着'真老'招牌的，都该加上一个疑问号。"[3]考究仿冒苏州稻香村问题，主要在于市场经济不发达，相关市场主体行为极不规范，保护老字号的相关法律法规不健全，法治建设严重滞后等多方面，使得苏州稻香村依法维护自身合法权益困难重重。如在保护老字号知识产权方面，清季新政实行及民国改元以来，重视对老字号注册商标的保护，忽视对老字号企业名称的保护，致使侵害老字号名称权、名誉权，制售假冒伪劣老字号产品的侵权违法行为无法杜绝，浸成风气，不仅败坏老字号声誉，而且破坏市场公平竞争的正常秩序，阻碍了老字号独特技艺的传承、交流和进步，对整个行业的健康发展危害甚巨。就仿冒稻香村导致真正的老字号独特技艺的独占、保密及失传等问题，高叔康1946年出版

---

[1] 张舍我：《沪滨随感录》，《申报》1920年4月27日第14版。
[2] 张友鸾：《饼》（《随感录》节选），徐晋选编：《儿童活页文选》第1辑合订本，上海：儿童书局，1931年，第1页。
[3] 刘残音编：《重庆通信箱汇刊第壹集》，重庆：重庆商务日报社，1937年，第4—5页。

的著作《中国手工业概论》指出:"上海制造食品的稻香村最著名,冒稻香村的招牌也最多,不但在上海有许多稻香村,在各省名埠都有许多稻香村。究竟哪一个真正的三麻子,真正的稻香村?鱼目混珠,叫人莫名其妙,甚至于有许多技术失传,这都是由于技术秘密的结果。"[1]事实上,大多以仿冒射利为目标的稻香村字号,普遍存在缺乏高质量发展的内生动力,没有独特历史意义的传统技艺,服务理念短视落后,创新无力,发展质量和水平低下等突出问题,无法形成足够且有力的商业核心竞争力,在市场中找准自己的位置,因而难以持续性发展,生命力

民国杭穉英绘稻香村宣传画

短暂。众多稻香村字号此兴彼消,留存至今能成为中华老字号的为数甚少,就是明证。正确认识苏州稻香村的历史地位和影响,准确把握其他地区稻香村字号的历史沿革、特色及其所属行业特点、生存状况,重视和吸取其中的历史经验和教训,对于苏州稻香村传播其优秀商业理念,进一步创新发展,充分发挥其对弘扬优秀传统文化和建设"稻香村"自主品牌的积极作用,都具有借鉴意义。

---

[1] 高叔康:《中国手工业概论》,上海:商务印书馆,1946年,第46页。

主要参考文献

一、未刊档案

中国第一历史档案馆，朱批奏折，档号：04-01-30-0282，录副奏折，档号：03-5448，03-5467，03-7133，03-7227，03-9537-006。

北京市档案馆，档号：J181-019-28542，J181-021-06181，J181-022-10496，022-008-00233，034-002-00261，087-032-00042。

辽宁省档案馆，档号：JC010-01-011748，JC014-01-006994，JC014-01-003244。

苏州市档案馆，档号：A001-009-0104，A008-001-0010，A027-003-0103，A032-003-0515，A032-006-0359，A032-0093-0521，B003-005-0005，B003-014-0013，B003-017-0011，B003-010-0011，C001-017-0028，C003-005-0465，C003-012-0371，C007-005-0140，C007-006-0037，C007-007-0357，C007-013-0045，C010-001-0120，C010-002-0003，C010-009-0069，C021-002-0145，C026-001-0013，C031-002-0146，C031-005-0015，C031-007-0003，C031-009-0037，C031-010-0483，C034-002-0063，C065-002-0095，G031-001-0023，G036-001-0094，G036-002-0057，I002-002-0004，I002-007-0008，I003-001-0226，I013-001-0224，I014-001-0029，I014-001-0119，I014-001-0143，I014-001-0197，I014-001-0364，I014-002-0442，I014-003-0249，I014-013-0159。

苏州市房地产档案馆、苏州市城乡建设档案馆、苏州稻香村食品有限公司档案室档案。

二、报纸

《申报》《新闻报》《游戏报》《寓言报》《世界繁华报》《字林沪报》《采风报》《民国日报》《中央日报》《前线日报》《顺天时报》《金刚钻》《江苏日报》《苏州明报》《吴语》《苏州新报》《生报》《力报》《中报》《新苏州报》《苏州工农报》《苏州报》《苏州日报》《姑苏晚报》《城市商报》《新华日报》《经济日报》《中国食品报》《人民日报》。

三、期刊

明甫：《赛行致病》，《点石斋画报》第394号，清光绪二十年十一月。

碧桃：《苏州糖食店营业的概观》，《商业杂志》1926年第1卷第2期。

呆呆：《谈谈稻香村》，《大亚画报》第167期，1929年7月。

顾颉刚：《对于苏州男女中学的史学同志的几个希望》（1929年4月），《苏中校刊》第21、22期合刊，1929年6—7月。

东生：《没落中的苏州》，《文学周报》第8卷第5—9期，1929年。

西谛：《黄昏的观前街》，《小说月报》第20卷第4期，1929年。

莲影：《苏州的茶食店》，《红玫瑰》第7卷第14期，1931年5月。

王庸：《苏州闲话》，《时代公论》1932年第10号。

陈醉云：《姑苏散曲》，《东方杂志》第30卷第8号，1933年。

浮萍：《苏州观前大街的黄昏》，《太白》1935年第1卷第9期。

张扬：《人间的天堂——苏州》，《万象》五月号，第2年第11期，1943年。

顾颉刚：《苏州的文化》，《教育与社会》第6卷第1期，1947年。

唐文权：《苏州工商各业公所的兴废》，《历史研究》1986年第3期。

段本洛：《历史上苏南多层次的工业结构》，《历史研究》1988年第5期。

丁进军编选：《清末商务史料（上）》，《历史档案》1991年第4期。

丁进军编选：《清末商务史料（下）》，《历史档案》1992年第1期。

华立：《"唐船风说书"与流传在日本的乾隆南巡史料》，《清史研究》1997年第3期。

范金民：《清代苏州城市工商繁荣的写照——〈姑苏繁华图〉》，《史林》2003年第5期。

熊月之：《略论江南文化的务实精神》，《华东师范大学学报》（哲学社会科学版）2011年第3期。

熊月之：《城市比较优势与江南文化中心转移》，《安徽师范大学学报》（人文社会科学版）2020年第4期。

四、未刊资料

《稻香村现金日记簿》（1951.1.1—1952.1.17），苏州市饮食文化研究会会长、江苏省烹饪协会荣誉会长华永根藏。

《稻香村各项费用分户账》《稻香村各项费用分日账》，1952年，苏州稻香村食品有限公司档案室藏。

经理朱仲笙、协理朱家元：《苏州稻香村茶食糖果号对外业务信稿》（1953—1954），苏州稻香村食品有限公司档案室藏。

江苏师院历史系三年级财贸历史小组：《十年来苏州市财经贸易工作的成就》（初稿），1958年，打印稿，苏州市档案馆藏。

苏州市商业局：《解放十年来的苏州市商业工作》，1959年，打印稿，苏州市档案馆藏。

中国糖业烟酒公司江苏省苏州分公司编印：《苏州市高价糕点规格价格》《苏州市普通糕点规格价格》《苏州市普通糕点规格价格、高级糕点糖果规格价格》，油印内部资料，1964年，苏州市档案馆藏。

中国民主建国会苏州市委员会、苏州市工商业联合会：《为恢复苏州传统食品积极开展咨询工作》《江苏省苏州市著名传统食品（附表）》，油印内部资料，1983年，苏州市档案馆藏。

俞颂贤编：《苏州糖业烟酒公司志（1951—1987）》，未刊稿，1990年，苏州市档案馆藏。

苏州市商业局编史组：《苏州市商业志初稿》，未刊稿，1991—1992年，苏州市档案馆藏。

苏州市食品工业公司、苏州稻香村食品厂（股份合作制）：《原苏州稻香村食品厂改制交接明细册》，1999年，苏州市档案馆藏，苏州稻香村食品有限公司档案室藏。

《苏州稻香村食品厂职工股东会资料汇辑》（1998—2003），苏州稻香村食品有限公司档案室藏。

陈茂生：《代表性商品的产品史、规格及工艺操作过程》，手稿，1985年，苏州稻香村食品有限公司档案室藏。

苏州糕点厂厂志编写小组，陈茂生执笔：《苏州糕点厂厂志》，未刊讨论稿，1985年，苏州稻香村食品有限公司档案室藏。

吴希札：《苏式糕点史料》，未刊稿，1985年，苏州稻香村食品有限公司档案室藏。

吴希札：《稻香村店史》，未刊稿，1986年，苏州稻香村食品有限公司档案室藏。

五、已刊图书

朱长文：《吴郡图经续记》，宋元丰七年（1084年）刊，民国影印宋刻本。

范成大：《吴郡志》，汪泰亨订补，宋绍定二年（1229年）刊，民国择是居丛书影印宋刻本。

卢熊：《苏州府志》，明洪武十二年（1379年）刻本，陈其弟点校，扬州：广陵书社，2020年。

王鏊：《（正德）姑苏志》，清文渊阁四库全书本。

杨循吉：《吴邑志》，明嘉靖八年（1529年）刻本。

王焕如：《吴县志》，明崇祯十五年（1642年）刻本。

孙珮：《吴县志》，清康熙三十年（1691年）刻本。

施谦：《吴县志》，清乾隆十年（1745年）刻本。

顾诒禄：《长洲县志》，清乾隆三十一年（1766年）刻本。

沈世奕、缪彤：《苏州府志》，清康熙三十年（1691年）刻本。

习寯：《苏州府志》，清乾隆十三年（1748年）刻本。

石韫玉：《苏州府志》，清道光四年（1824年）刻本。

冯桂芬：《（同治）苏州府志》，清光绪九年（1883年）刻本。

周之桢：《（嘉庆）同里志》，同里镇人民政府、吴江市档案局编：《同里志（两种）》，扬州：广陵书社，2011年。

翁广平：《（道光）平望志》，吴江市平望镇人民政府、吴江市档案局编：《平望志三种》（上），扬州：广陵书社，2011年。

曹允源等：《吴县志》，民国二十二年（1933年）苏州文新公司排印本。

吴自牧：《梦粱录》，清学津讨原本。

吴曾：《能改斋漫录》，清文渊阁四库全书本。

周密：《云烟过眼录》，民国影印明宝颜堂秘籍本。

袁枚：《随园食单》，清嘉庆元年（1796年）小仓山房刻本。

钱思元：《吴门补乘》，清嘉庆刻本。

顾震涛：《吴门表隐》，吴县潘氏香雪草堂藏稿本。

顾禄：《清嘉录　桐桥倚棹录》，北京：中华书局，2008年。

潘锺瑞：《苏台麋鹿记》，中国史学会主编，王重民等编：《中国近代史资料丛刊·太平天国》（五），上海：上海人民出版社、上海书店出版社，2000年。

徐珂编撰：《清稗类钞》（全13册），北京：中华书局，1984—1986年。

陈明远编著：《百年生活巨变（1840—1949）》，上海：文汇出版社，2010年。

江苏省行政公署实业司编：《江苏省实业行政报告书》五编《商政》，1914年。

江苏省博物馆编：《江苏省明清以来碑刻资料选集》，北京：生活·读书·新知三联书店，1959年。

苏州历史博物馆、江苏师范学院历史系、南京大学明清史研究室合编：《明清苏州工商业碑刻集》，南京：江苏人民出版社，1981年。

王国平、唐力行主编：《明清以来苏州社会史碑刻集》，苏州：苏州大学出版社，1998年。

陆树笙编著：《苏州明信片图鉴》，苏州：苏州大学出版社，2018年。

苏州总商会：《民国八年苏州总商会同会录》，1919年。

苏州市档案局（馆）编：《苏州市民公社档案资料选编》，上海：文汇出版社，2011年。

章开沅、朱英、祖苏、叶万忠主编，华中师范大学中国近代史研究所、苏州市档案馆合编：《苏州商团档案汇编》，成都：巴蜀书社，2008年。

章开沅、刘望龄、叶万忠、马敏、祖苏、肖芃主编，华中师范大学中国近代史研究所、苏州市档案馆合编：《苏州商会档案丛编》（1905—1949年，全6辑12册），武汉：华中师范大学出版社，2009—2012年。

马敏、肖芃主编，华中师范大学中国近代史研究所、苏州市档案馆合编：《苏州商会档案续编》第一辑（一九四九——一九五四），武汉：华中师范大学出版社，2017年。

政协苏州市委员会文史资料委员会，民建、工商联苏州市委员会编：《苏州经济史料（一）》（《苏州文史资料》第十八辑），1988年。

孙中浩主编：《苏州老字号》（苏州市政协文史委员会编《苏州文史资料》第三十九辑），苏州：古吴轩出版社，2006年。

苏州市地方志编纂委员会办公室编：《苏州往昔》，苏州：古吴轩出版社，2015年。

臧寿源标校：《〈醇华馆饮食脞志〉稿》，苏州市档案局、苏州市地方志编纂委员会办公室编：《苏州史志资料选辑》总第21辑，1996年。

苏州市政府土地科编：《苏州市地价调查及统计》，无锡：锡成印刷公司，1930年。

陆璇卿编著：《旅苏必读》，苏州：吴县市乡公报社，1927年。

华永根：《食鲜录：老苏州的味道》，苏州：古吴轩出版社，2015年。

华永根：《苏州吃》，苏州：古吴轩出版社，2019年。

余同元、何伟编著：《历史典籍中的苏州菜》，天津：天津古籍出版社，2014年。

魏文斌、洪海主编：《苏州本土品牌企业发展报告·老字号卷》，苏州：苏州大学出版社，2017年。

王稼句：《姑苏食话》，苏州：苏州大学出版社，2004年。

姜晋、林锡旦编著：《百年观前》，苏州：苏州大学出版社，1999年。

潘君明、高福民主编：《苏州民间故事大全》，苏州：古吴轩出版社，2006年。

潘君明：《苏州民间采风集》，苏州：苏州大学出版社，2014年。

陆云福主编：《苏州乡土食品：纪实与寻梦》，苏州：古吴轩出版社，2006年。

沈慧瑛：《君自故乡来——苏州文人文事稗记》，上海：上海文艺出版社，2011年。

许冠亭、谭金土等：《苏州工商往事》，苏州：苏州大学出版社，2014年。

王稼句点校：《吴门风土丛刊》，苏州：古吴轩出版社，2019年。

蔡利民编著：《苏州民俗采风录》，苏州：古吴轩出版社，2014年。

翁洋洋主编：《苏杭传统食品故事趣闻选》，北京：中国食品出版社，

1986年。

苏州市商业局编：《苏州糖果糕点制造》，北京：轻工业出版社，1960年。

江苏省糖业食品科技情报站编：《苏式糕点》，上海：上海科学技术出版社，1989年。

苏州市地方志编纂委员会编：《苏州市志》，南京：江苏人民出版社，1995年。

苏州市地方志编纂委员会编：《苏州市志（1986—2005）》，南京：江苏凤凰科学技术出版社，2014年。

苏州市平江区地方志编纂委员会编：《平江区志》，上海：上海社会科学院出版社，2006年。

王国平主编：《苏州史纲》，苏州：古吴轩出版社，2009年。

王国平总主编，《苏州通史》编纂委员会编：《苏州通史》（全16卷），苏州：苏州大学出版社，2019年。

王国平、李峰主编，苏州历史文化研究会编：《苏州历史与江南文化》，苏州：苏州大学出版社，2020年。

邱澎生：《十八、十九世纪苏州城的新兴工商业团体》，台北：台湾大学历史学研究所博士学位论文，1988年；台北：台湾大学出版中心，1990年。

唐力行主编：《明清以来苏州城市社会研究》，上海：上海书店出版社，2013年。

唐力行主编：《江南社会历史评论》第9期，北京：商务印书馆，2016年。

唐力行：《商人与中国近世社会》（修订本），北京：商务印书馆，2006年。

范金民：《明清江南商业的发展》，南京：南京大学出版社，1998年。

杨端六编著：《清代货币金融史稿》，武汉：武汉大学出版社，2007年。

马敏：《官商之间：社会剧变中的近代绅商》，天津：天津人民出版社，1995年。

朱英：《晚清经济政策与改革措施》，武汉：华中师范大学出版社，1996年。

任满军：《晚清商事立法研究》，北京：光明日报出版社，2012年。

余同元：《传统工匠现代化转型研究：以江南早期工业化中工匠技术转型与角色转换为中心》，天津：天津古籍出版社，2012年。

张忠民：《艰难的变迁：近代中国公司制度研究》，上海：上海社会科学院出版社，2002年。

陶凯元主编，最高人民法院知识产权审判庭编：《最高人民法院知识产权审判案例指导：最高人民法院知识产权案件年度报告及案例全文》第7辑，北京：中国法制出版社，2015年。

梁实秋：《雅舍小品》，哈尔滨：北方文艺出版社，2018年。

包天笑：《钏影楼回忆录》，上海：上海三联书店，2014年。

高叔康：《中国手工业概论》，上海：商务印书馆，1946年。

姚铭尧主编：《中国股份合作制企业的崛起——国有小企业改制的实践与理论》，上海：上海远东出版社，1996年。

由国庆：《老广告里的美食滋味》，上海：上海远东出版社，2014年。

左旭初：《民国食品包装艺术设计研究》，上海：立信会计出版社，2016年。

马洪主编：《中国经济名都名乡名号》，北京：中国发展出版社，1992年。

《中华老字号》编委会编著：《中华老字号》第2册，北京：中国轻工业出版社，1996年。

孔令仁、李德征主编：《中国老字号》（全10册），北京：高等教育出版社，1998年。

《藏羚羊旅行指南》编辑部编著：《中国最美的101家中华老字号》，北京：中国铁道出版社，2014年。

马明博、肖瑶选编：《舌尖上的中国：文化名家说名吃》，北京：中国青年出版社，2012年。

王一奇编：《中国食品传说》，北京：光明日报出版社，1986年。

竞鸿主编：《南方饮食掌故》，天津：百花文艺出版社，2004年。

顾炳权编著：《上海洋场竹枝词》，上海：上海书店出版社，1996年。

林震编纂：《上海商业名录》（第五次增订），上海：商务印书馆，1928年。

林震编：《增订上海指南》，上海：商务印书馆，1930年。

戴敦邦绘：《戴敦邦画老上海汇本》，上海：上海人民美术出版社，2017年。

熊月之主编：《稀见上海史志资料丛书》第6册，上海：上海书店出版社，2012年。

建设委员会调查浙江经济所编：《杭州市经济调查》（上下编合订本），1932年。

政协江苏省连云港市委员会文史资料委员会编：《连云港市文史资料》第7辑《新浦街的变迁》（专辑），1989年。

费修竹、沙开铸、倪茂福等编著：《安徽特产风味指南》，合肥：安徽教育出版社，1985年。

中国人民政治协商会议安徽省宿州市委员会文史资料研究委员会编：《宿州市文史资料》第2辑，1992年。

济南市政府秘书处编：《济南市饮食品制造业调查统计报告》（统计资料第19种，1936年10月调查），1937年。

陈莲痕：《京华春梦录》，上海：竞智图书馆，1925 年。

姚祝萱编：《北京便览》，上海：文明书局，1923 年。

范纬：《老北京的招幌》，北京：文物出版社，2004 年。

孙健主编，刘娟、李建平、毕惠芳选编：《北京经济史资料·近代北京商业部分》，北京：北京燕山出版社，1990 年。

天津市档案馆编：《袁世凯天津档案史料选编》，天津：天津古籍出版社，1990 年。

天津日本商工会议所编印：《天津华商公会名鉴》，1942 年。

中国人民政治协商会议天津市委员会文史资料委员会编：《天津文史资料选辑》总第 93 辑，天津：天津人民出版社，2002 年。

季宝华主编，天津市地方志编修委员会办公室、天津二商集团有限公司编著：《天津通志·二商志》，天津：天津社会科学院出版社，2005 年。

卞瑞明主编：《天津老字号》（全三册），北京：中国商业出版社，2007 年。

李正中、索玉华主编，天津理工学院、天津市和平区政协经济与文化研究所编：《近代天津知名工商业》，天津：天津人民出版社，2004 年。

中国人民政治协商会议河北省保定市委员会文史资料研究委员会编：《保定文史资料选辑》第 10—11 辑，1993 年。

中共保定市委党史办公室、中共保定市委统战部编：《伟大的历史性胜利——保定市资本主义工商业社会主义改造资料汇编》，石家庄：河北人民出版社，1989 年。

陈宪庚、吴金贵：《保定市北区地名志》，石家庄：河北科学技术出版社，1990 年。

孔润常编著：《味道石家庄》，石家庄：河北人民出版社，2017 年。

吴国荣主编：《太原经济笔谭》，太原：山西人民出版社，2014 年。

山西省政协《晋商史料全览》编辑委员会编：《晋商史料全览·字号卷》，太原：山西人民出版社，2007 年。

奉天市商会编：《奉天市商业汇编》，1933 年。

王荫樵编：《西京游览指南》，西安：天津大公报西安分馆，1936 年。

李建国、尚季芳主编：《近现代西北社会研究：发展与变革》，兰州：甘肃文化出版社，2015 年。

贵阳市南明区地方志编纂委员会编：《贵阳市南明区志》，贵阳：贵州人民出版社，2008 年。

贵州省毕节地区地方志编纂委员会编：《毕节地区志·金融志》，贵阳：贵州人民出版社，1992 年。

莫钟骙编著：《成都市指南》，成都：西部印务局，1943年。

钟合阶编著：《在历史的边缘行走中和场》，北京：中国文史出版社，2012年。

刘残音编：《重庆通信箱汇刊第壹集》，重庆：重庆商务日报社，1937年。

政协重庆市市中区委员会文史资料委员会编：《重庆市中区文史资料》第3辑，1991年。

唐润明主编：《重庆大轰炸档案文献：财产损失（同业公会部分）》，重庆：重庆出版社，2013年。

开封市糖业烟酒公司史志编辑室编：《开封糖业烟酒志》，郑州：河南人民出版社，1988年。

中国人民政治协商会议湖北省襄樊市委员会文史资料委员会编：《襄樊文史资料》第12辑，1993年。

武汉书业公会编：《汉口商号名录》，上海：商务书馆，1920年。

武汉地方志编纂委员会主编：《武汉市志·商业志》，武汉：武汉大学出版社，1989年。

王琼辉编著：《武汉老字号故事》，武汉：长江出版社，2015年。

广州商业名录社编：《广州商业名录》，广州：广州商业名录社，1933年。

欧阳晓东、陈先枢编著：《湖南老商号》，长沙：湖南文艺出版社，2010年。

江洪、朱子南、叶万忠、唐文主编：《苏州词典》，苏州：苏州大学出版社，1999年。

李峰、汤钰林编著：《苏州历代人物大辞典》，上海：上海辞书出版社，2016年。

傅立民、贺名仓主编：《中国商业文化大辞典》，北京：中国发展出版社，1994年。

全国工商联烘焙业公会组织编写：《中华烘焙食品大辞典——产品及工艺分册》，北京：中国轻工业出版社，2009年。

［日］高仓正三：《高仓正三苏州日记（1939—1941）：揭开日本人的中国记忆》，孙来庆译，苏州：古吴轩出版社，2014年。

附 录

一、大事年表

清朝时期

乾隆元年—乾隆六十年（1736年—1795年）

稻香村始创于苏州。民国苏州稻香村茶食糖果号仿单印有："本号自乾隆元年首先创始，开设苏城观东大街。"由沈、王、赵三姓合伙经营。

咸丰十年（1860年）

四月，太平军占据苏州，严禁在城内市集贸易。稻香村在元和县五澡泾设摊临时营业。

同治三年（1864年）

太平天国失败。稻香村于观前街洙泗巷口复业。支持沈康沐等同业恢复江安茶食公所。

光绪五年（1879年）

六月十八日（8月5日），上海《申报》首次刊载苏州稻香村防止伪冒《声明》。

光绪二十二年（1896年）

稻香村头柜汤长有被聘为经理。

光绪三十一年（1905年）

正月二十四日（2月27日），稻香村茶食糖果号合伙人沈祖荫等在商部注册稻香村茶食糖果公司（合资有限公司），成为清末全国茶食糖果业唯一在商部注册的公司。

七月，苏松太道袁树勋奉商部知照及两江总督周馥札文，分饬地方官保护苏州稻香村。苏州府长洲县寻颁禁止冒牌告示。

光绪三十二年（1906年）

二月，稻香村加入苏州商务总会，是苏州茶食糖果业中最早入会的商业企业。

三月，稻香村与同业捐资于观西施相公弄建成永寿善堂并附设公所。

七月，稻香村店东、候选州同沈祖荫和生员章继英领衔与茶食糖果同业拟订

《苏城糖果公所简章》，定名永康糖食公所。

本年，稻香村增资改组，筹集股东 40 股计 40000 银元，徐幹棠被聘为经理。

宣统元年（1909 年）

闰二月，苏州府长洲县江苏省谘议局苏属议员初选举，沈祖荫以湘城乡董身份高票当选。次月在苏州府属长洲、元和、吴三县复选举中落选。

四月，沈祖荫被长洲县南桥镇自治董事会推举为总董。与同乡周凤翔筹募善款 1000 银元赈济灾民。

宣统二年（1910 年）

五月，稻香村经理徐幹棠当选为观前大街市民公社庶务部二段收费员，后连选连任。

中华民国时期

1912 年

1 月 1 日，孙中山宣告中华民国成立。苏州稻香村创制文明饼，纪念"文明世界"开端。

1914 年

工商部新颁《公司条例》，取消清季《公司律》中的合资公司类型，苏州稻香村茶食糖果号未合公司注册条件。

1918 年

11 月 18 日，沈祖荫当选为苏州商团二部部长，稻香村经理徐幹棠当选为干事员。

12 月，沈祖荫当选为观前大街市民公社评议部评议员，徐幹棠由收费员转任经济部会计员。

1919 年

1 月 4 日，沈祖荫、徐幹棠当选为观前大街市民公社第十一届干事员。

1920 年

苏州茶食糖果号约计 25 户。稻香村员工 107 人，从业人数和生产规模创本号及同业历史之最。

1921 年

汤长有任稻香村协理。

1922 年

7 月 5 日，商团二部改组为第二支部即观前大街支部，沈祖荫、徐幹棠当选为评议员。

1923 年

沈祖荫病逝，其子沈鞠怀承业。

1924 年

9—10 月，第一次江浙战争。时值中秋旺月，稻香村营业大受影响，以致是年亏绌。

1925 年

徐幹棠因老病卸任，朱仕棠继任经理百天病逝。汤长有再任经理，兼任江安茶食公所总董。

9 月 3 日，稻香村获农商部颁第贰类第一百十号商号注册执照，"禾"字商标，址设观前街 34 号。

1926 年

7 月 15 日，上海《新闻报》首次刊出稻香村三姓股东沈鞠怀、王秋芳、赵仲如《出盘声明》与稻香村禾记《受盘声明》。受盘人为苏州总商会会董朱仲笙，仍以汤长有为经理。

7 月 18 日—8 月 25 日，稻香村禾记（下略）按计划完成洋式门面翻建工程，上塑"禾"字稻图商标，分书"只此一家，并无分出"。

8 月 31 日，稻香村如期开张营业。店后为作坊"圆堂"，设油面、野味、包装、糖果部门。

本年，朱仲笙购得清洲观前 38 号，作炒货蜜饯工场，亦称栈房，附设拣剥部门。

1927 年

4 月 13 日，苏州茶食糖果业职工会于施相公弄茶食糖果公所永寿堂成立，会址设于玄妙观真人殿，稻香村技师王渭生当选为首任常务执行委员，后兼任苏州市总工会筹备委员会委员。

8 月 17 日，稻香村股东徐福龙任苏州茶食糖果业同业公会筹备委员。

1928 年

1 月，稻香村增资改组，分 40 股计 40000 银元。股东 19 位，朱仲笙被公举为经理。

本年夏，朱仲笙兼任苏州市市政筹备处第七区委员。

1929 年

2 月 8 日，朱仲笙被委任为吴县第一感化院主管员。

本年，九芝《游苏杂感》、东生《没落中的苏州》等文提出"以稻香村代表苏州的商业"问题，引发学者讨论。

1932 年

1 月 28 日，上海一·二八事变爆发。稻香村特制松子猪油枣泥大麻饼和听装太湖野鸭、红烧牛肉等慰问十九路军抗日将士。

1935 年

12 月 19 日，朱仲笙当选为吴县茶食糖果业同业公会主席、常务委员，稻香村协理汤长有当选为候补监察委员。

1936 年

3 月，朱仲笙主持订立《吴县茶食糖果业同业公会业规》，会员与非会员一体遵照执行。

1937 年

7 月 7 日，卢沟桥事变爆发，日本发动全面侵华战争。上海八一三事变后中日淞沪会战，稻香村积极捐资捐物慰问抗日前线将士。

8 月 16 日—11 月 17 日，日军飞机对苏州城狂轰滥炸。稻香村房屋被炸，并遭洗劫。同人均避难于山乡。

1938 年

7 月，稻香村房屋修竣复业。

1941 年

吴县茶食糖果业职业工会于刘家浜成立，稻香村头柜马子彬当选为理事。

1942 年

2 月 13 日，因年节加班连本薪少发一月，油面先生娄桂荣等人发起罢工，当日兑现后复工。

1943 年

2 月 9 日，稻香村再次改组，分 40 股计伪中储券 20 万元。股东 17 位，经理朱仲笙仍为最大股东。

10 月 19 日，稻香村司账王晓沧当选为吴县茶食糖果业同业公会理事。

1945 年

8 月，抗日战争胜利，苏州光复。朱仲笙次子朱家元协助其父经营稻香村，初任会计，后任协理。观前街稻香村店址为 33 号，后坊为 37 号。

9 月，吴县茶食糖果业职业工会整理委员会成立，稻香村外柜朱祥生、头柜蔡见华为整理委员，头柜马子彬为监察委员。

1946 年

1 月 13 日，吴县茶食糖果业职业工会经改组成立，原稻香村技师王渭生当选为常务理事，稻香村外柜朱祥生当选为理事，头柜马子彬当选为候补理事。

2 月 24 日，吴县茶食糖果业同业公会改组为吴县茶食糖果商业同业公会，朱仲笙当选为常务理事。

1947 年

5 月 21 日，朱仲笙购得碧凤坊巷 42 号，扩大生产场所。

1948 年

5月7日，朱仲笙当选为吴县茶食糖果商业同业公会理事。

中华人民共和国时期

1949 年

4月27日，中国人民解放军解放苏州。苏州建市。

本年，稻香村艰难维持，职工减薪，没有盈余。

1950 年

5月，朱仲笙任苏州市茶食糖果商业同业公会筹备会委员，兼任观前街中区17段组长。会员197户分为6等，稻香村为甲等6户之一。

11月20日，稻香村茶食糖果号向苏州市工商局申请，并获准重新登记，朱仲笙仍为经理。观前街稻香村店址改称61号，后坊改称57号。

1951 年

4月17日，中国店员公会海货土产业稻香村基层委员会成立，吴希札为首任工会主席。

11月5日—12月2日，稻香村参加苏州市私营企业生产经营改造展览会。

1952 年

10月30日，稻香村分号——稻香村南门分销处于人民南路17号开设。

1953 年

12月，稻香村将糖果等产品发运国营西北贸易公司宝鸡市支公司，解放后首次远销西北。

1954 年

6月，稻香村职工超额完成认购国家经济建设公债任务，受到表彰。

1956 年

1月17日，苏州市社会主义改造运动达到高潮顶点，实行全行业公私合营。稻香村茶食糖果号自此日变更为公私合营企业，经济性质为全民所有制。朱仲笙任私方经理、代主任。首任公方代表为杨志祥。

1957 年

1月，私方经理朱仲笙及私方代表朱家元退出管理。公私合营苏州市稻香村茶食糖果号改名为公私合营苏州市稻香村茶食糖果商店。

1958 年

6月1日，公私合营苏州市平江区糖果糕点食品厂于观前街57号稻香村后坊成立。以稻香村、叶受和、采芝斋、广州等14户后坊人员及设备为主，设糕点工场、糖果炒货蜜饯工场、广式工场、咸味工场。各店成为该厂门市部。公方徐祖诒为首任厂长，严务先为副厂长，陈茂生为私方副厂长。孙景坤为首任工会主席。

8月1日，由桂香村等户合并成立的公私合营北塔区糕点食品厂被并入平江区糖果糕点食品厂。汪荣兴香脆饼店、平江发酵工场、老顺太制罐白铁店后被并入，匡福荣等组建金工组。

9月1日，平江集体工场被并入平江区糖果糕点食品厂。平江区糖果糕点食品厂与稻香村、叶受和、采芝斋、广州等店分离，各自独立进行经济核算。

11月，平江区糖果糕点食品厂提前完成年度计划，到12月29日已超额完成年度计划20%。

本年，平江区糖果糕点食品厂将手拎烘炉改用庙炉。接受苏州解放后本行业第一次外贸任务，向东南亚出口4万斤肉松和400箱松子、胡桃软糖。

1959年

1月，平江区糖果糕点食品厂制造第一台拌和机，迈出了向机械化进军的第一步。

3月，公私合营苏州市平江区糖果糕点食品厂更名为公私合营苏州市平江糖果糕点食品厂，成立党支部，居光辉为首任书记。

4月，平江糖果糕点食品厂被评为1959年第一季度苏州市工矿、交通企业红旗单位。

5月1日，平江糖果糕点食品厂将糖果工场原采芝斋后坊及人员划归采芝斋。

8月，平江糖果糕点食品厂将广式工场部分人员划归广州食品商店，将糕点工场部分人员划归叶受和，各以原单位人员为主，恢复两家后坊。

10月，平江糖果糕点食品厂提前完成全年国家计划，登上光荣榜。

11月，平江糖果糕点食品厂将糕点工场一部分划归稻香村茶食糖果商店，恢复其后坊。

12月，平江糖果糕点食品厂咸味工场被划并给平江食品厂，大部分人员连同房屋、工具实际被并给了陆稿荐。

同月，苏州市财贸系统业务技术操作表演比赛，稻香村茶食糖果商店欧阳沂荣获茶食糖果业珠算、心算、包扎全部三项的每项第一名。

1960年

2月26日，中共平江区委在平江糕点糖果食品厂召开全区技术革命现场会议，平江糖果糕点食品厂被树立为高速度实现技术革命的典型。

3月，公私合营苏州市平江糖果糕点食品厂更名为公私合营苏州市稻香村糖果食品厂。稻香村茶食糖果商店后坊再被并入。

4月，悬桥巷集体所有制企业苏民食品厂被并入稻香村糖果食品厂。

12月，稻香村糖果食品厂建成自动链条烘炉。

1961 年

8 月，稻香村糖果食品厂以原人员为主重建桂香村糕点工场。

9 月，稻香村糖果食品厂贯彻落实《国营工业企业工作条例（草案）》即《工业七十条》，建立健全以党支部领导下的厂长负责制为中心的经营管理责任制。

1962 年

1 月 18 日，苏州市商业局商工（62）字第 22 号文件《为建立公私合营稻香村糕点工场和更换厂名的批复》，同意稻香村糖果食品厂呈报建立稻香村工场，单独作工业核算，与稻香村茶食糖果商店统一作商业核算。公私合营苏州市稻香村糖果食品厂更名为公私合营苏州糖果糕点食品厂，即日对外挂牌。

3 月，稻香村工场竣工生产。场所由叶受和占用场所划出，人员以原稻香村人员为主。

8 月，人民商场附设红旗食品厂被并入苏州糖果糕点食品厂。

1963 年

3 月，为调整全民所有制与集体所有制企业关系，苏州糖果糕点食品厂将集体所有制企业苏民食品厂、平江集体工场人员划出。

4 月 15 日，江苏省苏州市烟酒糖业糕点公司提出《关于恢复糖果糕点作坊和精简经营环节的意见（草案）》，由稻香村、一品香支援虎丘土特产商店增设后坊，改为稻香村茶食糖果商店分店。

7 月 30 日，苏州市总工会批准苏州糖果糕点食品厂实行《劳动保险条例》。

12 月，万泰昶被并入苏州糖果糕点食品厂。

本年，经苏州市总工会平江区工委批复，中国财贸工会稻香村茶食糖果商店基层委员会分会被撤销，建立基层工会委员会。

1964 年

8 月 4 日，中国财贸工会苏州糖业烟酒分公司基层联合委员会观前一条街公司工作组整理的《总结推广稻香村商店几项主要经验》，为苏州分公司第一届一次职工代表大会文件。苏州糖业烟酒分公司系统零售商店开展"学王颐吉南、赶稻香村"运动。

1965 年

4 月，稻香村茶食糖果商店门市部小组被命名为苏州市工业、交通运输、基本建设、财贸方面 1964 年度商业系统"五好"集体。商店公方主任肖永庆在全省工业、交通运输、基本建设、财贸方面"五好"和先进代表会议上做了题为《我们是怎样以政治带业务，把生意做活做足的》的经验交流发言。

9 月 21 日，苏州市商业局（65）商业字第 318 号文件《关于苏州糖果糕点厂糖果车间撤销的批复》，经研究同意撤销糖果车间，有关人员、设备和业务原则上分别划给采芝斋、金星糖果冷饮厂。

1966 年

8月8日，中共八届十一中全会通过《中国共产党中央委员会关于无产阶级文化大革命的决定》。

8月24日，公私合营稻香村茶食糖果商店被改称"红太阳商店"，稻香村工场被改称"红太阳工场"。其后，公私合营苏州糖果糕点食品厂被改称苏州糕点厂。厂店私股定息停付。

1967 年

3月，"国营红太阳糖果糕点商店"与"国营苏州糕点厂"正式定名并启用新公章。

本年，原由苏州糖果糕点食品厂挂钩供应的火车站业务，改由红太阳糖果糕点商店供应。

1968 年

10月，红太阳（稻香村）、伊斯兰食品商店前店后坊，以及东方红（叶受和）、红旗（采芝斋）、前进（广州）、向阳（桂香村）后坊和市糖业烟酒公司技革组等被撤并入国营苏州糕点厂。红太阳门市部（前店）职工被分流到北塔商场。

1969 年

7月29日，苏州市商业局革命委员会（68）市革批字008号文件《关于成立苏州糕点厂革命委员会的批复》，经研究同意该厂革命委员会设委员5人，主任委员为原厂长刘承业，副主任委员为原副厂长睦荣锦。

10月，苏州糕点厂以战备名义动员部分干部职工分三批下放苏北盐城地区。

1970 年

1月，群益工场前身为1958年成立的沧浪区糖果糕点食品厂，被并入苏州糕点厂。

1971 年

苏州糕点厂自建原料车间二层计608平方米。

1972 年

4月2日，观前街35号东方红糕点糖果商店（原叶受和）恢复为稻香村糕点糖果商店，以适应苏州市外事工作需要。

本年，苏州糕点厂完成投资5.17万元，于累计企业投资占比20.87%。成品间更新为楼房432平方米。购入了第一辆载重汽车。

1973 年

苏州糕点厂新建成奶糕一条龙机械化生产线。新建金工车间400平方米。

1976 年

10月,"文革"实质上宣告结束。

本年,苏州糕点厂完成投资6.55万元。

1978 年

3月,苏州糕点厂划出生产人员11人及原叶受和后坊,支持稻香村糕点糖果商店复建稻香村工场(后坊)。

12月4日,苏州市革命委员会基本建设委员会苏革建(1978)102号文件《关于苏州糕点厂翻扩建糕点车间的批复》,经研究同意翻扩建2500平方米。

本年,苏州糕点厂划出部分人员和设备支持广州食品商店、桂香村重建后坊,支持伊斯兰食品商店重建前店后坊。

1979 年

4月,苏州糕点厂糖果车间被全部划给采芝斋,并将丁家巷仓库划作采芝斋生产炒货蜜饯场所;广式车间被全部划给广州食品商店,扩大其后坊。

6月1日,苏州糕点厂门市部成立,非独立核算,21日于稻香村原址正式开业。

12月,由江苏省糖业烟酒公司主办的江苏省十二市县糖果糕点评比展销在苏州玄妙观举行,苏州糕点厂徐有发制作的云片糕获该类别产品质量第一名。

本年,由于落实政策,厂内错划右派人员4人被甄别改正,下放苏北的干部职工陆续回厂工作。

1980 年

3月,苏州市稻香村糕点糖果商店恢复原名苏州市稻香村茶食糖果商店。

6月,苏州糕点厂安装自控1T/HKZZ锅炉及除尘设备一套,开始重视环保,注重治理"三废"。

9月,经江苏省糖业烟酒公司质量检查团巡回检查评定,苏州市生产的苏式月饼质量为全省第一,稻香村茶食糖果商店的玫瑰、百果月饼被评为一级优质产品。

12月22日,苏州糕点厂被重新核准登记(企业登记申请书注明"1964年以后登记,登记证已经遗失"),址设观前街57号。

1981 年

稻香村糕点糖果商店在观前街37号开设稻香村冷饮部。稻香村工场被评为1981年度苏州市商业系统"五好"单位(集体)。

1982 年

5月,苏州糕点厂开始企业整顿,次年12月苏州市商业局整顿办完成企业整顿工作检查验收。

8月24日，苏州市食品工业公司组织首次苏式月饼技术操作表演赛，苏州糕点厂女职工周美英夺得个人比赛第一名，裘正福、谈雪良并列第二名。

12月，江苏省同行业产品质量评比和技术操作比赛在徐州举行，稻香村茶食糖果商店姚福顺制作的禾字牌云片糕被评为全省第一名。

1983年

5月10日，中国民主建国会苏州市委员会、苏州市工商业联合会提交恢复苏州传统食品咨询工作报告，附表列举风味食品类20种，稻香村茶食糖果商店有虾子鲞鱼等5种，列举苏式糕点类73种，稻香村茶食糖果商店有松子猪油枣泥麻饼等46种，数量在同业中居首。

12月20日，江苏省商业厅公布本年全省商业系统名特、四新、传统优良食品名单，苏州糕点厂的松子枣泥麻饼、芝麻酥糖和八珍糕被评为名特食品。

1984年

1月1—14日，江苏省供销社牵头在江浦县（今南京市浦口区）举行全省炒货质量评比，苏州糕点厂获"新品种瓜子"第一名。

25日，苏州市食品工业产品展销会评比小组审批同意，市经济委员会审定命名，苏州糕点厂虎丘牌清水玫瑰月饼为市优良食品，虎丘牌鸡蛋糕、鲜肉饺为市名特食品，稻香村茶食糖果商店的禾字牌云片糕、松子枣泥麻饼、玫瑰酥糖为市优良食品，圆蛋糕为市名特食品。

7月，在江苏省经济委员会组织的全省同类产品评比中，稻香村茶食糖果商店的松子枣泥麻饼被评为省优质食品。

8月，苏州市商业系统月饼质量评比，苏州糕点厂的清水玫瑰月饼、广式素百果月饼被评为市区商办厂条线第一名，全省月饼质量评比再获第一名。

本年，苏州糕点厂铜罗分厂与吴江县（今苏州市吴江区）铜罗镇联营开办。

1985年

3月15日，苏州市经济委员会、计划委员会、对外经济贸易委员会苏经改字（85）89号文件批复，经研究同意苏州糕点厂引进日本富阳公司押切厂班产1.6吨主食、点心兼用型半自动面包生产线。项目总投资162.8万元，后被批转给广州食品厂承担。

3月26日，江苏省商业厅苏商基（85）71号文件《关于苏州糕点厂技术改造项目初步设计的批复》，核定苏州糕点厂生产规模年产苏式糕点3160吨，建筑面积4015平方米，投资172万元，要求1986年6月建成投产。后因资金等原因未落实，征用的横塘乡虹桥大队菜田15.6亩被划转给市电大扩建项目。

5月13日，苏州市财政局、环保局联合下发苏财综字第135号、苏环字（1985）第61号文件《关于苏州稻香村改灶经费的批复》，同意补贴2900元，在市商业局排污收费的80%中列支，不足部分由稻香村茶食糖果商店自筹解决。

7月1日，苏州糕点厂综合服务门市部在临顿路45-1号原厂汽车库开设，后改名苏州糕点厂综合经营部，统一核算，批零兼营。

1986年

4月16日，苏州市计划委员会苏计综（1986）52号文件《关于苏州糕点厂等单位更改厂名的批复》，为发扬和恢复苏州市食品工业的名牌特色，优化苏式传统糕点生产布局，经研究同意，将苏州糕点厂更名为苏州稻香村食品厂，将苏州糕点厂门市部改设苏州稻香村食品商店，作为内部核算单位，将苏州糕点二厂更名为苏州一品香食品厂，撤销苏州市稻香村茶食糖果商店，原址改设苏州叶受和食品厂，并附设苏州叶受和食品商店，作为内部核算单位。上述单位企业性质、隶属关系等均不变。稻香村、叶受和各归老地方，完全实现老字号厂店合并一家。

5月31日，苏州糕点厂在食品卫生整改期间，发生裱花蛋糕质量事件，被市食品卫生监督检验所行政处罚。市政府责成有关主管部门对该厂限期整顿。

7月12日，苏州市经济委员会、计划委员会、对外经济贸易委员会苏经改字（86）150号文件《关于同意苏州糕点厂引进油炸食品生产设备的批复》，同意市食品工业公司和市商业局意见，由苏州糕点厂向商业部申请留购日本水产株式会社的油炸方便食品生产线，填补国内空白。日方总报价为30万元人民币，外汇额度为7.5万美元。项目后被转交苏州饼干厂。

10月1日，苏州糕点厂自是日起更改名称，并启用新印章。苏州稻香村食品厂、苏州稻香村食品商店在《苏州报》上刊登大幅更名广告。

11月17日，苏州市商业局函复市食品工业公司，因临顿路45号原址现已改设食品工业公司经营部，稻香村食品厂综合经营部应予撤销歇业。

12月，新任厂长嵇纪木代表苏州稻香村食品厂与苏州市食品工业公司签订1987—1989年承包经营责任制合同。

1987年

9月30日，《苏州日报》《中国食品报》报道，苏州稻香村食品厂生产的30吨苏式月饼，在苏州糕点行业首次采用脱氧剂保藏，中秋节前首次运销到内蒙古及河南洛阳、湖南湘潭等地。

9月，苏州稻香村食品厂松子枣泥麻饼纸盒包装，在全国商业供销系统包装评比中获三等奖，由商业部颁发荣誉证书。

12月31日，稻香村食品商店新营业楼落成开张。

本年，牛角浜23号二车间已成危房，被市食品工业公司售与平江区税务局建造职工宿舍，得款于观前街57号翻建稻香村食品商店新营业楼。

1988年

2月9日，由苏州市对外经济技术贸易公司、苏州市商业局和香港裕华国货公司联合在香港举办的"苏州之名店名食——苏州传统食品展销会"闭幕,苏州稻香村食品厂松子枣泥麻饼、八珍糕等传统食品受到好评,香港《文汇报》曾刊文《四季茶食风味清雅:稻香村糕点如稻香》。

3月31日,苏州市食品工业公司苏食工政(88)字第011号文件,经研究决定,苏州稻香村食品厂实行厂长负责制,嵇纪木仍任厂长,任期二年。同日,苏州稻香村食品厂管理委员会成立。

8月,以二车间主任贾沛如等人员和设备与东环路徐家浜村苏州城东食品厂联营,名为苏州稻香村食品厂一分厂或城东分厂。1991年结束联营。

1989年

6月3日,厂职工代表大会通过经修订的《苏州稻香村食品厂企业章程》。

本年,苏州稻香村食品厂与苏州市食品工业公司签订的1987—1989年承包经营责任制合同到期,各项经济指标均按期完成。

1990年

1月,经市工商局批准,苏州稻香村食品商店在苏州火车站金龙商厦内增设窗口营业点。

9月,中秋节苏州月饼市场抽样评比,苏州稻香村食品厂的清水玫瑰月饼获苏式月饼第一名。

12月26日,苏州市经济委员会苏经改字(90)411号文件《关于同意苏州稻香村食品厂更新糕点烘烤炉的批复》,淘汰煤烤炉,购置复式食品电烤炉一台,实现了从庙炉、链条炉、风车炉到电烤炉的跨越。

1991年

3月26日,根据苏州市食品工业公司苏食工政(91)015号、016号文件精神,苏州稻香村食品厂与苏州广州食品厂实行"内联",原苏州广州食品厂厂长刘石林被聘任为苏州稻香村食品厂、苏州广州食品厂厂长。

1992年

3月23日,苏州市食品工业公司与苏州苏华实业股份有限公司签署《关于联合改造经营稻香村意向书》,双方同意建立联合企业,将现稻香村厂域进行翻扩建,以各占50%为联合企业股份基数。其后联营夭折。

7月,由方义梅、贾沛如、蒋善庆、谈雪良、林恩惠5人组成承包集团,以苏州稻香村食品厂生产经营部名义承包经营,为期两年。租用洋泾塘齐门外大街江苏省军区苏州第一干休所房屋生产。

1993年

2月18日,因连年亏损结束"内联"。苏州市商业局苏商业务(93)12号文件《关于恢复苏州稻香村食品厂企业法人资格的批复》,同意恢复苏州稻香村食品厂企业法人资格。苏州市食品工业公司总经理张治安兼任厂长、法定代表人。

1994年

3月9日，苏州市食品工业公司与上海豫园旅游商城股份有限公司、苏州市平江区商业局所属远东房屋开发公司正式签订协议书，联营合资建立上海豫园旅游商城苏州公司，主要以苏州稻香村食品厂厂域土地使用权等作为联营投资，进行翻扩建，建设豫园商厦。

5月20日，苏州稻香村食品厂与上海豫园商城苏州公司签订碧凤坊27号租房合同，后转入苏州市食品工业公司作为联营投资。

6月，贾沛如、方义梅以苏州稻香村食品厂生产经营部名义承包经营，次年12月承包到期。

1995年

12月26日，苏州稻香村食品商店迁至观前街72号原金芝斋旧址。

本年，租用金阊区枫桥大街街道办房屋生产。

1996年

10月1日，上海豫园商城苏州商厦正式开业，苏州稻香村食品厂部分职工按协议外派参加工作。

本年，租用平江区十全街南石皮弄市旅游局旧食堂生产。

1997年

2月，苏州稻香村食品厂登记住所由观前街57号变更为观前街72号。

12月24日，苏州市食品工业公司将股权全部出让给上海豫园旅游商城股份有限公司，退出联营体，得款用以苏州稻香村食品厂改制和职工安置等。

本年，苏州稻香村食品厂被国内贸易部颁授中华老字号铭牌。

1998年

6月21日，苏州市经济体制改革委员会苏体改（1998）第41号文件《关于同意苏州稻香村食品厂改制为股份合作制企业的批复》，同意市贸易局食品工业公司下属国有苏州稻香村食品厂采用部分资产有偿转让给股份合作制企业的形式，改制为独立核算、自负盈亏的股份合作制企业。对苏州稻香村食品厂（股份合作制）采取"两剥离一了结"的优惠办法，即剥离原企业退休职工负担（194人），剥离历年来的内外债务（约260万元），历年挂账亏损额（约260万元）不转入新企业。

6月27日，苏州稻香村食品厂（股份合作制）首届职工股东大会于观前街苏州采芝斋商店二楼会议室召开，全厂创始股东71名。会议审议和表决通过了首届职工股东大会决议和《苏州稻香村食品厂（股份合作制）章程》，并以无记名投票形式进行民主选举。首届董事会由原副厂长沈根富与陈旭斌、徐全生、贾沛如、谢水轩 5 位董事组成。首届监事会由原厂工会主席陈钢年与吴天伦、林恩惠 3 位监事组成。首届一次董事会选举沈根富为董事长，兼任厂长。首届一次监事会选举陈钢年为监事会主席。

7 月 1 日，根据苏州市经济体制改革委员会苏体改［1998］第 41 号文件批复，苏州市贸易局苏贸体改［98］15 号文件通知，原国有苏州稻香村食品厂于本日正式改为股份合作制企业。

8 月 30 日，甲方苏州市食品工业公司总经理、法人代表张治安与乙方苏州稻香村食品厂（股份合作制）董事长兼厂长、法人代表沈根富签订《协议书》，办理人财物交接手续。

11 月 12 日，苏州稻香村食品厂首届二次股东大会审议和表决通过《关于修改股份合作制章程有关条款的报告》《厂规厂纪》《关于职工医疗劳保的实施办法》《关于企业工资分配形式的试行办法》《关于实行厂内部待业、退养的试行办法》等厂内文件和《首届二次股东大会决议》。聘任董事谢水轩、贾沛如为副厂长，陈旭斌为办公室主任兼财务主管，徐全生任生产经营部经理。

本年，租用史家巷 35 号苏州刺绣厂旧有食堂生产。

1999 年

1 月 5 日，甲方苏州市食品工业公司法人代表张治安与乙方苏州稻香村食品厂（股份合作制）法人代表沈根富，就原国有苏州稻香村食品厂的债务问题签订《协议书》，并上报市贸易局备案。

3 月 9 日—9 月 20 日，观前街再度改造，苏州稻香村食品商店完成恢复性重建。

本年中秋节后，在伊斯兰食品商店支持下，苏州稻香村食品厂回迁至清洲观前生产。

2000 年

4 月 1 日，苏州稻香村食品厂企业内部退养办法开始执行。

2001 年

6 月 27 日，股份合作制苏州稻香村食品厂第二届一次股东大会选举出董事沈根富、贾沛如、陈旭斌，监事陈钢年。沈根富仍任董事长兼厂长、法定代表人，聘任贾沛如为副厂长，陈旭斌为财务主管。

2002 年

9 月，苏州稻香村食品厂被市卫生监督部门评为苏州市放心月饼生产企业，生产的熟鸭肫肝、苏式肉松被江苏省质量协会评为江苏省产品监督检查质量合格产品。

2003 年

6 月，苏州稻香村食品厂生产的松子枣泥麻饼、松仁粽子糖被江苏省苏州质量技术监督局评为产品质量监督检查合格产品。

7月23日，为企业发展需要，经厂董事会、监事会讨论决定，并经全体股东大会通过，苏州稻香村食品厂企业内部增资经营股30万元，经公示后由董事长沈根富个人认购。

2004年

3月24日，"为充分发挥'稻香村'品牌优势，将'稻香村'做大做强"，苏州稻香村食品工业有限公司注册成立，由苏州稻香村食品厂与北京新亚趣香食品有限公司、保定稻香村新亚食品有限公司共同投资，注册资金50万元，苏州稻香村食品厂出资20万元成为最大股东，沈根富为董事长、法人代表。

6月，苏州稻香村食品工业有限公司生产的蛋糕、曲奇、麻花被中国焙烤食品糖制品工业协会、全国糕点委员会、全国饼店委员会评为全国特色糕点，老婆饼、萨其马、麻饼等被评为中国名点。

11月14日，由国家工商行政管理总局商标局核准，保定稻香村新亚食品有限公司将第184905号、第352997号两个"稻香村DXC及图"有效注册商标，依法转让给苏州稻香村食品工业有限公司，转让费55万元用于其增持后者的股份。

本年，苏州稻香村食品工业有限公司被苏州市人民政府认定为"2004年度重合同守信用AA企业"。

2005年

7月16日，苏州稻香村食品工业有限公司"稻香村月饼"被中国食品工业协会评为2005年度中国名饼。

本年度，苏州稻香村食品工业有限公司被苏州市劳动和社会保障局评为"劳动和社会保障A级信誉企业"。

2006年

6月，苏州稻香村食品工业有限公司生产的年糕、萨其马被中国焙烤食品糖制品工业协会、全国糕点委员会、全国饼店委员会评为中国特色糕点，桃酥、麻饼被评为中国名点。

7月7日，"为发扬光大'稻香村'，便于统一市场，统一管理，统一对外经营，形成有机的合力"，经厂股东大会同意，苏州稻香村食品厂与苏州稻香村食品工业有限公司签订《关于双方合作经营协议》，规定：工厂对外一切经营活动统一由公司负责；工厂保留现在一切手续，停止一切单独经营活动和对外合作事项；工厂的全部在册员工由公司负责安置。自此公司与工厂融为一体化经营。

8月6日，中国食品工业协会授予苏州稻香村食品工业有限公司"稻香村月饼"2006年度中国名饼、中国十佳月饼·国饼十佳名号，鲜肉月饼被评为2006年度中国最佳特色月饼。后连年获此荣誉。

8月19日,苏州稻香村食品工业有限公司与中国食品工业协会、中国焙烤食品糖制品工业协会和苏州市经贸委、市贸易局、市老字号协会等共同主办中国苏式糕点食品文化研讨会。

8月20日,苏州稻香村食品工业有限公司在苏州工业园区唯亭镇唯文路19号的模范食品工厂举行落成投产典礼,苏州市政府、人大、政协及主管部门领导,国家工商总局、质检局及行业协会等领导出席剪彩。与中国食品发酵工业研究院、国家食品质量监督检验中心联合设立的中国糕点食品技术中心同时落户。

11月7日,商务部商改发〔2006〕607号文件《商务部关于认定第一批"中华老字号"的通知》,苏州稻香村食品厂被认定为"中华老字号",证书编号10021。

2007年

5月11日,苏州稻香村食品工业有限公司获国家质量监督检验检疫总局首批颁给全国工业产品许可证(QS),为苏州市糕点行业第一家,还通过了GMP、HACCP、ISO9001等多项认证。

5月,第十届中国国际焙烤博览会暨第八届全国焙烤技术比赛(国家级职业技能竞赛)在上海举行,苏州稻香村食品工业有限公司荣获月饼、面包、装饰蛋糕三项技术比赛团体金奖。徐红生制作的苏式清水玫瑰月饼获得月饼技术比赛个人金奖第一名,并荣获月饼行业唯一的"国际主席奖"。

6月12日,苏州市人民政府苏府〔2007〕94号文件公布《苏州市第三批市级非物质文化遗产代表作名录》,包括苏州稻香村食品工业有限公司"稻香村苏式月饼制作技艺"。

8月20日,中国食品工业协会授予苏州稻香村食品工业有限公司"2007年度苏式月饼传承代表、月饼龙头企业"称号。

8月,中国焙烤食品糖制品工业协会授予苏州稻香村食品工业有限公司"全国糕点月饼质量安全市场准入优秀示范企业""全国糕点月饼质量安全优秀示范企业"称号。

9月,苏州稻香村食品工业有限公司"稻香村月饼"被中国焙烤食品糖制品工业协会、商业技能鉴定与饮食服务发展中心评为2007(第十三届)中国月饼节名牌月饼,并被组委会选为慰问天安门国旗护卫队指定礼品。

12月19日,国家劳动和社会保障部劳社部发〔2007〕45号文件《关于表彰2007年度全国技术能手的决定》,徐红生被授予2007年度"全国技术能手"荣誉称号。

本年,苏州稻香村食品工业有限公司收购中国粮油集团旗下江苏张家港市福临门大家庭食品有限公司及其所属60家西饼店。

2008年

6月，第一批苏州市级非物质文化遗产项目代表性传承人公布，徐红生为稻香村苏式月饼制作技艺传承人。

7月2日，苏州稻香村食品工业有限公司在北京市通州区投资设立北京苏稻食品有限公司，作为北方生产基地。

7月，苏州稻香村食品工业有限公司苏式玫瑰月饼被中国食品工业协会评为2008年度国饼十佳（帮式代表企业）。

10月30日，中国焙烤食品糖制品工业协会授予徐红生"中国焙烤名师"荣誉称号。

2009年

4月25日，苏州稻香村食品厂股东大会审议并一致通过经修改的《苏州稻香村食品厂（股份合作制）章程》，一致同意关联企业——苏州稻香村食品工业有限公司为本厂股东，将苏州稻香村食品厂回购的已调出、退休职工股东的股份转让给该公司。

6月20日，江苏省人民政府公布、江苏省文化厅颁布，"稻香村苏式月饼制作技艺"被列入江苏省第二批非物质文化遗产代表作名录。苏州稻香村食品工业有限公司成为第二批省级非物质文化遗产名录项目保护单位。

6月30日，苏州稻香村食品厂与苏州稻香村食品工业有限公司签订《双方合并经营协议》。

9月1日，苏州稻香村食品工业有限公司董事长沈根富被中国焙烤食品糖制品工业协会授予中国月饼行业突出贡献奖。"稻香村月饼"被评为2009中国月饼文化节金牌月饼、中国名饼，后连年获此荣誉。

9月4日，苏州稻香村食品厂与苏州稻香村食品工业有限公司合资的稻香村食品有限公司在苏州工业园区市场监督管理局登记成立，沈根富为董事长、法定代表人。

本年，苏州稻香村食品工业有限公司成立电子商务部门，启动实施"稻香村+互联网"战略。在山东投资建设菏泽工厂、金乡工厂。公司被中国焙烤食品糖制品工业协会评为中国焙烤食品糖制品行业百强企业。稻香村DXC商标被江苏省工商行政管理局认定为江苏省著名商标。在苏州市贸易局的指导下，承办了首届中国苏式月饼节。

苏州稻香村食品厂被苏州市人民政府命名为"2009年度苏州老字号先进企业"。

2010年

1月6日，苏州稻香村食品工业有限公司获北京中大华远认证中心颁发的食品安全管理体系认证证书。

4月2日，山东菏泽稻香村食品有限公司成立，成为稻香村食品馅料和粽子生产基地。

4月25日，苏州稻香村食品厂股东大会通过决议，同意苏州稻香村食品工业有限公司认购本厂回购的11位调出或退休的股东股份。5月25日双方签订《苏州稻香村食品厂股份转让协议》，该公司成为苏州稻香村食品厂的法人股东。

5月17日，苏州市人民政府苏府公〔2010〕1号文件《苏州市人民政府关于认定企业知名字号的公告》，苏州稻香村食品工业有限公司被认定为苏州市第二批企业知名字号。

5月，苏州稻香村食品工业有限公司荣获第十一届全国焙烤职业技能竞赛（国家级职业技能竞赛）面包、月饼、装饰蛋糕三项技术比赛团体金奖。徐红生徒弟艾满与李述昆同获月饼技术比赛个人金奖，后同被人力资源和社会保障部颁授2010年度"全国技术能手"荣誉称号。

8月26日，中国焙烤食品糖制品工业协会授予苏州稻香村食品工业有限公司"中国月饼行业龙头企业"称号。

2011年

3月10日，根据苏州稻香村食品厂股东大会决议，徐峰等59位职工股东签订了《苏州稻香村食品厂股份转让协议》，本厂股东变更为沈根富、周广明二位自然人。

9月9日，中国食品工业协会授予苏州稻香村食品工业有限公司企业信用等级AA级证书。

10月14日，苏州稻香村食品厂更名为苏州稻香村食品厂有限公司，获颁企业法人营业执照，企业类型由集体所有制（股份合作制）改为有限公司（自然人控股）。沈根富为执行董事、法定代表人。

10月26日，山东金乡稻香村食品有限公司注册成立，成为稻香村食品及农副产品加工合作园区。

2012年

6月，苏州稻香村食品工业有限公司"稻香村糕点"被长江三角洲地区（城市）食品（工业）协会联席会评为长江三角洲地区名优食品。

9月5日，北京苏稻食品工业有限公司新工厂在通州食品工业园区落成。

9月24日，苏州稻香村食品工业有限公司被江苏省消费者协会授予"江苏省诚信承诺企业联盟百佳示范企业"称号。

12月22日，观前街72号苏州稻香村食品商店更名为苏州稻香村食品有限公司稻香村食品商店。

2013年

苏州稻香村食品工业有限公司被中国焙烤糖制品工业协会授予"中国焙烤食

品糖制品产业突出贡献企业"称号。稻香村 DXC 商标被国家工商总局评审认定为"中国驰名商标"。正式成立海外事业部，实施"稻香村出海"战略，积极拓展海外市场。

2014 年

8 月，苏州稻香村食品工业有限公司被中国焙烤糖制品工业协会授予"全国月饼质量安全优秀示范企业"称号。

11 月 7 日，山东稻香村食品工业有限公司在荷泽成立，为稻香村中原地区生产及配送基地。

2015 年

9 月 23 日，苏州稻香村食品厂有限公司、苏州稻香村食品工业有限公司分别做出股东会决议，同意双方 9 月 22 日签订的吸收合并协议，苏州稻香村食品工业有限公司注销，股东及管理人员被吸收合并至苏州稻香村食品厂有限公司。苏州稻香村食品厂有限公司住所由观前街 72 号变更为苏州工业园区唯亭镇唯文路 19 号。

12 月 13 日，经国家工商总局核准，稻香村食品集团（简称稻香村集团）被江苏省苏州工业园区工商行政管理局核准依法成立，母公司名称由稻香村食品有限公司变更为稻香村食品集团有限公司，注册资金 10000 万元。法定代表人、董事长为沈根富。

2016 年

4 月，稻香村食品有限公司执行董事周广军出任稻香村食品集团总裁。

5 月，稻香村食品集团与沈阳市副食集团合资企业沈阳稻香村食品工业有限公司注册成立，这是在苏州稻香村多年授权中华老字号沈阳稻香村使用"稻香村"商标基础上的进一步紧密合作，成为辽宁省国有企业混合改制的典范。

11 月，苏州稻香村食品有限公司被中国商业联合会中华老字号工作委员会授予"2016 年度百年功勋企业"称号。

本年，稻香村集团与德国马克布朗股份两合公司签订企业互惠战略合作协议，产品进入德国市场。

稻香村集团本年度市场销售额为中华老字号电商百强第 11 位，食品类中华老字号阿里电商销量第 1 位。集团慰问邢台灾区等慈善公益总捐赠达 1000 多万元。

2017 年

3 月 6 日，稻香村食品集团有限公司变更为稻香村食品集团股份有限公司。

5 月 25 日，稻香村食品集团（香河）有限公司注册成立。

6—9 月，参加 2017 哈萨克斯坦阿斯塔纳世博会。

8 月 17 日，稻香村食品（天津）有限公司注册成立。

9 月 6 日，稻香村食品集团（金乡）有限公司成立。

11月30日，稻香村集团荣获新华网金箸奖2017年度"中国食品标杆企业"称号，其后连年荣获该称号。

本年，苏州稻香村食品有限公司成立非物质文化遗产传承中心。稻香村集团总裁周广军荣获第六届"中华老字号杰出贡献奖"。

北京苏稻食品工业有限公司被北京市科学技术委员会等认定为高新技术企业。

2018年

6月6日，成都稻香村风味食品有限公司成立。

本年，苏州"稻香村"成为京东超市双百亿俱乐部亿元品牌。

2019年

5月9日，2019中国品牌价值评价信息发布，稻香村食品集团股份有限公司品牌强度910、价值133.09亿元，名列中华老字号组第5位。稻香村集团成为"新华社民族品牌工程·中华老字号振兴行动"入选企业。

5月，苏州稻香村食品有限公司荣获"中国改革开放40周年焙烤食品糖制品产业领军企业"称号。

6月，苏州稻香村食品有限公司荣获"中国焙烤食品糖制品行业（糕点）十强企业"称号。

10月9日，合资企业稻香五号码头（金乡）食品有限公司成立。

12月，山东稻香村食品工业有限公司被山东省扶贫开发办公室、山东省总工会等评为"省级扶贫龙头企业"。

本年，稻香村食品集团股份有限公司荣获"2019品牌强国·年度影响力企业"称号。总裁周广军荣膺"2019建国七十周年品牌影响力人物"称号。

2020年

5月10日，2020中国品牌价值评价信息发布，稻香村食品集团股份有限公司品牌强度904、价值136.55亿元，名列中华老字号组第5位。

9月，徐红生被认定为第五批江苏省非物质文化遗产"稻香村苏式月饼制作技艺"代表性传承人。

10月，艾媒咨询发布《2020年中国月饼市场与消费者行为研究报告》，"稻香村月饼"的线上线下份额及网络口碑、热度均占据市场首位。

12月1日，苏州稻香村食品有限公司被中国品牌建设促进会评选为首批"品牌评价国际/国家标准应用示范单位"。

本年度，稻香村食品集团股份有限公司被中国食品安全年会组委会授予"2019—2020食品安全诚信单位、社会责任企业"称号，被中国轻工业联合会授予2020年度"中国轻工业二百强企业""中国轻工业科技百强企业""中国轻工业食品行业五十强企业"称号。

二、传统产品

为恢复苏州传统食品积极开展咨询工作[1]

民建苏州市委员会　苏州市工商联

苏州始建于公元前514年，是我国历史文化名城之一，也是我国四大风景游览城市之一，地处江南水乡，气候四季分明，农副产品丰盛，鱼虾四时不绝，富有传统特色的各种地方小吃、苏式糕点、风味食品，脍炙人口，远近闻名，向由茶食糖果、面馆馄饨、糕团饼馒、肉品卤菜等自然行业分别经营，它们的共同特色是用料讲究、工艺精巧，荤、素、甜、咸、色、香、味尽美，如稻香村、叶受和的苏式糕点，桂香村的大方糕，采芝斋的瓜子、糖果、清水蜜饯，陆稿荐的五香酱肉、秘制酱鸭，马咏斋的酱鸡、野味，黄天源的糕团，松鹤楼的卤鸭面，观振兴的蜜汁蹄胖[2]面，朱鸿兴的三虾面。玄妙观的"小吃群"也是独具一格，还有走街串巷、肩挑叫卖，消费者称便。属苏州市的各县（市）也各有著名传统食品，如常熟市山景园的叫化鸡、昆山县奥灶馆的鸭面、太仓县的肉松、吴县木渎镇的枣泥麻饼、吴江县震泽镇的豆腐干、同里镇的栗酥、平望辣酱等。

1956年公私合营以后，商业体制有了很大变化，片面理解"大众化"，饮食业也不断由中小多、特色多、专业细，调整为综合性多、大路货多、专业粗。三年自然灾害中，由于原材料困难，质量下降；十年内乱期间，名店名产乱批乱砍、技术培训基本停顿，有些食品濒临失传。党的三中全会以后，各级领导在恢复特色、搞好经营、增设网点方面作出了一定努力，取得了一定成绩，如苏式卤菜五香酱肉、秘制酱鸭、酱猪头肉在八一年、八二年评为部优食品，还恢复了烹饪学校，成立了烹饪技术研究学会、食品研究所。但是，还未能适应把苏州建设成为风景旅游城市的需要。

1981年8月，市两会[3]和市政协经济建设组协助政府有关部门以恢复、发展饮食、食品行业，满足中外游客和全市人民的需要为中心，作了社会调查，并

---

[1] 民建苏州市委员会、苏州市工商联：《为恢复苏州传统食品积极开展咨询工作》，1983年5月10日，苏州市档案馆藏，档号：B003-005-0465-033-045。
[2] 蹄胖为江浙方言，即蹄髈、蹄膀。
[3] 市两会，此指中国民主建国会苏州市委员会、苏州市工商业联合会。

向有关方面提出了报告和建议,《中国财贸报》还以"恢复苏州饮食特殊风味"为题,作了报道[1]。1982年9月,饮食经济咨询服务组成立,也首先以恢复和发扬苏州名点特色为课题,通过调查研究,提出了若干建议。

今年4月,根据两会中央关于召开传统食品咨询工作座谈会的通知要求,进一步作了调查研究,现将情况综合汇报如下:

一、还存在的一些问题

1. 经营思想上没有确立为消费者服务、为旅游城市这一特点服务的观点,满足于一般产品的供应,"皇帝女儿不愁嫁"。对最近中商部举办的产品质量评比苏式糕点均未评上;对忽视恢复、发展传统食品的倾向;对外地糕点大量进入我市争夺市场等严重情况,尚未引起足够的重视。

2. 网点减少。1956年公私合营、合作化以后,全市饮食网点2013户,到1983年,城市人口增加近一倍,旅游者每年约1000万人次,而网点不到1956年的30%,个体经营也不普遍。玄妙观的"小吃群",原来各种专营食品店(摊)达80多家,其中著名的有五芳斋、小有天等八家,现在只有一家综合性小食品店和一些个体摊贩。

3. 品种减少。50年代传统的地方小吃、苏式糕点、风味食品要超过千种,比较著名的也达147种(分别附表),现已恢复的只有75种(其中真正恢复历史水平的仅40种),还有72种没有恢复。[2]其原因除货源、技术外,主要是由于操作上讲究精工细作、产量少、产值低、利润薄,企业从完成经济指标出发,不愿生产。例如:芙蓉酥是苏式糕点中的著名特产,肥美香甜,可以干吃,也可用开水或牛奶豆浆冲食,都各有口味,但制作过程繁复,第一步要糯米粉加糖,蒸制成糕、分开成条;第二步要切片如玉兰花瓣;第三步把切片用荤油氽透;第四步再用工具定量划成长方形块状,加外包装后出售。不像[3]一般糕点,当日可以出成品销售。又如鲜肉饺,是群众极为喜爱的酥皮糕点,因系手工操作,费时多、产量低,而人工成本高,毛利微薄,每人每天加工鲜肉饺只能做10斤面粉,批发营业额22.40元。制作其他糕点,如麻饼批发营业额可达129元。

黄天源的五色汤团也是这样,由于工艺要求高、产值低,已断供廿多年。

4. 质量没有恢复历史水平。

从已恢复的75个品种来看,质量达不到历史水平的有35种,占48.6%,除思想认识上的问题外,其原因是多方面的。

---

[1] 报道,原文作"报导"。
[2] 笔者据原附表核实,已恢复的只有74种,还有73种没有恢复。详见中国民主建国会苏州市委员会、苏州市工商业联合会:《江苏省苏州市(风味食品类)著名传统食品(附表)》,1983年5月,苏州市档案馆藏,档号:B003-005-0465-001-027。
[3] 不像,原文作"不象"。

(1) 原（辅）料带来的问题。

传统食品质量的优劣与原（辅）料关系甚大。如酱鸭、酱鸡、卤鸭必须采用一级品鲜活家禽，熏鱼和糟鲭鱼的原料要采用鲜活鲭鱼（每条要求8—9斤），熏虾要用太湖大虾，如以冻品代用，内在质量就达不到要求。批发部门由于长期以来货源比较紧张，工作上怕麻烦，习惯于来啥发啥，统来统去。由于原料没有选择权，恢复传统就得不到保证，如观振兴的焖肉、蹄胖等过去均按自己所需用规格定购选购，现在是统货分配。因此，焖肉面达不到原有特色，蜜汁蹄胖面无法恢复。

辅料对产品质量起着相当重要的作用，例如秘制酱鸭必须以丁香和砂仁做辅料。又如：薄荷猪油大方糕、薄荷水蜜糕、薄荷桃团，以及各种团类薄荷馅心等，"薄荷末"是一种不可少的辅料，色似翡翠，清香扑鼻，但由于中药店无货供应，现在都采用青菜叶汁代替，既不香、又无味，影响了糕团的"色、香、味"。

(2) 近几年来，由于原材料和燃料价格的调整，使生产单位成本不断上升，而物价部门对老产品价格卡住不放，生产单位只能用规格凑合，影响了质量。如：核桃仁50年代0.8元（斤），现在1.90元（斤），提高137.5%；瓜子仁50年代2.32元（斤），现在4.45元（斤），提高91.81%；荤油50年代0.72元（斤），现在1元（斤），提高38.88%；燃料煤50年代20元（吨），现在46元（吨），提高130%。因此，有的减少了糖和油脂，有的压缩了果料。如糖年糕，50年代的规格是每百斤米粉加砂糖72斤，而目前只加砂糖38斤。又如百果月饼，50年代每百斤成品含果料18—20斤，而目前只含果料9.5斤。其他如大方糕、松子云片糕、胡桃云片糕、椒盐桃片等，都是因减少了果料而使产品达不到历史水平。另外，物价部门对同一品种，不分普优，统一价格，例如酱鸭零售[1]价2.30元（斤），五香酱肉、酱汁肉1.56元（斤），糖年糕0.36元（斤），名牌店加工精细、讲究质量，因此，排队争购，如糖年糕黄天源传统手工操作，化工大，比其他糕点厂机制的质量较好，但是售价一样，所以，每年春节凭票供应，黄天源要占全市销售量的三分之一，压力很大。

(3) 机械代替手工，技术未过关，带来的质量问题。

"苏式糕点"中有很多一部分品种要经过精细加工的制造过程，如云片糕，五十年代时炒过的糯米粉要放置一年以上，炖出的云片糕，具有糯、韧、弯而不断的特色，而目前改用一条龙机械生产方式，由于机械简陋、操作马虎，产量是大幅度的上升了，而质量达不到要求。再如剁肉改用摇肉机后，因肉在机内受轧，易发热（炎夏尤甚），摇出的肉糜，瘦的无茸粒，肥的成泥糊，制成馅心，老而

---

[1] 零售，原文作"另售"，以下径改。

不鲜,影响质量。

5. 技术力量青黄不接。

技术力量和产品质量也是密切相关,原来的老师傅,绝大多数已经退休,现在主要依靠最近几年培养出来的青年作为生产的主要力量,由于前一时期在新老交替中,不论在方法上、形式上都缺乏切合实际的传学方式,如何使老师傅的一手好技艺,全部传授出来,如何让接受技术的下一代肯钻肯学,能达到青出于蓝胜于蓝的地步,没有总结出完整的实践经验,致使目前技术力量青黄不接,如目前卤菜野味技术师傅已寥寥无几,都是一人顶一个名产,如有病、事假就无人可顶,即使有人顶,产品质量就下降。

6. 劳动部门对工厂加班卡得过死。

传统食品是畅销商品,在旅游季节或者重大节日,更是供不应求,采取加班的办法,这是工人愿意干、社会上需要、国家有利益的好事,但是加班生产的审批权在劳动部门,加班费的发放权在财政部门,卡得过死,企业处于无权地位,眼看三者有利的事情不能干,往往造成节日供应紧张和供销脱节。例如83年春节期间,由于没有批准足够的加班生产,货源不足,一般商店到糕点厂进不到货,稻香村等几家前店后坊的名店几乎货柜卖空。

7. 某些小食品仍要上级补贴的问题。

有些传统小食品如果不是上级下达硬性任务,给予补贴,企业就不愿生产,如中秋月饼每百斤售价88元(50年代每百斤96元)。毛利率仅10.5%,减去营业税5%,基本无利,春节的年糕、猪油年糕也有类似情况。现在,我市生产月饼及年糕,商业局作为一项政治任务下达,各生产单位均由上级公司予以贴补,去年月饼生产由食品工业公司贴补3.06万元,今年糖年糕生产亦由食品工业公司又贴补1.75万元。

8. 毛利率差距幅度太小。

饮食业规定的分类毛利率工轻料重与料轻工重的差距幅度仅3%,苏式糕点、风味食品也有类似情况,因此,对工重料轻的传统小食品就难以恢复。

9. 设备更新和改进包装问题。

除几家大型国营企业外,一般的饮食、小食品、卤菜店普遍反映"50年代的设备、80年代的要求"。几家糕点厂也都厂房、设备陈旧,特别是大饼、油条等小食品店,较多还是40年代的老样子,不能适应旅游城市的需要。另外,食品包装也不能适应旅游携带和礼品馈赠的要求。

二、意见和建议

1. 首先要从领导部门对恢复、整理、提高发展传统食品的重要性和迫切性,统一思想、提高认识,克服和排除各种思想障碍,饮食、食品行业要为广大人民群众服务、为发展旅游事业配套服务。主管部门对当地有哪些著名食品和恢复情况，要全面检查规划，针对问题，逐个落实到各有关单位限期解决[1]。同时，要形成新的社会舆论，提高饮食食品职工的社会地位。

2. 合理增设传统食品网点。以自负盈亏、独立核算、集体所有制前店后坊的中小型企业为主，重视"小而专"集体和个体结合，经营灵活多样的服务形式，增加网点的数量、地段，要从经济效益、方便群众实际需要出发，全面规划、分期实施，并以旅游区、闹市区、供应薄弱区、交通要道、车站码头为重点，对富有特色的"小吃群""老字号"应予恢复。为减少一些"老字号"供应量过分[2]集中，发挥其扩大销售的优势，可以设立分店。在园林、宾馆、招待所（主要是接待外宾的单位）增设著名传统食品专柜，为发展旅游事业配套服务，服务时间要做到主听客便。涉及车站、码头、园林、宾馆几个方面的，要统一思想，积极支持，通过协商，合理分配利益。在增设网点中一个突出的问题是适当的地段，必要的铺面，要下决心学习、推广"天津经验"，调整部分[3]用房，切实谋求解决。

3. 落实优质优价政策。地方小吃、苏式糕点、风味食品目前还是以手工操作为主，要生产传统的优质产品，就必须精工细作，花费[4]较多的工时。所以，企业方面要货真价实，物价部门在核价时，要运用价值规律和执行价格管理，以价值为基础，在国家计划的指导下，做到按质论价，体现优质优价，允许同一品种，由于工时、工料、质量不同，采取普优并存两种售价。如糖年糕、月饼等小食品，不应再由上级给予贴补。议价原料，可以议进议出，以满足不同对象的要求。一般品种，实行薄利多销，以业养业；对著名传统品种应优质优价，为四化积累资金。现在，工轻料重与工重料轻的品种，规定毛利率只相差3%，差距太小，难以体现优质优价，特别是对那些工重料轻的传统小食品，其毛利率必须[5]提高，以调动企业恢复和生产传统小食品的积极性。毛利率的差距据有关行业的反映，应从3%提高到20%左右。对于同一品种的普优产品，如酱鸭、酱肉等的零售价格，应通过审核，按质论价，其级距可控制在10%以内。

4. 原料要允许选购，疏通货源渠道。要发挥传统食品的地方特色，必须有符合质量要求的原（辅）料保证，凡是专业公司能平价供应的，宜给予平价。凡是平价供应不足或不能平价供应的，允许自行采购或议价供应，同时可以通过与农村签订农商合约或试办农工商联合企业。当地商业部门、粮食部门以及供销社，

---

[1] 解决，原文俗作"介决"。
[2] 过分，原文作"过份"，以下径改。
[3] 部分，原文作"部份"，以下径改。
[4] 花费，原文作"化费"，以下径改。
[5] 必须，原文误作"必需"。

应主动协调供应关系。某些原材料供应关系已经无形中断的,要调查研究,落实有关部门予以恢复。同时,将长期对饮食、食品业以统货供应的方法逐步改革为选购供应,或先在几家保持名牌特色的"老字号"试行,以利于保持食品质量的传统特色。

5. 责、权、利具体范围要明确,"吃大锅饭"的局面要突破。在经济体制改革中,从党委到班组、从领导到群众,都应建立明确的岗位责任制,把企业改善经营管理的积极性充分调动起来,为恢复、整理、提高和发展地方传统食品创造条件。同时,为确保社会主义经营方向,提高服务质量,对领导和群众,都要做到奖勤罚懒、奖好罚差。在给"小头"、保证"大头"的前提下,如市场迫切需要、职工愿意多干,企业、国家可以增收的加班,批准权下放给专业公司。

6. 技术是恢复和发展传统食品的前提。一个传统食品,其所以能够成为当地闻名的土特产品,享有相当的声誉,都有其独特的地方,原有的老师傅大多已经退休,在职的屈指可数,因此,培养技术力量的接班人已迫在眉睫。首先,劳动部门给专业公司招工指标后要给公司自行招工的一定权限,根据行业特点进行合理安排,对分数线不能规定过死。对确有技术专长年满退休年龄的老师傅,要鼓励其继续留在岗位上进行传、帮、带,并允许其子女先顶后退,或自找徒弟,快出人才。同时,要恢复和推广订立师徒合同,师傅包教、徒弟包学、各有指标,定期考核,包教的师傅应给予规定的报酬(不论在职或退休),徒弟要从头学起(做下手、当杂工)才能基础扎实。对认真好学、热爱和做好本职工作的青年职工,经技术考试水平较好的,可以提升晋级。或给评上技术职称,不能单以进店年份为标准,采取"一刀切"的办法。同时,还要组织力量乘目前有技术的老师傅还健在的时候,采用录像(示范操作)录音(口述)等方法记录下来,既可以作为培训专业人才的教材,更可以作为宝贵遗产保存下来,发扬光大。

为人民喜爱的传统食品,不仅要恢复,还应发展,为适应中外旅游者的需要,包装要卫生、美观、便于携带,在食品营养等方面也要钻研创新。另外,现在机械生产的传统食品,质量一般都不及手工,关键也应放在技术革新上,使机械生产逐步代替手工生产(除必须保持手工精工细作的外),据闻国外用斩板机(摇肉机)剁的肉与手工剁的肉一样茸粒均匀,不影响质量。因此,要求轻工、机械、科研等单位密切配合,使传统食品在恢复特色基础上得到提高和发展。

三、初步体会

1. 在提高成员认识的基础上,发动成员关心、重视恢复和发展传统食品的咨询工作。由于这项工作涉及面广、内容细致,必须群策群力,并能集思广益。两会成员（包括"三小"[1]）有许多熟悉并长期经营各式传统食品。但是，退休的日益增多，因此，必须首先做好思想发动工作，把退休的和在职的行家组织起来，共同学习、提高认识，明确要求，开展专题活动，协助政府做好恢复、整理、提高和发展地方传统食品，为改善人民生活、适应发展旅游需要，支援四化建设献计献策。饮食、食品工业经济咨询服务组建立以后，在主管公司党委领导下，进一步把有这方面专长的成员，固定地组织了起来，充分发挥其所长，经常开展咨询工作。

2. 做好深入细致的调查研究工作。要为恢复、整理、提高和发展地方传统食品出谋献策，我们体会一定要从调查研究入手。事前，商量确定调研提纲，分历史状况和当前状况两大类，这样，通过对比，不仅可以取得变化状况的数据，还可以排出问题。内容主要分品种、规格、质量、网点、体制、职工、经营管理、技术力量等；方法主要走向社会、深入基层，请专业公司提供情况，开座谈会（两会成员、老职工、消费者）到原来的网点；到现在的店铺、工场；到商业中心；到新建居民新村实地察看。这样，不仅可以补充从数据中排出的问题，还为分析问题，汇总情况，集体讨论，提出调查报告和建议，提供活的资料。

3. 解放思想，打破框框，积极献计献策。国家有关政策法令，必须严格执行。但是，涉及政策上需要完善和改进的，也应敢于提出建议。而且，有些问题，必须大处着眼、小处着手。如属于物价、劳动工资和商品供应政策等，只要坚持社会主义方向，就要敢于提出设想和建议。1981年8月为改善苏州市"吃饭难"问题的调查建议中，提出了改革经济管理体制、积极推行经济责任制，推行职工承租企业，实行利润包干，改变"烧大锅饭"让大家吃的状况等建议。现在看来，都是符合改革原则的。

4. 党的领导和有关方面的支持是开展恢复传统食品咨询工作的根本保证。首先，在中共苏州市委领导下，统战部协助两会业务部门明确方向，帮助"搭桥铺路"，经常取得有关方面党的具体领导和支持，在开展调查研究的时候，得到了很好的配合，进得去、深得下。同时，市政协经济建设组和我们一起组织力量，开展调查研究，弥补了单是两会成员开展活动的局限性，就更使咨询工作开展起来比较扎实、顺利，因此，提出了一些切实可行的建议，受到有关部门的重视。

我们在恢复、整理、提高和发展传统食品方面，虽然在党的领导和有关方面的支持下，进行了一些工作，但是，和形势要求还相差很远。一定要认清新形势、研究新情况、探索新办法，为开展经济咨询服务活动，作出新贡献。

一九八三年五月十日

---

[1] "三小"，指小商、小贩、小手工业者。

代表性商品的产品史、规格及工艺操作过程[1]

陈茂生

1. 松子枣泥麻饼

（1）[2]历史情况介绍及沿革

麻饼在汉时已有记载，谓之"胡饼"。《续汉书》记载，汉灵帝（公元168—198年）好食胡饼，京师皆食"胡饼"。据宋高承《事物纪原》[3]云，后赵（东晋末年）石勒讳胡，胡饼改为麻饼。唐朝白居易《寄胡饼与杨万州》诗云："胡麻饼样学京都，面脆油香新出炉。寄与饥馋杨大使，尝看得似辅兴无。"[4]说明麻饼已有千余年历史。但式样不变，圆[5]还是圆的，馅芯随着历史的发展逐步在改进，尤其是包装[6]的更新比较显著。30年代以前，枣泥麻饼属于一般商品，40年代受木渎麻饼的影响，当时有大儒巷麻饼小贩沿街叫卖，竞争比较激烈，引起各商店重视。因此用料一再考究，技术精益求精，销路也随之而提高，从一般商品上升为畅销的著名土产。外地游客临行购买大宗消闲食品，松子枣泥麻饼必有其份。特点：外形圆正，色呈虎黄，芝麻粒粒饱满，馅芯上等黑枣香味，兼有玫瑰花清香扑鼻，吃时脆甜适口。

（2）主要原料（传统）

皮子：面粉20斤，饴糖10.6斤，菜油0.5斤，石碱4两。

馅芯：剥皮炒好，计[7]枣泥坯14斤，绵白糖10斤，糖玫瑰花2斤，松子玉2斤，糖猪油14斤，熟芝麻17斤。成品每只2两之间。

（3）工艺操作过程

拣选三级以上山东黑枣，剥皮去核，蒸熟轧成枣泥（枣泥10斤，砂糖15斤，荤油2.5斤），放在镬里炒成枣泥坯。

枣泥坯、绵白糖、糖玫瑰花、松子玉折和成为馅芯。

面粉、饴糖、菜油、石碱（化水）制成皮子。

---

[1] 此为陈茂生手稿，写于1985年。笔者做了部分文字润色与校订，以供读者参考。
[2] 本文此级标题序号系修改，原文作"一"，以下同级标题序号径改。
[3] 原稿误作《事物记原》。
[4] 白居易诗：杨万州，原稿误作杨万里；尝看得似辅兴无，原稿误作"当春得以辅兴舞"。参阅白居易：《白氏长庆集》白氏文集卷第十八，四部丛刊影日本翻宋大字本。
[5] 圆，原稿误作"园"，以下径改。
[6] 装，原稿误作"庄"，以下径改。
[7] 计，原稿作"将"。

包时馅芯六成，皮子四成，包成团子，用擀[1]筒擀平开圆，上芝麻，进炉烘熟为虎黄色，不能焦，芝麻烘到粒粒饱满，起双边才符合质量标准。

现在生产的枣子去核不剥皮，砂糖也有所减少，枣泥轧出不下锅炒，采用拌和机。

2. 黑白芝麻酥糖

（1）历史情况介绍及沿革

芝麻酥糖属季节性产品，解放前在中秋节后开始生产，到次年端午节停止。随着形势的需要，当前已基本上全年生产，消费者还是欢迎的。该产品历史悠久，可上溯到清皇朝已有该项商品。彼时苏浙沪宁都有供应，而质量倒是浙江湖州较为考究。每包四块，每块切两刀，而其它地方都是切一刀的。旧时作雇用做酥糖司务，一般喜欢物色湖州工作过的司务，技术过得硬。清光绪四年前，苏州野荸荠茶食店店主是浙江南浔人，由此推想苏州的生产酥糖，很可能是浙江湖州引进的。当时品种单调，仅黑、白芝麻酥糖两个品种，逐步增加荤猪油、柠檬、香蕉、可可等一些品种。特点：入口麻香原味，是馈赠亲友的佳品。

（2）主要原料

黑或白芝麻30斤，绵白糖30斤，面粉30斤，酥坯7斤。

芯子：绵白糖4斤，糖玫瑰花0.5斤，红米粉0.5斤，熟面2斤（黑芝麻芯子，玫瑰花改用桂花）。

（3）工艺操作过程

白芝麻淘净，在拌和机内甩脱壳，炒熟屑去衣，成为熟麻。如黑芝麻用不着去壳，仅炒熟就好了。

饴糖在锅中烧到60—70度成为酥坯。

芯子所有原料拌和擦透呈红色。

熟麻与面粉一起炒到面粉呈黄色，拌绵白糖轧碎成酥屑（粉要钿起浓头）。

做酥糖的酥屑分冷和热两种，热酥屑要在镀底放炭几[2]炒热，冷酥屑即轧好的酥屑就用，先将酥坯擀薄，分次放进酥屑折，一般五折，考究的七折，最后放进馅芯（各色名称在芯子中表现出来）。馅芯折成凤眼符合标准，用木尺夹成长条方形，切块每包四块，即为酥糖（每包1两之间）。每料酥屑一般分五次折。

---

[1] 擀，原稿误作"杆"，以下径改。
[2] 炭几，别作"炭吉""炭基"。

3. 松子软糖

（1）历史情况介绍及沿革

苏州糖果已有近200年历史，初期生产仅明货（硬糖类）拌砂糖等，软糖（炒糖类）在清朝晚年受进口糖果影响，当时已有进口"飞麒麟牌"菱粉及进口葡萄糖，苏式糖果在原有基础上仿照西式软糖，结合当地的果料，经制糖工人创造出松子软糖问世，与顾客见面。此后随着时代的进步，逐渐扩大到桃玉、桂圆玉、果玉等一些果料，复制各种软糖。

松子软糖原料之一松子产于黑龙江省大兴安岭一带，颗粒大，拷出松玉白纯，其它如云南、陕西均有出产，但数量少，质量较次。松子加工拷玉是苏州首创，那时松玉仅苏州有销路，解放前三六湾一带部分居民以拷松子作为家庭副业[1]，后变为专业个体户。解放后范围逐渐扩大，外地也相继使用松玉，来苏加工，现则更普遍，并有出口任务。松玉是上乘食品，并有益气补虚利肺润肠的功效，营养价值甚高。生产成松子软糖，特点：吃时甜肥清香而不腻。

（2）主要原料

白砂糖8斤，葡萄糖8斤，饴糖2斤，松玉14斤，菱粉0.5斤。

（3）工艺操作过程

首先把50%白砂糖加水入锅加热烧沸后，把溶化的菱粉（事前用水溶解）用筛滤入锅中，用铲刀在锅内四面铲，菱粉下锅后没有沸之前不能铲。等沸后粉涨足时，将另外50%白砂糖及葡萄糖、饴糖一并加入烧，烧时不断地用铲刀在铲，防止锅底糖烧焦。烧到130度，随即将锅子掇下来，将松玉倒入锅内拌和，随后倒在石台上，用刮刀翻三次身。然后从四角拉开，再用滚筒滚薄，用尺四面夹平，冷透后放在作台上，用刀开成长方形如牌块（每斤40块左右）。现改用平倒车，提高功效许多，透明纸包，即成为松子软糖。

4. 虾子鲞鱼

（1）历史情况介绍及沿革

虾子鲞鱼史，经许桂生师傅回忆，在20年代之间，稻元芳[2]野味店开始供应。当时操作马虎，单面虾子鱼什不挖出，咸而无味，很少甜味，生意很少。30年代稻香村移植生产，操作过程经过几次改革，销路逐步起色，解放前已有一定的影响。解放后参加1951年华东交流会尝样展销，反应很大，此后年年上升。上市后总是供不应求。虾子鲞鱼是夏令季节菜肴之一，既适口又清爽，下酒佐膳无

---

[1] 副业，原稿俗作"付业"。
[2] 稻元芳，应作"稻元章"，以野味著名，位于观前街东小桥。按：茶食糖果同业有稻源芳。

不相宜，因此盛名于苏沪一带。

主要原料"咸鲞鱼"产于苏北沿海一带，端午节前上市称为头水鱼，质量特好。愈往北水温愈低，生存于海水中的鲞鱼，其肉质愈为紧密，名为"北洋货"。相对而言，"南洋货"的鲞鱼肉质较为松疏。原料的选择对成品质量起着决定性的因素。质量好的"咸鲞鱼"，如果以手握住它的头部，尾巴向上可以挺拔垂直而不下弯。这样的"咸鲞鱼"制造的成品，不但质量好，而且成品率也有所保证。

（2）主要原料

咸鲞鱼100斤，干虾子3斤，白砂糖3.8斤，黄酒3.8斤，菜油3斤，姜3两，出率45斤之间。

（3）工艺操作过程

咸鲞鱼刮去鱼鳞，切下头尾，挖出鱼什，切成长方块，洗净，在清水浸四小时晒干（中途要翻身）。姜捣汁，砂糖酒溶化烧烫不能沸，将晒干的咸鲞鱼下油锅氽，火要旺，不能氽焦。氽好的咸鲞鱼即放入糖酒汁内浸，用三只桶，等第三镬氽好时，将第一镬浸入的鲞鱼捞起沥干，冷透后粘上虾子（上下左右），即成为虾子鲞鱼。

附：1983年4月14日走访许桂生师傅，请他谈谈生产咸味品种工艺过程。下面是他的口述。[1]

> 我今年88岁（出生于1896年）。25岁到稻香村工作（1920年），先后生产的品种有：1. 熏鱼，2. 野鸭，3. 精制肉松，4. 虾子酱油，5. 虾子鲞鱼，6. 枫鱼，7. 醉蟹，8. 果汁牛肉，9. 咖喱牛肉，10. 五香牛肉罐头（土法生产，将牛肉装进马口铁罐头内上蒸，蒸到罐面凸起，用刀砍缝出气，用锡焊牢），11. 烤鲚鱼，12. 肉塞黄雀。咸味野味部分的营业额要占稻香村总营业额25%。
>
> 并厂后生产过出口肉松、醉蟹、鲜蘑菇等。
>
> **熏鱼**（工艺过程）
>
> 鲭鱼规格每条8～10斤，要活的，不能放在水中洗，用毛巾揩净血水就行。如水洗浸，酱油吃不进去。冷天浸3～4小时，8月天气浸2小时左右。沥干油氽，油脚不能放入，会影响质量，造成颜色不漂亮。第一镬氽好放入糖酒内，待第三镬氽好后，将第一镬捞起。这样能够吃透糖酒。氽好的熏鱼

---

[1] 苏州糕点厂厂志编写小组，陈茂生执笔：《苏州糕点厂厂志》第二章"并厂时的概述"之"生产规模及生产工具产品的沿革"，未刊讨论稿，1985年。

放三天，用手揿下去能有卤出来，说明糖酒是吃透的。

熏鱼先是稻元芳野味店卖的，大约在清朝末年，稻香村开始生产。几年后销路大大超过了他们，30年代稻香村每天能销八条鲭鱼，而稻元芳只有十分之一。

1957年10月6日熏鱼规格

鲭鱼65.75斤，糖酒（各半）5.5斤，姜1斤，菜油4斤，酱油14斤，烟煤40斤。余好熏鱼31.75斤，鱼头5.8斤，鱼片2斤，鱼什2斤。零售每斤2.08元。

野鸭（工艺过程）

野鸭来源面广，加工比较特殊，要掌握它[1]的性能。产区有唯亭起浪，这个农村专打野鸭，生坯比较好。黄天荡有用网捕的。此外如东山及吴江太湖边上均有货源[2]。

生产过程：先拔大毛，后拔二毛，清水洗净，骨颈剪断，看起胖形了，葱、香料、盐拌和，塞进鸭肚内，火功方面烧透，烧2小时，火要旺，不能断火。

1956年12月4日野鸭规格

野鸭$25\frac{1}{2}$斤，盐$3\frac{1}{4}$斤，砂仁末$\frac{1.4}{16}$斤，黄酒$5\frac{1}{4}$斤，胡葱10斤。出率18斤。回收下脚鸭屑19包，硬毛$1\frac{1}{4}$斤，绒毛$\frac{0.9}{16}$斤。零售每斤1.44元。

虾子鲞鱼（工艺过程）

开始在20年代之间稻元芳生产的。当时操作马虎，单面虾子，鱼什不挖出，咸而无鲜味，少甜味，生意很少。30年代稻香村移植生产，经过改革，即现在生产方法进行加工。解放后51年华东交流会参加展销后，销路大大增加。鲞鱼有北洋南洋之区别，北洋产的较佳。

工艺过程：先将鲞鱼鱼鳞刮净切块，挖出鱼什洗净，清水浸4小时左右，晒干，油锅余，捞起后放入糖酒内浸，待第三镬余好时，将第一镬捞起沥干，冷透后粘上干虾子即成。

1956年5月26日虾子鲞鱼规格

咸鲞鱼102斤，干虾子$3\frac{3}{16}$斤，白砂糖$3\frac{14}{16}$斤，黄酒$3\frac{14}{16}$斤，菜油$3\frac{1}{2}$斤，姜$\frac{1}{4}$斤。出率$52\frac{14}{16}$斤，零售每斤1.73元。

---

[1] 掌握它：原文误作"撑握他"。
[2] 货源：原文误作"货沅"。

枫鱼（工艺过程）

先用盐腌坯子。冬季鲭鱼去头尾什，开爿，腌在缸内，用大石头压紧。春节后晒干，名曰枫坯。

1957 年 1 月 21 日枫鱼规格

鲭鱼 1188 斤，盐好晒干坯子 $517\frac{1}{2}$ 斤。处理鲜鱼头尾什 309 斤，元米 160 斤，酒药 1.5 斤（做成酒酿），黄酒 750 斤，食盐 60 斤，花椒 2.4 斤，高粱 10 斤。

主要名特产品简介[1]

吴希札

稻香村名特产品众多，在《醇华馆饮食脞志》中对稻香村的名牌特色产品有较详细的记载："稻香村茶食，以月饼为最佳……其佳处，在糖重油多，入口松酥易化。有玫瑰、豆沙、甘菜、椒盐等名目。其价每饼铜圆十枚。每盒四饼，谓之大荤月饼。若小荤月饼，其价减半，名色与大荤等。惟其中有一种，号清水玫瑰者，以洁白之糖，嫣红之花，和以荤油而成，较诸大荤，尤为可口。……至于咸月饼，曩年仅有南腿、葱油两种。迩年又新添鲜肉月饼。此三种，皆宜于出炉时即食之，则皮酥而味腴，洵别饶风味者也。若夫肉饺，其制法极考究：先将鲜肉剔尽筋膜，精肥支配均匀，然后剁烂，和以上好酱油，使之咸淡得中；外包酥制薄衣，入炉烘之，乘热即食，有汁而鲜；如冷后再烘而食，则汁已走入皮中，不甚鲜美矣。"[2]

"定胜糕与酒酿为春间流行之食物，然定胜糕亦以稻香村为软硬得宜，惜不易得热，必归而付诸甑蒸耳。"[3]

"熏鱼野鸭亦以稻香村为最……非得鲭鱼不熏，所谓宁缺毋滥。"[4]

以下介绍部分代表品种。

---

[1] 吴希札：《稻香村店史·主要名特产品简介》，未刊稿，1986 年。笔者做了部分文字润色和校订，以供读者参考。

[2] 文中所引乃《醇华馆饮食脞志》收录莲影撰《苏州的茶食店》，原载《红玫瑰》第 7 卷第 14 期，1931 年。引文吴希札多有讹误，今笔者据原刊校订讹误。按：《醇华馆饮食脞志》，苏州印务局，1934 年。参阅《〈醇华馆饮食脞志〉稿》，臧寿源标校整理，见苏州市档案局、苏州市地方志编纂委员会办公室编：《苏州史志资料选辑》总第 21 辑，1996 年。

[3] 吴希札引文"亦以"误作"亦已"，"得热"误作"得热食"。引文出自含凉生（范烟桥）《吴中食谱（中）》，原载《红玫瑰》第 2 卷第 21 期，1926 年。《醇华馆饮食脞志》收录。

[4] 吴希札引文"亦以"误作"亦已"，"鲭鱼"作"青鱼"。引文出自含凉生（范烟桥）《吴中食谱（中）》，原载《红玫瑰》第 2 卷第 21 期，1926 年。《醇华馆饮食脞志》收录。

1. 鲜肉文饺（简称鲜肉饺）

鲜肉饺，又名油酥饺、眉毛饺（由于形态像[1]美女的眉毛），已有百年历史，是传统名产之一，秋、冬、春三季热炉供应，热食有卤，其味异常鲜美，酥松可口，更适合老年人食之。

选料：（1）鲜肉选用苏南产湖猪鲜腿肉（苏北的江猪不要），剔骨、除净筋，筋用刀斩细，加酱油、白糖、砂仁末拌和即成馅芯[2]。（2）荤油要用板油熬成，含水量不超过百分之二。（3）面粉选用面筋率正常的精白粉。

制作：水面和油酥配制严格，皮子与馅芯是四比六，捏成像眉毛形的生坯，放入煎盘（平底锅）中，用炭几火文火烤熟，三面呈浅褐色，上面乳白色，其酥层在十六层以上。

2. 松子枣泥麻饼

松子枣泥麻饼是历史悠久的名特产品，早已脍炙人口，闻名中外，六十年代曾出口香港和东南亚诸国。因选料严格，口味特佳，形状美观而得名，历来深受消费者欢迎。[3]

选料：黑枣（乌枣），选用山东茌平产的枣头；松子玉要东北的白净大松玉；糖玫瑰花选用吴县光福和浒关白马涧产鲜花，经自制成清水玫瑰花；糖猪油用厚板油去皮切块拌白糖，腌制七天后才可使用；其他如鸡蛋、菜油、白芝麻、面粉等都要求严格。

制作：

（1）馅芯：去核黑枣先洒水再上蒸笼蒸二小时左右，出笼后趁热轧细成枣泥，加白糖文火炒擦和润，再按配方加入糖猪油、大松玉、糖玫瑰花等拌和即为馅芯。

（2）皮子：按配方称好面粉，加菜油、饴糖、鲜鸡蛋、石碱等，加适量清水进行溲粉，密切注意面筋力，切忌"起筋"。

（3）包馅：皮芯是四比六，包馅均匀，馅芯到边，揿扁上麻，大小一致。

（4）烘烤：火不宜太小，要适当，烘出的成品色泽呈淡黄，起双边（行话

---

[1] 像，原文作"象"，以下径改。
[2] 馅芯，原文全作"馅蕊"；芯，文中皆作"蕊"，以下径改。
[3] 吴希札在所编《苏式糕点史料》一稿中另有介绍："松子猪油枣泥麻饼是苏式糕点的著名产品之一，历史悠久、名闻全国，饼呈正圆形、虎黄色，双面粘满芝麻，芯部饱装精选过的枣肉、松子仁、玫瑰花、糖猪油等上等原料。吃口脆、香、松、甜、肥，营养丰富，携带便利，游苏旅客乐于选购或作旅途点心，或作馈赠亲友，以稻香村所产为佳。"

叫：腰鼓坯），饼形圆[1]整，口味松脆肥甜，具有该品应有之香味。

主要特点：芝麻粒粒饱满，枣泥细腻，松仁肥嫩清香，玫瑰花香扑鼻。

3. 芝麻酥糖（麻酥糖）

芝麻酥糖，简称麻酥糖，已有近百年历史，是该店著名的传统产品之一。品种有白麻玫瑰酥糖、黑麻椒盐酥糖、白荤酥糖和黑荤酥糖四种。长方形态，外皮饴糖包酥屑，中间嵌有鲜明芯子，形似凤凰眼睛，行语叫"凤眼芯形"。历史上一向秋冬春三季销售，解放后形成常年销售。历来深受消费者欢迎，誉满中外，六十年代曾出口香港和东南亚地区。

质量要求：

酥屑配比，历史上行语"三碰头"，即：一百斤酥屑中，芝麻、白糖、熟面各占三分[2]之一。

馅芯配比，以绵白糖、糖玫瑰花、糖桂花、胭脂红等组成。馅芯占量近四分之一到五分之一。

酥坯：用饴糖熬成，一斤酥坯可包酥屑十七斤以上。

折叠：酥坯包进酥屑六折，再包入馅芯共七折，酥糖折好后看不出粗纹，块形长方整齐，厚薄均匀。

包装：四小块一小包，十小包为一大包。也可装盒出售，盒装可分小盒、大盒，盒子印有彩色图案，华丽美观，是馈赠亲友之佳品也。

主要特点：造型[3]美观，营养丰富，皮薄屑多，密细纹罗，凤眼芯形，色泽鲜明，甜香肥松，入口易化，味美可口，老幼皆宜。

4. 四色片糕（味分玫瑰片、苔菜片、杏仁片、松花片）

四色片糕是稻香村名特产品，已有百余年生产历史，驰名全国，深受广大群众喜爱。四色片糕，营养丰富，由于用料的不同，各具特色。

A. 玫瑰片。雪白糕中嵌有点点鲜红玫瑰花，这不仅是美观，而且还能引起食欲。玫瑰花具有药理作用。玫瑰花，又名赤蔷薇，花有白、紫两种，食品中应用紫玫瑰花。性味：甘，微苦，气香性温。功用：利气、行血、治风痹、散淤[4]止痛、收敛性，治肠炎、下痢、肠痔出血。

B. 苔菜片。片糕中带草绿色，其色美，味清香，苔菜的药理作用良好。苔菜

---

[1] 圆，原文作"园"，以下径改。
[2] 分，原文作"份"，以下径改。
[3] 型，原文作"形"。
[4] 淤，原文误作"於"。

产于浙江宁波、温州地区，不生在海中，也不生在河中，却生在江河水流入海处的交界地。性味：平。功用：消结，治淋巴炎、甲状腺、凉血（降血压）。

C. 杏仁片。片糕中放有杏仁油剂，杏仁味浓郁，糕色雪白，其药理作用很好，对人体有益。杏仁有甜苦两种，食品中用甜杏仁为佳，杏仁最好是奎杏和白玉边，其他次之。性味：平，味略苦。功用：清肺、润肺、化痰、止喘、润肠。杏仁中含有氰（微毒），用量谨慎之。

D. 松花片。片糕中放适量松花粉，糕色微黄，具有松花粉特有香气。松花粉即是松树上的花粉，其营养尤为丰富。产地：大、小兴安岭。松花片是我国历史上最早的花粉食品之一。松花粉的药理作用：消炎、清热、化痰、爽身。

四色片糕各具药理作用，常食对人身体健康能起到有益的作用。古代诗人朱彝尊崇高评价云："粉量云母细，糁和雪糕匀。"〔1〕

主要特点：色泽分明美观，片薄如纸似云，粉糖白而细腻，松脆郁香味美。

5. 清水玫瑰月饼

清水玫瑰月饼是苏式月饼之冠，又是稻香村久负盛名的特产之一，已有二百余年历史。它的配方与众不同，其馅芯特点：果料只用松子肉，而且量较多，不用荤油，却用"活油"（即糖猪油），加入适量的鲜红玫瑰花。其外形与制法基本和其他月饼相同，但由于馅芯用料的不同，其味特殊，如：松子玉清香肥嫩油润，糖猪油用刀剁细擦和无块状，肥而不腻，食之爽口，玫瑰花鲜红，不仅色泽美观，而且其味郁香芬芳，是稻香村首创，成为苏式月饼中最畅销的一种，深受群众喜食之产品。

主要特点：色泽金黄，边白如玉，形似鼓凳〔2〕，酥层清晰，味甜花香，肥而不腻。

6. 松子枣泥宫饼

松子枣泥宫饼是稻香村创业时的传统产品，具有二百余年历史，主要用于中秋赏月和斋月宫，所以谓之宫饼矣。其形圆而薄扁，规格大小不一；大者每只一斤半，直径约有二十公分。宫饼周边洁白，犹如皓月当空，饼表面金黄色，带有浅黑斑点，好似吴刚在栽"娑婆树"，饼中间盖一圆形寿字图章（章周边有花边），宫饼周围盖一个有〔3〕鲜红蝙蝠图章，暗示"五福盘寿"图。大宫饼在寿字

---

〔1〕崇，原文误作"祟"；糁，原文误作"掺"。诗题《曹通政寅自真州寄雪花饼》，见清朱彝尊：《曝书亭集》卷第二十一古今诗，四部丛刊影印康熙本。

〔2〕凳，原文误作"登"。

〔3〕有，原文作"与"。

与蝙蝠章空隙之间,用胭脂红写上"嫦娥奔月"或"唐明皇游月宫"等字样。规格有一斤或半斤的,但正常生产每只二两半,装入印有华丽月宫图的专用宫饼匣子,每匣二只,是赠送亲友之中秋佳品,销量很大,历来受到人们的赞誉。

制作:皮面和其他月饼相同,但馅芯讲究,用上等黑枣头,剥核轧细成枣泥,加入白糖用文火炒折,不断翻身,不使枣泥焦化,冷却后加入肥大松子仁和糖玫瑰花、糖猪油,经搅和成为馅芯[1]。皮馅为四比六。宫饼有荤素两种,素宫饼为适应宗教信仰之人们需要。

主要特点:饼形如月,色泽金黄,周边玉白,表面美观,五福盘寿,枣泥郁香,松仁肥嫩,玫花芬芳。

宫饼已有三十年不生产供应了,如再不传艺生产,恐有失传之危险矣!

7. 癞团酥

癞团酥是稻香村的历史传统产品,已有三十余年停产[2]。属中秋月饼之类,饼呈圆形。表面凹凸不平,有粗细不一粒痣,形像癞团(蟾蜍),谓之癞团酥。产品工艺虽不复杂,但技术要求很高,一等技师也无把握做好。

制法:馅芯用重糖豆沙加适量肥大松子仁、糖桂花拌和即成。皮子难度高,一斤白面粉加入四两以上菜油,略加温水[3]溲和,冷却静置片刻,不用油酥,皮子分成小块,做时抟翻[4],使其起粒痣时再包入馅芯,略揿扁,每只一两,皮芯成四六比[5]。癞团酥的技术难度,关键在于溲皮子,油、水比例,水的温度一定要严格掌握,否则溲出的皮面,你要它起粒痣状,它偏偏不起,反而光塔塔,这样产品就不合要求了。癞团酥亦是中秋赏月,斋月宫之上等品,深受上层人士欢迎。

癞团酥的生产技术可以说基本上失传了,现在很少有人会做,如要恢复生产,尚可研究之。

8. 清水玫瑰蜜糕

清水玫瑰蜜糕是创业时传统大众食品,又是喜庆用的礼品和贡品。清水的含意是:(1)蜜糕其色不是统红,而是玫瑰花在白色糕中起点点红星作用,这样显得格外美观;(2)用料高档严格,不夹什次质原料。蜜糕是常年供应产品,其工艺复杂,技术要求高,春夏秋冬配制不一,工艺亦随机应变。

---

[1] 馅芯,原文作"酿蕊"。
[2] 停产,原文无"产"字。
[3] 温水,原文作"湿水"。
[4] 抟翻,原文作"搏翻"。
[5] 四六比,原文作"四六包"。

制作：

（1）糯米粉。用苏南地区产的通边[1]糯米，先用水浸片刻，然后用清水淘洗冲净，放入淘箩里滤干，待爽手后进行粉碎，粉质要细，现粉现用。

（2）溲粉。糯粉一斤，加白糖七至八两，但糖不全部加入，加多少？视天气温度而定，温度高则糖多加，反之少加，多余的糖在蒸糕出笼时和果料一起拌入，术语叫"生糖"。为啥糖不全部溲入粉中？关键是关系到蜜糕的色泽和透明度。溲粉时用热水调成粥状，放到有湿布的糕匣内。

（3）蒸糕。上笼闷蒸半小时左右，蒸糕必须掌握时间，太少则生，太长则糕发黄。糕蒸好后出笼，倒在作台板上，乘热把"生糖"和果料、糖、玫瑰花逐步拌入，行话叫"折糕"。折好后略等片刻，放入糕箱内，明日即可出售。质量要呈半透明，不粘手。

蜜糕有赚钱和不赚钱两种。

（1）喜庆定制蜜糕，是旧社会订婚必备之物，有长方形蜜糕专用匣子，装潢华丽，图案印有彩色和合像，谓之"和合喜糕"，每盒[2]一斤。这种生意叫做"吃肉生意"。而数量较多，少则近百斤，多则几百斤。切装喜糕要到定户家中进行，如切下一块糕不满一斤，要加上一薄片，不能叫做"拼糕"，而称之谓"和合糕"。蜜糕切装完毕，客户要给"喜俸"，少则三五元，多则十元、二十元。上门切装喜糕，一般三人，由头柜带领，送货一人和学徒一人，喜俸由去者分之，头柜占去一半，送货者酌给，学徒得其余。[3]

（2）在门市供应的蜜糕少赚或不赚钱，谓之"叫口货"。为啥这样做？这是资本主义社会做生意的一种手段，俗称"拉生意"产品。例：蜜糕每斤人民币六角，购一角者，应切一两六钱六，而营业员一刀切下，至少二两，甚至更多些。这样群众吃着实惠之糕，就会宣传稻香村的商品好，价格便宜，实际在替你做义务宣传员，而且效果非常好。这样其他产品生意做大了，反而赚钱也。

主要特点：色泽乳白半透明，点点玫红果料多，柔糯耐嚼口味美，食后余香[4]环口绕。

9. 松子黄千糕

松子黄千糕为稻香村传统名特产品，是人们春天最喜食糕点，它生产历史悠久，可惜近乎失传。黄千糕的"黄"有两种含义：一是松子玉横插成四片，二是

---

[1] 通边，原文作"通编"。糯米干燥到一定水分值时，米粒变为不透明的白色，习惯上称为"通边"。苏式糕点选用的糯米，以本省镇江、苏州两地区产的"通边"糯米为佳。
[2] 装潢，原文作"装璜"。和合像，原文作"和合象"。盒，原文俗作"合"。
[3] "得其余"三字，笔者据文意补。
[4] "香"字，笔者据文意补。

糕色深黄，所以叫松子黄千糕。

制作：

（1）糯米粉要求与蜜糕粉相同，不过须用粳米粉，粉碎方法与糯米粉同，糯、粳比例一般为七比三，但必须视情况而定。

（2）溲粉。先把糯、粳粉配称好，加白糖、黄糖浆（赤砂糖预烧浆，剔去砂泥杂质糖脚），木樨花，适量清水溲成粒状潮粉，如果黄度不够，则可加少量酱色（可用白粉自制）。

（3）制作。把潮粉倒入竹制圆形蒸架上（架底铺有细蒲色片），先铺二分之一，第一层刮平，再铺上松子仁。然后加上第二层，表面用水油纸轻轻磨光，用长刀划一厘米阔的条纹刀路，再斜划二毫米阔斜条纹格形。

（4）上蒸。把制好的糕坯，放在水镬蒸架上闷蒸约半小时，蒸熟出蒸，放在圆铅皮上过头，生则松散无法切块，过头了，糕要萎缩，体积小，无卖相。黄千糕做得最好的是徐金荣和吴锦棠两位老师傅，他俩做出的糕从早至晚一直糯软，风吹也不怕。

主要特点：色泽深黄，状似玉带，中嵌松玉，软糯可口，清香耐嚼，百吃不厌。

10. 年糕（包括斤方糕、顺风糕、元宝糕）

年糕的历史很长，相传春秋战国时期已有之。这里面有吴王阖闾命伍子胥筑城的年糕故事。苏州民间有这样的传说：吴王阖闾从当时的军事需要考虑，命伍子胥筑城，称为"阖闾大城"，城垣建成，吴王大喜，召集众将欢宴庆功，独有伍子胥闷闷不乐，回营后，悄悄嘱咐随从说："我死后，如国遭难，民饥食，可往相门城外掘地三尺得食。"后来伍子胥惨遭诬陷，自刎身亡，吴国也果然亡于越国，从此战事纷纷，灾难不绝，城内居民饥饿断食，饿殍遍地，随从众人，想起伍子胥的嘱咐，便带领城内居民前往相门拆城掘地，这才发现，原来相门的城砖不是用泥土做的，而是用糯米磨成粉做的"砖头"。苏州人民为了纪念伍子胥建城的功绩和怀念他爱国忧民，每逢春节，民间以吃年糕来歌颂伍子胥，这种风俗一直流传至今。

年糕是人们过年必备之物，明末清初普遍形成风俗。顾禄《清嘉录》[1]载："黍粉和糖为糕，曰年糕。有黄白之别。大径尺而形方，俗称方头糕；为元宝式

---

[1] 顾禄《清嘉录》，原文误为《吴县志》。吴希札引文原作"黍粉和糖为糕，有黄白之别。大经尺，而形方，俗：方头糕；为元宝式者，曰馈元宝。黄白磊可，俱以备年夜祀神，岁朝供先，及馈赠亲朋之需。"多有讹误，今笔者据王稼句点校《清嘉录》"年糕"条订补，载《吴门风土丛刊》，苏州：古吴轩出版社，2019 年，第 196 页。

者,曰糕元宝。黄白磊砢,俱以备年夜祀神,岁朝供先及馈贻亲朋之需。"苏州名诗人、《吴歈百绝》作者蔡云(嘉庆九年甲子,1804年优贡生)诗云:"腊中步碓太喧嘈,小户米囤大户廒。施罢僧家七宝粥,又闻年节要题糕。"[1]

1. 黄白年糕。又称金银年糕,块形长方,长约十三公分,阔九公分,厚一点五公分。制法:

(1) 潮粉要求基本同黄千糕。

(2) 溲粉。糕粉加白砂糖,黄年糕加糖浆(赤砂糖烧浆割去脚),加清水,隔夜溲粉成粒状,明日使用。

(3) 蒸糕。蒸糕桶先铺一薄层糕粉上蒸,再逐步加粉,待蒸熟后出蒸。

(4) 揉糕。把出蒸之糕坯,反复揉和,至无白色糕痕为好。

(5) 出条。把揉好之糕坯,揿扁成长条扁形,两边的毛边向中间折,揿平翻身。

(6) 结块。把出好的条子用弦线结块,块形照上面所述,每块[2]四两八钱至五两为宜。

(7) 冷却。待冷却后,两块底对底"和合"拼之。

2. 顺风糕。制法同年糕,在蒸熟年糕出蒸时,不经揉和,先用弦线结出糕坯,中心片状糕块,长约四十公分,阔十七公分,厚一点五公分,上好桂花黄白和合粘合,冷透后切块,大小根据需要而定。

3. 糕元宝。揉好的年糕坯进行加工(由油面先生做之),做好后放入碗中,面上桂花,形似元宝,黄者曰金元宝,白者曰银元宝,第二天脱出即可出售。元宝大小不一,大者三五斤;中者一二斤;小者二两半,还有几钱重的小小元宝,糕元宝是一种工艺性制品,其形和真元宝相似。

4. 斤方糕。大小不一,有二、三、五、十斤方,需要更大者可定制。制法:揉好的糕坯,揿成薄长方形,两面毛边向内折,然后叠成层次清晰的边花纹,一般达到八层以上,最后上桂花,黄白和合,冷却后即成。

斤方糕、顺风糕、糕元宝何用?是各商店、工厂、作坊、家家户户年节祀神,岁朝供先,尤其是年初五接路头(五路财神)必备之物。如何摆布配合?大斤方糕配大顺风糕、大元宝,如十斤方一方,配三斤黄白元宝一对、半斤顺风糕二块,摆布时,底层放斤方[3]糕,中层放顺风糕,上层放元宝,其余依次类推。

---

[1] 吴歈,原文误为"吴觎";腊中步碓,原文误为"腊月步礁"。引文据王稼句点校《吴歈百绝》订补,载《吴门风土丛刊》,苏州:古吴轩出版社,2019年,第17页。

[2] 每块,原文无"块"字,笔者据文意补。

[3] 斤方,原文作"斤年"。

11．猪油年糕

猪油年糕是春节赠送亲朋好友之高尚礼品，亦是群众喜食之物。猪油年糕味分玫瑰（红色）、薄荷（绿色）、枣泥（赤色）、桂花（玉白色）。糕面：玫瑰的放糖玫瑰花，其他都放桂花。

制法：

（1）糕粉。糕粉的制作和要求与蜜糕粉相同。

（2）溲粉。先把粉倒入排缸内，成潭，加白糖、胭脂红，热水调和成粥状，舀入放有湿布的蒸子内。

（3）蒸粉。蒸糕方法和要求同蜜糕。

（4）揉糕[1]。把糕蒸熟出笼的糕坯倒在放有糖猪油的作台板上，和猪油一起揉和，放入长方形铝盘中，加上糖玫瑰花或桂花，明日脱盘切块，每块一斤即可出售。

食法有多种多样，主要有二种。一是切成小薄片蒸熟食之。二是切成小薄片，粘上面糊（面粉或菱粉加鸡蛋，适量的清水调和，宜厚），放入油中煎，食之其味无穷。

主要特点：四色分明，肥甜花香，糯软柔韧，味美可口。盒装美观，携带便利，馈赠亲友，节日佳品。

12．撑腰糕

苏州人在夏历二月初二有吃"撑腰糕"的风俗。以隔年年糕，油煎食之，谓之曰"撑腰糕"。蔡云《吴歈百绝》有诗云："二月二日春正饶，撑腰相劝啖花糕。支持柴米凭身健，莫惜终年筋骨劳。"[2]又徐士鋐《吴中竹枝词》诗云："片切年糕作短条，碧油煎出嫩黄娇。年年撑得风难摆，怪道吴娘少细腰。"[3]

13．荤酒酿饼

荤酒酿饼是稻香村春天供应的传统产品。早期仅制溲糖和荤油馅芯者，由糕饼师傅制作，历史上香汛[4]期间生意很大，在二十年代曾一度停止生产二十年。后来为适应时代发展，于一九四一年改为油面生产，由吴希札创新改革，悉心研

---

[1] 揉糕，原文作"操糕"。

[2] 吴歈，原文误为"吴觑"；饶、啖，原文误为"晓""饮"。引文笔者据王稼句点校《吴歈百绝》订补，载《吴门风土丛刊》，苏州：古吴轩出版社，2019年，第7页。

[3] 徐士鋐《吴中竹枝词》，原文误作"徐士宏《中竹枝》"；片切，原文误为"切片"。参阅赵明、薛维源、孙珩编著：《江苏竹枝词》，南京：江苏教育出版社，2001年，第603页。

[4] 香汛，原文误作"香汛"。香汛是以进香为主、集市贸易为辅的祭祀活动。

制,创制成功,质量和销量超过著名的酒酿饼商店——同万兴。一九五六年公私合营后,同万兴并入稻香村核算,谓之"大船带小船",生产也随之并入,原同万兴做饼师傅唐仁敖,来到稻香村一起做酒酿饼,他看到馅芯全用荤油和糖猪油时,暗吃一惊,便问道:"阿是妮笃全部用油格?"吴希札反问,你们(同万兴)不全部用油?唐说:"我俚放一点点油,大部放水。"从这段事中可以证实稻香村酒酿饼超过同万兴也。

荤酒酿饼味分玫瑰猪油、薄荷猪油、豆沙猪油三种,热炉供应,深受消费欢迎。制法:

(1)溲面。精白面粉加少量白糖、酒酿(用酒酿发酵),加热水揉和,关键加水次数要多,揉和时间长,每缸十斤粉,要揉到面坯粘着拳头拎起,高达二尺以上不脱离拳头才好。这样的面做出的饼,一是发得足,二是食之柔软,韧性好,有嚼劲。

(2)馅芯。熟精粉加荤油、白糖、糖猪油、糖玫瑰花、糖桂花、薄荷粉、豆沙。

(3)包馅。先把面坯切成小块,包入百分之五十馅芯即成。

(4)烘烤。用炭几火为燃料,文火烘煎,成品达到二面黄,边玉白,起泡多。

主要特点:饼呈圆形,色黄边白,软松肥甜,花酒同香,出炉热食,其味更佳。

14. 太师饼(又称太史饼)

太师饼历史悠久,相传在商代末年,武王(姬发)伐纣(帝辛),兵发西岐,纣王派闻仲太师出征,太师为缩短进兵时间,制作一种叫糖烧饼,备为行军干粮。后来大家认为糕饼是闻太师首创,糕点行业为纪念他,做了太师饼供祭。据传北京、常州过去糕点行业有个行庙,庙内塑造着闻太师像,人们常去祭祀,他是茶食行业的祖师爷。

太师饼用法讲究,制作精细。制法:

(1)皮子和油酥,其制法相同于鲜肉文饺。

(2)馅芯。用糖猪油擦细,加白糖、熟精粉、糖桂花拌和。

(3)包馅。皮酥和馅芯为四比六,馅包入后揿扁,形似银元,两面贴上白麻即成。

(4)烘烤。燃料用炭几,放入平底煎盘烘熟,两面金黄,周边玉白。

主要特点:色泽金黄边玉白,饼似圆[1]形似银元,芝麻饱满馅芯足,酥香甜

---

〔1〕 圆,原文误作"元"。

美味无比。

15．枣泥文明饼

枣泥文明饼是稻香村首创,在二十年代开展"新文化运动"时,为提倡"文明"而制"文明饼"。饼呈圆形,直径约四点五公分,厚一点五公分,饼面有福、禄、寿三种图案,圆周有花纹边。文明饼问世后,深受消费者喜爱,已有三十年停产,有失传之危险。

制法:

（1）皮面。熟面加粉、荤油、水溲和。

（2）馅芯。使用枣泥,其制法与松子枣泥饼的馅芯相同,并有百果、玫瑰馅芯。

（3）包芯。用皮子六成、芯子四成,包馅[1]时要均匀,虎口要收得紧。

（4）成型。板底木刻图案,上加钢圈,饼坯放入,虎口朝上,揿平取出可也。

（5）烘烤。用底面火文火烘烤,要求饼面色泽微黄,周边玉白,饼呈扁鼓形,略有鼓出。

主要特点:面色微黄边白,图案清晰美观,松软甜香可口,枣泥郁醇细腻。

16．胡葱野鸭

稻香村的胡葱野鸭历史悠久,驰名全国,久销不衰,历来深受各界人士爱赞。野鸭分大鸭、二鸭二种:大鸭标志,不分雌雄、大小,凡是黄嘴、黄脚者,均为大鸭;黑嘴、黑脚为二鸭。生产以大鸭为佳。

制法:

（1）鸭先扯去毛（干扯）,开肚,除尽内脏[2],抡断胸骨、清水洗净,水略滤一下,肚内先放少量盐,胡葱去根洗净,滤去水分,切成一寸长短,加砂仁末、小茴香粉、食盐和葱一起拌和,塞入鸭肚,排列在大锅中,加黄酒,清水齐面,先用烫火烧滚,改用文火焖烧二小时左右,手感有弹性即好。

（2）整理。把出镬的鸭先冷却,将鸭头颈剪去,翅膀整理清爽,然后把头放在左边用丝草扎紧,鸭面搭上油,光彩耀目,即可出售。

主要特点:肉白肥嫩,香气扑鼻,酥而味美,别具一格。

17．异味枫鱼

异味枫鱼,顾名思义,异味就是"特别"的意思,也就是说,味道特别好,

---

[1] 馅,原文误作"酿"。
[2] 脏,原文误作"藏"。

是稻香村著名的特产，全国首创，声誉中外，解放前在我国的专家、教授和上海的华侨，专车赶到苏州来购买枫鱼，带到国外去自食或馈赠亲朋好友。已有三十年停产了，近乎失传。制作枫鱼过去流传着四句话："腊月做坯，春天晒干，清明制做，立夏可食。"

制作：

（1）做坯。选用本地池养鲜活青鱼[1]（死鱼、草鱼绝对不用），每条八至十斤（过小、过大都不要），除去头、尾，剖肚去什，不除鳞，不洗，用白纱布温水搓净[2]绞干，把鱼血和肚中黑膜揩净，开成二爿，但不能切断，两片仍能连接（便于晒干），先挂起吹干，然后用盐腌好下缸，压结实，中途翻缸一二次，把面上的鱼坯与底下的对调。

（2）晒干。立春后开缸，把鱼坯用绳穿好，拎空风吹日晒，干后藏缸储存待用。

（3）封制。清明时把鱼坯横斩成块，每段六至七公分阔，用大曲酒喷在鱼坯上闷一夜，然后加预制好的甜酒酿、福珍酒、绍酒，放少量盐、福桔皮、花椒，放入摊缸中一起拌和，把鱼坯六成先放入大甏中，再加液料齐甏口，甏口用毛竹箬叶或塑料纸扎口，再用酒甏泥封口，略干后再涂上一层，达到密封，无香气溢出，在立夏前开甏，分装成小甏，用柿漆封好口，贴上招牌出售。

食法有二。一种先把枫鱼切成小块，加入少量白糖、葱、姜，再加上枫鱼卤，隔水或饭锅焖炖[3]约半小时，即可食之。另一种叫做"吃枫膀"。用二斤多前膀一只，洗净放入砂锅中，加枫鱼和适量鱼卤、少量白糖、葱、姜、清水，文火焐熟。这是一道苏州历史名菜。《美食家》云：虽然名菜吃得很多，但"枫膀"可能未曾尝过罢。[4]

主要特点：只要用一句话来形容，叫做"别有风味"。

18. 透味熏鱼

透味熏鱼是稻香村久远驰名的著名特产，已有百年历史，由于选料严格，工艺独特，质量超群，历来蒙受各界欢迎，是宴会、佐酒和馈赠友人之高尚礼品。

制法：

（1）选料。选用本地青鱼，重量八至十斤，条条鲜活（绝对不用死鱼、草鱼）。

---

[1] 青鱼，别作"鲭鱼"，与草鱼、鲢鱼、鳙鱼并称为中国淡水养殖的"四大家鱼"。
[2] 搓净，原文作"搓洗净"。
[3] 焖炖，原文误作"闷敦"。
[4] 《美食家》写于1983年，为著名作家陆文夫的代表作，后被改编为同名电影。

（2）杀鱼。先去鱼鳞、头、尾、什，不用水洗，须用白布清水搓净干揩，肚中黑膜必须除尽，然后开成两爿，每爿齐脊骨切下，成二长条，带骨的叫雄爿，无脊骨叫雌爿，靠肚一面的叫肚档，切片必须厚薄均匀，否则成品质量要受影响。

（3）浸鱼。用浅色酱油浸没（雌雄爿和肚档分开浸），冬季约浸二小时，但视气温而定。

（4）油氽。先把浸好的鱼捞起滤干，油锅油要多，油温掌握好，视油锅面上有青烟时鱼可下锅，约氽六至七分钟，视鱼色深黄即可。

（5）浸卤。鱼卤拼制，福珍酒和黄酒对镶，加白砂糖放入钵头中隔水焖炖，烫后取出，浇[1]入姜汁。熏好的鱼一出锅，即加入鱼卤浸没，约十至十五分钟，手摸鱼片感觉软性即可，滤去卤，整齐地排列在盘中，雌雄爿和肚档分开放齐，视之整齐美观，即可上柜销售。

主要特点：色泽深黄美观，鱼肉嫩而不酥，甜咸口味适宜，食之鲜美无比。

19. 甜咸花生米

稻香村过去历史上只知生产咸花生米，而且时间很长。1937年，抗日战争前后，由稻香村股东——南京太平村茶食糖果号老板徐福龙，把甜咸花生米的制作技术传给稻香村。在我国，糖精未问世前，苏州炒货都是淡味和咸味二种，唯甘草瓜子是甜咸的，其甜味采用甘草，甜咸花生米用进口孟山都糖精作为甜味剂，南京太平村首创。徐福龙虽然知道制作甜咸花生米一二，但毕竟是老板，无实践经验，稻香村炒货师傅顾阿二，根据徐的口述要求，再行悉心研制，终于成功，在苏州是首创，投放市场后，很受欢迎，真是价廉物美。

制法：

（1）选料。采用苏北扬州地区产的"扬庄花生米"，粒子要粗壮，剔除瘪小杂质。

（2）浸泡。花生米倒入开水锅中浸泡片刻，捞起滤干，加入细盐和糖精粉，一起颠和，约一至二小时后倒出，日晒至爽手即可，亦可把糖精放入水中浸泡后加盐，但这样制法糖精有浪费。

（3）砂炒。先把白石砂炒烫，然后把花生米入锅，不断翻炒，花生米炒至肉色起即起锅，筛尽石砂即成。

主要特点：花生粒粒肥大，黄色中带盐霜，甜咸口味适宜，食后余香萦口。

---

[1] 浇，原文作"绞"。

20. 白盐西瓜子

白盐西瓜子在四十年代由稻香村顾阿二研制成功。一时销路甚广,用苏州人话来讲:"出足风头。"白盐西瓜子销售,主要采用彩印小纸袋包装,纸袋下面印有稻香村洋式门面图案,上写"白盐瓜子"四个字,反面印有广告。在四十年代是用老法币,每元四十至五十小袋,每袋一小酒盅,约二至三钱,当年物价波动较大,价格时有变动。苏州七八个近县,四乡八镇,各路商贩,都来采集,商贩一般都叫航船代购,代购者可拿"佣金"百分之五。

包装白盐西瓜子,由于纸袋中装得少,是比较麻烦的,但由于工人操作熟练,包装速度惊[1]人,两人一档,一天可包装约四百斤,盛销期间,每天可销一吨以上,连茶食师傅也来帮忙。

白盐瓜子制法和其他西瓜子基本相同,不同的是加盐和糖精,其味椒盐,甜中带咸。

主要特点:彩印包装,价格便宜,销售灵活,甜中带咸,香脆味美,久食不厌。

---

[1] 惊,原文误作"警"。

三、 档案选编

苏州府元和、长洲、吴县照会苏州商务总会[1]
（1907 年）

苏州府元和、长洲、吴县为照会事：

奉府宪何札：据生员章继英，同知衔候选州同沈祖荫，职监范循喜，职监龚秀亭，洪縠本、蒋揆芝、施义增、金鼎焕、朱春舫、廉如春、朱渭云、龚如柏、程亦甫、陈莲舫、沈坚志、金荫之、周荣卿、周雅卿、严仁卿、罗锦堂、程怡如禀称："切缘糖果一业向无公所办善之地，仅赁屋几椽暂作会所，名永寿善堂，拟办施棺、义阡、养老、矜寡、恤孤、蒙学等六项善举。苦无经费，皆由生等筹款担任。嗣于三十年二月，先行购得盘门外吴邑盘一图黄字圩状元浜基地一所作为义塚，又于三十年二月买得长邑亨一上图基地一块，拟为建造善堂附设公所之用，均已遵章投税。至本年三月间起造平屋二进计六间五披，后有隙地围墙作园，现已落成。该款亦由生等挪垫。惟以上六门善举虽络续办有头绪，然总属独力难支，自应劝募同业，次第集资兴办。现已共同议定，在于同业各店每日卖钱项下，每千提捐二文，又向南北货行议订，凡我同业购货，每千酌提四文，轻而易举，俾得集腋成裘，作为常年办善经费，并拟定章程。嗣后各店生意不得垄断居奇，犹不得货价颠倒，致启争端，以冀各归公平划一，恪守定章，庶可经久不弛。嗣后凡有公所事宜，亦在永寿善堂东西书院办理。且生等仍商诸同业各店，无不乐从，均愿照章遵守，认捐办理，保卫利益商情。公推生为总理。生以义不容辞顿可，会同诸董襄办善举，只能担任。窃恐兴办之际，有等地痞棍徒藉端阻扰情事，故不得不将详细缘由缕陈明晰，并粘呈章程、地图、塚图禀求，伏乞电鉴恩准立案，给示勒石，并求檄饬长、元、吴三县一体会衔给示勒石，俾可永远遵守，以维善举而扶商业，实为德便沾仁。"上禀等情到府。据此查该生等筹建公所，劝募同业，集资兴办善举，尚属热心公益。所议章程是否允协，合亟抄录，札饬札县，即便遵照，查明具覆，察办毋延等因，并抄粘到县。奉此查所议章程是否允协，贵总会见闻较切，合行照会。为此照会贵总会，请烦遵照宪札指饬，调查明确，

---
[1]《苏城糖果公所简章》附《照会》，光绪三十三年七月，苏州市档案馆藏，档号：I014-001-0143-014。

据实覆候核详。府宪察办，幸勿有稽，望速速。须至照会者。
计抄粘
右照会苏州商务总会
光绪三十三年七月日照会。
（光绪三十三年七月廿七日到）

吴县茶食糖果业同业公会业规[1]
（1936年）

第一章　总纲
第一条　本业规由吴县茶食糖果业同业订定之。
第二条　本业规以维持增进同业之公共利益及矫正营业之弊害为宗旨。
第三条　凡在吴县行政区域内经营茶食糖业者无论会员与非会员均须一律遵守之。

第二章　定价
第四条　同业出售各货之价格，不论趸批门市，均由公会议定印发批发、门市价目单两种，分发同业各号照单售价，不得参差。上项价目单每月由执行委员会议定后印发。
第五条　凡已经公会议定价格之各货或因市面骤涨相差甚巨，而新价目单公会尚未颁发时，经会员十分之一以上之请求，得临时改订之。

第三章　营业
第六条　同业出售各货所用衡器，不论盘秤钩秤，概用新制之市秤。
第七条　凡同业开设新店，均应遵照省令，不得贬价廉售。
第八条　凡同业遇有纪念，亦应遵照省令，不得藉故放盘，廉价贬低价目售货物。
第九条　凡批发同业所放各项账款，依照左列各款办理：[甲]同业与同业间所放各项账款每逢月底结算清楚。[乙]同业与同业间所放批发账款如有纠纷，得声请本公会调解。

第四章　处罚
第十条　凡同业违反本业规各条之规定，经调查属实，先由公会分别劝导警告，如不服从时，得由会召集会员大会议决处罚办法，呈请行政官署核准执行之。

---

[1]《吴县茶食糖果业同业公会紧要通告》附录《业规》，《苏州明报》1936年3月18日第2版，3月19日、20日第4版。

第五章　附则

第十一条　本业规未尽事宜得随时增订，呈请地方最高行政官署核准施行。

第十二条　本业规自呈奉地方最高行政官署核准备案之日施行，修改时亦同。

苏州市茶食糖果业申请全业公私合营的决议[1]
（1956 年）

我们苏州市茶食糖果业全体会员通过党、政府和组织上的教育及我们一系列的学习，使我们进一步认识到社会主义的远景。毛主席教导我们要主动地掌握自己的命运，与全国人民一道向社会主义逼近，才有我们的光明前途。

为此，我们全体会员一致表示，要坚决接受社会主义改造，主动地、积极地奔赴社会主义前途。我们以无比的热情和真诚的态度自觉地、积极地要求全体公私合营，只有这样，才能获得企业与个人的改造，使自己从一个剥削者逐步改造成为一个自食其力的劳动者。所以我们要坚决地、迅速地向政府提出我们全行业公私合营的申请。我们也一定加强学习，提高思想认识，做好当前旺季及春节供应工作，服从国家计划，保证生产任务和进销货计划的完成来创造条件，为争取全行业公私合营的批准而努力。

苏州市茶食糖果业全体会员
一九五六年一月十五日

苏州市茶食糖果业全业公私合营申请书[2]
（1956 年）

我们苏州市茶食糖果业全体会员通过一系列的学习，进一步认识到社会主义的光明前途。只有走社会主义的道路，才能主动地掌握自己的命运。

我们祖国的工业化建设正以一日千里的速度飞跃前进，获得了辉煌成就。农业合作化的高潮已经到来，我们资本主义工商业的社会主义改造也进入了一个新的阶段。全国各地已经掀起全市及全行业的公私合营的高潮。大大鼓舞了我们争

---

[1]《苏州市茶食糖果业申请全业公私合营的决议》，1956 年 1 月 15 日，苏州市档案馆藏，档号：B003-010-0018-022-024。按：原文中茶食糖果叶、企叶、全行叶、农叶、工商叶为俗写，"叶"今皆改作"业"。主动地、积极地、自觉地、坚决地、迅速地，其中的"地"原文作"的"。

[2]《苏州市茶食糖果业全业公私合营申请书》，1956 年 1 月 15 日，苏州市档案馆藏，档号：B003-010-0018-022-024。按：主动地、积极地、自觉地，其中的"地"原文作"的"。

取改造的决心。所以我们全体会员一致表示要坚决接受社会主义改造，主动积极地奔赴社会主义的前途。我们以无比的热情及真诚的态度，自觉地迫切要求全行业公私合营。希望政府迅速批准。此致。

敬礼。

苏州市茶食糖果业全体会员
一九五六年一月十五日

他们是怎样"积极经营、面向工农、满足消费的"[1]
——稻香村商店门市部一九六四年度先进事迹
(1965年)

稻香村是烟糖系统中的一家大型商店，地处观前中心，是一家百年老店，主要经营业务有：糕点、糖果、青盐、蜜饯、炒货、野味、罐头、冷饮等八个大类。门市部现有职工12人，其中党员主任1人，团员和青年6人，20年～30年以上工龄[2]的老职工5人。一年来通过"四学"，通过以"五好""六好"为目标的比学赶帮竞赛活动，职工群众的阶级觉悟提高了，精神面貌大改变，特别是他们在积极经营，面向工农，满足消费等方面，作出了显著成绩。从经济效果来看，六四年全年营业额为27万元，比六三年增长11.21%，每人全年劳动效率达22900元，费用水平比六三年下降0.86%，上缴利润比六三年增加37.4%，他们的工作与六三年相比，是大踏步向前迈进了一步，他们的先进思想、先进事迹，在行业中是比较突出的。

下面着重介绍他们是怎样"积极经营、面向工农、满足消费"的先进事迹。

一、提高思想认识，明确经营方向

一年来他们在上级党政的正确领导下，坚持阶级斗争为纲，通过学习毛泽东著作、学习解放军、学习大庆、学习大寨，加强了政治思想工作，把政治思想工作贯串到生产、业务中去，充分调动了人的积极因素，职工的精神面貌起了很大的变化。特别是通过毛泽东著作《为人民服务》的学习，职工群众的革命观念加强了，为谁服务？怎样服务的思想方法对头了。有些职工说："解放前稻香村的顾客绝大部分是地主、官僚、资本家，因此，高档货比较多，习惯于做大生意。解

---

[1]《他们是怎样"积极经营、面向工农、满足消费的"——稻香村商店门市部一九六四年度先进事迹》，中国糖业烟酒公司江苏省苏州分公司"五好"竞赛委员会，1965年4月，苏州市档案馆藏，档号：A032-003-0525-105-108。

[2] 工龄，原文俗作"工令"，以下径改。

放后，这些不可一世的豪门贵族被打倒了，消费对象起了根本变化。现在的基本消费对象是机关干部、工人、农民、革命的知识分子和其他劳动人民。因此，服务内容、服务方法都应该适应工农群众的要求。"有些职工说："在三年自然灾害时期，国家物资[1]缺乏，市场供求矛盾突出，零售商店普遍存在着只怕无货卖，不怕没人来的错误的经营思想。现在国民经济迅速好转，市场活跃，物资充沛，顾客的要求高了，如果不从提高服务质量着手，就是名牌大店，也将落得生意清清，对企业就带来经济上的损失，对国家就会带来政治上的影响。"在职工群众思想认识提高的基础上，大家一致认为：大店思想，大生意思想，应该批判，应该警惕。根据当前形势以及上级领导的指示，我们的工作方向应该是："紧紧围绕积极经营、面向工农、满足消费"这一个中心。

二、思想工农化，商品大众化

一年来，他们坚持以清洲观前居民点为调查研究的基点，通过上门访问，以及召开消费者座谈会等形式，广泛接触群众，加强了与消费者的密切联系。在六四年中他们还多次深入市郊农村进行访问，进一步了解什么是农民群众喜爱的商品？怎样才能做到面向农村？在一次消费者座谈会上，有些代表说："过去由于副食品比较紧张，群众把糕点当作营养品，现在副食品多了，市场上荤的、素的样样有，因此，群众对商品的选择性增强了，群众对糖果糕点[2]的要求是价廉物美，商品新鲜，花色多样，质量要好而且不能变样。"在一次农村访问中，农民反映："我伲讲实惠，价钿要便宜，商品要大众化。"稻香村商店的领导和职工能够根据消费者的意见，从面向工农，满足消费者出发，积极研究改进工作，一年来他们逐步增加了小芝麻饼、京缸球、豆沙卷、枇杷梗、咪咪笑、蛋黄麻梗、小方酥、咸切酥、小小蛋糕等十多种论斤小件的商品，供应以来确实受到了消费者的一致好评。但是，在营业上确实增添了很大的工作量，因为这些商品绝大部分需要秤或包，半两、一两的要包三角纸包，半斤、一斤的要包方纸包，这对业务还不太熟练的新职工来说，就带来一定的困难。为了能把这些论斤小件的商品顺利地供应到工农群众手中，全店职工就必须人人具备一套过硬的本领，做到工农群众要秤多少，就秤多少，要包什么样的包就包什么样的包，他们采取了以老带新的方法，以柜台为战场，以商品为教材，积极开展大练基本功。一年来大练基本功的结果，老年职工的业务水平精益求精了，新职工的业务水平大大提高了。如青年营业员李纪乔[3]同志，他除了在店中认真学练，回家后还用豆、米等权作商品进行苦练。有一天晚上，他妈妈问小李在搞什么？小李回答说："练好基本功，

---

[1] 物资，原文作"物质"，以下径改。
[2] 糕点，原文误作"糕店"。
[3] 李纪乔，原文误作"李纪秀"。

才能更好地为工农群众服务。"

三、处处关心群众，当好顾客参谋

稻香村商店全体职工，在党支部具体领导下，通过各项政治运动，加强了政治思想工作，充分调动了人的积极因素，特别是通过《为人民服务》《纪念白求恩》《愚公移山》等毛泽东著作的学习，提高了阶级觉悟，确立了三大观点，不断提高服务质量，他们与消费者之间的关系已不是"你买我卖"的关系，而是处处关心群众，当好顾客参谋，全心全意为消费者服务。有一天，一位农民兄弟走近糕点柜，说要买一斤奶糕，并要求装一个彩色匣子，正在忙做生意的周福泉同志，知道了顾客提出的要求，心里就想："一斤奶糕五角，加一只匣子就要多费一角，农民兄弟的一角钿是很看重的，我们宁可少做一角钱生意，这一角钿应该替他省下来。"当老周弄清了顾客要装匣子的原因，因为奶糕是用白色纸包的，送给亲友不好看，因此就用一张红色的招牌纸包扎好了以后递给顾客，并说明这样既好看，又可以省下一角钱，这位农民兄弟十分感动地说："你真是处处为顾客着想，事情做得阿要贴心。"有一个工人同志，一天手里抱着一个正在哭吵的小宝宝，说是因为孩子的妈妈生病住院去了，小孩没奶吃，因此要买一瓶[1]奶粉。这位顾客是周福泉同志接待的，老周猜透了这个小孩哭吵的原因，一定是受饿了，他从关心小孩子和帮助顾客解决困难出发，因此就提议让自己来冲一杯给孩子吃，他一方面像碰到了自己的亲属一样，热忱地招呼这位顾客稍微坐一坐，同时就飞快地到水灶去泡了一瓶开水，细心地冲了一杯奶粉让孩子吃，这个小宝宝吃到了甜香的奶粉就乖乖地笑了。临走时，这位工人同志紧握住老周的手说："你这位老伯伯，真会关心人，真像我的长辈一样，像这样服务周到的营业员我从来没有碰到过。"稻香村商店的营业员就是这样全心全意为人民服务的。类似以上的例子举不胜举，一年来收到了来自各方面的群众表扬信比较多，顾客当面表扬更是大量的。群众表扬和评论的内容都是说："稻香村营业员的服务态度真正好"，"我宁可多走一些远路也要到稻香村来买东西。"

四、处处为工农，事事讲服务，生意越做越活

一年来稻香村商店始终贯彻积极经营，处处为工农，事事讲服务，不断排差异，挖掘潜力，增加花色，把住质量关，狠抓服务态度，他们把顾客的满意看作自己最大的安慰，把群众的欢乐看作自己的欢乐。一天烈日当天，室外温度超过摄氏40°，下午二时接到第四人民医院打来的电话说："门诊人数多，医务人员忙得满头大汗，要求即送100支大雪糕。"接受送货任务的是糖果柜的王国祥同志，他想："医务人员是在为解除病人的痛苦而忘我劳动，这样热的天气，我们送一点

---

[1] 瓶，原文俗作"并"，以下径改。

冷饮品去也是对他们的精神支援，但是今天的温度这样高，从店里到四院要十五分钟左右，雪糕融化了就会降低消暑的作用，怎么办？"只有"抢时间赶速度"，于是他推了车子连奔带跑地不到五分钟就到了四院，送到了医务人员手中，四院的工作人员见他浑身大汗，十分感动地说："只有新社会才有这种新风尚，只有在党的教导下，才会有这样的好同志。"

有一天东吴丝厂派人来联系说："厂里要召开一个约有三百人参加的乘凉联欢晚会，时间是晚上9～11点，要求稻香村带一些糖果糕点和冷饮品去供应。"当时的情况是营业部9点打烊，天气又热，职工都要回家洗澡休息了，但是为了满足工人同志的要求，从服务观点出发，店主任就答应了厂方的要求，在临去之前，店主任找了几个同志开了一个小会与大家商量一下，会上职工同志都说："二三百人的会议生意不会太多的，但是我们去为他们的会议服务，把他们的欢乐看作是自己的欢乐，再辛苦一点也没有问题。"因此大家表示愿意放弃个人休息，请领导分配任务。当天晚上由两个同志带了一些热销商品，推车到东吴丝厂的会场上去供应。在六四年中他们始终坚持上门挂钩，电话送货，下厂、下店、赶会、赶集供应，千方百计为消费服务，职工同志就是这样，不论是寒冷的冬天，或者是炎热的夏天，他们不计生意大小，不计路途远近，不计时间早晚，只要哪里需要，他们就及时把商品送上门去。第二医院、第四医院、专区医院、联合医院、一〇〇医院、市三中、大儒中心小学、专区公安大队、医疗器械厂、江南木器厂、电表厂、振亚丝厂、东吴丝厂等等都是他们的老主顾了。根据六四年夏季统计，总共送货上门，出车供应，就达200次以上，得到了各方面的一致好评。

中国糖业烟酒公司江苏省苏州分公司"五好"竞赛委员会

我们是怎样以政治带业务，把生意做活做足的[1]
——公私合营稻香村商店公方主任肖永庆同志的发言
（1965年）

各位首长、各位同志：

我代表稻香村商店门市部小组，把我们怎样以政治带业务，把生意做活做足的工作情况，向大会汇报。

我们商店，地处观前中心，是一家百年老店，门市部现有营业人员12人（其

---

[1]《我们是怎样以政治带业务，把生意做活做足的——公私合营稻香村商店公方主任肖永庆同志的发言》，1965年4月，苏州市档案馆藏，档号：C036-001-0105-092-104。这是肖永庆作为零售企业先进集体代表在江苏省工业、交通运输、基本建设、财贸方面"五好"和先进代表会议上的发言。

中：党员主任1人，团员2人）。主要经营业务有八个大类，303个品种。

一年来，我店门市部职工，在上级党政和商店党支部的领导下，经过社会主义教育运动和大学主席著作，大学解放军，大学大庆，以提高服务质量为中心的改善企业经营管理，开展以"五好""六好"为目标的比学赶帮活动，职工群众的政治思想觉悟不断提高，站柜台就是干革命，做买卖就是为人民服务的思想观念正在逐步形成。人的精神状态振奋了，革命的干劲增强了，出现了生意越做越活的新局面。1964年全年零售总额为27万元，比63年增长11.21%，每个营业员平均卖钿额为22900元，利润上缴13653元，比63年增长37.4%，费用水平比63年下降0.86%，因而，各项经济指标，达到了茶糖行业的先进水平。

抓活思想，掌握思想规律，把人的思想工作做活

站柜台就是干革命，做买卖就是为人民服务，这是我店职工长期以来思想上未能解决的问题，如何解决这个问题？这是我店党支部加强思想政治工作的中心议题。

为了解决上述二个关键性的问题，首先我们领导骨干进行了多次的研究，意识到我们领导层也存在着三种突出的问题。有店老、牌子响、生意好的骄傲自满情绪，有只愿做生意，只讲指标、利润，忽视服务质量提高的资本主义经营思想，和领导作风不够民主等问题。同时，在营业人员中也存在着二种普遍倾向，一种是老营业人员，他们终年如一日地埋头工作，但少问政治；另一种是青年营业员，他们不安心商业工作，认为营业员是伺候人的工作，没有出息。

针对上述二种思想倾向和几个突出的问题，我店党支部根据上级党政的各个时期的指示，认识到加强思想政治工作，抓活思想，做人的工作，是做好社会主义商业工作的前提。一年来，我们紧紧围绕本店的实际情况，以排各个时期的思想规律来抓活思想，以排企业的差异去学习先进单位的经验，依靠老职工，组织回忆对比，发动人人作思想工作，活学活用主席著作，以主席的思想武装职工的头脑，以干部的身教言教解决企业"老、大、难"的问题。这就是我店加强思想政治工作的主要内容。

排思想规律，抓活思想

一年来，我们政治思想工作的侧重点，是以抓服务质量的提高，从做人的工作着手。过去，在柜台上经常碰到的是：商品的规格质量消费者不满意；有些营业人员接待顾客还不能一视同仁；对顾客挑选商品不耐烦；有时，个别营业员遇到个人情绪，容易顶撞顾客；少数营业人员在评奖前后思想上有波动，情绪不太正常等情况的发生。但是，我们领导上往往有所忽视，认为这是个别人的问题。有一个老职工，由于家庭人口多，每到月底经济生活有困难，工作情绪不高，顾客挑选商品的次数多一些，往往就容易顶撞顾客。又有一个营业员，工作不主动，接待顾客不热情，他说："顾客要啥，我就卖啥，何必要热忱接待？我又不比他们矮一个头，伺候人的本领我不会！"还有一个青年营业员，认为自己是初中毕业生，多少有些文化，当个干部还差不多，当营业员没前途，他说："我想做会计工作，就是领导上不重用我。"职工群众形形色色的思想反映，都直接影响服务质量的提高，影响着实现企业革命化和人的思想革命化。

怎样抓活思想？用什么方法解决？开始时我们摸不着边，通过学习解放军的政治工作经验，我们懂得了要以毛泽东思想为指针，用毛泽东思想来回答问题和解决问题，指导我们的一切工作。

一年来，我们始终坚持活学活用毛主席著作；从阶级教育入手，从实际情况出发，抓好两头；抓住苗头，把工作做在前面；坚持说服教育，以理服人；从多数人水平出发，逐步提高，思想教育运动和经常性的教育相结合；活教材活方法。这十条解放军总政治部总结出来的原理去抓活思想，因此收到了较好的效果。

一年来，对经济生活有困难而工作情绪上不安定的同志，我们从实际情况出发，以帮助安排经济生活为主，进行适当补助，使他们生活稳定，使他们体现到组织的温暖，这样他们的情绪就正常了，干劲就激发起来了。对不安心做商业工作，认为当营业员是伺候人的想法，我们坚持说服教育，以理服人，用将心比心的方法，说明社会主义商业工作是伺候人的工作，但是与资本主义的"伺候人"，在概念上有根本性质的区别，今天，我们在伺候人，但是社会上也有千百万人民群众在伺候着我们，我们吃的、穿的、用的、住的，哪一样不是有人在伺候我们，这仅仅是社会主义大家庭里的分工不同而已，因此，我们没有理由不做伺候人的工作。对一些抱有个人主义情绪，以自由主义态度对待评奖工作而产生的各种各样的活思想更是大量的，这是我们做政治思想工作的"旺季"。因此，我们运用抓头头、头头抓的方法抓住思想苗头，把工作做在前头，并把《反对自由主义》《为人民服务》等主席著作，作为评比前后职工的必读文件，组织职工勤读毛主席的书，把毛泽东思想交给他们，武装他们的头脑，把个人主义、自由主义思想，消灭在萌芽状态，从而提高了他们的思想觉悟。

排差异，学先进，不断革命

由于形势的不断发展，企业的生产经营，领导上各个时期，提出的要求不同，人的思想也在不断地[1]变化。随着国民经济的全面好转，面临着我们茶糖行业的新任务是怎样把生意做活，这是我们思想上的难题。在新形势下，党和政府对我们商业工作提出了更高更严的要求。而我们的思想却跟不上形势的发展，有些人说："形势大好，我们生意难做。"因此，我们就带着这个问题，充分发动职工群众，从大谈形势、大谈成绩、大排差异着手，在思想认识逐步提高的基础上，我

---

[1] 不断地，其中的"地"原文作"的"，以下类似助词径改"的"为"地"。

们认识到不是什么生意难做的问题,而是我们的思想跟不上形势,工作简单化和思想上的骄傲自满,自认为我们的产品质量还不差,花色品种也不少,服务措施也做了不少工作,因而在制订"五好"规划时差异排不下去,学先进也认为没啥好学,上上下下反映了不少活思想。

通过主席著作的学习,大家一致认识到骄傲自满是建设社会主义前进道路上的大敌,大家一致认识到敢于承认落后,就敢于学先进,才能有不断革命的精神,在骨干、领导思想认识提高的基础上,我们终于看到了落后的一面,排出了差异,制订了企业的"五好"规划,并以实际行动三上王颐吉南虚心学先进。第一次是带着任务观点也就是叫我学而去学的。因此,一无所获,仅仅带回来了一份"老年顾客缺货登记簿"。第二次是在进一步批判骄傲自满的基础上,抱着真心诚意,也就是我要去学的,因此,看到了他们的干劲,看到了他们的革命精神,看到了他们的先进思想和先进行动。第三次是带着甜头去的,因此,越学越有劲,到王颐吉南去跟班劳动的同志都说:"他们是酱工,我们是茶糖,行业虽然不同,但是他们的革命精神是值得我们学习的。"三上王颐吉南的结果,是教育了我们领导,教育了全店职工群众。糕点柜的邓昌源同志说:"我们过去是坐井观天,现在才知天外有天。""骄傲使人落后,虚心使人进步,毛主席的教导我们永远不能忘记。"从此以后,我店职工在服务态度上更加主动热情了,供应方法上更加方便消费了,服务项目上更加扩大了,把王颐吉南的先进经验,结合我店具体情况,活学活用和发展起来了。企业内学习先进创"五好"的气氛一浪高一浪。内部学、外部学、请过来、走上门的相互学习交流上64年中是非常频繁的。根据不完全的统计,请过来有20家商店33人次,走上门去学习交流有9家商店58人次,出现了虚心学、认真赶、你追我赶的新局面。

依靠老职工,人人做思想工作

群众路线是党的根本的政治路线,也是政治思想工作的根本路线。我们意识到,职工群众的思想很复杂,经常变化,各种各样的活思想很多,如果只靠党支部几个党员干部,要把政治思想工作做好是有距离的,因此,我们就以党员干部为核心,积极依靠有觉悟的老职工,发动人人做思想工作。

老职工的特点是工作勤勤恳恳,出身较好,立场比较稳,但是也有部分老职工,只埋头苦干,不重视学习,对政治学习不够关心,开会也不发言,他们认为做好工作是自己的本分[1],为谁劳动思想上比较模糊,在一定程度上存在着雇佣观点,没有树立起牢固的为人民服务的观点。他们都是从小学生意,在旧社会受苦较深,解放十五年来,他们满足于现有的幸福生活,他们对阶级和阶级斗争的

---

[1] 本分,原文作"本份"。

观念逐渐淡薄了,作为一个工人阶级,应该具备彻底革命、不断革命的精神,他们忽视了。但是他们终究是我们的依靠对象,为了提高他们的阶级觉悟,我们组织他们学习主席著作,启发他们回忆对比,让他们把在旧社会里亲身所受到的各种遭遇和痛苦谈出来,引导他们回忆旧恨,同时,让他们畅谈形势,畅谈幸福,引导他们思甜,激发他们的革命感情。在64年中,我们经常利用有关学习会组织老职工谈对比,工作问题,思想问题,我们处处对比,事事对比。在一次座谈会上,老职工对青年职工说:"过去,我们名目上是当学徒,实质上是给资本家当牛马,学徒进店,三年不得回家,倘要回家,倒算饭钿,现在的学徒要住在家里住在店里随自己的便。过去学生意,连自己的名字也没有人叫,总是叫我们'小赤佬''小鬼',不当我们人看待,现在领导上非常亲切地叫我们'老邓''老周',或者叫我们某某同志,市委首长与我们一起劳动站柜台;过去每逢节日资本家大吃大喝,而我们逢节(端午、中秋、春节)铺盖滚进滚出(歇生意),现在我们是国家的主人,企业的主人,如果不好好工作,就对不住党,对不住毛主席。"青年职工说:"我们生在苦水,长在甜水,只看现在,不知过去,每月工资三十多元,好买200多斤大米,听老职工说,过去一个'大先生'也只有八斗米的工钿,真是身〔1〕在福中不知福。"我们体会到回忆对比是活教材活方法,通过对比,既教育了老职工本人,也教育了其他职工,是以群教群的好方法。有一天,青年职工李纪乔同志,可能是他思想上正在考虑个人的一些问题,因此,顾客走近〔2〕他面前也没有觉得,顾客要买四只小蛋糕,他糊里糊涂地拿了四只大麻饼。顾客对他当面批评了几句,他就思想上不愉快起来,老职工老周、老邓同志都主动找他谈心说:"你毛选学得很好,但必须活学活用,不能好高骛远,要缺什么,学什么才对。你的服务态度不过硬,顾客对你有意见,你要改才对。过去站柜台做生意,如果老板认为不满意,轻则打骂,重则歇生意,如果得罪了反动派的'官',生命就有危险。现在党对青年人在各方面培养,你顶撞了顾客,领导上都是耐心地帮助教育。"小李同志听了他们二位老职工的帮助,内心很受感动,他主动检查了自己的缺点,并表示今后一定在提高服务质量方面,作出成绩,以实际行动来感谢老师傅对他的帮助。现在小李同志的转变很快,他主动提出愿意以〔3〕本店老职工周福泉同志为师,决心虚心学好本领,当一个社会主义商业工作的接班人。为了提高服务质量,为了学习称、包、扎、算技术,他不仅在柜台上练,他回家也练,家里没有商品,就用黄豆、蚕豆、大米假作商品,大练基本功,现在他基本上已成为一个熟练的营业人员了。

---

〔1〕 身,原文作"生"。
〔2〕 走近,原文作"走进"。
〔3〕 以,原文作"从"。

干部转变作风，关心群众生活

我店门市部营业繁忙和工时过长，这也是我店的突出矛盾之一，而我们领导上往往偏重于忙业务，对工时过长的问题，思想上没有引起足够的重视，认为工时长，不仅是我店的"老大难"的问题，而且也是零售行业普遍存在的问题，因而对一些营业人员的因病缺勤，不是从关心、体贴出发，而是埋怨他们说："有些小毛小病算得了什么，就要不上班了，真是娇气太重。"因而有些职工生了病，医生证明书也怕交给我们，甚至有时弄得哭哭啼啼，过去，在我们思想上还认为无所谓。

毛主席说："……解决群众的生产和生活的问题，盐的问题，米的问题，房子的问题，衣的问题，生小孩子的问题，解决群众的一切问题。我们是这样做了么，广大群众就必定会拥护我们……把革命当作他们无上光荣的旗帜。"毛主席的这一教导打动了我的心，对我启发教育很深，看来这些都是生活的琐碎小事，实际上这是关心人、体贴人、做人的工作不可忽视的重要问题。我反复地进行深思，我是一个共产党员，我没有按毛主席的教导办事，这是多么危险呀！经过党支部多次教导，在我思想上敲起了警钟。大庆的经验是，领导关心群众一分，群众干劲十分，那末，我店工时过长的问题，这是不关心群众的大事。

经过党支部的慎重研究和多次地与群众商讨，我们就抓住了工时过长的"老大难"的问题，开始着手研究小休，及时排出了营业忙闲规律，采取了巧安排的方法，实行了工间小休的制度，把工时控制在9个半小时之内。为了适应夏令季节的变化，上级公司提出，零售商店门市的营业时间既要做到提前开门，又要延长打烊时间，但是职工留店时间又不得超过9个半小时，我们又根据了经营业务的变化，夏令季节糕点糖果的销量逐步减少，冷饮供应大大增加的这个特点，采取了前店后坊职工"打统仗"的方法，紧缩后坊人员，充实前店营业人员，实行了二班制劳动，把营业时间从早晨7点一直延长到晚上11点打烊，满足了工农群众的消费要求，同时，将工时压缩到八个小时，做到了劳逸结合。这样做的结果，职工的病假减少了，出勤率提高了，职工的体质更加好转了，对领导的看法也转变了。有些职工说："过去，领导上只是口头上讲关心，实际行动不太关心，现在领导是真真关心职工了。"我店过去有二位老职工，由于领导上对他们关心不够，尊重不够，挫伤了他们的积极性，因此，就以年老体弱为理由，每天只做半天轻工作，通过领导干部作风的转变，在各方面贯彻了依靠老职工，尊重老职工，企业内的有关大事，都事先和他们商量，并向青年提出，要以老职工为师，要虚心向老职工学习，以及党支部对他们的启发教育等一系列的活动，他们的积极性充分调动起来了，工作劲头很大，做到了提前上班，推迟下班，对青年职工能热心传教，对产品质量的研究改进，作出了不少贡献。

在关心群众生活方面，我们经常深入职工家庭进行访问，了解职工的生活情况和家庭情况，从实际出发，帮助解决职工的实际困难，对有病的职工，我们总是访问到家，访问到医院，因此，职工群众很受感动，过去经常有病的王品珍、沈绮萍二位同志说："过去领导上批评多，关心少，现在领导上处处问长问短，问寒问暖。"因而，调动了她们的积极性，过去半天工作半天休息，做一天要休息二天，后来，都能坚持全日上班，心情也很舒畅。

1964年以来，由于干部作风转变，关心群众生活，职工有劳有逸，因此，精神状态有了很大的变化，职工在工作时能集中精力、做好工作，接待顾客坚持服务标准，服务质量提高了，学习开会不缺席，人人学习主席著作，好学上进，政治思想挂帅了。

通过一年来的摸索，我们体会到，加强政治思想工作，首要的是抓活思想，抓活思想的关键，又在于不断地排各个时期的思想动向的规律，这样做，才能力争思想工作的主动，才能把一些不健康的思想问题，消灭在萌芽状态，才能步步深入，逐步提高。我们体会到基层商店的职工中，经常地、大量地出现的活思想，归起来大体上不外乎是：国内外大事引起的问题、党颁布重大方针而引起的问题、节前节后的思想活动、淡旺季的变化、批评和表扬后的思想反映、月初月底的经济生活的安排、家庭纠纷等，都容易产生各种各样的思想活动。

一年来，我们就是这样掌握了这些思想规律，采取三排的方法。三排是排思想、排问题、排对象，抓住了做人的工作，带动了业务经营，出现了生意越做越活的局面。

二个提高，二个第一，把生意做活做足

根据上级党政的指示和当前形势的发展，提高产品质量和提高服务质量，坚持政治第一，坚持服务第一，把生意做活做足，是我们茶糖行业面临的新任务。为了进一步适应形势发展的要求，我们遵循着毛主席关于"没有调查研究，就没有发言权"的教导，一年来，我们坚持以清洲观前居民点为调查研究的基点，通过上门访问以及召开消费者座谈会等形式，广泛接触群众，加强了与消费者之间的密切联系。1964年中，我们多次深入市郊农村进行访问，进一步了解什么是农民群众喜爱的商品？怎样才能做到面向农村？在一次消费者座谈会上，有些代表说："过去，由于副食品[1]供应紧张，群众把糕点当作营养品，现在副食品多了，市场上荤的素的样样有，但是茶食糖果群众仍有消费习惯，只要价廉物美，花色多样，商品新鲜，质量要好，不要变样，群众还是喜爱购买的。"在一次农村访问中，农民反映说："我侬讲实惠，价钿要便宜，商品要大众化。"由于我们重

---

〔1〕 副食品，原文作"付食品"，以下径改。

视了调查研究，并能根据消费者的意见，积极改进工作，因此，一年来我们从面向工农，满足消费出发，积极扩大花色品种。如1963年我店经营糕点一类只有65个品种，64年总共达到144个品种，增加一倍以上。我们恢复了多年不供应的蛤利饼、松子黄千糕、芙蓉酥、绿豆糕、火炙糕、百果蜜糕等。野味一类，我们恢复了熏鱼、野鸭等4个品种。同时，我们还增加了为数不少的、适合工农群众要求的论斤小件的商品。由于这些商品绝大部分是规格小巧，价钿便宜，因此供应以来，受到了消费者的好评。

但是在贯彻"好、小、低、新"（质量好、规格小、价格低、品种新）面向工农的过程中，也是有不少活思想的。在营业人员中认为我们的花色品种已经很多了，再要搞这些新品种是否有生意？认为群众买了这样，就不买那样，购买力只有这么多，生意不会太好。商品多了，柜台上出样也有困难。再加上这些论斤小件的商品，绝大部分需要称和包扎，半两、1两的要包三角纸包，半斤、1斤的要包方纸包，实在麻烦透顶。生产工人的想法是，生产这些论斤小件的商品，手续烦，劳动效率低，工时要拉长了，思想上也有抵触。针对这些活思想，我们除了组织职工反复学习主席著作《为人民服务》这篇文章，提高他们为人民服务的观点外，我们通过算细账的方法，把这些商品的销售情况和柜台上消费者欢迎的意见，发动职工研究讨论，用活材料教育职工，确立面向工农的经营。事实证明，由于我们供应的商品对路，生意越做越活，因此，也促使了生产工人进一步研究生产面向工农大众的产品的干劲和钻劲了。

我们意识到，提高商品质量，是提高服务质量的基础。但是，当时存在着坊大于店，后坊专心经营糕点批发业务，生产工人习惯于大生产，忽视了为门市销售需要服务，大生产的结果，产品质量不能稳定，花色品种远远不能满足门市销售的需要。为了贯彻二个提高，二个第一，我们经过反复研究，并报请上级批准，砍掉了后坊糕点的批发业务，调整了后坊的劳动组织，压缩了管理人员，解决了坊和店的矛盾。从此，前店后坊的步调统一了。在此基础上，我们实行了营业员、生产员、采购员的"三员"联系制度，规定每天下班前"三员"碰头研究，营业人员把哪些[1]商品热销？哪些商品不受群众欢迎，或者消费者有些什么反映和要求，主动向生产人员提出意见，作为研究安排次日生产的依据，做到了以销定产，产销结合。在营业过程中，我们对不符合规格要求的商品坚决做到不出样，不出售，对外形不完整，色彩不均匀，规格大小不一的产品，我们坚决推到后坊，坚决推倒重来。有一次，工场里生产五百只杏仁酥，其中有二百只色彩不好，开花不足，我们退到后坊推倒重来。过去我们思想上怕回炉，怕企业损失，现在我们

---

[1] 哪些，原文误作"那些"，以下径改。

认为只有严格把关,才能促进生产,促进产品质量的提高。由于前店后坊步调统一,产销结合,生产工人的责任心加强了,生产工序的执行也严格了,操作精细,人人把关了。一年来,生产工人对坚守第一炉,小样不过关,大样不生产,不符合规格质量要求的,坚决推倒重来的操作规程,逐步巩固了。因此,产品质量,由不稳定趋向稳定,在稳定的基础上得到了显著的提高。如中秋月饼,我们以打大仗,打硬仗,打胜仗的革命精神完成了四万多斤的生产和供应任务,超过了历史最高纪录。从产品质量上来看,我们做到外形鼓橙式,色彩[1]虎皮黄,操作小包酥,产品质量比往年有了很大的提高,出现了人人争购稻香村的月饼,人人夸扬稻香村的月饼。

一年来,我们在提高服务质量方面,始终坚持"主动、热情、诚恳、耐心"八个字,服务态度"六个一样",和柜台纪律"六个不"。我店营业人员,都能根据"宁可自己麻烦千遍,不让顾客稍感不便"的服务精神,对待来自各方的顾客。只要顾客走近柜台,营业人员总是不等顾客开口,就主动先招呼:"同志,阿要买点啥?"在接待过程中营业人员主动介绍商品也是不厌其烦的,而且是实事求是的。有一天,一位顾客走进店门,我们的营业人员发现顾客的目光集中地在看货架上的麻饼,营业员就判断他一定是专心诚恳来买麻饼的,因此就主动招呼他说:"同志,阿是要买麻饼?"并敏捷地从货架上拿了一筒给顾客看看。当顾客听说要一元五角一筒时,就犹豫起来了。顾客问是否有便宜一些的麻饼?营业人员就拿七分一只的单面麻饼给他看时,顾客又摇摇头。原来这位顾客是想买一些东西送亲友,花费[2]一元五角觉得太大了一些,买七分的麻饼吧,装在一个大的筒子里又太小,不好看。营业人员摸清了顾客的心理之后,本着既节约又实惠的精神,就建议顾客购买大杏仁酥,十只装一筒只要花费八角钿,经济实惠。顾客很合意,就买下来了,并以感激的心情,对我们的营业人员说:"你真是顾客的好参谋。"商品成交之后,营业人员总是给顾客包好扎牢,使顾客们携带方便。有一次,一个顾客骑了一辆自由车[3]来到店门,他买了不少东西,营业人员见他大包、小包的不好拿,因此就主动走出柜台,把买的东西帮助顾客捆扎在车子上,看他上车走了才定心。如果是一些年老的顾客,在生意较忙的时候,总是优先接待,或者让他们先坐定下来,然后将他们要买的东西包好扎牢,送到他们的座位[4]上。如果他们是坐了三轮车来的,营业人员总是走出柜台去接他们,和扶送他们上车。如果有些顾客,他们买了东西是"现吃"的,营业人员总是主动倒一

---

[1] 色彩,原文作"色采"。
[2] 花费,原文作"化费"。
[3] 一辆,原文作"一轮"。自由车,即自行车,亦称脚踏车。
[4] 座位,原文作"坐位"。

杯开水送过去，让他们坐定了吃。有一次，一个顾客要买100只鲜肉月饼，营业员就想，本市的顾客不会买这些多，因此就主动与顾客拉家常，问他是否带到外埠？路上需要多少时间？因为鲜肉月饼时间不能放得太久的。后来问明白了这位顾客要过二三天后才动身到北京去，但怕二三天后当时买不到，因此想先买了放在家里。我们的营业人员就诚恳地对顾客说："鲜肉月饼要吃得新鲜，二三天后有得买，现在是否预先定下来，到那天我们给你留着或给你送到家里来。"这位顾客非常满意地说："你们对消费者负责的精神值得学习。"

在夏令季节，我们在店堂里增设了冷饮部和顾客休息室，只要顾客坐下来，不论是买与不买东西，营业人员总是主动地递上冷毛巾和冷开水。有一天，一位顾客来买一瓶牛奶，营业人员见他手里抱着一个小宝宝，他就主动递上一把匙，顾客满意地说："稻香村的营业员样样想得周到，能猜到我的心里。"由于稻香村在农村也有较高的信誉，因此，农民兄弟上街都喜欢到稻香村来看看玩玩，买一二只粽子糖吃吃，我们的营业人员总是热忱接待，与他们扯扯农村情况、生产情况。如果是大伏天气，见他们汗淋淋得很热，我们就开了电风扇让他们凉凉，冷毛巾、冷开水也不例外。农民满意地说："你们像我伲自家人。"有一天，有一个工人同志手里抱着一个正在哭吵的小宝宝，说是因为孩子的妈妈生病住院去了，小孩没奶吃，因此要买一瓶奶粉。我们的营业人员就像关心自己的孩子一样，心里就想，小孩没奶吃，哭吵的原因一定是[1]受饿了，因此，营业人员一方面详细介绍奶粉的营养、吃法、保管等商品知识，同时就特地到水灶去泡了一瓶开水，冲了一杯奶粉让孩子先吃，小孩子吃到了甜、香的奶粉就乖乖地笑个不停。这位顾客满意地说："稻香村的营业员，真会关心人，不然的话，我不知怎样对待这个'小家伙'才好。"类似上述的柜面上的活情况，是举不胜举的。总之，我店在党支部的具体领导下，通过各项政治运动和活学活用主席著作，加强了政治思想工作，提高了职工的阶级觉悟，树立了牢固的三大观点，营业人员普遍懂得了站柜台就是干革命，做买卖就是为人民服务的道理。一年来，由于他们处处关心消费群众，当好顾客参谋，全心全意为消费者服务而收到来自各方面的群众表扬信比较多，顾客当面表扬更是大量的。群众表扬和评论的内容都是说："稻香村的营业员，服务态度真好，我宁可多走一些远路，也要到稻香村来买东西。"

为了全面提高营业人员的服务质量，我们及时总结和推广了本店老职工周福泉同志的"三勤一块抹布和三主动的经验"，三勤是："商品整理增添勤、商品出样勤、卫生工作勤，一块抹布手中拿，玻璃橱窗亮堂堂。"三主动是："主动热情先招呼，主动介绍当参谋，主动把方便送给顾客。"一年来，全店职工都学老周、

---

[1] 是，原文作"要"。

赶老周，服务质量得到了普遍的提高。由于"三勤三主动"的普遍推广，因此，我店的商品出样鲜艳夺目，橱窗布置美观大方，卫生工作一直保持六面光。有些顾客说："到稻香村去看看坐坐也觉得心情舒畅的。"更重要的是，我们在商品供应过程中，能根据不同消费对象，不同季节，掌握销售规律，生意越忙，我们准备的商品越多，花色品种越齐，清早到晚，始终保持商品出样齐全，商品丰满，群众要啥有啥，如中秋月饼，我们从开始供应的第一天一直到八月半，花色品种齐全，没有脱节、脱销。这是我们在生产、供应安排上考虑到有些双职工平时没有时间来买东西，也有些群众经济上比较困难，要等到最后才来买（中秋节要到八月十五，春节要到大年夜，等等），因此，我们在安排上，就是越到最后，准备的货源越足，能使人人欢度节日假期。

在1964年中，我们始终坚持上门挂钩，电话送货，下厂下店，赶集赶会供应，千方百计为消费者服务，职工同志就是这样不论是寒冷的冬天，或者是炎热的夏季。我们不计生意大小，不计路途远近，不计时间早晚，只要那里需要服务，我们就及时把商品送上门去。第四人民医院、联合医院、市三中、振亚、东吴丝厂等都是我们的老主顾了。根据64年夏季的不完全统计，总共送货上门，出车供应就达200次以上，得到了各方面的一致好评。

一年来，我们在上级党政的亲切关怀和正确的领导下，以及本企业党支部的具体领导下，团结全店职工，在64年中全面完成和超额完成了上级下达的各项指标，是取得了一些成绩，但是与当前的形势比较，还存在一定的差距，主要问题是：思想政治工作做得还不够深透；学习主席著作还不够经常持久；制度建设还没有彻底全面。因此，我们还必须戒骄戒躁，谦虚谨慎，注意巩固成绩，克服缺点，继续高举毛泽东思想伟大红旗，力争在1965年中作出更大、更多、更好的成绩，再到这里来，再一次向党、向同志们汇报。

让我们在1965年生产新高潮的巨浪中携手前进吧！

最后，祝同志们工作胜利，身体健康。

1965.4

苏州糕点厂企业整顿情况汇报[1]

（1983年）

在市商业局和食品工业公司的领导下，我们遵照中共中央国务院（82）2号文件精神，于一九八二年五月有计划、有步骤地开展了企业全面整顿工作。由于我厂是由茶糖行业的许多小作坊合并起来的商办工厂，设备陈旧，厂房简陋，生产大呼隆，小作坊思想严重，劳动纪律松懈，职工素质差，生产秩序不正常，再加上生产季节性强，生产周期短，手工工艺复杂，劳动组合多变，生产计划又受市场限制，加上厂级领导频繁调动，因此在生产经营方面存在许多薄弱环节，浪费严重，产品质量逐年下降，管理水平低。针对这种情况，我们在食品工业公司驻厂调查组的帮助下，从基础管理着手，抓住各级领导班子的调整这个关键，以完善企业内部经济责任制，提高产品质量为突破口，以健全、建立各项规章制度、岗位职责为基础，以降低成本，提高经济效益为目标，以加强政治思想工作，提高职工队伍素质，整顿劳动纪律为动力，对全厂各个方面的工作进行综合治理。现将我厂开展企业全面整顿的情况，向领导和同志们作一汇报。

一、提高对企业整顿的认识，统一思想，制订整顿方案

我们在驻厂蹲点调查组的帮助下，根据上级的指示精神及兄弟单位的经验首先做了以下几项工作。

1. 学习文件，统一认识。遵照中央2号文件精神，党支部召开了扩大会议，组织广大党员和干部认真学习，深刻领会精神实质，明确整顿要求、内容、目的，又组织班组长以上骨干先学一步，并根据整顿要求由厂长和四个职能科室的科长组成企业整顿领导小组，具体负责企业整顿的领导工作。

2. 调查研究，制订方案，全面整顿，综合治理。从我厂的实际情况出发，找出在管理上的薄弱环节，选准突破口。为此我们多次召开了不同类型的座谈会，听取广大干部群众的意见，作出了以调整领导班子，健全集体领导为关键，以落实岗位职责为突破口，以提高产品质量、提高经济效益为目标，初步制订整顿实施方案、方法和步骤，并交职代会主席团[2]进行讨论通过。

3. 全面发动，大力宣传企业整顿的重要意义。在层层培训骨干的基础上，召开了全厂职工大会，宣传贯彻中央2号文件，从总结各项工作着手，提出整顿目

---

[1] 苏州糕点厂：《苏州糕点厂企业整顿情况汇报》，1983年11月，苏州市档案馆藏，档号：A027-003-0103-022-034。《苏州糕点厂企业整顿验收分组名单》《苏州糕点厂检查验收日程安排（1983.12.27—29）》略。

[2] 主席团，原文无"团"字，笔者据文意补。

标，利用黑板报，大力宣传贯彻国民经济"调整、改革、整顿、提高"的重要意义，并把宣传提纲印发布置到各班组讨论学习。通过学习谈认识，摆事实，在同行业中找差距，交流学习体会，相互启发提高，克服了在一部分[1]干部群众中存在的"我们是商办工厂，茶食行业，近年来产值产量有所上升，又能及时满足市场需要，只要生产上去，经济效益自然会好"，以及"整顿是领导的事，我们工人只管生产"等模糊认识，又及工人阶级主人翁的教育提高大家的觉悟，激发自觉性。在迎战82年中秋月饼生产中完成苏式月饼350.92吨，比81年同期增长1.07%；整个月饼生产期间实现利润7.39万元，比81年同期增长11.13%；满足了市场的需要，为国家作出了贡献。

二、整顿和完善经济责任制，改善企业管理，落实岗位职责

整顿和完善经济责任制，是提高产品质量，改善企业经营管理的中心环节和突破口，通过宣传教育，在提高认识的基础上我们着重抓了以下几个方面的工作。

1. 加强领导，从组织上保证经济责任制的落实。厂部首先成立了由各车间（科室、部门）人员参加的经济考核小组，由厂长任组长。配备和调整了各科室、车间领导6人，健全了厂部、科室、车间负责人及科室管理人员的岗位职责和考核办法。厂长书记由经济考核小组考核，厂长考核科长及车间（部门）负责人。科长考核本科业务人员和所属部门。做到层层落实，分清责任。在推行经济责任制的同时做好了科室一班人的思想政治工作，克服了考核制度麻烦，怕得罪人的思想，协助厂部抓好这一工作。人保科负责劳动工资的同志配合落实经济责任制，做好了不超限额总数的奖金发放工作，具体由各车间主任分管，车间管理员负责考核记录，科室（部门）由科长及部门负责人分管，兼职考勤员具体负责。

在明确了企业对国家应负的责任和车间向厂部负责的同时，正确处理三者利益关系，部门、个人的考核同部门、个人的奖金挂起钩来。经济责任制的方案、实施细则及奖金分配办法由厂三届四次职代会主席团讨论通过，采用厂部对车间每月下达经济指标（产量、产值、质量、品种、消耗、安全性），对车间用百分计奖进行考核，车间对班组按实际出勤人数逐日考核，运用10分计奖制，真正做到人定岗，岗定责，责定[2]分，以分计酬，"百分系数计奖制"（即活分活值，按实际完成情况，确定各部门的奖金水平和按实际欠产赔补相结合的考核办法。各科室部门进行联职考核）。厂部根据上级下达的指标进行分解，由计财科会同生产供销科研究下达。门市部主要考核人均销售营业额、利润率、服务质量及安全卫生。各科室（部门）联职考核为工作[3]指标40%，工作责任50%，厂（科）

---

[1] 部分，原文作"部份"，以下径改。
[2] 定，原文误作"室"。
[3] 工作，原文二字空缺，据对沈根富、陈钢年采访记录补。

长交办事项10%。根据自己完成任务（指标）的情况确定以1%为一档进行加减分，以此类推。达到合理拉开档次，体现按劳分配原则，达到奖勤罚懒目的。通过考核初步克服了吃大锅饭[1]的局面，使上级下达的各项技经指标分解到车间，落实到班组（个人），做到了纵横连接，上下相通。

2. 在重点抓好岗位职责落实的同时加强了基础管理工作，车间（部门）健全各项原始凭证及记录，成品、原料设置实物账册[2]，克服了以往实物管理无章可循、差错无责任的状况。劳保仓库健全了劳保用品、物质领用制度，做到费用使用有控制，经过实践，各车间都控制在规定范围以内。就是逢到节日生产有工来厂支援亦须待厂部有关科室批准后发放。

生产管理方面除了切实执行领退料制度，各道环节的衔接制度和一单到底制度外，着重抓了全面质量管理，按方配料，按规程操作，各项新品种的试制均有物价员详细核价，生产供销科会同车间制订了工艺流程及质量标准，严格遵守国家有关标准。厂部在市标准局的帮助下制订了十余只主要产品的原料配方、工艺流程及质量标准。在加强标准化要求的同时车间又制订了一般品种的质量标准及管理办法，厂部成立了质量管理委员会，车间成立了枣泥麻饼及优云片QC小组，进行经常的分析研究，不断提高产品质量，各班组长又是兼职的质量员。通过各班组自检、化验室专检及厂部组织抽检，上下形成了质量检验网，使产品的质量水平有了提高。今年1—11月份的正品率比去年同期上升0.13%。

建立了主要产品及机械设备的科技档案制度，有专人负责收集、汇编、分理、装订、立卷、保管，检索方便，开展了档案利用工作。我们还专门培训了一名兼职计量员负责全厂衡器、磅秤的校正、调试。市计量所每年到厂进行一次计量检验，确保规格准足。凡超过误差允许范围外的计量器及时送交行政科修理。

整顿以来，我们在加强基础管理方面修订、健全了各部门安全生产操作规程，安全生产责任制55岗434条，食品卫生责任制26岗231条，3个质量管理办法。通过这些制度的建立逐步体现了责任制度化，工作程序化，初步改善了企业管理，减少了浪费，保证了安全生产，有利于企业的发展。今年以来地脚粉浪费比去年减少1310斤，金额达212.93元，门市部减少次品出售1614斤，比去年同期下降7%。今年以来未发生重大的设备和人伤事故。食品卫生经市防疫站和公司的几次检查，成绩在良好以上。在燃料消耗节能方面，派专人负责考核记录，经常检查、检修，克服跑、冒、滴、漏现象，节能工作取得一定的成绩，整顿以来节约标准煤151.25吨，受到了上级有关部门的好评。

3. 全面抓好计划管理工作。为了保证计划工作的严肃性，厂行政在正常情况

---

[1] 大锅饭，原文无"饭"字，笔者据文意补。
[2] 账册，原文作"帐册"。原文中"记帐""报帐""结帐""建帐"等，"帐"径改为"账"。

下，按照上级下达的计划，分别要求各职能部门制订生产产量、质量、产值，以及各项消耗计划、劳动力增加使用计划，待厂办公会议讨论批准后，根据计划组织实施。同时每星期召开一次办公会议或科务会议，检查各项计划的落实及进度，进行综合平衡，促进计划的完成，把企业生产活动纳入计划经济的轨道。我们还根据商办工厂产品受市场调节作用的限制[1]，征得上级领导同意及时进行调节，例如今年中秋月饼生产，虽然没有完成下达的任务，但根据市场气候状况，采取了必要的措施，使产销基本符合实际，减少了浪费。

4. 加强市场信息工作。为了基本做到产、销衔接，厂行政除了每年不定期召开零售单位座谈会听取意见外，还正常通过批发部门和门市部及时返回信息和走向社会观察[2]市场，及时调整品种生产结构，增加小商品，袋装盒装商品，做到适销对路。还增加了裱花蛋糕的生产，改变了在市场上的被动局面。同时根据市场形势的发展在包装设计上进行了提高和创新，收到了一定的社会效果，今年1—9月份包装销售为62010元，比去年同期增长71.6%，包装盈利9110.60元，增长了89.6%。

5. 抓好技术改造、挖潜及小改小革。整顿工作以来，企业为了提高劳动生产效率，减轻劳动强度，在改造挖潜中充分发动群众小改小革，自制了小蛋糕机、豆沙出壳机，改建了小风[3]车炉等，对奶糕一条龙、片糕一条龙进行改造，为繁荣市场，加快食品工业机械化作业的步伐作出了努力，为改善和提高食品卫生工作创造了条件。

三、整顿和加强劳动纪律，严格执行奖惩制度

劳动纪律的好坏，是衡量我们职工队伍素质的尺度，也是能否完成国家下达计划任务的前提。整顿工作开展以来，我们着重纠正了工时不足，迟到早退，无理取闹等自由散漫状况。通过整顿我们的劳动纪律有了较大的转变，各项规章制度逐步完成。主要抓了以下几项工作。

1. 坚持思想教育，严明劳动纪律。我们先后四次召开全厂职工大会，对广大干部职工进行主人翁思想教育以及法制教育、"五讲四美三热爱"教育。加强思想政治工作，不断提高职工队伍的素质，在广大职工中大力宣传厂、局级先进生产（工作）者的事迹，向先进学习，树立遵纪为荣的风尚，做到坚决服从分配，努力工作。整个厂容厂貌有了变化，对偶尔[4]出现的无组织无纪律、违反操作规程的事例和人员进行耐心地说服教育，做到了仁至义尽并按规定予以处理。一年

---

[1] 限制，原文作"限止"。
[2] 观察，原文作"观定"。
[3] 风，原文空缺。
[4] 偶尔，原文作"偶而"。

多来，工厂基本保持了良好的安定局面。83年1—9月份全员出勤率为94%，比去年同期上升7%。

2. 根据国务院颁发的守则[1]规定、奖惩条例，结合我厂的具体情况制订了本厂职工守则8条、厂规厂纪10章21条、奖惩条例4章27条，并在厂三届三次职代会上予以通过执行。做到了有章可循，违章必究。对违章引起的后果各级都能主动向上汇报，按其程度，作出妥善处理并上墙公布，以使大家受到教育。

3. 加强班组管理，做到文明生产。在整顿劳动纪律的过程中，各级领导十分强调要进一步加强班组管理，要求各班组长带好[2]自己一个班，正常生产工作秩序，做到文明生产，例如今年7月开始执行的卫生法颁布后，厂行政组织了班组长及卫生员进行学习，结合本厂实际情况，制订了岗位职责，使卫生工作落实到人，还抽出了部分资金，加强和改善了卫生设施，改善了酥糖生产场地，改造了二车间的成品间和云粉间的卫生设施。新增了包装用具，逐步解决了食品卫生，对由于卫生问题引起的经济损失和经济罚款，原则上由有关部门或个人直接赔偿，企业不再包揽。在加强文明生产的同时也兼顾到了文明经营工作，厂部对门市部进行了整修，制订了优质服务经营管理办法，促进销售业务的增长，门市部销售与去年同期相比，销售额增长了22.58%。

四、整顿财经纪律，健全财务制度

加强财务管理，是企业整顿的一个重要内容。面对过去[3]有章不循、违章不究的局面，整顿以来主要做了以下几项工作。

1. 加强思想政治工作，抓好财务制度的健全和建设。整顿工作以来，通过学习提高了认识。首先健全和建立了财务、物资管理制度十五条，并对会计员、核算员、记账员、仓库保管员进行了专业培训，在批发人员中进行了业务训练，加强了对专业基础知识的理解，并按分工岗位订立了岗位责任制，做到了职责分明。形成了上有厂长分管，健全了财务活动一条线，比较能及时、正确、完善地反映生产活动和经营效果。为加强财务机构配备了计财科人员五名，设中专生副科长[4]一名，记账、出纳各一人，统计二人，下设车间（部门）记账（报账）员7人，做到了上下相结合，当好行政的参谋。

2. 加强成本核算管理。基本以[5]各车间（部门）为核算基础，配备了统计员、记账员，设置账册，每月由财务科根据厂部下达的计划和制定的消耗定额，分解到各车间（部门）。仓库根据核定规格、标准发放原材物料，把减少浪费、

---

[1] 守则，原文误作"手则"。
[2] 带好，原文误作"常好"。
[3] 过去，原文误作"还去"。
[4] 副科长，原文作"付科长"，以下"付书记""付厂长"等，"付"皆改作"副"，以免歧义。
[5] 以，原文作"的"。

降低消耗、提高经济效益同职工的奖金挂起钩来，把经济核算的担子交给全厂职工一起挑。

从原材料入库、配料投产到产成品入库都要严格执行岗位责任制和衔接制度，凡购进、调进、调出各种原材料都有专人负责验收和发放，填写一式三联的原料入库单和调拨单，各类单据凭证均为妥善保存，健全了原始资料，做到凭证齐全，数据归档，各部门统计员、记账员都能及时发现和反映生产过程中各道环节的情况，便于核算结账。

3. 清仓查库，搞清家底。对全厂的物资财产采用了以车间（部门）为单位保管，财务科建账，并进行了盘点核对，在此基础上，加强了管理力量，属于生产工具、设备的各车间（部门）落实管理，对于低值易耗品、家具即由行政科统一调度使用。克服了过去仓库统管，落实不到人的弊端，从而加强了物资管理的责任制，基本做到账、物、卡相符。包装格子，由于健全了往来制度，加强了责任性，1983年1月—9月比去年同期减少木格损失3607只（包括自然损耗），减少损失25218元。新塑格一年来短缺32只，加伦桶账、物相符。

4. 执行国家政策、法令，遵守财经纪律。我们按中商部78年9月份颁发的企业财务[1]会计制度（属商办工厂的）做到了统一会计科目，按规定上交利润和税收，按规定提成留成，按规定提取大修理及折旧基金，专项基金做到了专用。做到三不（不扩大开支范围，不擅自提高开支标准，不乱用[2]营业外支出）。计财科每月向厂部汇报财务分析情况，在职代会讨论年、季、月计划的同时报告财务管理情况。

五、整顿劳动组织，按定员定额组织生产、培训提高业务技术水平

在整顿和完善经济责任制的工作中，合理安排[3]劳动组织，按定员定额组织生产，这项工作影响到全厂各个方面，涉及到每个职工。为了把这项工作做好，我们抓了以下几点。

1. 我厂有二个车间，一个门市部，一个金工大班和6个科室，全员325人（包括17个培训工），属全民所有制性质。今年以来，按照整顿工作的要求，进行劳动组织的调整。对科室我们根据精干及提高工效的原则，逐个进行定职定岗，做到能合并的不分设，能并岗的不增加人员（把原生技科供销科合并为生产供销科），对科级干部作了调整。把富有生产实践管理经验的干部充实到生产主要部门，有计划组织生产和培养骨干力量。新合并的科室有一人要担任二岗的工作，减少了人员，提高了工效。通过调整，全厂一二线生产人员占83.5%，其他占

---

[1] 财务，原文空缺。
[2] 用，原文空缺，据对沈根富采访记录补。
[3] 安排，原文误作"按排"，以下径改。

2.1%，科室、后勤人员控制在 14.4%，基本符合规定要求。

2. 制定平均先进定额。由人保科负责进行调查研究，参照同行业的先进水平，会同生产供销科根据劳动定额要先进合理的原则进行修订。在 244 个品种中已经调整定额的有 125 个品种，占 51%，修订后的定额水平高于同行业。例如：蛋糕，常州 5 人 20 料[1]，我厂 11 人 100 料；酥糖，常州 4 人 1000 小包，我厂 3 人 2600 小包。

目前已进行全员定额生产的工种有片糕、蛋糕、酥糖、糖果、野味、炒货、油锅。对一般炉货品种也已准备着手调为全员定额生产。对一些不能进行定额生产的部门实行了定岗、定员，合理安排劳动力。全部清理了计划外用工，并对外发加工作了必要的清理，对批准使用的季节工，压缩到最低限度，做到了能不用坚决不用，能少用的决不多用。确因生产需要的做到专项专用，手续齐全。目前企业除一名留作技术指导的退休工人外，无一计划外用工。由于采取了上述措施，使今年 1—9 月的对外加工费用比去年同期减少 24%。

3. 在劳动组织整顿中，我们还抓紧了在职职工的政治思想和业务技术的培训工作，对全厂 35 岁以下的青工组织了四次文化补习，合格率占入学数的 84%。今年以来，还专门抽出时间对全厂 2—3 级工进行了应知应会的学习辅导和考核，合格率达 100%。对 1982 年进厂的培训工我们也组织了专门的培训，还结合了工调工作进行了复习、辅导，有计划组织考核，取得了较好的成绩。

六、整顿领导班子，健全领导体制，加强思想政治工作

要尽快地改变企业的落后面貌，领导是关键。必须根据 2 号文件的要求，健全和加强企业领导班子的建设，使其成为坚强的可以信任[2]的领导集体。

1. 整顿工作一开始，公司党委对厂级领导作了调整。整顿前 2 名厂级领导，副书记兼厂长、副厂长平均年龄 55 岁，小学、初中文化程度，健康状况一般和较差。党团组织不健全，没有形成集体领导。我们根据干部"四化"的要求：先由公司党委派了一名书记，从加强党的工作着手，选举恢复了党的支部委员会，加强集体领导，并报请上级党委批准。新产生的五名支委平均年龄[3]42.2 岁，文化程度：中专一名，高中一名，初中二名，小学一名。新当选的青年支委占比例百分之四十。同时加强了行政领导班子的建设。现任厂级领导 3 人，其中书记一人，正、副厂长各一人，平均年龄 41 岁，比整顿前下降 14 岁。文化程度：中专、高中、初中各一名。健全了三级领导管理体制，调整充实了中层领导，先后提拔了七名中青年担任科室、车间（部门）的领导工作。相应配备了一批懂技术、肯

---

[1] 料，原文空缺，据对谈雪良师傅采访记录补。料指投料，苏州糕点厂 1 料出产蛋糕 260 只。
[2] 任，原文空缺，笔者据文意补。
[3] 年龄，原文俗作"年令"，以下径改。

钻研的有能力的青年工人负责各级管理统计工作。调整后的中层领导平均年龄从原来的 52 岁下降到 45 岁，厂级和中层干部中懂行的、有管理经验的占 90% 以上。同时，又加强了班组的基础建设，班组骨干作了必要的调整和思想整顿。

2. 贯彻三个条例，加强政治思想工作。

（1）在恢复支委会活动以后，我们重点在全体党员的思想上进行整顿。根据条例制订了改善党的领导的实施细则七章二十七条。党、政明确分工，互不兼任，党支部实行集体领导，集中精力抓好企业中的重大问题，抓好党的方针政策的贯彻，抓好企业经营决策以及职工思想政治工作的教育。整顿工作中进行了"企业整顿教育""劳动纪律""五讲四美三热爱""法制"等教育活动。党支部进行了二次民主生活会，举办了争做合格党员的评议会，在三届五次职代会期间开展了评议干部的活动。通过查找及批评与自我批评增强了党的观念，党员的素质有了明显的提高，干部的事业心[1]有了普遍的加强，在生产实践中发挥了积极的作用。党支部积极支持厂长行使指挥权，书记、厂长之间相互支持、尊重[2]，做到了经常通气，密切配合。

（2）厂行政认真贯彻条例，实行党支部领导下的厂长负责制，根据条例制订了实施细则 4 章 16 条，厂长职责明确，建立和健全了统一指挥系统。厂级质量管理委员会、食品卫生领导组、安全生产领导组、节能领导组、厂规厂纪执法小组均由厂长、副厂长负责抓。坚持召开每周一次的厂务会议，检查计划进展情况，做到了计划生产，均衡生产，调度补短，较好地完成了上级下达的任务，满足了市场的需要。正、副厂长之间分工明确，勤碰头，多通气，相互支持，协调工作。厂长每半年向职代会汇报工作，听取意见。在旺季组织生产高潮中都能得到广大职工群众的支持。领导的作风有了转变，管理水平有了提高，比较能适应企业生产发展的需要。

（3）实行职工民主管理。根据条例制订了 9 章 33 条实施细则，恢复健全了职工代表大会制度。在全厂成立三个代表组，选举产生了职工代表 34 人，设置大会常任主席团 9 人，后在三届四次会议上扩大到 11 人组成，工人代表占 55%。党支部加强了对职代会的领导，积极支持职工参加[3]民主管理，配备了副厂长级的工会主席，厂工会较好地承担和发挥了工作机构的作用。三届一次会议后，全厂成立了管理组（11 人）、提案落实小组（3 人）、生活福利小组（5 人）。第一次会议收到提案意见 8 条，解决了 5 条，向上反映 1 条，暂时没有解决的 2 条。生活福利小组每月召开一次会议，主要协商解决职工的集体福利和职工生活困难问题，

---

[1] 事业心，原文作"事业性"，以下径改。
[2] 尊重，原文误作"遵重"。
[3] 参加，原文误作"考加"。

并根据情况制订了《职工生活困难补助规定》，交职代会主席团讨论通过后执行。根据细则规定，职工代表较好地运用了审议权、决定权、建议权和监督权。整顿工作开展以来召开了三次职工代表大会，对企业整顿工作、年度计划、机构改革、厂规厂纪、落实经济责任制，奖金分配等重大问题进行了讨论、修改，并作出了相应的决议。为了更好地贯彻职代会的各项决定，更好地搞好企业民主管理，全厂建立了六个民主管理小组，实行二级民主管理。

为了提高职工代表的素质，我们采取了：一是学习有关文件、材料及实施细则，先进人物的事迹。二是充分发挥老工人代表、青年工人代表及女代表的积极性，做到骨干带一般。对个别素质较差、后进的失去代表作用的代表经职代会讨论做了清理工作，维护了职代会的严肃性和纯洁性，确保职代会决议的贯彻落实。

（4）加强政治思想工作，搞好职工队伍建设。在开展政治思想工作中，我们主要抓了三个重点。一是抓党员和干部、骨干的带头作用，围绕企业整顿对全厂党员上了五次党课，举办了三次争做合格党员的评议会，一次干部评议活动，过了二次民主生活会，学习马列主义和党的基础理论知识，不断增强党性和事业心，发挥共产党员的先锋模范作用。二是抓好星期三党政工团科长以上干部的学习，学习十二大文件、六届人大精神和邓小平文选，以提高广大管理人员的积极性，协助厂部完成各项计划和工作任务。三是抓好后进职工的转化工作。1983年曾被列为后进对象的7个同志，我们进行了重点帮教，通过□心细致的思想政治工作，7个同志都能正确认识自己的过错，及时改进，得到领导和同志们的谅解，在工作中发挥了青年人的应有作用，个别的由于工作出色还被挑选担任班组长，带了学徒，挑了担子，接受锻炼[1]和考验。

我们还根据本厂的特点，加强了政治思想工作队伍的建设，成立了以人保科、工会、团支部及班组骨干为主体的思想政治工作队伍，认真做好党的方针、路线的宣传贯彻，同时采用了家访、病探、谈心和调解等方法，及时了解思想动态，加强政治思想工作。通过这一系列的活动，厂容厂貌和人的精神面貌起了较大的变化，企业出现了三多（遵守纪律的多，关心企业的多，钻研业务的多）。以往糕点车间的食品卫生一直是老大难。在贯彻执行食品卫生法时，由于全车间从上到下共同努力，受到了上级卫生部门颁发的卫生先进奖状。八二年全厂有70人次分别获得局、公司和厂级的"新长征突击手""六好职工""文明职工"和先进生产（工作）者的荣誉称号。在今年中秋月饼生产中，苏广二色月饼比去年同期增长3.17%。长时间一班做二班任务的职工同志们毫无怨言，经受了考验，锻炼了队伍。

---

[1] 锻炼，原文误作"锻练"，以下径改。

七、完成国家下达指标，收到了较好的经济效果

通过整顿，全厂职工的精神面貌、领导制度、经营思想，以及管理方法，有了较大的变化，调动了广大群众的积极性，收到了较好的经济效益。全厂1—11月总产量完成3061.2吨，比去年同期的2987.1吨增长741吨[1]，增长2.48%，完成年度计划的91.38%；糕点产品的正品率为99.74%，比去年同期上升0.13%；2.5两虎丘[2]牌精制云片糕被评为省优质产品，松子猪油枣泥麻饼被列为省名特产品；油梗[3]在全省同行业评比中名列第三。1—11月份实现利润29.35万元（包括上交公司分摊费用1.33万元），比去年同期25.95万元增加3.4万元，增长13.1%；每百元产值占用定额流动资金为13.26元，比去年同期的17.36元少占用4.10元；定额流动资金占用天数，本年11月止为39.87天，比去年同期的56.2天加快周转16.33天，提高资金利用率为29.06%。1—11月销售成本为89.19%，比去年同期的89.41%下降0.22%。1—11月份产品成本占产品收入的88.78%，比去年同期的89.04%下降0.26%。1—11月份全厂总产值完成450.22万元，比去年同期的442.40万元增加7.87万元，增长1.78%，完成年度计划的91.88%。由于注意提高经济效益，发挥短线产品的作用，今年以来银行贷款减少利息支出[4]1.37万元。

以上是我们在企业整顿中所做的一些工作，取得了一些成绩，但按照中央2号文件的精神，高标准、严要求来衡量还存在不少问题，与兄弟单位相比还有差距。我们一定正视这次验收中提出来的问题，加以研究，采取扎实的措施予以改进，争取在企业整顿工作中取得新的成绩，为四化多作贡献。

苏州糕点厂
1983年11月

承包协议书[5]

（1994年）

经研究，继续对生产经营部进行承包，现由厂部代表（甲方）与承包部门代表（乙方）签订如下承包协议书，以共同遵照执行。

---

[1] 实为增长74.1吨，原文误作741吨。
[2] 虎丘，原文"虎"字空缺。
[3] 油梗，原文误作"油更"。
[4] 支出，原文无"出"字，笔者据文意补。
[5] 甲方苏州稻香村食品厂胡文华，乙方贾沛如、方义梅：《承包协议书》，1994年7月30日，苏州稻香村食品有限公司档案室藏。

一、承包性质、形式及年限

1. 性质：属企业内部承包。承包后，为厂部领导下的相对独立部门，不单独建账[1]号。

2. 形式：产供销一条龙的风险承包，实行两挂钩[2]：分配与上交利润挂钩、分配与实现销售额挂钩。

3. 期限：自1994年6月20日至1995年12月20日一年半。

二、承包组织形式

设承包正副经理2人（贾沛如、方义梅），承包期间，被聘任为厂中层干部，行使、享受相应的责权利，承包结束，聘任解除。

三、承包经营指标

1. 定员22人。

2. 经济指标。

① 销售指标：分为两段时间

a. 1994.6.21—1994.12.20。半年：75万元（不含税）。

b. 1994.12.21—1995.12.20。壹年：150万元（不含税）。

② 利润指标：

a. 1994.6.21—1994.12.20。半年：2万元。

b. 1994.12.21—1995.12.20。壹年：4万元。

③ 上交指标：

a. 以实现销售额按规定的解缴市商业局、市财政的市场物价基金、市场基金、财政风险基金等。

b. 定员22人，按规定应提交的人头费（工资附加费、工会经费、职工养老金、职工待业金、房贴、粮食基金等）。

c. 厂部提供流动资金的利息按银行利率折算；厂部提供汽车的折旧费按规定提交。

d. 厂部代垫支的其他费用。

④ 费用、成本指标：

允许在生产销售成本、费用中列支的项目按有关规定（包括干休所生产场地年租金8万元）。

⑤ 社会效益指标：

a. 食品卫生：按《食品卫生法》和上级有关要求执行，按与厂部签订的"九四年创建工作目标责任书"执行。

---

[1] 建账，原文作"建帐"，以下"到帐""悬帐"等，"帐"皆改为"账"。

[2] 挂钩，原文作"挂勾"，以下径改。

b. 产品质量：按《计量法》《标准化法》《产品质量条例》执行，不得生产假冒伪劣产品。

c. 安保指标：按安全法规、治安安全责任制及厂安保制度执行，并按与厂部签订的治安安全承包责任制合同执行。

四、考核及分配

实行基数销售额、基数利润、基数分配额、缺额赔补、超收多分、上不封顶、下不保底。

1. 在完成销售额基数情况下：

① 完成上交基数利润4.2万元，分配基数额7.2万元。

② 完成上交基数利润后，超利润部分除留一定的风险基金以丰补歉[1]外，实行全额分配。

③ 完不成上交基数利润，按未达数扣减基数分配额。

2. 完不成上交基数利润，按未达比例扣减基数分配额，利润挂钩同上。

3. 实行挂钩分配后，厂部不再负担承包全员的工资奖金及各类补贴等劳动报酬。

五、双方的权利和义务

（一）甲方权利和义务

1. 认真贯彻执行国家的方针政策及上级精神，正确处理好国家、企业、个人三者关系。

2. 尊重乙方的生产经营、分配、用工自主权，一般不予干涉。

3. 支持乙方开展工作，对乙方的困难，尽可能帮助协调解决，包括提供生产经营必需[2]的资金。

4. 克服以包代管，对乙方的产品质量、食品卫生、安全生产、内保工作（含农民工的管理）、环境保护、资产状况有责任和权利进行监督。

5. 有责任和权利根据乙方的承包经营状况，把握分配的尺度、节奏。

6. 因乙方经营不善，违法乱纪造成重大损失或其他特殊原因，有权提出处理意见或解除合同另选承包人。

7. 遵守合同各项条款，按合同兑现奖惩。

（二）乙方权利和义务

1. 享有生产、销售、经营管理、内部分配、劳动用工自主权。

2. 内部必须建立相应的管理制度，对人财物、产供销进行有效管理：

（1）认真抓好产品质量、食品卫生、安全生产、内部保卫、环保等工作，不

---

[1] 以丰补歉，原文作"以丰补欠"。
[2] 必需，原文作"必须"。

出任何事故,有责任乙方负责。

（2）抓好投入产出,如实体现收支盈亏,不得出现虚盈实亏。

（3）加强销售工作,抓紧货款回笼[1],货款到账才能列作销售收入,出现的悬账悬款责任由乙方自负。

（4）对财产,按财务制度建账管理,进出手续完备,出现缺额、损坏由乙方赔偿。

（5）费用开支要建有制度、符合手续,承包者开支的费用须经厂长批准,承包部门2000元以上的大宗支出须经厂长批准。

（6）为把握资金及工资总额额度,除每月基本工资外,乙方所支付的加班费、奖金均须经甲方批准。

3. 必须在党和国家政策、法令许可范围内从事生产经营活动,正确处理三者关系,遵守财经纪律。

4. 顾全大局,接受厂部正确意见,定期向厂部汇报工作。

5. 承包结束前两个月,必须做好收尾处理工作,发生经济损失,应赔偿40%~50%。

6. 认真履行承包合同,违约视情节轻重追究行政或经济责任。

六、承包负责人待遇及奖惩

1. 完成上交基数利润及基数销售额,奖上交利润的5%,在承包部门支付消化,副职为正职的80%。

2. 仅完成基数利润、基数销售额两项中一项的,奖如上的50%,在承包部门支付消化。

3. 基数利润及基数销售额均未完成,无奖。

4. 发生亏损,罚减正职承包人年工资总额（标准工资加各种补贴）的20%,罚减副职为正职的80%。

5. 月度无亏损,发承包人（正职）业务补贴50元,亏损无补贴。

6. 超基数分配额7.2万元（若遇政策调资,调整基数分配额）,按超出部分的15%奖承包者。

7. 超基数利润部分按25%交厂作风险基金,承包终结清产后返回。

七、合同的变更、中止和解除

1. 合同一经签订,不得随意变更、中止和解除,均须认真执行。

2. 合同若须修订,经双方协商并达成一致意见方能进行。

八、其他事项

1. 凡遇国家重大政策出台,不再调整承包经济指标。

---

[1] 回笼,原文作"回拢"。

2. 本合同经双方签字，厂工会鉴证，盖章后生效。

3. 本合同一式二份，甲方、乙方各执一份；副本四份，分送厂工会、计财科，并报食品工业公司备案。

甲方盖章：苏州稻香村食品厂　胡文华　　　　乙方盖章：贾沛如 方义梅

鉴证：苏州稻香村食品厂工会委员会 陈钢年

一九九四年七月卅日

苏州稻香村食品厂实施改制人员分流安置办法[1]
（1998年）

为落实党的十五大精神，深化企业人事、劳动、分配三项制度的改革，为克服企业困难、摆脱长期亏损局面，增强企业活力，广开就业门路，更好地发挥各人专长，闯市场求发展，现根据上级改革的要求和有关政策精神，结合本企业转换经营机制的实际，制订本办法。

（一）凡在本厂工作未满八年，同时又是短期劳动合同签订者，在下述两种办法中择一。

1. 待劳动合同期满，自然终止，企业不再与其续签劳动合同。

2. 由本人提出，经与企业协商，可提前解除劳动合同，企业一次性支付优惠补偿金，补偿金按本人上年平均月工资计算，由①＋②＋③组成：

① 按本企业工龄，每一年计发一个月的赔偿金；

② 按离劳动合同期满时的差额年数，每一年计发一个月的赔偿金；

③ 另加一个月的补偿金。

（二）原外借、停薪留职人员曾个人与企业订立协议的。

1. 短期劳动合同者。

① 由本人提出，经与企业协商，可提前解除劳动合同，企业支付一次性优惠补偿金。

a. 本企业工龄不满十年者按十年，另加上离劳动合同期满时的差额年数合计，每一年计发一个月的本人上年月平均工资；

b. 本单位工龄超过十年，按十三个月，另外离劳动合同期满时的差额数每一年按一个月，两者之和计发（本人上年月平均工资×月数）。

② 进股份合作制，则可保留公职到劳动合同期满，待合同期满企业不再续签

---

[1] 苏州稻香村食品厂：《实施改制人员分流安置办法》，苏稻政（98）04号，1998年5月16日，苏州稻香村食品有限公司档案室藏。

劳动合同。在保留公职期间，不享受任何待遇（含股权），各项基金及国家规定的一切应缴费用全部自理。终止劳动合同时，新企业按国家有关规定给予经济补偿。

③ 不愿进股份合作制企业者，在改制前企业与其解除劳动合同，企业按国家有关规定给予经济补偿。

④ 凡三个月（含三个月）以上未缴纳应自理的基金和费用，即以自行解除劳动合同处理，企业不予支付补偿金。在办理有关手续时应清偿企业代缴的基金及费用。

2. 长期及无固定期劳动合同者。

① 由本人书面申请、经领导批准，与本企业解除劳动关系，清偿个人应交的自理费后，企业给予一次性补偿安置费1.5万元。

② 与原企业订立的外借、停薪留职协议书须修订后在改制后的企业有效，修订内容主要是：时间上必须签到法定退休年龄，协议主体应改为与改制后的企业续约，具体协议条款上作必要的完善和修正。

③ 原签订的外借、停薪留职协议终止执行，清偿个人应交的自理费后，由原企业安排进入改制设立的股份合作制企业，并给予安置费作为个人名下的股份。

（三）二人以上（含二人）自愿组合成立经营机构，由组合者申请，经领导批准，企业给予人均1.5万元的安置费，但必须与原企业解除劳动关系。

（四）愿自谋出路者，包括自行落实工作单位调出或辞职，办理解除劳动合同手续后，企业给予一次性补偿金1.5万元。

（五）原企业改制设立股份合作制企业，人员可由新企业接纳，与原企业订立的劳动合同集体转移到改制后的企业，原企业不再履行劳动合同一切条款，由新企业继续履行。若需要修正或完善的，由新企业与职工协商后予以更正。

（六）凡前已签订无固定劳动合同的职工（含集体劳务输出人员）在改制时，不愿进入股份合作制企业、不愿自谋出路、也不愿停薪留职，因企业无法安排，只能实行下岗，下岗待遇按市有关规定（若从事其他经济活动、有固定收入保障的，则停止发放）。下岗年限为不超过2年，在2年中可到市再就业服务中心或职业介绍所求职。满2年企业同该职工解除劳动关系。2000年12月30日前达退休年龄的人员可实行企业内部退养，待遇按本人标准工资60%加上各类补贴。

（七）本办法已经厂六届一次职代会通过并已作出决议。自1998年5月15日起实行，若以前制定的有关规定与本办法有不一致的，则按本办法为准；待新企业设立、原企业注销，本办法自然失效。

苏州稻香村食品厂
1998年5月16日

股份合作制苏州稻香村食品厂
关于董事会、监事会组成人员产生选举办法[1]
（1998年）

为将党的十五大精神"抓大放小"落实到实处，选好新企业的决策、监督机构，搞好新企业的起步工作，根据原稻香村食品厂六届一次职代会通过的《股份合作制实施方案》精神，拟定本选举办法。

一、选举原则

本次选举采取自下而上民主推荐候选人，大会投票选举，以超过半数的得票多少决定当选人。

二、参加选举和被选举的对象

凡愿意参加本企业的职工股东（不含在册的职工）均有选举权和被选举权。

三、选举时间

初选在六月十八日前结束，正式选举定在六月廿七日。

四、被选举名额

本次会议选举董事5名，监事3名，二会人员不得重复。

五、初选

在全厂职工股东中按部门分四个选区组，即：生产经营部、商店（含外租柜台人员）、酒楼、综合（含科室、后勤、借豫园商厦、待分配人员），分别由徐全生、谢水轩、巢素芳、吴天伦作为各组召集人。

各组在全厂职工股东范围内推荐董事候选人5名，监事候选人3名。

然后由各组召集人，根据各组推荐的候选人名单，协商产生正式董事候选人6名，监事候选人4名。

六、正式选举

正式选举在股东大会召开之日进行。全体职工股东采取一人一票的办法，投票选举。如因工作关系不能到会选举，可采用书面形式委托他人选举。

选举前推荐监票人2名，唱票人1名，写票人1名。

每个股东在印制好的选票中，在6个董事候选人和4个监事候选人中，根据自己的意愿，在自己认可的名字下面填上规定的同意符号，然后当场开票。按超过参加选举人半数的得票多少决定第一届董事会和监事会的成员人选。

七、其他

---

[1]《股份合作制苏州稻香村食品厂关于董事会、监事会组成人员产生选举办法》，1998年6月16日，苏州稻香村食品有限公司档案室藏。

1. 凡在选票中董事超过 5 人，监事超过 3 人，或空白票的均为废票。

2. 在选票中如除上述人员外有自己的认为满意的其他人选，可写在表格后空格中。但最后同意的名额不得超董事 5 人和监事 3 人。

3. 如当选人数达不到半数的，或缺额的人数，均采取举手表决形式产生，候选人不变。

1998 年 6 月 16 日

苏州市贸易局
关于苏州稻香村食品厂改制设立股份合作制企业的请示[1]
（1998 年）

市体改委：

为加快企业改革步伐，通过产权制度改革，放开搞活中小型企业，经研究，拟对局直属单位苏州市食品工业公司下属国有稻香村食品厂改制设立股份合作制企业，采取部分资产有偿转让给股份合作制企业的形式，其余相关的资产及负债全部划转上级主管公司，具体有关事项请示如下：

一、改制后企业名称：苏州稻香村食品厂。

二、企业注册资本为 63.075 万元；股本结构：均为职工个人股；出资方式：以现金一次性投入。

三、企业性质为集体经济，法定地址：苏州市观前街 72 号。

四、企业经营范围：主营：糕点、糖果、蜜饯、炒货、咸味；兼营：饮料、调味品、干鲜果品、南北土特产、罐头食品、餐饮服务。

五、企业经营方式：制造、加工、批发、零售、服务。

六、企业人员：改制前在职职工 103 人，经安置分流，进入股份合作制企业人数为 84 人。原企业离退休职工全部由苏州市食品工业公司接收。

七、企业组织形式：企业将成立职工股东会、董事会及监事会，实行董事会领导下的厂长负责制，并以《关于苏州市城市股份合作制企业实施意见》及《企业章程》规范企业、经营者及全体股东的行为。

以上请示当否，请批复。

一九九八年六月十七日

抄送：市财政局、劳动局、工商局、国资局、国税局并三分局、地税局并三分局

---

[1] 苏州市贸易局：《关于苏州稻香村食品厂改制设立股份合作制企业的请示》，苏贸体改（98）12号，1998 年 6 月 17 日，苏州稻香村食品有限公司档案室藏。

苏州市经济体制改革委员会
关于同意苏州稻香村食品厂改制为股份合作制企业的批复[1]
（1998年）

市贸易局：

你局苏贸体改（98）12号《关于苏州稻香村食品厂改制设立股份合作制企业的请示》收悉。经与有关部门会商研究，批复如下：

一、同意你局食品工业公司下属国有稻香村食品厂采用部分资产有偿转让给股份合作制企业的形式，改制为股份合作制企业。改制后的苏州稻香村食品厂为独立核算、自负盈亏的经济实体，企业性质为股份合作制。

二、苏州稻香村食品厂注册资本（即股本总额）为人民币63.075万元，全部由本企业职工以现金投入。

三、改制前企业的离退休职工、安置分流中的内退及退养人员，改制中剥离的债务及剩余资产全部由苏州市食品工业公司接收。

四、接文后，请抓紧做好改制的各项工作，并按规定要求及时向市国有资产管理、工商行政管理等部门办理相关手续。

五、企业改制后，应成立职工股东大会、董事会和监事会，实行董事会领导下的厂长负责制，并按《关于苏州市城市股份合作制企业实施意见》和《苏州稻香村食品厂（股份合作制）章程》的要求，按照新的机制规范运行。

苏州市经济体制改革委员会
1998年6月22日

抄送：市计委、国资局、工商局、苏州稻香村食品厂

苏州稻香村食品厂（股份合作制）章程[2]
（1998年）

第一章　总则

第一条　为确定本企业的法律地位，保证企业、股东、职工的合法权益，规

---

〔1〕苏州市经济体制改革委员会：《关于同意苏州稻香村食品厂改制为股份合作制企业的批复》，苏体改（1998）第41号，1998年6月22日，苏州稻香村食品有限公司档案室藏。

〔2〕《苏州稻香村食品厂（股份合作制）章程》，1998年6月27日第一届第一次股东大会通过，苏州稻香村食品有限公司档案室藏。

范、约束本企业的组织和行为，促进企业的发展，根据国家体改委《关于发展城市股份合作制企业的指导意见》《关于苏州市城市股份合作制企业实施意见》[1]及有关法律、法规和政策规定，特制定本章程。

第二条 本企业是投资者和劳动者自愿组合，以实物、资金等生产要素作为股份投入，在财产共同所有和按股共有的基础上实行民主管理、按劳分配和按股分红相结合的股份合作制企业。

第三条 本企业是自主经营、自负盈亏、自我发展、自我约束、依法经营、照章纳税的独立法人。企业享有由股东投资形成的法人财产权，依法享有民事权利、承担民事责任，以出资额为限对企业承担责任。

第四条 企业法定注册名称：苏州稻香村食品厂。

第五条 企业性质：股份合作制。

第六条 企业法定地址：苏州市观前街72号。

第七条 企业注册资金：58.575万元。

第八条 企业经营范围：主营糕点、糖果、蜜饯、炒货加工、肉松、鱼制品加工，兼营饮料、调味品、干鲜果品、南北土特产、罐头食品。

第九条 企业经营方式：制造、代加工、批发、零售。

第二章 股权设置及股份构成

第十条 本企业设置股份总额为58.575万元，每股面值为人民币1元，合计58.575万股。

第十一条 股本结构：本企业设职工个人股，职工个人股占股本总额的100%。

第十二条 职工个人股是职工以现金向本企业投资所形成的股份，股权归持股职工个人所有。

第十三条 职工个人股认购起始为7500股。

第十四条 企业法定代表人及厂长的持股额不低于职工起购数的3.6倍；副厂长、监事会主席不低于2.3倍；财务主管不低于1.6倍。

第三章 股份管理

第十五条 股金交纳：职工认购额，应一次性交清所认股金，交款超过规定期限，视为放弃认购。企业法定代表人、厂长、副厂长、监事会主席、财务主管超出职工起购数的股金部分应在被选到之日起三天内一次到位。年终红利按实际到位股金平均计算。

第十六条 股权凭证：出资者缴纳股金后，董事长签发记名股权证书，作为

---

[1] 原文缺漏"关于""城市"。

职工的持股证明和分红依据。

第十七条 在企业存续期间，股东一般不得退股，但遇退休、调离、辞职、死亡等情况，可根据当事人或继承人的意愿转让、馈赠和继承。如企业裁员辞退职工的，其持有的股份应由企业收购，企业收购的股份，可转让给本企业其他职工和新进企业的职工。

第十八条 企业法定代表人、厂长、副厂长、监事会主席、财务主管所持有的股份：

1. 在其任职期间，不得转让；
2. 卸职后，必须作相应的调整，其超过职工起购认股数的部分，由接任者认购。

第十九条 股份的转让、收购、馈赠、继承以现金交割，其价格一律以上年度末每股净资产值计算（上年末股本值等于上年末所有者权益总额除以股本总额）。企业法定代表人、厂长、副厂长、监事会主席、财务主管所超过职工起购认股数的股金部分一律以面值（资本公积不享受）计算。

第二十条 企业收购股份、职工增减股份、新招聘职工新入股等手续在当年年终结算后三十天内办理。

第二十一条 为了加强股权管理，企业由财务部门负责股份管理，负责发放内部记名股份证书，建立股金档案，对股东及其持股额、红利、收益等情况进行登记，处理股权转移变动等事务，并定期向股东会公布股本变动和收益情况。

第四章 收益分配与亏损分担

第二十二条 企业按国家有关规定，进行会计核算，依法纳税。

第二十三条 企业财会部门在每一会计年度终了时编制财务会计报表和财务报告，并于股东会开会前二十日备置于企业，供全体股东查阅及依法上报有关部门。

第二十四条 企业内部分配，按照"效率优先，兼顾公平"原则，按劳分配与按股分红相结合，职工收入与企业的经济效益挂钩，与个人贡献大小挂钩。

1. 本企业职工股一律不计利息，只分红利；
2. 企业税后利润按下列顺序分配：

① 弥补以前年度亏损；
② 按利润净额的10%提取法定公积金，当法定公积金达到注册资本的50%时可不再提取；
③ 按利润净额的5%提取公益金；
④ 根据盈利情况，经职工股东会决议提取任意盈余公积金；
⑤ 向股东按股分红。

第二十五条　企业公积金主要用于弥补亏损、转增股本、法律法规规定的其他用途。

第二十六条　企业公益金主要用于职工集体福利。

第二十七条　红利分配在每一会计年度结束三个月后进行。

第二十八条　企业按国家规定实行社会保险制度，缴纳有关社会保险费用。

第二十九条　企业在发生经营性亏损无法弥补时，其亏损额由股东按股份比例承担。

第五章　股东的权利与义务

第三十条　凡持有企业股份，承认并遵守本章程者为本企业股东。

第三十一条　股东享有下列权利：

1. 出席股东会，并按章程规定行使表决权；
2. 依照章程规定取得股利、转让受让股份；
3. 查询企业章程、股东名册、股东大会记录和企业财务会计报表，提出建议或质询；
4. 企业终止或破产清算后，依法取得企业剩余财产的份额；
5. 企业章程规定的其他权利。

第三十二条　股东履行下列义务：

1. 遵守本企业章程；
2. 按规定缴纳认购的股金，以其出资额为限，对本企业承担责任；
3. 执行股东会的决议；
4. 为企业的发展尽心尽职，不从事任何有损于本企业利益的活动；
5. 企业章程规定的其他义务。

第六章　职工股东会

第三十三条　企业实行职工股东会与职代会合一制度，职工股东会是企业的最高权力机构，由全体股东组成。

第三十四条　职工股东会按国家法律、法规及企业章程行使以下职权：

1. 审议批准董事会、监事会的工作报告；
2. 审议批准企业财务预、决算、利润分配、弥补亏损等方案；
3. 审议批准企业经营方针和10万元以上的重大投资发展事项；
4. 批准修改企业章程和企业重要的规章制度；
5. 决定企业股本增、减及企业合并、分立、终止、解散、清算等重大事项；
6. 选举或更换董事、监事，决定其报酬和支付办法；
7. 对其他重要事项作出决定。

第三十五条　职工股东会实行一人一票与一股一票相结合的表决方式。

第三十六条 职工股东会每年至少召开一次，并应在每一会计年度结束后三个月内举行。如遇下列情况，可由董事会召开临时职工股东会：

1. 董事会成员缺额达三分之一时；

2. 企业累计亏损额已达实际股份总额的四分之一时；

3. 持有本企业股份四分之一以上股东请求时；

4. 董事会或监事会认为有必要时。

第三十七条 股东会会议由董事长主持，并应在会议召开前7天将审议事项通知各股东。

第三十八条 职工股东会作出的普通决议必须有出席股东表决权半数以上通过方为有效；特别决议应有出席股东表决权三分之二以上通过方为有效。

第三十九条 职工股东会特别决议的事项为第四十条中的第4、5、6、12条所规定的事项。

第七章 董事会

第四十条 本企业设董事会。董事会是企业的常设经营决策机构，对职工股东会负责，并行使下列职权：

1. 负责召集职工股东会，并向职工股东会报告工作，执行职工股东会决议；

2. 审定企业发展计划和年度经营计划；

3. 审定企业年度计划执行情况和财务报告；

4. 制定企业利润分配方案或弥补亏损方案；

5. 制订企业增、减股本方案及奖配股方案；

6. 制订企业分设、合并、终止方案；

7. 决定企业内部经营管理机构的设置；

8. 根据董事长提名，聘任或解聘厂长、副厂长及财务主管等高级管理人员；

9. 决定厂长（书记）、副厂长、财务主管等高级管理人员的报酬和支付办法；

10. 制订、修改企业章程草案；

11. 制订企业基本管理制度；

12. 制订企业10万元以上的投资、发展等方案，决定10万元以内的投资、发展方案；

13. 职工股东会授予的其他职权。

第四十一条 董事会由5名董事组成，董事每届任期3年。董事会成员人选由职工股东会选举产生（选举办法另定），可连选连任。董事长由董事会以全体董事的过半数选举产生。

第四十二条 董事长为本企业的法定代表人，其主要职权为：

1. 主持职工股东会和董事会会议；

2. 签署本企业的股权证书；

3. 检查董事会决议执行情况并向职工股东会、董事会报告；

4. 提名厂长、副厂长、财务主管等高级管理人选；

5. 处理企业日常重大事务；

6. 企业章程、职工股东会或董事会决定授予的其他职权。

董事长不能履行职权时，由其书面委托其他董事代行其职权。

第四十三条 董事会每年至少召开二次会议。每次会议应当于会议召开七日前将议题及召开时间等内容书面通知全体董事。

半数以上董事或企业厂长认为必要时，可提议召开特别董事会。

第四十四条 董事会会议应由五分之三以上的董事出席方可举行，董事会作出决议，必须经全体董事的过半数通过。

第四十五条 董事会会议，应由董事本人出席。董事因故不能出席，可书面委托其代理人出席，并应在委托书上载明授权范围、委托权限。不出席会议也未委托代理人出席的董事，对董事会会议决议执行不免除责任。

第四十六条 董事会会议应有会议纪要，与所作决议一起须由全体出席会议的董事（或代表）签字，并收集归档。

第四十七条 董事应当遵守本章程，忠实履行职责，维护企业利益，不得以权谋私。

第八章 厂长

第四十八条 本企业的厂长由董事会聘任或解聘，厂长可由董事长兼任。厂长任期3年，可续聘续任。

第四十九条 厂长对董事会负责，行使下列职权：

1. 具体组织实施股东会、董事会决议，并负责报告实施情况的结果；

2. 主持本企业生产经营管理工作；

3. 拟定企业年度经营计划、财务预算及提出利润分配或亏损弥补方案；

4. 组织制定、修订和实施厂纪厂规；

5. 聘任或解聘部门经理及其他管理人员；

6. 根据本企业规章，决定对企业职工的奖惩、聘用、解聘、辞退等；

7. 企业章程、董事会或董事长授予的其他职权。

第五十条 厂长不得变更或超越职工股东会、董事会和企业章程规定的授权范围，不得损害企业的利益和侵害股东的经济权益。不得谋取私利。

第九章 监事会

第五十一条 本企业设立监事会，监事会由3名监事组成。

第五十二条 监事会是企业的监督机构，对职工股东会负责，对董事会及其成员、厂长、副厂长、财务主管及其他管理人员行使监督职能，其职权主要有：

1. 列席董事会会议；
2. 检查企业的经营和财务状况并有权提出质询；
3. 对董事、厂长等高级管理人员有无违反法律、法规、企业章程及职工股东会、董事会会议决议的行为进行监督；
4. 当董事或厂长的行为损害本厂利益时，要求其纠正；
5. 有权核对向职工股东会提交的财务报告、会计报表及其他资料；
6. 有权建议召开临时职工股东会议；
7. 向职工股东会报告工作；
8. 章程及工会组织赋予的其他职权。

第五十三条 监事会会议决议实行少数服从多数表决方式。

第五十四条 监事会监事由职工股东会选举或罢免，监事会主席由监事选举产生。董事、厂长、副厂长、财务主管不得兼任监事。

第五十五条 监事任期每届3年，监事任届满，可连选连任。

第五十六条 监事应当依照法律、法规、本章程忠实履行监督职责，不得以权谋私。

第十章 企业的成立、变更、终止和清算

第五十七条 本企业经政府主管部门批准、工商行政管理部门核准登记注册后，即宣告成立。

第五十八条 企业的合并与分立由职工股东会会议作出决议。

第五十九条 企业的合并与分立均须处理好债权、债务，各方签订好协议，并经工商行政管理部门核准登记注册。

第六十条 企业因不可抗拒的外力或连年亏损，无法继续经营时，经职工股东会决议，可宣布企业终止、解散。

第六十一条 企业决定解散时，由董事会提出清算程序和缘由[1]，组成清算小组对企业财产进行清理清算。

第六十二条 企业清算小组如发现企业财产资不抵债的，应停止清算，并代表企业依法向人民法院提出破产申请，按《破产法》顺序进行破产清算。

第六十三条 清算结束，清算小组应提出清算报告，并经审计验证，报原审批部门批准，向工商、税务部门申办注销手续，方可公告企业终止、解散。

第十一章 附则

第六十四条 本章程有关事项的实施细则及办法，由董事会制订并公布。

---

[1] 缘由，原文作"原由"。

第六十五条　本章程在实施过程中，若有与国家现行法律、法规、政策、规定不一致处，由董事会提出修正意见，由职工股东会审议通过。

第六十六条　本章程解释权归董事会。

第六十七条　本章程已经1998年6月27日厂首届职工股东会通过，予以实施。

苏州稻香村食品厂
一九九八年六月二十七日

关于原国有苏州稻香村食品厂人财物交接协议书[1]

（1998年）

甲方：苏州市食品工业公司

乙方：苏州稻香村食品厂（股份合作制）

根据苏州市经济体制改革委员会苏体改〔1998〕第41号文件批复、苏州市贸易局苏贸体改〔98〕15号文件通知，原国有苏州稻香村食品厂于1998年7月1日已改为股份合作制企业。由苏州市国有资产管理局苏国资产字〔1998〕68号批复对原企业有关国有资产进行了处置，并由苏州产权交易所以苏产交鉴字〔1998〕第8号文件形式对改制中的有关国有资产置换作出鉴证书。

现根据如上文件精神，办理人财物交接手续。

一、甲方接收改制前的原苏州稻香村食品厂（国有）的债务及剩余资产具体如下：

1. 354000.00元，具体明细详见附表（一）、附表（四）；房屋、土地的权证及使用随资产而转移至甲方；

2. 416291.44元，具体明细详见附表（一）、附表（三）；

3. 负债2944831.12元，详见附表（一）、附表（五）。

二、乙方吸收原国有苏州稻香村食品厂在职职工78人，吸收苏州市食品工业公司1人，具体详见花名册；除改制时分流自谋出路人员外，剩余人员全部由甲方接收，具体详见花名册。

三、乙方受让原苏州稻香村食品厂（国有）部分国有资产合计116386.80

---

[1]　苏州市食品工业公司、苏州稻香村食品厂（股份合作制）：《〈关于原国有苏州稻香村食品厂人财物交接〉协议书》，1998年8月30日，苏州稻香村食品有限公司档案室藏。亦见苏州市食品工业公司、苏州稻香村食品厂（股份合作制）：《稻香村食品厂改制交接明细册》，1999年，苏州市档案馆藏，档号：C031-001-0551。

元，其中：

1. 应收账款 72404.55 元；

2. 应付账款 243779.62 元；

3. 存货 120717.87 元；

4. 房屋建筑物 63460.00 元、土地使用权费 103584.00 元（即观前街 72 号房屋一幢产权面积 135 平方米，占地面积 49.8 平方米，有房屋产权证及土地使用权证），具体见会计事务所报告书。

四、乙方无偿受让原国有苏州稻香村食品厂无形资产百年老店牌号及产品注册商标，拥有该无形资产的所有权及使用权。

五、原国有苏州稻香村食品厂的经营性及非经营性欠款均由乙方负责归还（扣除本交接明细册第一条第 3 款甲方应履行的部分），若有剩余资产扣除本交接明细册由甲方接收的资产之外，其他均归乙方所有。

六、鉴于改制后，原劳动合同的主体一方——国有的苏州稻香村食品厂已不复存在，凡进入乙方企业人员应与乙方重新订立劳动合同，原企业工龄可连续计算。

七、原国有苏州稻香村食品厂的财会、文书档案归甲方保管，凡由甲方接收的职工档案由甲方保管，凡进入乙方企业的职工档案归乙方保管。

八、原国有苏州稻香村食品厂对外签订的协议按如下处理：

1. 与苏州刺绣厂签订的租房合同由乙方接收履行或由乙方重新与对方协议；

2. 与上海豫园商城苏州公司签订的关于碧凤坊 27 号租房合同，由甲方接收履行。

九、原国有苏州稻香村食品厂申请苏州平江区法院关于红宇油漆商店一案的执行，由甲方接收履行。

十、甲乙双方各执下列文件或证件，以备查：

1. 苏州市体改委苏体改〔1998〕第 41 号文件《关于同意苏州稻香村食品厂改制为股份合作制企业的批复》。（甲方原件、乙方复印件）

2. 苏州市贸易局苏贸体改〔98〕15 号文件《关于批转市体改委〈关于同意苏州稻香村食品厂改制为股份合作制企业的批复〉的通知》。（甲方、乙方均原件）

3. 苏州会计事务所资产评估报告书。（甲方、乙方均原件）

4. 苏州市国有资产管理局资产评估认定书：国评字〔1998〕第 036 号。（甲方、乙方均原件）

5. 苏州产权交易所苏产交鉴字〔1998〕第 8 号鉴证书。（甲方、乙方均原件）

6. 原国有苏州稻香村食品厂剩余资产转入苏州市食品工业公司的国资局"资

产流动通知单"。（甲方执）

7. 甲方执原苏州稻香村食品厂（国有）移交苏州市食品工业公司"资产负债表"附表（一）、（三）、（四）、（五）。

8. 原苏州稻香村食品厂（国有）有偿转让资产转入股份合作制苏州稻香村食品厂"资产负债表"附表（二）。

9. 原国有苏州稻香村食品厂债务问题甲乙双方在1999年元月五日达成的"协议书"。（双方各执原件）

10. 甲方执接收人员花名册、乙方执吸收人员花名册。

11. 乙方执观前街72号土地使用证、房屋产权证。

12. 甲方执清洲观前3号、清洲观前3-2号、清洲观前4号、清洲观前6号、临顿路$45\frac{1}{2}$号、临顿路538号房屋产权证、土地使用权证。

13. 职工住宅两套（苏安新村104幢202室、皮匠浜8幢604室）在98年6月份房改时已出售，但改制前未及时冲账，房屋权证在购房者个人手里。

14. 碧凤坊27号房屋、土地资产早已转入苏州市食品工业公司作为联营投资，房屋、土地权证属甲方执。

15. 苏州市地价所土地估价报告。（甲、乙方各原件）

16. 观前街72号"国有土地使用权出让合同"。（甲、乙方均原件）

17. 与苏州刺绣厂《租房合同》。（甲方复印件、乙方原件）

18. 与上海豫园商城苏州公司签订的碧凤坊27号《租房合同》。（甲方执）

十一、本交接明细册中未尽事宜，双方可另行协商解决。

十二、本交接册一式叁份，双方各执一份，交主管局备案一份。

十三、本交接明细册由双方签字盖章后生效。

苏州市食品工业公司	苏州稻香村食品厂（股份合作制）
代表：张治安（签字盖章）	代表：沈根富（签字盖章）
1998年8月30日	1998年8月30日

苏州稻香村食品厂厂规厂纪[1]

（1998年）

为适应股份合作制企业发展的需要，使企业有个良好的风气和一个文明正常的生产秩序，充分调动全厂职工的积极性、智慧和创造力，提高职工队伍素质，改善企业生产经营管理，增强企业活力，特制订《厂规厂纪》如下。

第一条 全厂职工必须严格遵守《苏州稻香村食品厂股份合作制章程》。

1. 全体职工必须严格遵守股东会议决议，全体股东严格履行本人的权利[2]和义务。

2. 全体股东（职工）要为企业的发展尽心尽职，不得从事任何有损于本企业利益的活动。

第二条 全厂职工必须严格遵守"职工守则"和严格考勤制度。

1. 全厂职工不得迟到、早退和旷工。

2. 严格请假制度，请事假或调休者事先须逐级向所在部门提出申请办理手续，经同意后方可执行。审批权限：部门3天。3天以上由劳动人事部门提交厂领导同意后，方可执行；部门负责人外出须向厂领导汇报。

3. 全厂职工不得用各种不正当的手段骗取各类假期证明、休假。

第三条 全厂职工必须严格遵守食品卫生法和本厂有关环境卫生和食品卫生等项制度。

1. 每个职工投身创建活动，搞好个人卫生。生产场所保持整洁卫生。

2. 进入生产（营业）场所必须穿戴好工作服、帽。

3. 赤膊、赤脚或穿拖鞋者严禁进入生产场所、仓库和营业场所。

4. 生产操作人员在操作前必须洗手消毒，严禁留长指甲或戴戒指进行生产操作。

5. 不得在生产场所、仓库和营业场所内零食、吸烟、喝酒、会客等。

6. 每个生产环节必须把好产品质量关，不得马虎从事。

第四条 全厂职工必须自觉遵守劳动纪律和服从工作调动。

1. 工作期间不准干私活、睡觉、戏闹，看与本工作无关的书籍等。

2. 工作时间不得擅自离岗、串岗。

3. 必须自觉服从主管部门的工作指挥和调配。

4. 各种私人物品不得带进生产场所、仓库和营业场所内。

---

[1]《苏州稻香村食品厂第一届第二次股东会资料·厂规厂纪》，1998年11月12日第一届第二次股东大会通过，苏州稻香村食品有限公司藏。

[2] 权利，原文作"权力"。

5. 对原辅材料、成品的进出必须严格手续。

第五条　全厂职工必须高度重视和注意安全生产。

1. 生产操作人员必须严格遵守安全操作规程。

2. 严禁私自动用操作专用设备。

3. 对电器设备（电炉、电热器具）要按安全规程办理报批手续。

第六条　全厂职工必须自觉遵纪守法，遵守公共秩序。

1. 严禁偷拿、偷吃本厂的产品、原辅材料及包装材料等各种物品。

2. 严禁任意损坏公共财产和公共设施。

3. 各种成品、原辅材料物品出厂必须要严格手续。

4. 不得将公物擅自借给他人使用。

5. 不得无理取闹和散布流言蜚语，严禁各种赌博活动和各种非法活动。

6. 不得利用任何方式诬陷他人，打击报复，营私舞弊，行贿受贿，泄露机密。

7. 严禁做出有损于本厂信誉之事。

第七条　违章违纪人员的处理办法：

1. 违反食品卫生有关规定，因个人或几个人的原因，造成上级有关执法部门处以经济罚款的，罚款金额由当事人承担。

2. 严重违反厂规章制度，经批评教育又不改者：

（一）由厂部研究决定，作离岗处理，离岗后三个月内不发工资及各种补贴。

（二）三个月期满后，没有有关部门接纳安排工作，按下岗处理。下岗期间享受下岗人员有关规定待遇。

3. 有违法行为或严重违纪，破坏企业声誉的：

（一）限期辞职，解除劳动合同；

（二）按有关规定辞退、除名、解除劳动合同；

（三）情节特别严重的，报告有关执法部门追究其刑事责任。

苏州稻香村食品厂
一九九八年十月三十一日

苏州稻香村食品厂关于职工医疗劳保的实施办法[1]

（1998年）

我厂是个新转制的股份合作制企业，为适应社会主义市场经济和提高职工健康水平的要求，本着既要为职工提供基本医疗保障，又要兼顾企业承受能力的原则，特制订本实施办法。

一、范围

本厂在册职工及在厂享受医疗劳保的家属（含独生子女）。

二、企业、个人负担比例

（一）在职职工：

1. 凡国家规定允许报销范围内的医疗费，个人负担40%，企业负担60%。

2. 如年度使用医疗费超过3000元部分（以自然年度为计算单位），个人负担30%，企业负担70%。

（二）家属（含独生子女）：

1. 享受半劳保的家属，先按国家规定的比例计算，然后再按个人负担40%，企业负担60%范围报销。

2. 独生子女，凡规定可以报销总额中，个人负担40%，企业负担60%。

3. 上述人员中按规定可以报销的医疗费总额年度超过3000元部分（以自然年为计算单位），个人负担30%，企业负担70%。

（三）特殊检查费：凡使用CT及600元以上单项医疗检查费的须经卫生所审核同意，本人承担50%的费用。

三、其他

（一）具有下列情况之一的医疗费用由企业负担：

1. 因公负伤的医疗费［须符合苏府（97）62号《苏州市职工工伤保险暂行办法》规定］。

2. 计划生育医疗费［须符合苏府（97）61号《苏州市职工生育保险暂行办法》规定］，及苏州市计划生育办法［苏府（98）3号令］。

（二）在职职工外出就医，须经卫生所同意，开具外出就诊单，一律到特约医院（一院、中医院、口腔医院），急诊除外。

（三）家属劳保（含独生子女）采用凭保健卡、病历卡和发票在市级医院就诊后，经卫生所核实后报销（独生子女按市政府规定采用男方单年、女方双年的

---

[1]《苏州稻香村食品厂第一届第二次股东会资料·关于职工医疗劳保的实施办法》，1998年11月12日第一届第二次股东大会通过，苏州稻香村食品有限公司藏。

报销办法)。

（四）个人年度医疗费由劳工部门建立个人档案统计，外出就诊费在报销中直接扣除，卫生所医疗费在工资中扣除。

（五）如市政府关于医疗卫生保险制度推行实施，我厂将加入医疗保险行列，并按规定缴纳职工医疗保险费。

（六）本办法在实施过程中，如有未尽事宜再行修正。

（七）本实施办法经首届二次股东大会于　年　月　日通过，并从九八年七月一日起实施。

苏州稻香村食品厂
一九九八年十月三十一日

苏州稻香村食品厂关于企业工资分配形式的试行办法[1]

（1998年）

股份合作制从九八年七月份运转以来，根据我厂人员和工资结构状况，并听取各层次人员对厂内实行何种工资形式的意见，经厂行政研究，拟定工资形式继续执行现在的技能工资标准，具体办法如下。

1. 全厂职工（符合内部待业、退养规定第一条第二款人员例外）仍按现执行工资作为本人工资基数。

2. 对部分低工资职工，为调动他们的工作积极性，拟在上岗期间实行内部最低工资标准线，目前暂定为月工资330元。凡不足330元的职工，补足工资差额，如出现待业、调出则按原工资标准执行。

3. 对柜组长以上骨干，继续实行职务津贴，标准由董事会决定。

4. 对病假人员按日工资40%扣除，长病假人员按50%日工资扣除。

5. 以上办法经股东大会首届二次会议于　年　月　日通过，并从通过后次月起执行。

苏州稻香村食品厂
一九九八年十月三十一日

---

[1]《苏州稻香村食品厂第一届第二次股东会资料·关于企业工资分配形式的试行办法》，1998年11月12日第一届第二次股东大会通过，苏州稻香村食品有限公司藏。

苏州稻香村食品厂关于实行厂内部待业、退养的试行办法[1]

(1998年)

为规范企业职工下岗行为,根据苏就办(1998)3号《企业下岗职工管理办法》,结合我厂实际情况,拟在厂内继续试行内部待业及退养办法。

一、待业范围

1. 由于岗位限制,暂时无法安排的人员;
2. 被组合到企业各部门的在岗职工,或有组织联系外借职工,由于本人主观原因被退回厂劳动部门的人员;
3. 本人书面要求,离岗挂职人员。

二、待业待遇

1. 凡符合第一条第一款规定人员,每月发放原工资的50%加各种津贴。
2. 凡符合第一条第二款规定人员,自退回劳动部门次月起停发三个月工资及各种津贴,三个月后按苏州市劳动局苏劳薪(97)16号文件精神执行,发放下岗生活费(即社会最低生活费的70%)。
3. 凡符合第一条第三款规定的人员,停发工资及一切福利待遇,保留劳动关系,自己负担养老金、住房公积金及国家规定个人必须上缴的费用。

三、退养的条件及待遇

1. 凡离正式退休时间三年内(以自然年为标准)即男57周岁、女47周岁,经本人书面申请,厂部批准,可享受内部退养待遇。退养期间享受60%工资加各种津贴,待到达正式退休年龄时,根据当时政策,办理退休手续。
2. 退养期间享受医疗待遇,但须同时缴纳根据国家规定的本人应负担的各种费用。

四、其他

1. 凡符合《国营企业辞退违纪职工规定》有关条款的,不作下岗,按辞退处理。
2. 本试行办法经厂股东大会首届二次会议于 年 月 日通过,自一九九九年一月一日起执行。

苏州稻香村食品厂
一九九八年十月三十一日

---

[1]《苏州稻香村食品厂第一届第二次股东会资料·关于实行厂内部待业、退养的试行办法》,1998年11月12日第一届第二次股东大会通过,苏州稻香村食品有限公司藏。

苏州稻香村食品厂在企业内部实行退养公告[1]

（2000年）

为加强企业内部管理，合理使用劳动力，提高生产的经济效率，2000年3月12日董事会召开会议并一致同意：决定在企业内部实行退养，经3月15日股东大会审议通过，从4月1日起执行，具体办法公告如下。

1. 凡离正式退休时间三年内（以自然年为标准），即男满57周岁、女满47周岁者实行厂内退养。

2. 凡离正式退休时间超过三年不满五年（以自然年为标准），即男满55周岁，女满45周岁，经本人书面申请，厂部批准，可享受内部退养待遇。

3. 退养期间凡离退休者尚有一年的享受标准工资75%，二年的享受标准工资70%，三年的享受标准工资65%，四年的享受标准工资60%，五年的享受标准工资60%。执行上述比例后再加国家规定的各种津贴，待到达正式退休年龄时，根据国家当时政策办理退休手续。

4. 退养期间享受医疗等待遇，但须同时缴纳根据国家规定的本人应承担的各种费用。

5. 退养期间如遇厂内增资，同步增加。

苏州稻香村食品厂
2000年3月15日

苏州稻香村食品厂（股份合作制）董事会工作报告[2]

（2000年）

沈根富

一、九九年的工作回顾

1. 九九年是我厂实行改制以后的第二个年头（实际只有半年），在全体股东职工的共同努力下，完成产值118.64万元，比九八年同期107.51万元上升10.30%，产品吨位完成104.89吨，比同期95.21吨上升10.20%，工业增加值

---

[1]《苏州稻香村食品厂第一届三次董事会股东会资料·在企业内部实行退养公告》，2000年3月15日第一届第三次股东大会通过，苏州稻香村食品有限公司档案室藏。

[2]《苏州稻香村食品厂第一届三次董事会股东会资料·董事会工作报告》，报告人沈根富，2000年3月15日第一届第三次股东大会通过，苏州稻香村食品有限公司档案室藏。

56.06万元，比同期48.64万元上升15.25%。

全年实行销售204万元，其中门市部零售59.58万元，批发29.23万元。生产经营部外销79.19万元，内部移库36.12万元，生产经营部实际完成115.31万元。

2. 根据苏州市政府的统一规划，去年年初我厂观前街上的门市部随着观前街的整治改造纳入全面改造的范围。我们商店于3月初停业改造，至9月中旬，在上级有关部门的支持关怀下，在厂里有关同志的努力下，全体职工克服困难，正式改造完毕顺利地投入营业，使我们稻香村这块金字招牌重放光彩，改造好的稻香村商店营业额平均每天比以前翻了一倍，给厂里带来了一定的经济效益。

3. 观前街上的门市部改造好以后，我们结合市里对整治好的观前街的宣传步伐，在有关部门支持下，为了扩大我们稻香村知名度的影响，宣传我厂百年老店中华老字号的特色，因此在苏州电视台第一次做了系列报道[1]，在吴县广播电台做了一个月的产品广告介绍，使稻香村重新恢复了一点知名度，使我们的无形资产更上一层楼。

4. 根据我厂的实际情况以及物力、财力允许的范围，逐步对一些产品更换了包装及更新改造。花13000元增添了一台真空包装机，恢复了一些小商品生产，打出了真空包装的产品，如鸭肫肝、糖年糕等。

门市部坚持长期供应热炉，使我厂的一些传统产品，如肉饺、袜底酥、肉月饼在苏州市的一些老顾客中赢得了好的口碑。

开发了礼品盒的包装，增加了一些纸盒产品，增加了一些好的品种，并取得了一定的效益。

5. 九九年下半年，根据上级部门的有关文件，结合我厂的实际情况，我们给全体职工增加了一点工资，还掉了一点以前遗留的欠职工工资上的一些老账。

二、存在的问题

九九年我们虽然做了一点工作，但是还存在不少问题，有些甚至是比较严重的问题。这些问题的产生有些是客观的，但也有不少是主观上的原因造成的。这些问题具体表现在以下几个方面。

1. 在生产经营方面

九九年我厂虽然实现销售204万元，但生产经营部实际只完成销售115万元，与年初制定的150万元计划缺口35万元，只完成计划的77%。（门市部由于观前街的改造停业6个多月没有可比性）。全厂还继续亏损（具体情况由陈旭斌在下面向大家汇报）。

没有完成任务的原因何在？我认为，虽然从客观上讲是由于全国性的通货紧

---

[1] 报道，原文作"报导"。

缩，人民群众的购买力下降，还由于年初的观前街门面改造，我们一下失去了观前街上的四个好的网点，如本厂商店、豫园商场、广州店及人民商场。但从主观方面查找原因，是我们在企业内部管理上的不得力。长期以来造成产品质量不稳定，生产上的不稳定。

产品质量时好时坏。产品质量的市场投诉经常不断，花去了厂里不少的精力物力。但一些紧俏商品，由于安排生产上的不当，经常发生脱销现象。所有这些使我厂在市场经济浪潮下丧失了一定的市场竞争力。

2. 企业内部管理方面

我们股份合作制企业成立以后，虽然制订了一套管理制度，但是从上到下没有严格的检查考核，还是以老的方法，老的作坊型的方法在操作，因此在广大股东中产生了越来越严重的吃大锅饭思想。奖金平均分配，管理人员、闲散人员多，人浮于事，干好干坏一个样，要死一起死。

在领导方面，主要是我本人没有强烈的增收节支意识，还存在大手大脚铺张浪费现象，如在业务招待方面（业务费超支）、福利品的发放方面。这些负面作用伤害了一部分股民的积极性，也极大地影响了企业的健康发展。所有这些都是应该深刻检查反省的。

三、2000年的计划及工作打算

为了使企业能走上逐步保本经营略有盈余，能激励职工积极进取的这一原则，我们制定了本年度的生产销售计划，具体如下：

生产经营部产值销售额基数150万元（不含税），毛利必须达到40%，职工按销售额3%提奖。

门市部销售额基数120万元（不含税），毛利必须达到20%，职工按照超毛利的4%提奖。

具体的详细计划已于今年的元月十日下达，不多说了。

为什么制定这样一个计划的原因，下面的财务主管陈旭斌会向大家解释。

为了确保这一计划的完成，使企业走上良性循环的道路，我们决定在今年做以下几个方面的工作。

1. 重新调整企业内部的管理结构。

现在中层以上干部任期已到，本着因岗定人、从紧不滥聘用的原则，聘用中层干部。聘用的干部与原有没交纳股金的干部一起必须交足股金后上岗。董事会的董事、监事会的监事，以及以后产生的班组长也应交一定的股金，用以增强干部的风险意识。

2. 强化企业的内部管理。

A. 精兵简政，压缩管理人员，加强生产第一线的力量。

B. 强化企业的生产管理及质量管理，打出本厂的品牌，在开发新品上新包装上动脑筋，以优质产品参与市场竞争。

C. 重点巩固门市部这块基地，做好本厂的窗口工作，争取更大效益。

D. 加强内部的分配制度，打破大锅饭，做到多劳多得，少劳少得，不劳不得。

E. 加强销售，拓展市场，增大本厂在苏州市的商品覆盖面。

3. 本着厉行节约、勤俭办厂的原则，杜绝一切铺张浪费现象，从上做起，从我做起。增收节支，不该花的钱坚决不花，加强对业务招待费、福利费用的监督检查。

4. 实行全厂性的一级财务管理办法，当好家，理好财。

各位股东：

九九年我们在深入改革中走出了艰难的一步。我们做了一点工作，对于取得的成绩必须肯定，否则就不能鼓舞士气，凝聚人心。但是，对于存在的问题和困难必须正视，必须处理，否则就不能保持清醒头脑，及时改进工作，克服困难。随着改革开放的深入，市场经济的发展，我们面临的问题与困难会越来越多。因此，更需要我们全体股东同心同德，上下一致，去克服、战胜困难，使我们企业能走出困境，走上良性发展的道路。

苏州稻香村食品厂（股份合作制）财务工作报告[1]

（2000 年）

陈旭斌

新的企业成立以后，由于体制的变化，我们财务部门处于董事会、监事会两重作用之下展开工作。为适应新体制的需要，以及社会、上级领导部门的要求，首先健全各项规章制度，规范了财务行为，报销做到董事长一支笔[2]审批，落实了内部核算责任制，体现了董事长的工作思路，使财务起到管理、监督职能。

一、产销分析

本年度产值（现行价）118.64 万元，比同期 107.51 万元上升 10.3%，产品吨位完成 104.89 吨，比同期 95.21 吨上升 10.2%，工业增加值 56.06 万元，比同期 48.64 万元上升 15.25%。

---

〔1〕《苏州稻香村食品厂第一届三次董事会股东会资料·财务工作报告》，报告人陈旭斌，2000 年 3 月 15 日第一届第三次股东大会通过，苏州稻香村食品有限公司档案室藏。

〔2〕一支笔，原文作"一枝笔"。

全年实现销售168万元，其中门市部零售59.58万元，门市部批发29.23万元。生产经营部外销实现79.19万元（不包括移库36.12万元），合计完成115.31万元，年初下达计划150万元，完成77%。

二、利润分析

本年度实现利润-22.34万元，未分配利润-49.19万元。

生产经营部全年投入原料（物料消耗）72.74万元，产出成品118.56万元，毛利45.82万元，毛利率38.64%，产出与投入之比100∶61.35。

门市部零售毛利14.74万元，毛利率24.7%，批发毛利3.39万元，毛利率11.6%。

全年共取得毛利63.95万元，但费用82.73万元（其中制造费用48.64万元，经营费用16.12万元，管理费用17.97万元）。

全年支付职工工资45.76万元（月人均[1]738元），加上工资性附加费用41%（养老金22%，待业金2%，工会经费2%，福利费14%，教育经费1%）18.76万元，仅此二项消耗全年取得毛利。

其他费用分析：

房屋租赁费8万元，占生产部每万元销售中695元。运费、广告、进场费3.14万元，占生产部每万元销售中273元。水电费3.5万元，占生产部每万元销售中304元。以上几项费用占销售额10%。业务费1.4万元，按照规定销售额168万5‰计算，超支0.56万元。其他单项费用超万元，有城建税及教育费附加1万元，印制马甲袋[2]1.11万元，低值易耗品推销1.37万元，递延资产推销3.2万元。以上费用合计25.6万元[3]。

另外，影响今年销售利润主要因素：观前街改造、门市部停业半年。以去年同期销售为基准，零售减少26.6万元，生产部减少生产（移库）16.97万元，因此减少毛利13.17万元。门面改造费用6.7万元，而财政补贴至目前仅收到2.36万元。

根据今年下达的生产销售指标测算，生产部生产销售150万元，毛利40%，60万元；门市部零售120万元，毛利24%，28.8万元。虽然毛利大于去年全年的费用，但有加工资因素及外借豫园人员"二金"（养老金、待业金），所以讲今年的计划也只是保本经营少亏的计划。

最后，希望广大股东为了我们赖以生存的企业，经常关心生产经营成果。我们做到财务公开，使股东的利益与厂的兴衰结合起来。

---

[1] 月人均，原文无"月"字，据对陈旭斌采访记录补。
[2] 马甲袋，原文作"马夹袋"。
[3] 文中费用实际合计22.72万元，相差2.88万元，有缺项。据2000年3月12日董事会第六次会议记录，报告中漏载住房公积金2.3万元。

苏州稻香村食品厂(股份合作制)监事会工作报告[1]

(2000年)

陈钢年

监事会自九八年六月廿七日成立以来,在厂股份合作制章程所赋予的职责范围内,做了一些工作。

一、健全规章制度是企业的立足之本

企业改制之初,监事会作为一个新的机构出现,如何开展工作,这是一个新的课题。我们通过学习章程,本着保证企业、股东、职工的合法权益,规范、约束本企业的组织和行为,促进企业的发展为原则,统一思想,认为要规范组织和行为,首先要建立全厂的规章制度,因此向董事会建议,制订适合厂内运行的各种规章制度,在组织召开各种类型的职工座谈会的基础上,积极协助董事会首批制订了《厂规厂纪》《厂劳动合同实施细则》《关于企业工资分配的试行办法》《关于职工医疗劳保的实施办法》《关于实行厂内部待业、退养的试行办法》《厂内机构设置》等厂内规章制度。除个别制度暂未执行外,其它的制度在实行过程中反映良好。例如:对低工资职工实行在岗工资补贴的规定,对调动这部分职工的积极性起到了一定的作用;医疗劳保制度的实施对压缩医药费开支,保证住院、大病职工的医药费报销,起到了良性循环的作用。

二、群策群力,民主决策

新的机制,赋予了新的内涵。企业经济效益的好坏与职工的利益息息相关。发生在改制之初的一场决策会更是记忆犹新。在九八年中秋时,供销人员接到淮北矿务局一笔月饼业务,价值在50万元左右。当时全厂振奋,同时也带来了种种担忧。根据广大职工的反映,监事会广泛听取了职工多方面的意见,及时要求董事会召开专题会议,进行决策。会上大家各抒己见[2],分析利弊,通过与对方进行迂回战后,统一思想,放弃了这一到口的"肥肉",同时也为新企业减少了一次巨大的风险。

经过这一事例后,在后遇到大的经济活动时,决策层的民主作风更有所加强。

三、存在的问题及今后的奋斗目标

企业改制以来,首先碰到的问题是许多职工在思想认识上尚未跟上形势的发展,还存在着等待上级领导来恩赐照顾等错误想法,正像有些职工谈的,改制后

---

[1]《苏州稻香村食品厂第一届三次董事会股东会资料·监事会工作报告》,报告人陈钢年,2000年3月15日第一届第三次股东大会通过,苏州稻香村食品有限公司档案室藏。

[2] 各抒己见,原文作"各述己见"。

的企业比原国有企业还要大锅饭。其次在部分管理人员本身还不能严于律己，做职工的表率。有些甚至做了职工的尾巴。第三方面在财务管理上尚未形成严格的规章制度，厂财务尚不能形成对下属的归口直线领导。

新的一年已经开始，过去的已成为历史。在新的一年中如何工作，我们认为，首先要认真总结改制近二年来的经验教训，要开展以增收节支为目标的修炼内功活动，要健全厂财务管理、物料管理制度，要加强管理人员的自身建设，要抓住观前改造的良好机遇，充分利用现有的门市窗口，做足、做活生意。全厂职工要各司其职来做好工作。

股东们：为了我们自身的生存，为了企业的发展，我们要同心同德，为不使百年老店在我们这一代夭折而努力奋斗。

苏州稻香村食品厂（股份合作制）第一届董事会工作报告[1]

（2001年）

沈根富

回顾企业改制三年来，在上级有关部门的关心支持下，在全体股东的努力下，我们做了大量的工作，也取得了一定的成绩。例如企业的年销售额从1998年的170万元至2000年的272万元，年产值从1998年的76.45万元至2000年的150万元，这二项指标三年中基本上都翻了一倍。在传统产品的包装上进行改进，也搞了一些真空包装新产品。在媒体宣传方面也花了一点功夫，提高了稻香村的知名度。在福利方面，也给每位股东平均增加了110元工资。但是，由于种种原因，企业目前还存在很大的困难，还没有摆脱亏损的局面。

对于存在的这些问题，厂董事会进行了多次的研讨，大家一致认为这有主观与客观上二个方面的原因造成的。

一、在客观上是在改制过程中碰到的特殊原因造成的。例如：

1. 企业改制前后职工的思想比较乱，到底何去何从，企业能存在多久，职工思想极不稳定，造成了一段时间的劳动生产率低下。

2. 企业改制后没有生产场地。在1998年2月租用了苏州刺绣厂的食堂。按照食品卫生的规定和市食监所的要求，花了近10万元（包括水电）改造成合格的生产车间，而且每年要付租金8万元。

3. 观前街上我们自己的门市部当时又小又破，为了适应经营，初次装修又花

---

[1]《苏州稻香村食品厂第二届一次股东会资料·第一届董事会工作报告》，报告人沈根富，2001年6月27日第二届第一次股东大会通过，苏州稻香村食品有限公司档案室藏。

了 4 万多元。

4. 改制后的稻香村当时的设备几乎等于零。为了能长期生存，又为了生产的需要，增添了一些必要的设备，花去近 10 万元。

5. 在企业改制后内部还未稳定的情况下，又碰上观前街的整治改造，又花去了整治改造费 7 万元，并且门市部停业 7 个月，造成近半数职工回家，但工资还是照发。

以上这些原因花去的大量财力物力在短短的三年内是不能一下子消化掉的。

二、在主观方面。

从原国有制改制成股份合作制以后，对改制后的企业如何操作没有经验。改制以后虽然制订了一整套管理制度，但是从上到下没有严格的检查督促制度，还是以老的方法、老的作坊型生产方法在操作。由于抓得不严，因此在广大职工中产生了越来越严重的吃大锅饭思想，干好干坏一个样。

由于管理不严，产品质量时好时坏。由于各种原因，产品的成本[1]偏高，在与私营经济的竞争中，在市场占有率上还存在很大问题。

在改制后的前一段时期内，在增收节支方面还存在铺张浪费大手大脚的现象。在业务招待方面、在福利品的发放上超支，也极大地影响了企业的健康发展。

以上这些经验教训都是应该认真检查、深刻反省的，也便于下一届的董事会能作为一个借鉴。

各位股东：

三年来我们在深入改革中经过困难坎坷、风风雨雨，将跨入第四个年头。三年来我们首届董事会做了大量的工作。对于取得的成绩我们必须肯定，否则就不能鼓舞士气、凝聚人心，有利企业今后的长期发展。但是对于存在的问题和困难必须正视，必须处理，否则就不能保持清醒的头脑，及时改进工作，克服困难。

随着改革开放的深入，市场经济的发展，我们面临的那些困难会越来越多。要想企业的长治久安，发展提高，更需要我们全体股东同心同德，上下一致，政令畅通，去克服战胜困难，使我们的企业能走出困境，走上良性发展的道路。这些也是我们对新一届董事会的要求与希望。让我们同心协力，为振兴稻香村，为我们赖以生存的"家"而努力奋斗。

---

[1] 成本，原文误作"成品"。

苏州稻香村食品厂（股份合作制）第一届监事会工作报告[1]
（2001年）

陈钢年

一、三年工作的回顾

九八年股份合作制作为一个新的经济体制，展现在我们面前，特别是监事会作为一个新的管理机构出现在企业中，一切都是新的，如何开展工作，这是摆在我们面前的一个新的课题。我们本着摸着石头过河，依靠和发挥全厂职工的积极性，在学习章程的基础上，本着保证企业、股东二者的合法权益，规范和约束本企业的组织和行为，促进企业发展的原则，在组织召开各种类型的职工座谈会后，配合董事会制订了适合本厂的各种规章制度。一系列厂内规章制度的建立对厂内工作的开展起到一定的积极作用，特别对低工资职工实行的在岗补贴，对调动这一部分职工的积极性起到了促进作用；医药费的改革对压缩医药费用开支，保证住院、大病职工的医药费报销，达到了良性循环的效果。

根据市贸易局《关于全面推广厂务公开工作的通知》精神，我们要求董事会对厂内重大经营决策及其他重大事情，要让职工知情、参与和监督，由于在重大经营活动中能充分发扬民主，使企业减少了许多风险经营，企业的民主管理体系也在逐步完善和发展。

自首届三次股东会议上提出的以增收节支为目标的修炼内功活动，一年来也取得了一定成果，今年以来据财务报表反映，非生产性的开支比去年同期有较大幅度的减少。

我们监事会作为股东会的一个监督机构，除了履行对董事会、行政班子成员的违反章程的行为进行监督外，我们更注重自身的行为准则，同时我们主动地协助董事会搞好厂的各项管理工作，出谋献策，将职工好的建议反馈给领导层，起到职工与班子间的桥梁纽带作用。

二、存在的问题

我厂虽然在体制上已进行了改制，但在许多职工思想中还未转变过来，观念上还是老的一套，对商品经济社会的残酷性缺乏认识，缺少危机感。在工作中还有一部分同志当评论家多于干实事。以上种种思想的存在都或多或少地阻碍了企业的发展。

---

[1]《苏州稻香村食品厂第二届一次股东会资料·第一届监事会工作报告》，报告人陈钢年，2001年6月27日第二届第一次股东大会通过，苏州稻香村食品有限公司档案室藏。

企业要健康发展，我们认为必须全厂上下心往一处想，劲往一处使，以主人翁的态度，从我做起，以做好各人的本职工作为基准，向产品质量、优质服务要效益。

关于双方合作经营协议[1]
（2006年）

苏州稻香村食品工业有限公司（以下简称公司）：
苏州稻香村食品厂（以下简称工厂）：

为发扬光大"稻香村"，便于统一市场，统一管理，统一对外经营，形成有机的合力，工厂已通过厂股东大会同意，经双方友好协商达成如下协议。

1. 工厂对外一切经营活动统一由公司负责。工厂保留现在一切手续，停止一切单独经营活动和对外合作事项，工厂的全部在册员工由公司负责安置（具体在册人员附清单）。到退休年龄，按规定办理退休。

2. 工厂原员工根据公司实际情况原则上按在工厂的岗位进行安排。也可适当调整。工厂员工须[2]遵守公司各项管理规定，出现违章、违法参照原厂规定执行。

3. 工厂员工的养老、医疗、生育、工伤、待业、住房公积金、工会费等国家规定的各种基金和福利待遇及薪金由公司负责。工厂上班员工在遵守《劳动法》和公司各项规章制度的前提下，合作第一年人年总收入不低于17000元（不含个人自交各种基金，由工资、餐补、效益奖、工龄补贴、冷饮费、岗贴、年250小时的加班费组成）。以后每年递增收入10%，到2009年最低收入不低于年2万元。

4. 公司每年划给工厂基金5万元，以后每年递增15%，由董事长解决工厂每年离退休人员的探望、工厂年检、换证等手续费用。

5. 公司将投资约40万元，用于现工厂的门店装修和工厂生产车间的改造等。

6. 工厂的现有档案、文件、资料单独保管。并指定原工厂的二名人员在公司知情下兼职处理工厂的年检、换证、慰问、老关系等事务。

7. 公司和工厂共同对工厂的现有固定资产、低值易耗品进行普查、登记、造册、核价，纳入公司无偿使用。在统一使用期间不得丢失、损坏，出现以上问题

---

[1] 苏州稻香村食品厂、苏州稻香村食品工业有限公司：《关于双方合作经营协议》，2006年7月7日第二届第一次股东大会通过，苏州稻香村食品有限公司档案室藏。

[2] 须，原文作"需"，以下径改。

由公司负责赔偿。工厂现在的债权债务等由工厂负责承担，原材辅料、包装、成品等能使用的物品按折算一次性由公司买断。

8. 因苏州税收采取属地管理，为方便操作，商店的一切经营活动由公司负责，但对外工商、税务等仍以稻香村食品厂为主体并出具商店独立的经营活动财务报表。

9. 工厂员工因本人原因要求离岗或工厂员工出现违章规定下岗，公司视情况在缴纳该员工各种基金（含个人承担部分）的同时适当发放个人生活补贴（按照市最低工资标准的50%）。

10. 公司将市政府规定应缴社保、工会等各种基金、公积金按实际发生额及代扣个人的四金（养老、待业、医疗、住房公积金）和工会费在每月十日前划给工厂，由工厂负责向社会保障等部门缴纳各种费用。

11. 此协议期限为三年。自2006年7月1日至2009年6月30日，到期可续签或终止。

12. 双方在合作期间出现矛盾可双方协商解决、补充或修改，协议具有法律效力。本协议一式二份，双方各执一份，签字盖章生效。

苏州稻香村食品工业有限公司　　　　苏州稻香村食品厂
代表：周广海（签字盖章）　　　　　代表：沈根富（签字盖章）
2006年7月7日　　　　　　　　　　2006年7月7日

双方合并经营协议[1]

（2009年）

苏州稻香村食品工业有限公司（以下简称公司）：
苏州稻香村食品厂（以下简称工厂）：

为发扬光大"稻香村"，便于统一市场，统一管理，统一对外经营，形成有机的合力，使"中华老字号"金字招牌更放光彩，经友好协商达成如下协议。

1. 工厂合并到公司进行统一经营，并由公司承担工厂的经营盈亏。工厂对外一切经营活动统一由公司负责。工厂保留现在一切手续，停止一切单独经营活动和对外合作事项，工厂的全部在册员工由公司负责安置。

2. 工厂原员工根据公司实际情况，原则上按在工厂的岗位由公司进行安排。也可适当调整。工厂员工须遵守公司的各项规章制度，如出现违章，参照原厂规

---

[1] 苏州稻香村食品厂、苏州稻香村食品工业有限公司：《双方合并经营协议》，2009年6月30日，苏州稻香村食品有限公司档案室藏。

定进行处理。

3. 工厂员工的养老、医疗、生育、工伤、待业、住房公积金、工会费等国家规定的各种基金和福利待遇及薪金由公司负责。工厂员工在遵守《劳动法》《劳动合同法》和公司各项规章制度的前提下，合并第一年每人总收入不低于20000元（不含个人自交各种基金）。以后每年递增根据苏州市最低工资增长幅度进行相应调整。

4. 公司每年划给工厂固定管理经费80000元，由董事长掌握支出，用于工厂每年退休人员的探望、工厂年检、换证等手续费用。

5. 工厂现有的档案、文件、资料单独保管。

6. 工厂现有的固定资产、低值易耗品（详细清单已于2006年第一次协议期间核实）、无形资产，纳入公司无偿使用。在合并使用期间不得丢失、损坏，出现以上问题由公司负责赔偿。

7. 因苏州税收采取属地管理，为方便操作，商店的一切经营活动由公司负责，但对外工商、税务等仍以稻香村食品厂为主体并出具商店独立的经营活动财务报表。

8. 工厂员工因本人原因要求离厂或工厂员工出现违章规定下岗，公司视情况在缴纳该员工各种基金（含个人承担部分）的同时，适当发放个人生活补贴（按照市最低工资标准的50%）。

9. 公司将市政府规定应缴社保、工会等各种基金、公积金按实际发生额及代扣个人的"四金"（养老、待业、医疗、住房公积金）和工会费在每月十日前划给工厂，由工厂负责向社会保障等部门缴纳各种费用。

10. 此协议期限：3.5年，自2009年7月1日至2012年12月31日，到期可续签或终止。

苏州稻香村食品工业有限公司　　　　　苏州稻香村食品厂
代表：周广海（签字盖章）　　　　　　代表：沈根富（签字盖章）
2009年6月30日　　　　　　　　　　　2009年6月30日

商标使用许可合同[1]

（2008年）

商标使用许可人（甲方）：苏州稻香村食品工业有限公司
商标使用被许可人（乙方）：北京稻香村食品有限责任公司

根据国家《商标法》《合同法》及相关法规的规定，甲乙双方经协商一致，签订本商标使用许可合同。

一、甲方将注册号为352998的"稻香村"商标许可乙方使用，许可使用的范围为乙方生产出品的糕点类产品。许可使用的期限为二零零八年度（2008年1月1日至12月31日），合同期满，如需延长使用时间，由甲、乙双方另行签订商标使用许可合同。

二、许可使用的形式为普通使用许可。未经甲方书面授权，乙方不得以任何形式和理由将甲方注册商标许可第三方使用。乙方必须在使用该注册商标的商品上标明自己的企业名称。

三、许可使用期内，甲方在北京和河北不再另外许可其他人使用，但甲方有投资的关联企业除外。

四、甲方有权监督乙方使用注册商标的食品质量，乙方严格按照商标法及有关规定使用甲方商标，严格按照标准生产，保证产品质量，维护商标声誉。

五、商标许可使用费为乙方该类商品销售额的3%。本许可期内乙方用于"稻香村"糕点品牌的广告宣传费用可充抵最多至全部的许可使用费。

六、本合同未尽事宜，按照国家《合同法》《商标法》有关规定和惯例执行。如有违约，由违约方承担一切责任。如发生纠纷，双方协商解决。协商不成，可以向法院起诉。

七、本合同一式两份，甲乙双方各执一份，于2008年1月22日签订。

甲方：苏州稻香村食品工业有限公司　　乙方：北京稻香村食品有限责任公司
法定代表人：沈根富（签字盖章）　　　法定代表人：毕国才（签字盖章）

---

[1] 苏州稻香村食品工业有限公司、北京稻香村食品有限责任公司：《商标使用许可合同》，2008年1月22日，苏州稻香村食品有限公司档案室藏。

商标授权书[1]

（2014年）

兹授权北京苏稻食品工业有限公司使用我公司注册的"禾字牌"商标，具体如下。

一、详细商标信息

1. 商标：禾字牌；
2. 注册号：第7042477号；
3. 类别：第30类；
4. 核准使用商品项目：饼干；面包；糕点；月饼；年糕；粽子；元宵；方便米饭；糖果；甜食（截止）。

二、使用方式：使用"禾字牌"商标，仅限用于饼干、面包、糕点、月饼、年糕、粽子、元宵、糖果、甜食的生产、销售、宣传。

三、使用时间：2015年1月1日至2017年12月31日。

四、授权人详细信息

1. 名称：苏州稻香村食品厂有限公司；
2. 地址：江苏省苏州市观前街72号；
3. 电话：0512-87182818。

授权人：苏州稻香村食品厂有限公司（盖章）
2014年12月28日

---

[1] 苏州稻香村食品厂：《商标授权书》，2014年12月28日，苏州稻香村食品有限公司档案室藏。

四、图表资料

附图1 苏州稻香村历史谱系略图

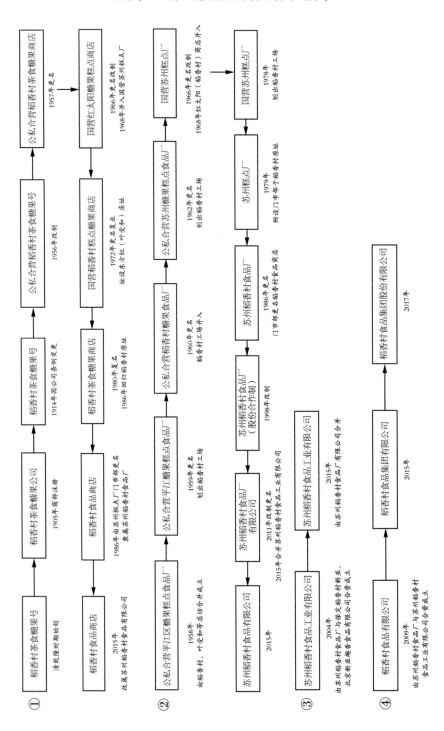

附图2 苏州糕点厂变迁示意图

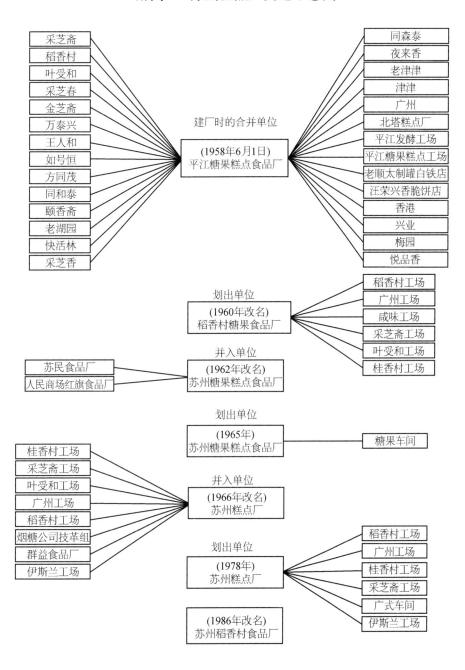

附表1 苏州稻香村小摆设目录

第一套			
位置	序号	名称	数量
中间	1	鸣锣开道	1人
	2	抬阁小暖轿	1座
	3	护国公宝箱	1座
两边	4	五路财神加封护国公灯（玉制）	2支
	5	肃静、回避行牌	4块
	6	天恩封都进表牌	4块
	7	五路财神金鼓金锣	2座
	8	天将旗、打板	2副12件
	9	清道飞虎旗	2副12件
第二套			
中间	1	祝寿图	1座
	2	神兽（玉制）	2座
	3	聚宝盆（瓶）	1座
	4	来风旗	1座
	5	五路财神金龙华盖	1顶
两边	6	加封护国公行牌	2块
	7	五路大将军行牌	2块
	8	掌天下财源行牌	2块
	9	永盛库监督行牌	2块
	10	五路财神行牌	2块
	11	护国公绣花龙旗	8面
	12	五路财神绣花华盖	10顶
	13	五路财神七字旗（押押领令令令押）	14面
第三套			
中间	1	神将、神马	1套2个
	2	财神暖轿（红木镌刻）	1座
	3	碧玉蟾（玉制三脚蛤蟆）	1座
	4	万民宝盖旗	1幅
	5	五路财神"福"字华盖（上有64个玉镌"福"字）	1顶
两边	6	十八般兵器	6座36件
	7	令、押旗	10面
	8	令神旗、玉神像牌	10面

续表

		第四套		
中间	1	街满铺		1座
	2	灯笼		2支
	3	香炉、蜡台		3件
	4	公案台		1套5件
	5	官印、令字旗		2套
	6	天灯		2支
	7	日、月扇		2面
两边	8	西军夜龙头玉圆灯		10只
	9	令、押旗		4面
	10	令仁义礼智信押彩旗		14面
	11	盖		2座
		第五套		
中间	1	五路财神大轿（红木制）		1顶
	2	灯笼		2支
	3	《玉如意》《茶馆察访》《张生游殿》《十字坡》等八出戏		1套10件
	4	香炉、蜡台		3件
	5	如意会牌子		1套
两边	6	五路财神金鼓金锣		2座
	7	公差		16人
	8	护官		4人
	9	兵器		2套12件
	10	加封护国公龙具		2套8件
	11	天灯		2座
	12	天然几		1套
		第六套		
中间	1	降龙、伏虎神像		2个
	2	财神暖轿		1顶
	3	护轿神像		4个
	4	后勇宝盖		1套
两边	5	兵器		6座10件
两边	6	后勇旗		6座12件
	7	后勇督字大旗		1面

资料来源：吴希札：《稻香村店史》附录15"迎财神小摆设"，未刊稿，1986年。

附表2 吴县茶食糖果业同业公会会员概况（1935年12月）

公司行号牌号	店址所在地	营业主或经理人	店员人数	出席本会代表姓名及年龄
稻香村	观前街	朱仲笙	19	朱仲笙57岁，店员代表汤子海61岁
叶受和	观前街	陈葆初	15	陈葆初56岁，店员代表金立强39岁
叶受和分号	景德路301号	陈葆初	6	陈葆初56岁
采芝斋	观前街	金杏荪	9	金杏荪27岁
悦采芳	观前街	金宜安	16	金宜安43岁，店员代表毛鸿章48岁
悦采芳分号	观前街	金宜安	5	金宜安43岁
东禄	观前街	裴钦邦	9	裴钦邦50岁
采芝春	观前街	金春泉	18	金春泉38岁，店员代表林昌源42岁
文魁斋	玄妙观内	金荣卿	2	金荣卿46岁
申禄	玄妙观小菜场	姚永祖	1	姚永祖43岁
老大房福记	东中市59号	张胜魁	9	张胜魁58岁
添禄和	东中市13号	傅云卿	1	傅云卿52岁
桂香村	东中市都亭桥11号	章顺荃	8	章顺荃60岁
佳禄和	东中市263号	姚惠卿	1	姚惠卿54岁
嘉穗芳	西中市173号	吴卓峰	8	吴卓峰65岁
生春阳	西中市皋桥堍	徐鹤琴	2	徐鹤琴54岁
赵天禄	阊门外吊桥堍	袁衡祚	14	袁衡祚57岁，店员代表张胜魁58岁
东生阳	阊门外鲇鱼墩22号	谢年亮	2	谢年亮64岁
一品香	阊门外马路551号	江振德	15	章顺荃60岁，店员代表江信孚38岁
野荸荠	阊门外马路579号	李瑞禄	9	李瑞禄50岁
凌嘉和	阊门外马路616号	罗锦堂	9	罗锦堂56岁
紫阳观	阊门外马路91号	罗锦堂	8	罗锦堂56岁
靝香斋	阊门外横马路21号	张荣生	1	张荣生52岁
义顺丰	南濠街42号	华伯卿	6	华伯卿53岁
万隆顺	阊门外马路102号	刘连忠	1	刘连忠51岁
阜恒丰	阊门外山塘街821号	朱定宝	2	朱定宝46岁
东阳	阊门外山塘街168号	毕楚书	2	毕楚书47岁
泰丰祥	阊门外山塘街410号	徐连根	1	徐连根43岁
桂香斋	阊门外山塘街443号	史致连	2	史致连38岁
乾盛祥	阊门外山塘街661号	陆福根	2	陆福根43岁
萧顺兴	阊门外山塘街657号	萧万安	2	萧万安56岁

续表

公司行号牌号	店址所在地	营业主或经理人	店员人数	出席本会代表姓名及年龄
老松珍	养育巷92号	董子文	5	董子文50岁
乾丰	养育巷231号	方伯义	2	方伯义37岁
锦泰昌	养育巷135号	傅阿福	1	傅阿福64岁
聚源兴	养育巷325号	朱连福	1	朱连福61岁
渔光曲	养育巷	许觉时	5	许觉时36岁
芝万生	中街路46号	翁魁麟	1	翁魁麟56岁
老野荸荠	道前街23号	顾家振	6	顾家振56岁
悦来	织里桥48号	钱云溪	1	钱云溪38岁
天恒泰	念珠街5号	顾蕙芝	3	顾蕙芝56岁
万顺兴	胥门外大街	周靖如	19	周靖如45岁，店员代表李振华34岁
东昇阳	胥门外大街	吴春芳	6	吴春芳64岁
春阳春丰记	胥门外盛家弄	金瑞清	7	金瑞清51岁
泰丰祥	胥门慈悲桥	金祥生	1	金祥生56岁
惠凌村	宫巷44号	惠雪卿	2	惠雪卿54岁
杏花村	宫巷87号	陈益兴	2	陈益兴56岁
朱复兴	钱万里桥	朱毛苟	1	朱毛苟31岁
谢永兴	盘门外大街272号	谢祥森	2	谢祥森49岁
谢永茂	盘门外大街38号	谢祥芝	4	谢祥芝44岁
万和	护龙街32号	宋荣福	2	宋荣福25岁
瑞华	护龙街493号	林瑞五	1	林瑞五48岁
天福	护龙街672号	方汉樵	3	方汉樵48岁
天乐	护龙街810号	颜惠良	2	颜惠良53岁
东乐寿	护龙街155号	颜惠良	3	颜惠良53岁
同嘉禄	护龙街549号	陈云培	2	陈云培42岁
同嘉禄分号	护龙街438号	陈云培	2	陈云培42岁
恒丰	护龙街629号	薛金生	1	薛金生43岁
久大昌	护龙街694号	谢祥麟	1	谢祥麟53岁
报元芳	北寺67号	陈俊才	2	陈俊才40岁
姜义泰	桃花坞2号	孙文林	2	孙文林44岁
祥申昌	桃花坞136号	强银根	1	强银根52岁
悦来芳	天后宫3号	陆连芳	2	陆连芳36岁
新泰祥	娄门外大街	周水泉	2	周水泉30岁

续表

公司行号牌号	店址所在地	营业主或经理人	店员人数	出席本会代表姓名及年龄
方同茂	娄门外大街	方福生	8	方福生48岁
同和泰	娄门外大街	胡寿山	6	颜学良36岁
同和泰分号	娄门外大街	胡寿山	9	胡凤岐32岁
同福泰	平江路	朱坤兴	1	朱坤兴41岁
采香斋	平江路	谢永卿	2	谢永卿42岁
复兴祥	平江路	朱坤兴	1	朱坤兴41岁
复兴祥分号	平江路	朱坤兴	1	朱坤兴41岁
老福兴	平江路	夏鹤峰	2	夏鹤峰48岁
品香斋	平江路	谢永卿	1	谢永卿42岁
祥丰泰	临顿路	章少梅	4	章少梅52岁
祥丰泰分号	临顿路	章少梅	2	章少梅52岁
孙禄斋	临顿路	陈梅生	2	陈梅生56岁
王人和	临顿路	王云华	4	王云华64岁
采芳斋	临顿路	姚三观	2	姚三观40岁
老大房斌记	临顿路	龚斌卿	1	龚斌卿43岁
同泰盛	临顿路	方福生	5	方福生48岁
采芝香	临顿路	施泉卿	2	施泉卿37岁
东禄斋	临顿路	冯成甫	1	冯成甫37岁
德香村	濂溪坊	胡寿山	4	胡凤石28岁
协丰泰	濂溪坊	瞿连生	3	瞿连生50岁
同泰源	濂溪坊	胡寿山	4	胡凤岐32岁
胡瑞丰	十全街带城桥	胡田玉	1	胡田玉48岁
添禄丰	十全街带城桥	胡田玉	1	胡田玉48岁
叶寿和	十全街164号	杨鸿兴	1	杨鸿兴46号
穗香村	十全街59号	顾文瑞	1	顾文瑞48岁
芝兰斋	葑门外	蒋春荣	1	蒋春荣57岁
信隆盛	葑门外	蒋春荣	1	蒋春荣57岁
穀香村	葑门外	陈和生	2	陈和生46岁
新香村	葑门外	沈辛生	2	沈辛生34岁
永兴	葑门外横街	沈怀玉	3	沈怀玉43岁
稻香利	葑门外横街	钱春林	2	钱春林54岁
申香斋	葑门外横街	钱春林	1	钱根生35岁

续表

公司行号牌号	店址所在地	营业主或经理人	店员人数	出席本会代表姓名及年龄
申成昌	葑门外横街	蒋桂生	4	蒋桂生 36 岁
如意斋	葑门外横街	毕锦山	2	毕锦山 39 岁
悦来芳	葑门外东街	张季芳	2	张季芳 27 岁
如兰村	齐门跨塘桥	周稼根	1	周稼根 53 岁
如号	齐门外大街	王斌康	4	王斌康 51 岁
如号恒	齐门外大街	王斌康	6	王斌康 51 岁
东阳泰	齐门外大街	王斌康	3	王斌康 51 岁
老大昌	齐门外大街	高平卿	1	高平卿 48 岁
任和泰	齐门外大街	任金宝	1	任金宝 65 岁
乾泰	景德路 63 号	陆春芳	1	陆春芳 47 岁
孙天禄	景德路 168 号	孙文良	1	孙文良 47 岁
老荸荠	景德路 251 号	钱映泉	2	钱映泉 43 岁
采芝佳	学士街 171 号	刘金生	1	刘金生 46 岁
小朋友	北局小公园	周玉润	3	周玉润 38 岁
万香村	金门南新桥 30 号	万恒玉	2	万恒玉 32 岁
东永茂	皮市街	李全庆	2	李全庆 45 岁
森永兴	臭马路 122 号	沈怡生	1	沈怡生 38 岁
王裕丰	阊门外上津桥	王炳南	2	王炳南 47 岁
桂香斋	阊门外朱家庄	汤水生	2	汤水生 49 岁
东春阳兆记	阊门外乐荣坊口	张兆荣	2	张兆荣 52 岁
惟一家	阊门下塘 318 号	汪筱兰	1	汪筱兰 52 岁
叶成泰	阊门下塘 105 号	叶锡荣	1	叶锡荣 42 岁
天成祥	阊门皋桥	孙文良	2	孙文良 47 岁
东春阳仁记	阊门外普安桥	王和尚	3	王和尚 40 岁
春阳义记	阊门外渡僧桥	方伯义	6	方伯义 37 岁
味美斋	阊门外马路 64 号	毕岳华	5	毕岳华 38 岁
良友	阊门外马路 50 号	姚寿增	3	姚寿增 40 岁
泰丰洽	阊门南濠街	张基昌	4	张基昌 35 岁
永禄	阊门外广济桥	钱少卿	2	钱少卿 40 岁
永安	阊门外山塘街	钱少卿	3	钱少卿 40 岁
维新	唯亭镇	王维生	3	王维生 41 岁
天和泰	唯亭镇大街	汪海涵	3	汪海涵 55 岁

续表

公司行号牌号	店址所在地	营业主或经理人	店员人数	出席本会代表姓名及年龄
桂香斋	东渚镇大街	徐芝生	3	徐芝生 49 岁
南新泰	浒墅关镇	解福林	2	解福林 45 岁
家乐和	木渎镇	刘有德	4	刘有德 52 岁
乾生元	木渎镇	金瑞清	6	金瑞清 51 岁
陆万丰	木渎镇	陆云生	2	陆云生 39 岁
美泰丰	蠡墅镇	朱济云	2	朱济云 49 岁
野荸荠	蠡墅镇	叶宝初	3	叶宝初 46 岁
如兰村	蠡墅镇	周根生	2	周根生 38 岁
马大房	蠡墅镇	谢祥芝	3	谢祥芝 44 岁
异香村	蠡口镇	杨鹤卿	3	杨鹤卿 55 岁
义元顺	蠡口镇	袁家鹤	3	袁家鹤 51 岁
似兰村	蠡口胡家巷	周和根	1	周和根 43 岁
嘉禄	车坊镇	赵越清	1	赵越清 47 岁
天福	黄埭镇	薛长贵	4	薛长贵 46 岁
正茂新	黄埭镇	方本中	4	龚云樵 45 岁
隆号永	黄埭镇	顾健伯	5	顾健伯 52 岁
洪元隆	湘城镇	洪文卿	8	洪文卿 61 岁

资料来源：《吴县茶食糖果业同业公会会员名册》，1935 年 12 月 19 日，苏州市档案馆藏，档号：I014-002-0442-018-025。按：叶受和的陈葆初，原文作"陈宝初"。

附表3 吴县茶食糖果业同业公会会员概况（1942 年 7 月）

商号名称	开设地址	营业种类	代表姓名	年龄	籍贯	学历	每季会费	使用人数
稻香村	观前街	茶食糖果	汤长有	69	吴县	私塾	6 元	10
叶受和	观前街	茶食糖果	金立强	47	宁波	私塾	6 元	10
叶受和分号	景德路东首	茶食糖果	金立强	47	宁波	私塾	3 元	5
采芝斋	观前街	糖果	金培元	27	吴县	初中	6 元	10
悦采芳	观前街	糖果	金培元	27	吴县	高小	3 元	5
天来香	观前街	糖果	钮振华	40	常州	私塾	1.5 元	1
采芝香	观前街	糖果	钮子铭	43	常州	私塾	6 元	5
采芝春	观前街	糖果	金人俊	26	吴县	私塾	3 元	5
劝工社	观前街	饼干	张振之	42	吴县	高中	1.5 元	1
杏花村	宫巷碧凤坊口		郑益兴	51	无锡	私塾	1.5 元	1

续表

商号名称	开设地址	营业种类	代表姓名	年龄	籍贯	学历	每季会费	使用人数
苏州糖果	观前街		金鹤石	32	吴县	小学	6元	5
快活林	观前街	糖果	马财宝	33	宁波	私塾	1.5元	3
永鑫	观前北仓桥		吴斌友	36	吴县	私塾	3元	4
和平村	宫巷太监弄	糖果	徐福馨	46	吴县	私塾	1.5元	9
和平村分号	观前街东首	糖果	王春帆	61	吴县	私塾	1.5元	5
文魁斋	玄妙观内	糖果药梨	金永昌	31	吴县	中学	1.5元	1
申禄	玄妙观小菜场	糖果	姚荣祖	35	吴县	私塾	1.5元	1
老大房	临顿路曹胡徐巷口	糖果	龚炳卿	51	吴县	小学	1.5元	1
三友社	宫巷南口	糖果	顾渭如	39	吴县	中学	3元	4
惠凌村	宫巷49号		惠雪卿	64	无锡	私塾	1.5元	1
好青年	宫巷太监弄	糖果	陈根泉	34	吴县	私塾	1.5元	4
老湖园	观前太监弄		宋则施	50	吴县	私塾	1.5元	2
小朋友	北局小公园	糖果	周玉云	41	吴县	私塾	1.5元	6
万和	护龙街49号		宋荣福	34	吴县	小学	1.5元	1
同嘉禄	护龙街北段	糖果	陈云培	51	无锡	私塾	1.5元	1
同嘉禄润记	护龙街接驾桥	糖果	郭明寿	37	吴县	小学	1.5元	1
振华	护龙街双林巷口	饼干	徐森泉	49	无锡	私塾	3元	5
泰丰	护龙街禅心寺桥		朱济云	51	无锡	私塾	1.5元	1
东乐	护龙街乐桥	糖果	颜惠良	34	吴县	私塾	1.5元	2
采香村	东中市接驾桥	茶食糖果	汤石卿	38	吴县	私塾	3元	4
桂香村	东中市都亭桥	茶食糖果	顾志云	57	吴县	私塾	3元	15
佳禄和	东中市大街	糖果	姚伯泉	25	吴县	私塾	1.5元	1
嘉穗芳	西中市大街		吴卓峰	73	吴县	私塾	3元	9
生春阳	西中市皋桥堍	糖果	徐鹤琴	61	吴县	私塾	1.5元	1
一芝村	阊门西中市大街	糖果	董金泉	25	吴县	私塾	1.5元	5
赵天禄	阊门外上塘街	茶食糖果	袁衡祚	63	宁波	私塾	6元	10
东生阳	阊门外鲇鱼墩	茶食糖果	谢年亮	57	徽州	私塾	6元	5
东吴村	阊门外大马路	茶食糖果	陆士清	29	吴县	私塾	3元	4
一品香	阊门外大马路	茶食糖果	章臣沂	46	南京	私塾	6元	8
义顺丰	阊门外南濠街		王嘉禄	26	武进	高小	6元	3
永禄	大马路广济桥	糖果	徐少卿	56	镇江	私塾	1.5元	6
永利居	阊门外大马路	糖果	蒋金达	54	青浦	初中	1.5元	3

续表

商号名称	开设地址	营业种类	代表姓名	年龄	籍贯	学历	每季会费	使用人数
老振华	阊门外大马路	糖果	高万乘	51	盐城	私塾	1.5元	3
扬子	大马路	糖果	周润生	46	吴县	私塾		
金星	阊门外小邾弄口	糖果	金培元	27	吴县	初中	3元	7
东阳仁	阊门外山塘街		毕根林	25	徽州	小学	3元	5
太平春	阊门外石路口		罗焕杰	22	吴县	私塾	3元	5
东阳盛	山塘街星桥		刘达海	31	镇江	初中	3元	9
振华森记	山塘街渡僧桥北堍	糖果	徐森泉	49	无锡	私塾	3元	3
芝万生	中街路中		翁金麟	35	吴县	私塾	1.5元	2
阜恒丰	山塘街星桥	糖果	朱子麟	42	无锡	私塾	6元	5
张祥丰	阊门外山塘街新民桥	青盐糖果	金菊人	69	吴县	私塾	6元	10
王裕丰	阊门外上津桥	糖果	王炳南	47	吴县	私塾	1.5元	1
薪香斋	金门外横马路	糖果	张荣生	58	常州	私塾	3元	5
叶成泰	阊门内下塘街		刘国樑	49	吴县	私塾	1.5元	1
豫成丰	南濠小日晖桥	青盐蜜饯	戴鑫之	51	武进	私塾	6元	9
万香村	金门外南新桥堍	糖果	万金荣	51	镇江	私塾	1.5元	
万康	山塘桥堍		顾金龙	44	吴县	私塾	1.5元	6
泰丰洽	阊门外南濠街	青盐蜜饯	张基昌	45	无锡	高小	6元	9
张长丰	胥门外万年桥大街	青盐蜜饯	金菊人	69	吴县	私塾	6元	8
一芝香	阊门外鸭蛋桥	糖果	李瑞禄	51	镇江	私塾	3元	4
万顺兴	胥门外大街	糖果	周靖如	52	江阴	陆军学堂	3元	4
东昇阳	胥门外盛家弄	糖果	高金松	42	安徽	私塾	6元	5
天福	阊门内杨宅弄	糖果						
春阳泰	胥门外万年桥大街	茶食糖果	朱明宝	46	镇江	高小	6元	6
成记	胥门外万年桥大街	糖果	郑季康	44	吴县	私塾	6元	5
东阳泰	金门外南濠街		周靖如	52	江阴	私塾	1.5元	1
添禄丰	十全街带城桥	糖果	何田玉	60	吴县	私塾	1.5元	1
穗香村	大太平巷89号	糖果	顾文瑞	54	吴县	私塾	1.5元	1
叶寿和	十全街177号	糖果	杨巧生	53	吴县	私塾	1.5元	1
悦来	府前街织里桥堍	糖果	钱菊生	51	吴县	私塾	1.5元	1
采芝佳	学士街北口	糖果	刘金生	51	南通	私塾	1.5元	1
采香斋	太监弄25号	糖果	刘仲英	31	常熟	中学	1.5元	2
老野荸荠	道前街西	糖果	顾家振	35	吴县	私塾	3元	6

续表

商号名称	开设地址	营业种类	代表姓名	年龄	籍贯	学历	每季会费	使用人数
老松珍	养育巷中	茶食糖果	董子文	56	吴县	私塾	3元	4
老天禄	养育巷中	茶食糖果	徐仲康	48	吴县	私塾	1.5元	2
乾丰	养育巷中	糖果	方伯义	43	镇江	私塾	1.5元	1
天禄	道前街中		周仁生	47	吴县	私塾	1.5元	1
东永茂	皮市街北口	糖果	李金生	56	吴县	私塾	1.5元	1
悦来芳分号	皮市街史家巷口	糖果	陈瑞芳	29	吴县	私塾	1.5元	1
协丰和记	东中市都亭桥	饼干	朱觉生	32	吴县	私塾	1.5元	2
孙禄斋	临顿路善耕桥	糖果	陈梅生	63	吴县	私塾	1.5元	1
采芳斋	临顿路醋坊桥	糖果	姚镜和	54	靖江	私塾	1.5元	2
同万兴	宫巷86号		谭荣生	42	常熟	小学	1.5元	3
同泰盛	临顿路萧家巷口	糖果	方福生	55	镇江	小学	3元	2
如兰村	临顿路北口		周和生	32	吴县	小学	1.5元	2
东禄斋	临顿路白塔子桥堍		冯成甫	37	镇江	小学	1.5元	1
中西	临顿路白塔子巷口	糖果	冯隽	29	吴县	中学	1.5元	3
悦来芳协记	天后宫大街	糖果	陆莲芳	37	吴县	私塾	3元	4
王人和	临顿路潘儒巷口	糖果	王云嘉	32	吴县	私塾	1.5元	4
祥丰泰	临顿路潘儒巷口		秦绍忠	32	吴县	小学	1.5元	4
采芝香施记	临顿桥北堍	糖果	施泉卿	55	吴县	私塾	1.5元	1
聚源兴	养育巷中		朱浩然	28	无锡	初中	1.5元	1
老福兴	平江路	糖果	夏鹤峰	57	镇江	小学	1.5元	1
复兴祥	平江路中	糖果	朱坤兴	47	常州	小学	1.5元	1
复兴祥分号	平江路中		朱荣荣	24	常州	高小	1.5元	1
方同茂	娄门外大街	糖果	方汉臣	28	镇江	小学	3元	4
同福泰	平江路28号		莫忠兴	36	常州	小学	1.5元	1
同和泰分号	娄门外大街	糖果	胡凤岐	55	吴县	私塾	1.5元	3
同和泰	娄门外大街	糖果	胡凤岐	55	吴县	小学	6元	6
同申泰	娄门外大街		周云卿	47	吴县	小学	1.5元	3
任和泰	齐门外北马路桥	糖果	任岐香	32	吴县	私塾	1.5元	2
如号恒	齐门外大街	糖果	王斌康	47	吴县	初中	3元	3
如号恒分号	齐门外大街		王斌康	47	吴县	初中		
老荸荠	吴趋坊南口	糖果	钱荫泉	52	吴县	私塾	1.5元	1
协丰泰	濂溪坊东	糖果	瞿莲生	57	吴县	私塾	1.5元	1

续表

商号名称	开设地址	营业种类	代表姓名	年龄	籍贯	学历	每季会费	使用人数
同泰源	濂溪坊西	茶食糖果	颜学良	40	吴县	小学	6元	8
乾泰	景德路中	糖果	陆春芳	55	吴县	私塾	1.5元	1
孙天禄	景德路西	糖果	孙文亮	46	扬州	私塾	1.5元	1
报元芳	天后宫大街66号	茶食糖果	李俊才	50	吴县	小学	1.5元	2
生生	穿珠巷42号	糖果	廉松泉	46	无锡	小学	1.5元	1
杏林村	娄门外大街	糖果	张一仁	48	吴县	小学	1.5元	3
沈永兴	葑门外横街	糖果	沈怀玉	55	吴县	私塾	3元	2
申成昌	葑门外横街		蒋桂生	54	吴县	私塾	1.5元	1
信隆盛	葑门外横街		周家祥	26	吴县	初中	3元	1
如意斋	葑门外横街		毕锦山	67	吴县	私塾	1.5元	1
稻香利	葑门外横街		钱春林	61	吴县	私塾	1.5元	1
姜义泰	桃花坞东口	糖果	沈寿六	48	吴县	小学	1.5元	1
味香村	浒墅关镇大街		杨俊华	51	吴县	私塾	1.5元	1
野荸荠	蠡墅镇大街		叶俊杰	19	吴县	私塾	1.5元	1
乾生元	木渎镇大街		张金波	38	吴县	私塾	3元	2
华星	西海岛20号		蒋孝秀	40	吴县	私塾	1.5元	9
三家园	山塘知家栈		吴伯铭	32	江阴	初中	1.5元	2

资料来源：《商会会费清册》《江苏省吴县茶食糖果业同业公会会员情况统计表》，1942年7月，苏州市档案馆藏，档号：I002-002-0004-098-102。[1]

---

[1] 原表栏目此处未列入者，一并说明：经历，皆填为商；性别，除华星的蒋孝秀外皆为男性；皆无党籍；注册皆否。再，刘仲英籍贯原表作琴川，即常熟。金培元学历，采芝斋栏作初中，悦采芳栏作高小，据徐森《采芝斋糖果店史》，采芝斋第四代店主金培元，1930年高小毕业后，即入久丰钱庄当练习生，一年多后，即至其父开设的悦采芳糖果店当小主人。见苏州市地方志编纂委员会办公室、苏州市档案局编：《苏州史志资料选辑》第7辑，1987年，第102页。

此表未见《吴县茶食糖果业商业同业公会1947年10月营业税表》所载者57户，多为糖果号：广州、香港、沙利文、永香村、金芝斋、小有天、同禹兴、新太兴、三新、李万香、锦盛昌、新星、一支香、九芝斋、同泰兴、榖香村、美丰、稻源芳、同泰春、久大昌、广东、有益社、源香村、方同盛、三森、三久、亨利、三香村、太平村、保昌、萧顺兴、萧+ 茂、小苏州、红宝、吴万丰、天香分厂、品香斋、诚丰、东春阳、广利、悦来芳春记、悦来香、津津、颐香居、一枝香、同昌牲记、万泰福、老如号、明明、锦泰昌、嘉源、福兴、妙香村、稻香春、新香村、天禄仁记、徐顺顺。《吴县茶食糖果业商业同业公会1947年10月营业税表》未见此表所载者30户：义顺丰、东阳泰、叶成泰、太平春、如兰村、东禄斋、祥丰泰、同中泰、同福泰、万和、杏花村、苏州糖果、乾生元、泰丰、申成昌、信隆盛、如意斋、稻香利、嘉穗芳、永鑫、同万兴、万康、聚源兴、天禄、惠凌村、芝万生、味香村、野荸荠、华星、三家园。

附表4 吴县茶食糖果业同业公会公议行单（1942年）　　茶食部

品名	单位	价格/元	品名	单位	价格/元
八宝粉	盒	1.40	火腿月饼	盒	5.60
鸡蛋糕	方/块	8.00/1.00	葱油月饼	盒	4.80
蜜糕	斤	6.40	宫饼	盒	4.00
蒸圆蛋糕	只	7.00	大荤月饼	盒	4.00
定升糕	块	0.80	小荤月饼	盒	4.00
奶糕	包	0.60	净素月饼	盒	4.00
茯苓糕	斤	6.00	袋袋糕	袋	0.50
素枣麻	个	0.60	麻糕	包	0.50
荤枣麻	个	0.80	奶油蛋糕	块	0.50
炒米糕	斤	8.00	玉带软糕	包	0.50
资生糕	斤	8.00	洋蛋饼	个	0.50
橘红糕	斤	8.00	水花饼	卷	0.50
排砂糕	斤	8.00	袜底酥	个	0.30
砂仁八珍糕	斤	8.00	元番饼	个	0.30
洋钱饼	斤	8.00	大广饼	个	0.30
巧果	斤	8.00	小广饼	个	0.15
各种熏货觔头	斤	8.00	圈饼	个	0.35
肉饺	只	0.40	薄脆饼	个	0.40
金江肚脐	斤	7.20	文明饼	个	0.40
荤炸什	斤	12.80	松子酥	个	0.50
肉松	斤	24.00	绿豆酥	个	0.20
巧酥	只	0.40	大杏仁酥	个	0.80
椒桃片	包	0.50	小杏仁酥	个	0.40
杏仁片	包	0.50	盘香酥	个	0.40
椒盐片	包	0.50	冰雪酥	包	0.40
松花片	包	0.50	荤桃酥	卷	1.50
豆仁酥	包	0.40	素桃酥	卷	1.50
小云片	条	2.50	滋养饼干	斤	9.60
中云片	条	5.00	胡桃云片	斤	9.60

资料来源：《吴县茶食糖果业同业公会公议行单》，1942年7月，苏州市档案馆藏，档号：I014-003-0249-020。按：表中单位"盒"，原表俗作"合"。品名定升糕、砂仁八珍糕、绿豆酥，原文分别作"定胜糕""沙仁八珍糕""菉豆酥"。觔头，别作"筋头"，即蹄筋。

附表5　吴县茶食糖果业同业公会公议行单（1942年）　　糖果部

品名	单位	价格/元	品名	单位	价格/元
盐佛手	斤	48.00	陈皮	斤	32.00
梅皮	斤	28.80	椒盐杏仁	斤	28.80
椒盐胡桃	斤	12.80	脆桃球	斤	14.40
盐水胡桃	斤	28.80	玫瑰酱	斤	7.20
台果	斤	4.80	奶油瓜子	斤	11.20
香瓜子	斤	5.60	清水金饼	斤	14.40
西瓜子	斤	9.60	桃楂糖	斤	12.80
南瓜子	斤	9.60	桂圆糖	斤	7.20
棋子糖	斤	9.60	厚皮糖	斤	7.20
粽子糖	斤/只	7.20/0.05	洋果糖	斤	7.20
梅酱糖	斤/只	8.00/0.10	盐果肉	斤	6.40
柠檬果糖	斤	8.00	香蕉糖	斤	8.00
桂梅	斤	10.40	现制果	斤	8.00
沉香果	斤	8.00	糖佛手	斤	8.00
药果	斤	8.00	红瓜	斤	8.00
桂姜	斤	8.00	松子南枣	斤	12.80
上白杨	斤	14.40	白杨	斤	12.20
金饼	斤	12.80	玫瑰半梅	斤	11.20
薄荷半梅	斤	11.20	甘草半梅	斤	9.60
大制双	斤	9.60	小制双	斤	8.80
制卜	斤	4.00	甜制卜	斤	7.20
半梅干	斤	12.00	笋脯	斤	11.20
小制果	斤	4.80	橘饼	斤	12.80
甜梅皮	斤	16.00	油黄豆	斤	5.60
油豆板	斤	6.40	油果肉	斤	6.40

资料来源：《吴县茶食糖果业同业公会公议行单》，1942年7月，苏州市档案馆藏，档号：I014-003-0249-020。原表说明："包装，西瓜子铁瓶，大瓶1只4元，中瓶1只3元，小瓶1只2元；长蛋盒1只0.20元，方广盒1只0.40元。玻璃瓶照来价。"按：原表说明瓶字俗写作"并"，盒字俗写作"合"。表中桂姜、桂圆糖、笋脯，原文作桂薑、桂元糖、筍脯。制卜，别作支卜。半梅干，原文误作"手梅干"。

附表6　吴县茶食糖果业商业同业公会1947年10月营业税表

单位：法币元

营业字号	地址	营业种类	9月营业税	10月营业税照9月份加$\frac{1}{4}$	合计
稻香村	观前街	茶食糖果	2338454	2924318	5262772
叶受和	观前街	茶食糖果	1581716	1977145	3558861
叶受和分号	景德路	茶食糖果	493248	616560	1109808
采芝斋	观前街	糖果	1399490	1749362	3148852
广州	观前街	糖果饼干罐头食品	2173570	3966962	6140532
香港	观前街	糖果	442421	553026	995447
沙利文	观前街	糖果	123116	166395	289511
永香村	观前街	糖果	296000	371162	667162
天来香	观前街	糖果	58395	72994	131389
采芝香	观前街	糖果	268599	335749	604348
采芝春	观前街	糖果	556250	700912	1257162
金芝斋	观前街	糖果	1072800	1341000	2413800
劝工社	观前街	饼干	64039	80049	144088
快活林	观前街	糖果	73522	91902	165424
和平村维记	观前街东首	糖果	83931	104914	188845
文魁斋	玄妙观	糖果药梨	22500		22500
小有天	玄妙观	甜制食品	22500		22500
申禄	观成巷	糖果	22500		22500
同禹兴	宫巷	糕饼	147599	184500	332099
老大房	宫巷	糖果	126266	157832	284098
三友社	宫巷	糖果	150143	187680	337823
新太兴	宫巷太监弄	糖果	51300	64125	115425
好青年	宫巷太监弄	糖果	173660	217080	390740
老湖园	宫巷太监弄	糖果	28282	35356	66638
小朋友	北局	糖果	191900	239875	431775
三新	北局	糖果	68649	85811	154460
李万香	邵磨针巷	糖果	22500		22500
锦盛昌	中正路	糖果	149115	186394	335464
新星	中正路	糖果	51000	63750	114750
一支香	中正路	糖果	22500		22500

续表

营业字号	地址	营业种类	9月营业税	10月营业税照9月份加$\frac{1}{4}$	合计
九芝斋	中正路	糖果	22500		22500
同嘉禄	中正路	糖果	22500		22500
同泰兴	中正路	糖果	22500		22500
穀香村	中正路	糖果	22500		22500
美丰	中正路	饼干	22500		22500
稻源芳	中正路	茶食糖果	58368	79260	137628
振华	中正路	饼干	105195	131496	236691
东乐	中正路	糖果	28196	35245	63441
同泰春	中正路	糖果	22500		22500
久大昌	中正路	糖果	22500		22500
采香村	东中市接驾桥	茶食糖果	192333	239916	432249
广东	接驾桥	茶食糖果	22500		22500
桂香村	接驾桥	茶食糖果	1098217	1372771	2470988
有益社	东中市	糖果	22500		22500
佳禄和	东中市	糖果	22500		22500
源香村	东中市	糖果	22500		22500
生春阳	西中市	糖果	22500		22500
一芝春	西中市	糖果	146534	182168	328702
方同盛	阊门内下塘	糖果	22500		22500
立森	阊门内下塘	糖果	26024	32530	58554
赵天禄	上塘街	茶食糖果	1079565	1349456	2429021
东生阳	阊门外鲇鱼墩	茶食糖果	1349909	1687390	3037299
东吴村	阊门外大马路	茶食糖果	2156393	2695990	2911623
一品香	大马路	茶食糖果	2623514	3294900	5918414
三久	大马路	罐头食品糖果饼干	636600	795750	1432350
南园	大马路	糖果	70042	87556	157598
亨利	大马路	青盐糖果	215940	269930	485870
永禄	大马路	糖果	123234	154043	277277
永利居	大马路	糖果	126604	158260	284864
三香村	大马路	糖果	22500		22500
太平村	大马路	茶食糖果	247310	309140	556450
老振华	金门大马路	糖果	22500		22500

续表

营业字号	地址	营业种类	9月营业税	10月营业税照9月份加$\frac{1}{4}$	合计
扬子	大马路	糖果	30191	37739	67930
金星	山塘街	糖果	154754	193443	348197
保昌	山塘桥堍	糖果	627381	784226	1411607
东阳仁记	山塘街		102868	128595	231463
东阳盛	山塘街		204069	255086	459155
振华森记	山塘街	糖果	68358	85450	153808
阜恒丰	山塘街	糖果	283114	353892	637006
萧顺兴	山塘街	糖果	22500		22500
张祥丰	山塘街	青盐糖果	2882935	2603669	5486604
王裕丰	山塘街	糖果	23475	29344	52819
萧华茂	四摆渡	青盐糖果	44768	55960	100728
小苏州	横马路	糖果	157335	196669	354004
红宝	广济桥	糖果	55575	69469	125044
靝香斋	金门外横马路	糖果	22500		22500
吴万丰	钱万里桥	青盐蜜饯	237646	297058	534704
豫成丰	南濠街小日晖桥	青盐蜜饯	429100	536375	965475
万香村	横马路	糖果	22500		22500
泰丰洽	南濠街	青盐蜜饯	1427673	1784590	3212263
天香分厂	南濠街	糖果	453336	566670	1020006
张长丰	万年桥大街	青盐蜜饯	1312968	1641210	2954178
一芝香	大马路	糖果	70110	87650	157760
品香斋	金门大马路	糖果	79192	99000	178192
万顺兴靖记	万年桥大街	糖果	97886	122332	220218
东昇阳	胥门外盛家弄	糖果	369041	421751	790792
天福	阊门内杨宅弄	糖果	22500		22500
春阳泰	胥门外万年桥大街	茶食糖果	667300	834125	1501425
诚丰	南濠街	糖果	463224	579030	1042254
成记	胥门外大街	糖果	1322020	1652525	2974545
添禄丰	十全街	糖果	24555	306938	331493
穗香村	大太平巷	糖果	22500		22500
叶寿和杨记	十全街	糖果	22500		22500
悦来	府前街	糖果	22500		22500

续表

营业字号	地址	营业种类	9月营业税	10月营业税照9月份加$\frac{1}{4}$	合计
东春阳	府前街	糖果	22500		22500
采芝佳	学士街	糖果	22500		22500
采香斋	道前街	糖果		279503	279503
老野荸荠	道前街	糖果	837520	1046900	1884420
老松珍	养育巷	茶食糖果	95281	119101	214382
老天禄	养育巷	茶食糖果	32535	40669	73204
乾丰	养育巷	糖果	22500		22500
东永茂	皮市街	糖果	22500		22500
悦来芳分号	皮市街	糖果	23750	29688	53388
协丰	皮市街	饼干	26216	32770	58986
孙禄斋	临顿路	糖果	22500		22500
采芳斋	临顿路	糖果	22500		22500
广利	临顿路	糖果	22500		22500
同泰盛	临顿路	糖果	30867	38584	69451
中西	临顿路	糖果	22500		22500
悦来芳春记	旧学前	糖果	22500		22500
悦来香	临顿路	糖果	22500		22500
悦来芳协记	天后宫巷	糖果	617536	771920	1389456
王人和	临顿路	糖果	199204	249005	448209
津津	仁孝里	牛肉食品	229406	286758	516164
采芝香施记	临顿路	糖果	22500		22500
颐香居	平江路	糖果	22500		22500
一枝香	平江路	糖果	32231		32231
同昌甡记	平江路	糖果	34485	43106	77591
老福兴	平江路	糖果	22500		22500
复兴祥	平江路	糖果	22500		22500
方同茂	娄门外大街	糖果	744267	930334	1674601
万泰福	娄门外大街	糖果	41281	51600	92881
同和泰分号	娄门外大街	糖果	97415	121768	219183
同和泰	娄门外大街	糖果	1067460	1334325	2401785
任和泰	齐门外大街	糖果	71000	88750	159750
如号恒	齐门外大街	糖果	90736	113420	204156

续表

营业字号	地址	营业种类	9月营业税	10月营业税照9月份加$\frac{1}{4}$	合计
老如号	齐门外大街	糖果	68322	85402	153364
明明	东北街	糖果	22500		22500
老荸荠	吴趋坊口	糖果	22500		22500
协丰泰	濂溪坊	糖果	22500		22500
同泰源	濂溪坊（街西）	茶食糖果	1355010	1693770	3048780
锦泰昌	西中市书巷	糖果	22500		22500
嘉源	景德路	糖果	22500		22500
福兴	景德路	糖果	22500		22500
妙香村	景德路	糖果	22500		22500
乾泰	景德路	糖果	22500		22500
孙天禄	景德路	糖果	22500		22500
报元芳	天后宫大街	茶食糖果	125856	157320	283176
稻香春	阊门西街	糖果	22500		22500
新香村	桃花坞	糖果	22500		22500
天禄仁记	中街路	糖果	22500		22500
生生	专诸巷	糖果	22500		22500
杏林村	娄门外大街	糖果	22500		22500
徐顺顺	景德路	糖果	22500		22500
沈永兴	葑门横街	糖果	22500		22500
姜义泰	桃花坞	糖果	22500		22500

资料来源：《吴县茶食糖果业商业同业公会民国三十六年度拾月份营业税表》，苏州市档案馆藏，档号：I002-002-0004-077。

附表7 1964年苏州市高价糕点耗用原材料及辅助材料价格统一计算表（一）

粮食类			甜性类			油脂类			荤食品类		
品名	单位	议价/元	品名	单位	价格/元	品名	单位	价格/元	品名	单位	价格/元
上白面粉	斤	0.494	榴花白砂糖	斤	0.76	菜油	斤	0.74	鲜肉	斤	0.95
标准面粉	斤	0.417	古巴砂糖	斤	0.72	豆油	斤	0.79	鸡蛋	斤	0.80
元米	斤	0.334	加工白砂糖	斤	0.76	麻油	斤	0.93	蛋黄粉	斤	3.00
元米粉	斤	0.359	加工甲绵白糖	斤	0.76	生油	斤	0.78	蛋白干	斤	5.55
粳米	斤	0.315	加工乙绵白糖	斤	0.72	棉清油	斤	0.65	鲜蛋白	斤	0.96

续表

粮食类			甜性类			油脂类			荤食品类		
品名	单位	议价/元	品名	单位	价格/元	品名	单位	价格/元	品名	单位	价格/元
粳米粉	斤	0.329	白砂糖粉	斤	0.79	荤油	斤	1.64			
特粳米	斤	0.358	古巴砂糖粉	斤	0.75	糖猪油	斤	1.22			
上白熟面	斤	0.509	大米饴糖	斤	0.28	可可油	斤	4.86			
标准熟面	斤	0.432	碎米饴糖	斤	0.26						
元炒粉	斤	0.412	米栖饴糖	斤	0.25						
粳炒粉	斤	0.39	白饴糖	斤	0.285						
赤豆	斤	0.362	糖精	斤	23.00						
黄豆	斤	0.342	酥坯	斤	0.35						
黑白芝麻	斤	0.358									
黄豆粉	斤	0.419									
玉兰片	斤	0.52									
元炒粉	斤	0.412									
脱壳豆沙	斤	0.65									
蚕豆	斤	0.34									

资料来源：中国糖业烟酒公司江苏省苏州分公司编印《苏州市高价糕点规格价格》，1964年4月30日，内部资料，苏州市档案馆藏，档号：G036-002-0090-021。按：黑白芝麻，原表谓计划价0.50元。

附表8 1964年苏州市高价糕点耗用原材料及辅助材料价格统一计算表（二）

其他类			干果蜜饯类			香料类			包装纸类		
品名	单位	价格/元	品名	单位	价格/元	品名	单位	价格/元	品名	单位	价格/元
脂粉	斤	0.80	大松玉	斤	4.00	香兰素	斤	64.90	龙须酥	包	0.01
洋菜	斤	13.67	中松玉	斤	3.00	五香粉	斤	0.85	五香麻糕	包	0.003
酵母	斤	1.16	净桃玉	斤	3.00	白脱油	斤	11.17	可可烘片	包	0.003
阿末尼	斤	0.35	瓜玉	斤	3.25	香草油	斤	20.00	冰雪酥	包	0.01
苏打	斤	0.21	伊枣玉	斤	0.51	杏仁油	斤	20.66	酥糖	包	0.008
石碱	斤	0.105	橙丁	斤	1.22	薄荷油	斤	10.00	桃云片	包	0.008
精盐	斤	0.1475	玫瑰花	斤	1.165	薄荷脑	斤	21.83	松云片	包	0.008
奶粉	斤	2.10	桂花	斤	1.27	玫瑰油	斤	20.00	麻松片	包	0.008
可可粉	斤	3.50	蜜瓜	斤	0.80	薄荷末	斤	1.92	椒桃片	包	0.003

续表

其他类			干果蜜饯类			香料类			包装纸类		
品名	单位	价格/元	品名	单位	价格/元	品名	单位	价格/元	品名	单位	价格/元
咖啡粉	斤	2.35	冬瓜糖	斤	1.35	柠檬油	斤	29.18	云片糕	包	0.015
酱油	斤	0.16	糖橘皮	斤	1.27	香蕉油	斤	15.20	桃酥	包	0.00375
味精	斤	8.35	干玫瑰花	斤	7.20	橘子油	斤	28.37	三色片糕	包	0.008
香葱	斤	0.15	枣泥	斤	0.51	混合香精	斤	20.49	米花糖	包	0.007
花椒	斤	2.00	苹果肤	斤	1.50	杨梅油	斤	10.85	芙蓉酥	包	0.007
松花粉	斤	1.92	梨肤	斤	1.50	西湖橘子香精	斤	28.37	杏仁片	包	0.003
柠檬酸	斤	2.64	糖莲心	斤	1.35	香草粉	斤	70.00	玫瑰片	包	0.003
酒酿	斤	0.12	糖藕片	斤	1.05	桉叶香精	斤	7.00	松花片	包	0.003
山楂灰	斤		荔枝酱	斤	0.51				椒盐片	包	0.003
巧克力	斤	2.57	蜜李片	斤	0.80				大方松片	包	0.008
			蜜梨糕	斤	0.80				豆酥糖	包	0.003
			次冬瓜糖	斤	0.841				玉兰片	包	0.01
			桃肤	斤	1.50						
			黑枣玉	斤	1.00						
			葡萄干	斤	2.00						
			百果酱	斤	0.80						

资料来源：中国糖业烟酒公司江苏省苏州分公司编印《苏州市高价糕点规格价格》，1964年4月30日，内部资料，苏州市档案馆藏，档号：G036-002-0090-021-023。按：绵白糖，原表作"棉白糖"；橘，原表作"桔"。

附表9 1964年苏州市高价糕点统一规格、价格一览表

产品名称	生产总成本/元	单位	规格/两	产量	批发价/元 一类	批发价/元 二类	零售价/元	单位成本/元	出厂价/元	生产利润
松子冰雪酥	62.21	包	0.78	840	0.111	0.108	0.13	0.07406	0.0844	14%
炒米糕	58.07	斤	散装	76	1.275	1.245	1.50	0.764	0.879	15%
芝麻荤油酥糖	84.72	包	1	1000	0.128	0.125	0.15	0.08472	0.0966	14%
猪油麻酥糖	88.89	包	1	1050	0.128	0.125	0.15	0.08465	0.0965	14%
可可芝麻酥糖	82.32	包	1	1020	0.128	0.125	0.15	0.0809	0.092	14%
桃云片	20.01	包	0.85	240	0.119	0.116	0.14	0.0834	0.0951	14%
松云片	20.01	包	0.85	240	0.119	0.116	0.14	0.0834	0.0951	14%

续表

产品名称	生产总成本/元	单位	规格/两	产量	批发价/元 一类	批发价/元 二类	零售价/元	单位成本/元	出厂价/元	生产利润
麻松片	45.02	包	0.8	580	0.119	0.116	0.14	0.07762	0.0885	14%
椒桃片	29.245	包	0.8	360	0.119	0.116	0.14	0.08124	0.0926	14%
云片糕	9.96	条	5	30	0.553	0.54	0.65	0.3313	0.381	15%
袜底酥	67.16	只	0.66	1350	0.085	0.083	0.10	0.04975	0.0563	14%
蛋糕	120.13	只	0.7	2100	0.085	0.083	0.10	0.05721	0.06521	14%
方蛋糕	120.13	方	0.79	175	1.02	0.996	1.20	0.6864	0.783	14%
杏仁酥	75.86	只	0.66	1350	0.085	0.083	0.10	0.05619	0.06111	14%
葱油桃酥	67.23	包	1.33	650	0.17	0.166	0.20	0.10343	0.119	15%
八宝粉	57.21	斤	散装	88	1.02	0.996	1.20	0.65	0.728	12%
松子猪油枣泥麻饼	105.16	只	1.3	1150	0.17	0.166	0.20	0.09144	0.1042	14%
洋钱饼	178.32	斤	散装	100	1.275	1.245	1.50	0.7822	0.90	15%
猪油酒酿饼	59.06	只	1	1000	0.085	0.083	0.10	0.05905	0.0673	14%
拌糖徽子	65.15	把	0.68	1100	0.085	0.083	0.10	0.05922	0.0676	14%
巧酥	75.73	只	0.84	1000	0.119	0.116	0.14	0.07573	0.0863	14%
油氽豆结	81.64	斤	散装	86	1.275	1.245	1.50	0.9493	1.06	12%
枇杷梗	78.43	斤	散装	120	1.275	1.245	1.50	0.6535	0.752	15%
交连酥	61.08	只	0.78	1100	0.085	0.283	0.10	0.0553	0.0533	14%

资料来源：中国糖业烟酒公司江苏省苏州分公司编印《苏州市高价糕点规格价格》，1964年4月30日，内部资料，第24—26页。苏州市档案馆藏，档号：G036-002-0090-024-026。
按：徽子，原文作"散子"。

附表10　1964年苏州市普通糕点耗用原材料及辅助材料价格统一计算表（一）

粮食类			甜性类			油脂类			荤食品类		
品名	单位	计划价/元	品名	单位	价格/元	品名	单位	价格/元	品名	单位	价格/元
上白面粉	斤	0.205	榴花白砂糖	斤	0.76	菜油	斤	0.74	鲜肉	斤	0.95
标准面粉	斤	0.163	古巴砂糖	斤	0.72	豆油	斤	0.79	鸡蛋	斤	1.00
元米	斤	0.156	加工白砂糖	斤	0.76	麻油	斤	0.93	蛋黄粉	斤	3.00
元米粉	斤	0.181	加工甲绵白糖	斤	0.76	生油	斤	0.78	蛋白干	斤	5.55
粳米	斤	0.145	加工乙绵白糖	斤	0.72	棉清油	斤	0.65			
粳米粉	斤	0.159	白砂糖粉	斤	0.79	荤油	斤	1.96			

续表

粮食类			甜性类			油脂类			荤食品类		
品名	单位	计划价/元	品名	单位	价格/元	品名	单位	价格/元	品名	单位	价格/元
特粳米	斤	0.153	古巴砂糖粉	斤	0.75	糖猪油	斤	1.28			
上白熟面	斤	0.22	大米饴糖	斤	0.28	可可油	斤	4.86			
标准熟面	斤	0.18	碎米饴糖	斤	0.26						
元炒粉	斤	0.234	米粞饴糖	斤	0.25						
粳炒粉	斤	0.22	白饴糖	斤	0.285						
赤豆	斤	0.161	糖精	斤	25.00						
黄豆	斤	0.138	酥坯	斤	0.35						
议价黑白芝麻	斤	1.05	加工红糖	斤	0.583						
黄豆粉	斤	0.216	葡萄糖	斤	0.736						
面包粉	斤	0.50									
淀粉	斤	0.42									
玉兰片	斤	0.30									
生果玉	斤	0.495									
熟果玉	斤	0.66									
特粳粉	斤	0.178									
碎饼	斤	0.25									
出壳豆沙	斤	0.56									

附表11　1964年苏州市普通糕点耗用原材料及辅助材料价格统一计算表（二）

其他类			干果蜜饯类			香料类		
品名	单位	价格/元	品名	单位	价格/元	品名	单位	价格/元
脂粉	斤	0.80	大松玉	斤	4.00	香兰素	斤	64.90
洋菜	斤	13.67	中松玉	斤	3.00	五香粉	斤	0.85
酵母	斤	1.16	净桃玉	斤	3.00	白脱油	斤	11.17
阿末尼	斤	0.35	瓜玉	斤	3.25	香草油	斤	20.00
苏打	斤	0.21	伊枣玉	斤	0.51	杏仁油	斤	20.66
石碱	斤	0.105	橙丁	斤	1.22	薄荷油	斤	10.00
精盐	斤	0.1475	玫瑰花	斤	1.165	薄荷脑	斤	21.83
奶粉	斤	2.10	桂花	斤	1.27	玫瑰油	斤	20.00

续表

其他类			干果蜜饯类			香料类		
品名	单位	价格/元	品名	单位	价格/元	品名	单位	价格/元
可可粉	斤	3.50	蜜瓜	斤	0.80	薄荷末	斤	1.92
咖啡粉	斤	2.35	冬瓜糖	斤	1.35	柠檬油	斤	29.18
酱油	斤	0.16	糖橘皮	斤	1.27	香蕉油	斤	15.20
味精	斤	8.35	干玫瑰花	斤	7.20	橘子油	斤	28.37
香葱	斤	0.15	枣泥	斤	0.51	混合香精	斤	20.49
花椒	斤	2.00	苹果肤	斤	1.50	杨梅油	斤	10.85
松花粉	斤	1.92	梨肤	斤	1.50	西湖橘子香精	斤	28.37
柠檬酸	斤	2.64	糖莲心	斤	1.35	香草粉	斤	70.00
酒酿	斤	0.12	糖藕片	斤	1.05	桉叶香精	斤	7.00
乳腐	块		荔枝酱	斤	0.51			
甲酸	斤	5.40	蜜李片	斤	0.80			
			蜜梨糕	斤	0.80			
			冰糖冬瓜	斤	0.841			
			桃肤	斤	1.50			
			百果酱	斤	0.80			

资料来源：中国糖业烟酒公司江苏省苏州分公司编印《苏州市普通糕点规格价格》，1964年4月30日，内部资料，苏州市档案馆藏，档号：G036-002-0090-045-047。原表说明："由于荤油、糖猪油、鸡蛋价格进行了调低，所以配方中使用数量必须相应增加用量，如荤油配方中计算成本时，每斤1.95元，改为1.64元，所以每斤相应增加1.9两，即原配方中用一斤，改用1.19斤。糖猪油……根据荤油计算精神办理，糖精降低价格后差额，用其他品种代替。"

附表12　1964年苏州市普通糕点统一规格、价格一览表（一）

产品名称	生产总成本/元	单位	产量	顶粮/两	规格/两	批发价/元	零售价/元	单位成本/元	生产利润	批零差率
奶糕	19.25	包	500	1	1	0.0435	0.05	0.0385	13%	15%
马蹄糕	19.25	条	500	1	2	0.0435	0.05	0.0385	13%	15%
麻条	23.10	只	500	1	1.6	0.0522	0.06	0.0462	13%	15%
香蕉饼	23.15	只	500	1	1.6	0.0522	0.06	0.0462	13%	15%
杏仁酥	26.95	只	500	1	1.7	0.0609	0.07	0.0539	13%	15%
糖油软糕	26.95	块	500	1	2	0.0609	0.07	0.0539	13%	15%
蜜糕	30.80	块	500	1	2	0.0696	0.08	0.0616	13%	15%

续表

产品名称	生产总成本/元	单位	产量	顶粮/两	规格/两	批发价/元	零售价/元	单位成本/元	生产利润	批零差率
袜底酥	30.80	只	500	1	1.8	0.0696	0.08	0.0616	13%	15%
广饼	34.65	只	500	1	1.8	0.0783	0.09	0.0693	13%	15%
松子酥	34.65	只	500	1	1.7	0.0783	0.09	0.0693	13%	15%
菊花酥	34.65	只	500	1	1.7	0.0783	0.09	0.0693	13%	15%
桃酥	34.65	包	500	1	1.6	0.0783	0.09	0.0693	13%	15%
定升糕	34.65	只	500	1	1.65	0.0783	0.09	0.0693	13%	15%
猪油松子酥	3.85	只	50	1	2	0.087	0.10	0.077	13%	15%
猪油菊花酥	3.85	只	50	1	2	0.087	0.10	0.077	13%	15%
单面麻饼	38.50	只	500	1	2	0.087	0.10	0.077	13%	15%
葱油桃酥	46.20	卷	500	1	1.6	0.1044	0.12	0.0924	13%	15%
果子蜜糕	50.05	块	500	1	2.3	0.113	0.13	0.1001	13%	15%
猪油麻饼	54.45	只	500	1	2.3	0.123	0.14	0.1089	13%	14%
乙级雪饼	26.10	只	1140	1/2	0.8	0.0261	0.03	0.02289	14%	15%
咸切酥	88.00	只	1000	1/2	0.85	0.0384	0.04	0.03052	14%	15%
花兰饼	30.52	只	1000	1/2	0.9	0.348	0.04	0.03052	14%	15%
老爷饼	30.52	只	1000	1/2	0.9	0.348	0.04	0.03052	14%	15%
香蕉饼	30.52	只	1000	1/2	0.9	0.348	0.04	0.03052	14%	15%
车轮饼	30.52	只	1000	1/2	0.9	0.348	0.04	0.03052	14%	15%
蝴蝶酥	30.52	只	1000	1/2	0.9	0.348	0.04	0.03052	14%	15%
素酒酿饼	30.52	只	1000	1/2	1	0.348	0.04	0.03052	14%	15%
荷叶酥	3.185	只	100	1/2	0.9	0.0435	0.05	0.03815	14%	15%
甲级雪饼	38.15	只	1000	1/2	0.85	0.0435	0.05	0.03815	14%	15%
元仪饼	3.815	只	100	1/2	0.85	0.0435	0.05	0.03815	14%	15%
单爱雪饼	38.15	只	1000	1/2	0.85	0.0435	0.05	0.03815	14%	15%
双爱雪饼	38.15	只	1000	1/2	0.85	0.0435	0.05	0.03815	14%	15%
爽口酥	38.15	只	1000	1/2	0.85	0.0435	0.05	0.03815	14%	15%
小杏仁酥	38.15	只	1000	1/2	0.85	0.0435	0.05	0.03815	14%	15%
小麻条	38.15	只	1000	1/2	0.9	0.0435	0.05	0.03815	14%	15%
鲜肉炉饼	38.15	只	1000	1/2	0.95	0.0435	0.05	0.03815	14%	15%
猪油炉饼	38.15	只	1000	1/2	1	0.0435	0.05	0.03815	14%	15%
果仁条	38.15	只	1000	1/2	0.9	0.0435	0.05	0.03815	14%	15%
油氽鲜肉饼	56.77	只	1340	1/2	1	0.0522	0.06	0.04578	14%	15%

续表

产品名称	生产总成本/元	单位	产量	顶粮/两	规格/两	批发价/元	零售价/元	单位成本/元	生产利润	批零差率
小猪油松子酥	45.78	只	1000	1/2	0.85	0.0522	0.06	0.04578	14%	15%
小猪油菊花酥	45.78	只	1000	1/2	0.85	0.0522	0.06	0.04578	14%	15%
荤油杏仁酥	45.78	只	1000	1/2	0.85	0.0522	0.06	0.04578	14%	15%
交连酥	45.78	只	1000	1/2	0.76	0.0522	0.06	0.04578	14%	15%
荤酒酿饼	45.78	只	1000	1/2	1	0.0522	0.06	0.04578	14%	15%
盘香酥	45.78	只	1000	1/2	0.85	0.0522	0.06	0.04578	14%	15%
如意酥	4.578	只	100	1/2	0.85	0.0522	0.06	0.04578	14%	15%
猪油百合酥	53.41	只	1000	1/2	0.9	0.0609	0.07	0.05341	14%	15%
荤油馓子	46.30	把	1000	1/2	0.7	0.0522	0.07	0.04621	14%	15%
豆酥糖	53.41	包	1000	1/2	0.8	0.609	0.07	0.05341	14%	15%
花边饺	61.04	只	1000	1/2	0.95	0.0696	0.08	0.06104	14%	15%
开口笑	52.60	只	2000	1/4	0.5	0.0302	0.035	0.0263	15%	16%
鲜肉饺	7.63	只	200	1/4	0.54	0.0435	0.05	0.03815	14%	15%
蛋糕	90.00	只	2000	1/4	0.65	0.0518	0.06	0.045	15%	16%
荤油肉饺	9.16	只	200	1/4	0.55	0.0522	0.06	0.04578	14%	15%
枣泥卷	37.50	只	100	5		0.431	0.50	0.375	15%	16%
豆沙卷	37.50	只	100	5		0.431	0.50	0.375	15%	16%
耳朵饼	37.49	只	83.3	6		0.517	0.60	0.45	15%	16%
雪球	37.49	只	83.3	6		0.517	0.60	0.45	15%	16%
金刚球									15%	16%
樱桃饼	45.23	只	83.3	6		0.57	0.66	0.495	15%	16%
枇杷梗	58.92	只	108.3	6		0.62	0.72	0.544	15%	16%
金钱饼	48.73	只	83.3	6		0.673	0.78	0.585	15%	16%
洋钱饼	58.50	只	100	5		0.673	0.78	0.585	15%	16%
骨牌酥	37.49	只	83.3	6		0.517	0.60	0.45	15%	16%
炒米糕	42.76	斤	62.5	8		0.78	0.90	0.6842	14%	16.5%
排砂糕	42.76	斤	62.5	8		0.78	0.90	0.6842	14%	16.5%
一口乐	70.00	斤	100	5		0.828	0.96	0.72	15%	16%
一般水花饼	72.00	斤	100	5		0.828	0.96	0.72	15%	16%
方蛋糕										
云片糕										

资料来源：中国糖业烟酒公司江苏省苏州分公司编印《苏州市普通糕点规格价格》，1964年4月30日，内部资料，第37—39页。苏州市档案馆藏，档号：G036-002-0090-048-055。

附表13 1964年苏州市普通糕点统一规格、价格一览表（二）

产品名称	生产总成本/元	单位	产量	顶粮/两	规格/两	批发价/元	零售价/元	单位成本/元	生产利润	批零差率
椒桃片	3.435	包	50	0.5	0.9	0.0783	0.09	0.0687	14.0%	15%
云片糕	79.39	条	300	3	5	0.034	0.35	0.2646	14.3%	15%
金刚球	56.25	斤	150	5	散装	0.431	0.50	0.375	15.0%	16%
苓糕	21.56	斤	50	10	散装	0.517	0.60	0.4312	19.9%	16%
巧果	46.08	斤	72	7	散装	0.73	0.84	0.64	14.0%	15%
冰雪酥	34.18	包	560	1	0.9	0.0696	0.08	0.0614	14.0%	15%
香糕	33.25	斤	63	8	散装	0.64	0.74	0.518	21.2%	16%
巧酥	53.41	只	1000	0.5	0.9	0.069	0.07	0.05341	14.0%	15%
五香麻糕	9.62	包	140	1/2	0.88	0.0783	0.09	0.0687	14.0%	15%
绿豆糕	3.20	块	140	1两8块	0.3	0.0261	0.03	0.02289	14.0%	15%

资料来源：中国糖业烟酒公司江苏省苏州分公司编印《苏州市普通糕点规格价格》，1964年4月30日，内部资料，第39—40页。苏州市档案馆藏，档号：G036-002-0090-084-085。

附表14 1964年上海与苏州部分糕点规格配料对比

单位：斤

品种	每百斤成品耗粮		每百斤成品耗糖		每百斤成品耗油		每百斤成品耗辅料		每百斤成品耗辅料	
	上海	苏州	上海	苏州	上海	苏州	上海	苏州	上海	苏州
蛋糕	27.8	35.7	37.0	21.4	2.2	2.4		21.4	37	47
米花糖	58.73	58.8	29.6	27.1	14.1	21.4	12.7	2.4	1.44	7.1
开口笑	46	42	23.1	17	26.4	7.5	9.2		4.6	16
黑麻猪油酥糖	23	31.7	54.5	38			10	11.2	16	39
云片糕	44.7	60	44.7	30	3	2.1	2	13.3	6	3
桃云片	33.3	48	39	37	4.4	4.6	4.4		22	11.6
麻糕	20	50	48	28.6					33	32
洋钱饼	41.7	60	25	30	8.3	12	1.7		32.1	23.4
袜底酥		55.5		16.7		23.3				2.2
杏仁酥		55.5		27.8		16.7		5.6		
蛋黄条	48		23.8		18				18	
枣泥卷		50		4		2		18		22

续表

品种	每百斤成品耗粮		每百斤成品耗糖		每百斤成品耗油		每百斤成品耗辅料		每百斤成品耗辅料	
	上海	苏州	上海	苏州	上海	苏州	上海	苏州	上海	苏州
甜麻花	80		8		6.8		3.2		5	
金钱饼		60		9.6		4.1		18		19.2
猪油水桃酥	57		26		23		4.6		3.6	
耳朵饼		60		7.2		7.2		24		6.5
云片糕	57.5		35		2		2.5		1.5	
葱油桃酥	63	62.5	2.5	5	12.9	10	3.4	30	8.5	
麻饼	25	50	9.5	4	11.6	2	9.6	22	47.1	26
杏仁酥	55	59	27.5	4.6	7.5	3.5	6.25	33	7	
杏仁条	57	62.5	8	5	1.7	2.5	37	18.75	4	3
袜底酥	62	55.5	14	4.44	12	7.7	13	11.1	12	2.2
油枣	55		28		10		20		2.5	
冰雪酥	56		24.5		1.6		7.2		31	
猪油蛋糕	36		19		2.74		27.4		33	
松子云片	44.4		39.6		33		4.4		15	
太史饼	53.5		25		12				15	
开口笑	56		17.5		17.25		3.5		13	
绿豆糕	31		23.4		15.5				34	
胡桃云片	44		36		2		5		14	
玫瑰猪油酥糖	44.7		37		4.5		10		6	

资料来源：中国糖业烟酒公司江苏省苏州分公司：《上海苏州部份糕点规格配料价格表》，1964年3月2日，苏州市档案馆藏，档号：G036-002-0090-088-091。按：原表用了许多俗用简化字或代用字，如羔（糕）、并（饼）、禾（酥）等，今皆改正。

附表15 1984年苏州糕点厂糕点价目表（炉货类）

序号	品名	单位	规格/两		零售价/元	批发价/元	98%价/元	96%价/元
			熟重	收粮				
1	特级枣泥麻饼	只	1.9	0.5	0.18	0.155	0.152	0.149
2	甲级枣泥麻饼	只	1.7	0.5	0.15	0.129	0.126	0.124
3	大猪油枣泥麻饼	只	12.5	4	1.00	0.862	0.845	0.828
4	中猪油枣泥麻饼	只	7	2	0.70	0.603	0.591	0.579
5	三色夹糕	条	1.45	0.5	0.12	0.103	0.1009	0.0989

续表

序号	品名	单位	规格/两 熟重	规格/两 收粮	零售价/元	批发价/元	98%价/元	96%价/元
6	素杏仁酥	只	0.9	0.5	0.07	0.0603	0.0591	0.0579
7	荤杏仁酥	只	1	0.5	0.09	0.0776	0.076	0.0745
8	鸡蛋酥	只	0.26	1/6	0.02	0.0172	0.0169	0.0162
9	甲级葱油桃酥	卷	1.7	1	0.12	0.105	0.103	0.1008
10	盒装葱油桃酥	盒	10	6	1.00	0.877	0.86	0.842
11	袋装重油桃酥	袋	6.6	4	0.50	0.439	0.430	0.421
12	猪油松子酥	只	0.96	0.5	0.08	0.069	0.0676	0.0662
13	文明饼	只	1.2	0.5	0.11	0.0948	0.0929	0.091
14	大菊花酥	只	1.8	1	0.10	0.0862	0.0844	0.0828
15	小菊花酥	只	0.9	0.5	0.05	0.0431	0.0422	0.0417
16	小双圈酥	只	0.9	0.5	0.05	0.0431	0.0422	0.0414
17	核桃酥	只	0.9	0.5	0.05	0.0431	0.0422	0.0414
18	圈圈饼	块	0.8	0.5	0.05	0.0431	0.0422	0.0414
19	甜香酥	只	0.95	0.5	0.06	0.0517	0.0507	0.0496
20	奶司酥	只	0.85	0.5	0.07	0.0603	0.0591	0.0579
21	荷叶酥	只	0.8	0.5	0.05	0.0431	0.0422	0.0414
22	果仁条	条	1	0.5	0.08	0.069	0.0676	0.0662
23	香草杏元	斤	散	6	1.00	0.862	0.844	0.828
24	麻太史饼	只	0.95	0.5	0.09	0.0776	0.076	0.0745
25	方酥	只	2	1	0.10	0.0862	0.0844	0.0828
26	豆沙卷	斤	散	5	0.75	0.647	0.634	0.621
27	薄脆片	袋		3	0.48	0.421		
28	小芝麻饼	斤	散	5	0.70	0.603	0.591	0.579
29	小芝麻饼	袋	4	2	0.32	0.281		
30	猪油卷	斤	散	5	0.80	0.69	0.676	0.662
31	滋养饼干	斤	散	6	0.96	0.828	0.811	0.795
32	耳朵饼	斤	散	6	0.60	0.517	0.507	0.496
33	冰糖酥	斤	散	6	0.78	0.672	0.659	0.645
34	椒盐蛋片	斤	散	7	0.63	0.543	0.532	0.521
35	香脆饼	只	0.8	0.5	0.05	0.0431	0.0422	0.0414
36	玉带酥	条	1.15	0.5	0.11	0.0948	0.0929	0.091
37	萨其马	包	1.2	0.5	0.14	0.123	0.121	0.118

附表16 1984年苏州糕点厂糕点价目表（油面类）

序号	品名	单位	规格/两 熟重	规格/两 收粮	零售价/元	批发价/元	98%价/元	96%价/元
1	麻蓉酥	只	0.8	0.5	0.06	0.0517	0.0507	0.0486
2	松子细饼	只	0.9	0.5	0.08	0.069	0.0676	0.0662
3	小百合酥	只	0.84	0.5	0.055	0.0474	0.0465	0.0455
4	千层酥	只	0.8	0.5	0.06	0.0517	0.0507	0.0496
5	蛋香酥	只	1.45	0.5	0.12	0.103	0.1009	0.0989
6	椒盐酥	只	0.9	0.5	0.07	0.0603	0.0591	0.0579
7	香草酥	只	1	0.5	0.09	0.0776	0.076	0.0745
8	菠萝酥	只	0.26	1/6	0.02	0.0172	0.0169	0.0162
9	鲜肉饺	卷	1.7	1	0.12	0.105	0.103	0.1008
10	干菜饺	盒	10	6	1.00	0.877	0.86	0.842
11	炉饼	袋	6.6	4	0.50	0.439	0.430	0.421
12	咖喱饺	只	0.96	0.5	0.08	0.069	0.0676	0.0662
13	椒盐方酥	只	1.2	0.5	0.11	0.0948	0.0929	0.091
14	水花饼	卷	1.8	1	0.10	0.0862	0.0844	0.0828
15	玫瑰酒酿饼	只	0.9	0.5	0.05	0.0431	0.0422	0.0417
16	豆沙酒酿饼	只	0.9	0.5	0.05	0.0431	0.0422	0.0414
17	如意酥	只	0.9	0.5	0.05	0.0431	0.0422	0.0414

附表17 1984年苏州糕点厂糕点价目表（油氽类）

序号	品名	单位	规格/两 熟重	规格/两 收粮	零售价/元	批发价/元	98%价/元	96%价/元
1	荤油米花糖	包	1.8	1	0.16	0.14	0.137	0.134
2	玫瑰花边饺	只	0.9	0.5	0.07	0.0603	0.0591	0.0579
3	豆沙饺	只	0.9	0.5	0.07	0.0603	0.0591	0.0579
4	方便面	袋	2.5	2	0.27	0.237	0.232	0.228
5	咪咪笑	斤	散	5	0.62	0.534	0.523	0.513
6	葱油条	斤	散	5	0.65	0.56	0.549	0.538
7	麻梗	斤	散	5	0.64	0.552	0.541	0.53
8	炸食	斤	散	6	1.02	0.879	0.861	0.844
9	玉兰片	袋	2	议价	0.25	0.22	0.216	0.211

续表

序号	品名	单位	规格/两 熟重	规格/两 收粮	零售价/元	批发价/元	98%价/元	96%价/元
10	芙蓉酥	包	1.6	0.5	0.12	0.105	0.103	0.1008
11	巧酥（立新酥）	只		0.5	0.05	0.0431	0.0422	0.0414
12	开口笑（石榴酥）	只		0.5	0.05	0.0431	0.0422	0.0414
13	蜜三刀	斤	散	3	0.72	0.621	0.609	0.596
14	春节油梗	斤	散	6	0.60	0.517	0.507	0.496
15	无锡油梗	斤	散	5	0.68	0.586	0.574	0.563
16	甜炸片	斤	散	6	0.60	0.517	0.507	0.496
17	巧果	斤	散	7	0.63	0.543	0.532	0.521
18	苔菜梗	斤	散	7	0.63	0.543	0.532	0.521
19	雪梗	斤	散	5	0.60	0.517	0.507	0.496
20	蜜枣酥	斤	散	5	0.72	0.621	0.609	0.596
21	大交连酥	条	1.5	1	0.06	0.0517	0.0507	0.0496
22	油烤卷	只	0.95	0.5	0.05	0.0431	0.0422	0.0414
23	面枫糕	块	1.6	1	0.07	0.060	0.0591	0.0579

附表18　1984年苏州糕点厂糕点价目表（水蒸类）

序号	品名	单位	规格/两 熟重	规格/两 收粮	零售价/元	批发价/元	98%价/元	96%价/元
1	碗枫糕	块	1.3	1	0.09	0.0776	0.076	0.0745
2	猪油定胜糕	块	1.7	1	0.10	0.0862	0.0845	0.0828
3	定胜糕	块	1.52	1	0.05	0.0431	0.0422	0.0414
4	甲级蜜糕	条	2.2	1	0.12	0.103	0.1009	0.0989
5	黄千糕	块	1.65	1				
6	条头糕	条	1.8	1	0.05	0.0431	0.0422	0.0414
7	蒸蛋糕	只	0.85	1/4	0.08	0.069	0.0676	0.0662
8	猪油松糕	只	10.8	5	0.80	0.69	0.676	0.662
9	玫瑰方糕	块	2.3	1	0.15			
10	大猪油松糕	只		10	1.60	1.38	1.352	1.324
11	奶糕	包	2	2	0.10	0.0877	0.0859	0.0842
12	荤绿豆糕	块	0.6	1/4	0.05	0.0431	0.0422	0.0414
13	豆沙绿豆糕	块	0.6	1/4	0.05	0.0431	0.0422	0.0414

续表

序号	品名	单位	规格/两		零售价/元	批发价/元	98%价/元	96%价/元
			熟重	收粮				
14	白糖年糕	斤	散	5	0.36	0.31	0.304	0.298
15	古巴糖年糕	斤	散	5	0.34	0.293	0.287	0.281
16	重糖白年糕	斤	散	5	0.44	0.379	0.371	0.364
17	重糖黄年糕	斤	散	5	0.42	0.362	0.355	0.348
18	各色猪油年糕	斤	散	4	0.68	0.586	0.574	0.563

附表19 1984年苏州糕点厂糕点价目表（片糕类）

序号	品名	单位	规格/两		零售价/元	批发价/元	98%价/元	96%价/元
			熟重	收粮				
1	芝麻酥糖	包	1.2	0.5	0.10	0.0887	0.0859	0.0842
2	议价酥糖	包	1.2	议价	0.13	0.114		
3	玫瑰酥糖	包	1.2	0.5	0.10	0.0877	0.0859	0.0842
4	盒装酥糖	盒	7.2	3	0.70	0.614	0.602	0.589
5	盒装酥糖	盒	9.68	4	1.15	1.01		
6	椒桃片	包	1	0.5	0.11	0.0965	0.0946	0.0826
7	麻糕	包	1	0.5	0.10	0.0877	0.0859	0.0842
8	松云片	包	1.03	0.5	0.14	0.123	0.121	0.118
9	桃云片	包	1.1	0.5	0.13	0.114	0.112	0.109
10	瓜玉云片	包	1	0.5	0.13	0.114	0.112	0.109
11	玫瑰片	包	0.73	0.5	0.06	0.0526	0.0515	0.0505
12	椒盐片	包	0.73	0.5	0.06	0.0526	0.0515	0.0505
13	杏仁片	包	0.73	0.5	0.06	0.0526	0.0515	0.0505
14	苔菜片	包	0.73	0.5	0.06	0.0526	0.0515	0.0505
15	重糖云片	条	4.5	0.25	0.31	0.272		
16	重糖云片	条	9	5	0.61	0.535		
17	优质盒装云片	条	9	5	0.88	0.772		
18	大云片	条	4.6	3	0.27	0.237		
19	玉带糕	包		0.5	0.10	0.0877	0.0859	0.0842
20	松花片	包	0.73	0.5	0.06	0.0526	0.0515	0.0505
21	豆酥糖	包	0.85	0.5	0.06	0.0526	0.0515	0.0505
22	松玫方	块	1.5	0.5	0.12	0.103	0.101	0.0989

续表

序号	品名	单位	规格/两 熟重	规格/两 收粮	零售价/元	批发价/元	98%价/元	96%价/元
23	甲橘红糕	斤	散	2.5	0.75	0.647	0.634	0.621
24	橘红糕	斤	散	5	0.50	0.431		
25	冰雪酥	包	0.8	0.5	0.06	0.0526	0.0515	0.0505
26	八珍糕	盒	5	议价	0.68	0.591		
27	炒米粉	斤	散	8	0.56	0.483	0.473	0.464
28	蜂乳资生糕	盒	30块5两	议价	0.95	0.833		
29	排砂糕	斤	散	7	0.56	0.483	0.473	0.464
30	奶味香糕	包		4	0.30	0.259		
31	火炙糕	包	2.5	2	0.14	0.123	0.121	0.118
32	寿翁糕	包	2	2	0.17	0.149	0.146	0.143
33	大雪饼	只	0.8	0.5	0.04	0.0345		

附表20　1984年苏州糕点厂糕点价目表（蛋糕类）

序号	品名	单位	规格/两 熟重	规格/两 收粮	零售价/元	批发价/元	98%价/元	96%价/元
1	甲蛋糕	只	1.4	0.5	0.14	0.121	0.119	0.116
2	乙蛋糕	只	1.01	议价	0.12	0.103	0.101	0.0990
3	中方蛋糕	方	6.3-6.5	2	0.56	0.483	0.473	0.464
4	大方蛋糕	方	9.3	3	0.84	0.724	0.710	0.695
5	瓜玉蛋糕	只	1.5	0.5	0.17	0.147	0.144	0.141
6	香草小蛋糕	斤	散	议价	1.30	1.12	1.098	1.075
7	6两裱花蛋糕	只	27	议价	4.62	3.980	外包层纸盒另加	
8	4两裱花蛋糕	只	18.1	议价	3.08	2.66	外包层纸盒另加	
9	2两裱花蛋糕	只	0.9	议价	1.54	1.33	外包层纸盒另加	
10	1/4两裱花蛋糕	块	0.9	议价	0.16	0.138		
11	1斤裱花蛋糕	大块	45	议价	9.20	8.00		

附表21 1984年苏州糕点厂糕点价目表（月饼）

序号	品名	单位	规格/两 熟重	规格/两 收粮	零售价/元	批发价/元	98%价/元	96%价/元
苏式月饼								
1	百果月饼	只	1.9	0.5	0.18	0.155	0.152	0.149
2	玫瑰月饼	只	1.7	0.5	0.15	0.129	0.126	0.124
3	椒盐月饼	只	12.5	4	1.00	0.862	0.845	0.828
4	豆沙月饼	只	7	2	0.70	0.603	0.591	0.579
素月饼								
5	素油百果月饼	条	1.45	0.5	0.12	0.103	0.1009	0.0989
6	素油玫瑰月饼	只	0.9	0.5	0.07	0.0603	0.0591	0.0579
7	素油椒盐月饼	只	1	0.5	0.09	0.0776	0.076	0.0745
8	素油豆沙月饼	只	0.26	1/6	0.02	0.0172	0.0169	0.0162
咸月饼								
9	鲜肉月饼	卷	1.7	1	0.12	0.105	0.103	0.1008
10	葱油月饼	盒	10	6	1.00	0.877	0.86	0.842
11	火腿月饼	袋	6.6	4	0.50	0.439	0.430	0.421
传统月饼								
12	传统百果月饼	只	0.96	0.5	0.08	0.069	0.0676	0.0662
13	传统玫瑰月饼	只	1.2	0.5	0.11	0.0948	0.0929	0.091
14	传统椒盐月饼	只	1.8	1	0.10	0.0862	0.0844	0.0828
15	传统黑麻月饼	只	0.9	0.5	0.05	0.0431	0.0422	0.0417
16	传统薄荷月饼	只	0.9	0.5	0.05	0.0431	0.0422	0.0414
广式月饼								
17	大荤百果月饼	块	0.8	0.5	0.05	0.0431	0.0422	0.0414
18	大素百果月饼	只	0.95	0.5	0.06	0.0517	0.0507	0.0496
19	中素百果月饼	只	0.85	0.5	0.07	0.0603	0.0591	0.0579
20	荤瓜蓉月饼	只	0.8	0.5	0.05	0.0431	0.0422	0.0414
21	素瓜蓉月饼	条	1	0.5	0.08	0.069	0.0676	0.0662
22	荤麻蓉月饼	斤	散	6	1.00	0.862	0.844	0.828
23	素麻蓉月饼	只	0.95	0.5	0.09	0.0776	0.076	0.0745
24	荤果蓉月饼	只	2	1	0.10	0.0862	0.0844	0.0828
25	素果蓉月饼	斤	散	5	0.75	0.647	0.634	0.621
26	五仁咸肉月饼	袋		3	0.48	0.421		

续表

序号	品名	单位	规格/两 熟重	规格/两 收粮	零售价/元	批发价/元	98%价/元	96%价/元
27	五仁金腿月饼	斤	散	5	0.70	0.603	0.591	0.579
28	奶油莲蓉月饼	袋	4	2	0.32	0.281		
29	大荤豆蓉月饼	斤	散	5	0.80	0.69	0.676	0.662
30	大素豆蓉月饼	斤	散	6	0.96	0.828	0.811	0.795
31	大素豆沙月饼	斤	散	6	0.60	0.517	0.507	0.496
32	中豆沙月饼	斤	散	6	0.78	0.672	0.659	0.645
33	大荤豆沙月饼	斤	散	7	0.63	0.543	0.532	0.521

资料来源:《苏州糕点厂糕点价目表》,1984年2月,苏州稻香村食品有限公司档案室藏。

按:各表中袋装重油桃酥原作袋压重油桃酥,萨其马原作杀其马,核桃酥原作模桃酥,蛋香酥原作旦香酥,蜜三刀原作密三刀,蜜枣酥原作密枣酥,黄千糕原作黄扦糕,奶糕批发价原作0.859元,五仁金腿月饼原作五仁金肽月饼。

附表22 1984年苏州糕点厂糖果炒货蜜饯咸味价目表

品名	单位	规格	零售价/元	批发价/元	品名	单位	规格	零售价/元	批发价/元
糖果类									
甲轻松糖	斤	散	2.4	2.09	白果糖	斤	平价	1.00	0.939
甲重松糖	斤	散	1.94	1.69	出衣胡桃糖	斤	散	2.74	2.38
乙轻松糖	斤	散	2.18	1.90	榧子糖	斤	散	1.60	1.39
乙重松糖	斤	散	1.70	1.48	橘子丝光糖	斤	散	0.94	0.817
白糖豆瓣	斤	散	0.84	0.73	香蕉丝光糖	斤	散	0.94	0.817
议价白糖豆瓣	斤	散	1.18	1.03	甲脆松糖	斤	散	2.54	2.21
新糖豆瓣	斤	散	1.04	0.904	乙脆松糖	斤	散	2.32	2.02
脆桃球	斤	散	3.00	2.61	甲松粽糖	斤	散	1.68	1.46
重糖胡桃	斤	散	2.24	1.95	乙松粽糖	斤	散	1.55	1.35
香草花生	斤	散	1.20	1.04	玫酱糖	斤	散	0.96	0.835
香草花生	斤	平价	1.08	0.939	粽子糖	斤	散	0.94	0.817
丁果糖	斤	散	1.20	1.04	松元糕	斤	散	1.98	1.72
丁果糖	斤	平价	1.06	0.922	脆杏糕	斤	散	1.20	1.04
白剪玫酱糖	斤	散	0.96	0.835	味精花生	斤	散	1.62	1.41
白糖桂糕	斤	散	0.98	0.852	甲各色软松糖	斤	散	2.00	1.74
松子厚皮	斤	散	1.40	1.22	乙各色软松糖	斤	散	1.72	1.50
白麻条	斤	散	1.38	1.20	各色软桃糖	斤	散	1.86	1.62

续表

品名	单位	规格	零售价/元	批发价/元	品名	单位	规格	零售价/元	批发价/元
芝麻交切片	斤	散	1.34	1.17	白脱花生	斤	散	1.20	1.04
板栗糕	斤	散	1.20	1.04	纸包薄荷糖	斤	散	1.22	1.06
方糖	斤	散	0.03	0.026	果片	斤	散	1.46	1.27
松子南枣糖	斤	散	1.45	1.26	果片	斤	平价	1.20	1.04
花生黑切	斤	散	1.38	1.20	果酥	斤	散	1.50	1.30
拌砂金橘糖	斤	散	1.04	0.904	乌梅饼	斤	散	0.96	0.835
药草梨膏糖	块	散	0.08	0.696	玫瑰酱	斤	散	1.00	0.87
豆瓣糖	盒	散	0.50	0.439	芝麻厚皮	斤	散	1.10	0.956
白果糖	斤	散	1.24	1.08	芝麻薄皮	斤	散	1.12	0.974
炒货类									
西瓜子	斤	二级	1.86	1.62	油氽豆瓣	斤	议价	0.92	0.80
西瓜子	斤	三级	1.72	1.50	油氽豆瓣	斤	平价	0.64	0.547
奶油瓜子	斤	大片	2.06	1.79	新油氽豆瓣	斤		1.15	0.983
多味瓜子	斤	大片	2.06	1.79	油氽果玉	斤		1.44	1.25
南瓜子	斤	统货	1.42	1.23	咸果玉	斤		1.44	1.25
葵花子	斤		0.76	0.661	油氽黄豆	斤	议价	0.86	0.748
奶油五香豆	斤	统货	0.42	0.365	砂胡桃	斤		1.36	1.18
奶油五香豆	斤	拣青	0.50	0.435	椒盐松子	斤		0.70	0.598
兰花豆	斤	议价	0.98	0.838	椒盐桃玉	斤		2.94	2.51
怪味豆	斤	议价	1.20	1.04					
蜜饯类									
奶油话梅	斤		3.60	3.13	金橘饼	斤		1.83	1.55
甜支卜	斤		1.00	0.847	沉香果	斤		1.40	1.22
九支卜	斤		0.80	0.69	九支果	斤		1.00	0.87
白糖杨梅干	斤		2.79	2.43	酸梅汁	斤		0.70	0.608
甘草杨梅干	斤		1.08	0.931	玫瑰酒	瓶	1斤	1.58	1.41
咸味类									
肉松	斤		5.20	4.52	虾子酱油	瓶	1.6斤	1.46	1.27
虾子鲞鱼	斤		5.00	4.31	虾子酱油	瓶	1.25斤	1.16	1.01
虾子酱油	斤		0.76	0.644	虾子酱油	瓶	8两	0.80	0.696

资料来源:《苏州糕点厂糖果炒货蜜饯咸味价目表》,1984年2月,苏州稻香村食品有限公司档案室藏。按:重糖胡桃,原表误作"重桃胡桃";油氽豆瓣平价每斤零售价,原表误作"1.64元"。

附表 23 人事变迁简表

附表 23-1 稻香村茶食糖果号 稻香村茶食糖果商店

姓名	职务	任职时间	企业详细名称	备注
沈秋泉	店主	不详	稻香村	合资人王秋根、赵宜喜。
沈祖荫	店主 经理	光绪年间—1923	稻香村茶食糖果号（稻香村茶食糖果公司）	1905年注册稻香村茶食糖果公司。合资人王慎之、赵□□。经理汤长有、徐干棠。
沈鞠怀	店主	1923—1926	稻香村茶食糖果号	沈祖荫子。合资人王秋芳、赵仲如。经理徐干棠、朱仁棠、汤长有。
朱仲笙	店主 经理 代主任	1926—1956	稻香村禾记茶食糖果号、稻香村茶食糖果号、公私合营苏州市稻香村茶食糖果号	协理汤长有、朱家元。该号为合伙性质，历经1928年、1943年改组，1956年公私合营，为全民所有制。
杨志祥	公方代表	1956—1957	公私合营苏州市稻香村茶食糖果号	
吴希札	公方代表	1957—1958	公私合营苏州市稻香村茶食糖果商店	稻香村老职工。1958年后坊被并入公私合营平江区糖果糕点食品厂。
欧阳沂	公方主任	1959—1962	公私合营苏州市稻香村茶食糖果商店	1959年恢复后坊。1960年后坊被并入由公私合营平江糖果糕点食品厂更名的稻香村糖食品厂。
肖永庆	公方主任	1962—1966	公私合营苏州市稻香村茶食糖果商店、红太阳商店	稻香村老职工。负责全店工作及门市部。1962年恢复后坊即稻香村工场，欧阳沂任主任。吴伯康、董超（女）任店党支部书记。
杨志祥	公方主任	1962—1963	公私合营苏州市稻香村茶食糖果商店	负责稻香村工场。
朱万金	公方主任	1963—1965	公私合营苏州市稻香村茶食糖果商店	稻香村老职工。负责稻香村工场。
顾季鹤	主任	1966—1968	红太阳商店、国营苏州市红太阳糖果糕点商店	原叶受和主任。1968年店坊均被并入国营苏州糕点厂。

续表

姓名	职务	任职时间	企业详细名称	备注
徐寿元	主任	1972—1980	国营苏州市稻香村糕点糖果商店	原叶受和主任。1978年恢复稻香村工场，赵开仪任主任。
赵开仪	主任	1980—1982	国营苏州市稻香村糕点糖果商店、苏州市稻香村茶食糖果商店	1980年更名为苏州市稻香村茶食糖果商店，李金元任工场主任。
高桂珍（女）	主任	1982—1986	苏州市稻香村茶食糖果商店	1986年撤销建制。苏州糕点厂更名苏州稻香村食品厂，附设苏州稻香村食品商店。

附表 23-2　厂党支部

姓名	职务	任职时间	企业详细名称	备注
居光辉	书记	1959	公私合营平江糖果糕点食品厂	此前党员隶属平江副食品区店党支部，书记朱静。
严务先	副书记	1959—1960	公私合营平江糖果糕点食品厂	
吴希札	书记	1960—1962	公私合营稻香村糖果食品厂	
徐金松	副书记	1962—1965	公私合营苏州糖果糕点食品厂	支委睢荣锦、宗祥生。宗祥生调出，龚培根增补。
李桂（女）	书记	1963—1968	公私合营苏州糖果糕点食品厂、国营苏州糕点厂	
白鸣（女）	书记	1970—1978	国营苏州糕点厂	1970年恢复党支部，支委李慧菊、何锦昌。1973年支委葛文桢、邱美君、李惠菊，下半年邱美君调出，黄明递补。
睢荣锦	副书记	1970—1971	国营苏州糕点厂	1971年病故。
曹夕明	副书记	1978—1981	苏州糕点厂	支委李慧菊、何锦昌。
杨存诗	副书记	1978—1981	苏州糕点厂	兼副厂长。
徐金松	副书记	1981—1982	苏州糕点厂	兼厂长。

续表

姓名	职务	任职时间	企业详细名称	备注
吴茂林	书记	1982—1984	苏州糕点厂	支委丁惠泉、胡文华、邹志南、郭振南。
邹志南	副书记	1984—1986	苏州糕点厂	
许祥功	副书记	1986—1988	苏州稻香村食品厂	
华慧麟	书记	1988—1990	苏州稻香村食品厂	
滕德振	书记	1990—1993	苏州稻香村食品厂	因"内联"以广州食品厂党支部书记兼。其后由市食品工业公司党委书记胡文华代管至1998年改制。
沈根富	书记	1998—2011	苏州稻香村食品厂（股份合作制）	由苏州稻香村食品厂（股份合作制）法人、董事长、厂长兼。支委贾沛如、江健珊。

附表23-3　厂行政

姓名	职务	任职时间	企业详细名称	备注
徐祖诒	厂长	1958	公私合营平江区糖果糕点食品厂	
严务先	副厂长	1958—1959	公私合营平江区糖果糕点食品厂、平江糖果糕点食品厂	转任厂党支部副书记。
陈茂生	副厂长（私方）	1958—1968	公私合营平江区糖果糕点食品厂、平江糖果糕点食品厂、稻香村糖果食品厂、苏州糖果糕点食品厂，国营苏州糕点厂	1969年下放江苏滨海。
吴希札	副厂长	1959—1960	公私合营稻香村糖果食品厂	转任厂党支部书记。
徐金松	副厂长	1960—1962	公私合营稻香村糖果食品厂	转任厂党支部副书记。
眭荣锦	副厂长 革命委员会 副主任委员	1961—1970	公私合营稻香村糖果食品厂、苏州糖果糕点食品厂，国营苏州糕点厂	1969年改为革委会副主任委员。转任厂党支部副书记。
刘承业	厂长 革命委员会 主任委员	1963—1973	公私合营苏州糖果糕点食品厂、国营苏州糕点厂	1969年改为革委会主任委员。委员朱云华、魏腊泉。
蒋龙瑞	革命委员会 副主任委员	1971—1973	国营苏州糕点厂	

续表

姓名	职务	任职时间	企业详细名称	备注
葛文桢	革命委员会副主任委员	1973—1978	国营苏州糕点厂	
邱美君（女）	革命委员会副主任委员	1973	国营苏州糕点厂	下半年调出。
黄明	革命委员会副主任委员	1973—1978	国营苏州糕点厂	下半年接任。
张汉兴	副厂长	1978	国营苏州糕点厂	因案撤职。
杨存诗	副厂长	1978—1981	苏州糕点厂	兼厂党支部副书记。
徐金松	厂长	1981—1982	苏州糕点厂	兼厂党支部副书记。
郭正南	副厂长	1981—1982	苏州糕点厂	转任厂工会主席。
丁惠泉	厂长	1982—1986	苏州糕点厂、苏州稻香村食品厂	
胡文华（女）	副厂长	1982—1984	苏州糕点厂	
尤禄华（女）	副厂长	1984—1986	苏州糕点厂、苏州稻香村食品厂	
包佳安	副厂长	1984—1986	苏州糕点厂、苏州稻香村食品厂	
嵇纪木	厂长	1986—1990	苏州稻香村食品厂	
韩建国	副厂长	1986—1993	苏州稻香村食品厂	因"内联"兼广州食品厂副厂长。
计伟先	副厂长	1989—1995	苏州稻香村食品厂	因"内联"兼广州食品厂副厂长。
刘石林	厂长	1990—1993	苏州稻香村食品厂	因"内联"以广州食品厂厂长兼。
瞿江	副厂长	1990—1993	苏州稻香村食品厂	因"内联"以广州食品厂副厂长兼。
姚静慧（女）	副厂长	1990—1993	苏州稻香村食品厂	因"内联"以广州食品厂副厂长兼。
张治安	厂长	1993—1998	苏州稻香村食品厂	以苏州市食品工业公司总经理兼。
沈根富	副厂长	1995—1998	苏州稻香村食品厂	由苏州市食品工业公司供销经营部经理任。
沈根富	厂长	1998—2011	苏州稻香村食品厂（股份合作制）	由苏州稻香村食品厂（股份合作制）法人、董事长兼。聘任副厂长谢水轩、贾沛如。

附表23-4　厂工会

姓名	职务	任职时间	企业详细名称	备注
孙景坤	主席	1958—1968	公私合营平江区糖果糕点食品厂、平江糖果糕点食品厂、稻香村糖果食品厂、苏州糖果糕点食品厂、国营苏州糕点厂	财务委员吴炳祥、劳保委员徐金松。1961年徐金松升副厂长，由冯书经递补。
陈茂华	副主席	1958—1961	公私合营平江区糖果糕点食品厂、平江糖果糕点食品厂、稻香村糖果食品厂	
吴兴隆	副主席 主任 主席	1961—1982	公私合营稻香村糖果食品厂、苏州糖果糕点食品厂、国营苏州糕点厂	1968年任造反队队长。1970年任工代会主任，1973年恢复工会，任主席，1977年连任。1970年工代会委员有何建华、黄炳年、李定志、赵淇成、王仁金、杨正林。1977年工会执委有李定志、管美琴、王惠英、赵淇成等。
朱云华（女）	副主任 副主席	1970—1982	苏州糕点厂	1970年任工代会副主任，1973年恢复工会，任副主席。1977年连任。
吴钰培	副主任 副主席	1970—1986	苏州糕点厂	1970年任工代会副主任，1973年恢复工会，任副主席。1977年连任。
郭振南	主席	1982—1986	苏州糕点厂	执委管美琴、王惠英、李定志等连任。
吴钰培	主席	1986—1992	苏州稻香村食品厂	执委余鸿生、吴仁德、周美英、吴天伦、朱云华。
陈钢年	主席	1992—2011	苏州稻香村食品厂、苏州稻香村食品厂（股份合作制）	执委林恩惠、谢水轩、吴天伦、孟丽英。